HISTÓRIA DA IGREJA NA AMÉRICA LATINA

Dados Internacionais de Catalogação na Publicação (CIP)
(Câmara Brasileira do Livro, SP, Brasil)

Souza, Ney de
　　História da Igreja na América Latina / Ney de Souza. –
Petrópolis, RJ : Vozes, 2022. – (Coleção Iniciação à Teologia)

　　Bibliografia.
　　ISBN 978-65-5713-352-1

　　1. Catolicismo 2. Cristianismo 3. Historiografia 4. Igreja –
América Latina 5. Igreja – América Latina e Caribe
6. Igreja Católica – História 7. Vida religiosa I. Título II. Série.

21-82061　　　　　　　　　　　　　　　　　　　　　　　　CDD-282.8

Índices para catálogo sistemático:
1. América Latina : Igreja Católica : História　　282.8

Maria Alice Ferreira – Bibliotecária – CRB-8/7964

NEY DE SOUZA

HISTÓRIA DA IGREJA NA AMÉRICA LATINA

EDITORA VOZES

Petrópolis

© 2022, Editora Vozes Ltda.
Rua Frei Luís, 100
25689-900 Petrópolis, RJ
www.vozes.com.br
Brasil

Todos os direitos reservados. Nenhuma parte desta obra poderá ser reproduzida ou transmitida por qualquer forma e/ou quaisquer meios (eletrônico ou mecânico, incluindo fotocópia e gravação) ou arquivada em qualquer sistema ou banco de dados sem permissão escrita da editora.

CONSELHO EDITORIAL

Diretor
Gilberto Gonçalves Garcia

Editores
Aline dos Santos Carneiro
Edrian Josué Pasini
Marilac Loraine Oleniki
Welder Lancieri Marchini

Conselheiros
Francisco Morás
Ludovico Garmus
Teobaldo Heidemann
Volney J. Berkenbrock

Secretário executivo
Leonardo A.R.T. dos Santos

Diagramação: Daniela Alessandra Eid
Revisão gráfica: Alessandra Karl
Capa: Editora Vozes

ISBN 978-65-5713-352-1

Este livro foi composto e impresso pela Editora Vozes Ltda.

Agradecimentos

Agradeço a todos e a todas que leram parte deste livro (e/ou) ofereceram suas sugestões, comentários e indicações bibliográficas. Todas as contribuições foram preciosas para enriquecer o texto. Muito obrigado!! Muchas Gracias!!

André Gustavo di Fiore, Antônio Benedito Rosa, Benedita Isabel, Boris Augustín Nef Ulloa, Carlos Caldas, Célia Soares de Souza, Clotilde Azevedo, Edgar da Silva Gomes, Edson Donizete Toneti, Felipe Cosme Damião Sobrinho, Francisco de Aquino Júnior, Gabriel dos Santos Frade, Hernane Santos Modena, José Eduardo Rodrigues, Lisâneos Prates, Marcel Alves Martins, Marcelo Lanfranchi, Mariane de Almeida, Maria Aparecida Custódio Correa, Mendoza Agri, Raimundo Gordiano, Reuberson Rodrigues Ferreira, Sergio Esteban, Tiago Cosmo da Silva Dias.

Sumário

Apresentação à segunda edição da Coleção Iniciação à Teologia, 11
Prefácio, 15
Siglas – abreviações, 17
Introdução geral, 23

Parte I – Fontes e metodologia, 27

I – Fontes e metodologia para uma história da Igreja na América Latina e Caribe, 29
II – Historiografia do catolicismo na América Latina e no Caribe, 45

Parte II – Os verdadeiros donos da terra, 55

III – Situação da Península Ibérica às vésperas da conquista da América, 57
IV – Culturas pré-colombianas e pré-cabralinas, 65

Parte III – A doação pontifícia das Índias e a conquista, 87

V – Papa Alexandre VI, seu contexto e a doação das Índias, 89
VI – As bulas alexandrinas, 99
VII – Interpretação das bulas papais, 103
VIII – Contestação da conquista, 109

Parte IV – A aliança espiritual-temporal e a organização do catolicismo, 117

IX – Padroado Régio, origens e desdobramentos, 119

X – Os documentos pontifícios e o direito de Padroado, 127

XI – Padroado e evangelização, 131

XII – A organização do Catolicismo na América Latina, 136

XIII – Juntas, Sínodos e Concílios Provinciais, 144

XIV – A Inquisição e as Visitações do Santo Ofício, 152

XV – A Igreja e a escravidão indígena, 160

XVI – Guerra Guaranítica, a violência dos *civilizados*, 167

XVII – Igreja e escravidão negra, 173

XVIII – Jesuítas na América Latina colonial, 183

XIX – Vida religiosa masculina na América Latina colonial, 197

XX – Vida religiosa feminina na América Latina colonial, 212

XXI – Catolicismo no Brasil – Sínodo da Bahia, dioceses, episcopado, cabidos, 219

XXII – Catolicismo no Brasil Paróquias, sacramentos, vida religiosa, laicato, 227

XXIII – Catolicismo e a transferência da Corte portuguesa (1807-1808), 237

XXIV – Lorenzo Caleppi: primeiro núncio nas Américas (1808-1817), 243

XXV – A atuação e a prática de piedade dos fiéis, 251

XXVI – Discurso sobre Deus, a teologia colonial, 257

XXVII – Catolicismo e atitudes de descrença, 263

XXVIII – Catolicismo e o imaginário da morte, 269

Parte V – Catolicismo século XIX, independências e um império entre repúblicas, 275

XXIX – O catolicismo hispano-americano às vésperas da independência, 277

XXX – Catolicismo e as independências na América Latina, 287

XXXI – Clero e a independência da 'flor exótica', 300

XXXII – O catolicismo no período pós-colonial (século XIX), 305

XXXIII – Catolicismo no Brasil império, 311

XXXIV – Questão Religiosa (1872-1875), 322

XXXV – Aspectos da teologia católica no Império, 326

XXXVI – A evangelização na América Latina: O Concílio de 1899, 334

Parte VI – Catolicismo e os Estados Liberais (1880-1930) e os Regimes Populistas (1930-1959), 341

XXXVII – Igreja católica e Estados Liberais, 343

XXXVIII – Igreja Católica e Regimes Populistas (1930-1959), 358

XXXIX – Rio de Janeiro: I Conferência Geral do Episcopado Latino-Americano e Caribenho, 380

Parte VII – Vaticano II, Medellín, a renovação do Catolicismo na América Latina no contexto dos regimes totalitários e a Teologia da Libertação, 391

XL – Vaticano II, o canteiro de obras, 393

XLI – Pacto das Catacumbas e a Igreja Latino-Americana, 401

XLII – Medellín, o pequeno Concílio latino-americano e caribenho, 406

XLIII – Igreja Católica e os regimes totalitários na América Latina, 426

XLIV – Teologia da libertação, história e teologia, 467

XLV – Teologia do Povo, 489

XLVI – Comunidades Eclesiais de Base, 500

XLVII – Encontros Intereclesiais de Base, Patrimônio teológico e pastoral, 528

Parte VIII – De Puebla a Aparecida, o caminho de continuidade e descontinuidade, 547

XLVIII – Puebla (1979), opção pelos pobres e jovens, 549

XLIX – Santo Domingo e a *Nova Evangelização*, 567

L – Sínodo da América (1997), realização e exortação pós-sinodal, 578

LI – Aparecida (2007), discípulos missionários, 585

LII – Senhoras da América Latina: Guadalupe e Aparecida, 606

LIII – Romero, profetismo e martírio na América Latina, 614

Parte IX – Francisco, um papa latino-americano, 621

LIV – Francisco, um papa universalmente latino-americano, 623

LV – Sínodo para a Amazônia, 633

LVI – Rumo à I Assembleia eclesial da América Latina e Caribe, 643

FILMES e documentários sobre América Latina: sugestões, 647
Fontes e bibliografia, 653
Bibliografia, 655

Apresentação à segunda edição da Coleção Iniciação à Teologia

Uma coleção de teologia, escrita por autores brasileiros, leva-nos a pensar a função do teólogo no seio da Igreja. Tal função só pode ser entendida como atitude daquele que busca entender a fé que professa, e, por isso, faz teologia. Esse teólogo assume, então, a postura de produzir um pensamento sobre determinados temas, estabelecendo um diálogo entre a realidade vivida e a teologia pensada ao longo da história, e se caracteriza por articular os temas relativos à fé e à vivência cristã a partir de seu contexto. São exemplos claros desse diálogo, com situações concretas, Agostinho e Tomás de Aquino, que posteriormente tiveram muitas de suas teorias incorporadas à doutrina cristã-católica, mas que a princípio buscaram estabelecer um diálogo entre a fé e aquele determinado contexto histórico. Como conceber um teólogo que se limita a reproduzir as doutrinas pensadas ao longo da história? Longe de ser alguém arbitrário ou que assuma uma posição de déspota, o teólogo é aquele que dialoga com o mundo e com a tradição. Formando a tríade teólogo-tradição-mundo, encontramos um equilíbrio saudável que faz com que o teólogo ofereça subsídios para a fé cristã, ao mesmo tempo que é fruto do contexto eclesial em que vive.

Outra característica que o acompanha é a de ser filho da comunidade eclesial, e, como tal, deve fazer de seu ofício um serviço aos cristãos. Se consideramos que esses cristãos estão inseridos em realidades concretas, cada teólogo é desafiado a oferecer pistas, respostas ou perspectivas teológicas que auxiliem na construção da identidade cristã que nunca está fora de seu contexto, mas acontece justamente na relação dialógica com ele. Se o contexto é sempre novo, também a teologia se renova. Por isso o teólogo olha novos horizontes e desbrava novos caminhos a partir da experiência da fé.

O período do Concílio Vaticano II (1962-1965) consagrou novos ares à teologia europeia, influenciada pela *Nouvelle Théologie*, pelos movimentos bíblicos e litúrgicos, dentre outros. A teologia, em contexto de modernidade, apresentou sua contribuição aos processos conciliares, sobretudo na perspectiva do diálogo que ela própria estabelece com a modernidade, realidade latente no contexto europeu. A primavera teológica, marcada por expressiva produção intelectual e pelo contato com as várias dimensões humanas, sociais e eclesiais, também chega à América Latina. As conferências de Medellín (1968) e Puebla (1979) trazem a ressonância de vários teólogos latino-americanos que, diferente da teologia europeia, já não dialogam com a modernidade, mas com suas consequências, vistas principalmente no contexto socioeconômico. Desse diálogo surge a Teologia da Libertação e sua expressiva produção editorial. A Editora Vozes, nesse período, foi um canal privilegiado de publicações, e produziu a coleção *Teologia & Libertação* que reuniu grandes nomes na perspectiva da teologia com a realidade eclesial latino-americana. Também nesse período houve uma reformulação conceitual na *REB* (Revista Eclesiástica Brasileira), organizada pelo ITF (Instituto Teológico Franciscano), sendo impressa e distribuída pela Editora Vozes. Ela deixou de ser canal de formação eclesiástica para se tornar um meio de veiculação da produção teológica brasileira.

Embora muitos teólogos continuassem produzindo, nas décadas do final do século XX e início do XXI, o pensamento teológico deixou de ter a efervescência do pós-concílio. Vivemos um momento antitético da primavera conciliar, denominado por muitos teólogos como inverno teológico. Assumiu-se a teologia da repetição doutrinária como padrão teológico e os manuais históricos – muito úteis e necessários para a construção de um substrato teológico – que passaram a dominar o espaço editorial. Essa foi a expressão de uma geração de teólogos que assumiu a postura de não mais produzir teologia, mas a de reafirmar aspectos doutrinários da Igreja. O papado de Francisco marcou o início de um novo momento, chancelando a produção de teólogos como Pagola, Castillo e, em contexto latino-americano, Gustavo Gutiérrez. A teologia voltou a ser espaço de produção e muitos teólogos passaram a se sentir mais responsáveis por oferecerem ao público leitor um material consonante com esse momento.

Em 2004, o ITF, administrado pelos franciscanos da Província da Imaculada, outrora responsável pela coleção *Teologia & Libertação* e ainda responsável pela *REB*, organizou a coleção *Iniciação à Teologia*. O Brasil vivia a efervescência dos cursos de teologia para leigos, e a coleção tinha o objetivo de oferecer a esse perfil de leitor uma série de manuais que exploravam o que havia de basilar em cada área da teologia. A perspectiva era oferecer um substrato teológico aos leigos que buscavam o entendimento da fé. Em 2019, passamos por uma reformulação dessa coleção. Além de visarmos um diálogo com os alunos de graduação em teologia, queremos que a coleção seja espaço para a produção teológica nacional. Teólogos renomados, que têm seus nomes marcados na história da teologia brasileira, dividem o espaço com a nova geração de teólogos, que também já mostraram sua capacidade intelectual e acadêmica. Todos eles têm em comum a característica de sintetizarem em seus manuais a produção teológica que é fruto do trabalho.

A coleção *Iniciação à Teologia*, em sua nova reformulação, conta com volumes que tratam das Escrituras, da Teologia Sistemática, da Teologia Histórica e da Teologia Prática. Os volumes que estavam presentes na primeira edição serão reeditados; alguns com reformulações trazidas por seus autores. Os títulos escritos por Alberto Beckhäuser e Antônio Moser, renomados autores em suas respectivas áreas, serão reeditados segundo os originais, visto que o conteúdo continua relevante. Novos títulos serão publicados à medida que forem finalizados. O objetivo é oferecermos manuais às disciplinas teológicas, escritos por autores nacionais. Essa parceria da Editora Vozes com os teólogos brasileiros é expressão dos novos tempos da teologia, que busca trazer o espírito primaveril para o ambiente de produção teológica, e, consequentemente, oferecermos um material de qualidade, para que estudantes de teologia, bem como teólogos e teólogas, busquem aporte para seu trabalho cotidiano.

Welder Lancieri Marchini
Editor teológico, Vozes
Coordenador da coleção

Francisco Morás
Professor do ITF
Coordenador da coleção

Prefácio

A história do cristianismo na América Latina se constitui na dinâmica entre a relação com as instituições e estruturas curiais e a busca de uma identidade latino-americana. Como num movimento pendular, ora os momentos históricos e processos eclesiais pendem para características mais institucionais e hierárquicas. Ora os atores latino-americanos buscam construir suas próprias práticas eclesiais e concepções teológicas, o que não deve ser entendido na perspectiva cismática ou arbitrária, mas como busca de vivências e pensamentos que respondam às necessidades e expectativas da população e das comunidades latino-americanas.

A identidade do cristianismo latino-americano, ou mesmo da Igreja Católica na América Latina, se constitui na capacidade que as comunidades e os processos eclesiais apresentam de interagir com as realidades locais. Assim o cristão o é sempre em um contexto concreto e não existe um cristão descontextualizado. Por contrapartida, os desafios próprios de cada contexto histórico imprimem ao cristianismo apelos e desafios concretos. O que não muda é a inspiração do Evangelho e o compromisso batismal.

Passar pela história da Igreja na América Latina possibilita identificar momentos paradigmáticos de busca de uma identidade latino-americana, sustentada no anseio de construir um cristianismo que dialogue com este continente. Possibilita também perceber as contradições que são próprias da história e, sem ocorrer no anacronismo de julgar o passado com os olhos do presente, perceber limites e caminhos para a construção de um cristianismo latino-americano.

Ney de Souza, que já nos ofereceu o volume sobre história da Igreja, agora nos oferece esta obra que traz os principais elementos para uma historiografia do cristianismo na América Latina. Como historiador, além de apresentar as narrativas acerca da história, Ney apresenta as ferramentas metodológicas que são importantes para uma leitura analítica dos acontecimentos narrados.

Esperamos que o livro sirva àqueles que querem conhecer a história, mas também àqueles que querem, a partir dos acontecimentos, pensar a eclesialidade latino-americana e apontar caminhos para um cristianismo em diálogo com o contexto histórico e cultural da América Latina.

Welder Lancieri Marchini
Editor teológico, Vozes
Coordenador da coleção

Francisco Morás
Professor do ITF
Coordenador da coleção

Siglas – abreviações

AA – *Apostolicam Actuositatem*
AAS – *Acta Apostolicae Sedis*
AAV – Arquivo Apostólico Vaticano (ASV – Arquivo Secreto Vaticano)
AC – Ação Católica
ACMSP – Arquivo da Cúria Metropolitana de São Paulo
ACRJ – Arquivo da Cúria do Rio de Janeiro
AESP – Arquivo do Estado de São Paulo
ASOFAMD – *Asociación de familiares de detenidos desaparecidos* – Bolívia
AGI – Arquivo Geral das Índias
AGN – Arquivo Geral da Nação
AGS – Arquivo Geral de Símancas
AHI – *Anuario de História de la Iglesia*, Navarra
AHM – Arquivo Histórico Militar
AHP – *Archivum Historiae Pontificiae*
AHU – Arquivo Histórico Ultramarino
AMNE – Arquivo do Ministério de Negócios Estrangeiros
ANL – Arquivo da Nunciatura de Lisboa
ANRJ – Arquivo Nacional do Rio de Janeiro
ANTT – Arquivo Nacional da Torre do Tombo
AP – *América Pontifícia*
BA – Biblioteca da Ajuda (Lisboa)
BA – 1 – Bahia
BAC – Biblioteca de Autores Cristãos
BIBLB – Boletim Internacional de Bibliografia Luso-Brasileira

BNL – Biblioteca Nacional de Lisboa
BNRJ – Biblioteca Nacional do Rio de Janeiro
Cal – Comissão para a América Latina (Pontifícia)
CDP – Corpo Diplomático Português
CE – Ceará
CEA – Conferência Episcopal Argentina
CEAMA – Conferência Eclesial da Amazônia
CEBs – Comunidades Eclesiais de Base
CEBI – Centro de Estudos Bíblicos
CECh – Conferência Episcopal Chilena
CEHILA – Comissão de Estudos de História da Igreja Latino-Americana
CELAM – Conselho Episcopal Latino-Americano
CEM – Conferência Episcopal Mexicana
CEP – Conferência Episcopal Paraguaia
CERIS – Centro de Estatística Religiosa e Investigações Sociais
Chanc. – Chancelaria
CIMI – Conselho Indigenista Missionário
CivCatt – *Rivista Civiltà Cattolica* – Jesuítas
Clar – Conferência Latino-Americana e Caribenha de Religiosos e Religiosas
CNBB – Conferência Nacional dos Bispos do Brasil
COEPAL – Comissão Episcopal de Pastoral (Argentina)
Collectio Lacensis – *Acta et decreta sacrorum conciliorum recentiorum*, Herder, 1879.
CONADEP – *Comissión Nacional sobre la Desaparición de Personas* (Argentina)
Const. – Constituição
CPT – Comissão Pastoral da Terra
DAp – Documento de Aparecida
DBC – Dicionário do Brasil Colonial
DBI – Dicionário do Brasil Império
DC – Documento de Consulta
DHCPB – Dicionário da História da Colonização Portuguesa do Brasil

DHP – *Dicionário da História de Portugal* (Lisboa)
DI – *Documentos Interessantes para a História e Costumes de São Paulo*
DINA – *Dirección de Inteligencia Nacional (1974-1977)* – Chile
DMss – Documentos Manuscritos (BNRJ)
DEOPS – Departamento de Ordem Política e Social
DP – Documento de Puebla
DSC – *Dizionario Storico del Cristianesimo*
DT – Documento de Trabalho
EG – *Evangelii Gaudium*
EN – *Evangelli Nuntiandi*
ES – Espírito Santo
ESPASA – Enciclopédia Universal Ilustrada Europeo Americana (Madrid)
F Cons – *Fondo Consistoriale* (AAV)
FMLN – Frente Farabundo Martí de Libertação Nacional (El Salvador)
FSLN – Frente Sandinista de Libertação Nacional (Nicarágua)
FT – *Fratelli Tutti*
GE – *Gaudete et exsultate*
GO – Goiás
GS – *Gaudium et Spes*
HGIAL – *Historia General de la Iglesia en America Latina* (CEHILA)
IBGE – Instituto Brasileiro de Geografia e Estatística
INAH – Instituto Nacional de Antropologia e História
ISAL – Igreja e Sociedade na América Latina (Bolívia)
JAC – Juventude Agrária Católica
JEC – Juventude Estudantil Católica
JOC – Juventude Operária Católica
JUC – Juventude Universitária Católica
LBR – *Luso Brazilian Review*
LC – *Libertatis Conscientia*
LG – *Lumen Gentium*
LN – *Libertatis Nuntius*

LS – *Laudato Sí'*
MA – Maranhão
MT – Mato Grosso
Mansi – *Mansi G. D. Sacrorum conciliorum nova et amplíssima collectio.* XXXVI, Arnhem-Leipzig, 1934
MB – *Monumenta Brasiliae*
MCO – Mesa da Consciência e Ordens
MEB – Movimento de Educação de Base
Med. – Documento de Medellín
MG – Minas Gerais
MH – *Missionalia Hispanica*
MMM – Movimento para um Mundo Melhor
MSTM – Movimento de Sacerdotes para o Terceiro Mundo
O. Chr. – Ordem de Cristo
PB – Paraíba
PPC – Plano de Pastoral de Conjunto
Proc. – processo
PP – *Populorum Progressio*
PUC SP – Pontifícia Universidade Católica de São Paulo
QA – Querida Amazônia. Exortação Apostólica Pós-Sinodal
RCT – Revista de Cultura Teológica
REB – Revista Eclesiástica Brasileira
REPAM – Rede Eclesial Pan-Amazônica
RGS – Revista Grande Sinal
RIHGB – Revista do Instituto Histórico e Geográfico Brasileiro (Rio de Janeiro)
Rio – I Conferência Geral do Episcopado Latino-Americano
RJ – Rio de Janeiro
RM – *Redemptoris Missio*
RN – Rio Grande do Norte
RO – Rondônia
RS – Rio Grande do Sul
SCC – *Sacra Congregazione del Concilio* (AAV)
SD – Santo Domingo
SEDOC – Serviço de Documentação

SP – São Paulo
TdL – Teologia da Libertação
UCA – Universidade Centro-Americana José Simeón Cañas (El Salvador)
UNESCO – Organização das Nações Unidas para a Educação
USA – Estados Unidos da América
VERBO – Enciclopédia Luso-Brasileira de Cultura (Lisboa)

a.C. – antes de Cristo
Can. – Canôn
CD – *Compact disc*
Cód. – Códice
cx. Caixa
d. – documento
d.C. – depois de Cristo
f. – folha
l. – lata
liv. – livro
L. – livro
m. – maço
p. – página
proc. – processo
t. – tomo
vol. – volume

Introdução geral

ñapu'ãke[1]

Estudar *História da Igreja na América Latina* é mergulhar no passado tendo os pés fixados no presente. É a busca de fundamentação para posturas no tempo presente rumo à construção do futuro. É um retorno às fontes para ter um testemunho, na atualidade, de credibilidade evangélica e não somente visibilidade religiosa. O rigor do estudo científico possibilita a vivência dos sinais do Reino de Deus de maneira autêntica. A ausência de um estudo científico e crítico, ao longo da história, sempre levou à perda de identidade de pessoas e da própria instituição religiosa, o contrário também é verdadeiro. Por isso, este livro oferece notas introdutórias para um abrir e ampliar horizontes neste vasto campo de estudo da História da Igreja. O item "Fontes e bibliografia" é praticamente um capítulo, oferecendo um elenco de fontes e textos de pesquisadores que ajudarão a aprofundar cada temática exposta ao longo deste estudo.

A obra é composta de nove partes e cinquenta e seis capítulos. A Primeira Parte é sempre necessária ao estudar qualquer ciência: as suas fontes e sua metodologia, revelando os instrumentos necessários para a construção do texto histórico. O estudo percorre a historiografia do catolicismo na América Latina e Caribe, oferecendo um elenco de obras e sua linha de pesquisa. A Segunda

---

1. A palavra guarani *ñapu'ãke*, levantar-se, tem um sentido forte e um significado especial na sofrida vida dos pobres que todos os dias têm que lutar pela sua subsistência. Levantar-se e ser protagonista na mudança e na construção de um mundo novo, segundo o Reino anunciado por Jesus de Nazaré.

Parte é um mergulho na América antes da América, ou seja, a apresentação das culturas locais antes da invasão do europeu; trata também da situação da Península Ibérica às vésperas da conquista. A Terceira Parte realiza um detalhamento das bulas alexandrinas, buscando informações para a pergunta: como foi possível registrar uma "escritura" para espanhóis e portugueses de uma terra habitada e que já tinha dono? A Quarta Parte, a mais longa, percorre o caminho da aliança temporal-espiritual realizada entre a Santa Sé e as Coroas espanhola e portuguesa. Retrata a organização da estrutura institucional religiosa neste território e, também, os seus percalços. Os cenários, dentro da temática geral, são diversificados, apresentando a construção da estrutura religiosa, sua legislação, a prática de piedade dos fiéis e seu imaginário sobre a morte. A Quinta Parte, adentrando ao século XIX, estuda as reações do catolicismo no período das independências, identificando a "flor exótica", que foi o Brasil, em relação às novas nações: o Padroado continua vigoroso no Império brasileiro. A teologia e o Primeiro Concílio Plenário Latino-Americano (1899), por fim, compõem o cenário desta parte. A Sexta Parte coloca o catolicismo diante de novos desafios: sua relação com os Estados Liberais e Populistas. Qual o posicionamento da Igreja Católica diante de regimes nada cristãos? A parte é finalizada com o estudo da I Conferência do Episcopado Latino-Americano que ocorreu no Rio de Janeiro (1955). A Sétima Parte é composta de temáticas inseridas na renovação do catolicismo através da recepção do Concílio Vaticano II (1962-1965) e da Conferência de Medellín (1968). O contexto dos regimes de ditaduras militares é o cenário desse período, cenário também do nascimento da Teologia da Libertação e da Teologia do Povo. Merece destaque a apresentação histórica das Comunidades Eclesiais de Base e a realização de seus Encontros Intereclesiais. A penúltima parte, a oitava, percorre o caminho de Puebla (1979) a Aparecida (2007). São estudadas estas duas conferências e a Conferência de Santo Domingo (1992). Destaques mariológico e martiriológico são dedicados às senhoras de Guadalupe e Aparecida, e a vida e martírio de São Oscar Romero. A Nona Parte desenvolve três temáticas: O papa latino-americano, Francisco; o Sínodo para a Amazônia e os preparativos para a I Assembleia Eclesial da América Latina e do Caribe. Antes do encerramento é apresentado um elenco, como sugestões, de filmes e documentários sobre a América Latina e o Caribe. A arte cinematográfica é parceira deste estudo levando a uma visualização pedagógica do texto apresentado. E, por fim, não menos importante, estão os agradecimentos: a pesquisadores(as) e a membros do Grupo de Pesquisa Religião e Política no Brasil Contemporâneo (PUC-SP, CNPq), cujo autor é seu líder.

O livro é resultado de longos anos de pesquisas, estudos, leituras, participação em congressos, simpósios e docência. De certa maneira, são diversas pessoas que contribuíram para o resultado que não é final, mas início de debates sobre a tão importante História da Igreja na América Latina e no Caribe.

PARTE I

FONTES E METODOLOGIA

Capítulo I
Fontes e metodologia para uma história da Igreja na América Latina e Caribe

> Uma das tarefas mais difíceis do historiador é reunir os documentos [...] (BLOCH, sd., p. 64).

Introdução

O objetivo deste capítulo, após uma sintética definição sobre História, é discorrer a respeito das fontes e da metodologia. A temática é importante para que o leitor acompanhe a elaboração do texto histórico desde as suas origens. Sem fontes não é possível construir o texto histórico. Os referenciais teóricos são essenciais para a análise crítica das fontes. Além de conceituar fontes, o texto apresenta uma série de arquivos e seus fundos arquivísticos revelando uma riqueza, na preservação e conservação dos documentos. Em alguns lugares existe este cuidado e em outros não.

Noções de História do Catolicismo

A história, de modo geral, sempre foi uma disciplina relegada. O motivo é que até bem pouco tempo era estudada somente como descrição de fatos (factual) e a história de grandes personalidades, os heróis. A descrição era feita numa ordem cronológica linear. O importante era o *memorizar:* nomes, datas e lugares. Na atualidade, a história é vista numa conjuntura ampla, história-processo. É impossível estudar um acontecimento sem o seu contexto. Na história a capacidade de pensar e analisar conta mais do que a capacidade de memorizar.

Não existe mais o conceito de interpretação inocente da história, o conceito do mito da neutralidade científica é uma farsa. O historiador é aquele que procura compreender a história como um processo de continuidade e descontinuidade. Não existe historiografia neutra. Todas as leituras são releituras. A pesquisa dizendo-se feita de pura objetividade, neutralidade, imparcialidade é um sinal de ingenuidade epistemológica ou uma articulação dominante pré-determinada. A história é um processo de interação: historiador e fatos, presente e passado.

> O **historiador** não é somente aquele que olha para o passado, como um erudito que busca as curiosidades de interesse do grande público. Ele estuda o passado de modo que se ilumine, sabiamente, o presente. No caso do historiador da Igreja, ele oferece aos cristãos do tempo presente como que um espelho, para que a própria Igreja possa se olhar e, olhando-se, enxergar de onde veio para que sabiamente opte por manter aquilo que a aproxima de seu ideal e desprece aquilo que a desconfigura (O'MALLEY, 2021).

Portanto, por história do catolicismo se entende, neste texto, a apresentação e análise crítica da atividade humana da instituição católica na América Latina e no Caribe. Aqui, os acontecimentos serão trabalhados de maneira histórico-crítica, não o fato pelo fato. Neste último caso, o que se faz é um elogio às instituições e pessoas. O sagrado, nesta situação, é só vitória, não se analisa a derrota, os erros. A historiografia religiosa será trabalhada como conhecimento histórico. O intento não é elaborar uma história do povo de Deus na América Latina e Caribe, nem da salvação, porque esta seria uma conotação sobrenatural. Não se trata de traçar uma teologia da história, porque seria uma pesquisa para o teólogo. Serão tratados os aspectos do catolicismo em seu sentido de organização, evangelização e cotidianidade das práticas dos fiéis e demais membros da instituição. Portanto, a utilização do método histórico-crítico implica o reconhecimento da história como um processo de transformação dinâmica, e não estática e conservadora.

Fontes e Arquivos

Fontes. Fonte é tudo o que é transmitido oralmente, por escrito ou por meio de representação plástica, e serve para a reconstituição do passado. As fontes são definidas "como os diversos resíduos, vestígios, discursos e materiais de todos os tipos que, deixados pelos seres humanos historicamente situados no passado, chegaram ao tempo presente através de caminhos diversos" (BARROS, 2019, p. 7). Os historiadores utilizam de variadas fontes e destas obtêm informações e pistas sobre as ideias e as realizações dos seres humanos no transcorrer do tempo. As fontes históricas são múltiplas: escritas e não escritas. As fontes escritas são registros em forma de inscrições, cartas, letras de canções, livros, jornais, revistas, documentos eclesiásticos e públicos. As fontes não escritas são registros da atividade humana que utilizam linguagens diferentes da escrita: pinturas, esculturas, vestimentas, armas, músicas, discos fonográficos, filmes, fotografias, utensílios. Há ainda uma outra fonte histórica de grande relevância que é o depoimento das pessoas sobre uma determinada temática. As entrevistas servem para registrar a memória pessoal e coletiva de um passado recente ou do presente, é a história oral. Uma grande parte dos arquivos na atualidade, devido às novas tecnologias, facilita a pesquisa por meio de textos e imagens disponibilizados na internet e/ou microfilmando as fontes para consulta.

> As **fontes** descortinam o passado e, ao serem analisadas, possibilitam a construção do texto histórico e a reflexão sobre o tempo presente. A maior quantidade e variedade de fontes enriquecem aquela determinada temática a ser analisada.
>
> "Os poetas e os historiadores conferem fama imortal aos feitos e palavras na tentativa de superar as investidas do esquecimento, a inexorabilidade da morte, as angústias do efêmero e o fascínio da imortalidade" (SIQUEIRA, 2010, p. 25).
>
> É finalidade deste historiador lembrar para nunca esquecer a importância dos arquivos eclesiásticos para a pesquisa histórica como um dos lugares da memória (cf. SOUZA, 2017, p. 183).

Arquivos. Etimologicamente, o termo arquivo vem do latim *archivum*, que significa lugar onde se guardavam os documentos; e do grego *arkeíon*, que significa "lugar onde se guardam os arquivos". Nos últimos anos, discussões acerca da importância da preservação e de tudo o que venha contribuir para a construção da memória social e cultural vem ganhando destaque junto à sociedade.

As informações contidas nos documentos depositados nos arquivos são de suma importância não só para a sociedade, mais também para as organizações que possuem esses repositórios, onde o conteúdo documental torna-se patrimônio marcante para a história de qualquer instituição. Os arquivos são estes repositórios de documentos de valor permanente, preservados por razões de pesquisa e de testemunho sociocultural. Representam parcelas da totalidade da documentação produzida-acumulada pelas instituições. Nisto se encontra o seu valor primário. Os documentos arquivísticos refletem a vida das entidades quando foram gerados-recebidos (cf. SOUZA, 2017, p. 185).

Partindo do pressuposto de que o patrimônio arquivístico constitui um legado da humanidade ao longo do seu percurso histórico há, necessariamente, que reforçar a sua importância dentro das instituições que os conservam (cf. SOUZA, 2017, p. 183-195). Nesse sentido, os arquivos em geral e o eclesiástico, em particular, devem ser entendidos como lugar de e da memória destinados à preservação de documentos que possuem um caráter valorativo dentro do contexto de cada instituição. A descrição de documentos arquivísticos significa produção de fontes que ajudarão a encontrar o ponto de apoio da construção historiográfica de qualquer instituição. Com o objetivo de sensibilizar ainda mais a própria instituição religiosa, a Pontifícia Comissão para os Bens Culturais da Igreja lançou a Carta Circular *A função pastoral dos arquivos eclesiásticos* em 1997. O estudo realiza um balanço das atividades realizadas pela Igreja Católica durante os séculos e, ao mesmo tempo, traça uma orientação sobre a preservação dos bens culturais da instituição religiosa (cf. SOUZA, 2017, p. 189).

> Os arquivos, enquanto bens culturais, são oferecidos antes de mais ao usufruto da comunidade que os produziu, mas com o passar do tempo assumem uma destinação universal, tornando-se patrimônio da humanidade inteira. Com efeito, o material depositado não pode ser impedido àqueles que podem tirar proveito dele, a fim de conhecer a história do povo cristão, as suas vicissitudes religiosas, civis, culturais e sociais (PONTIFÍCIA, 1997, p. 35).

Os arquivos eclesiásticos são lugares da memória das comunidades e fatores de cultura para a evangelização. Portanto, um bem de enorme importância cuja função está em preservar os registros, não só manuscritos, do percurso feito ao longo dos séculos pela Igreja em cada uma das realidades culturais que a compõem (cf. PONTIFÍCIA, 1997, p. 5). Enquanto lugares da memória recolhem sistematicamente todos os dados com que é escrita e articulada a história de seus grupos.

> **Arquivo**, local onde se guardam documentos, lugar da memória. Arquivo não é apenas um lugar para conservar o passado, mas uma oportunidade para mudar o presente e frequentar o futuro.

O Código de Direito Canônico expressa claramente que o bispo é o responsável pelo patrimônio documentário (can. 381 § 2, 1983) em sua diocese. A circular da Santa Sé sugere algumas orientações na organização dos arquivos eclesiásticos. Os inventários e catálogos devem ser compilados em dois exemplares: um permanece na paróquia e o outro é encaminhado ao arquivo da Cúria. Portanto que a diocese organize seu arquivo e possibilite a preservação dos documentos. E ainda "dada a complexidade e a delicadeza da documentação é de primária importância confiar a direção do arquivo histórico a pessoas particularmente competentes, qualificadas e recorrer à colaboração de especialista para problemáticas particulares" (PONTIFÍCIA, 1997, p. 21, 27-29). Os funcionários especializados serão de grande valia para os pesquisadores seus conacionais e estrangeiros. A circular alerta ao afirmar que os arquivos de amanhã estão nos arquivos hodiernos correntes na instituição. O período pós-Vaticano II (1962-1965) é visualizado como uma busca por parte da comunidade eclesial de renovação, organização e preservação de seu patrimônio, porém ainda há muito a ser realizado. Se os arquivos correntes não recebem a atenção e o cuidado adequado, a documentação para a história futura está em perigo e, assim, comprometendo a memória histórica que, por sua vez, compromete a identidade da instituição.

A seguir serão elencados arquivos eclesiásticos e civis que preservam a documentação inédita relativa à história da Igreja na América Latina e no Caribe. Algumas fontes editadas serão elencadas na bibliografia final desta obra.

Vaticano

Arquivo Apostólico Vaticano (AAV) – (antigo Secreto ASV) – Cidade do Vaticano. A mudança de nome foi efetivada através de uma Carta em formato de *Motu Proprio* pelo Papa Francisco (22 de outubro 2019). O atual arquivista é o cardeal português José Tolentino Mendonça. O arquivo está aberto para pesquisas desde 18 de agosto de 1883 por autorização do Papa Leão XIII (1878-1903) através da Carta *Saepenumero considerantis* (LEÃO XIII, 1883). Fundos importantes: Fundo Consistorial.

Consistoriais são mais de mil volumes relativos aos consistórios, criação de cardeais, nomeação de bispos, modificações territoriais das dioceses; Secretaria de Estado, mais de seis mil volumes de correspondências das nunciaturas, cartas de cardeais e bispos; Sagrada Congregação do Concílio – recebe os relatórios dos bispos (visitas *Ad Limina*); Nunciaturas de Lisboa, de Madri, do Brasil e dos demais países da América Latina e Caribe, *Regesta Vaticana* (bulas até 1605), *Regesta Lateranensia* (bulas até 1803), Congregação dos Negócios Extraordinários, material sobre o período da emancipação latino-americana. Na Congregação da Evangelização dos Povos (*De Propaganda Fide*) materiais desde 1623. Em Roma há arquivos centrais e importantes de Congregações religiosas: Jesuítas, Franciscanos, Agostinianos e várias outras. Outros de relevância para a pesquisa sobre América Latina são: o Arquivo da Embaixada da Espanha junto à Santa Sé (apresentação de bispos e trâmites com o Vaticano), Biblioteca Nacional Vittorio Emmanuele (material sobre a causa de beatificação de numerosos santos latino-americanos, dentre estes, José de Anchieta, Pedro Claver, Santa Rosa de Lima, Santo Toríbio de Mongrovejo). O Arquivo publicou um Guia para as Fontes que estão nos arquivos da Santa Sé e nos arquivos eclesiásticos da Itália (cf. PASZTOR, 1970).

No ano de 1923 teve início o curso de Arquivística junto à Escola Pontifícia de Paleografia, seu nome oficial passou a ser Escola Vaticana de Paleografia e Diplomática. Em 1988, por decisão do Papa João Paulo II, foi instituída a Pontifícia Comissão para a Conservação do Patrimônio Artístico e Histórico junto à Congregação para o Clero e em sucessiva reforma passa a ser denominada Pontifícia Comissão para os Bens Culturais da Igreja. Ainda neste ano o papa publicou a Constituição Apostólica *Pastor Bonus*, declarando que: "Entre os bens históricos têm importância particular todos os documentos e instrumentos jurídicos, que se referem e atestam a vida e o cuidado pastoral, assim como os direitos e as obrigações das dioceses, das paróquias e das outras pessoas jurídicas instituídas na Igreja" (art. 101 §1).

> **Arquivo Vaticano, de secreto a apostólico**
>
> Enquanto perdurou a consciência da estreita ligação entre a língua latina e as línguas que dela derivam, não havia necessidade de explicar ou até de justificar este título de *Archivum Secretum*. Com as mudanças semânticas progressivas que, porém, ocorreram nas línguas modernas e nas culturas e sensibilidades sociais de diferentes nações, em medidas mais ou menos acentuadas, o termo *Secretum* atribuído ao Arquivo do Vaticano começou a ser mal-interpretado, a ser colorido com *nuances* ambíguas, até mesmo negativas. Tendo perdido o verdadeiro significado do termo *secretum* e associando instintivamente o seu valor ao conceito expresso pela palavra moderna "segredo", nalgumas areas e ambientes, até naqueles de certo relevo cultural, esta expressão assumiu o sentido prejudicial de esconder, de não revelar e de reservar para poucos. Exatamente o contrário daquilo que o Arquivo Secreto do Vaticano sempre foi e pretende ser, o qual — como disse o meu santo predecessor Paulo VI — preserva "ecos e vestígios" da passagem do Senhor na história (*Insegnamenti di Paolo* VI, I, 1963, p. 614). E a Igreja não tem medo da história, aliás ama-a, e gostaria de amá-la mais e melhor, como Deus a ama. (*Discurso aos Funcionários do Arquivo Secreto do Vaticano*, 4 de março de 2019: *L'Osservatore Romano*, ed. portuguesa de 12 de março de 2019, p. 5).
>
> Solicitado nos últimos anos por alguns estimados Prelados, bem como pelos meus colaboradores mais próximos, ouvindo também o parecer dos Superiores do mesmo Arquivo Secreto do Vaticano, com este meu *Motu Proprio* decido que, a partir de agora, o atual Arquivo Secreto do Vaticano, sem nada alterar da sua identidade, estrutura e missão, se passe a denominar *Arquivo Apostólico do Vaticano* (FRANCISCO, 2019).

Espanha

Arquivo Geral das Índias (AGI) – Sevilha. Fundado em 1785. Centraliza a documentação que estava espalhada nos arquivos de Simancas, Cádiz e Sevilha. Os fundos arquivísticos de maior interesse são: a seção do Patronato (194 cadernos), Audiências (quase 19 mil cadernos). Nas demais seções também são encontrados materiais úteis para este estudo. Neste arquivo estão o Tratado de Tordesilhas, documentos pessoais de Cristóvão Colombo, Fernão de Magalhães, Francisco Pizarro e Hernan Cortes, documentação proveniente do então Conselho das Índias e da Casa de Contratação. O edifício é Patrimônio Mundial declarado pela UNESCO desde 1987.

Arquivo Geral de Simancas (AGS) – Simancas. Fundado em 1540, primeiro arquivo oficial da Coroa de Castela. Material sobre os indígenas, a bula de Alexandre VI, *Inter Caetera*,

Arquivo Histórico Nacional – Madrid. Foi fundado no século XIX. São encontrados documentos sobre os Jesuítas e sobre o Tribunal da Inquisição.

Na Biblioteca Nacional, também em Madrid, é possível encontrar uma grande quantidade de material para a História da Igreja. Outros materiais poderão ser encontrados na biblioteca do Palácio Real e na biblioteca da Real Academia de História. A Biblioteca del Escorial e a Biblioteca Provincial de Toledo reúnem materiais importantes como o III Concílio de Lima e o IV Concílio do México, respectivamente.

Portugal

Arquivo Nacional da Torre do Tombo (ANTT) – Lisboa, Portugal. Instalado em 1378, no reinado de D. Fernando I. Primeiramente ficava numa das torres do Castelo de São Jorge e na atualidade é uma construção moderna localizada na cidade universitária. Fundos arquivísticos mais importantes são da Ordem de Cristo, da Mesa da Consciência e Ordens do Santo Ofício.

Arquivo Histórico Ultramarino (AHU) – Lisboa, Portugal. O Arquivo foi criado em 1931. A documentação é relativa aos portugueses e às populações com quem se relacionaram entre o século XVII e XX (1975). Sua documentação é similar àquela do Arquivo de Sevilha, referente ao Brasil.

Arquivo do Ministério de Negócios Estrangeiros (AMNE), o **Arquivo Histórico Militar (AHM)** – a Biblioteca Nacional de Lisboa, a Biblioteca do Palácio da Ajuda, a Academia das Ciências, as bibliotecas públicas do Porto e de Évora conservam valiosas fontes para a pesquisa histórica sobre a Igreja no Brasil.

América Latina e Caribe

Na América Latina e no Caribe há uma série de arquivos repletos de materiais para a pesquisa sobre o território e o catolicismo. Porém, é necessário levar em consideração três fatores importantes: o clima, o dinheiro e a cultura. O clima tropical é um complicador na conservação do material, juntamente com devastações advindas, por exemplo, dos furacões. Há técnicas e materiais que contribuem para a preservação. Contudo, para conservar é necessário dispender dinheiro. A economia latino-americana e caribenha não possui, em geral, fundos suficientes para este fim. E, por último, há uma cultura que não valoriza a preservação e a conservação destes materiais.

México

Arquivo Geral da Nação (AGN) – Cidade do México. Foi criado em 1723. Fundos sobre o clero secular e regular (217 volumes), hospitais, índios, inquisição (1702 volumes), jesuítas, bispos, arcebispos, santa cruzada, templos e conventos, universidade (572 volumes). Outro arquivo importante é o do Instituto Nacional de Antropologia e História (INAH). Praticamente em todas as catedrais ou principais paróquias há arquivos, como o do arcebispado de Guadalajara, a biblioteca palafoxiana de Puebla, de Oaxaca, Durango, Zacatecas. Há arquivos indígenas dos maias em Chiapas, em Ebtum (Yucatâ) e em São Pedro Yolox (Oaxaca).

Caribe

Os países do Caribe enfrentam grande dificuldade para a conservação dos materiais que, além das citadas anteriormente, a umidade e os cupins são responsáveis pela destruição dos documentos.

Arquivo Geral da Nação (AGN) – Arquivo da Catedral, Santo Domingo – República Dominicana. Pouco material, livros de batismo e atas do cabido eclesiástico.

Arquivo Histórico da Universidade em Rio das Pedras – Porto Rico arquiva o material mais importante. Há materiais no Arquivo Geral do Estado, Arquivo Histórico Municipal. Na catedral há um acervo organizado. Em Cuba há material no Arquivo Nacional de Cuba, a maioria dos documentos é a partir do século XVIII. O Arquivo Arquiepiscopal de Havana e o do cabido catedrático têm uma valiosa documentação.

América Central

Guatemala

Arquivo Geral do Governo da Guatemala – Na América Central este é o arquivo de maior importância. Grande quantidade de material sobre o Real Padroado (1634-1820); missões; santas cruzadas; conventos. Há um fundo neste arquivo especialmente sobre a temática eclesiástica. Outros arquivos importantes: Arquivo do Arcebispado; arquivo do Colégio Missionário do Cristo crucificado e o dos franciscanos.

Costa Rica e Nicarágua

Arquivo Nacional de São José. Arquivo Nacional e da Cúria Eclesiástica de Léon – Este último é o mais importante para a História da Igreja.

Honduras, El Salvador, Panamá

Nestes três países há pouco material, como no Arquivo Nacional de Honduras e no Arquivo da Cúria Eclesiástica de El Salvador. No Panamá há pouquíssimo material preservado.

América do Sul

Colômbia

Arquivo Nacional – É o mais importante. O Arquivo do Arcebispado de Santa Fé sofreu um incêndio em 1948. No Nacional há fundos sobre os indígenas (78 volumes), capelanias (26 tomos), conventos (78 tomos) dentre outras temáticas: párocos, bispos, colégios. Foram publicadas diversas séries de índices deste material arquivístico. No interior do país há outros arquivos de relevância: Arquivo do Arcebispado de Popayán e o do Colégio dos Franciscanos de missões em Cali.

Venezuela

Arquivo Geral da Nação – Nacional (Caracas). No arquivo há documentos como as bulas da santa cruzada, dízimos, igrejas, indígenas, missões, negócios eclesiásticos.

Arquivo Arquiepiscopal e Arquivo do Cabido – Grande quantidade de material: atas capitulares (1580 até a atualidade). No interior do país há também arquivos de relevância: dos franciscanos, das paróquias e o arquivo histórico de Zulia em Maracaibo e o arquivo histórico da província de Mérida.

Peru

Arquivo Nacional – Biblioteca Nacional, Arquivo das Relações Exteriores e, especialmente, o Arquivo Arquiepiscopal de Lima. Estes são arquivos que preservam uma quantidade razoável de material de interesse da história da Igreja. No arquiepiscopal são encontrados documentos sobre a causa de beatificação dos santos peruanos, história popular da Igreja, beatérios, socorros de índios pobres, irmandades. As aventuras arquivísticas nessa região são parecidas com as do México. Muitos documentos sumiram.

Arquivo de Ordens Religiosas e do Cabido – Arquivo do Convento dos Franciscanos (rico material sobre os franciscanos na América do Sul), dos Descalços, do Convento de Santo Agostinho, das Mercês, do Cabido (atas tem início em 1575), do Seminário de Santo Toribio de Mongrovejo.

Arquivo Histórico de Cuzco. Arquivo Arquiepiscopal de Cuzco, Arequipa e Trujillo – No primeiro há material sobre história da Igreja e, no segundo, material geral da instituição religiosa e no arquivo do Cabido. Em Arequipa é importante o Arquivo Arquiepiscopal e, em Trujillo, além do Arquiepiscopal, há o Arquivo do Cabido e do Colégio de Ocapa.

Equador, Bolívia

Arquivo Nacional de História, Arquivo Municipal de Quito – O segundo é de maior importância com fontes desde 1534. Material também é encontrado no Arquivo Arquiepiscopal e do Cabido. Outras localidades possuem arquivos com material eclesiástico: Ibarra, Ambato, Cuenca, Riobamba, Guayaquil.

Arquivo Nacional (Sucre) – Fundos importantes: 41 volumes sobre Mojos Y Chiquitos. No arquivo do Cabido Eclesiástico de Sucre são conservados documentos deste 1572. Outras localidades com importantes arquivos: Santa Cruz de la Sierra e Cochabamba.

Argentina, Paraguai, Uruguai, Chile

Arquivo Geral da Nação – Este arquivo, de Buenos Aires, é o mais antigo da América Latina (fundado em 1821). Seus fundos de importância são: dízimos, missões (em particular dos jesuítas).

Arquivo do Arcebispado de Buenos Aires – Com o incêndio de 1955 boa parte do material foi destruído. No Arquivo do Cabido Eclesiástico e no de São Francisco há poucos documentos.

Arquivos de Córdoba e Mendoza – O Arquivo Histórico, o Arquiepiscopal e o Arquivo da Universidade de Córdoba preservam uma documentação de grande interesse para a História da Igreja da região. A documentação da Universidade data seu início em 1609, quando da fundação do Colégio dos jesuítas em Santiago del Estero. Em Mendoza há um Arquivo Geral da Província o que também ocorre em Santiago juntamente com o Arquivo da Catedral. O mesmo se dá nas cidades de Salta, Santa Fé e Corrientes.

Arquivo Nacional e Arquivo da Cúria Eclesiástica – São os de maior importância no Paraguai. No Uruguai há o Museu Nacional que preserva alguns fundos.

Arquivo Nacional – Em Santiago do Chile este arquivo armazena fontes sobre os jesuítas, inquisição e o Arquivo Eyzaguirre. Na Biblioteca Nacional encontra-se a Sala Medina que se refere a um importante historiador.

Arquivo Arquiepiscopal – O Arquivo da Cúria de Santiago teve seu início em 1634. O Arquivo dos Franciscanos, de excelente material, foi fundado em 1553. Fundos: da Secretaria do Arcebispado, do Juiz Eclesiástico, Livros Sacramentais. Assim como nos outros países várias paróquias preservam o patrimônio das suas comunidades.

Arquivo Franciscano da Província da Santíssima Trindade (Santiago) – Arquivo Provincial, Atas e Decretos. Fundo Santíssima Trindade, Fundo Osorno, Fundo conventos. Além de história interna, o arquivo preserva documentos sobre a participação dos franciscanos na vida social e política do país.

Brasil

Arquivo Nacional do Rio de Janeiro (ANRJ) – Material do período colonial e da presença da corte portuguesa no Brasil a

partir de 1808. São Coleções Eclesiásticas, Negócios de Portugal: assuntos eclesiásticos (até 1820 com a documentação da Mesa da Consciência e Ordens, irmandades e outros). São Códices, Caixas da Mesa do Desembargo do Paço, Testamentos, Inventários.
Biblioteca Nacional do Rio de Janeiro (BNRJ) – manuscritos. Nesta seção da Biblioteca estão preservados Mapas, Alvarás, Ofícios, Autos da Devassa, Lista de Igrejas, Coleção de Documentos Biográficos, Jornais eclesiásticos.

Arquivo da Cúria Metropolitana do Rio de Janeiro (ACMRJ) – Há documentação que data desde 1575. São mais de 1600 documentos. São Livros de Colações, Livros de Registros do Bispado, Ordenações.

Arquivo do Estado de São Paulo (AESP) – Arquivo Municipal – Testamentos, inventários e material de interesse eclesiástico.

Arquivo da Cúria Metropolitana de São Paulo (ACMSP) – Localizado no campus Ipiranga da Pontifícia Universidade Católica de São Paulo, o arquivo preserva um grande acervo de fontes manuscritas (livros de Tombo, registros paroquiais como Batismo e Casamento), Jornais eclesiásticos, Pastorais, um pequeno núcleo da memória e um acervo fotográfico. Documentação mais antiga data de 1640.

Outros detalhes sobre os arquivos e fontes na América Latina e no Caribe são elencados em: (cf. CEHILA – DUSSEL, 1983, p. 87-102; DUSSEL, 1992, p. 653-656; CHAUNU, 1984, p. 3-126). No Brasil outros Arquivos Eclesiásticos de relevância estão em Salvador, Belém, Cuiabá, Goiás, Mariana, Olinda, Porto Alegre, São Luís do Maranhão. Várias dioceses e ordens religiosas preservam sua memória em seus arquivos e nesta lista estão mais alguns: Aparecida-SP, Campinas-SP, Curitiba-PR, Diamantina--MG, Florianópolis-SC, Fortaleza-CE, Limoeiro do Norte-CE, Petrópolis-RJ, Santo André-SP, Sobral-CE. Além destas citadas, outras iniciaram e continuam preservando seu material histórico eclesiástico. A expectativa é que várias outras dioceses sigam esta metodologia na preservação deste ouro das comunidades eclesiais. A memória é sempre a identidade do grupo. Sem memória não há identidade e sem identidade o grupo é guiado por outro. A Igreja na América Latina e no Caribe necessita preservar muito mais e melhor a sua documentação e possibilitar a consulta deste material por parte dos pesquisadores. Estes continuarão a escrita do que foi vivido pelas comunidades. É um desafio, é uma obra de fôlego que já foi iniciada, porém o caminho ainda é longo e sempre necessário.

Capítulo II
Historiografia do catolicismo na América Latina e no Caribe

> Leitor ignaro, se não guardas as cartas da juventude, não conhecerás um dia a filosofia das folhas velhas [...] (Machado de Assis – *Memórias Póstumas de Brás Cubas*).

Introdução

No seu sentido amplo, a historiografia é a apresentação e a análise da atividade humana do catolicismo, analisando, primeiramente, as culturas pré-colombianas, pré-cabralinas e os precedentes medievais como pressupostos para a ação colonizadora e catequizadora a partir de 1492.

Este capítulo está organizado em quatro blocos: Fontes documentais, Fontes narrativas, Estudos monográficos e Histórias globais. Esse material é transmitido oralmente, por escrito (manuscritos), por meio de representação plástica, entrevistas gravadas em vídeo, K7, CD, fotografias e inscrições em mármore. É essa documentação que serve para a reconstituição do catolicismo latino-americano, juntamente com os referenciais teóricos para a análise destas mesmas fontes. Parte do capítulo tem sua fundamentação em: (cf. BORGES, 1992, p. 5-18; PAZSTOR, 1970; DUSSEL, 1983a, p. 88-93; CHAUNU, 1984, p. 3-126).

A) Fontes documentais

Estas fontes documentais são constituídas por documentos de toda espécie, relacionados com a atividade do catolicismo e que constituem em escritos unitários com um ou vários destinatários concretos. Textos breves e que, com raras exceções, não eram difundidos por meio da imprensa. A maioria destas fontes permanece inédita, mas desde o final do século XIX tem-se editado coleções destes documentos, seguindo na maior parte das vezes um critério territorial.

Estes textos documentais podem ser estruturados em 5 tipos:

Documentos pontifícios referem-se à nomeação de bispos, ereção de dioceses, concessão de privilégios e promulgação de indulgências. São constituídos por bulas, breves e outros documentos da Santa Sé expedidos para o território latino-americano ou relacionados a este.

Documentos legislativos são textos da Coroa espanhola, portuguesa e das autoridades eclesiásticas, tanto aquelas que estavam na América como aquelas que estavam na Europa. São textos que se referem a todos os aspectos do catolicismo latino-americano. São reflexos do que acontecia na América e um indicador de como se deveria proceder diante dos acontecimentos. Incluem-se, aqui, numerosas cédulas reais, ordens reais ou pragmáticas da Coroa referentes a assuntos eclesiásticos; as disposições dos bispos e dos superiores de Ordens religiosas; as normas dos concílios provinciais, dos sínodos diocesanos e dos capítulos ou congregações dos religiosos.

Documentos informativos são as cartas, memoriais, informes, atestados, relações das visitas pastorais e as descrições de uma situação ou de um fato. Em geral, eram elaborados para o conhecimento das autoridades, sobretudo da Coroa, e seus autores atuavam, algumas vezes, oficialmente, e, outras, de maneira particular.

Este tipo de documentação revela uma mesma estrutura do texto e, portanto, são semelhantes, descrevem todo tipo de acontecimentos, até aqueles pessoais; e normalmente o autor expõe ao destinatário sua própria opinião sobre o que estava sucedendo ou/e como deveriam ser as atitudes a serem tomadas.

Documentos "polêmicos" eram aqueles destinados a manter ou ratificar uma determinada postura ou se levantar uma contrária.

Esta documentação é também bastante vasta. Isto se deve às numerosas controvérsias mantidas na América, e se referem, sobretudo, aos problemas relacionados com as conquistas armadas, às *encomiendas*, à escravidão indígena, às diversas formas de pregar o Evangelho, às disputas mantidas pelos bispos e religiosos pelos privilégios destes últimos, da entrega das paróquias de índios ao clero diocesano, divergências entre a autoridade civil e eclesiástica, às dissensões surgidas dentro das Ordens religiosas e às diferenças entre os membros de uma mesma Ordem, sobretudo com o motivo da alternância dos cargos entre os peninsulares e os *criollos*.

Documentos propagandísticos eram elaborados para ressaltar os méritos próprios de uma Ordem religiosa a que pertencia o autor ou para edificar o leitor e suscitar vocações missionárias. As célebres *Cartas Anuas* da Companhia de Jesus estão incluídas nas duas últimas finalidades, enquanto as circulares, que no século XVIII distribuíam pelos conventos da Espanha, são exemplos da última. O inconveniente destes documentos não consiste no falsear a verdade para conseguir seu objetivo, mas em insistir ou recorrer a casos que justifiquem exclusivamente seu objetivo, omitindo os outros.

B) Fontes narrativas

Neste item estão incluídas as narrações ou exposições da atividade da Igreja na América Latina e Caribe elaboradas com um fim determinado: a difusão por meio da imprensa.

Estas fontes narrativas estão constituídas fundamentalmente pelas *Histórias* propriamente ditas, denominadas muitas vezes de Crônicas, sobretudo no caso dos franciscanos e agostinianos, as vidas ou biografias de personagens eclesiásticos destacados e as relações de uma situação ou de um acontecimento determinado. Pelo objetivo diferenciado, estas fontes possuem uma determinada especificidade. A *História* ou *Crônica* abarca um campo geográfico e cronológico mais amplo que o das outras fontes. A biografia é restrita a uma pessoa, enquanto as relações podem constituir uma verdadeira história ou somente o relato de um acontecimento.

Todas estas fontes, especialmente as **Histórias** ou **Crônicas**, revestem-se das seguintes características:

1) Na maioria das vezes são obras de autores que escreviam na América ou que haviam estado aqui. Outras vezes, eram textos de fora da América, concretamente da Espanha. Em muitos casos, os autores são testemunhas pessoais do que relatam.

2) Salvo em casos concretos, como o de Gil Gonzalez Dávila, pertencente ao clero secular, os autores são todos do clero regular e escrevem para cumprir um pedido de seus superiores.

3) A narração dos fatos se baseia em documentos autênticos ou em testemunhos de quem os presenciou e até os protagonizaram, razão pela qual constituem uma valiosa fonte.

4) Tanto o superior como o autor encarregado da obra seguem dois objetivos: o brilho da própria Ordem, implícito ou explicitamente deduzido da atuação de seus membros e a exemplaridade do leitor, perseguida mediante o relato. Este duplo propósito não exclui a veracidade da história, pois o autor sempre se propõe a narrar os fatos. Algumas vezes, porém, omitia-se o que não contribuía para o seu propósito.

5) Os autores também tinham a tentação na busca do maravilhoso, buscando um caráter messiânico, providencialista e

até milagroso dos acontecimentos, até a primeira metade do século XVII. Deste período em diante, esta tendência cede à insistência no extraordinário, menos no sobrenatural. A mudança obedeceu a um decreto promulgado pelo Papa Urbano VIII em 1625 e ratificado em 1634, pelo qual proibiu a impressão de obras que falavam de milagres, revelações e dotes de santidade sem a prévia aprovação da autoridade eclesiástica ou da Sagrada Congregação dos Ritos.

6) Uma característica de toda esta produção histórica é a insistência nas grandes dificuldades da própria Ordem ou as dificuldades do personagem biografado. Estas foram sempre reais, mas o que surpreende é o desejo de fazê-las ressaltar e a frequente omissão, sobretudo desde o século XVII em diante, das facilidades que gozavam os protagonistas.

7) No conteúdo destas obras predomina a narração dos acontecimentos eclesiásticos, deixando os civis com menor atenção. O destaque vai para a prévia conquista armada do território e, no caso das histórias missionais, a descrição da história dos costumes indígenas, de grande valor etnográfico.

8) A história religiosa, muitas vezes, é reduzida à descrição da própria Ordem. Em diversos escritos o título não corresponde à totalidade a obra. Como nos casos dos franciscanos Toríbio Paredes de Benavente e Motolinia (*Historia de los índios de Nueva España*), Jerônimo de Mendieta (*Historia eclesiástica indiana*) e José Torrubia (*Monarquia indiana*). O título traz expectativas mais amplas daquilo que de fato é tratado. O mesmo Gil Gonzáles Dávila trata somente da questão da hierarquia eclesiástica, mas o título supõe o propósito de abarcar toda a Igreja e o catolicismo.

9) Uma obra como a de Francisco de Gonzaga (*De origine Seraphicae Religionis Franciscanae*, Roma, 1587), junto com a de

Gonzalez Dávila, que abarca toda a América, constituem uma exceção na tendência geral deste tipo de obras. A limitação territorial não seguia um critério geográfico, mas o do âmbito da Província religiosa ou Missão a que pertencia o autor, de maneira que a história não era de um território como tal, nem daquele ocupado por uma determinada Ordem tomada no seu conjunto, mas a da correspondente a uma determinada Província ou Missão, circunstância que somente figurava no título da obra. Esta é a razão de que, em conformidade com a extensão geográfica da Província ou Missão, às vezes a narração se limitava a um território bem concreto. Como por exemplo, Michoacán, Florida ou Chiloé. Em determinados casos e lugares se escolhiam alguns territórios e se prescindia de outros, o que acontece entre os franciscanos que tiveram diversas províncias.

10) A produção histórica dos jesuítas refletia uma mentalidade mais moderna em relação às outras Ordens religiosas. Por outro lado, tanto uma como outra evoluíram com o decorrer do tempo. Em todas se observa uma clara tendência cronológica, quase uma obsessão com o suceder dos anos, de maneira que estas histórias terminam convertendo-se em verdadeiros anais, enquanto outras se ordenam em função da sucessão cronológica dos provinciais ou das congregações da respectiva Província.

11) A produção também ressalta a importância da fundação de conventos e as biografias, até o ponto que algumas destas obras, como por exemplo, do dominicano Alonso Franco (*Segunda parte de la historia de la província de Santiago de México, Orden de Predicadores de la Nueva España*, México, 1645), mais do que uma história propriamente dita é uma espécie de santoral não oficial, pois na prática se limita a traçar biografias.

C) Estudos monográficos

São estudos que abordam os mais diferentes aspectos da história do catolicismo na América Latina e no Caribe. Alguns com a finalidade de divulgação, outros com objetivos e bases científicas. Esta diversidade impede a classificação estrita nesta parte das fontes. Do ponto de vista de sua forma e do âmbito de seu conteúdo, pode-se ter uma estruturação da seguinte maneira:

1) Artigo de revista constitui o tipo mais frequente e cujo conteúdo é também mais restrito, tanto temática como cronologicamente. Esta limitação se vê compensada pela exatidão dos dados apresentados.

2) Monografias, mediante as quais se procura esgotar um tema escolhido. A maior parte configura-se nestes grupos, geográfica e cronologicamente: uma instituição, principalmente bispados, Ordens ou Províncias religiosas; um território, diocesano ou missional; uma ideia ou corrente, como a teocracia pontifical ou o Real Padroado; um personagem eclesiástico; uma análise e edição de uma obra inédita ou que se considera necessitada de uma nova edição ou estudo.

3) Histórias da Igreja em uma nação determinada. Alguns países possuem várias. Algumas não correspondem às exigências atuais. Histórias do México, Colômbia, Peru, Chile, Brasil, Honduras e Argentina.

D) Histórias globais

Neste bloco estão incluídas algumas obras que procuram abordar todos os aspectos da Igreja, do catolicismo latino-americano e caribenho. Aqui, um breve relato de seus autores.

1) Antonio Ybot Leon teve o mérito de ter sido o primeiro autor moderno (1954-1963) que abordou o tema com uma

visão global. Isto faz sua obra ser importante até a atualidade, mesmo que em alguns pontos tenha sido superada.

2) Leandro Tormo elaborou, em 1962, um breve resumo, onde predomina o critério da seleção de temas.

3) Leon Lopetegui, Francisco Zubillaga e Antonio Egaña publicaram *Historia*, em 1965-1966, e esta oferece uma visão das questões globais. O texto trata exaustivamente de temas espanhóis, relegando determinados pontos latino-americanos. Os próprios autores reconhecem que apresentaram mais um "episcológico" do que uma história eclesiástica e do catolicismo propriamente dita.

4) A CEHILA (Comissão de Estudos de História da Igreja na América Latina) oferece uma visão própria, esforçando-se por traçar uma teologia da história; oferece visões gerais com base em testemunhos e situações concretas. A Comissão foi fundada em Quito, no Equador, em 1973.

CEHILA

Esta Comissão distanciava-se, na sua proposta historiográfica, "das precedentes e parciais histórias da Igreja no Continente" em três pontos nevrálgicos:

* Noção de "povo de Deus" que levava a privilegiar a massa dos fiéis e de sua trajetória religiosa e menos a instituição e seus quadros hierárquicos.

* A noção de "Igreja dos pobres", que conotava os deserdados da história, os sem voz e sem vez, tomando como sujeitos históricos os indígenas, os escravos africanos, mulheres, camponeses sem terra, classe operária, os marginalizados e excluídos com sua expressão religiosa.

* A noção de ecumenismo que convidava à superação de uma história apologética e estanque, apontando para uma ampla história do cristianismo, almejada, mas não de todo alcançada. Na interseção com o mundo dos pobres, esta opção colocava ainda em questão um ecumenismo apenas intraeclesiástico, que estivesse alheio à dor e ao sofrimento dos empobrecidos e às suas lutas por justiça e libertação ou incapaz de enfrentar o que se chama hoje de "macroecumenismo", ou seja, o diálogo dos cristianismos latino-americanos e caribenhos com as religiões indígenas e afro-americanas. O caminho seria partir para uma história das religiões na América Latina e no Caribe? Este debate, ausente no início, tornou-se importante no decorrer dos anos (BEOZZO, 2015b, p. 15, 16).

5) Hans Jurgen Prien, em 1978, em alemão e, em 1985, em espanhol, oferece uma visão com dados concretos, com relativo enfoque. A sua obra, *La Historia del Cristianismo en América Latina,* apresenta o cristianismo na América Latina em conexão com as estruturas sociais, políticas, econômicas e culturais das diversas épocas. É um trabalho ecumênico que estuda as atitudes das Igrejas no processo de libertação e os problemas da identidade missionária eclesial.

PARTE II

OS VERDADEIROS DONOS DA TERRA

Capítulo III
Situação da Península Ibérica às vésperas da conquista da América

> Enriquecemos porque povos e raças inteiras morreram por nós, foram despovoados continentes inteiros (SOMBART, 1926, p. 115).

Introdução

Para uma compreensão da instalação e da organização do catolicismo na América Latina, faz-se necessário examinar as condições da Península Ibérica na transição da Idade Média para a Moderna. Os reinos ibéricos haviam passado por uma experiência decisiva: a reconquista do território das mãos dos muçulmanos. Não é possível identificar a Reconquista diretamente ao modelo geral da Cruzada, mas houve nela a mesma interação de empresa mundana e o propósito religioso. Estava presente a mentalidade de que a fé poderia e deveria ser propagada por meios militares. Não seria erro ou exagero afirmar que os espanhóis, participantes da Reconquista, haviam absorvido de seus adversários muçulmanos algumas ideias e crenças, sobretudo, o messianismo religioso. Objetiva-se, neste capítulo, apresentar um quadro geral da situação da Europa (de maneira particular Portugal e Espanha) antes da conquista da América.

Desintegração do sistema feudal

A mentalidade proposta por juristas italianos, a partir do século XIV, sobre a justificação secular do Estado, segundo a qual a autoridade do Governo devia controlar todas as forças da sociedade, inclusive as eclesiásticas, obtinha crescente aceitação. Esse modelo de sociedade não reservava qualquer lugar à teocracia, isto é, ao agostinismo na política, qualquer lugar especial à visão de que o papa era *dominus orbis*.

O mundo feudal, enquanto lugar fechado, começou a se desintegrar a partir do século XI. A sua agonia era visível, um sistema baseado essencialmente nas relações servis de produção e caracterizado pelo particularismo político, por uma economia natural e autossuficiente, um comércio quase que exclusivamente a base de troca e uma mínima e localizada circulação monetária. A desintegração do sistema feudal (cf. LOYN, 1990, p. 145) foi causada por um conjunto de fatores que, interagindo, provocaram profundas mudanças nas diferentes estruturas euro medievais e levaram a Europa ocidental a um novo equilíbrio econômico e humano que durou alguns séculos. Os fatores determinantes dessa desintegração foram o constante e sistemático aumento da população europeia, a revolução agrícola marcada pela criação e desenvolvimento de novas técnicas de produção, o renascimento comercial e urbano e as lutas camponesas e urbanas, notadamente as do século XIV (cf. BIDEGAIN, 1993, p. 16-20).

Crescimento demográfico e revolução agrícola

Depois de um longo período de conturbações, provocadas pelas invasões normandas e muçulmanas, o Ocidente europeu conheceu um período de tranquilidade que resultou num lento e gradual aumento populacional, visível em fins do século X e início do século XI. Ao crescimento demográfico, incompatível com as limitações e com a autossuficiência do modo de produção feudal, correspondem fatos históricos importantes: multiplicação da mão de obra, ampliação do mercado consumidor, desenvolvimento de grande comércio, crescimento da vida urbana, aperfeiçoamento das técnicas agrárias, e, especialmente, a conquista de novas áreas até então não cultivadas, cuja utilização, como zonas produtoras, pudesse atender as necessidades de consumo da crescente população (cf. SOUZA, 2020, p. 183).

Esse desbravamento para a cultura de florestas configura uma verdadeira revolução agrícola. Por toda parte a população avançou além das fronteiras da civilização e ganhou importantes combates contra a natureza hostil. As grandes derrubadas deram às zonas do Ocidente uma nova feição que pouco se modificou desde então. O empreendimento dos grandes desbravamentos deveu-se tanto à ação dos senhores feudais como à de simples camponeses, de modo que esse processo de ocupação e cultivo de novas áreas agrícolas contribuíram em larga escala para a decadência da servidão (cf. LOYN, 1990, p. 146-147).

Muitos senhores feudais, interessados em ampliar suas rendas, procuravam forçar os servos ao trabalho de desmatamento de florestas e drenagem de pântanos. Os servos, em sua maioria acostumados aos métodos tradicionais de produzir apenas o necessário para o consumo, se recusavam a trabalhar nas novas áreas. Em consequência disso, bem como da não adaptação dos servos às novas exigências de se produzir excedentes para os mercados, os senhores foram forçados, para convencê-los, a isentá-los da maioria ou de todos os serviços até então obrigatórios. Os agricultores passaram da condição de servos para a de homens livres. Conseguiram trocar por pagamentos em dinheiro as obrigações de executantes de serviços e fornecedores de alimentos para seu senhor. Produziam, vendiam o excedente e contribuíam financeiramente para o aumento da renda senhorial.

O dinheiro estava substituindo as obrigações feudais. Há que se considerar também os exemplos contrários. Houve senhores que, ávidos por maiores lucros, expulsaram os servos e os substituíram por trabalhadores mais dinâmicos, assalariados; houve outros que aumentaram o nível de exploração do trabalho servil, transformando os servos praticamente em escravos. Esta última prática gerou protestos. Ocorreram fugas e reações armadas da massa explorada, com destaque para as revoltas camponesas na França em meados do século XIV, que ficaram conhecidas como Jacqueries (cf. LE GOFF, 2007, p. 236). A posição assumida pela massa servil em relação aos senhores, bem como as revoltas camponesas, deu aos servos o papel histórico de principais agentes de transformação das relações servis de produção. A crise do feudalismo se acentua a partir das revoluções camponesas do século XIV em reação à superexploração.

Renascimento comercial

Entre os séculos XI e XIII as atividades mercantis europeias ganharam tal impulso que configuraram uma verdadeira revolução comercial. As Cruzadas (cf. SOUZA, 2020, p. 115) tiveram papel fundamental nessa revolução mercantil, à medida que, reabrindo o Mar Mediterrâneo ao comércio internacional, reintegraram a Europa aos mercados afro-asiáticos.

O comércio promovia uma inter-relação econômica do Mediterrâneo com o Atlântico Norte e o Báltico, bem como interligava as cidades italianas a Constantinopla, Alexandria e as regiões europeias de Flandres, Champagne e outras. O intercâmbio entre os principais centros mercantis se fazia através de rotas comerciais criadas para esse fim. Na Europa Ocidental, os comerciantes utilizaram várias rotas secundárias, tanto terrestres como fluviais, para o intercâmbio mercantil. Em suas viagens criaram as feiras, onde mercadores e artesãos erguiam barracas e quiosques para exibir e negociar mercadorias (cf. ARRUDA, 1976, p. 29-35). As feiras medievais tornaram-se permanentes e atingiram pleno vigor entre os séculos XII e XIV, devido ao impulso mercantil ocasionado pelas Cruzadas. Algumas dessas feiras, como as da região de Champagne, deram origem aos burgos (cidades). O renascimento comercial foi acompanhado pelo renascimento urbano e, em consequência dele, surgiu na Europa medieval uma nova camada social que ficou historicamente conhecida como burguesia.

A crise do século XIV

Nos primeiros anos do século XIV, a até então florescente economia europeia conheceu um período de depressão ocasionado pela escassez de ouro e prata, devido ao uso indiscriminado da moeda europeia nas transações mercantis com o Oriente. Com isso o metal precioso escoava e era retido nos cofres orientais. Essa escassez provocou a desvalorização da moeda e o aumento generalizado dos preços das mercadorias. A situação agravou-se ainda mais no continente europeu. As péssimas colheitas provocaram escassez de alimentos e fome crônica. Epidemias como a Peste Negra assolaram o continente dizimando mais de um terço da população. O quadro de insegurança e pânico generalizado era completado pela Guerra dos Cem Anos (1337-1453) entre Inglaterra e França (cf. PHILLIPS, 2015, p. 109-113).

Depois de séculos de relativa tranquilidade, voltavam os grandes inimigos: a guerra, a fome, a peste, a morte. Tudo era interpretado como castigo divino aos pecados humanos, como resultado do afastamento da humanidade em relação a Deus. A grande culpada, segundo o que se falava, era a Igreja, que deveria interceder em favor da humanidade, mas apenas acelerava sua perdição, envolvendo-se excessivamente nas questões materiais. O pessimismo, a espera sofrida de novas calamidades, era generalizado. A obsessão pelo pecado era imensa, acreditando-se que mesmo os pequenos erros de um indivíduo comprometiam a todos (cf. SOUZA, 2020, p. 196-197). A perspectiva da morte e da ira de Deus atormentava a muitos: temas macabros abundavam na arte e na literatura.

Diante da crise agrária fazia-se necessária a conquista de novas áreas produtoras. Diante da crise demográfica era urgente realizar o domínio sobre populações não europeias. Diante da crise monetária fazia-se necessária a descoberta de novas fontes de minérios. Diante da crise social fazia-se necessário um monarca forte, controlador das tensões e das lutas sociais. Diante da crise política-militar fazia-se necessária uma força centralizadora e defensora de toda a nação. Diante da crise clerical fazia-se necessária uma nova Igreja. Diante da crise espiritual fazia-se necessária uma nova visão de Deus e da humanidade (cf. SOUZA, 2020, p. 191-196). Começavam os novos tempos e a ordem feudal se dissolvia. A crise global do feudalismo resultou na implantação de um novo modo de produção que ficaria conhecido como capitalismo.

Fé católica e nacionalidade

O momento da travessia do Atlântico está no contexto do processo histórico da formação da monarquia nacional espanhola (XV-XVI). No século XIII era composta por diversos reinos, porém eram dois os que se destacavam: o reino de Aragão com suas atividades comerciais, especialmente as especiarias; seu comércio predominante era com as cidades italianas e com o norte da África, portanto seu centro econômico era o mediterrâneo. O outro reino, o de Castela, era o mais rico da Península. Um exército potente com um programa antigo de expulsão dos mouros. No século XV, o casamento de Fernando de Aragão e Isabel de Castela simbolizou a unificação dos reinos (cf. FERREIRA, 1992, p. 11-12). Devido a diversos fatores, como a descentralização e a língua, o casamento não foi suficiente para formar a nacionalidade. A unificação política necessitou de um elemento cultural. Este lastro foi preenchido pela religião católica (cf. VAINFAS, 1984, p. 12).

> Desde a Reconquista, a fonte maior de prestígio e de legitimidade da monarquia provinha de seu patrocínio

da "guerra santa" contra o muçulmano e a consequente expansão da Cristandade. Para as pessoas comuns, paulatinamente, a noção de súdito, até então fluída, se redimensionou e se confundiu com a noção de cristão. A sedimentação da ideia de nacionalidade a partir da fé católica atingiu seu maior significado com a intolerância religiosa. Não foi casual que a Inquisição espanhola tenha surgido com os Reis Católicos. A unidade religiosa, desta forma, legitimou e deu bases efetivas para a unidade política (FERREIRA, 1992, p. 13).

Configurou-se uma aliança política entre os interesses entre a monarquia, a nobreza e a Igreja. Os Reis Católicos "definiram-se por uma Espanha agrária e aristocrática, consolidando uma estrutura fundiária patrimonial e uma sociedade apegada à hierarquia e à pureza de sangue" (VAINFAS, 1984, p. 15). Nessa construção era importante os privilégios senhoriais, porém não havia lugar para todos, assim vários partiram para o ultramar, buscando fazer riqueza e por consequência possuir meios para conquistar privilégios e prestígio. Essa era a condição, por exemplo, de Hernan Cortez (conquistador da Confederação Asteca) e Francisco Pizarro (conquistador do Império Inca). Cortez, proveniente da pequena nobreza, interrompeu seus estudos de Direito para ingressar na carreira militar. Sua ambição por ouro foi uma opositora de sua fé cristã. Pizarro também ambicionava o ouro, era analfabeto, bastardo e vivia da criação de porcos. São o microcosmo do macrocosmo de seus seguidores nesta aventura em busca de ascensão social. O "Novo Mundo" deveria ser conquistado, subjugado e explorado.

Este imaginário e prática dos conquistadores pertencia a um horizonte anterior de uma cultura conquistadora que havia surgido no processo da Reconquista. Segundo o pensamento corrente, a vitória contra os muçulmanos impunha uma superioridade espanhola frente a outras culturas. O fundamento jurídico deste contexto é que era legítimo conquistar uma nação cujo monarca não fosse cristão e "a expansão da fé cristã era bem-vista por Deus e estava em Seus planos de redenção dos homens... o lema dos cavaleiros espanhóis na expansão africana – 'ouro, honra e evangelho' – tornou-se o objetivo dos conquistadores espanhóis na América" (FERREIRA, 1992, p. 15). A ideia era que a mística e a superioridade espanholas portavam a única e verdadeira fé, daí a intolerância com outras expressões religiosas.

Dentro de seus territórios, os governantes dos reinos hispânicos, por muitos séculos, haviam manifestado relativa tolerância para com os seus súditos não cristãos. O processo histórico mudou, no começo do século XV, quando se passou a insistir continuamente na sua assimilação ao corpo da Cristandade. Em 1492, os judeus foram forçados a escolher entre serem batizados cristãos ou banidos dos domínios de Fernando e Isabel; os mouros enfrentaram a mesma escolha em Castela, em 1520, e em Aragão, em 1526. Nessa época, a Espanha já estava bem distante da atitude missionária que indivíduos como o pensador catalão Raimundo Lulio manteve no século XIII; o surgimento do Estado moderno exigia pelo menos a fachada de uniformidade de crença (cf. LOYN, 1990, p. 243-244).

É nesse quadro que acontece a expansão comercial e marítima europeia. Um conjunto de forças e motivos econômicos, políticos e culturais impulsionou a expansão comercial e marítima a partir do século XV, o que resultou, entre outras coisas, no domínio da Europa sobre a África, a Ásia e a América, legitimados pelo ideal religioso.

> Os principais fatores para a expansão foram: a necessidade de os mercadores europeus se livrarem do monopólio italiano sobre o comércio das especiarias, a carência de metais preciosos para a cunhagem de moedas, o interesse de membros da aristocracia em conquistar novas terras e ampliar seu prestígio, a busca de novos mercados produtores agrícolas e de mercados consumidores de produtos artesanais excedentes na Europa, a ação e os investimentos da burguesia e do Estado metropolitano e a evolução tecnológica.

Capítulo IV
Culturas pré-colombianas e pré-cabralinas

> Eu sou Apache.
> Eu sou Azteca.
> Eu sou Aymara.
> Eu sou Araucano.
> Eu sou Maia.
> Eu sou Inca.
> Eu sou Tupi.
> Eu sou Tucano.
> Eu sou Yanomani.
> Eu sou Aymore.
> Eu sou Irantxe.
> Eu sou Karaja.
> Eu sou Terena.
> Eu sou Xavante.
> Eu sou Kaingang.
>
> Eu, Guarani.
> E é com canto Guarani
> que todo o resto do Continente,
> todos os povos do meu Povo,
> cantam agora seu lamento.
>
> (*Missa Terra Sem Males*, trecho.
> Pedro Casaldáliga, Pedro Tierra, Martín Coplas)

Introdução

A finalidade deste capítulo é relembrar que no território, hoje denominado América, havia diversas e ricas culturas, civilizações. O texto também tem por objetivo discutir o etnocentrismo e eurocentrismo ainda vigentes na atualidade. Não serão utilizados os verbos: descobrir, integrar, trazer, pois estes consideram os europeus protagonistas da História. O que ocorreu foi uma conquista com despovoamento e repovoamento. Ao apresentar, em linhas gerais, essas culturas objetiva-se não somente conhecê-las, mas afirmar que não existem selvagens e civilizados. São culturas no plural, são diferentes e nunca superiores ou inferiores.

> Conquistar podia significar, portanto, colonizar, mas também podia significar assaltar, saquear e seguir adiante. A conquista no primeiro sentido dava primazia à ocupação e exploração da terra. No segundo sentido, concebia o poder e a riqueza de uma forma muito menos estática – em termos muito mais de posse de objetos fáceis de transportar, como ouro, pilhagem e gado, de domínio sobre vassalos do que de propriedade da terra. Mobilidade implicava aventura, e aventura numa sociedade militar aumentava enormemente as oportunidades de elevar a própria posição aos olhos de seus iguais (BETHELL, 1997, p. 138).

O surgimento da humanidade na América

As últimas pesquisas indicam que os indígenas americanos são predominantemente descendentes de contingentes humanos que emigraram da Ásia para a América em épocas remotas. Há aproximadamente 15 e 20 mil anos, teria existido uma extensa ligação terrestre entre os dois continentes, onde se situam atualmente as ilhas Aleutas e o estreito de Bhering, devido ao rebaixamento do nível do mar durante os dois últimos grandes períodos glaciais. As várias populações, em diferentes épocas e ondas migratórias utilizaram dessa passagem, da Ásia para a América, distribuindo-se por todo o continente no decorrer de milênios. Os pesquisadores consideram a possibilidade de migrações de outras regiões, oriundas da Polinésia e Oceania. Os habitantes da Polinésia, destes tempos antigos, cobriam grandes extensões marítimas com suas embarcações, povoando aquelas ilhas. Neste sentido, não teriam dificuldades de atingir a costa da América. Um mito peruano, afirma que o herói-civilizador **Takaynamo**, fundador do **Império Chimú**, teria atingido a costa do Peru com toda a sua corte, navegando desde o mar do poente em balsas de bambu. Outros estudos que os fósseis encontrados aqui tinham características muito diferentes dos mongóis. A pesquisa arqueológica teve uma reviravolta em 1998 com a publicação sobre Luzia: restos de um esqueleto encontrado no sítio de Lagoa Vermelha (MG). Sua datação é de cerca de 11.500 anos. A morfologia craniana era muito distinta da encontrada na mesma região em períodos, mais tardios, levando a crer em outras possibilidades de origens geográficas dos habitantes primeiros do território da América do Sul e Central: Austrália e África (cf. NEVES, 2005, p. 16-19). Na arqueologia e em outras ciências não há nada definitivo.

Outra antiga tradição destas populações, recolhida por Sarmiento da Gamboa no século XVI, faz referências a uma viagem realizada por Tupá Ynca Yupanqui, filho de Pachacutec, a umas ilhas chamadas de Auachumbi e Niñachumbi, de onde regressou trazendo entre os despojos população negra, ouro e outros objetos, que ficaram conservados na fortaleza de Cuzco até a época dos espanhóis. A iconografia, de maneira especial nas culturas olmeca e mais, levam a supor uma possível conexão com culturas asiáticas. Tradicionais crônicas chinesas referem-se a viagens em terras distantes e desconhecidas, e há a possibilidade de navegadores chineses e japoneses, utilizando a corrente marítima do Kurosiwo, terem atingido o continente americano.

Na costa do Equador, foi encontrada a cerâmica de Valdivia, datando 3 mil anos, possui surpreendente semelhança com a cerâmica do período Jomon Médio, no Japão, com igual antiguidade, o que reforçaria a ideia de contatos transoceânicos entre a Ásia e a América, como indicam as pesquisas da arqueóloga Betty Meggers. Todas as pesquisas, revelando diversas evidências, levam a supor que realmente foi da Ásia, desde épocas remotas, o ponto de origem dos principais contingentes humanos que povoaram a América. No século XVI, o jesuíta padre José de Acosta levantou pela primeira vez a hipótese de uma origem asiática para os indígenas da América, observando a semelhança e características físicas entre as populações dos dois continentes. Esse mesmo jesuíta, um dos maiores teóricos da missão, aconselhava que era "necessário que andem juntos o soldado e o sacerdote... o novo modo de anunciar o Evangelho é o do missionário, rodeado de soldados e de aparato vário" (ACOSTA, 1984, p. 450, 453).

Pesquisas realizadas em diversos sítios arqueológicos indicam a presença humana na Amazônia há pelo menos 12 mil anos, o que colocaria essas populações entre as mais antigas do "Novo Mundo". Através de fragmentos de cerâmica encontrados próximo à cidade de Santarém, no Pará, com datações de 8 a 7 mil anos a.C., revelam, até o momento, ser o mais antigo objeto cerâmico da América.

Na localidade de São Raimundo Nonato, no Piauí, vestígios de ocupação humana encontrada pela pesquisadora franco-brasileira Niède Guidon (cf. PIMENTEL, 2005, p. 42-45) obtiveram datação de 35 mil anos, e que, confirmados, serão os restos humanos mais antigos de todo o continente. Em 1991, o Parque Nacional da Serra da Capivara, onde estão localizados estes sítios arqueológicos, foi considerado patrimônio cultural e natural da humanidade pela UNESCO. Ainda no Piauí outro sítio com data superior a 11.400 anos: Pedra Furada. É interessante observar que essas descobertas acontecem num dos estados mais pobres do Brasil. Em Minas Gerais existem outros sítios arqueológicos que também datam de 11 mil anos: Lapa do Boquête, Lapa Vermelha IV e Santana do Riacho. Outras descobertas recentes no Chile, no Deserto de Atacama e em Monte Verde revelaram vestígios de ocupação humana muito antigos, assim como na Venezuela (Taima-Taima), na Argentina (Los Toldos e Piedra Museo).

> Se considerarmos que existem civilizações superiores e inferiores, teremos que explicar em relação a que e por que construímos uma estratificação que vai de menos a maior, do negativo ao positivo. Não nos parece correto falar de superiores e inferiores, mas de civilizações (PEREGALLI, 1998, p. 3).

No México, no Vale de Tehuacán, entre 7 e 5 mil anos, registram-se os mais antigos vestígios de uma agricultura incipiente e de domesticação de algumas espécies vegetais: milho, agave, abacate, feijões, abóboras. As pesquisas revelam que a prática da agricultura entre as populações da Amazônia, situam-se entre o oitavo e sexto milênio antes de Cristo. Entre 1800 e 1500 a.C. surgem as grandes concentrações populacionais e os primeiros grandes centros cerimoniais, que antecederam as três mais conhecidas culturas da América: maia, asteca e inca. Alguns pesquisadores atribuem uma datação de aproximadamente 1800 a.C., e outros de 1500 a 1200 a.C., para os primeiros vestígios da civilização olmeca, no litoral do Golfo do México, que é tida por muitos como a matriz das demais civilizações da América. Essa civilização, olmeca, desapareceu em 400 a.C. Nesse período já haviam difundido sua cultura por uma imensa área da Mesoamérica, desde o Vale de Balsas até El Salvador e a Costa Rica, do litoral do Golfo do México às montanhas de Oaxaca e ao litoral do Pacífico. Pirâmides, altares, baixos-relevos, jades e jadeítas cinzelados e, sobretudo, a escrita hieroglífica, somados à contagem do tempo: com os olmecas surgem esses traços essenciais a todas as altas civilizações do México.

De tantas e notáveis realizações materiais dos olmecas, preservadas até a atualidade, onde se incluem pirâmides, canais de irrigação, colinas e aterros artificiais, colunas e monumentos, destacam-se as colossais cabeças megalíticas de La Venta, no México.

Teotihuakán, um grande centro cerimonial com sua cidade, teve seu apogeu entre os anos de 600 a.C. e 200 d.C., possuindo uma população estimada entre 25 e 85 mil habitantes, destacando-se como centro irradiador de cultura de todo o planalto mexicano, quando foi destruída por volta do ano 600 d.C., pelos toltecas, que a ocuparam. População rude dos desertos do noroeste, de uma língua do grupo nahuatl, os toltecas emigram para o planalto mexicano e fundam a cidade de Tula, em 856, tendo à frente o rei Tolpiltzin. O poder centralizador da capital tolteca declina por volta de 1170, devido às divisões internas e invasões de tribos nômades. Nesse período, diversas tribos nahuatl estabelecidas em cidades-estados, às voltas com rivalidade, conflitos e alianças, imperialismo incipiente e rivalidades sucessórias, criam condições favoráveis para o advento do Império asteca.

Nos vales e planaltos andinos, no sul da América, diversas culturas haviam florescido, e, entre os séculos I e VIII, estão no apogeu importantes culturas, como os nazcas, moches, tiahuanakos, huaris e chimus, antecedendo o poderoso Império inca dos Andes, que, à época da conquista espanhola, encontrava-se em ampla expansão.

Diante dessas evidências, cai a ideia de "Novo Mundo". O passado da América equipara-se ao da Europa, em antiguidade, tendo também as suas grandes civilizações: maia, asteca, inca e inúmeras outras culturas.

As culturas pré-colombianas (maia, asteca, inca) sociedade e religião

Os conquistadores europeus encontraram na América culturas com um enorme grau de organização. As culturas do império maia, asteca e do império inca eram formadas de comunidades camponesas ou de comunidades guerreiras. Na religião, havia grande número de manifestações religiosas. As divindades terrenas confundiam-se com as divindades celestes. A vida quotidiana era regulada a partir do céu. O reino dos astecas e dos incas.

A seguir, serão apresentadas algumas características destas culturas matrizes das culturas latino-americanas atuais. Isto, sem dúvida, ajudará na compreensão da história da religião e do catolicismo (sua organização) na América. Qual foi o papel da Igreja Católica durante a conquista e colonização?

> Para os mais de 2200 povos indígenas que habitavam o continente, cada um deles com sua cultura, língua e religião, muitos dos quais com trajetórias milenares e sistemas político-religiosos complexos, a entrada inesperada dos conquistadores europeus – com guerras, tomada de suas terras, dominação política, estabelecimento de sistema econômico baseado no mercado e no dinheiro e não mais na troca e reciprocidade, exploração da mão de obra nativa, imposição da nova língua e religião e *last but not least*, implantação do sistema escravista e estabelecimento do tráfico transatlântico de mão de obra escravizada entre África e América – deixou para sempre questões em aberto acerca do caráter do cristianismo aqui implantado (BEOZZO, 2015b, p. 4).

Cultura maia

A civilização maia se desenvolveu numa área de aproximadamente 400 mil quilômetros quadrados, na parte meridional da Mesoamérica, num território que compreende o México meridional, Belize, algumas partes da Guatemala, de Honduras e El Salvador. Vivenciou seu apogeu no século VII.

Na realidade, este território tem características diferenciadas, podendo assim ser dividido em três áreas. A parte *meridional* com as altas terras da Guatemala, a parte oriental do estado mexicano de Chiapas e aquelas ocidentais de Honduras e de El Salvador formam uma rica vegetação com chuvas tropicais de junho a outubro e um clima temperado. O terreno vulcânico e os vales favoreceram uma agricultura com base no milho, feijão e abóbora. A parte *central*, Belize e os estados guatemaltecos de Izabal e La Verapaz fazem fronteira com a serra de Chiapas. Este território tem um clima quente, existem lagos e lagoas, as chuvas diminuem e a floresta tropical cede lugar ao típico *chaparral*. A parte setentrional é aquela da Península de Yucatán. Imensa planície, interrompida por baixas colinas. O clima é bastante árido e o terreno calcário. As três regiões têm uma grande diferença climática e ambiental, com vegetação e condições de vida diversas.

> O grande florescimento desta civilização aconteceu no período chamado clássico, do ano 300 ao 900 da Era Cristã. A civilização clássica dos maias foi a única cultura da América pré-colombiana que usou a escrita.

A **sociedade maia** estava dividida em camadas: o poder estava nas mãos da aristocracia privilegiada, de nobres *almehen*, "aqueles que a descendência em ambas as linhas é conhecida", e de sacerdotes; o restante da população se chamava *yalba unicob*, homens inferiores, os camponeses, que cultivavam coletivamente as terras para a comunidade. Os comerciantes e os guerreiros, no período clássico, eram considerados membros do grupo inferior (cf. BAUDEZ, 1993, p. 133). No último nível estavam os escravos, por nascimento ou reduzidos a tal estado por punição ou por serem prisioneiros de guerra ou órfãos.

A **economia**, do ponto de vista tecnológico, estava na idade da pedra, apesar que a partir do século X conheciam os metais, mas eram utilizados somente para ornamentar. Eram cultivados milho, feijão, batata doce e abóbora. A caça e a pesca integravam a alimentação do grupo. O comércio era importante, terrestre ou marítimo. Artesãos especializados empenhavam-se nos grandes centros cerimoniais. Não conheciam o uso do ferro, da roda, do arado e do transporte por animais.

A **religião**, no período antigo, estava coligada às forças da natureza e influíam na vida quotidiana: o sol, a lua, a chuva. Algumas fontes históricas relatam a existência de um único Deus, *Hunab-Ku*, incorpóreo e onipotente, mas o deus supremo era considerado *Itzamnà*, que com sua mulher *Ix Chel* havia gerado todos os deuses. A religião era conduzida por uma casta sacerdotal, detentora do conhecimento, sobretudo no que diz respeito ao calendário e à astronomia. Os rituais eram organizados de acordo com o calendário. De grande importância eram os sacrifícios humanos (aparecem representações no Templo dos Jaguares e dos Guerreiros em Chichén Itzá), especialmente depois da conquista tolteca. Construíram grandes templos, pirâmides e observatórios de astronomia. Os prisioneiros, os escravos e as crianças órfãs eram sacrificados (cf. SCHOBINGER, 1992, p. 53).

> No processo de conquista da América, a evangelização confundiu-se com a própria dominação colonial. Tornou-se, na verdade, seu principal instrumento (FERREIRA,1992, p. 79).

No final do século IX, uma extraordinária transformação acontecia levando à queda da civilização maia. Várias foram as hipóteses levantadas, mas insatisfatórias. Enquanto sobreviviam os centros maias no Yucatán, no final do século X, lutas civis dos toltecas de Tula empurravam a população maia para a imigração. As lutas sucessivas deram origem a uma nova cidade, Mayapán, e a formação de uma liga: por dois séculos floresceu uma cultura que recuperava aspectos das duas culturas, maia e tolteca. Flagelos naturais e epidemias foram frequentes no século XV até a chegada dos conquistadores espanhóis.

A cultura asteca

A população asteca ou *mexica* constituiu um forte império no México central (séculos XIV-XVI), antes da conquista espanhola. Civilização nômade, de língua própria (nahualt), provinha do norte do México e conquistaram papel importante a partir do século XII, tornando-se uma civilização sedentária. Povo guerreiro, os astecas eram governados por um rei poderoso. Por volta de 1325 fundaram a sua capital Tenochtitlán, onde se localiza a atual capital do México, cidade do México. Esta cidade foi o maior centro urbano da América pré-colombiana, com cerca de 360 mil habitantes no século XVI. Uma cidade de canais, praças e mercados, pirâmides, templos, palácios, lojas e residências (cf. BETHELL, 1997, p. 55).

A sua **base social** era ao mesmo tempo guerreira e agrícola. As guerras eram condições permanentes da vida asteca e consistiam em verdadeiras e próprias campanhas de roubos. As guerras assumiam, assim como outros aspectos da vida asteca, um cunho religioso. Um dos objetivos era obter tributos, mesmo sendo seres humanos para o sacrifício ao deus Sol. As conquistas dos astecas nos séculos XIV-XV se estendiam de um oceano a outro. A base agrícola da sociedade asteca era contraposta a uma exploração sofisticada: irrigação e arados. A produção estava centrada no milho, no feijão e na batata. Plantavam ainda cacau, algodão, tomate e tabaco. Comercializavam bens como tecidos, peles, cerâmicas, sal, ouro e prata. Desconheciam o uso do ferro, da roda e dos animais de carga. Dominavam a técnica da ourivesaria, da cerâmica e da tecelagem. A terra era considerada propriedade comum e era consignada ao clã (cf. PEREGALLI, 1994, p. 26-29).

A importância da família e do clã constituía a base de uma estrutura relativamente democrática, com uma hierarquia não rígida. Muitas decisões eram tomadas na assembleia da tribo, com um conselho dos chefes de tribos. O *império do sol teve* seu contato com os espanhóis quando estavam no máximo de seu esplendor (reinado de Montezuma 1502-1520).

O conquistador, Hernan Cortez (cf. SOUSTELLE, 1994, p. 90-95), não encontrou uma grande rebelião, e foi beneficiado pela sua tecnologia. Os espanhóis levavam vantagens com suas armas de fogo e cavalos. A expedição iniciou-se em fevereiro de 1519, na cidade de Veracruz. O imperador asteca enviou ao comandante espanhol presentes e o pedido para que se retirasse, o que não aconteceu. A expedição chegou a Tenochtitlán. O imperador asteca Montezuma foi preso e obrigado a reconhecer o rei espanhol como rei de toda sua população, rei do México.

> **Relatos de conquista do México**
>
> "Tenochtitlán". A cidade é tão grande e de tanta admiração, que o muito que dela poderia dizer pode parecer incrível, porque é muito maior e mais forte que Granada. Tem pão, legumes, aves, pescado, caça e outras coisas boas mais que eles comem. Há nesta cidade um mercado em que cotidianamente chegam mais de trinta mil almas vendendo e comprando. Ali há de tudo, vestido, calçado, comidas, joias de ouro e prata, pedras preciosas tão bem elaboradas que podem ser expostas em qualquer mercado do mundo. Há casas onde lavam as cabeças como barbeiros e as raspam. Há banhos. Finalmente, se tem que dizer que entre eles há ordens e policiamento, sendo gente muito melhor do que a da África. Esta província tem muitos e formosos vales, todos lavrados e semeados, sem haver espaço desaproveitado, se estendendo em torno de noventa léguas. A ordem que esta gente conseguiu consiste em governar quase como Veneza, Gênova ou Pisa, porque não há um senhor geral de todos. Há muitos senhores e todos residem nesta cidade. O povo é todo lavrador e vassalo destes senhores, tendo cada um sua própria terra, uns mais que os outros. Quando há guerra, todos se juntam. Há nesta província quinhentas mil pessoas, sendo vizinha de uma província, chamada Guazincango, a qual, como Tascaltecal, se tornou súdita de vossa alteza (CORTEZ, 2000, p. 21-22).

Em 1520, Cortez foi até a cidade de Veracruz para resolver um problema político das outras expedições espanholas que haviam chegado e estavam em conflito. Deixou em seu lugar Pedro Alvarado. Este promoveu um massacre dos astecas. A população revoltada iniciou uma guerra. Ao retornar, Hernan Cortez prendeu Alvarado, mas não conseguiu controlar as violentas lutas. Por fim, Cortez ordenou que fosse envenenada a água que servia a cidade e a cercou para que ninguém saísse ou entrasse. No dia 13 de agosto de 1521, a capital asteca caiu. Mais tarde, o missionário franciscano no México, Jerónimo de Mendieta, fará duras críticas aos espanhóis: "chegados à ilha de Hispaniola, como viram, por amostra, que aquela terra dava muito ouro e que a gente era disposta a servir, fácil de pôr em subjugação, deram-se mais a isto do que a ensinar-lhes a fé de Jesus Cristo" (1971, p. 32).

> Nos caminhos jazem dardos rotos, os cabelos estão espalhados. Destelhadas estão as casas, ensanguentados ficaram seus muros. Vermes pululam pelas ruas e praças, e as paredes estão salpicadas de miolos. Verme-

lhas estão as águas, estão como que tingidas e, quando as bebemos, é como se bebêssemos água de salitre (LÉON-PORTILLA, 1998, p. 137).

Na **religião** asteca, o Sol era o deus supremo. Havia, no entanto, outras divindades. Eram frequentes os cultos à Lua e às forças da natureza. Uma divindade importante era o *Tlaloc*, deus da chuva e da fertilidade, que exigia o sacrifício de crianças. Aquele deus que afasta a seca e a fome. Quetzalcoalt era uma importante divindade na cultura e literatura mesoamericana. O nome tem sua origem na língua nahuatl e significa serpente emplumada, serpente pássaro; quetzal significa penas e, coalt, serpente. Representava a vida, a vegetação, os alimentos e a força espiritual existente nas pessoas.

> As religiões americanas nativas estavam longe de ser uniformes, mas podem ser caracterizadas como fundamentalmente politeístas e animísticas, tendo como elementos a adoração de corpo celestiais e fenômenos naturais, apropriação de divindades, o xamanismo e um cerimonial participativo. As religiões americanas mais sofisticadas compreendiam objetos de culto, calendários complicados, templos e edifícios religiosos similares, classes sacerdotais e rica literatura astrológica e narrativa. Algumas tornaram-se famosas entre os espanhóis por incluírem elementos semelhantes aos do cristianismo, especialmente o batismo, a confissão, o casamento e o símbolo da cruz (BETHELL, 1999, p. 284).

Arquitetura e escultura são elementos importantes da arte asteca. Templos, monumentos e edifícios, ornamentados com pedra lavrada, colocam os astecas próximos dos gregos e romanos em suas obras arquitetônicas. Não menos importantes são a ourivesaria, a cerâmica e os adornos de plumas astecas.

A escrita e a numeração estavam muito evoluídas. O calendário asteca dividia o ano em 18 períodos de 20 dias, num total de 360 dias, aos quais eram ainda acrescentados cinco dias complementares. Estes cinco dias, chamados de *nementemi,* formavam o período no qual não se trabalhava. A cada 52 anos comemorava-se um século, período em que se esperava o fim do mundo. Este calendário também chamado de **Pedra do Sol** foi encontrado em 1790 próximo à atual Catedral da cidade do México. Os livros de pele de cervo, ou códices, registravam as proezas dos heróis da história asteca, os detalhes dos rituais, o elaborado calendário cerimonial e outros tipos de informação, combinando pinturas e símbolos.

A cultura inca

A civilização inca tinha seu centro no Peru, mas se espalhou pelo norte do Chile e da Argentina, pelo Equador e parte da Bolívia. Alcançou seu esplendor por volta do século XIV. Neste Império, deu-se especial atenção ao desenvolvimento da riqueza coletiva e à participação efetiva da população na distribuição da mesma. O Império inca, com sua capital em Cuzco, chegou a ter uma população de 20 milhões de habitantes, o imperador era considerado um deus, o filho do sol (o inca). Para este governo, o imperador contava com chefes militares, governadores de províncias, sacerdotes e muitos funcionários. A autoridade maior era o inca ou *Sapa-inca*, de sucessão hereditária. Segundo a tradição incaica, o primeiro Inca teria sido Manco-Cápac, que viera do Norte com sua mulher e sua irmã, tendo fundado a cidade de Cuzco, nome que pode ser traduzido por coração ou umbigo. Aos poucos, os incas foram submetendo as populações vizinhas.

Até a conquista espanhola, a população inca tivera ao todo treze Incas, sendo que o último deles foi Atahualpa (cf. BERNAND, 1994, p. 55), que morreu estrangulado por ordem de Francisco Pizarro, conquistador espanhol. A expedição de Pizarro aconteceu em 1531. O império inca vivia enfraquecido devido às lutas internas entre Atahualpa e Huascar. O imperador inca concordou em se encontrar com Pizarro em Cuzco. O espanhol quis obrigá-

-lo a reconhecer a Deus e a obedecer ao papa e o rei da Espanha. No encontro, o inca deixou cair a Bíblia que havia sido colocada em suas mãos. Pizarro ordenou o ataque. O imperador inca foi preso e, em troca de sua liberdade, foram exigidos ouro e prata. A população se mobilizou para conseguir, mesmo assim, Atahualpa foi condenado e executado (cf. GALEANO, 2017). Em 1553, os espanhóis tomam Quito e Cuzco.

> Os europeus traziam, como pragas bíblicas, a varíola e o tétano, várias enfermidades pulmonares, intestinais e venéreas, o tracoma, o tifo, a lepra, a febre amarela, as cáries que apodreciam as bocas. A varíola foi a primeira a aparecer. Não seria um castigo sobrenatural aquela epidemia desconhecida e repugnante que provocava a febre e descompunha a carne? [...] os índios morriam como moscas; seus organismos não opunham resistência às novas enfermidades, e os que sobreviviam ficavam debilitados e inúteis (GALEANO, 2017).

Em 1555, os espanhóis fundam a cidade de Lima. A população inca era formada pela nobreza, pelos artesãos e lavradores. Uma espécie de nobreza secundária era formada por curas e os governadores hereditários.

> O verdadeiro móvel da conquista da América Latina não se encontra na religião, embora esta lhe conferisse a aura, nem na cultura, não obstante esta fosse militarmente a mais forte da época, mas de interesse comercial. Expressa-o com todas as palavras Francisco Pizarro, destruidor da cultura inca, quando interpelado por um missionário por expropriar, sem qualquer escrúpulo, o ouro dos indígenas em vez de catequizá-los: "não vim a isso, vim pelo ouro" (BOFF, 1992, p. 52).

Nesta civilização pré-colombiana não existia propriedade particular. A terra pertencia ao Sol, ao Inca e à comunidade. O trabalho era obrigado para todos, parte da produção era armazenada e, depois, distribuída entre os membros da população. A economia baseava-se no cultivo do milho, da batata e do tabaco. A lei era o mais simples possível: não ser ladrão, não ser preguiçoso, não ser mentiroso. Na área de comunicações, os incas possuíam uma vasta rede de estradas e utilizava-se do lhama para transportar mercadorias. Um serviço de mensageiros levava as notícias de uma à outra região do império.

> No século XVII o índio batizado guancabilca, Guamán Poma de Ayala, sentenciará, no Peru: "o deus dos espanhóis é o ouro" (1615, p. 347, f. 376).

Na religião, o Sol era considerado um antepassado do Inca, recebendo culto maior do que as demais divindades. Cada clã possuía ainda o seu totem. Semelhante aos romanos, os incas possuíam vestais, **"virgens do Sol"**, que zelavam pelo culto do Sol e pela conservação do fogo sagrado. Havia uma hierarquia de deuses, ou seja, aqueles que eram escolhidos para comandar não adoravam os mesmos deuses dos povos dominados. O Sol era o deus dos que comandavam. Assim, havia uma religião dos dominadores e múltiplas religiões dos dominados. O inca e seus nobres adoravam uma divindade mais transcendental e definitiva chamada Viracocha ou Pachacamac, senhor supremo da criação e criador do próprio Sol. Era o deus criador do universo e civilizados da humanidade. O contato hispânico fez com que Viracocha fosse relegado a uma figura "distante que tinha deixado do cuidado imediato de toda a criação a uma série de deuses hierarquicamente inferiores, encabeçados pelo Sol" (SCHOBINGER, 1992, p. 61).

Como artífices, destacou-se na cerâmica, na arquitetura e em trabalhos de escultura em osso, pluma, madeira, prata e ouro. Desenvolveram a metalurgia do bronze e do cobre; sabiam trabalhar metais preciosos e utilizavam a lhama como animal de carga. Construíram palácios, templos, estradas pavimentadas, aquedutos e canais de irrigação. Não desenvolveram um sistema de escrita, mas sabiam registrar números e acontecimentos por meio de quipos (cordões coloridos em que davam nó como forma de registro de informações). O drama, a pintura e a música tiveram um significado especial para esta civilização.

> A espada, a cruz e a fome iam dizimando a família selvagem (Pablo Neruda).

Culturas pré-cabralinas

Antes da invasão do português Pedro Álvares Cabral e outros europeus, a terra, hoje chamada Brasil, era habitada por inúmeras populações e há milênios de anos. Nestas próximas linhas, de forma sintética, serão elencados alguns destes povos, muitos extintos pela ganância do europeu. Um verdadeiro genocídio, ainda em curso em pleno século XXI, sua continuidade pode ser acompanhada em redes de comunicação nacional e internacional. Quando o europeu chegou os denominou de índios, pois pensava que havia chegado às Índias. Os que são chamados de indígenas são uma quantidade grandiosa de culturas. Alguns estudiosos afirmam que eram mais de mil e quatrocentos povos e entre um e dez milhões de pessoas somente na região amazônica. As comunidades são diferentes, existiam diversos troncos linguísticos que serão agrupados a seguir em quatro. Não havia uma uniformidade cultural, eram culturas, sempre no plural. "Durante os três séculos desde que os portugueses aportaram pela primeira vez no Brasil, a população nativa americana, de pelo menos dois e meio milhões de habitantes, fora reduzida provavelmente em três quartos" (BETHELL, 1999, p. 469).

> No Estado do Maranhão, Senhor, não há outro ouro nem prata mais que o sangue e suor dos índios: o sangue se vende nos que cativam e o suor se converte no tabaco, no açúcar e demais drogas que com os ditos índios se lavram e fabricam. Com este sangue e com este

suor, se medeia a necessidade dos moradores; e com este sangue e este suor, se enche e enriquece a cobiça insaciável dos que lá vão governar (VIEIRA, padre Antônio, 1655).

O litoral brasileiro era ocupado pelos tupis, divididos em vários subgrupos: tupinambás, tamoios, tupiniquins, carijós, caetés. O interior era predominantemente ocupado pelos jês ou tapuias, divididos também em vários subgrupos: botocudos, aimorés, caingans, caiapós, apinagés, xavantes. Na Guiana brasileira (Norte), os caribas ou caraíbas e nuaruaques predominavam. E ainda grupos menores: cariris, nhambiquaras, panos, tucanos. Esses indígenas foram classificados por alguns estudiosos de acordo com as características das línguas faladas. Assim, os grupamentos são quatro: Tupi, Macro-jê, Aruak e Karib.

Tupi. Os grupos indígenas de língua tupi eram as tribos tamoio, tupiniquim, tabajarara, guarani e outras. Todos estes grupos se encontravam na parte litorânea brasileira. Portanto, foram os primeiros a terem contato com os portugueses. Essas tribos eram especialistas em caça, excelentes pescadores e bastante desenvolvidos na coleta de frutos.

Macro-Jê. Dificilmente presentes no litoral. Quando encontrados estavam na Serra do Mar. Sua localização era o planalto central. Ali estavam as tribos culturais: timbiras, aimorés, goitacazes, carijós, carajás, bororós, botocudos. Seu habitat principal eram as nascentes dos rios, sua coleta era basicamente de frutos e raízes, vivendo disto e da caça. Estes grupos só tiveram contato com os brancos no século XVII, quando os colonizadores adentraram no interior da colônia.

Karib. Estes grupos habitavam a região que na atualidade compreende os estados do Amapá e Roraima, denominada também de Baixo Amazonas[2]. As principais culturas eram os atroari e waimiri. Eram antropofágicos, quando derrotavam os inimigos os comiam acreditando que com isso poderiam absorver as qualidades dos derrotados. O contato com os brancos se deu no século XVII, com as missões religiosas especialmente.

Aruak. Neste grupo estão, entre outras, estas tribos: aruá, pareci, cunibó, guaná e terena. Seu território é parte de algumas regiões da Amazônia e na Ilha de Marajó. A principal atividade era o artesanato cerâmico.

As classificações são variadas, segundo alguns autores. Alguns afirmam que essas comunidades apresentavam e ainda apresentam diferentes práticas culturais, diferentes crenças e diversos ritos religiosos. No levantamento destes estudiosos os grupos que habitam ou já habitaram o território brasileiro são estes: Araweté, Avá-Canoeiro, Bororo, Cinta larga, Guarani, Javaé, Kaingang, Karajá, Kaiapó, Krahó, Munduruku, Pataxó, Tapirapé, Terena, Ticuna, Tupinambá, Xakriabá, Xavante, Xerente, Xingu, Yanomami, entre outros. Sobre os Povos Indígenas e, especialmente, sobre os Ticunas e a relação com a Igreja Católica, o teólogo Édison Huttner realizou uma pesquisa de excelência (cf. 2007).

> Os índios brasileiros não deixaram monumentos porque seus únicos materiais de construção eram a madeira, o cipó e o capim, que são encontrados em grande abundância, mas se deterioram com muita rapidez devido ao clima tropical e ao ataque de cupins e de uma miríade de outros insetos que infestam o Brasil [...] os únicos restos arqueológicos existentes são os *sambaquis* – ou depósitos de conchas distribuí-

---

2. Possivelmente no período Cabralino essa região era vista como pertencente ao baixo Amazonas. Atualmente o baixo Amazonas corresponde aos municípios do Rio Amazonas situados depois de Manaus até Belém, especialmente depois de Parintins. Amapá pertence ao chamado Escudo das Guianas e Roraima situa-se no baixo Rio Branco.

dos ao longo da costa atlântica e na ilha de Marajó –, alguns sítios de "terra preta" às margens do alto Amazonas e umas poucas cavernas habitadas (BETHELL, 1997, p. 104-105) e objetos de cerâmica.

Diversos pesquisadores sustentam que estes grupos possuíam uma organização política, mas não tão complexa como a dos europeus. As lideranças de uma aldeia surgiam dos valores culturais e sociais que os guerreiros e chefes espirituais ostentariam dentro de suas comunidades, os caciques. O pajé era o responsável pela vida religiosa e tratamentos medicinais, através da cura com ervas, plantas e rituais místicos. Assim, fica claro, que todas estas culturas possuíam sua própria cultura e religião. Era baseada na crença em espíritos de antepassados e forças da natureza. Quando promoviam festas e cerimônias religiosas, dançavam, cantavam e pintavam os corpos em homenagem aos antepassados e aos espíritos. O contato com os portugueses foi bastante prejudicial, pois foram enganados, explorados, escravizados e muito massacrados. Perderam suas terras e foram forçados a abandonarem sua cultura em favor da europeia. Desde a conquista até a atualidade os diversos povos indígenas sofreram e sofrem dizimação física (genocídio) e violência cultural (etnocídio) iniciada pelos portugueses e perpetuada por diversos setores da população brasileira e muitas vezes do próprio estado.

> A remoção de grupos indígenas de seus territórios foi uma prática corrente em toda a época colonial. Até o século XVIII, a remoção não se configurava propriamente como um objetivo, mas como uma das consequências da escravização e da prática missionária de concentração de índios em aldeamentos. Os interesses voltados para a pessoa do indígena, para catequizá-lo ou submetê-los ao trabalho compulsório, impuseram a retirada dos grupos indígenas de suas terras. Muitos

povos foram forçados também a abandonar definitivamente seus territórios para escapar de guerras, de retaliações, de vinganças de moradores, ou, ainda, para fugir da escravidão (CIMI, 2001, p. 56).

A operação de conquista continuou em pleno século XX: "na década de 1960, a imprensa internacional denunciou o genocídio praticado no Brasil contra os Pataxós, Cinta Largas, Beiços de Pau, Carajás, entre outros, cujos métodos de extermínio foram tão cruéis como os da Conquista" (FERREIRA, 1992, p. 94). No século XXI não é diferente, a busca de bens (minérios, madeira...) em territórios indígenas carrega já em si não somente a destruição dos povos da floresta, da natureza, mas também do meio ambiente; assim, é genocídio imediato e "suicídio" a médio e curto prazo do restante da população. Nos séculos seguintes são várias as revoltas e revides a essa situação: Revolta de Beckman (1684), Guerra dos Emboabas (1707-1709), Guerra dos Mascates (1710-1711), Revolta Filipe dos Santos (1720), Inconfidência Mineira (1789), Conjuração Baiana (Revolta dos Alfaiates, dos Búzios 1798-1799), dentre outras.

A origem do termo América Latina

A origem da nomenclatura *América Latina,* de acordo com um dos estudos realizados, se deve ao mexicano Lucas Alamán e ao norte-americano Henry Clay. Em 1823, o chanceler mexicano Alamán queria estabelecer uma série de pactos de união entre os novos países *hispano-americanos* (sem incluir o Brasil) que deveria incluir uma preferência ou união aduaneira. Começava a aturar esta política com um acordo com Nova Granada (Colômbia, Equador). Os Estados Unidos, através de seu embaixador Poinsett, exigiram o mesmo tratamento. A oposição política norte-

-americana fez naufragar esta política econômica. A razão era que os Estados Unidos queriam um sistema comercial onde todas as novas nações, inclusive o Brasil, girassem em torno dele. O projeto dos americanos também fracassou devido à forte oposição da Inglaterra.

Em 1847, surgia a União Latino-Americana, impulsionada pelo colombiano José Maria Torres Caicedo, que incluía expressamente o Brasil. Por isso, se justificava a opção *latino-americana* no lugar de hispano-americana que se limitava somente aos de língua castelhana. O termo foi uma contraposição ao outro polo geopolítico, o anglo-saxão. Em seguida, o termo difundiu-se no campo eclesiástico ao fundar-se o seminário Colégio Pio latino-americano em Roma (1858). A nomenclatura foi utilizada nos documentos da Santa Sé. Assume um grande valor político: a justificação da formação de um bloco "latino" na América contra um anglo americano e um valor eclesiástico como indicação do território continental e cultural-eclesial.

Diante desta primeira divisão, latino-americanos e anglo-saxões, faz-se necessário assinalar que novos conflitos foram surgindo, não somente econômicos, mas culturais. A América Latina é mestiça, muito diferente dos Estados Unidos. O latino-americano tem essa raiz indígena, pré-colombiana, mas sua cultura é um conjunto totalmente ocidental, por mediação hispano-lusitana. Tendo a peculiaridade de ser um Ocidente subdesenvolvido em vários aspectos. Este continente latino-americano divide-se em duas áreas culturais distintas. Esta problemática e estes acontecimentos influíram no nascimento, no catolicismo, de uma consciência de pertencer a uma realidade histórica precisa que comece a chamar-se **América Latina**.

Outra América

Abya Yala na língua do povo Kuna significa "Terra madura", "Terra Viva" ou "Terra em florescimento" e é sinônimo de América. O povo Kuna é originário da Serra Nevada no norte da Colômbia, tendo habitado a região do Golfo de Urabá e das montanhas de Darien e vive atualmente na costa caribenha do Panamá na Comarca de Kuna Yala (San Blas).

Abya Yala vem sendo usada como uma autodesignação dos povos originários do continente como contraponto à América, expressão que, embora usada pela primeira vez em 1507 pelo cosmólogo Martin Wakdseemüller, só se consagra a partir de finais do século XVIII e inícios do século XIX por meio das elites crioulas para se afirmarem em contraponto aos conquistadores europeus no bojo do processo de independência. Muito embora os diferentes povos originários que habitam o continente atribuíssem nomes próprios às regiões que ocupavam – Tawantinsuyu, Anauhuac, Pindorama – a expressão Abya Yala vem sendo cada vez mais usada pelos povos originários do continente objetivando construir um sentimento de unidade e pertencimento (PORTO-GONÇALVES, 2021).

PARTE III

A DOAÇÃO PONTIFÍCIA DAS ÍNDIAS E A CONQUISTA

Capítulo V
Papa Alexandre VI, seu contexto e a doação das Índias

> Tão escuro era aquilo e nebuloso
> que, por mais que eu fincasse o olhar a
> fundo, o que eu visse restava duvidoso
> (ALIGUIERI, 2002, Inferno – canto IV, 10).

Introdução

Introduzir o leitor no estudo histórico da vida de Rodrigo Borgia, o Papa Alexandre VI, e seu contexto é a finalidade deste capítulo. Outro objetivo é que ao conhecer as atividades pontifícias alexandrinas se poderá compreender melhor algumas das bulas deste papa. Estes documentos serão de grande importância para o entendimento da doação desta terra para a Coroa espanhola, objeto do capítulo que, na sequência deste, será apresentado.

A doação pontifícia, antecedentes medievais

Para a compreensão deste tema, faz-se necessário expor algumas questões. Uma delas diz respeito ao modelo da teoria política medieval, sobretudo as relações entre o poder temporal e o espiritual. Relações entre o sacerdócio, de um lado, e o império e os reinos, do outro. As diferentes teorias sobre este tema foram elaboradas a partir da segunda metade do século XII. Seus autores eram principalmente canonistas e teólogos.

Os autores estavam de acordo com uma só teoria. Todos compartilhavam a tese de que todo poder, tanto espiritual como temporal, vinha de Deus. As opiniões se dividiam quando a discussão, num segundo momento, queria determinar através de quem se transmitia este poder à humanidade. Aqui, tem-se duas posições: a monista e a dualista.

> A teoria **monista** defendia que o poder se transmitia de Deus à humanidade através de uma única pessoa. Para alguns esta pessoa era o papa, para outros era o rei. No primeiro caso temos o chamado monismo hierocrático. No segundo, o monismo laico.

Os representantes do monismo hierocrático, na Antiguidade, são Álvaro Pelágio, Egidio Romano, Jacobo de Viterbo, Agustín de Ancona, Alejandro de Santo Elpidio, Guilhermo de Cremona. Entre os modernos pode-se mencionar A. Ybot Leon, J. Baumel, Barcia Trelles, P. Imbart de la Tour, M. Serrano Sanz, F.J. Montalbán e P. Castañeda. Como partidários do monismo laico de tipo imperial estão Marsílio de Pádua e Guilheme Ockham. Para o monismo régio estão os assessores jurídicos de Filipe, o Belo, contra o Papa Bonifácio VIII (cf. GARCIA Y GARCIA, 1992, p. 35-38).

O episódio da doação pontifícia das Índias, encaixa-se dentro da teoria monista hierocrática, segundo a qual Deus havia dado o domínio do mundo a Cristo feito humanidade. Cristo o havia deixado a São Pedro e a seus sucessores com a condição de que o evangelizariam. Um destes, Alexandre VI, havia doado uma parte do mundo aos reis de Castela, Fernando e Isabel e a seus sucessores. Esta teoria, monista hierocrática, era minoritária entre os autores da Idade Média. Os autores da teoria monista laica atribuíam isto ao imperador e, segundo estes, o imperador era o dono do mundo e exercia seu domínio.

A maioria dos autores medievais é partidária do **dualismo**. Segundo esta teoria, o poder é emanado de Deus à humanidade, por duas vias independentes: o poder secular, através do príncipe temporal e o poder espiritual, através dos chefes da Igreja. Ainda dentro do dualismo havia outras duas vertentes. Uma delas afirmava que o poder espiritual se transmitia de Deus à Igreja só através do papa, e outros diziam que também através dos bispos. Na esfera civil isto também acontecia. Alguns afirmavam que o poder se transmitia só através do imperador, e outros também através dos príncipes (cf. GARCIA Y GARCIA, 1992, p. 36).

Na posição dualista é necessário explicar um ponto de grande importância: qual seria a relação entre o poder espiritual e temporal? Neste aspecto, todos estavam de acordo em três princípios doutrinais, ainda que não sempre em sua aplicação prática. Segundo estes princípios, ambos os poderes eram distintos entre si e, em princípio, também independentes um do outro. Ambos deviam colaborar entre si devido a sua unidade de origem em Deus e ao fato de que eram os mesmos súditos que estavam em ambas as potestades, salvo no caso dos infiéis que, no período Medieval, eram considerados como inimigos comuns de ambos os poderes (cf. SOUZA, 2005, p. 90-92).

Em geral, admitia-se uma certa superioridade do poder espiritual ao temporal. Na prática, porém, era uma fonte inesgotável de problemas e sérias divergências entre estes poderes. Para alguns esta superioridade do poder espiritual sobre o temporal era facultativa ao papa ou aos bispos, sempre que o governo do príncipe secular atropelasse, segundo a Igreja, algum valor ético ou como se dizia, *ratione peccati*. Por razão da atuação do poder secular. Estas intervenções eclesiásticas no temporal foram maiores ou menores, segundo os diferentes pareceres, dependendo daquele protagonista eclesiástico e secular que se encontrava em cada episódio.

Papa Alexandre VI (1492-1503), o personagem

Este item desenvolverá um histórico de Rodrigo Borgia, Papa Alexandre VI. Será analisada a vida deste papa para uma melhor compreensão da relação existente entre o papado, a Espanha e os territórios do "Novo Mundo". Na eleição do sucessor de Inocêncio VIII, 25 de julho de 1492, com grandes manobras e com operações simoníacas, o Cardeal Borgia venceu facilmente o seu *rival,* o Cardeal Giuliano della Rovere. O novo papa recebia o nome de Alexandre VI, assumindo o pontificado em 26 de agosto de 1492. Mesmo havendo inúmeras intrigas sobre a sua eleição, a sua validade nunca foi colocada em dúvida (cf. SOUZA, 2005, p. 82).

O fato de a escolha recair sobre uma pessoa indigna para sentar-se na cátedra de Pedro revela um claro indício do nível moral dos seus eleitores e dos cristãos da época. Com o título de *Renascimento,* o período pode ser exaltado por tantos aspectos; não, é claro, no aspecto moral e religioso. Nos séculos IX, X e XI já se encontrava papas indignos, porém, naquele momento eram impostos à Igreja pelas despóticas famílias aristocráticas romanas. No caso em estudo, era o próprio colégio cardinalício que havia escolhido uma pessoa indigna, revelando um triste testemunho de perda do sentido de dever e da moral dentro da secularização eclesiástica.

Vida e personalidade

Alexandre VI nasceu em 1430 em Jativa, perto de Valência, na Espanha. Era sobrinho do Cardeal Alfonso Bórgia. Estudou em Bolonha e especializou-se em direito canônico; rapidamente ascendeu a todos os cargos dentro da carreira eclesiástica. Como cardeal no pontificado de Nicolau V (1452), arcebispo de Bréscia de 1454 a 1464, teve com o tio, o Papa Calisto II, uma das mais importantes etapas de sua carreira como membro influente da Cúria Romana (cf. MONDIN, 1995, p. 292).

Era uma pessoa inteligente, hábil e com um pouco de mística religiosa. A descrição feita pelos romanos é uma das mais severas: "o homem mais carnal" que já se viu, principalmente no meio eclesiástico. O escritor e historiador francês Daniel Rops escreveu que Alexandre VI era incapaz de resistir às tentações: da carne e da mesa (cf. 1996, p. 213-218). Ligado ao voto de castidade, nunca teve escrúpulos em transgredi-lo, nem como padre, cardeal ou papa. São inúmeros os casos relatados relacionados a mulheres, filhos e em relação a transgressões de sua vida. Mas foi de quatro filhos que teve com a romana Vannozza dei Cattanei que mais se falou: César, João, Jofre e Lucrécia. Alexandre VI concentrou sua atenção e afeto a estes filhos, dando a eles uma vida principesca quando foi eleito papa.

Contexto histórico, religioso e cultural

Todo acontecimento, personagem, obra literária ou artística, para entendê-la e para analisá-la, faz-se necessário colocá-la em seu contexto. O pontificado de Alexandre VI desenvolve-se na fase culminante do Renascimento, que é a época da afirmação da dignidade do homem, do valor da corporeidade, da beleza, do prazer; época do antropocentrismo. No aspecto cultural é necessário verificar que se está no momento das grandes navegações e "descobertas". Acontecimentos que acendem entusiasmos e esperanças, dando sempre mais crédito ao ser humano como microcosmo.

No aspecto religioso, de um lado, constatam-se diversos abusos e uma profunda corrupção, uma imoralidade; enquanto de um outro lado, vê-se alguns sinais de renovação que se encaminham em direção à Reforma (cf. HERNÁNDEZ, 2011, p. 35-44). Exemplo disto é a voz gritante e profética do frade dominicano Savonarola. O papa enquadra-se na primeira parte: compartilha a cultura e o espírito de seu tempo: ajoelha-se diante do mundo e não reage contra as tendências perversas em nome das exigências do espírito de Cristo.

Lucrécia e César Borgia

Além das culpas pessoais de Alexandre VI, que eram, sobretudo a luxúria, a simonia e a crueldade, o seu pontificado tornou-se particularmente escandaloso pelas culpas dos seus filhos, de César e Lucrécia, em particular. Nestes os vícios do pai assumem proporções desmedidas. Lucrécia casou-se em 1502 pela terceira vez. Seu marido foi o Duque Alfonso d'Este, que pensava em resolver as situações de ameaças da política ambiciosa do cunhado, César. Frágil, mas enérgica, inteligente e culta partilhou das ambições do irmão.

A situação era bem outra quando se falava de César. Um temperamento ambicioso e forte. Consciente de que nada lhe seria negado ou proibido graças ao pai. Era soberbo e cheio de energia. Maquiavel inspirou-se nele para escrever *O Príncipe*. O Papa Inocêncio VIII (cf. MONDIN, 1995, p. 288-291) o elevou a bispo de Pamplona. Em 1493, seu pai o nomeia membro do colégio cardinalício, mas em 1498 renunciou a esta dignidade e obtém a dispensa do celibato. Nesse mesmo ano, casou-se com uma princesa francesa, Carlotta d'Albert. Recebeu de Luís XII o feudo de Valentinois e um exército para suas batalhas. Depois de um pontificado curto (Pio III) foi eleito Giuliano della Rovere, inimigo número um da família Borgia. César foi obrigado a devolver castelos ocupados e foi preso. Fugiu e começou a combater com o cunhado, rei de Navarra. Os ataques foram tantos ao Estado Pontifício que levaram o novo papa, Júlio II, a reforçá-lo definitivamente (cf. RENDINA, 1993, p. 492-493).

Alexandre VI e a repartição da América

O acontecimento de 1492, a chegada de Cristóvão Colombo à América, ameaçou criar um conflito bélico entre Espanha e Portugal. O rei português reagiu a este fato requerendo o novo território com base no pacto de Alcaçovas (1479), um acordo entre

Portugal e Espanha pela repartição do território colonial. Para dar a este acordo uma garantia jurídica e um reconhecimento diante do direito internacional, as duas partes haviam pedido a convalidação pontifícia, dada à autoridade da Santa Sé.

O Papa Sisto IV, através da bula *Aeterni Regis*, concedeu a ambas as Coroas este pedido. Com a chegada de Colombo à América a situação tem um outro rumo. Assim que Colombo retornou à Espanha, depois de sua primeira travessia do Atlântico, os reis católicos providenciaram, junto ao Papa Alexandre VI, o reconhecimento da posse dos territórios descobertos no Ocidente. Pela bula *Inter Coetera*, o sumo pontífice atendeu à solicitação espanhola: estabeleceu um meridiano que passava a cem léguas a ocidente das ilhas de Cabo Verde e Açores e garantiu à Espanha a posse das terras descobertas e por descobrir, situadas a oeste daquele meridiano.

D. João II, rei de Portugal, sentindo-se prejudicado pelas determinações papais, recusou a acatá-las. Depois de várias negociações diplomáticas, Portugal e Espanha chegaram a um acordo. Em 7 de junho de 1494, foi assinado, na localidade de Tordesilhas, um tratado luso-espanhol que dividiu o mundo em dois hemisférios, separados por um meridiano que se estendia a 370 léguas a oeste do Arquipélago de Cabo Verde. As terras existentes a oeste da linha pertenciam à Espanha; as existentes a leste, a Portugal. O tratado é considerado a base mais importante do início do colonialismo.

Girolamo Savonarola, uma voz profética

A política eclesiástica de Alexandre VI foi marcada por diversos eventos. Um dos mais dramáticos foi aquele que diz respeito ao frade pregador dominicano Girolamo Savonarola. Nasceu em Ferrara em 1452, fez do convento São Marcos, em Florença, onde morava, o centro de um intenso movimento de reforma moral e religiosa (cf. SOUZA, 2005, p. 85).

A decadência da disciplina eclesiástica foi o tema debatido nos concílios do século XV. Estes acontecimentos ofereceram elementos ao frade para a sua pregação reformadora. A sua arma mais importante na luta contra os abusos era a sua eloquência. Todos os registros estão de acordo: este dominicano, humilde e modesto na vida quotidiana, se transformava no púlpito. Savonarola, com voz profética e com furor, ameaçava a cidade de Florença com castigos a todos que não se arrependessem. Todos queriam ouvir sua pregação. A cidade era governada da cela do frade. Os ataques eram duríssimos à sociedade fiorentina. Em seguida não hesitou em atacar o centro da Cristandade, onde a Reforma deveria começar pela Cúria Romana, pelos cardeais e pelo próprio papa.

A Cúria Romana, informada das pregações do frade, o chamou e o ordenou a pedir desculpas. Com a negativa de Savonarola, a Santa Sé o proibiu de pregar. O dominicano recusou a obedecer e, em 1497, na sua pregação, redobrou as acusações contra Roma e o papa. No mesmo ano foi excomungado. Savonarola procurou minimizar a sua situação diante de seus seguidores, afirmando que esta excomunhão não era válida, pois fora lançada por um pontífice indigno, e seus atos seriam nulos. O que deveriam ter feito era apelar ao concílio, retornar à velha teoria do conciliarismo. A *Signoria* de Florença estava decidida a decretar a morte do frade, não o entregou a Roma e o submeteu a um processo e tortura, concluindo com sentença de morte, que foi confirmada pelos comissários pontifícios. No dia 23 de maio de 1498 Gerolamo Savonarola foi queimado e suas cinzas foram jogadas no Rio Arno, na Toscana (cf. SOUZA, 2005, p. 86).

Evidentemente o dominicano foi vítima da mudança de humor da população, da hostilidade de seus confrades e da rivalidade de outras Ordens religiosas, mais do que de erros religiosos e de conflitos eclesiásticos. Um dos historiadores biógrafo de papas, o alemão Ludwig von Pastor e, com ele, outros historiadores colocam maior peso sobre as culpas de Savonarola e suas tendências heréticas. A historiografia recente o considera um mártir e afirma que não foi um herético, mas um santo. Savonarola foi, sem dúvida, uma grande voz profética. Menos de vinte anos depois surge um outro frade, agostiniano, que fará sua própria reforma, Martinho Lutero (cf. DE MAIO, 1970, p. 533-559).

Cura animarum em Alexandre VI

Depois de relatar todas as vicissitudes do pontificado alexandrino, faz-se necessário afirmar que algumas vezes era acometido de um fervor religioso. Em 1497, o papa fez um propósito de mudança radical de vida, depois do desaparecimento de seu filho predileto, o duque de Gandia. Sua promessa era a conversão pessoal e a obra de reforma da Igreja. Logo um grupo de cardeais começou a trabalhar para a concretização deste propósito de Alexandre VI. Muitas eram as metas: reforma da corte papal, do colégio dos cardeais e da Cúria Romana. Tudo isso ficou somente no papel, pois em seguida os bons propósitos do pontífice desapareceram (cf. MONDIN, 1995, p. 298-299).

Entre as iniciativas pastorais deste papa está o grande jubileu de 1500, celebrado com solenidade e com grande afluxo de fiéis de todas as regiões. Alexandre VI quis que a celebração da abertura do Ano Santo fosse acompanhada, daquele momento em diante, da abertura das portas santas das grandes basílicas romanas: São Pedro, São Paulo Fora dos Muros, Santa Maria Maior e São João de Latrão. Foram construídas as portas nestas basílicas e adornadas de preciosas obras de arte. No início do pontificado cultivou a ideia de promover uma Cruzada contra os turcos, mas não obteve resultados devido à indisponibilidade das nações cristãs, atentas a seus interesses comerciais. No campo doutrinal, o papa não fez nenhum pronunciamento de relevo. Assim, os historiadores registram que o seu pontificado pouco cristão não colocou nenhuma dificuldade aos teólogos. O papa nutria uma devoção especial a Nossa Senhora, especialmente quando encontrou o filho no momento da paixão.

O papa espanhol morre improvisamente no dia 18 de agosto de 1503 em circunstâncias duvidosas (morte natural ou envenenamento?). Os seus restos mortais estão na Igreja de Nossa Senhora de Montserrat, em Roma (Igreja dos espanhóis na cidade). A vida e o pontificado de Alexandre VI, colocados dentro de seu contexto, servirão para uma análise de todas suas ações como papa do Renascimento (cf. HERNÁNDEZ, 2011, p. 31-46). Desta maneira poderá se compreender suas atitudes em relação à Igreja e aos reis da Espanha e da própria Espanha. A compreensão também será importante para toda a situação do catolicismo na América Latina e seu processo de continuidade rumo à independência das colônias.

Capítulo VI
As bulas alexandrinas

> O historiador tem como tarefa oferecer um conhecimento apropriado, verificado, dessa "população de mortos", personagens, mentalidades, preços, que é seu objeto. Abandonar essa pretensão, talvez exorbitante, mas fundadora, seria deixar campo livre para todas as falsificações, todos os falsários (CHARTIER, 1993).

Introdução

O Papa Alexandre VI realizou a doação pontifícia das Índias aos reis da Espanha, Fernando e Isabel, mediante a promulgação de três documentos, denominados *bulas alexandrinas*. A seguir, neste capítulo, o comentário e trechos de três das bulas pontifícias. A concepção teológica do monismo hierocrático é a raiz do pensamento do papa.

Bulas

> **Bula** é um importante documento papal, é uma lei eclesiástica e possui diversas funções: criação de diocese, nomeação de bispo, conceder graças e indulgências, excomunhão. A nomenclatura bula não se refere ao conteúdo e à solenidade do documento, mas à forma externa, lacrado com uma pequena bola (em latim *bulla*) de cera ou metal, chumbo (*sub plumbo*). As bulas mais antigas traziam o selo de chumbo suspenso por um fio de seda amarela e vermelha. No verso uma efígie dos apóstolos Pedro e Paulo. Em ocasiões raras o selo era de prata ou de ouro.

Uma tradução destas bulas para a língua portuguesa: (cf. SUESS, 1992, p. 230-254).

a) Eximiae devotionis, 3 de maio de 1493.

Concede aos reis de Castela e Leão, para as terras que descobrirem, os mesmos privilégios outorgados anteriormente a Portugal para os territórios descobertos na África.

> Alexandre Bispo, servo dos servos de Deus. Ao muito amado filho em Cristo Rei Fernando, e à amantíssima filha em Cristo Isabel, rainha de Castela, de Leão, de Aragão e de Granada, ilustres, saúde e bênção apostólica.
> A sinceridade da insigne devoção e a lealdade com que reverenciais tanto a Nós como a Igreja romana vos fazem com justiça merecedores para que benevolamente vos seja outorgado tudo o que for necessário para que melhor e com mais facilidade cada dia vos seja possível levar adiante vosso santo e louvável empenho e completar a obra iniciada em favor do descobrimento de terras e ilhas remotas e desconhecidas, para maior glória de Deus Todo-Poderoso, propagação do domínio de Cristo e exaltação da fé católica. Esta é a origem de nós termos feito doação, concessão e dotação perpétuas, tanto a vós como a vossos herdeiros e sucessores, os reis de Castela e Leão[...] (Bula *Eximiae devotionis*)

b) Inter Coetera, 4 de maio de 1493.

Através desta bula o papa concede aos reis Fernando e Isabel todas as ilhas e terras firmes, descobertas e por descobrir no futuro, quando não estiverem submetidas a algum príncipe cristão e sob a condição de enviarem a elas evangelizadores. Esta bula é conhecida como bula de *doação*.

Recolhe passagens da bula anterior e amplia, concedendo a esses mesmos reis, "todas as ilhas e terras firmes descobertas e por descobrir, para o Ocidente e o meio-dia, fazendo e construindo uma linha desde o polo ártico, a saber, do Setentrião até o polo antártico; a saber, o sul, quer sejam terras firmes e ilhas encontradas ou por encontrar em direção à Índia, ou em direção a qualquer outra parte, cuja linha diste de qualquer das ilhas que vulgarmente são chamadas dos Açores e Cabo Verde cem léguas para o Ocidente e o Sul[...] que não pertença a nenhum príncipe cristão".

Esta bula é conhecida como bula de *demarcação*. Foi modificada pelo Tratado de Tordesilhas (1494), a linha assinalada pelo papa foi substituída por outra que se estende a 370 léguas a oeste do arquipélago de Cabo Verde, o que equivaleria ao meridiano 46º35'. Isto explica o porquê do Brasil, conquistado em 1500, ter ficado na área entregue a Portugal.

> [...] nessas ilhas e terras já achadas encontram-se ouro, aromas e outras muitas coisas preciosas de diferentes espécies e de diversas qualidades[...] queirais e devais induzir os povos moradores em tais ilhas e terras a abraçarem a religião cristã[...] pela autoridade do Deus Todo-Poderoso a nós concedida em São Pedro, assim como do Vicariato de Jesus Cristo, a qual exercemos na terra, para sempre, no teor das presentes, vo-las doamos, concedemos e entregamos com todos os seus domínios, cidades, fortalezas, lugares, vilas, e direitos, jurisdições e todas as pertenças. E a vós e aos sobreditos herdeiros e sucessores fazemos, constituímos e deputamos por senhores das mesmas, com pleno, livre e total poder, autoridade e jurisdição (Bula *Inter Coetera*).

c) Eximiae Devotionis, 16 de novembro de 1501

Alexandre VI concede aos reis da Espanha os dízimos sobre as terras "descobertas" com a obrigação de dispor os meios suficientes para a fundação das Igrejas.

> Estes três documentos pontifícios foram precedidos de outras bulas favoráveis a Portugal. Destacam-se as bulas: *Romanus Pontifex* de Nicolau V, de 8 de janeiro de 1455; a *Inter Coetera* de Calisto III, de 13 de março de 1456; e a *Aeterni Regis* de Sisto IV, de 21 de junho de 1481.

A promulgação destes documentos pontifícios expedidos a favor dos reis de Castela e Leão foi motivada por interesses dos reis católicos em manter exclusivo o domínio dos territórios "descobertos" e por "descobrir", barrando as pretensões de outros monarcas europeus que quisessem participar nos frutos do *descobrimento*, como era de temer, sobretudo por parte do rei português e do rei da França (cf. GARCIA-VILLOSLADA, 1977-1978,

p. 399). O fundamento jurídico em que se baseou Alexandre VI para doar aos reis católicos tão extensos territórios foi apresentado no capítulo anterior no item os *Antecedentes* medievais. A seguir serão apresentadas as interpretações sobre a natureza da doação alexandrina das Índias.

Capítulo VII
Interpretação das bulas papais

> O presente do passado é a memória,
> o presente do presente é a visão,
> o presente do futuro é a expectativa
> (AGOSTINHO. *Confissões*. l. XI, cap. XIV).

Introdução

Neste capítulo serão apresentadas as interpretações das bulas do Papa Alexandre VI realizadas por juristas. O texto percorre os séculos XIV, XV, XVI e um desdobramento para a atualidade. As teorias são basicamente fundadas no pensamento medieval do monismo hierocrático. A finalidade é entender a mentalidade e justificativas no período da conquista e nos posteriores para a doação pontifícia destas terras ao poder temporal, ou seja, à Coroa espanhola. Com que direito se "passava a escritura" de uma terra que já era habitada e, por conseguinte, propriedade de outrem?

Validade da doação pontifícia

É claro que os reis espanhóis e portugueses admitiam a validade da doação pontifícia, da mesma maneira o fizeram seus sucessores. O jurista Juan de Ovando, presidente do Conselho das Índias, elaborou em 1571 uma obra intitulada *Gobernación espiritual de las Índias,* corpo legislativo com o objetivo de ser oficial, ainda que não tenha chegado a ser; na introdução coloca na boca de Filipe II seu agradecimento a Deus o fato de o papa ter concedido a ele e seus sucessores o senhorio sobre o novo mundo incógnito.

A *Recopilación de leys de los Reinos de las Índias* de 1681 inicia o seu terceiro livro deixando claro que por doação da Santa Sé e outros justos e legítimos títulos, os reis da Espanha são senhores das Índias Ocidentais, ilhas e terras firmes, descobertas e por descobrir. A análise que pode ser feita destas confirmações das bulas alexandrinas é o sintoma do enfraquecimento e debilidade de seu valor. Com o tempo a opinião dos juristas foi evoluindo (cf. GARCIA Y GARCIA, 1992, p. 38-39).

O pensamento sobre a doação Alexandrina (1493-1539)

Durante este período a posição majoritária foi a monista hierocrática. O Frei Alonso de Loaysa, provincial dos dominicanos, afirmou, em 1512, que o domínio das Índias pela coroa espanhola se baseava na doação pontifícia e se fez efetivo *iure belli* com a conquista.

O teólogo dominicano Frei Matias de Paz escreveu, em 1512, seu Tratado *De domínio regum Hispaniae super índios* (Sobre o domínio dos reis da Espanha sobre os índios), considerando válida a falsa doação de Constantino do século IX. É necessário afirmar que a doação de Constantino foi entendida de duas maneiras pelos autores que acreditavam na sua autenticidade: alguns sustentavam que Constantino não havia feito senão devolver ao papa o que era seu em virtude da doação do mundo por Cristo a seus sucessores; outros, não relacionavam a pseudodoação constantiniana com o fato de que o papa fosse e deixasse de ser senhor do mundo por direito divino. A falsidade da doação constantiniana foi colocada em evidência em 1440 pelo humanista italiano Lorenzo Valla, a quem estes autores do século XVI parecem ignorar (cf. MANZANO Y MANZANO, 1976, p. 327-359).

O conselheiro da Coroa durante vinte anos, Juan López de Palácios Rubios, escreveu entre 1512 e 1516 sua obra intitulada *De insulis maris Oceani quas vulgus Índias appellat* (Sobre as ilhas do mar

Oceano, chamadas vulgarmente Índias). Sustenta as mesmas ideias de Matias de Paz, o domínio direto do papa sobre todo o mundo e em especial sobre as terras do antigo Império Romano em virtude da doutrina monista hierocrática e da pseudodoação constantiniana.

Bernardino de Mesa, dominicano, pregador do rei e bispo de Badajoz de 1521 e 1524, afirmava, segundo uma referência de Bartolomeu de Las Casas, que o fundamento da conquista e domínio da Espanha nas Índias era a doação de Alexandre VI.

São inúmeros os autores que compartilham das ideias anteriores, porém, como contraponto, neste período, outros autores sustentam a teoria monista cesárea. Estes autores negam ao papa todo o poder sobre o mundo. Segundo eles, o único senhor do mundo é o Imperador (cf. SOUZA, 2005, p. 90).

> Os espanhóis são os responsáveis absolutos do estabelecimento do cristianismo entre os índios e entre estes não há produzido nem está produzindo hoje o resultado apetecido, porque não somente não os temos anunciado a Cristo com sinceridade e boa-fé, mas sobretudo negamos com os fatos o que confessamos com a palavra[...] todos estão de acordo que os índios que mais se relacionam com os espanhóis são os que mais têm costumes depravados (ACOSTA, 1954, p. 169-171).

O pensamento sobre a doação Alexandrina (1539-1629)

Este período é diferente do anterior em que se passa do monismo hierocrático ao dualismo. O papa não tem nenhum domínio temporal sobre o mundo e nem pode fazer nenhuma doação a ninguém. Sua única atividade deve ser a de cumprir o direito e dever que tem de anunciar o Evangelho e prover o bem espiritual das almas que estão a ele encomendadas.

Francisco de Vitória, dominicano, teólogo espanhol neoescolástico e um dos fundadores da Escola de Salamanca, despreza toda esta questão do monismo hierocrático ao dualismo. Nega o poder direto do papa nos assuntos temporais, mas sustenta que pode tomar decisões sobre eles com o poder indireto que o confere o direito e o dever de cuidar do bem espiritual das almas. O papa Alexandre VI não podia doar as Índias aos reis castelhanos com um poder direto, mas com um poder indireto que emanava da obrigação e o direito do papa de cuidar do bem espiritual daqueles infiéis que habitavam o Novo Mundo. Na prática, nem os monarcas europeus que estabeleceram seu domínio em território americano se sentiram intimidados pelos direitos dos reis espanhóis, advindos da doação pontifícia, como foi o caso dos franceses, ingleses e holandeses (cf. GARCIA Y GARCIA, 1992, p. 39-40).

O pensamento sobre a doação Alexandrina (1629 até a atualidade)

Juan Solórzano y Pereira, jurista espanhol, na sua obra *De Indiarum iure sive de iusta Indiarum Occidentalium gubernatione* 1-2 (Madri, 1629 e 1639) e em outra obra *Política indiana* (Madri, 1647), procura demonstrar que a Espanha não havia recebido como feudo as terras das Índias, mas como simples doação pontifícia. Na primeira obra não explica se a doação pontifícia se baseia no suposto direito do papa no poder temporal ou no poder indireto. Na segunda obra sustenta o mais rígido monismo hierocrático do poder direto do papa sobre o mundo. A diferença de Solórzano com o regalismo borbônico espanhol do século XVIII está no fato de buscar um fundamento de direito divino ao poder temporal numa doação pontifícia que supostamente se baseia no mesmo direito. Para os regalistas do século XVIII a Coroa teria o domínio temporal conferido diretamente por Deus, sem intervenção da doação pontifícia (cf. GARCIA Y GARCIA, 1992, p. 41-43). Por isso, o controle da Igreja no século XVIII pelo poder temporal é muito mais duro do que nos tempos de Solórzano Pereira.

As teorias para explicar o fundamento jurídico da doação pontifícia reduzem-se a cinco: monista hierocrática, arbitral, feudal, o título da coisa sem dono (*res nullius*), e a dualista.

A **teoria monista hierocrática** afirma que Deus outorgou o domínio do mundo a Cristo, de Cristo ao papa e este havia doado aos reis de Castela uma parte tão importante do mundo: as Índias. Assim entenderam a doação Alexandrina à Coroa espanhola e, também, a maioria dos autores anteriores ao frei Francisco de Vitória (1539). Outros historiadores, inclusive no presente, adotam esta teoria para explicar a natureza da doação pontifícia. Nos documentos da doação não existe nada que confirme ou negue esta teoria. É necessário distinguir como interpretaram esta teoria os autores posteriores a 1493 e a mente de Alexandre VI quando expediu os documentos da doação das Índias aos reis de Castela. O papa não disse uma só palavra sobre o fundamento jurídico da sua doação (cf. GARCIA GALLO, 1957-1958, p. 461-829).

A **teoria arbitral** supõe que o papa atuava como árbitro entre os reis castelhanos e o português. Estes documentos viriam resolver a questão dos limites entre os domínios de uma e outra monarquia em sua expansão. Na realidade, a linguagem da bula parece irreconciliável com esta teoria da arbitragem, pois nela afirma-se "concedemos e doamos" pela autoridade do papa e não em virtude dos poderes conferidos pelas partes a um árbitro. Esta teoria foi sustentada no tempo dos reis católicos pelo italiano Pietro Mártir di Anghiera e por Hugo Grozio no século XVII.

Diversos autores, como Jean Bodin, Josef Hoffner, Jacobo Antonio Marta, Silvio Zavala, explicam este problema dizendo que o papa concede como **feudo** terras aos reis castelhanos, pelo título da conquista das terras do Novo Mundo. Baseava-se no fato de que os reis de Castela possuíam aqueles territórios como feudatários da Santa Sé. A teoria feudal pressupõe a aceitação da teoria monista hierocrática (cf. BORGES, 1992, p. 42).

Por fim, outros explicam a doação das Índias em virtude de uma doutrina do direito romano, que constitui hoje um título originário do domínio das coisas. Teoria conhecida como a teoria das *res nullius*. Segundo esta a Santa Sé, mais do que uma doação, fez um reconhecimento de que os reis possuíam legitimamente as Índias, pelo fato de tê-las descoberto e ali não havia reis constituídos. Em 1493 poderia pensar, dentro daquele contexto, que essa era a situação. Depois do *descobrimento* de reinos como dos astecas, no México, dos incas no Peru, não se poderia afirmar a mesma coisa. Esta teoria, porém, parece contrária ao texto das bulas alexandrinas, pois ali não se escreve sobre nenhum reconhecimento, mas de doação, usando as palavras *concedemos e doamos* (cf. GARCIA Y GARCIA, 1992, p. 34-45).

Ao analisar todos os acontecimentos, uma das conclusões que se pode chegar sobre a doação Alexandrina e, como explicá-la, reside na teoria dualista. O papa poderia fazer tudo o que fosse possível e necessário para cumprir a missão espiritual da Igreja no mundo na sua dupla vertente, a salvação dos cristãos e a evangelização de todos os infiéis. Esta teoria que Francisco de Vitória aplicou ao caso da doação pontifícia havia sido formulada pelos canonistas medievais. O mérito de Vitória não está na invenção desta doutrina, mas na sua aplicação ao problema das bulas alexandrinas.

É evidente que a Igreja Católica carecia de meios para levar o Evangelho a terras tão distantes. O que pode parecer lógico deixar esta missão nas mãos dos príncipes cristãos, fazendo um pacto com eles em que as condições e critérios seriam a colaboração de ambos neste plano. O elemento de juízo mais seguro de toda esta questão é que os próprios monarcas solicitam os documentos pontifícios, o que obriga a duvidar sobre a legitimidade de seu domínio sobre as Índias (cf. SOUZA, 2005, p. 92). Sem dúvida, queriam também defender seu território conquistado diante de outros monarcas cristãos. Neste sentido, a teoria dualista, com apoio notório da *res nullius,* é a mais verossímil.

Capítulo VIII
Contestação da conquista

> Eu quero, isto sim, é ver brotar o direito
> como água e correr a justiça como torrente
> que não seca (Am 5,24).

Introdução

Em outros capítulos foi tratada a questão da conquista material: sua ação e os protagonistas. Era a busca desenfreada pelo ouro, prata e outros bens materiais, tendo uma administração colonial atrelada ao elemento do sagrado, oficialmente, através das bulas. Os conquistadores pareciam seguir a seguinte máxima: *Deus está no céu, o rei está longe, eu mando aqui*. O que foi relatado revelou a obstinação dos conquistadores, a apropriação de terras, a miscigenação de raças, o despovoamento causado pela guerra e pelas epidemias e, a evangelização, como uma conquista espiritual e justificativa para o domínio espanhol. Este capítulo apresenta o cenário da contestação a essa conquista material, são textos, homilias de contemporâneos da invasão, conquista e colonização.

> "Conquista espiritual", porque se o século XVI cristão redescobre a missão esquecida há mil anos, em proveito de formas múltiplas de conquista cultural, ele não se libera total e imediatamente de um passado próximo. A exigência perfeita da missão é difícil de sustentar: a "conquista" espiritual traduz bem, nas palavras, a ambiguidade de uma missão sempre imperfeitamente realizada (CHAUNU, 1984, p. 409).

E o Verbo se fez carne

Se por um lado setores da instituição religiosa ficaram atrelados ao poder econômico e político, por outro surgiram as contestações dentro da instituição religiosa, e, já no início da conquista. Vários missionários começaram a confrontar as exigências do Evangelho: justiça, liberdade, respeito, fraternidade, amor ao próximo, com aquela realidade vivida por eles: exploração, assassinatos, açoites, busca desenfreada do elemento material. Como viver o cristianismo diante de grandiosas atrocidades como estas e não protestar, não falar nada? Conflitos seriam inevitáveis, era necessário converter a maioria dos conquistadores espanhóis ao cristianismo.

O tom do conhecido e fortíssimo sermão do Padre Antônio de Montesinos revela um quadro degradante e distante entre o ser cristão e a hipocrisia, ganância. Solicitado pelo seu confrade dominicano, Pedro de Córdoba, proveniente de Salamanca, a proferir o sermão no tempo litúrgico do 4º domingo do advento (1511). O sermão revelava a busca de uma nova teologia, um discurso sobre Deus a partir do contexto de espoliação das culturas locais. Diante da gravidade da situação, os frades do convento assinam o sermão. Assim se expressou o frade espanhol Montesinos, na Ilha de Santo Domingo:

> *Vox clamantis in deserto* – todos estais em pecado mortal, e nele viveis e morreis, por causa da crueldade e tirania que usais com estas inocentes vítimas[...] Dizei com que direito e com que justiça mantendes tão cruel e horrivelmente estes índios? Com que autoridade fizestes tão detestáveis guerras a estes povos, que estavam em suas terras mansos e pacíficos, onde tantos deles, com mortes e estragos nunca ouvidos, consumistes? Como os tendes tão oprimidos e fatigados, sem lhes dar de comer nem curar suas doenças as quais pegam devido aos excessivos trabalhos, chegando a morrer, ou, dizendo melhor, os matais para tirar e adquirir ouro cada dia? E qual é a vossa preocupação para que sejam doutrinados e conheçam a seu Deus e criador, sejam batizados, ouçam missa, guardem as festas e os domingos? Não são eles homens? Não têm almas racionais? Não sois obrigados a amá-los como a vós mesmos? Não entendeis isto? Não sentis isto? Como podeis permanecer adormecidos num sono letárgico tão profundo? Tende por certo, que no estado em que estais, não os podeis salvar mais do que os mouros ou os turcos que carecem e não querem a fé em Jesus Cristo (MONTESINOS. In: GUTIÉRREZ, 1995, p. 40).

Os colonizadores-*encomendeiros* acusaram Montesinos de subversão e foram até a casa dos dominicanos. Pedro Córdoba explicou que o sermão era a voz da comunidade religiosa. Num segundo sermão, no dia 28 de dezembro, o dominicano volta a defender os indígenas e afirma que os frades não concederiam o perdão àqueles que continuassem tratando os nativos de maneira injusta. Os *encomenderos* fizeram acusações contra os dominicanos e ao rei da Espanha. O frade foi obrigado a retornar à Espanha, para sua defesa, e depois voltou a Santo Domingo. Exerceu suas atividades na ilha, e, também em Porto Rico, Antilhas e, por último, na Venezuela, onde faleceu em 1540. Em 1983 foi inaugurada uma estátua em Santo Domingo para homenagear o seu sermão e os direitos humanos. Montesinos terá continuadores, de maneira especial Bartolomeu de Las Casas, outro dominicano. Las Casas é um dos missionários que escreve relatos sobre os índios e "é um dos mais importantes, visto que sua *Apologetica historia summaria* (1559), em contraste com muitas crônicas da conquista, era uma apologia dos índios confrontados com a crueldade tanto dos conquistadores quanto de seus novos senhores, os *encomenderos*. A imagem do índio apresentada por essa primeira geração de escritores sobre a 'América' era cheia de contrastes e de contradições, dependendo da formação intelectual do autor, de sua posição social (leigo ou religioso), de seu papel entre os índios e, finalmente, de sua personalidade. Foram os missionários os principais responsáveis pelo fato de terem os primeiros estudos sérios da América e dos americanos ultrapassando as descrições impressionistas iniciais" (BETHELL, 1999, p. 597). Um destes missionários é o dominicano espanhol Bartolomeu de Las Casas.

Bartolomeu de Las Casas (1484-1566)

Bartolomeu de Las Casas nasceu em Sevilha em 1484 (1474). Filho de Pedro de Las Casas e de Isabel Sosa. Sua formação é sólida, dominava o latim perfeitamente. Seu pai se alistou na segunda viagem de Colombo, que era comensal da família ao "Novo Mundo". Na volta recebeu de presente do almirante um escravo índio.

O impacto do retorno do pai, com novidades do além-mar, uma outra visão de ser, e a convivência por mais de dois anos com o jovem indígena impactaram de maneira profunda a vida de Las Casas. Foi aluno, na catedral, de classes latinas de Antonio de Nebrija (cf. LAS CASAS, 1985, p.13); antes de ir para Salamanca, estudou latim e humanidades. Em 1502 embarca com destino à América, na frota de Nicolás Ovando. Depois foi a Roma e terminou os estudos, sendo ordenado padre em 1507. Em 1510 chegou à Ilha de Hispaniola, trabalhou também em Cuba, participando da sua conquista e exploração, na Guatemala, na Nicarágua. Enviava índios de sua repartição às minas, aproveitando o máximo deles. Em 1511 escuta o sermão de Montesinos. A sua conversão ocorre no Pentecostes de 1514. Renunciou, em plena prosperidade, à sua encomenda, por motivo de consciência. Após escutar o trecho de Eclesiástico 34,26: "É assassino do próximo quem lhe rouba os meios de subsistência; derrama sangue, quem priva o assalariado de seu salário", compreendeu a injustiça que estava cometendo com os indígenas. Entregou-os ao governador de Cuba, Diego de Velásquez, e retornou à Espanha para defendê-los perante a Coroa; Las Casas, defensor dos indígenas e dos povos americanos. Em 1527 começa a escrever sua *História das Índias*. Nesse período também escreveu *De unico vocationis modo*. Interessante notar que nesse tempo da colonização existia uma polarização: o grupo dos dominicanos Montesinos, Las Casas e outros religiosos e um grupo que apoiava a dominação espanhola sem se importar com seus métodos em nome da "conversão".

> Las Casas não é o mais radical dos teólogos juristas, mas é o mais odiado porque, antigo colono e testemunha dos começos difíceis da colonização, é realista e eficiente. É um homem reservado, implacável, apaixonado, que tem o sentido da intriga, que sabe manobrar os grupos e os homens. Isso não é "ser um santo"[...], "mas um político cristão de grande envergadura, ávido

de influência e de ação". Em suma, totalmente desinteressado e possuído de uma paixão só: o triunfo da causa (CHAUNU, 1984, p. 414).

Em 1539 retorna à Espanha e, em 1540, escreve a *Brevíssima Relação das Índias*. Em 1544 é consagrado, em Sevilha, bispo de Chiapas, México, onde defende ardorosamente os índios. Retorna definitivamente para a Espanha (1547) e, em 1550 se dá o famoso debate entre Las Casas e Juan de Sepúlveda. Morre em Madri em 1566, no Convento de Nossa Senhora de Atocha, aos 82 anos.

> **Os conquistadores são ladrões e devem tudo restituir**
> Todos os que foram ou serão causa da dita guerra (contra os índios), recorrendo a algum dos citados modos de participação, sob pena de condenação, estão obrigados a restituir, solidariamente e por completo, a esses infiéis prejudicados todos os seus bens, móveis e imóveis que lhes foram confiscados com tal guerra, devendo também reparar todos os danos (LAS CASAS. *Único modo*. VII, § 2).

Las Casas enfrentou uma grande batalha, mas não estava sozinho. Em 1542 a Espanha promulgou as *Leyes nuevas*, estabelecendo que as encomendas não deveriam durar perpetuamente e nem transmitidas por herança; depois de uma geração, todos os indígenas recobrariam sua liberdade. Reforçavam o argumento lascasiano e proibiam em sua letra a escravidão dos nativos apenas com algumas ressalvas. O Papa Paulo III, anteriormente, havia publicado o documento *Sublimis Deus* (1537), e afirmava que os indígenas e outros povos deveriam ser convertidos por meio da evangelização e pelo testemunho dos evangelizadores.

> [...] Qual estima da vida cristã terá o índio que vê o pároco ir todos os dias buscar prata, falar de prata, aproximar-se da prata? Que este não move nem pé e nem mão se previamente não viu o brilho do dinheiro? Pensam os bárbaros que o Evangelho é um negócio de compra e venda, que os sacramentos são um negócio de compra e venda e que os cristãos não se importam com as almas e, sim, com o dinheiro (ACOSTA, 1984, p. 177-179).

Muitos missionários, assim como Las Casas, foram nomeados bispos e assumiram a defesa dos indígenas. Devido à sua postura, foram expulsos de suas dioceses por encomendeiros, expatriados ou enviados à prisão. Abaixo uma lista de alguns destes pastores, profetas e padres da Igreja da América Latina e Caribe colonial.

Nome	Diocese	Data
Bartolomeu de Las Casas	Chiapas, México	1544-1547
Antonio de Valdivieso	Nicarágua	1544-1550
Cristobal de Pedraza	Honduras	1545-1553
Pablo de Torres	Panamá	1547-1584
Juan del Valle	Popayán, Colômbia	1548-1560
Fernando de Uranga	Cuba	1552-1556
Tomás Casilla	Chiapas, México	1552-1597
Pedro de Agreda	Coro, Venezuela	1560-1580
Pedro de Ângulo	Vera Paz, Guatemala	1560-1562
Juan de Simancas	Cartagena, Colômbia	1560-1570
Domingo de Santo Tomás	La Plata, Argentina	1563-1570
Pedro de La Peña	Quito, Equador	1556-1558
Augustín de La Coruña	Popayán, Colômbia	1565-1590
Toríbio de Mongrovejo	Lima, Peru	1581-1606
Fernando de Trejo y Sanabria	Tucumán, Argentina	1595-1614
Martinho Inácio de Loyola	Assunção, Paraguai	1602-1606
Vasco de Quiroga	Michoacán, México	1538-1565
Bernardo de Albuquerque	Oaxaca, México	1559-1579

Visões cosmológicas diferentes

A sustentação da práxis conquistadora era realizada por um setor teológico. Um conhecido teólogo era Juan Ginés de Sepúlveda (1494-1573), espanhol, estudou na Universidade de Alcalá de Henares, bacharel em artes e teologia. Em 1519 terminou seu doutorado em Bolonha e ingressou na Ordem Dominicana. Interessado no pensamento de Aristóteles foi pautando sua obra no estagirita. Autor de diversas obras, a que mais provocou debates e, especialmente com Las Casas, foi *Democrates, sive de justi belli causis* (1544). E outro que também entrava nesta linha era Francisco de Vitória (1486-1546), também teólogo dominicano e espanhol da Escola de Salamanca. Para Sepúlveda a guerra contra os índios era justa. A causa da guerra por direito natural e divino era a rebeldia dos fracos, que nasceram para servir; se não se podia sujeitá-los por outros meios, a guerra era justa. Era o seu pensamento no *Democrates*. Afirmava que diante dos índios era necessário usar a arte da caça, já que era praticada não somente contra os animais, mas também contra aqueles que, nascidos para obedecer, recusavam a servidão. Assim, tal guerra era justa por natureza. O pensamento de Sepúlveda era seguimento ao *Política I* de Aristóteles (escravidão na Grécia), e seguia também outros autores medievais, como Tomás de Aquino, *Iustum Dominatium,* que os senhores feudais tinham sobre seus servos (*Summa Theologie*, II-II, q. 57, art. 4). Para Sepúlveda a guerra era justa, pois os nativos eram pagãos, infiéis que deveriam ser guerreados. O uso da violência contra os povos "selvagens" era legítimo.

Para Vitória, autor de *De Indis* (1537), a conquista não poderia ser realizada somente por terem religião diversa. Afirmava em *De iure belli* (1538) que, nem pelos direitos do rei, nem para pregar o Evangelho, nem por consentimento pontifício, nem para opor-se ao pecado *contra natura* que pudesse cometer um povo, mesmo selvagem, não era possível conquistar. Contudo, no final do texto aceitava a possibilidade da conquista quando houvesse impedimento ao missionário de anunciar livremente o Evangelho. Permitia, portanto, a conquista.

Las Casas, provocado pelas teses de Sepúlveda, conseguiu que o Conselho das Índias, em 1550, convocasse um debate em Valladolid, Espanha. O debate foi efetivado diante de pensadores como: Domingo de Soto, Melchor Cano, Bartolomé Carranza. O dominicano defendeu sua convicção, afirmando que Evangelho e violência não são parceiros. Os índios não poderiam ser submetidos pela guerra, por qualquer motivo que fosse. A recíproca não vale para os espanhóis que, durante décadas, sabiam perfeitamente o que estavam realizando: conhecedores do Evangelho e realizadores de atrocidades pelo fetiche do ouro, do dinheiro. O que Las Casas conseguiu foi a proibição da circulação do livro de Sepúlveda. Na continuidade, o bispo dominicano dedicou sua vida ao estudo histórico-teológico (para aprofundar JOSAPHAT, 2000; 2008; GUTIÉRREZ, 1995; LAS CASAS, 1985).

> Sepúlveda foi o maior debatedor com Bartolomeu de Las Casas sobre a natureza indígena e o direito de *dominium* sobre os nativos e seu território. Se opôs a praticamente todas as teses levantadas por Las Casas. Sua obra foi colocada para a leitura pelos membros do *Conselho de Castilla* e, em 1544, foi interditada, porque o *"tono inflamado del libro pudiera crear descontento político en las Indias, recomendaron que no se imprimiera"*; ou seja, muitos argumentos de Sepúlveda eram contrários aos pensamentos dessa instituição e da recente *Leyes Nuevas*. Apesar disso, a obra de Sepúlveda foi publicada em toda Espanha. Os *encomenderos* e conquistadores encontrariam em seus textos a legitimidade de escravizar os indígenas. O sucesso de Sepúlveda podia ser percebido no excerto que se tratou da Audiência mexicana em 1545. Já nos principais polos universitários de Alcalá e Salamanca em conferências sobre a obra de Sepúlveda em 1547-1548, ambas não aceitaram seu livro. O autor se defendeu da opção das universidades de não publicar seu livro e as condenou por "corrupção". Las Casas e inúmeros dominicanos frequentavam essas universidades e por sua rede de contatos persuadiram os julgadores. Além disso, algumas teses de Sepúlveda iam de encontro às de Francisco de Vitória, e tamanha era a força do mestre de Salamanca que suas diretrizes nesses anos eram incontestáveis. Las Casas e Sepúlveda tiveram embates intelectuais por toda década de 40, chegando ao seu clímax em 1551, em Valladolid (PAGDEN, 1988, p. 156-157; LOMELÍ, 2002, p. 171).

PARTE IV

A ALIANÇA ESPIRITUAL-TEMPORAL E A ORGANIZAÇÃO DO CATOLICISMO

Capítulo IX
Padroado Régio, origens e desdobramentos

> A dignidade dos pontífices é superior à dos reis porque os reis são consagrados em seu poder real pelos pontífices e os pontífices não podem ser consagrados pelos reis (HINCMAR, CXXV).

Introdução

O objetivo deste capítulo é apresentar uma visão das Ordens Militares, do Padroado português e espanhol. O entendimento do conceito de Padroado é fundamental para compreender as relações entre as Coroas e a Santa Sé, a organização da instituição religiosa no Ultramar e seus desdobramentos. As relações de padroado com a Coroa espanhola foram encerradas com as independências. Por sua vez, no Brasil, estas relações continuaram até o final do Império. A aliança entre temporal e espiritual era formal, isto é, através de documentos: as bulas. Aprofundar esta temática, a partir do tempo presente, é de enorme relevância para pensar e assumir posturas diante das alianças concretizadas informalmente entre os poderes eclesiástico e civil.

Origens

A aliança de Padroado é mais antiga em Portugal do que na Espanha. Foi outorgado pela primeira vez, em 1319, à Coroa portuguesa. Devido a isto, a Igreja do Brasil esteve sujeita, durante quase quatro séculos, aos chamados direitos do Padroado. Com a criação do bispado de São Salvador da Bahia, através da bula *Super specula militantis Ecclesiae* do Papa Júlio III (1551), introduziu-se no Brasil português o regime de privilégios seculares e espirituais concedidos pelo papado à Coroa portuguesa como patrona das missões católicas e instituições eclesiásticas na África, Ásia e Brasil (cf. AZZI, 1987, p. 21). Nesta bula é discriminado um duplo padroado: o da apresentação do bispo para a Diocese de Salvador, competindo ao rei como rei, e o padroado dos benefícios menores cabendo ao soberano como Grão-Mestre da Ordem de Cristo. O documento também declarava que todos os benefícios da Diocese deveriam ser dotados com as rendas dos dízimos que aí haveria de receber a Ordem de Cristo; e que na falta deles o rei deveria dotá-los com as rendas do Estado. Um organismo importante do padroado português foi a *Mesa da Consciência e Ordens* que funcionava como uma espécie de departamento religioso do Estado. Seu correspondente para a Coroa espanhola foi o Conselho das Índias. O Conselho foi um dos organismos da administração colonial. Contudo, não se poderá seguir uma análise do Padroado sem uma visão das Ordens Militares.

As Ordens Militares

Na época das Cruzadas surgiu uma nova criação do espírito religioso: as Ordens Militares, uma mistura de soldados e monges (cf. LLORCA, 1988, p. 697), sujeitos aos três votos religiosos, seguiam algumas das regras aprovadas pela Santa Sé. A tarefa destas Ordens era acompanhar os peregrinos à Palestina, protegê-los contra os assaltos pelo caminho, cuidar destes em caso de doença e defender a causa da Terra Santa combatendo contra o Islão. A constituição destas Ordens era fortemente centralizada. São bem conhecidas na Idade Média as Ordens dos

Cavaleiros Teutônicos, os Cavaleiros de Malta e a Ordem dos Templários. Outras Ordens Militares são: Hospitalários, Calatrava, Cavaleiros de Alcântara, São Tiago da Espada, São Bento de Avis. A Ordem dos Templários é a que mais interessa a este estudo, pois após sua supressão (1312) nasceu, em Portugal, a Ordem de Cristo (1318). A instituição do Padroado está ligada intimamente à Ordem dos Templários e, por consequência, à Ordem de Cristo (cf. SOUZA, 2002, p. 683-684).

Os Templários

Os Templários, *Frates militiae Templi* ou *Pauperes commilitones Christi Templique Salomonis,* foram fundados em 1119 em Jerusalém por um grupo de 11 cavaleiros da Borgonha e da Champagne. Guiados por Hugo de Payens e Godefroid de Saint-Audemar uniram aos três votos religiosos (pobreza, castidade e obediência) aquele de defender os peregrinos cristãos, as estradas e os Lugares Santos da Palestina. Receberam uma regra inspirada em São Bernardo, *De laude novae militiae ad Milites Templi:* severa, dura e guerreira. Os papas cumularam de privilégios e os reis peninsulares ibéricos outorgaram-lhes muitas imunidades, terras e castelos em recompensa e estímulo para o seu trabalho. Anos depois, a Ordem Militar e Religiosa se tornaria uma sociedade bancária e financeira (cf. ALMEIDA, 1961, p. 152-156).

Os reis e papas pediam dinheiro emprestado aos Templários ou depositavam capitais e joias nos seus castelos, como sendo o lugar mais seguro do mundo (cf. VERNARD, 1993, p. 303). O seu poder econômico acendeu a cobiça de Felipe IV, o Belo, de França. Este acusou-os de heréticos, que desde 1291, quando havia caído a última fortaleza dos Templários, São João de Acre, residiam em Chipre. Em 1305 o rei expediu um mandado de prisão a todos os membros da ordem. Iniciava-se, assim, a tragédia dos Templários, que na realidade era uma tragédia do papado da época, submetido ao poder da França. Em 1307, cerca de 2000 Templários foram presos, torturados e forçados à confissão, muitos foram queimados vivos. O Papa Clemente V dispôs, no dia 22 de novembro de 1308, que em todas as nações os Templários fossem presos e julgados por um concílio provincial. O resultado em todos os países, com exceção da França, foi a absolvição da Ordem. Apesar de tudo, o papa cedeu às pressões do rei e, no Concílio de Vienne, suprimiu-a (3/4/1312) através da bula *Ad providam Christi Vicarii*[3], não por juízo condenatório, mas *per modum provisionis seu ordinationis apostolicae*.

A Ordem de Cristo

Em Portugal, os Templários estabeleceram-se em 1125. A sua influência política era grande, possuíam muitos bens doados por Dona Teresa, mãe do rei Dom Afonso Henrique. Fixaram residência à margem esquerda do Rio Tomar (cf. ALVES, 1973, p. 1.641), onde fundaram a primeira igreja sob a invocação de Santa Maria de Olival, edificando ali seu principal convento. Em 1160 o mestre da Ordem dos Templários, Dom Gualdin Pais, mandou construir o Castelo de Tomar, onde foram residir os membros da Ordem. Tomar tornou-se, assim, o centro principal da Ordem. Com a supressão dos Templários, os seus bens e rendas ficaram reservados à disposição da Santa Sé. O rei de Portugal, Dom Dinis, temendo que os bens existentes neste reino fossem alienados, enviou pedido ao Papa João XXII, sucessor de Clemente V, para a criação de uma nova Ordem Religiosa-Militar no reino português, cujos bens ali deveriam permanecer (cf. SOUZA, 2002, p. 685).

---

3. *Bullarium Romanum*. Ed. Taurinensis, 1859, IV, p. 226-229.

Analisadas as razões do Soberano Português, a 15 de março de 1318, o Papa João XXII erigiu uma nova Ordem, da Milícia de Jesus Cristo, através da bula *Ad ea ex quibus*[4], devendo seguir a regra de Calatrava da Espanha, regra dos Cistercienses; emitindo os três votos e tendo iguais privilégios, liberdades e indulgências. Constavam os seus membros de três classes: clérigos professos (freires), soldados leigos e simples leigos professos dedicados à vida contemplativa. Entre os superiores encontra-se o mestre ou preceptor ou governador e o prior, ambos com função independente, o primeiro administra as temporalidades da Ordem, e o segundo goza de jurisdição espiritual sobre os membros dela. Além destes, há o grão-mestre e o grão-prior, que exercem as suas funções sobre todas as casas da Ordem.

Passada a pressão dos mouros em torno do reino, a Ordem passaria às conquistas de novas terras. Com os bens adquiridos armavam-se caravelas e preparavam os marinheiros. A Coroa portuguesa foi-lhe concedendo sucessivos privilégios. Entre os grandes favores concedidos pela Santa Sé à Ordem, existia o da administração e jurisdição espiritual nas terras de conquistas portuguesas. Considerando os serviços prestados à religião e ao reino, o Rei Dom Duarte, em 26 de outubro de 1434, concedeu à Ordem a jurisdição espiritual das ilhas de Madeira, Porto Santo e Deserta, no arquipélago da Madeira. Em 1454, Dom Afonso V deu a espiritualidade das "costas, ilhas, terras conquistadas, e por conquistar, e de Gazula, Guiné, Etiópia, e por qualquer outro nome sejam chamadas". O Papa Calisto III, a 13 de março de 1455, pela bula *Inter caetera quae*[5], atendendo aos pedidos do Rei Dom Afonso e do Infante Dom Henrique, que pediam

---

4. *Bullarium Patronatus Portugalliae*, I, Lisboa, 1868, p. 2-6.
5. *Bullarium Patronatus Portugalliae*, I/2, Lisboa, 1868, p. 401.

a espiritualidade das terras ultramarinas atuais e futuras, conquistadas aos sarracenos, para a Ordem de Cristo e confiando à mesma Ordem podendo operar naquelas regiões concedendo ao Grão Prior jurisdição ordinária episcopal, como Prelado *nullius dioecesis,* com sede no convento de Tomar, em todas as terras ultramarinas conquistadas e por conquistar.

Em atenção aos reis de Portugal, tais privilégios sempre foram ampliados pelos soberanos pontífices. Para confirmar tal afirmação basta ver as bulas *Aeterni Regis Clementia,* de Sisto IV, de 21 de junho de 1481[6] e *Dum fidei constantiam,* de Leão X, de 7 de junho de 1514[7]. Através desta bula o Papa Leão X concede ao rei de Portugal o padroado dos benefícios das regiões ultramarinas sujeitas à jurisdição ordinária da Ordem de Cristo. Assim os reis portugueses foram assenhorando-se do governo da nova Ordem. Após a ascensão ao trono, o *Venturoso,* além de não renunciar o mestrado, conseguiu ainda outros mestrados das Ordens Militares, de Avis e de Santiago, e, desta forma, se tornara Rei e, ao mesmo tempo grão-mestre das três Ordens Militares. Essa política de centralização progressiva foi ultimada por Dom João III, quando decretou a incorporação dos mestrados à Coroa Portuguesa[8]. O privilégio do Padroado, como em outras regiões, aos poucos se transformava em interferência do poder secular nos negócios eclesiásticos, ou seja, na Igreja.

---

6. *Bullarium Patronatus Portugalliae.* I, Lisboa, 1868, p. 47-52.
7. *Bullarium Patronatus Portugalliae.* I, Lisboa, 1868, p. 98-99.
8. *Bullarium Patronatus Portugalliae.* I, Lisboa, 1868, p. 180-185.

Padroado: origens e desdobramentos

> O sistema de **Padroado** é, na forma mais usual e genérica, o direito de administrar os assuntos religiosos no Ultramar, privilégios concedidos pela Santa Sé aos reis de Portugal, e de que, posteriormente, também gozaram os imperadores do Brasil. Na essência, consiste na apresentação por parte do poder político de pessoas para os cargos eclesiásticos: bispos, cônegos, párocos. A apresentação dos candidatos é da competência do poder político, à Santa Sé é reservada a nomeação. Com o auxílio da Mesa da Consciência e Ordens, os reis portugueses, como grão-mestres da Ordem de Cristo, recolhiam os dízimos, apresentavam os postulantes aos cargos eclesiásticos, eram responsáveis pelo sustento do clero pelo pagamento da "folha eclesiástica" que fazia parte das despesas do funcionalismo público, proviam as despesas do culto. Na prática, o Padroado representou a subordinação das necessidades da Igreja aos interesses da Coroa. Com a adoção de uma política regalista, através do governo do Marquês de Pombal (1750-1777), este fator se evidencia e causa grandes tensões entre os párocos e seus fregueses, manifestações de insatisfação do clero secular e polêmicas entre a alta hierarquia eclesiástica e a Mesa da Consciência e Ordens. Em síntese, os direitos e deveres do Padroado podem ser assim enumerados: a) apresentação para os benefícios eclesiásticos incluindo os episcopais; b) conservação e reparação das igrejas, mosteiros e lugares pios das diferentes dioceses; c) dotação de todos os templos e mosteiros com os objetos necessários para o culto; d) sustentação dos eclesiásticos e seculares adstritos ao serviço religioso; e) construção dos edifícios necessários; f) deputação dos clérigos suficientes para o culto e cura das almas (SOUZA, 2002, p. 687).

Do tempo das Cruzadas até o início da época de conquista e colonização do "Novo Mundo", a Cristandade sentia-se obrigada a justificar e a legitimar a sua implantação e o seu domínio, realizado pela força das armas. Dos mouros aos índios, passando pelos judeus e demais "hereges", o combate era o mesmo: reduzir, submeter e converter à verdadeira fé, isto é, à fé católica. Essas ideias se encontram, entre outros documentos, na bula *Inter caetera*[9] de Alexandre VI de 4 de maio de 1493. Uma continuidade existe entre a cristandade medieval, prestes a se desfazer, e esse Novo Mundo onde tentará e conseguirá implantar-se sob outra forma. O Padroado, que irá reger, durante séculos, as relações entre os dois poderes na América hispano-portuguesa, é fundamentalmente uma criação jurídica do mundo medieval. De maneira diferente

---

9. *Bullarium Patronatus Portugalliae*. I, Lisboa, 1868, p. 270.

das guerras de Cruzada e de conquista, esta instituição jurídica será também um instrumento de implantação da "verdadeira fé".

O **Padroado espanhol**, assim como o português, tem seus antecedentes no período medieval, já na conquista das Ilhas Canárias (1418). Em 1486, durante a guerra da Reconquista, os reis católicos obtêm estes privilégios através das bulas *Provisionis Nostrae* e *Deum ad illam*. Em seguida, no final do século XV e início do XVI, foi oficializado este privilégio através das bulas de Alexandre VI (apresentadas em capítulos anteriores) e Júlio II. A bula de Júlio II *Universalis Ecclesiae* outorgou aos reis católicos e ao rei português uma concessão pontifícia, por esta estes reis ficavam com o total direito de nomear bispos e párocos, com os dízimos, de organizar comunidades religiosas e dispor a seu modo delas. O poder real foi ainda maior e notável quando o rei foi declarado vigário das Índias (cf. MECHAM, 1966, p. 16-18). Este quadro revela que, o que hoje é a América Latina, esteve em função das coroas. Conquista e missão, colonização e evangelização eram parceiras. Com raríssimas exceções houve interesse em conhecer e respeitar as culturas dos indígenas e dos africanos. Dentro deste esquema a instituição religiosa adquiriu prestígio e poder político, além de um excelente patrimônio. Essa aliança e mescla entre temporal e espiritual trouxe diversos resultados para a Igreja. Vários negativos: dependência econômica e política das coroas, deixando adentrar a instituição religiosa os elementos presentes na sociedade civil e, por vezes a quebra do profetismo.

Capítulo X
Os documentos pontifícios e o direito de Padroado

> O poder secular é submetido ao espiritual como o corpo à alma [...] (TOMÁS DE AQUINO. *Summa Theologica*, q. 60, a. 6).

Introdução

A finalidade deste capítulo é, entre outras, a sistematização dos documentos pontifícios, alguns já citados, que se referem à concessão do direito de Padroado, feita pelos sumos pontífices aos reis de Portugal (cf. MATEOS, 1962, p. 5-38) e, posteriormente, à Coroa espanhola. Este direito não foi concedido de uma só vez; é o resultado de sucessivas concessões cujos principais documentos serão elencados a seguir. O que se nota é um profundo compromisso entre a Igreja e o Estado através da expedição de tais documentos. A união temporal-espiritual, sacerdócio-império, trono-altar é a chave para analisar as relações entre Igreja e Estado. O tempo posterior a estes acontecimentos oferecerá material arquivístico para o estudo dos resultados destas alianças.

Bulas selam a aliança entre Igreja e Coroa

Em 9 de janeiro de 1444, o Papa Eugênio IV, pela bula *Etsi suscepti*[10], menciona pela primeira vez, no que se refere ao Padroa-

---

10. *Bullarium Patronatus Portugalliae*. I, Lisboa, 1868, p. 20.

do Ultramarino Português, a expressão *jus patronatus,* direito de Padroado, que assim entrou na jurisprudência nacional; as bulas posteriores limitar-se-ão a especificar e a confirmar tal direito. Através da bula *Dum diversas*[11], o Papa Nicolau V, no dia 18 de junho de 1452, concedeu ao rei de Portugal, Dom Afonso V e a seus descendentes, a faculdade de adquirir os domínios muçulmanos e infiéis e de possuir os seus bens públicos e particulares "invadendi, conquerendi, expugnandi et subiugandi". O papa pede ao rei que faça atenção ao aumento da Cristandade e a exaltação da fé; mas na bula dá-se maior ênfase ao triunfo externo dos cristãos do que ao crescimento interno do reino de Cristo pela conversão dos infiéis. O documento reconhece aos portugueses o direito de construir igrejas e estabelecer o clero católico. É também de Nicolau V a bula *Romanus Pontifex*[12], de 8 de janeiro de 1455; aí aparece claro que, pouco a pouco, o direito de Padroado foi sendo assimilado ao direito de conquista, pois através deste documento o papa doa os territórios africanos ao rei de Portugal e proíbe que se entre neles sem a sua licença. Compete, portanto, ao rei de Portugal erigir igrejas, oratórios e outros lugares de culto; com o consentimento das autoridades eclesiásticas, poderia enviar sacerdotes, seculares ou regulares, para aí residirem e administrarem sacramentos; pertencendo ao rei o monopólio comercial nestes territórios, e quem neles exercer comércio ilícito incorre em excomunhão[13]. Aqui está claro a clássica concessão de soberania de um plano evangelizador que a justifica.

A bula *Inter Caetera*[14], de Calisto III, de 13 de março de 1456, confirma a *Romanus Pontifex* e encarrega a Ordem de Cristo com

---

11. *Bullarium Patronatus Portugalliae*. I, Lisboa, 1868, p. 22.
12. *Bullarium Patronatus Portugalliae*. I, Lisboa, 1868, p. 31-34.
13. *Bullarium Romanum*. V, Taurinensis editio, 1860, p. 111.
14. *Bullarium Patronatus Portugalliae*. I, Lisboa, 1868, p. 36.

a jurisdição ordinária e a conquista espiritual das terras a serem descobertas fora da Cristandade. Em 7 de junho de 1514, o Papa Leão X concede ao rei o direito de apresentação para todos os benefícios nas terras adquiridas nos últimos dois anos e nas que de futuro viesse a adquirir. Nos restantes, esse direito continuava a pertencer à Ordem de Cristo. A concessão não se baseia na dotação de igrejas, mas nos iminentes serviços prestados pelo rei, sujeitando ao domínio cristão terras de muçulmanos.

Todos esses direitos foram concedidos através da bula *Dum fidei constantiam*[15]. O mesmo papa, a 12 de junho de 1514, através da bula *Pro excellenti praeeminentia*[16], cria a Diocese de Funchal, na Ilha da Madeira, que compreendia também as terras do Brasil. Daí por diante, o Grão-Prior do Convento de Tomar perde a jurisdição episcopal nestas terras que deixam de ser *nullius dioecesis*. O Papa Paulo III, a 3 de novembro de 1534, através da bula *Aequum reputamus*[17], cria a Diocese de Goa, na Índia, cujo território se estenderia desde o Cabo da Boa Esperança até a China, com todos os lugares descobertos pelos portugueses ou que estes viessem a descobrir. Reafirma-se, nesta bula, todos os documentos anteriores e descrevem-se os direitos e deveres inerentes ao Padroado. Daí em diante todas as outras bulas de criação de dioceses, reproduzem as disposições desta bula, considerada o principal fundamento do Padroado português.

O Padroado na Idade Média

Na Idade Média se fez uso do direito de Padroado como forma de envolver o poder político na empresa da expansão do cris-

---

15. *Bullarium Patronatus Portugalliae*. I, Lisboa, 1868, p. 98.
16. *Bullarium Patronatus Portugalliae*. I, Lisboa, 1868, p. 100.
17. *Bullarium Patronatus Portugalliae*. I, Lisboa, 1868, p. 100.

tianismo (cf. BORGES, 1992, p. 65). O direito de Padroado era concedido como uma troca de favores; os príncipes tinham o dever de responder pelo sustento econômico para estabelecer a Igreja nos novos territórios infiéis que deveriam ser evangelizados. No que se refere ao Padroado português, a Coroa se comprometia a manter a fé católica e a empenhar-se na dilatação da fé, oferecendo aos ministros eclesiásticos o sustento econômico para a realização da missão. Por sua vez, a hierarquia eclesiástica assumia o compromisso de colaborar intimamente no fortalecimento do projeto colonial. Através das Coroas se fez possível a extensão da fé na Europa; primeiro, na América e, em parte, na Ásia, África e Oceania. Em troca, as Coroas recebiam um triplo pagamento: a concessão dos títulos de domínio, com o Padroado e os dízimos que a Igreja renunciava a favor do Estado (cf. BORGES, 1992, p. 66).

Alguns historiadores, dentre eles o brasileiro Arlindo Rubert (cf. 1981, p. 49-52), afirmam que sem o direito de Padroado não haveria acontecido a evangelização; portanto, para eles, o Padroado é também um fator positivo apesar das muitas concessões da Igreja em favor do Estado, que se mostraram desastrosas em todos os tempos. A arrecadação dos dízimos era o sistema usado durante a Idade Média para o sustento do culto e dos seus ministros. Cada cristão deveria contribuir com a décima parte dos lucros usufruídos com o trabalho da terra, para as despesas da Igreja. A partir do século XVI, portanto a partir da época da "descoberta" do Brasil, a coleta desses dízimos passa a ser feita pelo rei de Portugal, que, como Grão-Mestre da Ordem de Cristo, devia também zelar pelo bem espiritual das colônias portuguesas.

Capítulo XI
Padroado e evangelização

> [...] que seja exaltada principalmente na nossa época, e em toda parte se espalhe e se dilate a nossa fé católica e a religião cristã [...] se abatam as nações bárbaras e sejam reduzidas à mesma fé (Alexandre VI. *Inter Caetera*).

Introdução

Este capítulo apresentará um braço importante para o Padroado e por consequência para a Coroa portuguesa e Coroa espanhola: a *Mesa da Consciência e Ordens* e o *Conselho das Índias*, respectivamente. Sua criação se deu em 1532 como Mesa da Consciência e, em 1551, com a anexação das Ordens Militares, acrescenta Ordens em seu nome. O Padroado e estes tribunais fizeram do clero simplesmente funcionários da Coroa portuguesa e espanhola. O prejuízo será enorme e longo para o processo de evangelização no Brasil e América Latina. O *Conselho das Índias*, criado anteriormente em 1524, foi o equivalente à *Mesa* para a Coroa espanhola.

Instituição religiosa, instrumento para manutenção da ordem pública

Para uma melhor administração política e religiosa das colônias, o governo português instituiu a *Mesa da Consciência e Ordens* e o Conselho Ultramarino. Faz-se necessário frisar que, durante o período colonial, o Padroado constituiu uma concessão feita livremente pelos papas aos reis de Portugal. Portanto, a evangelização da Igreja da colônia está intimamente ligada com os padrões culturais portugueses e dentro dos interesses políticos da metrópole. Na prática o que existia não era apenas a união de Igreja e Estado, mas a dependência da Igreja em relação ao Estado. Os membros do clero secular iam para as missões, entre estas o Brasil, com um projeto específico: manter a fé dos lusitanos e trabalhar para a evangelização dos indígenas. Ao mesmo tempo, iam a serviço da Coroa, sendo funcionários desta, pois recebiam do Estado a sua remuneração. Ainda se reforça a ideia de que a Igreja colonial está sob o controle imediato da Coroa, salvo em assuntos referentes ao dogma e doutrina (cf. BOXER, 1978, p. 100). Por essa razão, os bispos deveriam atuar sempre como súditos fiéis da monarquia lusitana.

A hierarquia católica deveria transmitir a fé e zelar pela sua ortodoxia e, ao mesmo tempo, garantir através da religião a fidelidade política dos súditos. Os missionários estavam a serviço das duas majestades: Igreja e Coroa. A religião era um instrumento para a manutenção da ordem pública. A situação do Brasil português era que o bispo, subordinado à Coroa, vivia arrastado por esta a apoiar e legitimar a arbitrariedade dos conquistadores (cf. AZEVEDO, 1978, p. 48-49). Havia muitos inconvenientes da situação de dependência da Igreja colonial.

É de suma importância ter presente o que é apresentado neste livro sobre o Padroado e a evangelização para uma melhor compreensão dos demais aspectos da Igreja colonial do Brasil português, entre estes o relacionamento do clero com o Tribunal da *Mesa da Consciência e Ordens*. E, por sua vez, refletir, analisar e tomar posturas na atualidade sobre as alianças do poder espiritual com o poder temporal. A doutora, denominada história, ensina que sempre quando ocorrem as alianças entre trono e altar mais cedo ou mais tarde o poder espiritual, que foi instrumentalizado, perde, mesmo pensando que ganhou. Ganhou elementos pertencentes à mamona em detrimento à pregação e vivência do Evangelho.

O Padroado e a Mesa da Consciência e Ordens

O Tribunal da *Mesa da Consciência e Ordens,* que era um instrumento do Padroado português, foi criado por Dom João III em 1532. A origem deste Tribunal é relatada pelo Papa Pio IV a 6 de fevereiro de 1563 através do breve *Ad hoc* (cf. CDP, 1891, p. 58-62). O documento afirma que os reis de Portugal, à semelhança dos grão-mestres das Ordens Militares de São Tiago e Avis, tinham reunidos varões idôneos e peritos, que, como juízes ordinários ou vigários do mesmo grão-mestre, julgariam, por autoridade apostólica, as causas e litígios, quer contra, quer entre irmãos clérigos ou militares das ditas Ordens. Em outubro do mesmo ano, Pio IV concedeu novo breve, *Dudum Nobis,* em favor da *Mesa da Consciência e Ordens* "mensae regiae conscientiae ex viris tam ecclesiasticis quam saecularibus constanti", a quem o rei "multiplices, graves magni momenti causas et controversis illis tam conjunctim quam divisim cognoscendas, decidendas et expediendas in dies comittere solebat" (CDP, 1891, p. 129-131). A pedido do Rei Dom Sebastião, foi concedido à *Mesa* que os deputados, ainda que não qualificados, mas doutores em Teologia, Decretos ou Leis, pudessem ser delegados ou subdelegar como Juízes para qualquer causa beneficial e outras causas do Foro Eclesiástico. Tais faculdades foram confirmadas através do breve *Provisionis Nostrae,* do Papa Pio V, na data de 12 de abril de 1567 (cf. CDP, 1891, p. 243).

Por uma natural evolução, o Tribunal, que fora criado para cuidar dos casos de consciência do rei, foi depois ampliado pelos papas até poderem os clérigos serem nomeados juízes no foro eclesiástico. No início, o poder do tribunal estava circunscrito ao âmbito das Ordens Militares, conforme se pode constatar através do Alvará de 20 de junho de 1567, pelo qual as pensões, alvarás, cartas de vedoria dos bens e vigararias das ordens, despachos e outros atos deveriam ser passados em nome do rei e com o sinal dos deputados. Aos poucos, esses privilégios foram aumentando de tal modo que a maioria dos negócios eclesiásticos passaram a depender do arbítrio do Tribunal da *Mesa da Consciência e Ordens*.

Em relação às colônias, a importância da *Mesa*, no que se refere à administração espiritual, pode ser considerada como equivalente à do Conselho Ultramarino nas outras matérias, constituindo-se num instrumento do poder real para os assuntos relativos ao Padroado, em virtude da concessão espiritual de todos os territórios Ultramarinos à Ordem de Cristo e da incorporação do mestrado dela à Coroa, já descritos acima. A *Mesa* com base em proposta do respectivo prelado avaliava e propunha à decisão régia os candidatos para aqueles benefícios eclesiásticos mantidos pela Coroa com os recursos da cobrança dos dízimos, como vigários colados e dignidades dos cabidos. Além disso, examinava as súplicas de leigos e clérigos sobre a situação do culto, o que englobava os pedidos de criação de novas freguesias, a ereção de capelas e ermidas filiadas, a falta de condições materiais para o exercício das obrigações religiosas, as questões relativas às irmandades, os conflitos entre a população e os representantes da Igreja e os destes entre si.

A *Mesa* criada, em 1532, incorporou, em 1551, a administração das Ordens Militares; a *Mesa da Consciência e Ordens* (BNL cód. 10.887, p. 121-122) regeu-se inicialmente por um diploma de 1558. Em 1608 um novo Regimento foi estabelecido, que permaneceu em vigor daí em diante. Todavia, tão importantes quanto tal Regimento foi uma série de provisões de fins do século XVIII e inícios do XIX. Foi com base nesse arcabouço jurídico que a *Mesa da Consciência*, estabelecida no Rio de Janeiro pelo alvará de 22 de abril de 1808 (ANRJ cód. 528), passou a tratar dos assuntos relativos às suas atribuições, no tocante ao clero e ao culto, até sua extinção em 1828.

Conselho das Índias (Conselho Real e Supremo das Índias – 1524)

O *Conselho das Índias* foi criado em 1524 por Carlos V, é o equivalente à *Mesa da Consciência e Ordens* para a Coroa espanhola. Era um órgão administrativo colonial, assessorava o rei nos campos do executivo, legislativo e judiciário. Seu primeiro presidente foi o Frei García de Loayza, em seguida arcebispo de Sevilha. Assim como a *Mesa* realizava esta dupla função administrativa: temporal-civil e eclesiástica. Utilizando dos direitos de Padroado, o Conselho exerce as seguintes funções: apresentação dos bispos e de outros cargos para a instituição religiosa; desmembramento dos bispados; revisão de bulas papais concedendo ou não o beneplácito régio, sem este não poderia ser cumprido o seu conteúdo; examinar o resultado dos sínodos, as suas disposições para aprová-las ou não. Evidente que estas funções e as que decorriam delas o Conselho e, portanto, a Coroa, comandavam a instituição religiosa no território conquistado.

Capítulo XII
A organização do catolicismo na América Latina

> A instituição é uma dimensão muito importante da Igreja, mas não é toda a Igreja (CEHILA – 1985, p. 77).

Introdução

No início da presença do catolicismo na América Latina, começou-se a formação de sua estrutura institucional religiosa através da organização territorial. A estrutura não era nova, pois reproduzia a já existente na Europa: a organização da velha Cristandade foi instaurada na forma de arquidioceses, dioceses, paróquias. Nos primeiros tempos, ficou evidente que a organização deste catolicismo se dava de maneira missional. Neste capítulo será tratada a organização do catolicismo pós-missional. A evolução da criação desta estrutura é muito maior na área de colonização espanhola do que no território de colonização portuguesa. Assim, é óbvia a imensa lacuna que se criou no processo de evangelização no Brasil. Finalizando o capítulo, será apresentado, em linhas gerais, um perfil do clero diocesano na colonização espanhola e portuguesa.

Organização territorial: arquidioceses, dioceses

Num primeiro momento surpreende que uma História da Igreja latino-americana se preocupe com a organização institucional. Esse formato em desuso obedece a uma visão eclesiológica. A Igreja necessita de uma organização para realizar eficazmente a sua missão evangelizadora. A missão da Igreja demanda um certo tipo de organização, porém a necessidade da instituição não considera a Igreja somente nesta perspectiva. A instituição é uma dimensão muito importante da Igreja, mas não é toda a Igreja (cf. CEHILA – 1985, p. 77).

Arquidioceses e dioceses

Até o ano de 1546, todas as dioceses americanas dependiam da Arquidiocese de Sevilha (Espanha). O território colonial português, até 1551, pertencia à Diocese de Funchal (Portugal), quando foi criada a Diocese de Salvador (Bahia-Brasil). A enorme distância que separava Sevilha da América criava situações insustentáveis. Por isso, foi formulado um plano pedindo a criação de três arcebispados para o território em que o catolicismo começava sua obra de catequização. Em 1546, foram criadas as sedes metropolitanas de México, Santo Domingo e Lima. Anos depois, em 1564, foram criadas outras duas novas dioceses: Santa Fé de Bogotá e La Plata (Sucre). Em 1609, ambas foram elevadas a sedes metropolitanas (cf. GARCIA Y GARCIA, 1992, p. 139-141).

Na América espanhola, o que chama a atenção é o fato de que os bispados foram criados rapidamente e em número que pudesse atender todo o vasto território, diferentemente do Brasil colonial. O pequeno número de dioceses e as vacâncias (tempo sem um bispo numa diocese) serão dois dos grandes problemas para o catolicismo brasileiro. A criação de novas dioceses, a partir daquelas primeiras, foi rápida, possibilitando não só a subdivisão, respeitando a necessidade demográfica, mas também oferecendo melhores recursos e aparatos para o desenvolvimento do catolicismo. Consequência positiva, devido a este fator, para a América espanhola serão os numerosos sínodos e concílios que, da história do Brasil, são ausentes. O único sínodo realizado aconteceu em 1707, na Bahia. Foram promulgadas as *Constituições primeiras do arcebispado da Bahia* (cf. SOUZA, 2002, p. 11-15).

As delimitações geográficas implantadas são semelhantes às muitas da geografia eclesiástica da Igreja primitiva e da Alta Idade Média. Seus limites não são prevalentemente geográficos, mas demográficos. Algumas vezes a delimitação ocorria devido a um acidente geográfico, como por exemplo, o Rio Orinoco, fronteira meridional da província eclesiástica de Santo Domingo.

O episcopado: implantação e atuação

O pedido de implantação de um episcopado na América Latina partiu dos franciscanos que habitavam a Ilha de Hispaniola (hoje República Dominicana e Haiti). No dia 12 de outubro de 1500, escrevia o Frei Juan de la Deule ao Cardeal Cisneros, arcebispo de Toledo e confessor de Isabel a Católica, que na ilha necessitava-se de religiosos e clérigos, sobretudo de alguma pessoa boa para prelado, pois enquanto muitos sobravam na Espanha, aqui havia muita urgência. Em outro documento, nesta mesma data, frei Juan de la Deule e seus irmãos franciscanos, frei Juan Robles e frei Juan de Trasierra, mostraram-se favoráveis ao envio, para a ilha, de um prelado, assim como a implantação do ministério episcopal. O governador da ilha, Nicolas de Ovando, compartilhou da ideia e, em 1504, escreveu à Coroa não só pedindo que enviassem sacerdotes, mas também bispos (cf. HERNANDEZ, 1992, p. 155-157).

Implantação do episcopado

Em 27 de dezembro de 1504, o governador recebeu a resposta do Rei Fernando, o católico. O rei respondia ao pedido dizendo que havia providenciado um prelado. Ainda em 1504, o Papa Júlio II, através da bula *Illius fulciti praesidio,* criou as primeiras dioceses americanas. Toda a Ilha Hispaniola tornava-se província metropolitana da Igreja de Hyaguata, com um arcebispo ali e as dioceses de Maguá e Baiona. Nomeava-se também os seus respectivos bispos: Frei Garcia de Padilla, Pedro Suarez de Deza e Alonso Manso. Assim, ficava projetada a **primeira província eclesiástica** da América (cf. IBIDEM, p. 156).

Antes da instalação das novas dioceses, surgiu um problema: a questão do Padroado Régio (cf. BIDEGAIN, 1993, p. 63-65). O Rei Fernando não permitiu que se publicasse esta bula antes que se reconhecesse o seu direito de Padroado. O rei entendia que estava nas mãos da Coroa espanhola o direito de apresentar os candidatos ao episcopado, reservando ao papa a instituição canônica e a nomeação para todos os outros benefícios eclesiásticos na Igreja americana. Por consequência, estaria também em suas mãos o controle do dízimo, com a obrigação de prover as necessidades eclesiásticas. A prerrogativa do rei venceu e o papa publicou a bula *Romanus,* e resolveu a questão. No dia 8 de agosto de 1511, o Papa Júlio II criou as dioceses de Santo Domingo e de Concepción de la Veja, na Hispaniola (Santo Domingo) e a de San Juan, na Ilha de Porto Rico (cf. CEHILA & MEIER, 1995, p. 21-59). Os bispos apresentados foram os mesmos citados anteriormente.

Primeiro bispo

Os três que haviam sido propostos foram consagrados em Sevilha e Dom Alonso (cf. HERNANDEZ, 1992, p. 156) chegou a Porto Rico no dia 25 de dezembro de 1512. Esta data é importante, pois será o início do processo eclesiástico formal da América. Garcia de Padilla morreu em Getafe no ano de 1515, sem ocupar a sua sede. Suarez de Deza chegou somente um ano depois de sua nomeação, no início de 1514. Com a morte de Padilla, sucedeu-o na diocese de Santo Domingo o italiano Alessandro Geraldini. Chegou em 1516 e morreu em 1524. Seu sucessor foi Luís de Figueroa, que não chegou à consagração. Pensava-se em fundir os bispados de Concepción de la Veja e de Santo Domingo (cf. CEHILA & MEIER, 1995, p. 32). Tal proposta foi realizada anos mais tarde. Suarez de Deza, diante das dificuldades apresentadas, voltou à Espanha e nunca mais regressou às Índias.

Estrutura episcopal

Nos anos seguintes, acontecerá um incremento da estrutura episcopal na América. Em 1524, o Conselho das Índias será o encarregado das questões relativas ao episcopado até o final do período colonial. Segundo alguns historiadores da Igreja latino-americana, este incremento foi devido única e exclusivamente às questões missionais. Outros afirmam que o fato estaria ligado ao amplo sistema colonial da coroa espanhola, possibilitando o controle e monopólio comercial.

O Conselho favorável a duplicar os cargos, nomeia Juan de Talavera, prior do Prado de Valladolid, Monge Jerônimo, bispo e governador de Honduras em 1531 (cf. CEHILA & CARÍAS, 1985, p. 61). Tomás de Berlanga foi apresentado como bispo e governador do Panamá. Os problemas tornar-se-iam ainda maiores com este acúmulo de funções. As dioceses vão sendo criadas a partir das necessidades da extensão territorial. Catorze dioceses existiam em 1536. O Conselho havia provisionado quase todas, fazendo com que continuassem sufragâneas da Arquidiocese de Sevilha, dificultando os trâmites judiciais. Novas eram as dioceses de Leon de Nicarágua (cf. CEHILA & ARELLANO, 1985, p. 121-130), Oaxaca, Michoacán (para onde foi proposto o ouvidor da segunda Audiência do México e protetor dos indígenas, Dom Vasco de Quiroga), Coro, Cartagena e Santa Marta, na Venezuela. Devido às novas exigências de administração, o Conselho pensava que o México deveria ser constituído em sede metropolitana. O pedido foi feito em 26 de janeiro de 1536.

No dia 20 de junho de 1545 foi feito o pedido à Santa Sé de ereção de três arcebispados ultramarinos. No ano seguinte, a 11 de fevereiro de 1546, foram criadas as três primeiras arquidioceses americanas: **Santo Domingo**, com jurisdição sobre as Antilhas, a costa do Caribe, da Venezuela e Colômbia (dioceses de San Juan de Porto Rico, Santiago de Cuba, Coro, Santa Marta, Cartagena, Honduras); **México**, com jurisdição sobre os territórios do Norte, da Guatemala até o Mississipi (dioceses de Michoacán, Guatemala, Chiapas, fundada em 1539 e Guadalajara, de 1548) e a de **Lima**, diocese criada em 1541 e cuja arquidiocese iria compreender toda a América do Sul (com exceção do Brasil), da Nicarágua e Panamá até a Terra do Fogo (Diocese de Cuzco 1537, Panamá, Nicarágua, Popayán e Quito, 1546).

Paróquias de espanhóis e "doutrinas" ou paróquia de índios

As paróquias de espanhóis, no regime tradicional de paróquias, eram compostas por espanhóis, *criollos* e, às vezes, mestiços. Era administrada por um padre diocesano/secular, regidas pelo direito da Igreja universal. Por sua vez, as "doutrinas" ou paróquias de índios, formadas por índios, e, quando transformadas em paróquias, perdiam o caráter de "missão" sob responsabilidade dos evangelizadores, missionários. As missões eram convertidas em paróquias somente após dez ou vinte anos. Os "doutrineiros" ou párocos de índios não possuíam o cargo de pároco perpetuamente, ou seja, não era um benefício eclesiástico perpétuo. Estas novas paróquias, muitas vezes, eram entregues para os cuidados dos padres seculares. Os religiosos com muitas dificuldades as entregavam ao clero secular, exceptuando os jesuítas. Os párocos de índios estavam sob a obediência aos bispos, já os das "missões" não. Os religiosos somente em relação à cura pastoral. Um requisito para todos era o conhecimento da língua indígena (cf. GARCIA Y GARCIA, 1992, p. 146-152). É evidente que toda esta organização e seus desdobramentos, assim como as Juntas, Sínodos e Concílios Provinciais, estão no contexto amplo do cristianismo na Europa: Reforma Protestante e Reforma Católica (Concílio de Trento 1545-1563) (cf. SOUZA, 2020, p. 204-246; CEHILA & DUSSEL, 1983, p. 366-375).

O clero diocesano na América Latina colonial

Basicamente o clero diocesano/secular na América Latina colonial era oriundo da Espanha e dos *criollos*. As autoridades eclesiásticas e civis, desde o primeiro momento, procuraram barrar padres sem habilidades necessárias para a missão. Alguns que não eram um bom exemplo para a obra da evangelização. Os Sínodos e os Concílios Provinciais recordam qual deveria ser o perfil e missão dos clérigos. Para o futuro clero *criollo*, estas assembleias determinavam que os clérigos deveriam dominar a gramática, o canto e entender de matemática. Não poderiam ser aceitos aqueles que tiveram seus pais e avós condenados pelo Santo Ofício, devendo estar apartado do pecado carnal, ter o costume de confessar e comungar, não ser jogador de jogos ilícitos e proibidos, não deveria ter o costume de blasfemar, filho de pais legítimos e tendo contraído o matrimônio e não deveria ter defeito natural (cf. GIL, 1992, p. 95). A idade exigida para a ordenação presbiteral era 25 anos, o ordenando deveria ter benefício ou patrimônio suficiente para viver honestamente. O Concílio do México (1555) estabeleceu medidas para cercear a entrada para a vida sacerdotal de pessoas que somente estavam interessadas no privilégio clerical e cometer e ou esconder seus delitos.

O Concílio de Trento decretou a obrigatoriedade da fundação de seminários para a formação dos candidatos ao sacerdócio. De 1562 a 1809 foram criados 36 seminários na América espanhola. As Coroas espanhola e portuguesa, devido ao Padroado, deviam manter estes seminários. O que não foi fácil, especialmente no Brasil. Algumas avaliações sobre o clero colonial revelam três problemas: pobreza econômica extrema, escassa formação intelectual e a incontinência na vida sexual. É natural e necessário reconhecer a vida de pastor zeloso de muitos clérigos nesse período, mas não se pode esquecer dos desvios de outros. Assim, seguiam as normas já estabelecidas anteriormente, como: a relação com mulheres deveria ser evitada, com exceção da mãe e irmã. Apesar disso, o concubinato era um fato consumado, mesmo com clérigos espanhóis que traziam da Espanha suas "parentes". Havia ofícios e jogos proibidos: atividades comerciais, advogado, administradores de pessoas não eclesiásticas, escrivão e jogos com disputas a dinheiro ou outros bens. Obrigatoriedade de conhecer as línguas indígenas. Claro, todas estas são normas escritas, a prática muitas vezes foi diferente (cf. GIL, 1992; CEHILA, 1983, p. 516-528).

No Brasil colonial, uma das principais características do clero é o seu caráter de funcionário eclesiástico. O sacerdócio era considerado uma profissão, um ofício, uma carreira igual a qualquer outra. Eram poucos os que tinham condições, depois de formados, de atualizarem-se ou comprar livros. Apesar disso, o nível intelectual do clero era bem superior ao da população. Era comum os clérigos assumirem outras funções comerciais ou políticas. A causa era a exígua côngrua recebida e, muitas vezes, não recebida. O número era grande de sacerdotes portugueses na colônia e estes não primavam por uma vida digna em seu aspecto moral. "Cá há clérigos, mas é a escória que de lá vem[...] Não se devia consentir embarcar sacerdote sem ser sua vida muito aprovada, porque estes destroem tanto quanto se edifica" (NÓBREGA, 1549, p. 123, 77). Aqui havia liberdade para a continuidade de seus vícios: promiscuidade e relaxamento moral. O clero brasileiro nos primeiros séculos coloniais, e, de maneira especial no século XVIII, apresentava diferentes formas de formação. Nesse período ocorre a penetração do Iluminismo que terá influência em parte do clero. A imagem traçada aqui não é de totalidade, mas a encontrada nos relatos arquivísticos. Concubinato, filhos ilegítimos, simonia, solicitação estavam espalhados nos quatro cantos do Brasil colonial. Desde o trágico caso condenado pela Inquisição do frei carmelita Luís de Nazaré, em Salvador, até a santidade de Frei Galvão em São Paulo (cf. SOUZA, 1998, p. 87-109). Evidente que esta situação não é particular do Brasil, em territórios de colonização espanhola e na Europa, por exemplo, sucedem casos similares a estes apresentados.

Capítulo XIII
Juntas, Sínodos e Concílios Provinciais

> É necessário para a conversão dos indígenas conhecer suas línguas [...] (II Concílio México cap. 19, p. 199).

Introdução

O propósito deste capítulo é apresentar a continuidade da organização estrutural da instituição religiosa através das Juntas, Sínodos e Concílios Provinciais. São assembleias do episcopado que sempre são de grande importância para pensar, revisar e planejar o cuidado da população de fiéis. A raiz teológica das discussões se encontrava numa tradição hispânica pré-tridentina, ou seja, por uma parte uma Igreja antiluterana e por outra a cristandade hispano-americana e, evidente, a base tridentina. O que não deve ser esquecido que, mesmo com todas essas raízes, os Sínodos e os Concílios no período colonial têm, na maior parte das vezes, o indígena como seu personagem principal.

Juntas

As Juntas não têm a formalidade jurídica dos Sínodos e dos Concílios. Estas assembleias são de menor valor, não significa que eram menos eficazes para o governo e reforma da Igreja. A mais antiga Junta foi o Concílio de Jerusalém; na realidade uma Junta e não um Concílio (cf. GARCIA Y GARCIA, 1992, p. 175). Antes de 1546 não era possível celebrar Sínodos e Concílios, pois não existia nenhuma Província eclesiástica; todo o território pertencia à Arquidiocese de Sevilha e em vários lugares não havia bispo.

Juntas no México

1524 – Realizadas na Igreja São José e presididas pelo superior dos franciscanos, Frei Martín de Valencia. Outros membros: Hernan Cortez, 13 franciscanos, 5 padres seculares e 3 leigos. Basicamente trataram da questão dos sacramentos: Batismo, Eucaristia, Confissão, Matrimônio e Confirmação. Era necessária instrução mínima para o Batismo. O desconhecimento das línguas indígenas tornava impossível a confissão. Os matrimônios estabelecidos antes da conversão eram válidos? A Eucaristia deveria ser administrada somente aos mais instruídos.

1532 – Nesse ano foram realizadas mais de cinco Juntas. A primeira foi convocada pelo presidente da Audiência, Sebastián Ramírez de Fuenleal. Participaram os superiores dos franciscanos e dominicanos. O intento era estudar as dúvidas surgidas para a evangelização e queixas que alguns espanhóis tinham dos religiosos. A segunda Junta contou com a participação dos bispos Juan de Zumárraga (Cidade do México) e Julián Garcés (Tlaxcala) e uma representação de religiosos. A questão central foi o tributo dos indígenas. Em maio ocorreu a terceira Junta. Participaram Ramírez de Fuenleal, Zumárraga, várias autoridades, 4 franciscanos e 4 dominicanos. O imperador Carlos V havia solicitado um censo da Nova Espanha. Interessante foi o comentário da Junta sobre os indígenas: aptos para a vida civil e para o cristianismo. Os indígenas deveriam ser evangelizados somente pelos religiosos. No mesmo mês ocorreu a quarta Junta, com a presença de Hernan Cortez e de representantes do *cabildo* secular para revisar a Junta do começo de abril que havia descontentado vários colonos. E a quinta Junta, no final de maio, contou com a presença de Zumárraga, a Audiência e o cabido eclesiástico. A temática foram os dízimos e a designação dos dignatários eclesiásticos (cf. GIL, 1989, p. 3-30).

1535 – O vice-rei, Antonio de Mendonza, convocou para participarem Sebastián Ramírez e os bispos Zumárraga e Garcés. O motivo de sua realização era para colocar harmonia entre os religiosos das Ordens mendicantes sobre os ritos para a administração do batismo.

1536, 1537 – Foram realizadas duas Juntas. A primeira para estudar a minuta elaborada pelo Conselho das Índias solicitando que a Igreja local elaborasse uma memória, ou seja, um elenco de idolatrias e sacrifícios alertando os indígenas sobre estes. A segunda Junta, abordou, novamente, os dos indígenas. A Junta de 1537, com a participação de Ramírez, Zumárraga, Garcés e Juan de Zárate, bispo de Oaxaca, tratou do direito que os bispos têm em participar do Concílio em Mantua (Itália). Uma carta, solicitando a participação, foi dirigida ao Imperador (este não aceitou e respondeu que faria chegar ao Concílio os temas americanos, o Concílio não foi realizado). Outros temas: necessidade de aumentar o número de religiosos e de reduzir o de clérigos seculares, devido à dificuldade de prover a sua côngrua, não exigir dízimos completos dos indígenas, a idolatria.

1539, 1540, 1541 – Celebrada por ordem do imperador, teve influência na bula de Paulo III que solicitava uma revisão da prática batismal. Participaram: Zumárraga, Zárate e o bispo da Guatemala, Francisco Marroquín, vários franciscanos, o provincial dos agostinianos e peritos. Em 1540 a Junta se reuniu com a participação dos três bispos, seria elaborado um documento para ser enviado ao imperador sobre as decisões da Junta de 1539. Em 1541, Zumárraga celebrou uma Junta em sua casa, com representantes dos franciscanos, dominicanos e agostinianos. A conclusão: deveriam preferir os religiosos aos clérigos seculares na administração das paróquias de índios.

1544-1546 – Reunidos Zumárraga, Zárate e o deão de Oaxaca, representantes dos franciscanos, dominicanos e agostinianos que foram convocados por Francisco Tello de Sandoval, visitador com o objetivo de promulgar as *Leyes Nuevas*. Ao final elaboraram uma *Relação* em que sustentavam a necessidade de se manter as *encomiendas*. Sem estas, afirmavam, não seria possível dar continuidade ao processo de colonização e evangelização. Em 1546, o visitador Tello convocou a Junta e, desta participaram Zumárraga, Marroquín, Zárate, Vasco de Quiroga e Bartolomeu de Las Casas (dioceses: México, Guatemala, Oaxaca, Michoacán e Chiapas). Temáticas: legitimidade do poder político dos reinos indígenas, ilegitimidade de guerras contra os índios, legitimidade da evangelização por meios pacíficos, obrigação dos reis de sustentar economicamente a evangelização. Firmou-se o compromisso de redigir catecismos ou doutrinas para os indígenas.

Junta de *Gracias a Dios* (Honduras) – 1544-1545, reunidos os bispos de Guatemala (Marroquín), Chiapas (Las Casas) e Nicarágua (Antonio de Valdivieso). O resultado não é conhecido.

Sínodos

Sínodos são assembleias do bispo e seu clero, os representantes dos monges e dos religiosos e, eventualmente nesse período, conta com a presença de alguns leigos. O Concílio IV de Latrão (1215) os tornou de obrigação anual. A América espanhola realizou inúmeros sínodos. O Brasil somente um (1707). Deveriam ter a aprovação civil. Vários não obtiveram esta aprovação, especialmente quando não seguiam os desejos da Coroa. A sua celebração corria diante de grande solenidade. Procissões que se dirigiam à catedral, onde se celebrava a missa do Espírito Santo. O toque dos sinos, fogos de artifício, enfim um ambiente festivo. Na sessão de encerramento era também enorme a solenidade e, nesta, se proclamavam as constituições do Sínodo. A etapa seguinte era a apresentação destas conclusões à autoridade civil, solicitando autorização para a publicação. Algumas vezes se deu a autorização, outras com restrições e a negação. Ocorreram Sínodos entre a metade do século XVI e metade do século XVII em: Santo Domingo, Popayán, Santiago de Guatemala, San Juan de Puerto Rico, Santa Fé, Coro-Caracas, Quito, Tucumán-Santiago del Estero, Mérida, Lima, Imperial-Concepción (Chile), Santiago do Chile, La Plata, Charcas (Sucre), Cuzco, Asunción (Paraguai), Panamá, La Paz, Trujillo (Peru), Comayagua (Honduras) e Arequipa (Peru). Entre metade do século XVII e século XVIII ocorreram Sínodos em: San Juan de Puerto Rico, Santiago do Chile, Guamanga (Peru), Santiago de Cuba, Santo Domingo, Arequipa, Santiago de León-Caracas, Tucuman, Córdoba, Popayán, Yucatan, La Paz, Lima, Concepción (Chile), La Plata o Charcas (Sucre), Cartagena (cf. BORGES, 1992, p. 181-182).

Concílios provinciais

Os Concílios são de enorme relevância para estas Igrejas locais. As grandes assembleias conciliares se concentraram entre 1550 e 1630. O estudo aqui apresenta, em síntese, algumas destas assembleias. Reúnem os bispos das dioceses da Província eclesiástica sob a direção do metropolitano, o arcebispo. Nunca se pensou nestes Concílios uma *hispanização* antes de uma cristianização (cf. CEHILA, 1983, p. 474).

Concílios limenses

I Concílio – 1551/1552

Convocado pelo arcebispo de Lima, Dom Jerónimo de Loaysa tratou das seguintes temáticas: a unidade da doutrina e a uniformidade em apresentá-la aos indígenas; a melhor distribuição dos missionários na obra da evangelização. O texto final está em castelhano.

II Concílio – 1567/1568

Este Concílio também foi convocado por Dom Jerónimo de Loaysa. Note-se que sua realização ocorreu após o Concílio de Trento (1545-1563). Suas constituições foram escritas em latim, portanto, diferente do I Concílio limense. Os temas tratados no primeiro concílio foram melhorados em seus aspectos gerais. O impacto dos dois primeiros concílios foi bem menor do que o do terceiro. Este último obteve a dupla aprovação: da Coroa espanhola e a aprovação pontifícia.

III Concílio – 1582/1583

Convocado pelo arcebispo de Lima, Dom Toribio de Mongrovejo. O evento conciliar teve a colaboração do linguista franciscano Luís Jeronimo de Oré e do jesuíta José de Acosta. Os temas tratados não foram somente sobre a reforma e abusos configurados no relaxamento disciplinar do clero. A assembleia se revelou corajosa em tratar de suprimir as causas destes abusos. Deste modo, se estaria reorganizando a disciplina eclesiástica. Deste III limense nasceram instrumentos de caráter pastoral. Dentre eles o Catecismo maior e a Instrução para os missionários, escritos em castelhano, aymará e quéchua. Da mesma forma que o II Concílio este obteve dupla aprovação e ficou vigente até a independência.

Importante não só para este Concílio, mas para a Igreja latino-americana foi o arcebispo de Lima, Toríbio de Mongrovejo (1538-1606), chamado Santo Padre da América Latina. Nasceu em Mayorga de Campos (Leon), de família da nobreza, mantendo uma tradição de juristas. Estudou em Valladolid, Salamanca, Coimbra e Santiago. Estudou Direito e foi nomeado, pelo Rei Felipe II, juiz Supremo da Inquisição em Granada; foi professor em Salamanca, era leigo. Devido a sua piedade e sabedoria foi nomeado arcebispo de Lima (Peru), em 1578, pelo Papa Gregório XIII. Durante 25 anos, o arcebispo dedicou-se à "cura das almas" através de suas visitas pastorais. Quando chegou a Lima enfrentou os conquistadores, isso fez com que fosse perseguido pelo poder civil e, também, caluniado. Celebrou vários Sínodos, Concílios e fundou um seminário, o primeiro da América Latina. Ordenou imprimir o catecismo em quéchua e aymara, línguas locais. Deixou todas as suas economias aos pobres. Administrou o Sacramento do Crisma a dois futuros santos: Martinho de Porres e Rosa de Lima, e contou com o apoio do missionário, também futuro santo, Francisco Solano. Foi canonizado pelo Papa Bento XIII, em 1726. O Papa João Paulo II, em 1983, o proclamou patrono do episcopado latino-americano.

Concílios mexicanos

I Concílio – 1555

Este Concílio foi convocado pelo arcebispo do México Dom Alonso de Montúfar. Seu tema central foram as missões. A assembleia definiu que havia a necessidade de usar as línguas indígenas antes de batizá-los. Oferecer formação sobre a doutrina dos sacramentos. O Concílio teve dupla aprovação: da Coroa espanhola e da autoridade pontifícia. É de se notar a preocupação destes bispos com as línguas das populações locais. É uma inculturação antes da definição conceitual da antropologia.

II Concílio – 1565

Dez anos após o primeiro, o arcebispo do México, Dom Alonso de Montúfar, convoca este II Concílio. A fisionomia geral e final do seu resultado é similar ao III Concílio de Lima. A principal diferença é a monumental quantidade de séries memoriais apresentadas pelos participantes e anexadas ao Concílio. Conseguiu a dupla aprovação: da Santa Sé (1589) e da Coroa (1621). A redação não contou com um José de Acosta, mas teve repercussão em concílios posteriores no México e em outros lugares.

Concílios provinciais, séculos XVI-XVII

Cidades	I	II	III	IV
Lima	1551/1552	1567/1568	1582/1583	1591/1601
México	1555	1565		
Santo Domingo	1622/1623			
Santa fé de Bogotá	1625			
Sucre	1629			

IV Concílio mexicano – 1771

O contexto histórico do final do século XVIII é bem diferente daquele do século XVI. O Concílio teve um caráter regalista, sendo convocado pelo rei, Carlos III e não pela autoridade eclesiástica, o Arcebispo Antonio Francisco Lorenzana. A temática central era a aprovação por parte da hierarquia da secularização da Companhia de Jesus e outras medidas referentes à submissão da Igreja ao poder secular. Roma nunca aprovou este Concílio e seus cânones. Sobre esses Concílios há uma vasta explanação em: (cf. CEHILA, 1983, p. 472-516; GARCIA Y GARCIA, 1992, p. 175-192).

Concílios Provinciais, século XVIII

Cidades	II	IV	VI
México		1771	
Lima			1772
Sucre	1774		
Bogotá	1774		

Capítulo XIV
A Inquisição e as Visitações do Santo Ofício

> [...] as confissões da visitação inquisitorial eram completamente distintas da confissão sacramental que se fazia no confessionário (VAINFAS, 1997, p. 25).

Introdução

Este capítulo tem por propósito apresentar a conceituação de inquisição e os três tribunais do Santo Ofício na América espanhola. A inquisição ibérica surgiu no século XV, primeiramente na Espanha através dos reis católicos. E, a seguir, neste capítulo, o objetivo é estudar também as Visitações do Santo Ofício à colônia portuguesa no Atlântico Sul, o Brasil, que nunca teve Tribunal instalado. Sem dúvida, se apresentará não só a estrutura burocrática, mas também um retrato dos inquiridos pelo Tribunal e pelas Visitações.

Inquisição um conceito

Ao longo da história, a palavra "Inquisição" – com toda a conotação que ela representa para a humanidade – adquiriu várias definições. A palavra deriva do latim *inquirere*, que significa "investigar". Investigar e punir hereges. Inquisição também é um instituto jurídico para a preservação da fé cristã católica e, mais, do *status quo* social, com medidas anti-heréticas de aspecto punitivo. Seu período se estende do século XII ao século XIX, tendo suas origens na legislação dos imperadores cristãos da Antiguidade. Com o renascimento do Direito Romano no século XII terá seu desenvolvimento. Sua evolução pode ser dividida em três fases: medieval, entre os séculos XIII e XV, com o objetivo de sufocar as heresias e práticas mágicas; espanhola, entre os séculos XV e XIX, na Península Ibérica, com foco nas falsas conversões de judeus ao cristianismo; e romana, entre os séculos XVI e XVIII, para conter a difusão do protestantismo na Península Italiana (cf. SOUZA, 2020, p. 122-123).

Tribunais da Inquisição

Em 1478, o Papa Sisto IV funda a Inquisição espanhola. A diferença desta para a medieval era que a nomeação pontifícia dos inquisidores estava sujeita à aprovação régia. O herege, segundo os critérios da época, era um perturbador da ordem social, sendo perigoso para o bem comum do Reino. Assim, se explica, mas não se justifica a pena de morte. Em 1516 o Frei Bartolomeu de Las Casas, em seu *Memorial de remédios para as Índias,* escreveu ao Cardeal Francisco Jiménez Cisneros, OFM (arcebispo de Toledo, Inquisidor Geral de Castela), solicitando a instituição da Inquisição na América. Seu intuito era controlar os abusos. No ano de 1569 foi a implantação do Tribunal. Os objetivos eram para aplacar a heresia protestante e sanar a moralidade. Foram três tribunais instalados: Lima (inquisidor Serván de Cerezuela), México (inquisidor Pedro Moya y Contreras) e em Cartagena (inquisidor Juan Mañozca Pedro Mateo). Estes tribunais funcionaram até as independências no que se refere à ordem civil (cf. DE LA TORRE, 2017, p. 160-176). O controle nas sedes inquisitoriais era muito maior. Nas outras localidades, o controle social foi menos rigoroso sobre a população. Com o passar dos anos, o tribunal tomará cada vez mais a feição da Coroa, portanto, foi também uma instrumentalização da instituição religiosa.

Processo inquisitorial

Seguia-se as práticas realizadas na Espanha. A diferença é que a quantidade de processos que não foram concluídos foi enorme, pelas dificuldades de distância. O modelo era: acusação, desenvolvimento do processo e sentença.

Acusação, desenvolvimento e sentença

Quando recaía a suspeita de heresia sobre a pessoa e quando era decidida a sua prisão, os inquisidores sequestravam os bens para custear os gastos prisionais. Os inquisidores examinavam a genealogia, estilo de vida e formação religiosa do acusado. O desdobramento se efetuava através do desenvolvimento do processo. O tribunal tinha por finalidade a realização de um bem medicinal e não vingativo, segundo o pensamento do período. Entre os meios para a confissão dos delitos estava a tortura. O importante, segundo a mentalidade da época, era que o acusado tivesse meios para sua defesa. Poderia ter seu próprio advogado e recusar determinados juízes. A sentença consistia na votação do caso, consultores e o bispo local. As sentenças eram pronunciadas no denominado auto de fé, lidas em público. As sentenças condenatórias eram para o réu motivo de castigos, pena pecuniária, degredo para si e seus descendentes, e a pena de morte. A palavra final era da Coroa. Os delitos estavam elencados em dois grupos: doutrina e moral. Doutrina: heresias (protestantes/luteranos), islamismo, defesas de teses contrárias à doutrina da Igreja, judaísmo, magia, superstição, bruxaria, astrologia, pacto com o demônio, censura de livros inconvenientes sob o ponto de vista doutrinal religioso e, a partir do século XVIII, maçonaria. Os delitos morais eram: bigamia, concubinato, usura, homossexualidade, lesbianidade. O terceiro grupo de delitos eram aqueles cometidos pelo clero: crime de solicitação e matrimônio eclesiástico (cf. BORGES, 1992, p. 299-315).

O primeiro auto de fé na América ocorreu no México (1528). Foram penitenciados três judaizantes. Em 1596 foram 66 penitenciados: sendo destes 41 acusados de judaísmo e 9 queimados vivos. Entre os sentenciados estava o governador da Província de Nova León, Luís de Carvajal, que como herege judaizante foi atirado ao fogo, juntamente com sua mãe e 5 irmãs. Nos 25 anos seguintes foram penitenciadas 879 pessoas. O clima de vigilância, devido a este mecanismo da Inquisição, rodeou cada canto da colônia. Os comissários eram sempre eclesiásticos e gozavam de enorme privilégio, não eram julgados pelos tribunais civis e não pagavam impostos. Os cárceres de Lima, com aparelhos de suplícios, permanecem na atualidade abertos para a visitação pública, conservados em um Museu. A mais intensa atividade da Inquisição se deu no México. Em 1649 foram 109 os penitenciados, destes 13 foram queimados. Em Lima, o maior auto de fé ocorreu em 1635, foram lidas 81 sentenças, destas o resultado foi de 7 queimados vivos (cf. ALCAIDE, 1992, p. 301-316). "Os arquivos da Inquisição mostram que a partir de meados do século XVI a maioria dos acusados eram negros perseguidos como blasfemos, feiticeiros, polígamos e coisas parecidas" (BETHELL, 1999, p. 616). É óbvio que a Inquisição na América espanhola foi orientada, na maioria das vezes, para determinados fins políticos e econômicos. No tempo presente a Santa Sé, através da Congregação da Doutrina da Fé, cumpre a função de zelar pela ortodoxia, levando a julgamento, especialmente, teólogos, como será apresentado neste livro, provocando uma tortura psicológica com consequências físicas.

Visitações do Santo Ofício – Brasil colonial

No Brasil nunca houve um tribunal do Santo Ofício ou Inquisição instalado. O território colonial achava-se sob a competência do Tribunal de Lisboa. A Visitação era uma inspeção periódica determinada pelo Conselho Geral do Santo Ofício. Enviava-se um delegado para inquirir a respeito do estado das consciências em relação à pureza da fé e dos costumes. Uma vigilância grandiosa que, poderia punir ou oferecer misericórdia, e, por vezes, sob ameaças incitava aos denunciantes. Nessas Visitações eram abertos processos contra as pessoas acusadas de cometer crimes contra a fé, muitas foram levadas a Portugal para julgamento. Ocorreram três Visitações oficiais do Santo Ofício. Nas duas primeiras, a população estava preocupada com as punições, a possível excomunhão, o degredo e a fogueira. Na terceira Visitação, a população estava preocupada com a questão econômica. A pena pecuniária era um terror para uma população que vivia na miséria.

A 1ª Visitação do Santo Ofício da Inquisição (1591-1595)

A 1ª e única Visitação, no século XVI, foi às capitanias da Bahia e Pernambuco (1591-1595). O texto reúne uma série de depoimentos de colonos, homens e mulheres, de variadas condições sociais. É um retrato do Brasil no primeiro século da conquista; são modos de viver, falar, as casas, ruas, refeições, pobreza. São inúmeros relatos: sodomitas, mulheres que amavam mulheres, leitores de livros proibidos, simpatizantes do protestantismo, blasfemadores, feitiços, comer carne em dia proibido, relação com menores. O visitador foi o padre português Heitor Furtado de Mendonça. Assim como na Inquisição na América espanhola, as Visitações no Brasil colonial têm seu caráter econômico e político, atrelados à Coroa portuguesa (cf. VAINFAS, 1997, p. 5-36).

> **Confissão de João Gonçalves, cristão-velho, no tempo da graça do recôncavo, em 20 de janeiro de 1592 (n. 59).**
>
> Disse ser cristão-velho, natural de Outeiro João de Chaves (sic), filho de Diogo Viegas e de sua mulher Beatriz Pires, lavradores, defuntos, de idade de vinte e dois anos, solteiro, trabalhador residente ora em Sergipe de Conde de Linhares, que veio degredado por vadio para o Brasil. E confessando, disse que ele veio ora do sertão de fazer descer índios em companhia de Antônio Rodrigues d'Andrade, no qual andaram dezesseis meses, e em todo esse tempo nos dias da Quaresma e de sextas-feiras e sábados comeram carne por falta de mantimentos, porém muitos dos ditos dias ele confessante a comeu podendo escusar de a comer, tendo outro mantimento com que se podia manter sem carne, e assim a comeram outras muitas pessoas da dita companhia, os quais por seu nome não conhece.

A 2ª Visitação do Santo Ofício da Inquisição (1618-1620)

A 2ª Visitação ocorreu na Bahia (1618-1620). O Visitador foi Dom Marcos Teixeira. Muitas são as divergências entre historiadores sobre quem foi exatamente este Visitador. O certo é que, anos atrás, a Professora Sonia Siqueira localizou no Arquivo da Torre do Tombo o documento resultado desta visita. "A origem da Visitação pode ter sido motivada pelo aumento de fluxo de cristãos novos para o Brasil. A visitação teve efeitos negativos para a Colônia. Alarmaram-se muitos cristãos novos que vinham fugindo da Inquisição, ao sentirem sua presença. Pelo menos uns tantos deixaram o Brasil ou em direção ao Rio da Prata e dependências de Castela, ou para os Países Baixos[...]" (SIQUEIRA, 2011, p. 64, 71).

A 3ª Visitação do Santo Ofício da Inquisição (1763-1769)

A 3ª Visitação se realizou em 1763 se prolongando até 1769, no Grão-Pará. O visitador foi o Padre Giraldo José de Abranches, nomeado para os Estados do Grão-Pará, Maranhão e Rio Negro. Nessa Visitação de 6 anos não foram muitos os imputados. As confissões giravam em torno de assuntos diversos: superstições, imoralidades, bigamias, judaísmo. A 3ª Visitação se dava numa época em que já se iniciara o declínio da Inquisição em Portugal. Não há aquele rigor antigo, a mentalidade muda aos poucos; as penas de morte não mais existem, geralmente as penas são de penitência, raros são os casos de açoite e degredo. O que provavelmente atemorizava a população paraense eram as sanções relativas à confiscação dos bens, embora a maioria das pessoas fosse de origem humilde. Do total geral de pessoas que aparecem citadas no Livro da Visitação, e isso importa, sobretudo para um possível estudo da estrutura da população paraense, 353 são brancos, 55 índios, 42 negros escravos, 17 mamelucos, 6 cafuzos e 12 mulatos. Esta última Visitação, no Brasil, terminou sem complicações para as vítimas, pois a Inquisição se encaminhava para o seu declínio e extinção.

Vieira e a Inquisição

Antônio Vieira, padre jesuíta, foi uma imensa dificuldade para as ações da Inquisição e, por consequência, para a Coroa portuguesa. Suas ideias eram incompatíveis com o pensamento dos poderosos que já habitavam o Brasil e por outros setores em Portugal, sobretudo dos inquisidores. Era bem-quisto pelo Rei João IV, que veio a falecer em 1656. A rainha, D. Luísa de Gusmão, também nutria apreço pelo Padre Vieira. A ela, o jesuíta enviou uma carta privada, fazendo uma afirmação que não poderia ser divulgada. Segundo Vieira, o monarca voltaria do reino dos mortos para liderar Portugal e implantar o Quinto Império do mundo. O padre foi preso e, depois de dois anos recluso em Coimbra, resignou-se. Reconheceu-se culpado e foi condenado ao confinamento em um colégio de jesuítas em Lisboa (NETO, 2021, p. 301). Vieira tornou-se alvo fácil para a Inquisição, principalmente após o término da regência da rainha e com a ascensão ao trono de Dom Afonso VI. O jesuíta foi acusado de aproximação com os judeus e tratado como herege.

> [...] desde o ano de 49, por variadas alegações, Vieira vinha sendo denunciado ao Tribunal: comentário de livros proibidos, proposições ofensivas ao Rei e à Corte por permitir escravidão em seus domínios, injúrias contra outras ordens religiosas etc., tudo diligentemente anotado pelo Santo Ofício, muito interessado em processá-lo. E não sem causa bem mais palpável: no decorrer dos anos 40, Vieira procurara demonstrar a D. João IV a conveniência de restringir-se drasticamente a ação do Santo Ofício, extinguindo-se o confisco dos bens dos cristãos-novos processados e obrigando-o a dar as suas denúncias "abertas e publicadas", isto é, com declaração do crime e dos acusadores (PÉCORA, 2000, p. 181).

Vieira teve suas penas perdoadas em 1668; no ano seguinte viajou para Roma, onde denunciou os inúmeros abusos da Inquisição Portuguesa. O Papa Clemente X lhe concedeu isenção das ações do Tribunal, que já não mais podia abrir qualquer processo contra ele. Sua forma de pensar e sua coragem contribuíram para o enfraquecimento da Inquisição portuguesa. Morreu no Colégio dos jesuítas da Bahia, aos 89 anos, em 18 de julho de 1697.

O último inquisidor-mor, já citado, foi o brasileiro Dom Azeredo Coutinho (cf. AMARAL LAPA, 1969). O Tribunal foi extinto em 5 de abril de 1821 para a esfera civil. A mentalidade da Igreja em relação às Coroas era positiva: os Tribunais e as Visitações eram extensões, aparentemente, em defesa da fé. Por sua vez, o Estado se servia da Igreja e desta organização estrutural para seus fins.

Capítulo XV
A Igreja e a escravidão indígena

> Erguemos em nossas mãos
> a memória dos séculos,
> recolhemos no sangue do vinho
> a história de um tempo de escravidão.
>
> Em nossas mãos vos entregamos
> a cinza das aldeias saqueadas,
> o sangue das cidades destruídas,
> a vencida legião dos oprimidos.
>
> (*Missa Terra Sem Males*, trecho.
> Pedro Casaldáliga, Pedro Tierra, Martín Coplas)

Introdução

A escravidão foi responsável pelo cerceamento da liberdade de milhões de indígenas e africanos, e existiu, oficialmente, por mais de 300 anos. O capítulo retrata este quadro trágico da história do Brasil e da América Latina e, ainda, a relação escravidão indígena-catolicismo. A discriminação e desigualdade social atuais são consequências desta prática no período colonial espanhol, colonial e imperial brasileiro. A busca da Terra Sem Males continua no tempo presente.

Início do sistema de violência

A escravidão no Brasil tem seu início por volta dos anos de 1530, quando a Coroa portuguesa implantou as bases para a colonização. O processo começou com a escravização dos indígenas e, em seguida, nos séculos XVI e XVII foi substituída, mas não totalmente, pela escravidão dos africanos trazidos através do tráfico negreiro. A violência, a discriminação e a desigualdade social atuais são resultado de um país que se construiu por meio da normalização do preconceito, das classes e da violência. Evidente que os portugueses escravizaram milhões de indígenas e o preconceito, a violência, a discriminação e a desigualdade social se estendem até o tempo presente em relação aos negros da terra (como eram chamados pelos portugueses) também. No Maranhão, no início do século XVII, a situação de escravidão, epidemias produziu uma série de consequências para a população indígena. Em carta o bispo de Lisboa escreveu ao rei de Portugal:

> [...] em todo o distrito (da cidade do Maranhão) não restou uma só aldeia índia. Dentro de uma centena de léguas do Pará não existe um só índio que não esteja pacificado ou não tenha sido domesticado pelos portugueses, aos quais ele teme até mais do que o escravo teme seu amo. No distrito do Ceará, costumava haver 60 aldeias num raio de 60 léguas. Hoje, não sobrou uma sequer, pois todas desapareceram em virtude das atividades dos caçadores de escravos [...]. No Pará, ao longo das margens de seus grandes rios, havia tantos índios e tantas aldeias que os visitantes ficavam maravilhados. Agora, pouco são aqueles que permaneceram incólumes. O resto pereceu em virtude das injustiças a que os submeteram os caçadores de escravos [...] (AHU, Maranhão cx. 2).

Em 1652, o Jesuíta Antônio Vieira (1608-1697) apresenta duras críticas à ação de colonização: "quando cheguei ao Maranhão [...], tudo isto estava despovoado, consumido e reduzido a mui poucas aldeolas [...], e toda aquela imensidade de gente se acabou, ou nós a acabamos em pouco mais de trinta anos" (VIEIRA, 1856, p. 213). O jesuíta ficou escandalizado com as condições encontradas por ele no Maranhão e no Pará. Seus sermões eram duríssimos contra os colonos que tinham índios escravos. Na quaresma de 1653, inflamado, afirmou: "todos os senhores se encontram em pecado mortal; todos os senhores vivem em estado de excomunhão; e todos os senhores estão indo diretamente para o inferno" (LEITE, IX, p. 211). Vieira foi expulso do Maranhão, preso e julgado pela Inquisição, proibido de pregar e condenado à prisão por defender a liberdade dos povos indígenas.

Escravidão indígena

Os indígenas foram a principal mão de obra dos portugueses até o século XVII, quando os escravos africanos começaram a ser a maioria no Brasil. Para os portugueses a escravidão dos indígenas era conturbada e problemática. Os indígenas se mostravam relutantes ao realizar trabalhos contínuos na lavoura. Na visão deles, indígenas, era uma atividade para as mulheres (cf. SCHWARTZ, 2018, p. 16.). Outro fator era que na cultura indígena não existia a ideia de trabalho contínuo. A questão ficava ainda mais difícil devido aos conflitos entre os colonizadores e os jesuítas. Estes últimos se posicionavam contra a escravidão dos indígenas, os viam como um grupo a ser catequizado.

Os colonizadores que escravizavam os indígenas poderiam sofrer sanções jurídicas com as acusações dos padres da Companhia de Jesus. A Coroa portuguesa proibiu a escravidão indígena, mas apesar da lei a escravidão continuou (cf. MONTEIRO, 1994, p. 303-306). Isso ocorreu particularmente nos lugares em que era escassa a mão de obra africana: São Paulo, Paraná, Maranhão. Vários setores da Igreja Católica e da Coroa se opuseram à escravização dos indígenas, mas não combateram a escravização dos africanos. Outro obstáculo foi a alta taxa de mortalidade indígena em decorrência das enfermidades, das guerras entre grupos e de guerras contra a escravidão. Nos anos de 1570 um indígena custava sete mil-réis e um africano 20 mil-réis. A substituição da mão de obra indígena foi atribuída, por historiadores antigos, como Varnhagem e Capistrano de Abreu, à indolência dos negros da terra. Em 1970 o historiador Fernando Novais atribui a troca nos interesses do tráfico que era uma alavanca fundamental da acumulação primitiva de capital. Nos anos seguintes surgiram outras teorias dos pesquisadores Florestan Fernandes, Clovis Moura, Décio Freitas, Jacob Gorender e tantas pesquisas realizadas nas universidades. Certamente é um tema sempre aberto à investigação. Apesar da chegada dos escravos africanos na década de 1550, os indígenas foram a principal mão de obra na economia açucareira até meados do século XVII. Nos anos de 1590, 2/3 dos escravos eram indígenas. A prosperidade da economia do açúcar na Bahia e em Pernambuco foi a causa do aumento da quantidade de escravos africanos (cf. VAINFAS, 200, p. 205-209), contudo "o genocídio praticado contra os índios brasileiros levou, muito rapidamente, à necessidade de implantação da escravidão negra" (BIDEGAIN, 1993, p. 160).

A escravidão indígena na América de colonização espanhola tem origens bem antiga. "A escravização legal e ilegal de índios para uso como força de trabalho ocorreu principalmente nas Índias Ocidentais e no continente adjacente da América Central e Venezuela". Por sua vez, "no México e no Peru, os conquistadores se envolveram muito mais com a *encomienda* do que com a escravidão direta, mas escravizaram os índios capturados nas guerras, dando como justificativa o *Requerimiento* (que ameaçava de escravidão os índios que se recusassem a se render e a receber o Evangelho cristão)[...]" (GIBSON, 1999, p. 290).

> **Requerimiento**. *Notificación y requerimiento que se há dado de hacer a los moradores de las islas en tierra firme del mar océano que aún no están sujetos a Nuestro Señor* (1512). Texto escrito pelo espanhol Juan López de Palacios Rubios por ordem do rei espanhol Fernando II de Aragão. Era a resposta ao debate sobre a justiça da conquista que surgiu a partir dos sermões de Antonio de Montesinos (1511). Usado durante a conquista e deveria ser lido em todas as partes dos territórios conquistados. Assim, exigia-se a sua submissão aos reis espanhóis e aos conquistadores (representantes dos reis), tudo com o recurso de afirmar que era embasado no direito divino, o mesmo que havia doado os territórios aos espanhóis pelo Papa Alexandre VI.
>
> Documento jurídico baseado no Antigo e Novo Testamento, justificava a conquista. A comunidade estaria livre da escravidão se aceitasse seus fundamentos; caso contrário, os conquistadores estariam juridicamente garantidos para iniciar a guerra santa (FERREIRA, 1992, p. 98).

A América inteira apresentava as marcas dessa brutal invasão. Bartolomeu de Las Casas assim narra a ação dos conquistadores no século XVI:

> Certa vez os índios vinham ao nosso encontro para nos receber, à distância de dez léguas de uma grande vila, víveres e viandas delicadas e toda espécie de outras demonstrações de carinho. E tendo chegado ao lugar, deram-nos grande quantidade de peixes, de pão e de outras viandas, assim como tudo quanto puderam dar[...] Mas eis que os espanhóis passam a fio de espada, na minha presença e sem causa alguma, mais de três mil pessoas, homens, mulheres e crianças, que estavam sentados diante de nós. Eu vi ali tão grandes crueldades que nunca nenhum homem vivo poderá ter visto semelhantes... Os índios desta ilha foram submetidos à mesma escravidão e calamidade em que jaziam as da ilha espanhola [...].

Também na terra firme[...] na madrugada, estando ainda os índios a dormir com suas mulheres e filhos, os espanhóis se lançaram sobre o lugar, deitando fogo às casas, que eram comumente de palha, de maneira que queimavam todos vivos, homens, mulheres e crianças[...] Mataram a tantos que não se poderia contar e a outros fizeram morrer cruelmente queimando aos poucos, a fim de obrigar a dizer em que lugar havia ouro[...] e a outros fizeram escravos e marcaram-nos com ferro em brasa (LAS CASAS, 1996, p. 41, 45).

O trabalho nas minas foi a atividade econômica de maior relevância na América espanhola. É a efetivação do processo colonial por parte da Espanha e a exploração das culturas locais. O trabalho indígena é a base da economia. No Brasil "o trabalho indígena foi utilizado apenas em uma primeira etapa de acumulação primitiva de capitais, como um dos fatores necessários para a formação de um novo modo de produção: o escravismo colonial. Em território colonial hispânico o braço indígena nunca deixaria de ser utilizado" (MATOS 2, 2007, p. 2).

> [...] desde o começo (da conquista) até a hora presente os espanhóis nunca tiveram o mínimo cuidado em procurar fazer com que a essas gentes fosse pregada a fé de Jesus Cristo, como se os índios fossem cães ou outros animais; e o que é pior ainda é que o proibiram expressamente aos religiosos causando-lhes inumeráveis aflições e perseguições (LAS CASAS, 1993, p. 120).

O ouro na região do México e a prata na região do Peru foram responsáveis pela política de exploração por parte da Metrópole que com isto desdobrou o seu domínio colonial. A dura exploração das populações indígenas era realizada através da exploração do trabalho utilizando duas formas diferentes: *encomienda* e a *mita*.

Mita. Os indígenas eram obrigados a trabalhar sem receber nada em troca. Um novo formato de escravidão. Este sistema causou o maior genocídio na América Latina no começo da colonização. A diminuição demográfica causada pela exploração dos índios diminuiu a mão de obra, o que provocou novas transformações econômicas e sociais (BIDEGAIN, 1993, p. 56).

Encomienda. O indígena trabalhava e em troca devia receber assistência, o que nem sempre ocorria. Consistia na exploração de um grupo ou de uma comunidade indígena por um colono a de concessão de autoridades coloniais. O colono deveria pagar tributo à metrópole e cristianizar os povos indígenas. Colonização e submissão a uma religião.

Essa exploração era diferente da escravidão africana, porém era trabalho obrigatório e, portanto, ausência de liberdade. É uma afirmação contundente, mas teoricamente o indígena era livre e trabalhava por determinado período em troca de pagamento. Vários estudiosos denominam essa forma de trabalho de trabalho compulsório. A escolha feita aqui é por escravidão, ausência de escolha. Oficialmente a escravidão era proibida devido ao interesse da Igreja na conversão dos indígenas.

> Os espanhóis nunca tiveram nenhuma guerra justa contra os índios. Todas foram diabólicas, e muito injustas, mais do que as de qualquer tirano que exista no mundo.
>
> Deve-se crer que em qualquer parte das Índias por onde os espanhóis tenham ido ou passado sempre exerceram contra essa gente inocente grandes tiranias e opressões abomináveis; é por isso que Deus, que é justo, os faz cair e precipitar numa queda maior e num senso de reprovação.
>
> [...] outra causa não houve que justificasse a escravização de todos esses índios, senão a perversa, cega e obstinada vontade e a miserável cupidez que esses avarentíssimos tiranos têm de possuir e cumular-se de grandes bens [...] (LAS CASAS, 1996, p. 32, 37, 56).

Capítulo XVI
Guerra Guaranítica, a violência dos *civilizados*

> Topa ñembyahýi joayhu taheñói, topu'ã ñane retã, ñañembyatypa ha jesapukái vy'ápe che retãgua.[18]

Introdução

O sangue vermelho será o resultado dessa conjunção: exploração-religião. Sempre o setor mais vulnerável sofre as maiores consequências. Neste caso, os guaranis. O sonho de um espaço limitado para a liberdade foi destroçado pelas disputas do poder político econômico das Coroas portuguesa e espanhola pela terra dos indígenas. O capítulo apresenta, no início, o Tratado de Madri, mais um dos tantos do século XVIII, tratado de limites de fronteiras. Decidem as Coroas pelas terras em que viviam os guaranis, decidem o futuro dos outros. Com uma situação não adequada, segundo o pensamento político das Coroas, entra-se com aquilo que se tornou comum no mundo ocidental *civilizado*: a violência, através de uma e sempre insana guerra, dizimando a população guarani.

---

18. Trecho da Canção **Ñemitỹ**, em guarani. Letra: Carlos Abente e Música: José Asunción Flores. Tradução livre: *Que a fome acabe, que nasça o amor, que nossa pátria cresça, vamos nos reunir e gritar de alegria meus compatriotas*. Esta música foi declarada patrimônio cultural do Paraguai. Fraternidade e esperança são o conteúdo da canção. Foi proibida no período da ditadura paraguaia.
Disponível em: https://guaranirenda.tripod.com/jehaikue_aty/purahei/nemity.html Acesso 16/02/2021, 00:22.

Tratado de Madri (1750)

Com o Tratado de Madri (BNRJ DMss I 12, 3, 15; MACEDO 1939) fixa-se a configuração territorial do Brasil. Assinado em Madri a 13 de janeiro de 1750 (cf. BRANCO, 1965, p. 883-884; FILHO, 1966, p. 287-352) entre Dom João V, Rei de Portugal e Dom Fernando VI, Rei de Espanha. O Tratado contém 26 artigos e um longo preâmbulo histórico; ambas as partes reconheceram ter violado o Tratado de Tordesilhas. Nos seus artigos de 3 a 9 o Tratado descreve uma definição da fronteira sul-americana entre Portugal e Espanha. O governo português foi representado por um célebre estadista e diplomata brasileiro, Alexandre de Gusmão, membro do Conselho Ultramarino, e o governo espanhol foi representado por José de Carvajal y Lancaster, presidente do Conselho das Índias.

> [...] maior importância que às terras prestou-se ao aproveitamento dos rios. Estabeleceu-se que a navegação seria comum quando cada um dos reinos tivesse estabelecimentos ribeirinhos; se pertencessem à mesma nação ambas as margens, só ela poderia navegar pelo canal. Para ficar com a navegação exclusiva do Prata, a Espanha trocou a Colônia do Sacramento pelas missões do Uruguai (CAPISTRANO DE ABREU, 1934, p. 86-87).

O Tratado era definido pelo princípio de *uti possidetis,* ou seja, a justificação da posse do território pela sua ocupação efetiva (BNRJ DMss, vol. 52-53). Os limites foram traçados através de rios e montanhas. Através do Tratado era reconhecida a soberania da Espanha sobre a Colônia de Sacramento, sobre o território da margem setentrional do Rio da Prata e, ainda, sobre as ilhas Filipinas; e o domínio de Portugal sobre os territórios do Pará, Amazonas (BNRJ DMss I – 17, 12, 5), Mato Grosso e Oeste (cf. MAXWELL, 1996, p. 52-53). Apesar de todas as decisões diplomáticas e das técnicas cartográficas utilizadas, de viajantes e de entidades administrativas, o Tratado suscitou reações de ambos os países envolvidos, entre as quais se incluiu o transferimento das missões jesuíticas (cf. HAUBERT, 1990, p. 12) do Rio Uruguai a Portugal (cf. DOMINGUES, 1994, p. 799-800), que teve como consequência a luta com os índios guaranis. O chefe da expedição portuguesa era Gomes Freire de Andrade.

> Um relato sobre a expedição testemunha, mais uma vez, a fragilidade da vida naqueles tempos, mais do que hoje vulneráveis às intempéries e aos ataques de feras. Onças, cobras, rios cheios, capinzais altos, de tiririca, que cortavam como vidro quebrado e pegavam fogo à menor faúlha provocam baixas em meio à soldadesca, somando-se às investidas dos índios, que largam para trás cadáveres com raízes de mandioca enfiadas nas feridas (MELLO E SOUZA, 1997, p. 68).
>
> O escritor brasileiro José Basílio da Gama, protegido do Marquês de Pombal, publicou em 1769 "O Uraguai", poema de intenções épicas que gira em torno dos acontecimentos decorrentes do Tratado de Madri. Tratando acerbamente os jesuítas, o poema visava a enaltecer a política pombalina (VIANNA, 1948, p. 305).

Vítimas inocentes: A Guerra Guaranítica (1753-1756)

Uma das páginas mais dolorosas e vergonhosas da história da Província do Paraguai e de suas reduções foi a Guerra Guaranítica. Os Sete Povos das Missões afetados eram: San Nicolás, com 4.453 almas; San Luís, com 3.653; San Lorenzo, com 1.835; San Miguel, com 6.954; San Juan, com 3.650; Santo Angel, com 5.186 e São Borja, com 3.550 (cf. SANTOS, 1992, p. 682-683). As missões jesuíticas guaranis alcançaram seu pico demográfico em 1732, com 141.182 índios. Por volta do ano de 1740, o número caiu para 73.910, devido à carestia, às epidemias e às mobilizações exigidas para suprimir uma revolta no Paraguai. A população aumentou outra vez para 88.828, mas por volta de 1783 era de 56.092, e em 1797, era 45.700. Desse modo o fim da política de segregação dos jesuítas, principalmente a longo prazo, adiou o problema de integração da população indígena com outros habitantes rurais (cf. MORNER, 1993, p. 29-32). Para facilitar a saída dos guaranis, além de auxílios materiais oferecidos pelo governo espanhol (o Erário Real oferecia uma compensação para cada povo de quatro mil pesos e a isenção tributária por dez anos, não seriam responsáveis pelos gastos do traslado, nem com perda patrimonial) (cf. MASY, 1992, p. 277), por duas vezes determinou prazos o visitador Padre Luís Altamirano (O jesuíta espanhol, Padre Luís Lope Altamirano nasceu em Cártama, Málaga, no ano de 1698 e morreu na Córsega em 1767. Foi excessivamente severo no que diz respeito à execução deste Tratado de Madri; ordenou a todos os padres das missões antigas de se retirarem. De volta à Espanha, estava no colégio de Córdova quando Carlos III decretou a expulsão dos jesuítas de todos os domínios da coroa espanhola) (cf. CASIMIRO, 1963, p. 1.467-1.468) e, em Roma, o Geral dos jesuítas Padre Retz (Frantisek Retz foi o 15º Geral da Companhia de Jesus, nasceu em Praga a 13 de setembro de 1673 e morreu em Roma a 19 de novembro de 1750. Ensinou Filosofia em Olmutz e Teologia em Praga; foi provincial da Boemia e vigário-geral, eleito Geral a 30 de novembro de 1730, foi um mandato de 20 anos, tranquilo e de grande impulso à cultura) (cf. ESPASA, 1923, p. 1.458) ordenava aos jesuítas do Paraguai de aceitar o estabelecido no Tratado.

Os jesuítas quando receberam a notícia autêntica do Tratado preferiram, no primeiro momento, ocultar a notícia aos índios e recorrer a quem podia influir na anulação ou na aplicação (cf. MASY, 1992, p. 276). Os índios perderiam todas as suas propriedades e o rei poderia passar o domínio político do território, porém não teria o direito de despojar os cidadãos de suas possessões, por isso que o Tratado era totalmente injusto e se temia uma reação violenta dos índios (cf. SANTOS, 1992, p. 683). Os Guaranis se negavam a obedecer e abandonam as suas terras, é o início da guerra (cf. MELIA, 1982, p. 236-240; LUGON, 1950, p. 241-245; MATEOS, 1951, p. 241-316). Muitos padres permaneceram entre eles como gesto de solidariedade e outros foram presos pelos próprios indígenas (cf. ZANATTA, 2000, p. 124). Alguns destes padres foram acusados de serem coniventes com os portugueses que queriam escravizar os guaranis (cf. FLORES, 2006, p. 5). Os índios deveriam lutar contra um exército combinado de portugueses e espanhóis (cf. MAXWELL, 1996, p. 54-55). Em 1755 os índios foram derrotados e as reduções ocupadas. Os índios foram doados e reduzidos à obediência: as vilas foram abandonadas e se procurou recomeçar em outro lugar a obra realizada durante um século e meio com tanta fadiga (cf. MARTINA, 1990, p. 259). Desta maneira, terminava, "com as cores vermelhas de um ocaso, o sonho de um espaço limitado de liberdade para os indígenas guaranis. Predominavam as normas de uma sociedade colonial escravagista e os interesses das elites que comandavam os grandes impérios da Espanha e Portugal. Melancolicamente, os personagens dessa original experiência histórica foram abandonando o cenário" (KERN, 1994, p. 79). Os jesuítas foram acusados de serem os principais responsáveis das campanhas militares. A República indígena, cristã e socialista, não podia ser tolerada pelo poder constituído. E, assim, as Missões jesuíticas foram destruídas e a Companhia expulsa (cf. METHOL, 1982, p. 27). O filme britânico *A Missão* (1986) retrata de maneira magnífica este contexto histórico e ainda brinda o público com a trilha sonora do italiano Ennio Morricone.

> (os Guaranis) não queriam guerra nenhuma, mas seriam obrigados a resistir... em documentos indiretos revelam uma grandeza de alma, uma dignidade e uma nobreza incomparavelmente acima dos dois lados que os espremiam, espanhóis e portugueses. Mesmo em termo de linguagem e argumentos cristãos, além de humanitários e políticos. Pode-se afirmar sem exagero que eles significaram, naquele momento, o que havia de civilização, enquanto as forças ibéricas de ambos os reinos, de Portugal e de Castela, significaram a barbárie que se abateu sobre eles (SUSIN, 2006, p. 11-12).

No ano de 1756 assumia o governo de Buenos Aires Pedro de Ceballos (cf. MATEOS, 1953, p. 313-375) e este tomou a decisão de pessoalmente visitar os missionários e os Guaranis. No decorrer da sua visita, abandonou a sua posição e os fatos tomaram outros rumos: mudou de ideia em relação aos jesuítas e pensava que o Tratado era injusto para os índios. No trono espanhol acontecia uma mudança, morria o Rei Fernando VI e o sucedia Carlos III (1759-1788), este, em 1760, decidiu anular o Tratado. Assim, evocava-se o desconhecimento geográfico e a discordância de informações que se tinha do território para anular o Tratado de Madri. É muita ironia histórica, o rei da Espanha entendeu que o Tratado de Madri de 1750 era um erro político e restabelecia a situação preexistente, mas era tarde para impedir a destruição (cf. MARTINA, 1990, p. 259).

'São' Sepé, Sábio, Tiaraju

Impossível escrever sobre a Guerra Guaranítica sem sequer escrever uma linha sobre Sepé Tiaraju, símbolo da identidade gaúcha (cf. SUSIN, 2006). A história deste guerreiro indígena brasileiro é também carregada de mitos, recebendo inclusive a autoria de um romance histórico (cf. CHEUICHE, 2016). Na religiosidade popular é considerado santo, este que foi herói como liderança indígena dos Sete Povos das Missões, lutando contra o Tratado de Madri. Nasceu em 1723, atual município de São Luiz Gonzaga (RS). Resistiu aos ataques dos espanhóis e portugueses. Sua morte, 1756, se deu durante uma batalha contra os espanhóis.

> No dia 7 de fevereiro de 2020 aconteceu a celebração dos 264 anos do martírio de Sepé Tiaraju, líder guarani assassinado na Sanga da Bica, hoje cidade de São Gabriel, Diocese de Bagé. Valorizando o reconhecimento público de Sepé e compreendendo sua importância histórica, a Diocese de Bagé prevê para 2020, a abertura do inquérito diocesano para a causa da sua beatificação (CNBB Sul 3, 2020).

Capítulo XVII
Igreja e escravidão negra

> Estamos chegando do fundo da terra,
> estamos chegando do ventre da noite,
> da carne do açoite nós somos,
> viemos lembrar (*Missa dos
> Quilombos*, trecho.
> Pedro Casaldáliga, Pedro Tierra,
> Milton Nascimento).

Introdução

A escravidão africana ocorreu, além do Brasil, em toda a América do Sul. Era numerosa a presença de negros escravos nas Guianas inglesa, francesa e holandesa e ainda na costa da Colômbia, Equador e Peru. O presente capítulo é uma introdução a esse vasto mundo da violência e ausência de liberdade em relação aos negros, escravizados pelos portugueses e espanhóis. Nesta iniciação ao tema será apresentada também a relação da Igreja Católica com o tráfico negreiro e a escravidão. Sem dúvida há uma dívida imensa para com a negritude na atualidade; e parece que a dívida cresce diante do sistema estrutural de violências na América Latina e no Caribe em que os negros e negras são os primeiros da lista a sofrerem as consequências destas marcas históricas deixadas no corpo e nas relações econômicas, sociais, culturais e religiosas.

Início da ausência de liberdade

Na década de 1550 chegaram os primeiros africanos através do tráfico ultramarino, o tráfico negreiro. Na costa africana os portugueses tinham suas feitorias desde o século XV. Já experenciavam a escravização na Ilha da Madeira, em Portugal. No desdobramento da colonização no Brasil haverá necessidade de mais e mais trabalhadores braçais. O comércio com a colônia foi intenso rendendo altos lucros para os envolvidos. Em parte da América do Norte e Central os espanhóis utilizaram, através do trabalho compulsório, as culturas indígenas, escravizando um grupo numeroso, especialmente de astecas e maias.

> [...] só o tráfico de escravos africanos fornecia um abastecimento internacional de mão de obra em grande escala e relativamente estável, que acabou por fazer dos africanos escravizados as vítimas preferenciais (SCHWARTZ, 2018, p. 222).

Apesar da escravização dos indígenas, havia nas colônias espanholas a busca de escravos africanos. A "África ficava do lado português da linha traçada pelo papa e foram os portugueses que se beneficiaram mais do tráfico". Um agravante a essa já trágica situação da escravidão era o contrabando de escravos que "superou duas ou três vezes o tráfico considerado legítimo, ou seja, o tráfico ligado ao pagamento de vinte por cento sobre o preço do escravo ao rei e ao batismo do escravo na África antes do embarque". Por sua vez, "as autoridades espanholas só abriram dois portos oficiais para a entrada de africanos: Cartagena de las Índias (na Colômbia) e Vera Cruz (no México). Na América portuguesa a situação era mais permissiva: os portos eram os do Rio de Janeiro, Salvador, Recife e São Luís do Maranhão. Mas muitos portos clandestinos despejavam negros por todo o continente (cf. TONUCCI, 1992, p. 51, 52).

> [...] É um drama humano: o grito das gerações exige que nos libertemos para sempre deste drama, porque as suas raízes estão em nós, na natureza humana, no pecado. Vim prestar homenagem a todas as vítimas desconhecidas. Não se sabe exatamente quem eles eram.

> Infelizmente, nossa civilização, dita e chamada cristã, voltou por um momento, ainda durante nosso século, à prática da escravidão. Nós sabemos o que eram os campos de extermínio. Aqui está um modelo. Não podemos mergulhar na tragédia de nossa civilização de nossa fraqueza, de pecado. [...]. (JOÃO PAULO II, 1992. *Visita à "Maison des esclaves"* – Senegal, Ilha Gorée).

Durante os 300 anos de tráfico negreiro foram cerca de 4,8 milhões de africanos desembarcados no Brasil. O trabalho africano estava concentrado na economia açucareira. A jornada de trabalho chegava até 20 horas diárias. Era um trabalho violento, não só pela escravidão em si, mas pelos seus efeitos. Muitos perderam suas mãos, braços nas moendas. O que também ocorria nas fornalhas e caldeiras com graves queimaduras. Sua "nobre" casa era a senzala, ali eram monitorados.

Moenda. Mecanismo onde se moía a cana-de-açúcar para a extração do caldo.
Fornalha. Grande forno onde o caldo era fervido e purificado em grandes tachos de cobre.

A alimentação era pobre em nutrientes, plantavam para comer. O vestuário era diferenciado, os do campo usavam praticamente trapos, os domésticos e de outros ofícios usavam roupas melhores. A violência não era somente física, os proprietários e feitores incutiam o medo para impedir fugas e revoltas. Alguns eram acorrentados, usavam máscara de ferro, a conhecida máscara de flandres, colocada nos escravos para evitar que engolissem diamantes, se embriagassem ou cometessem suicídio ingerindo terra. Eram diversas as violências sofridas: preso no tronco, chicoteados, queimado, forca, pelourinho.

Pelourinho. Coluna de pedra em que os bandidos e escravos eram amarrados, castigados, torturados. A primeira capital do Brasil, Salvador, conserva seus séculos de história através de seu centro urbano e o bairro do Pelourinho. A região foi tombada como Patrimônio Nacional e Patrimônio Histórico da Unesco.

A violência exercida com os escravos será também marcada pela resistência, incluindo desobediência, fugas individuais e coletivas, revoltas e a formação de quilombos (cf. MATTOS, 2002, p. 611-612).

> **Quilombo (população, união).** Eram locais de refúgio de africanos escravizados e afrodescendentes em todo o continente. Negros buscando sua liberdade.
> **Quilombolas.** Os atuais habitantes de comunidades negras rurais formadas por descendentes de africanos escravizados. Vivem em terras compradas ou ocupadas há bastante tempo.
> **Quilombo dos Palmares.** Resultado de uma junção de mocambos, pequenos assentamentos de escravos fugidos, que foram construídos na divisa de Alagoas e Pernambuco, na Serra da Barriga.
> **Zumbi dos Palmares.** Nasceu livre na Serra da Barriga em 1655. Foi capturado e entregue ao padre missionário Antônio Melo aos seis anos de idade. Em 1678, o governador da Capitania de Pernambuco, após mais de 70 anos de guerras com o Quilombo dos Palmares, se aproximou do líder, Ganga Zumba. Foi oferecida a liberdade se todos se submetessem à Coroa portuguesa. A proposta foi aceita pelo líder, mas Zumbi a rejeitou tornando-se o novo líder. Após 15 anos da liderança de Zumbi, o bandeirante Domingos Jorge Velho foi chamado para organizar a invasão. Em 1694 Palmares foi invadido e Zumbi ferido. Após dois anos de batalha Zumbi e vinte guerreiros foram mortos no dia 20 de novembro de 1695. A crueldade faz parte deste processo. Sua cabeça foi cortada, salgada e levada ao governador. Em Recife foi exposta no Pátio do Carmo para desmentir a lenda da sua imortalidade. Atualmente o dia 20 de novembro é o Dia da Consciência Negra.
> Esta não é uma visão ingênua e romantizada. No próprio quilombo havia escravos (CARVALHO, 2005, p. 48), porém isso não justifica as formas violentas, os preconceitos, as discriminações que estão na base da construção do que será o Brasil independente e depois republicano.

O Brasil foi o último país das Américas a abolir a escravidão. Isto se deu através da Lei Áurea (1888), aprovada pelo Senado e assinada pela regente do Brasil, a princesa Isabel. Este ato não foi de compaixão ou benevolência da monarquia, mas resultado da pressão da população e do movimento abolicionista. A abolição sem projetos levou a um desemprego generalizado. Escravos libertos, sem emprego e sofrendo preconceitos. E, em pleno século XXI são muitos no Brasil e em outras partes da América Latina que são submetidos a trabalho escravo.

Documentos pontifícios sobre a escravidão

Data	Papa	Documento	Conteúdo
1454	Nicolau V	*Divino amore communiti*	Papa autoriza o Rei Alfonso de Portugal a reduzir os sarracenos, pagãos e infiéis inimigos de Cristo
1462	Pio II	Carta ao bispo das Canárias	Condena o tráfico negreiro
1537	Paulo III	*Veritas ipsa*	Condena a escravidão indígena
1639	Urbano VIII	*Commissum nobis*	Renova as cartas de seus antecessores e defende a liberdade dos índios do Brasil, Paraguai e Rio da Prata
1741	Bento XIV	*Inmensa Pastorum*	Dirigida aos bispos do Brasil e ao rei de Portugal, defende a liberdade dos índios
1814	Pio VII	Carta ao rei da França	Proíbe o comércio de negros
1839	Gregório XVI	*In supremo apostolatus fastígio*	Proíbe o comércio de africanos e índios

É evidente que até os pontificados de Pio VII (1800-1823) e Gregório XVI (1831-1846) não se havia condenado o tráfico negreiro. A carta de Pio II é dirigida a um bispo em particular. Era prudência ou cautela? Ou era ingerência do Estado espanhol sobre a Igreja (Padroado)? Para muitos historiadores o silêncio de séculos desacredita um papado que tinha o dever de levantar sua voz de denúncia profética cada vez que a sociedade estivesse atingida em seu direito à liberdade e à integridade da pessoa humana (cf. BORGES, 1992, p. 321). Para a política oficial a escravidão era um "mal necessário".

> A evangelização dos negros está inserida no sistema de trabalho escravo, que quase não lhes deixa tempo para a catequese e prática religiosa. Sua evangelização se insere mais propriamente nas condições da família patronal a que eles pertencem [...] a evangelização dos negros exigia o despojamento de todos os seus valores religiosos e culturais, a fim de se revestir da cultura dos conquistadores [...] a evangelização legitimava, à luz da palavra de Deus, a escravidão, a que eles foram reduzidos (CEHILA, 1992, p. 197).

O pensamento dos juristas e teólogos

O item retrata, de maneira sintética, o pensamento de três juristas e teólogos sobre a escravidão.

a) Juan Ginés de Sepúlveda
Seguia a doutrina aristotélica sobre a escravidão que afirmava que índios e negros eram escravos por natureza. Outros entendiam a escravidão indígena como proteção para estes.

b) Domingos de Soto y Vitória
Baseando-se no direito, admitia que a escravidão era causada pela guerra justa, castigo por delitos, diminuição em vistas da pena de morte e a venda dos filhos pelos pais em caso de extrema necessidade.

c) Bartolomeu de Albornoz
Professor da Universidade do México. Em 1573 publicou o livro *Arte de contratos*. Afirmava que a guerra era injusta. A guerra que se fazia contra os negros era, nem segundo Aristóteles e muito menos segundo Jesus Cristo, justa. Ele não acreditava que a liberdade da alma se pagava com a escravidão do corpo. Seu livro foi colocado no "Index" e a leitura proibida pelo Santo Ofício (cf. AZOPARDO, 1992, p. 323-324).

Evangelização e escravidão

O item apresenta dois personagens distintos, um nascido na Espanha, e outro, no Peru. Dois defensores dos pobres e desvalidos, negros, indígenas, enfim, dos sofredores. Não foram os únicos. A história revela que por mais que o joio seja preponderante o trigo continua vivo construindo os sinais do Reino de Deus. Através de suas atividades é possível visualizar uma minoria que enxergava os negros de outra maneira; o comum, porém, maioria, não funcionava deste modo. A instituição religiosa foi, na sua maioria, parceira da escravidão negra.

Pedro Claver (1580-1654)

Nascido em Verdu, na Catalunha, no período em que reinava Felipe II. Em 1580 o rei governava os Países Baixos, atualmente Holanda e Bélgica, a maior parte da Itália e quase todo o "Novo Mundo"; Filipinas e Molucas no Extremo Oriente. Nesse ano obteve a Coroa portuguesa, assim governava Portugal, suas ilhas atlânticas, o Brasil, territórios em torno da África e o império de cidades na Índia e Malaia, até às portas da fabulosa China. Pedro Claver jamais poderia imaginar que seria jesuíta, moraria em Cartagena e depois seria conhecido como o apóstolo entre os escravos negros.

Em 1610, chega a Cartagena das Índias, um estudante jesuíta. Havia realizado o noviciado em Tarragona, depois enviado a Palma de Maiorca para o estudo da filosofia. Muitos padres estavam ociosos na Europa e poderiam encontrar atividades religiosas além do Atlântico. Desembarcou naquela cidade fundada há poucos anos. Ali era um porto da tragédia, chegavam os navios negreiros. Encontrou aquele que o inspiraria na sua futura atividade no seguimento a Jesus de Nazaré: Alonso Sandoval. Pouco tempo depois é transferido para Bogotá. Seu pensamento fixo era ser irmão religioso, porém os superiores decidiram que ele continuaria os estudos. Em 1612 retorna a Cartagena para auxiliar o Padre Sandoval. Pedro o acompanhava em suas visitas aos barracos, sendo testemunha daquela grandiosa miséria e injustiça cometida em relação aos negros. A realidade é ato primeiro e a teologia ato segundo. Esta realidade abriu os olhos de Pedro direcionando a razão de sua vida apostólica (cf. BORGES, 1992, p. 307; PAIVA, 1984).

Em 1616 foi ordenado padre. No ano em que Sandoval foi transferido ao Peru, Pedro ficou encarregado de continuar a sua obra. Continuava assim o grande movimento em favor dos escravos negros. Era um mérito grandioso para aquela época, parte da Igreja e dos religiosos defendiam os indígenas. A Igreja não havia tomado uma grandiosa atitude na defesa dos negros contra o tráfico e a escravidão. Em 1622 Pedro Claver realiza sua profissão solene na Companhia de Jesus. Visitava os navios que chegavam e prestava assistência àquele resultado da tragédia humana. Em todos os tempos e "nunca na história das migrações humanas se apresentara o caso de arrancar do seu solo nativo, da sua pátria, com tudo o que este nome encerra, de suas raízes ancestrais, de seus costumes que eram sua vida, um grupo de milhões de homens para que, contra a sua vontade, pela força do castigo físico, trabalhassem nas difíceis minas de ouro e prata ou nas enormes plantações de açúcar" (ARBOLEDA, 1980, p. 405). A vida de Pedro Claver foi dedicada a estes negros privados de sua liberdade, usados e depois descartados como lixo. "Esta cidade de Cartagena, ilustre por tantos títulos, tem um que a enobrece de modo particular: ter hospedado, durante quase quarenta anos, Pedro Claver, o apóstolo que dedicou toda a sua vida em defesa das vítimas daquela degradante exploração que constituiu o tráfico de escravos" (JOÃO PAULO II, 1986).

Em 1650 surgiu uma enfermidade que reduziu sua capacidade de andar, coincidindo no ano seguinte com uma brutal epidemia em Cartagena. Os últimos quatro anos de sua vida foram um verdadeiro calvário, ficou paralítico. Havia declarado e assim foi sua vida o escravo dos escravos negros para sempre. Foi canonizado pelo Papa Leão XIII em 1888.

> O fato de Claver tratar os negros como irmãos e como filhos de Deus, bem como sua luta pelo descanso dominical, lhe granjeou o ódio de negreiros e donos de escravos. Tentaram levantar querelas contra ele perante a inquisição espanhola, que via na catequese de Claver para com os negros uma forma de alimentar a idolatria e costumes pagãos dos africanos. Seu apostolado foi enorme entre os doentes, leprosos, incuráveis, condenados à morte e escravos oprimidos[...] (BIDEGAIN, 1993, p. 135).

Martinho de Porres (1579-1639), o santo negro

Martinho de Porres ou Martinho de Lima, filho ilegítimo de Juan de Porres, nobre espanhol, e de Ana Velásquez, negra alforriada. Maior inconveniente foi ter nascido mulato devido aos preconceitos de seu tempo (e ainda hoje). A hierarquia social estava assim estratificada: brancos, índios, negros e os mais depreciados, os mulatos (cf. BORGES, 1992, p. 393). Tinha uma irmã chamada Juana, filha do mesmo pai. Juan viveu com os filhos durante quatro anos em Guayaquil no atual Equador. Quando foi nomeado governador do Panamá, deixou a filha aos cuidados de seus parentes e Martinho ficou com a mãe em Lima.

O futuro santo negro, aos oito anos, foi aprendiz de barbeiro e de boticário. Cedo entrou para o convento dos dominicanos, mas devido à cor de sua pele, esta era a regra religiosa da época, não poderia ascender às ordens. No convento foi faxineiro, enfermeiro, ajudante de cozinha, barbeiro dos frades, sineiro, cuidava da rouparia, sempre com serviços humildes, contudo importantes e necessários. Amigo e companheiro dos pobres, desvalidos e descartados de seu tempo: negros, indígenas, a população pobre em geral. Cedo começou a ter fama de santidade. O bispo de La Paz, doente em Lima, solicitou sua presença na intenção de ser curado, o que ocorreu.

Martinho faleceu em 1639 após contrair a febre de tifo (cf. BORGES, 1992, p. 394). O padre negro dos milagres, como era chamado, dedicou sua vida aos empobrecidos. Com as esmolas que recebeu fundou um colégio em Lima para as crianças pobres, o primeiro nas Américas. O Papa Gregório XVI o beatificou em 1837, e o Papa João XXIII o canonizou em 1962. Em 1966 o Papa Paulo VI o proclamou padroeiro dos barbeiros.

A escravidão negra deixou sua marca de tragédia no solo latino-americano e caribenho. Os resultados deste desastre são visíveis na atualidade: pobreza e violência que atingem primordialmente os negros(as). As mulheres negras são as pobres entre as pobres, sofrendo todo tipo de abuso. Ainda é necessária uma ação conjunta como cristãos e cristãs neste território, para que se possa reconhecer a gravidade da situação colonial e os desdobramentos para o presente: a desigualdade social e o racismo estrutural. É urgente escutar os coletivos da negritude, assim se efetivará uma possibilidade de diálogo.

Capítulo XVIII
Jesuítas na América Latina colonial

> O amor consiste mais em obras do que em palavras (Santo Inácio de Loyola, *Exercícios espirituais* 230).

Introdução

Seis missionários compuseram o primeiro grupo de jesuítas que, em 1549, chegou com Tomé de Sousa ao Brasil: Manuel da Nóbrega, Leonardo Nunes, Antônio Pires, João de Azpilcueta Navarro, Vicente Rodrigues e Diogo Jácome. O rei de Portugal, D. João III, confiou a este grupo de religiosos a catequização pioneira das terras brasileiras. Apesar dos inúmeros obstáculos, as atividades da Companhia de Jesus pelo Brasil foram marcantes (cf. LEITE, 1938-1950). Após 19 anos da chegada ao Brasil iniciaram suas atividades na parte de colonização espanhola. O fato deveu-se à desconfiança do rei espanhol Felipe II crendo que o território seria ocupado pelos portugueses. Este capítulo retrata o cenário de grande relevância para a história do catolicismo no período colonial: a presença dos jesuítas e suas atividades de evangelização, seus desafios, méritos e questionamentos.

Jesuítas

O surgimento da Companhia de Jesus encontra-se inserido no contexto da Contrarreforma. A ordem chegou a assumir um papel relevante em relação às pretensões desta. O período que antecedeu a sua aprovação enquanto ordem religiosa é de relevância para o seu estudo. Este tempo remete à vida de Inácio de Loyola, o fundador da Companhia. Espanhol da região basca e nascido no ano de 1491, Inácio de Loyola era membro de uma família nobre. Entregou-se à fé no momento em que se recuperava dos ferimentos que o acometeram por ocasião de sua participação, como oficial de Carlos V, numa campanha contra os franceses. Isso ocorreu em 1521 quando as tropas invadiram Navarra. Inácio foi atingido por uma bala de canhão quebrando-lhe a perna. Passou por um período difícil e, após várias cirurgias, foi se recuperando, porém ficou manco. Curado, passou a direcionar sua vida para longas meditações, que utilizou para elaborar os **Exercícios espirituais** (cf. O'MALLEY, 2017, p. 17-19).

O desejo de tornar-se sacerdote levou Loyola a estudar latim e a frequentar os cursos das Universidades Alcalá e Salamanca, ambas espanholas. Nesta sua trajetória fez alguns amigos. Foi, contudo, em Paris, que Inácio de Loyola conquistou companheiros definitivos. Por um ano ficou no Colégio de Montaigu, antes de ir para o Colégio Santa Bárbara. Dividia o alojamento com dois estudantes mais jovens: Pedro Fabro e Francisco Xavier. Os três se tornaram amigos e criaram amizade com outros quatro estudantes: Diego Laínez, Alfonso Salmerón, Nicolau Bobadilha e Simão Rodrigues. No ano de 1534, estes o ajudaram a fundar a Companhia de Jesus (*Societas Iesu*), cuja finalidade, descrita na **Formula vivendi do Instituto**, residia basicamente na propagação da fé cristã através da pregação da Palavra de Deus e também através dos *Exercícios espirituais* e das obras de caridade.

A *Formula* foi apresentada ao Papa Paulo III, que a aprovou oralmente a 3 de setembro de 1539. Posteriormente, no dia 27 de setembro de 1540, a Bula Papal *Regimini Militantis Ecclesiae*, concedeu aprovação oficial à Companhia de Jesus. Esta nova ordem, cuja estrutura era militar, pois apresentava um chefe supremo a quem os seus membros deviam obediência, colocou-se à disposição da Santa Sé e, por meio de um minucioso plano de ação, encarregou-se da propagação dos ideais da Igreja reformada, em diversos Estados. Portugal foi um dos países que recorreu à ação jesuítica. Esta tornou-se vital para as pretensões expansionistas lusitanas, uma vez que compreendiam não só aspectos econômicos, mas também religiosos (cf. O'MALLEY, 2017, p. 11-24).

> **Exercícios espirituais.** Pequeno livro, sóbrio como um regulamento militar, cuja finalidade consiste em instruir, partindo do primeiro estágio da oração (a oração discursiva, que utiliza interiormente palavras e imagens sensíveis). Estão metodicamente agrupados os princípios da oração e há numerosos conselhos. No conjunto, é um manual de tática espiritual. São o sumário de uma série de meditações que devem ser feitas, em princípio, em quatro semanas: vida de Cristo, última ceia, paixão e os mistérios de Cristo ressuscitado (BIDEGAIN, 1993, p. 111).
> Propõem aos jesuítas um novo tipo de ministério: o "retiro". Retirar-se de suas atividades habituais para se entregar à oração e à meditação e é mais antigo que o próprio cristianismo. Em 1553, perto de Madri (Alcalá), tem início uma construção, ao lado do colégio jesuíta, para abrigar homens para o período dos *Exercícios*, são as "casas de retiro", posteriormente conhecidas em várias partes do mundo (O'MALLEY, 2017, p. 19).

Colonização e evangelização

Os anseios da Igreja reformada, sobretudo no que diz respeito à expansão do catolicismo pelas terras recém-"descobertas", foram confiados, através do Padroado, à Coroa portuguesa, que estava na vanguarda dos "descobrimentos". Os jesuítas, neste contexto, incorporaram aqueles anseios e acabaram se transformando em missionários daquela Coroa, por ocasião do convite feito oficialmente pelo rei português Dom João III à Companhia de Jesus, em que propôs o seu estabelecimento em terras lusitanas. Estes religiosos foram enviados ao Brasil na qualidade de missionários da Coroa, pelo fato de terem sido apoiados e financiados pelo rei. Quando aqui chegaram, os jesuítas deram início à sua obra evangelizadora/catequizadora que não se restringiu somente aos indígenas, pois concederam também assistência religiosa aos colonos portugueses.

Foi a evangelização dos índios que atribuiu aos religiosos da Companhia de Jesus um papel relevante na colonização do Brasil. Isso porque ao promover a redução (veja a seguir) dos nativos à fé católica, a evangelização estimulava entre eles a obediência, elemento fundamental para os interesses da empresa colonial. Por esta razão, a Metrópole recorreu com frequência aos trabalhos de evangelização para a consecução de seus objetivos econômicos, que estavam sob a constante ameaça dos índios. Era preciso inseri-los num sistema de escravidão que pudesse beneficiar economicamente a Coroa portuguesa (cf. CEHILA, 1983, p. 44- 64). É de extrema importância deixar claro que tais religiosos se colocavam à disposição do rei na expectativa de concretizarem as suas genuínas intenções evangelizadoras. Estas, pelas razões expostas, foram maculadas pelos interesses inerentes à empresa colonial.

> **Reduções** (*reductio* – redirecionar). As missões dos jesuítas eram denominadas reduções, aldeamentos indígenas organizados e administrados pelos padres da Companhia que constava no programa de civilização-evangelização. Situação utópica, criação de uma sociedade igualitária nos moldes da europeia, mas sem os seus vícios. Ainda na atualidade é fator de discussão entre historiadores os méritos deste tipo de organização.

A catequese dos indígenas e os aldeamentos

A conversão das culturas locais ao cristianismo verificou-se por meio da catequese. Sua eficácia atrelou-se à sedentarização daqueles que, uma vez reunidos e organizados, seriam submetidos sem grandes dificuldades à religião cristã e, consequentemente, aos costumes da cultura portuguesa. Os aldeamentos (cf. COUTO, 1992, p. 451; CEHILA, 1983, p. 50-51) trataram de promover aquela sedentarização tão indispensável ao êxito da evangelização. Após as primeiras tentativas frustradas, o sistema de aldeamentos ganhou força primeiramente nos arredores da Bahia, graças ao empenho do terceiro governador-geral, Mem de Sá. Merecem também igual destaque as chamadas **reduções jesuíticas**, ou seja, os aldeamentos que foram levantados mais em direção ao interior, sobretudo os que se desenvolveram nas regiões que são atualmente compreendidas pelo Sul do Brasil e pelo Paraguai. (cf. ZANATTA, 2000, p. 113). As missões jesuíticas prosperaram também no Peru, Equador, Colômbia, no Amazonas e na Califórnia. A ideia dos jesuítas é que a direção geração destas missões deveria pertencer ao papa e não aos reis. Esse modelo teocrático e protetor dos indígenas, como o fazia, por exemplo, Antonio Ruiz de Montoya, levou-os à expulsão e supressão.

Foi a partir de uma articulação entre os aldeamentos que os jesuítas organizaram seus trabalhos missionários ao longo do território colonial. Estes religiosos participaram de quatro dos cinco movimentos ou *"ciclos missionários"* (cf. CEHILA, 1983, p. 42). A perda da identidade cultural por parte dos índios é uma questão que se encontra intimamente atrelada à colonização. A catequese, na medida em que atuou como um instrumento de cristianização das populações indígenas, acabou sobrepondo-se aos diversos elementos inerentes à cultura destas populações. Embora os missionários tenham sido movidos nos seus trabalhos de evangelização por nobres intenções, não se pode negar que tais trabalhos encontravam-se apoiados num discurso preconceituoso que desrespeitava a alteridade indígena. Este discurso constituía reflexo de uma concepção predominante na época, que considerava as peculiaridades concernentes ao modo de vida dos nativos como parte integrante de uma cultura inferior à europeia, selvagens. É possível constatar o eurocentrismo e etnocentrismo que, por muitas vezes, se desdobram até a atualidade.

As principais realizações dos Jesuítas

As principais realizações dos jesuítas foram verificadas no âmbito da educação. A eles foi reservado o papel pioneiro de educadores da sociedade colonial, o que só foi possível em virtude da existência de uma rede de ensino que tais religiosos conseguiram articular. Os colégios constituíram o cerne desta rede de ensino, únicos centros de cultura. Através deles, os jesuítas determinaram os rumos da educação no território. O método consagrado por eles nos colégios foi a *Ratio Studiorum* (cf. NEVES, 2000, p. 127-128), uma espécie de código pedagógico, cujo primeiro esboço data de 1586. Além dos colégios propriamente ditos, encarregados da formação dos filhos dos portugueses e também da preparação de candidatos ao ministério presbiteral, existiram escolas que se destinavam aos filhos de índios e mamelucos e aos órfãos trazidos de Lisboa. No curso elementar o estudante aprendia as primeiras letras, este curso foi ministrado nas duas instituições citadas.

Os colégios não cuidaram somente das atividades pedagógicas, uma vez que foram também relevantes os serviços sociais prestados por eles. Alguns destes colégios contavam com enfermarias e farmácias, ali plantas medicinais foram manipuladas, o que comprova que as iniciativas dos jesuítas no campo das ciências médicas e naturais estiveram também entre as suas principais realizações no Brasil do período colonial. O Brasil contou com oito colégios jesuíticos, cinco foram fundados no século XVI: Salvador, Rio de Janeiro, Olinda, São Paulo e Vitória; e três foram fundados no século XVIII: Recife, São Luís do Maranhão e Belém do Pará. Além destes colégios, os jesuítas também criaram seis seminários tridentinos ou diocesanos: São Paulo (1746), Salvador (1747), Paraíba e Mariana (1748), Belém do Pará (1749) e São Luís do Maranhão (1752).

Necessário ainda recordar a importância do riquíssimo legado da Companhia na história da arte Ibero-americana: arquitetura, escultura e pintura. Juntamente com os colégios, conventos, Igrejas, estão as esculturas e pinturas. A catedral de Quito (Equador) é a mais antiga da América do Sul; o retábulo de São Francisco

Xavier, atual catedral de Salvador (BA); a Virgem com o menino, em Itapúa, no Paraguai; o seminário de São Francisco Xavier, em Tepotzotlán, no México; catedral de Havana, Cuba; colégio de Cartagena (Colômbia); Igreja de Santo Inácio, Buenos Aires (Argentina); Igreja e colégio, Olinda (PE); seminário de Mariana (MG); pintura do Batistério da Capela de Curahuaro de Charangas (Bolívia) (cf. TIRAPELLI, 2020). Estas são algumas das numerosas obras dos jesuítas da América Latina colonial.

A luta pela independência financeira

Os esforços empreendidos pelos religiosos da Companhia de Jesus no sentido da obtenção de uma independência financeira merecem atenção especial, uma vez que seus desdobramentos repercutiram de modo considerável na política ilustrada da Coroa. Esta controlou a Igreja através do Padroado (cf. SOUZA, 2002, p. 683-694). Este controle produziu reflexos sobre os trabalhos missionários comandados na Colônia por Ordens religiosas, como a dos jesuítas.

O financiamento recebido do Estado pelos referidos trabalhos tornou-se um grande problema para os religiosos, pois acabou lhes furtando a liberdade de ação. A independência financeira em relação à Coroa transformou-se num requisito indispensável para a conquista da liberdade por parte do clero religioso. Na luta obstinada pela autonomia econômica, este clero conseguiu formar um patrimônio considerável, composto por inúmeras fazendas oriundas de doações feitas pela Coroa e também por fiéis. Dentre estas fazendas, merece menção especial a **Fazenda Santa Cruz** que pertenceu aos jesuítas e desenvolveu-se perto do Rio de Janeiro. A fazenda chegou a apresentar 7.658 cabeças de gado, 1.140 cavalos e 700 escravos.

A Fazenda Santa Cruz ilustra bem o poderio econômico alcançado pelos jesuítas. Este poderio, contudo, deve ser concebido dentro do mencionado contexto de luta em favor de uma independência financeira frente ao rei. Esta acumulação de recursos, ao ter tomado um sentido diverso daquele que foi proposto pelo sistema colonial, acabou despertando o ódio das autoridades metropolitanas. As fazendas "permitiam que estes tivessem certa independência em seu trabalho apostólico. Estavam mais livres para compreenderem a realidade dos índios e, especialmente, para poder lutar pela liberdade deles" (BIDEGAIN, 1993, p. 185-186).

A perseguição pombalina

A ascensão (1750) de Sebastião José de Carvalho e Melo, futuro Marquês de Pombal, ao cargo de primeiro-ministro do Rei Dom José I, marcou em Portugal o início de uma política ilustrada que objetivava pôr fim ao atraso econômico do Reino, que foi provocado, em grande parte, pela significativa dependência em relação à Inglaterra. Pombal, na condição de déspota esclarecido, conduziu aquela política ilustrada sem abrir mão do poder absoluto. Nesta perspectiva, o sucesso das iniciativas pombalinas dependia sobremaneira das riquezas brasileiras, o que o levou a impor uma série de medidas à principal colônia portuguesa. Estas, por sua vez, foram aqui norteadas por uma rígida centralização administrativa que procurou controlar a vida colonial. Pombal não hesitou em lançar uma perseguição contra os jesuítas, perseguição esta que culminou com a ordem de expulsão, de Portugal e de seus domínios, dada a eles a 3 de outubro de 1759 (cf. MAXWELL, 1996, p. 54-117).

No Brasil, esta ordem foi executada no ano seguinte. Tal fato foi aqui precedido por uma propaganda antijesuítica, em que Pombal procurou legitimar a sua perseguição. Esta propaganda foi estimulada pelos episódios da execução malsucedida do Tratado de Limites e Permuta da Colônia do Sacramento pelos Sete Povos do Rio Grande do Sul. "A expulsão dos jesuítas[...] constituiu a primeira crise séria a acometer o Brasil no fim do período colonial". A Companhia era "também o corpo religioso mais controvertido do Brasil. Desde o início, colocaram-se como defensores da liberdade dos índios, imperturbados pelo fato de manterem eles próprios milhares de negros em escravidão" (BETHELL, 1999, p. 540).

A expulsão dos jesuítas do território colonial brasileiro foi resultado de uma política que procurou a qualquer custo pôr fim aos problemas econômicos lusitanos. Era preciso impedir o avanço na Colônia de certos segmentos que colocavam em risco o êxito desta política, pensava a Coroa. Os jesuítas, por terem formado um patrimônio que lhes concedeu uma considerável autonomia em relação à Coroa, despertaram o ódio de Pombal. Este ódio acabou por interromper a trajetória daqueles religiosos no Brasil, trajetória esta repleta de sacrifícios e realizações inestimáveis (cf. MARTINA, 1990, p. 224-225). Expulsos e, em 1773, supressos pelo Papa Clemente XIV (MONDIN, 1995, p. 425-428); e restaurados, em 1814, pelo Papa Pio VII (cf. MONDIN, 1995, p. 434-440) através do breve *Dominus ac Redemptor*. Estes eventos mais do que um fato particular dos jesuítas revela a fragilidade da instituição religiosa como um todo no contexto do século das luzes.

Na América espanhola, os jesuítas iniciaram suas atividades de evangelização em 1566, na Flórida, permanecendo nesta região até 1572. Neste território ocorreu o martírio de vários religiosos e o abandono voluntário do local (cf. OCHOA, 2014, p. 306). Em 1567 chegaram ao Peru. Seu estabelecimento na América foi autorizado definitivamente pela Coroa em 1568. No México iniciou as atividades em 1572 e por toda a América do Sul a partir de 1586, depois na América Central e Antilhas; nestas duas regiões a presença da Companhia de Jesus foi escassa. O potencial numérico é grandioso. Sendo o maior grupo religioso, depois dos franciscanos. São cerca de 500 jesuítas em 1601, 1.263 (1653),

1.933 (1710), 2.050 (1749) e 2.617 (1767). Neste mesmo ano, os jesuítas receberam o decreto de expulsão apresentado pelo rei espanhol Carlos III.

Os jesuítas estavam organizados nos séculos XVI e XVII em 7 Províncias: Peru (1568), México (1572), Quito-vice província e Paraguai (1606), Chile (1624), Quito (1696) e Granada (1696). São reconhecidas suas atividades na área da educação, seja no campo secundário, seja no campo superior. Alguns, entre tantos jesuítas, tiveram destaque nesse período. Através de uma síntese biográfica é possível verificar o que moveu a vida destes religiosos no período colonial. Serão apresentados abaixo dois dentre tantos outros evangelizadores e missionários jesuítas. Duas presenças marcantes na América de colonização espanhola são José de Acosta e Alonso Sandoval.

José de Acosta (1540-1600)

Espanhol de Valladolid entrou na Companhia de Jesus em Salamanca (1552). Residiu em Plasencia, Lisboa, Coimbra, Valladolid e Segovia. Estudou Artes e Teologia em Alcalá e foi ordenado sacerdote em 1566. Ensinou Teologia em Ocaña e Plasencia (1567-1571). Neste último ano foi enviado ao Peru; em Lima ensinou Teologia na Universidade e no colégio dos jesuítas, onde foi reitor. Foi provincial entre 1576-1581. Em 1582 participou do III Concílio de Lima, um dos teólogos de maior destaque não somente nesta assembleia conciliar. Acosta foi o redator das Atas do Concílio e rascunhou os cânones que depois foram votados pelos Padres Conciliares; compôs o texto em espanhol dos três catecismos decididos pelo III limense. Em 1587 regressou à Espanha e nunca mais atravessou o Atlântico, porém é destacado por suas obras sobre as atividades missionárias. É o primeiro escritor jesuíta sobre as obras realizadas na América, e também ocupa um lugar de grande importância na missiologia de todos os tempos (cf. BORGES, 1992, p. 411). É uma das primeiras fontes do pensamento ibero-americano e um dos principais forjadores da sua consciência democrática. Mestre da América pode ser outra chave para reivindicar a verdade histórica a serviço de uma melhor compreensão entre a Espanha e a América (cf. PEREÑA, 1984, p. VI. In: ACOSTA).

Entre suas obras se destacam as seguintes:

a) *História natural y moral de las Índias (De natura novi orbis)* – Sevilha 1590, publicada também em Barcelona, Madri e México.

A obra tem caráter científico e missional. No aspecto missiológico o autor oferece uma introdução propedêutica ao trabalho de evangelização, sendo fundamento o Evangelho.

b) *De procuranda Indorum salute*. É o teólogo escrevendo na área da teologia moral sendo missionário. São seis livros e os títulos oferecem uma ideia do conteúdo desta grandiosa obra-tratado de teologia da história.

Livro 1º: A pregação do Evangelho aos índios, mesmo difícil, é necessária e rica de frutos.

Livro 2º: Sobre a ida e a entrada nas nações bárbaras para pregar a fé.

Livro 3º: Sobre o governo e administração dos índios no "nível" político e civil.

Livro 4º: Quais devem ser os ministros do Evangelho que pregam a fé e que meios poderão ajudá-los.

Livro 5º: Sobre a doutrina cristã e o ensinamento aos índios da fé e dos mandamentos.

Livro 6º: Sobre a administração dos sacramentos aos índios.

A composição deste livro se deu entre 1575-1576, período em que foi tratada a questão da licitude da presença espanhola nas Índias. José de Acosta entrou ativamente na polêmica. Acreditava com esperança no futuro da evangelização, contudo denunciava veementemente os abusos e atropelos que os espanhóis cometiam nesta ação na América. Missionário que foi no Peru, trata com terríveis assertivas os abusos no processo de conquista, condenando seus métodos de repressão e selvageria. Clama contra a escravidão indígena, contra os tributos injustos, contra a exploração, contra as guerras de conquista, contra a avareza e a rapina e contra o escândalo e mal exemplo dos clérigos e religiosos. Não era um profeta das desgraças, denunciava, mas apresentava propostas e sugestões positivas para a busca de soluções para o negativo.

> [...] Qual estima da vida cristã terá o índio que vê o pároco ir todos os dias buscar prata (dinheiro), falar de prata, aproximar-se da prata? Que este não move nem pé e nem mão se previamente não viu o brilho do dinheiro? Pensam os bárbaros que o Evangelho é um negócio de compra e venda, que os sacramentos são um negócio de compra e venda e que os cristãos não se importam com as almas e sim com o dinheiro (ACOSTA, 1984, p. 177-179).

Alonso Sandoval (1576-1651)

Sandoval nasceu em Sevilha no ano de 1576. Sobrinho do jesuíta escritor e asceta Diego Alvarez de Paz. Estudou no seminário de San Martín em Lima e entrou para a Companhia de Jesus em 1593. Em 1605 foi transferido para o colégio de Cartagena de Índias e permaneceu neste lugar até 1617. O triênio seguinte viveu em Lima. Em 1619 retorna a Cartagena, onde residiu até sua morte. No ano de 1627 foi diretor do Colégio dos Jesuítas de Cartagena.

É impossível entender o processo colonizador espanhol sem levar em consideração a população de origem africana que desempenhou um papel fundamental na economia e ofereceu elementos de sua cultura para as culturas locais. A tragédia que aconteceu com os indígenas é bem mais analisada no período do que aquela com os negros. Exceção é Alonso de Sandoval. Sua obra *De instauranda Aethiopum salute* é um Tratado sobre a escravidão: natureza, costumes, ritos, disciplina e catecismo evangélico de todos os etíopes. Obra publicada primeiramente em Sevilha (1627) e em Madri (1647).

> [...] testemunho o que vi algumas vezes, chorando de pena. E quem não choraria vendo uma pobre negra abandonada, com enormes chagas cheias de vermes? Não podia nem se mexer, em consequência das chicotadas recebidas por uma culpa que, se fôssemos apurar, não merecia nenhuma. Vi outra com a cabeça presa ao cepo, e quatro torturadores cruéis descarregarem chicotadas nela, como se fosse uma besta. E o crime tão grande que tinha cometido é ter estado ausente do trabalho um só dia, justamente por medo do castigo. E quem não sofreria sabendo que há poucos dias uma senhora nobre e importante matou uma escrava sua? E esta é a terceira a quem mata de castigos. Depois de tê-la matado, a enforcou numa trave da casa, para dizer que a escrava havia suicidado. Mandou enfiá-la num encerado e atirá-la ao mar com duas pedras amarradas, para que não se soubesse de seu pecado. Mas a tiraram fora e mostraram as chagas desta desumanidade nunca ouvida [...] (SANDOVAL, 1987, original 1627, Livro segundo, cap. II, p. 235-236).

Este jesuíta foi precursor de Pedro Claver, o apóstolo dos negros africanos. Sandoval desde que chegou a Cartagena (Colômbia atual) saiu pela cidade à procura dos maltratados e escravizados negros. Entre 1607-1610 desembarcaram ali de doze a catorze navios negreiros registrados, trazendo de maneira infame trezentos, seiscentos negros em seus porões. Muitos morriam durante o percurso (cf. VALTIERRA, 1980, t. I, p. 98). Humanos tratados como animais e, muitas vezes, essa era a prática de ditos "cristãos". Sua vida foi dedicada a estes escravos e à atividade científica (cf. BORGES, 1992, p. 414), um teórico do apostolado. Hoje, pode-se dizer, um grande pastoralista. O Tratado está assim organizado:

Livro Primeiro	O tema são as principais nações etíopes conhecidas no mundo: geografia, história e legenda dos povos negros da África.
Livro Segundo	Uma descrição dos males que padecem os negros, especialmente a escravidão.
Terceiro Livro	Como ajudar os negros a serem salvos. É uma metodologia missional, elaborada a partir de sua própria experiência; métodos de batismo e catecismo, intérpretes; questões sobre re-batismos e confissões com intérpretes. Um *vademécum* do trabalho com os negros no período.
Quarto Livro	Apologia de sua obra.

Esse livro é um estudo antropológico e sociológico, na perspectiva da atualidade, escrito em primeira pessoa por um erudito da época. É fundamental conhecer o contexto histórico de Sandoval para entender o Tratado e, assim, é possível analisar o processo histórico até chegar em seu resultado no século XXI: discriminação, racismo e desigualdade social. O livro e várias outras atividades apresentavam naquele contexto uma opinião e prática diferente do conquistador, sempre baseada no Evangelho, no humano. Não é mais possível afirmar que aqueles que viveram no passado não poderiam ter uma mentalidade atual. A história revela que em todos os contextos e tempos históricos havia sempre uma pessoa, grupos, setores que clamavam por justiça, dignidade e liberdade. Revela também traidores da sua própria fé. Alonso Sandoval indica, dentre tantos, um método missional entre os negros:

> Para cuidar dos recém-chegados ajudará se tivermos um caderninho ou abecedário das castas, línguas e intérpretes e com seus nomes escritos nele, donde vêm, quem são seus amos, quantos idiomas entendem e falam bem; e, assim, quando se procurar o Angola, o Arda, o Caraveli, o Banu, Mandinga ou Biojo, e muitos outros existentes, pois passa de sessenta os que vêm de Angola de São Tomé, dos rios da Guiné e dos outros portos, por aquela orientação se poderá, com brevidade e facilidade, procurá-los e encontrá-los, tanto para o catecismo como para o Batismo ou Confissão dos Doentes, pois de outro modo será um nunca acabar e corres o risco, depois de muito cansaço, de não encontrar durante todo o dia língua (intérprete), como aconteceu a mim antes de usar este artifício (SANDOVAL, 1987, Original 1627, *Livro terceiro*, cap. II, p. 373).

Capítulo XIX
Vida religiosa masculina na América Latina colonial

Em tudo, amar e servir (lema inaciano).

Introdução

A importância da vida religiosa masculina no Brasil e na América Latina colonial será destacada neste capítulo. Havia vocações locais? Houve crescimento do número de religiosos? As Coroas portuguesa e espanhola doavam terras para a construção de conventos? Estes grupos missionários eram bem recebidos? O texto a seguir apresenta este cenário de relevante importância para a obra de evangelização no período colonial, seus desafios, erros, acertos e as dificuldades na vivência da fé cristã e no relacionamento com outras culturas. A complexidade e diversidade da vida religiosa, em territórios diferentes e com atividades diversificadas, faz desta uma abordagem geral das inúmeras atividades realizadas pelos religiosos.

Vida religiosa entre crises e acertos

Durante a última fase do período colonial não entraram Ordens masculinas no Brasil, somente os capuchinhos italianos nos inícios do século XVIII (AAV ANL D. II, P. XVIII, S. 7ª, n.º 84). A Sagrada Congregação de *Propaganda Fide* (atualmente Congregação para a Evangelização dos Povos) criou três Prefeituras autônomas e independentes sob a responsabilidade dos capuchinhos italianos: Bahia (1712), Pernambuco (1725) e Rio de Janeiro

1731. As três Prefeituras tinham duas finalidades: a) evangelização e civilização dos nativos; b) assistência espiritual dos católicos, privados de clero, mediante uma forma de ministério denominada "missões ambulantes", que consistia na contínua pregação de missões populares na costa e no interior. As Ordens já instaladas no Brasil eram: os jesuítas, os franciscanos, os beneditinos, os carmelitas da observância, os mercedários, os agostinianos (cf. SOUZA, 2002, p. 25).

No início do século XVII os frades capuchinhos franceses iniciaram sua atividade missionária na colônia francesa do Maranhão. Dedicavam-se, principalmente, à catequese dos índios, porém, em 1700 foram expulsos do Brasil pelo rompimento das relações diplomáticas entre Portugal e França. Esse período foi marcante para todas as ordens religiosas que trabalhavam no Brasil como sendo uma fase de grande expansão e de poder econômico. A grande maioria possuía sua própria província e algumas eram independentes do governo lusitano. O governo português acompanhava de perto as fundações dos missionários, a principal contribuição deste era a doação de terras. Assim, os religiosos tornavam-se senhores de grandes latifúndios e inúmeras fazendas, especialmente no Norte e Nordeste. As autoridades locais e privadas faziam doações aos religiosos. Contudo, na segunda metade do século XVIII a vida religiosa entra numa fase de crise progressiva. Entre as principais causas está a oposição do marquês de Pombal aos religiosos em geral, e aos jesuítas em particular. Pombal iniciou uma verdadeira guerra contra a Igreja atacando os jesuítas. Pombal odiava os jesuítas, entre outras coisas, pela influência que estes tiveram na política portuguesa. Além disso, todo o século XVIII respirava as novas ideias do enciclopedismo e do Iluminismo, com tendências anticatólicas e antijesuíticas (cf. SOUZA, 2002, p. 25-26).

As Ordens Religiosas masculinas

Jesuítas

Acrescenta-se neste item a figura de um jesuíta: Gabriel Malagrida. A finalidade é completar o exposto no capítulo anterior sobre os jesuítas na América Latina. Antes da sua expulsão do Brasil (1759), os **jesuítas** se distinguiam pela sua atividade no ensino com seus colégios, com cursos de filosofia, teologia, moral e dogmática para os clérigos. São fundações desse período os colégios de Desterro (1751) e Paranaguá (1752); as residências de Paranaguá (1708), Fortaleza (1723), Parnaíba (1749). A Companhia possuía grandes fazendas com currais de gado e lavouras de cana-de-açúcar, embora esses bens fossem empregados com finalidade social, eram causa de controvérsia, de fama de riqueza, de cobiça por parte do governo e dos particulares. Estes fatores foram algumas das causas que levaram à expulsão. O Rei Dom José I, dominado pelo seu primeiro ministro, Sebastião José de Carvalho e Melo, ferrenho inimigo dos jesuítas, por lei de 3 de setembro de 1759, decretou a expulsão – a ordem tinha no Brasil 670 membros, dos quais 218 nascidos na colônia (cf. SOUZA, 2002, p. 27-28).

Destes jesuítas uma figura de destaque no século XVIII, no Brasil, é o italiano Gabriel Malagrida. Sua profissão solene foi realizada no Maranhão em 26 de dezembro de 1725. Foi missionário do Pará, onde fundou um seminário em 1751 sob a invocação de Santo Alexandre. Depois na Bahia, fundou Recolhimentos para mulheres, seminários para o clero e casas de Exercícios espirituais. Em 1750 esteve em Lisboa para tratar assuntos relativos às missões. Foi chamado à Corte para dar explicações por ter escrito *Juízo da verdadeira causa do terremoto de Lisboa*. O futuro Marquês de Pombal se viu atingido e, em consequência, o missionário foi desterrado em Setúbal (1756). Com o passar dos anos Malagrida foi ficando esgotado e doente e começou a ter alucinações e ouvir vozes, por isso foi condenado como herege, algemado e, com um freio na boca, foi conduzido à Praça do Rossio, sendo queimado vivo em 21 de setembro de 1761 pela inquisição, mas sobretudo pelo ódio de Pombal. Esta execução de um ancião de 72 anos ajudou a desmoralizar a figura do primeiro-ministro diante da história (cf. SOUZA, 2002, p. 27-28; GOVONI, 1990, p. 119-130). O rei português não desiste e, em carta ao Papa Clemente XIV, datada no dia 21 de dezembro de 1772, insiste no tema desejoso de ver publicado o breve da abolição e extinção do Instituto Jesuítico. A supressão será realizada pelo papa em 1773, evidenciando a decadência da instituição religiosa em geral. No ano de 1814, como se estudou anteriormente, o Papa Pio VII restaurou a Companhia de Jesus (cf. SOUZA, 2020, p. 263-264).

Franciscanos

O século XVIII foi um período de expansão dos **franciscanos** mesmo após a expulsão dos jesuítas. No início do século são fundadas algumas casas: Bom Jesus da Ilha (1705), no Rio de Janeiro, Nossa Senhora da Boa Viagem (1712), em Salvador, e o da Colônia do Sacramento (1728). Mas em 1763 tomou posse no Rio de Janeiro como vice-rei o conde da Cunha, que se inspirava nas ideias regalistas de Pombal. O pensamento do conde em relação aos religiosos é que eram ignorantes, que se ordenavam para não servirem nas milícias e que o número era grande demais (cf. PIRES, 1937, p. 135-138; SOUZA, 2002, p. 28-29). Por ordem régia de 30 de janeiro de 1764 se suspendia a recepção de qualquer corista, leigo e *donato* e pedia-se ao provincial informações exatas sobre o número de conventos e o estado econômico da Província (AHU 'Rio de Janeiro', cx. 20).

Frei Galvão, franciscano, santo brasileiro

Sem dúvida que a Ordem Franciscana no Brasil necessitava de reforma, pois havia muitos abusos (AHU 'Rio de Janeiro', cx. 4; 'Bahia', II, 285, 319-320, d. 8814, 8698, 9119-9120; BA, 51-XI-2, f. 115). Os franciscanos residiam fora de seus conventos, possuíam escravos pessoais, encaminhavam-se para as minas em busca de fortuna, contrariando as determinações régias que desde 1702 lhes vedavam o acesso à região, e envolviam-se em contrabando, em tumultos e em concubinatos notórios. Por outro lado, a ordem forneceu missionários exemplares como é o caso de Frei Antônio de Santana Galvão. Frei Galvão nasceu em Guaratinguetá, interior de São Paulo em 1739. Seu pai, Antônio Galvão, imigrante português, e sua mãe, Isabel Leite de Barros, natural de Pindamonhangaba (SP). Em 1760 ingressou no Noviciado da Província Franciscana da Imaculada Conceição no Convento de São Boaventura de Macacu, na Capitania do Rio de Janeiro. Ordenado sacerdote aos 11 de julho de 1762, foi transferido para o convento de São Francisco em São Paulo. Em 1774, fundou o Recolhimento de Nossa Senhora da Conceição da Divina Providência, hoje Mosteiro da Imaculada Conceição da Luz das Irmãs Concepcionistas, o Mosteiro da Luz. Na atualidade, além do Mosteiro, o Recolhimento abriga o Museu de Arte Sacra de São Paulo. As suas famosas "pílulas" têm a seguinte origem: um moço que se debatia com fortes dores provocadas por cálculos na vesícula, pediu a Frei Galvão que o abençoasse para ficar livre da dor. O frade, lembrando-se do poder de intercessão da Santíssima Virgem, escreveu num papelzinho o verso de seu breviário: *Post partum Virgo inviolata permansisti, Dei Genitrix intercede pro nobis* (Depois do parto, ó Virgem, permaneceste intacta: Mãe de Deus, intercede por nós), e mandou que o rapaz ingerisse o papel feito em forma de pílula. Assim foi feito e o jovem expeliu os cálculos sem dificuldade. Desde então foram procurados pelos devotos os tais papéis, até hoje fornecidos no Mosteiro da Luz. No dia 22 de dezembro de 1822 faleceu em São Paulo, sendo sepultado na Capela-mor da Igreja do Mosteiro. Em outubro de 1998, em Roma, o Papa João Paulo II o declarou beato. A canonização ocorreu no dia 11 de maio de 2007, pelo Papa Bento XVI, em missa celebrada na cidade de São Paulo.

Na América de colonização espanhola, os franciscanos chegaram em 1493. Em 1513 ampliaram sua presença no Panamá; entre 1516-1522 chegaram à região venezuelana de Cumaná. Em 1523 iniciaram a evangelização da *Nova Espanha* (corresponde hoje aos estados do Arizona, Califórnia, Colorado, Nevada, Novo México e Utah nos Estados Unido até a Costa Rica na América Central, tendo como capital a cidade do México). Em seguida se estabeleceram no Peru (1531), Chile e Equador (1533), Rio da Prata (1536), Guatemala (1540) e Colômbia (1550). A partir de 1569 o Superior Geral de todos os franciscanos foi o Comissário Geral das Índias (1569-1831); residente em Madrid, este estava sujeito ao Ministro Geral da Ordem, residente em Roma (cf. BORGES, 1992, p. 215).

Ano	Conventos	Franciscanos
1586	282	1720
1635	Mais de 700	Mais de 5000
1680	445	5104
1700	599	5329
1780		800

De 1505 a 1609 foram constituídas 17 Províncias franciscanas (cf. BORGES, 1992, p. 216).

Santa Cruz de la Española	1505
Santo Evangelho do México	1535

Doze Apóstolos do Peru	1553
São José de Yucatán	1564
Santo Antônio dos Charcas	1565
Santa Fé do Novo Reino de Granada	1565
Santíssima Trindade do Chile	1565
São Pedro e São Paulo de Michoacán	1565
São Francisco de Quito	1565
Santíssimo Nome de Jesus da Guatemala	1565
São Jorge da Nicarágua	1565
Santa Cruz de Caracas	1587
São Diego do México	1599
São Francisco de Zacatecas	1603
Santiago de Jalisco	1606
Assunção do Rio da Prata	1612
Santa Helena da Flórida	1609

Junípero Serra (1713-1784)

Nasceu em Petra, Ilha de Maiorca (Catalunha, Espanha). Professou na Ordem de São Francisco em 1731 e foi ordenado sacerdote em 1737. Era catedrático de teologia na Universidade Luliana de Palma de Maiorca. Conhecido por ser um estudioso e, também, pela sua pregação. Uma grande mudança ocorreu em sua trajetória. Os superiores esperavam que ele fosse um grande "intelectual", mas ele desejava ser missionário. Embarcou para cruzar o Atlântico no ano de 1749, rumo à "Nova Espanha". Nos anos de 1750-1758 esteve com os índios apaches realizando as atividades de evangelização. Com mais de cinquenta anos, em 1767, foi enviado para uma missão na Califórnia. Os jesuítas trabalhavam neste território, porém foram expulsos dentro do processo maior das expulsões até sua supressão (1773). Junípero realizou suas atividades de evangelização na Alta Califórnia durante quinze anos. Fundou centros missionários que mais tarde se tornaram grandes cidades como São Francisco e Los Angeles. Um dos objetivos principais de seu labor missionário era a conversão dos indígenas a Cristo e a promoção humana. Nunca voltou à Espanha. Morreu em 1784 rodeado de índios (cf. BORGES, 1992, p. 401). Anos depois surgem questões polêmicas no que se refere à cultura, ou seja, teria o frade desrespeitado as culturas locais? Foi beatificado em 25 de setembro de 1988 pelo Papa João Paulo II e canonizado em 23 de setembro de 2015 pelo Papa Francisco.

Seguindo a tradição da Ordem, os franciscanos centraram, de maneira particular, a sua atividade no apostolado popular na direção de evangelizar os infiéis e de exercer o ministério pastoral entre a população *hispano-criolla* e os indígenas. Os frades também exerceram funções na área da educação, inclusive em nível universitário.

Beneditinos

Como as demais ordens religiosas, os **beneditinos** (AAV ANL D. II, P. II, S. 8ª, n.º 68) não cresceram tanto nesse período, somente acumularam riquezas consideráveis. A Ordem de São Bento, em 1797, no Rio de Janeiro, com seus 53 monges, incluindo 21 noviços, administrava um patrimônio constituído na cidade, pelo próprio mosteiro, por 183 casas, muitos terrenos e nos arredores, e em diversas localidades do interior por diversas fazendas. Essa riqueza adquirida, quase sempre por doações devotas, não só propiciava o embelezamento dos templos, mas também indica o prestígio de que gozavam diante da população da colônia. Apesar disso, a Ordem sofreu vários abalos internos e externos. Quando os franceses invadiram o Rio de Janeiro em 1711, o mosteiro foi ocupado, sofreu as consequências advindas deste fato. No tempo de Pombal, além das diversas intromissões nos negócios internos da Ordem, era proibido aceitar noviços. Muitas eram as acusações contra os beneditinos em relação aos escravos negros e índios de suas propriedades (AHU cód. 24, f. 135-137). No final do período os mosteiros estavam escassamente povoados e com religiosos em idade avançada (cf. SOUZA, 2002, p. 30).

Na América espanhola, entre 1493 e 1824, foram criados somente dois pequenos centros beneditinos: em Lima (1601) e no México (1602). Ambos, dependentes do mosteiro espanhol de Montserrat e impossibilitados, devido à proibição oficial, de receber noviços. O Rei Felipe III, em 1601, proibiu a fundação de mosteiros, pois não havia neles um caráter missionário. Tolerou somente a criação destes de Lima e México. As próprias Ordens monásticas espanholas não visualizavam possibilidades de estabelecer seus mosteiros nestas partes do mundo. Ao analisar a tipologia episcopal nesse período fica claro a causa de uma minoria de bispos originários dos mosteiros.

Capuchinhos

No início do século XVIII chegaram ao Brasil os **capuchinhos** italianos, dedicados de modo particular às missões populares. No tempo colonial não cultivaram vocações no Brasil, vinham da Itália dependentes da *Propaganda Fide*. Iniciaram seu trabalho na Bahia em 1705. Em 1708 instalou-se em Pernambuco e em 1721 fundaram um convento no Rio de Janeiro. Em 1725 Pernambuco passa a ser considerada uma prefeitura religiosa brasileira, e em 1737 o Rio de Janeiro; daí suas missões foram se estendendo para Minas Gerais, Espírito Santo e províncias do Sul. Em 1760 Portugal rompe relações com a Santa Sé. O governo português usou de represálias atingindo os capuchinhos, até a sua expulsão. Retornariam no reinado de dona Maria I (1777).

Na região geográfica de colonização espanhola, os capuchinhos iniciaram suas atividades de evangelização em Urabá-Darién (1647), e na Venezuela em 1657. O superior geral de todas as missões capuchinhas era o Comissário Geral das Índias, e este dependia do Ministro Geral da Ordem, residente em Roma. Nos séculos XVII-XVIII eram nove as missões dos capuchinhos.

Missões dos capuchinhos

Data	Denominação
1647-1672	Urabá-Darién-Chocó
1657	Cumaná – Venezuela
1658	Llanos de Caracas – Venezuela
1682	Trinidad e Guiana
1694-1749	Santa Marta – Riochacha – Maracaibo
1749	Maracaibo-Mérida-La Grita – Venezuela
1749	Santa Marta-La Goajira-Riobacha
1763-1772	Alto Orinoco-Rio Negro – Venezuela
1772	Loisiana – USA

Carmelitas

Os carmelitas calçados foram autorizados pelo Papa Adriano VI, em 1522, a se transferirem para a América, porém a Coroa espanhola os proibiu. Somente no século XVII é que são fundados os primeiros conventos: Equador (1684), Colômbia (1689). Aqueles que haviam se estabelecido, sem licença real, no ano de 1640 em Guadalajara e Zacatecas foram embarcados para a Espanha. Os carmelitas descalços foi a Ordem, no que se refere a Ordens pastorais, de maior número na América espanhola. Chegaram ao México em 1585 por iniciativa do Rei Felipe II: No ano de 1588 ficaram dependentes da Província de São Felipe de Portugal e, no ano de 1590, erigiram sua própria Província denominada São Alberto do México, e esta passou a depender, em 1593, do Superior Geral dos Descalços. Sua atuação foi no Vice-reinado mexicano.

A quantidade de religiosos nesse período é a seguinte: 150 (1601), 228 (1664), 609 (1775), 243 (1822), na sua maioria *criollos*, apesar das regras de proibição e restrições da Ordem. Sua atividade de evangelização foi basicamente realizada com a população branca e a indígena residente nas cidades (cf. BORGES, 1992, p. 226).

Os frades **carmelitas** desenvolveram-se, no século XVIII, no norte do Brasil. Em 1720 havia no Pará e no Amazonas 15 missões, em 1725 começaram as missões no Vale do Rio Branco[19]. Eis o número de religiosos existentes no Estado do Grão-Pará e no Rio Negro em 1784. Residentes no Convento do Pará: 9 religiosos com o cargo de superiores e professores; 10 irmãos coristas; 4 irmãos de vida ativa; 4 noviços. Residentes fora do convento, mas a seu serviço: 2 sacerdotes capelães de fazendas; 6 irmãos administradores de fazendas. Ocupados no serviço da Igreja de Sua Majestade: 10 sacerdotes, geralmente no serviço de vigários. Por diversos motivos, no decorrer dos anos, a obra dos carmelitas foi definhando-se. Já antes de 1800 dava sinais de declínio (cf. SOUZA, 2002, p. 31), eram acusados de relaxamento e mau viver (AHU 'Bahia', II, d. 9119, 319-320; 'Rio de Janeiro' cx. 20).

Mercedários

Os **mercedários** construíram conventos em Belém, São Luiz do Maranhão (AAV ANL D. II, P. XXIX, S. 4ª, n.º 85) e Cametá e dedicaram-se à formação dos jovens e às missões indígenas na Amazônia. Devido ao acúmulo de bens, acabou por definhar-se; foi suprimido o Convento de Belém, nem por isso a Ordem melhorou e não mais prosperou. A Ordem Real, Celestial e Militar

---

19. AAV ANL D. II, P. XXXI, S. 3ª, n.º 86; P. XXXII, S. 1ª e 2ª, n.º 87; D. II, P. XXXIII, S. 1ª, n.º 88, D. II, P. XXXIV, S. 1ª, n.º 89.

de Nossa Senhora das Mercês para a Redenção dos Cativos, os mercedários, anos depois voltará a atuar no país.

> A saga dos mercedários no Brasil se divide em dois momentos distintos. O primeiro momento data do século XVII com a chegada dos mercedários, oriundos de Quito, no Equador (1639), que descendo pelo Rio Amazonas, estabeleceram, no Norte e Nordeste do País, grandes missões, edificando capelas, igrejas, deixando assim a sua marca, a exemplo dos conventos de Belém do Pará e de São Luís do Maranhão. Com a política anticlerical do Marquês de Pombal, as Ordens e Congregações religiosas foram extintas no Brasil e todo o seu patrimônio passou para as mãos do Estado (1865). O segundo momento aconteceu no início do século XX, quando por desejo do Papa Bento XV, a Ordem das Mercês recebeu o convite missionário de retornar ao Brasil para cuidar da recém-fundada Prelazia de Bom Jesus do Gurgueia, desmembrada da única diocese do Piauí, Teresina. Chegaram a São Raimundo Nonato, no dia 28 de junho de 1922, os religiosos mercedários Pe. Pedro Pascual Miguel e o Pe. Francisco Freíria (SOARES FILHO, 2012, p. 2).

Os mercedários chegaram na América espanhola em 1493. A Ordem de Nossa Senhora das Mercês fixou-se definitivamente em 1514 com a fundação de seu convento em Santo Domingo. Em 1527 fundaram o Convento de León de Nicarágua e em 1536 o Convento da Guatemala e assim foi acontecendo a expansão pelo restante da América Central. No Peru a fixação ocorreu em 1535 com a fundação do Convento de Piura, em seguida Lima e Cuzco (1536). Em continuação se estabeleceram em Quito (1535), Bogotá e La Paz (1550), Santiago del Estero, Argentina (1557) e Chile (1566). Em 1601 eram 250 religiosos, em 1650 aproximadamente 700 e mais de mil no início do século XVIII. A Ordem sofreu enorme dificuldade quando da publicação, em 1789, de uma ordem real que ordena que nenhum convento poderia ser constituído por menos de oito religiosos.

Em 1564 os conventos mercedários ficaram independentes da Província espanhola de Castilla e, assim, desde então, constituíram 8 Províncias: Guatemala, Lima e Cuzco (1564), Chile (1566), Tucumán e Rio da Prata (1593), Antilhas e Venezuela (1604), Quito (1615) e México (1616). As relações com a Coroa espanhola foram extremamente difíceis entre 1543-1575 chegando quase à extinção na América. As regiões com maiores atividades desenvolvidas foram as atuais Repúblicas de Guatemala, El Salvador, Honduras e Nicarágua. Nesta região fundaram 29 conventos. No Equador foram 13 os conventos; no México, 22; no Peru, 26; na Colômbia, 11; no Chile, 16; na Argentina, 13; na Bolívia, 8; na República Dominicana, 6 e na Venezuela 1.

Dominicanos

A Ordem dos Pregadores se estabeleceu na cidade de Santo Domingo (1510). Entre 1516-1521 buscou evangelizar Cumaná, juntamente com os franciscanos. Em 1526 se estabeleceu no México, na Guatemala (1529), no Peru (1530), Nova Granada (atuais Panamá, Colômbia, Equador e Venezuela – 1539), Quito (1541) e Chile (1553). Em 1601, calcula-se, 900 religiosos em toda a América e 2000 no ano de 1650. Uma redução drástica ocorreu na segunda metade do século XVIII (cf. BORGES, 1992, p. 218).

Províncias dominicanas

Constituição	Denominação
1530	Santa Cruz das Antilhas
1532	Santiago do México
1539	São João Batista do Peru
1551	São Vicente de Chiapas e Guatemala
1551	Santo Antonino do Novo Reino de Granada
1584	Santa Catalina Mártir de Quito
1588	São Lourenço Mártir do Chile, Tucumán e Rio da Prata
1592	Santo Hipólito Mártir de Oaxaca (México)
1656	São Miguel e Santos Anjos de Puebla
1724	Santo Agostinho do Rio da Prata

Sua atividade de evangelização foi realizada entre a população *hispano criolla* e entre os indígenas. Destaca-se pelo ensino universitário. Alguns dominicanos já citados neste texto que são de grande importância na obra da evangelização e muitas vezes opositores da ação da Coroa espanhola são os religiosos Bartolomeu de Las Casas e Antônio Montesinos.

Agostinianos

O início das atividades dos agostinianos aconteceu no México (1533); depois no Peru (1551), em seguida Quito (1573) e Bogotá (1575). A expansão continuou e, em 1562, se estabeleceram em La Paz, em Santiago do Chile (1595), na Argentina (San Juan de Cuyo – 1642). Poucos religiosos na América Central e Antilhas. Conventos foram fundados em Havana (1608), Guatemala (1610) e Cartago (Costa Rica, 1645). Em menor número na Argentina (Buenos Aires e Mendoza) e ausentes do Paraguai e Uruguai nesse período.

Províncias dos agostinianos

Constituição	Denominação
1543	Santíssimo Nome de Jesus do México
1551	Santo Agostinho do Peru
1579	São Miguel de Quirto
1602	São Nicolau de Tolentino de Michoacán
1603	Nossa Senhora das Graças do Novo Reino de Granada
1611	Santo Agostinho do Chile

Os agostinianos recoletos se instalaram na América espanhola em 1604. Sua expansão está restrita a atual Colômbia. Sua evangelização ocorreu entre os fiéis e em territórios indígenas.

Os **agostinianos** no Brasil, nesse período, sempre foram poucos e nunca se dedicaram às missões indígenas. Passaram pela mesma experiência das Ordens anteriores, contentavam-se com os ministérios em suas igrejas. Juntaram bens, existiam religiosos de vida dúbia (AHU 'Rio de Janeiro', cx. 3) e tiveram seus bens sequestrados (cf. SOUZA, 2002, p. 31).

Estas Ordens religiosas vieram para a atual América Latina e Caribe com o intuito de evangelizar, mas também buscando o crescimento da sua estrutura institucional perante a hierarquia religiosa. Outras Ordens chegarão no período imperial com a mesma finalidade.

Capítulo XX
Vida religiosa feminina na América Latina colonial

Trajetórias femininas, empoderamento e privação de poder.

Introdução

O capítulo apresentará um cenário geral da vida religiosa feminina no período colonial. Ao realizar este retrato é necessário ressaltar que o feminino estava na total dependência do masculino, situação da sociedade colonial que se repetia na instituição religiosa. Ao analisar este passado é necessário refletir o processo histórico até chegar ao presente. Mudou? Mudou em quê? Se não mudou ou mudou pouco, por quê? Houve continuidade ou descontinuidade? Outra finalidade é trazer aspectos deste coletivo feminino muitas vezes invisível aos olhos do masculino ordenado ministerialmente.

Vida religiosa

A partir da primeira metade do século XVIII a vida religiosa feminina teve um incremento bastante notável (AHU cód. 60, 327; cód. 61, 101-102; "Pernambuco", cx. 45; "Conselho do Ultramar", cód. 915, 64; cód. 102, 36). Há uma multiplicação dos conventos e recolhimentos "beatérios". A vida religiosa feminina no Brasil não é diferente da vida religiosa da América Espanhola e deve ser analisada dentro do contexto da mulher em relação ao homem, ou seja, total dependência. Não existiu vida religiosa feminina missionária. Na colônia os conventos e recolhimentos eram bem recebidos. Um dos motivos era que os grandes senhores queriam conservar os seus patrimônios, procuravam assim limitar os matrimônios de suas filhas, pois isto significava divisão de terra, a solução era colocá-las no convento. Igualmente, as mulheres que por algum motivo não tinham dinheiro para realizar um casamento eram colocadas no convento e assim acontecia também com as viúvas (cf. BIDEGAIN, 1993, p. 186).

Malagrida e a vida religiosa feminina

O grande impulsionador da vida religiosa feminina no século XVIII, retratado no capítulo anterior, foi o Jesuíta Gabriel Malagrida. Em 1739 fundou na Bahia o Recolhimento das **Ursulinas da Soledade**, destinado a ser convento e educandário, conseguindo no ano seguinte a aprovação do Rei Dom João V e a confirmação por breve do Papa Bento XIV, para acolher 40 religiosas. Outro convento fundado em 1747 foi o das **Ursulinas Franciscanas da Lapa**. Fundaram-se 2 recolhimentos: o dos Perdões (1723) e o de São Raimundo (1761). Outro convento fundado em 1735 foi o das **Ursulinas das Mercês**. Dona Úrsula de Monserrate, tornando-se herdeira de grande patrimônio por morte do Coronel Pedro Barbosa Leal, pediu e obteve do governo português permissão para levantar por sua própria conta um convento de senhoras. Em 1807, o Padre Inácio Santos e Araújo funda um recolhimento para mulheres arrependidas em Santo Amaro da Purificação, com aprovação da Coroa, do vigário, do capitão-mor e de todos os moradores (cf. SOUZA, 2002, p. 31-32).

> A palavra "**Recolhimento**" é bastante ampla e é usada sob diversos aspectos na História Religiosa do Brasil. O estabelecimento servia para mais de uma finalidade: "1º Recolhimentos para meninas: destinados, no projeto inicial jesuítico, à educação de meninas indígenas junto a matronas virtuosas; depois serviram a meninas lusas, órfãs, ou separadas por algum motivo da família, até a idade do casamento. 2º Recolhimentos para moças ou mulheres decaídas, rejeitadas pela sociedade, mas com desejo de regeneração. Eram conhecidas como madalenas. 3º Recolhimentos para mulheres desejosas de uma vida mais piedosa na oração e na penitência. Modo de vida análogo ao das Ordens Terceiras mais observantes. Não aspiravam à vida religiosa, por isso viviam sem hábito religioso, sem observância de clausura ou de uma regra. Muitas eram viúvas ou abandonadas pelos maridos. 4º Recolhimentos de mulheres destinadas à vida monástica. Organizavam-se já nos moldes conventuais, com hábito religioso, clausura e votos particulares, esperando serem reconhecidas posteriormente pela Coroa, o que raramente aconteceu" (AZZI, 1976, p. 503-512).

Na Província de Pernambuco houve diversas manifestações de vida religiosa feminina. Quando chegou, o Bispo Dom José Fialho encontrou um recolhimento em decadência, dedicado a Nossa Senhora da Conceição, que foi completamente restaurado. No interior da Província, tendo como idealizador o Padre Malagrida, foi fundado um recolhimento do Sagrado Coração de Jesus (cf. LEITE, 1945, p. 475-476).

> Dom Frei José Fialho nasceu aos 13 de dezembro de 1673 em Vila Nova da Cerveira, arquidiocese de Braga, filho legítimo de João de Seixas e Antônia de Andrade. Ingressou na Ordem Cisterciense em Alcobaça, graduou-se na Universidade de Coimbra. Foi nomeado bispo de Pernambuco em 1725, permanecendo na diocese até 1739, quando foi nomeado arcebispo da Bahia, exercendo o ministério até o dia 2 de janeiro de 1741, data de seu embarque para tomar posse da sua nova diocese, Guarda em Portugal; porém, logo ao chegar em Lisboa, no dia 18 de março de 1741, veio a falecer (GAMS, 1873, p. 133).

O recolhimento da Glória é fundado em Olinda. Em 1794 o regulamento foi elaborado por Dom Azeredo Coutinho, sua ideia era de uma fundação para moças verdadeiramente pobres (cf. CARDOZO, 1970, p. 107). No Maranhão, também por impulso de Padre Malagrida, funda-se o recolhimento para moças (cf. LEITE, 1943, p. 124). No Rio de Janeiro contava com a fundação de dois recolhimentos: Nossa Senhora da Ajuda (1705),

Santa Teresa (1750); enquanto em São Paulo foi fundado o convento da Luz (1774), por frei Antônio de Santana Galvão e por Maria Helena do Sacramento. É importante frisar que em meados do século XVIII a população de São Paulo era predominantemente feminina, fato devido à busca, por parte dos homens, de indígenas pelos sertões. Esse fato, certamente, ajudou na decisão das autoridades e do povo em fundar seus conventos. Em alguns lugares, por falta de conventos, muitas jovens praticavam os conselhos evangélicos fazendo voto particular, como é o caso das beatas de Itu e Sorocaba. Em Minas Gerais, o século XVIII é caracterizado pelo movimento das ermidas e santuários. São dois os principais recolhimentos femininos, o primeiro é o recolhimento Nossa Senhora das Macaúbas (1714), e o segundo é a casa de oração do Vale das Lágrimas (1750). Por sua vez, Joana de Gusmão (cf. PIAZZA, 1977, p. 86-87) foi a precursora da implantação da vida religiosa. Em Santa Catarina (1762) iniciou a capela do Menino Jesus.

A vida religiosa feminina sofreu muitas dificuldades para o seu estabelecimento no Brasil colonial (AHU 'Bahia', 17.310). É compreensível quando se analisa tal situação a partir do regime de Cristandade e do Padroado. A autonomia das instituições religiosas em face de outros níveis da organização social era reduzida a quase nada, especialmente a situação feminina. As formas de vida religiosa feminina na colônia expressam a própria situação da mulher nessa sociedade patriarcal, dependência do masculino.

Na América espanhola, Dom Juan de Zumárraga, bispo do México, foi quem viu a necessidade de trazer religiosas para esse território. No início a Coroa espanhola não permitiu, mas em 1540 cedeu. Assim chegaram ao México as primeiras religiosas das Irmãs Concepcionistas. Na colônia foram instalados 130 conventos assim distribuídos (cf. BORGES, 1992, p. 230).

Congregação	Número de conventos
Agostinianas	12
Betlemitas	1
Capuchinhas	11
Carmelitas descalças	21
Cistercienses	2
Clarissas	34
Companhia de Maria	6
Concepcionistas	21
Dominicanas	13
Jerônimas	6
Santa Brígida	1
Terciárias Carmelitanas	1
Ursulinas	1

A distribuição geográfica desses conventos nem sempre foi regular. A irregularidade, por exemplo, estava na Cidade do México: 22 conventos concepcionistas, 4 clarissas, 3 agostinianas, 2 capuchinhas, 2 carmelitas descalças e 2 jerônimas. Uma primeira característica desta vida religiosa foi que as religiosas fundadoras de sua Ordem em território colonial eram espanholas, exceto as betlemitas e as terciárias carmelitanas descalças, institutos religiosos que nasceram na Guatemala (1688) e em Córdoba (Argentina 1784). As ursulinas eram religiosas francesas e canadenses. Uma das funções destes conventos no século XVI foi dar abrigo às filhas e netas de conquistadores que permaneciam celibatárias e, com o tempo, foram sendo acolhidas as *criollas*. As ursulinas fugiam a essa característica. Havia mosteiros, na Nova Espanha, para acolher índias nobres. Duas normas de todos os mosteiros femininos: oração e clausura. Muitos destes lugares desenvolviam trabalhos manuais, outros, obras de benemerência e dedicação ao ensino de meninas. Dependendo do mosteiro havia um número de criadas. Há cifras impressionantes de habitantes de determinados mosteiros. O Mosteiro de Lima, das agostinianas, em 1631, abrigava 800 mulheres. A sustentação econômica ficava a cargo dos/as fundadores/as e dos trabalhos realizados pelas religiosas: ornamentos sagrados, doces, bebidas. A economia também tinha seu sustento do dote ofertados pelas famílias das aspirantes à vida religiosa. Cada mosteiro se constituía como unidade autônoma. Isto, diferente dos mosteiros masculinos, fazia com que cada mosteiro tivesse seu próprio corpo administrativo. Nos masculinos havia uma autoridade comum entre todos os mosteiros, organizados em Províncias ou circunscrições. Assim, cada um dos mosteiros femininos tem sua própria história, exceção para a Companhia de Maria e as terciárias carmelitas descalças de Santa Teresa. Antes do Concílio de Trento os mosteiros femininos estavam submetidos aos masculinos. Após o tridentino estavam submetidos ao bispo local, verificando possíveis relaxamentos da disciplina e ou conflitos internos. A influência destes mosteiros na vida local era enorme. Parte das integrantes eram de famílias da região, e o ensino às meninas, futuras senhoras daquelas cidades, era realizado pelos mosteiros. A vida religiosa feminina também era composta pelos beatérios, recolhimentos e eremitérios (cf. BORGES, 1992, p. 230-234).

> O rancor contra o episcopado local começara quase cem anos antes de seu nascimento. A causa primeira, como os grandes litígios da história, foi uma divergência mínima por questões de dinheiro e de jurisdição entre as clarissas e o bispo franciscano. Dada a intransigência deste, as freiras obtiveram o apoio do governo civil e, assim, começou uma guerra que em certo momento chegou a ser de todos contra todos (MÁRQUEZ, Gabriel Garcia, 1984, p. 98).

Recentemente, 2020, foi lançada uma obra de relevância para o estudo mais do que da vida religiosa na América Latina e Caribe, mas da vida feminina: histórias silenciadas, invisibilizadas. Estudos tendo temáticas como: o papel social das religiosas naquelas localidades onde estavam localizados os mosteiros e conventos; as mulheres religiosas e a opção pelos pobres, sua vida durante as ditaduras militares, perseguição e martírio, e, quais eram as formas de resistência durante o regime ditatorial. Estudos sobre as religiosas no campo da saúde e educação é outra temática desta obra. Ainda, dividida em nove partes, apresenta textos sobre mística, espiritualidade e política, trazendo à tona os novos desafios para as religiosas/feminino para a atualidade. A imensa maioria dos textos, em nove partes, teve sua produção realizada por mulheres. O livro tem sua origem nas *Primeiras Jornadas Latinoamericanas sobre Congregaciones Religiosas Femeninas* realizadas na UCA (Universidade Católica Argentina) – 16, 17 de outubro de 2019 (cf. SUÁREZ et al., 2019).

Uma das mulheres nesta história da vida religiosa na América Latina, dentre tantas outras santas dos altares e anônimas, é Isabel Flores y Oliva, conhecida como Santa Rosa de Lima. Nascida em Lima, no Peru (1586), foi canonizada pelo Papa Clemente X em 1671. Rosa morreu aos 31 anos em 1617. Membro da Ordem Terceira Dominicana. Seus pais eram pobres e Rosa os ajudava costurando, bordando e cultivando rosas e flores. Realizava diversos jejuns e penitências com cilícios. Admiradora das pregações de São Francisco Solano, acompanhava suas orações e penitências (cf. BORGES, 1992, p. 391). Caridosa para com todos, especialmente para com os índios e negros. Foi amiga de São Martinho de Porres, também dominicano. Primeira santa canonizada da América Latina.

Capítulo XXI
Catolicismo no Brasil
Sínodo da Bahia, dioceses, episcopado, cabidos

> [...] em caso de necessidade, qualquer pessoa, ainda que seja mulher, ou infiel, pode validamente administrar este sacramento (Batismo) [...] (*Constituições* Arcebispado da Bahia. L. I, T. X, n. 33).

Introdução

O objetivo deste capítulo e do próximo é oferecer uma visão panorâmica do catolicismo no Brasil a partir do Sínodo da Bahia e a promulgação das Primeiras Constituições (1707) até a chegada da família real portuguesa (1808); tratando de diferentes elementos dentro da organização eclesiástica do Brasil português: as dioceses e o episcopado, os cabidos, neste capítulo. O período é repleto de acontecimentos importantes e decisivos para o Brasil e, portanto, para a História da Igreja Católica. O que se pretende neste capítulo e no próximo é apresentar um retrato de como funcionava a Igreja, sua estrutura, dentro de todo o contexto histórico anteriormente apresentado. Nasceram, neste momento, os grandes movimentos de fermento de independência da colônia, favorecidos pelos cristãos da terra, por uma parte do clero e dos religiosos. Encontram-se como características fundamentais do período, a expansão territorial da Igreja Católica e sua resistência ao absolutismo estatal.

A legislação eclesiástica do século XVIII: o Sínodo da Bahia (1707)

Um documento essencial para o estudo e análise desse período é o das Constituições Primeiras do Arcebispado da Bahia de 1707, "um verdadeiro monumento jurídico para a Igreja do Brasil nos períodos colonial e imperial" (LIMA, 1992, p. 863), redigidas sob o impulso do Arcebispo Dom Sebastião Monteiro da Vide (AAV F. Cons. Proc. cód. 94, f. 706-725). Dom Sebastião Monteiro da Vide foi arcebispo da Bahia entre 1702-1722. Português de Elvas teve seu nome profundamente ligado a estas Constituições. Nasceu em 1643, foi batizado pelo seu tio, o Padre Matias Monteiro da Vide, sendo filho legítimo de Domingos Martins da Vide e Beatriz Montoso. Em 1659 ingressou nos jesuítas, estudando com estes por alguns anos, porém saiu e entrou na carreira militar. Mais tarde retomaria sua vocação, mas no clero secular, estudando na Universidade de Coimbra. Foi ordenado presbítero da Diocese do Porto a 30 de agosto de 1671 por Dom Frei Gabriel de Almeida, bispo de Funchal. Em 1673 foi proclamado doutor em ambos os Direitos. Era também licenciado em Teologia pela Universidade de Évora.

O Sínodo da Bahia foi o primeiro e único sínodo celebrado em todo o período português na colônia. Neste ponto já se pode notar o grande contraste entre a colônia portuguesa na América e as demais colônias do continente, da América espanhola; nestas, no século XVI, aconteceram importantes concílios peruanos, mexicanos, organização dos bispados, influência dos padres dominicanos (cf. SOUZA, 2002, p. 10).

> No Brasil muitos serviços foram organizados pelos próprios moradores, como no caso famoso das diversas santas casas de misericórdia, organizadas pelas principais vilas e cidades do Brasil e do Maranhão sem interferência direta dos órgãos centrais: foram ao mesmo tempo hospitais, orfanatos, bancos, lugares de reunião e de assistencialismo para os mais diversos casos da vida comunitária. As confrarias assumiram importante papel social, responderam a uma série de necessidades que os organismos centrais não conseguiram resolver (CEHILA, 1983, p. 276).

Deste único Sínodo no Brasil resultaram as Constituições Primeiras do Arcebispado da Bahia que constam de 5 livros, 279 títulos, 1.318 números que tratam assuntos como fé e sacramentos; santo sacrifício da missa, jejum, dízimos; disposições sobre a vida do clero; apostolado sacerdotal; crimes de heresia, penas e censuras. O arcebispo havia convocado um concílio, porém de seus sufragâneos só compareceu o bispo de Angola; ficou sendo uma Assembleia limitada a sínodo diocesano. Depois as Constituições foram amplamente aceitas em toda a Província eclesiástica de Salvador da Bahia e nas dioceses sufragâneas: Rio de Janeiro, Olinda, no Brasil; São Tomé e Angola, na África. A importância destas Constituições pode ser conferida pela inserção na coleção de Concílios de *Mansi* (1934, p. 913-930). As Constituições apresentam a originalidade de atentar para as peculiaridades da colônia à qual se dirigia. Os historiadores Heliodoro Pires (1937) e Paulo Florêncio Silveira Camargo (1955) descrevem com pormenores o decorrer do Sínodo, realizado na Sé Metropolitana de Salvador. Um outro estudo sobre o evento, apresentado como tese doutoral na Pontifícia Universidade Gregoriana (Roma) em 1962, é o do franciscano Orlando Schulte, *De Primis Archidioecesis Bahiae Constitutionibus Anno 1707 Promulgatis* (cf. SOUZA, 2002, p. 11).

As dioceses e o episcopado brasileiro

No que se refere à criação de dioceses no Brasil colonial, pode-se dizer, comparando com as diversas partes do domínio espanhol, que a colônia portuguesa caminhou a passos lentos. Neste item não se tratará das causas, mas se constatarão os fatos. A primeira diocese foi criada, na colônia, em Salvador, tendo origem na bula *Super Specula Militantis Ecclesiae*[20], de 25 de fevereiro de

---

20. *Bullarium Patronatus Portugalliae*, I, Lisboa 1868, 177-179.

1551, ficando sufragânea de Lisboa. Somente depois de 124 anos, 1676, foram criados outros novos bispados: Rio de Janeiro, que já era prelazia, através da bula *Romani Pontificis*[21], e também ficou estabelecido o bispado de Olinda, com a bula *Ad Sacram Beati Petri Sedem*[22], ambos sufragâneos do novo arcebispado da Bahia. Esperou-se ainda 70 anos para a criação de novas dioceses. Em 1745, a bula *Candor Lucis Aeternae*[23] erigiu as dioceses de São Paulo e Mariana (Minas Gerais), e as Prelazias de Goiás e Cuiabá (Mato Grosso).

As prelazias e abadias que, na terminologia anterior ao Concílio Vaticano II, se chamavam *nullius* (entendiam-se *diocesis*, ou seja, "de nenhuma diocese"), e que posteriormente passaram a ser "Prelazias e Abadias com povo próprio", são denominadas agora *territoriais*, para distingui-las das "Prelazias pessoais", previstas pelo Concílio (*Presbyterorum Ordinis*, n. 10) e às quais se referem os cânones 294-297. **Prelazia** indica apenas a dignidade, o cargo ou a circunscrição de um prelado. Por sua vez, prelado vem do latim *praelatus* e significa aquele que é colocado à frente de algo. Por isso, é necessário distinguir as prelazias honoríficas (que são certas dignidades da "família" e da "capela pontifícia") daquelas que são semelhantes às Igrejas particulares. As prelazias e as abadias territoriais surgiram inicialmente como favores a certos mosteiros ou eclesiásticos, que eram subtraídos à jurisdição do bispo local (daí surgindo a denominação antigamente usada de *nullius diocesis*). Posteriormente a figura da prelazia territorial foi usada para obviar certas dificuldades de caráter político ou para organizar eclesiasticamente territórios que não tinham os elementos mínimos (clero próprio, substrato econômico para constituir-se em diocese. Assim aconteceu no Brasil, onde a oposição do governo e da pró-

---

21. *Bullarium Patronatus Portugalliae*, II, Lisboa 1870, 167-169.
22. *Bullarium Patronatus Portugalliae*, II, Lisboa 1870, 164-166.
23. *Bullarium Benedicti XIV,* t. 2, Const. 22.

pria Igreja a que os territórios da Amazônia, sem condições iniciais para serem dioceses, fossem considerados oficialmente territórios de missão, dependentes de *Propaganda Fide,* fez com que continuassem a depender da então Congregação Consistorial (hoje Congregação para os Bispos) e fossem erigidos em Prelazias. Algo semelhante aconteceu em outros países da América Latina e nas Filipinas. Os abades territoriais nunca são ordenados bispos. Pelo contrário, os prelados territoriais comumente o são *C.I.C.* cân. 368-370 (cf. SOUZA, 2002, p. 12). No mesmo período foram criados outros dois bispados, sufragâneos de Lisboa: Maranhão (1677), pela bula *Super Universas*[24] e Grão-Pará (1719), pela bula *Copiosus in Misericordia*[25]. Portanto, em toda a época colonial foram criadas 7 dioceses e 2 prelazias, logo 1 arcebispo, 6 bispos e 2 prelados. Durante o período que vai de 1700 a 1822, a imensa maioria dos bispos eram oriundos de Portugal, principalmente do Patriarcado de Lisboa.

Em 1819 foi apresentado pelo Conselheiro Antônio Rodrigues Veloso de Oliveira, jurista formado na Universidade de Coimbra, um Plano de Reorganização das Dioceses Brasileiras, que previa a criação de 7 Províncias Eclesiásticas com 26 bispados sufragâneos. O título de seu trabalho já demonstra o conteúdo: "A Igreja do Brasil, ou informação para servir de base à divisão dos bispados, projetada no ano de 1819, com a estatística da população do Brasil, considerada em todas as suas diferentes classes, na conformidade dos mapas das respectivas Províncias, e número de seus habitantes" (SILVEIRA, 1972, p. 898). Todo esse trabalho ficou no papel, nada foi realizado.

Em todo o período foram 10 os bispos brasileiros. Destes bispos 36 eram religiosos e 21 do clero secular; desempenharam

---

24. *Bullarium Romanum,* VIII, Roma 1734, 32-33.
25. *Bullarium Patronatus Portugalliae,* III, Lisboa 1873, 160.

um melhor trabalho aqueles vindos do clero secular, devido a sua experiência pastoral e administrativa. A maioria era laureada em Teologia, Direito ou Filosofia. Dom Sebastião Monteiro da Vide era formado em ambos os direitos (cf. RUBERT, 1988, p. 13-15).

O episcopado brasileiro era inexpressivo diante da imensidão do território. A instituição episcopal era ainda limitada por outro condicionamento: o desenvolver de suas funções dependia do Padroado através da Mesa da Consciência e Ordens (tribunal civil e eclesiástico). Devido a esses fatores é que se explicam as características próprias do episcopado no Brasil, como por exemplo, as longas vacâncias. As vacâncias prejudicaram a pastoral da Igreja no Brasil, a demora dos processos de nomeação dos candidatos, pela lentidão das comunicações, pelas distâncias e dificuldades de viagens às vezes também pela indecisão e pouca pressa dos titulares a entrarem na posse de seus cargos (cf. RUBERT, 1988, p. 17). As vacâncias da sé do Rio de Janeiro não foram as mais sentidas. Da mesma forma, Belém não teve longas vacâncias. Na Bahia, a mais longa vacância foi após a renúncia de Dom José de Matos em 1760 até a confirmação do sucessor em 1771; Olinda, além de ter alguns bispos que ficaram pouco tempo, ficou vacante entre 1704 e 1710; de 1715 a 1725; entre 1808 e 1817. Numa situação bem mais difícil esteve o bispado do Maranhão, vacante entre 1700 e 1714 pela ausência forçada de seu titular; a seguir teve a sua longa vacância após a morte de Dom José Delgarte (cf. CEHILA, 1983, p. 174; GAMS, 1873, p. 135) em 1724 até a posse de Dom Frei Manuel da Cruz em 1738; novas vacâncias aconteceram entre os anos de 1789 e 1799 e de 1813 a 1820. O bispado de São Paulo também sofreu vacâncias entre 1764-1774, 1789-1796. Igualmente o bispado de Mariana experimentou a ausência de 2 bispos confirmados e não vindos e a vacância de 1793-1798. Em piores condições se achavam as prelazias de Mato Grosso e Goiás, ficando a primeira vacante de 1783-1808 e a segunda de 1782 a 1819.

Na colônia, apesar do quadro anterior, existiram bispos corajosos e verdadeiros pastores que não se conformavam com a situação relatada anteriormente, como é o caso de Dom Sebastião Monteiro da Vide, que ficou por vinte anos (1702-1722) à frente do arcebispado da Bahia (AAV FCons. Proc. Cód. 94, f. 706-725) e foi testemunha do início da "idade de ouro" do Brasil com a chegada do vice-rei (1714). Dom Sebastião procurou iniciar a formação de um Brasil mais independente de Portugal. Sua preocupação esteve voltada para as religiosas, para os vaqueiros do sertão, pela evangelização dos índios e pelos escravos. Nem sempre suas palavras e seus apelos encontraram eco. Por sua coragem apostólica de romper com certas amarras do Padroado Régio chegou a ser admoestado por Dom João V a sossegar e não perturbar a paz do Reino. Dom José Botelho de Matos foi outro bispo de grande dignidade, arcebispo da Bahia (1741-1760) recusou a ordem do governo de expulsar os jesuítas da Bahia (AAV FCons Proc. cód. 128, f. 318-337) e escreveu ao Cardeal Saldanha, secretário de Estado, que nada encontrou para justificar a expulsão dos inacianos de sua arquidiocese (AAV SCC, Relação *ad limina* 1745). O bispo fez ver ao vice-rei que a Companhia de Jesus só deveria deixar as aldeias indígenas depois da chegada dos Padres Seculares (AAV ANL cód. 202, f. 24v). Com a Reforma pombalina, na segunda metade do século XVIII, o regalismo passará a ser a mentalidade dominante, e a vinculação dos bispos ao poder civil se tornará mais patente (cf. CEHILA, 1983, p. 23).

Os Cabidos

> **CABIDO**. O termo deriva-se de **"capitulum"** e designava a reunião e a sala de reunião, na qual os religiosos liam trechos (capítulos) da Sagrada Escritura, dos Santos Padres, do Martiriológico e das Regras monásticas. Nos meados do século X, começou a aparecer significando a corporação de clérigos de uma catedral ou colegiada, mas, neste sentido, só se generalizou a partir do século XII (SOUZA, 2002, p. 15).

Os cabidos constituíam o corpo eclesiástico de uma catedral, servindo de conselho para os bispos. O cabido da Bahia inicialmente contava com 4 dignidades: deão, mestre-escola, chantre e tesoureiro, 6 cônegos prebendados e dois moços de coro. No dia 11 de abril de 1718 o Rei Dom João V, acrescentou as 3 prebendas: doutoral, magistral e penitenciária, mais duas meias prebendas e mais 4 capelães (ANTT 'Chanc. O. Chr.' Liv. 124, f. 306v), além disso, o rei duplicou as côngruas das dignidades (ANTT 'Chanc. O. Chr.' Liv. 124, f. 309). O cabido de Olinda foi instalado em 1678, são famosos os tumultos, intrigas e oposições deste cabido ao bispo local.

Em 1686 é instalado o cabido do Rio de Janeiro. Tanto Olinda como Rio compunham-se de 5 dignidades (as citadas acima e mais a de arcediago), 6 cônegos de prebendas inteiras, 2 de meia, 4 ou 6 capelães, 4 moços do coro e, no Rio, um mestre-capela. Faz-se necessário destacar no cabido do Rio de Janeiro o cônego José de Sousa Pizarro e Araújo, carioca, formado em cânones em Coimbra, foi conselheiro de Dom João VI, tesoureiro e arcipreste da Real Capela, deputado da Mesa da Consciência e Ordens. Em 1781 começou a colher documentos para escrever uma história do bispado do Rio de Janeiro e encontrou uma documentação que ia além dos seus interesses e expectativa; assim sendo, resolveu ampliar seu trabalho incluindo informações sobre a Bahia, Pernambuco, São Paulo, Minas Gerais, Mato Grosso, Goiás, Santa Catarina, Rio Grande do Sul, Colônia do Sacramento, embora a parte mais desenvolvida se referisse ao Rio de Janeiro, daí o título dos volumes publicados: *Memórias históricas do Rio de Janeiro*. O cabido do Maranhão foi instalado em 1745, por falta de clero e recursos. Da mesma maneira como o cabido do Pará e os de São Paulo e Mariana (cf. CHIZOTI, 1984, p. 54), compunha-se de 4 dignidades, mas contava com um número maior de cônegos e outros benefícios.

Capítulo XXII
Catolicismo no Brasil
Paróquias, sacramentos, vida religiosa, laicato

> A Casa de Deus, como Ele nos ensina, é casa de oração, e não lugar de negociação.
> (*Constituições* L. 4, T. XXIX, n. 738).

Introdução

O objetivo deste capítulo, assim como foi do anterior, é o de oferecer uma visão panorâmica do catolicismo no Brasil a partir do Sínodo da Bahia e a promulgação das Primeiras Constituições (1707) até a chegada da família real portuguesa (1808); tratando, no presente capítulo, de diferentes elementos dentro da organização eclesiástica do Brasil português: as paróquias, o batismo, a confissão e o matrimônio; a vida religiosa, e a organização do laicato.

Paróquias

Durante o século XVIII o sistema paroquial teve a sua maior expansão no Brasil. Muitas destas paróquias se transformaram, posteriormente, em sede de arquidioceses ou dioceses. Algumas delas: Belo Horizonte (1714), Campinas (1774), Campina Grande (1769), Mariana (1707), Porto Alegre (1772). Foram eretas diversas paróquias assim distribuídas: Rio de Janeiro: Catedral, Candelária, São José e Santa Rita; 49 no Recôncavo; 7 na Capitania do Espírito Santo; 11 na Capitania de Porto Seguro; 11 na Capitania de Goiás; 3 na Capitania do Mato Grosso; 17 na Capitania do Rio Grande de São Pedro (Rio Grande do Sul); 13 na Comarca de

Mariana; 9 na Comarca de Vila Rica; 14 na Comarca do Rio das Mortes; 1 na Comarca do Rio das Velhas; 4 na Comarca do Cerro do Frio; 51 na Comarca de São Paulo; 12 na Comarca de Santos; 9 na cidade de Salvador; 24 no Recôncavo; 18 no sul da cidade; 28 no Sertão de Baixo e 15 no Sertão de Cima; 45 na Capitania de Pernambuco; 20 na Capitania do Ceará; 9 na Capitania do Rio Grande do Norte; 13 na Capitania da Paraíba; 69 na Capitania do Pará; 35 na Capitania do Rio Negro: 48 do bispado do Maranhão (cf. RUBERT, 1988, p. 162-163; SOUZA, 2002, p. 17).

Apesar desta lista de paróquias eram enormes ainda as necessidades deste vasto continente que era a colônia. Os bispos, embora tivessem faculdades, ou seja, direitos segundo o Concílio de Trento (1545-1563) de erigir novas paróquias, se abstinham o quanto possível para evitar inconvenientes com a Coroa Portuguesa, estes dependiam do beneplácito real. De um lado era a necessidade do povo de Deus, de outra parte estava o soberano, grão-mestre da Ordem de Cristo. A Corte raramente outorgava a ereção de novas freguesias, pois isto importava em novas despesas para a Fazenda Real. Diversas foram as dificuldades que surgiram a partir desta burocracia da Corte, os bispos procuraram remediar a situação. Muitos bispos, em seus relatórios à Santa Sé, tocavam no assunto, especialmente por saberem das determinações do Concílio de Trento. A Santa Sé, certamente, compreendeu a situação especial em que se encontravam diante do Padroado régio, concedido pela mesma Sé Apostólica e que não funcionava devidamente (cf. SOUZA, 2002, p. 17-18).

Dentro deste contexto, surgem no âmbito paroquial alguns tipos característicos de vigários, como são exemplos disto o Frei Agostinho da Trindade e o Padre Manuel José Furtado de Mendonça. O primeiro, carmelita, vigário de Desterro em Santa Catarina, além de ter numerosos filhos, genros e netos, amargurava a vida dos vigários seus sucessores e ludibriava, com grande astúcia, as medidas disciplinares que tomavam contra ele o bispo e seu superior religioso (ACRJ 'Livro de Registro/relação Bispado', f. 132 v); o segundo, natural de Santa Catarina, ordenado em 1792, foi pároco da Enseada do Brito, na mesma Ilha, sendo assim elogiado "pelo seu virtuoso e exemplar comportamento", sendo, "zeloso no confessionário, persuasivo no púlpito[...] explicando com suavidade a santa doutrina e as máximas do Evangelho, que ele vigora com seu religioso exemplo" (ANRJ MCO cx. 248, d. 4). No fundo da Mesa da Consciência e Ordens, do Arquivo Nacional do Rio de Janeiro encontra-se registrada a atuação, entre os anos de 1806 e 1826, do pároco colado José Maria de Sá Rebelo, que a 12 de agosto de 1813 batizou Jacinto Vera, que foi, posteriormente, 1º bispo de Montevidéu (ANRJ MCO cx. 248, d. 10). Assim, se pode concluir que muitas paróquias do Brasil nasceram graças ao interesse dos fiéis. Alguns bispos criaram paróquias canônico-eclesiásticas, consideradas pela Corte como simples curatos, com a esperança de que o rei as reconhecesse e desse ajuda para a construção de suas matrizes e para as alfaias e determinasse côngrua para seus párocos. Às vezes, este intento era alcançado depois de pouco tempo, ou seja, dois anos. Outras, no entanto, tiveram que aguardar longos anos e houve casos de até 90 anos, para que o rei as reconhecesse e lhes concedesse benefícios (cf. SOUZA, 2002, p. 18-19).

O Sacramento do Batismo

As Constituições Primeiras do Arcebispado da Bahia determinavam que os filhos de escravos não pertencentes à fé católica, se memores de até sete anos e nascidos no cativeiro, deveriam ser batizados, mesmo contra a vontade dos pais. Se os filhos tiverem mais de sete anos sejam afastados de seus pais (*Constituições* L. I, XIV, 53), para evitar influências negativas à fé que poderiam receber; neste caso só seriam batizados com o consentimento dos pais.

Depois dos doze anos, assim como para as crianças provenientes da Guiné, Angola, Costa do Ouro ou outras regiões, entre sete e doze anos, que conscientes do que seja o Batismo, o desejem, sejam batizadas, exceto se reconhecidas tão rudes e sem inteligência que sejam incapazes de recebê-lo.

Em relação aos indígenas o Batismo funcionava dentro do processo de "redução" dos grupos indígenas da sua aldeia tradicional para o aldeamento cristão. Numerosos relatos jesuíticos fazem menção do Batismo, sobretudo por ocasião das epidemias que eram tão numerosas na ocasião com contato entre brancos e indígenas no Brasil e no Maranhão (cf. HOORNAERT, 1976, p. 347). Afirmava o Padre Antônio Vieira, em sua visita ao Maranhão entre os anos de 1658-1661, que não se batizariam os adultos se não fossem das línguas conhecidas ou de língua que eles, jesuítas, saibam. Somente se batizará em perigo de morte (cf. LEITE, 1938-1950, IV, p. 115). Apesar de todas as boas intenções, o Batismo estava ligado à escravidão dos africanos, à pacificação dos indígenas e à redução ao mundo europeu, dentro do sistema de trabalho imposto pelos colonizadores. O Batismo, nestes casos, não transformava a vida destes grupos, pois não os convertia.

O Sacramento da Confissão

O Sacramento da Confissão foi tão importante no Brasil português quanto o Sacramento do Batismo. Na sua primeira carta o Padre Manuel da Nóbrega, no dia 10 de abril de 1549, relata que "confessa-se toda a gente da armada, digo a que vinha nos outros navios, porque os nossos determinamos de os confessar na nau" (*MB* I, p. 110). A confissão era obrigatória, com isso se pode conhecer o número de habitantes das cidades coloniais pelos relatórios das confissões. O historiador Vilhena anotou no final do século XVIII, acerca da cidade de Salvador: "de seis freguesias com

21.601 almas de confissão em 1706 a cidade subira a nove freguesias com 37.543 almas de confissão em 1755" (VILHENA, 1922, p. 481). Na colônia, frequentemente, o Sacramento da Penitência tomava dimensões sociais quando se tratava de cobrar o dízimo em benefício da instituição. O dever do confessor era agravar a consciência do penitente, recordando a obrigação "sob excomunhão" de sustentar uma instituição ligada ao padroado.

A concepção de matrimônio na colônia

De acordo com o texto das Constituições Primeiras do Arcebispado da Bahia, o Matrimônio é um sacramento cuja matéria é o "domínio dos corpos, que mutuamente fazem os casados, quando se recebem, explicando por palavras, ou sinais, que declarem o consentimento mútuo, que de presente têm", e cuja forma "são as palavras, ou sinais de consentimento, enquanto significam a mútua aceitação". Os ministros "são os mesmos contraentes" (*Constituições* L., I, LXII, 259). Com esta definição se constata que o casamento era um ato que só dizia respeito àqueles que se casavam. Quanto à finalidade do matrimônio, a Igreja dava prioridade à "propagação humana, ordenada para o culto e honra de Deus", mas ao mesmo tempo ele era visto como um remédio da concupiscência, sendo aconselhado "aos que não podem ser continentes" (*Constituições* L., I, LXII, 260). Na ótica dos altos funcionários coloniais, o casamento tinha como objetivo legitimar, pelas leis de Deus e pelas do Estado, o instinto natural da reprodução da espécie (cf. SOUZA, 2002, p. 21-22).

Aspectos do concubinato na colônia

Nas Constituições o concubinato (*Constituições* L. I, LXII, 260) aparece como um dos delitos da carne (do mesmo modo que a sodomia, a bestialidade, a molície, o adultério, o incesto, o estupro e o rapto) e é aí definido como "uma ilícita conversação do homem com a mulher continuada por tempo considerável". Pelo direito português e pelas determinações do Concílio de Trento, cumpria aos prelados descobrir os casais em delito de concubinato e admoestá-los três vezes. Logo, desde a primeira admoestação podia o casal sofrer penas pecuniárias, mas só seria condenado a penas de prisão e degredo se não se tivesse corrigido depois de três vezes repreendido. Quanto às penas pecuniárias, se ambos fossem celibatários, cada um devia pagar 800 réis; e se ambos (ou um deles) fossem casados, cada um pagaria 1$000 réis. "E sendo alguns delinquentes tão pobres, que não tenham por onde pagar a pena pecuniária toda, ou parte considerável dela, ser-lhe-á comutada em corporal, e em alguns dias de aljube" (SOUZA, 2002, p. 22).

A Igreja aludia a vários tipos de concubinato que correspondiam à tipologia estabelecida por François Lebrun para a França. O primeiro tipo baseia-se na desigualdade social dos dois membros do casal e, no caso do Brasil colonial, este tipo incluía o concubinato entre senhor e escrava. O segundo tipo é representado pelo amor ilegítimo em meio popular. "Trata-se de uniões precárias, concubinato provisório de gente humilde que não possui bens suficientes para encarar o casamento" (LEBRUN, 1975, p. 99). No Brasil colonial os governadores das Capitanias tinham ao seu alcance um meio eficaz de evitar o concubinato sem precisarem de recorrer à prisão ou ao degredo. Bastava chamar para o serviço militar todos os jovens que vivessem pública e escandalosamente amancebados. O que de modo algum significa que não se encontrem na documentação da época casos de punição pela prisão ou degredo (AESP DI, vol. 56, 181 e 260).

As dispensas matrimoniais

Tanto mais que a Igreja, se por um lado punha obstáculos a certos tipos de matrimônios, por outro concedia dispensas para os impedimentos por ela criados. Desde o início da colonização os jesuítas insistiam na simplificação do processo de dispensas, porém esta só foi colocada em prática no fim do século XVIII, quando pela bula *Magnam profecto Curam*[26], expedida em Roma a 26 de janeiro de 1790, o Papa Pio VI concedeu aos bispos brasileiros o poder de dispensar gratuitamente em todos os graus de parentesco (exceto o primeiro de consanguinidade, quer em linha direta, quer em linha transversal, e o primeiro de afinidade em linha direta apenas). Esta faculdade deveria ser delegada a todos os padres capazes e respeitáveis.

Examinando os processos de dispensas matrimoniais no Arquivo Metropolitano da Cúria de São Paulo, constata-se que entre os casais situados mais abaixo na escala social se pediam em geral dispensas por afinidade, por cópula ilegítima com um(a) parente daquele(a) com quem pretendia casar-se; e que os casais que se diziam nobres solicitavam dispensas por consanguinidade em terceiro ou quarto grau. Eis alguns exemplos recolhidos na documentação do início do século XIX. Anteriormente, quando era necessário pedir as dispensas ao papa, pode-se supor duas situações: ou os casais, sabendo do impedimento, simplesmente não se casavam, vivendo concubinados; ou então procuravam ocultar a relação de parentesco no ato de contrair o matrimônio (cf. SOUZA, 2002, p. 24).

O primeiro caso é de um pardo liberto, natural da Vila da Conceição, e uma liberta filha de pai incógnito e de mãe escrava, natural da Vila de São Vicente, pretendiam casar e pediam dispensa do segundo grau de afinidade por cópula ilícita, pois a moça tivera relações com dois sobrinhos do futuro marido. Justificam o seu pedido dizendo que são pobres e que, se puderem casar, ela fica amparada e livre da miséria em que vive, pois nem seu pai nem sua

---

26. *Bularii Romani continuatio*, Prati 1849, VI, parte III, 2919-2920.

mãe podiam dela cuidar (ACMSP processo 7-6-2572). Um outro caso, ambos eram sumamente pobres: ele tivera cópula ilícita com a irmã dela; depois infamou a moça e teve dela uma filha, da qual não pode cuidar bem sem estar casado com a mãe; além disso, esta filha nascera quando o pai da moça estava ausente e, quando ele voltara da jornada e descobriu o que se passara, começou a maltratar a moça. A justificativa para a dispensa era que o homem, apesar de pobre, era ágil e podia bem cuidar e decentemente da mãe e da filha. A dispensa foi concedida sem dificuldade, embora precedida da seguinte penitência imposta pelo Vigário da Vara (As dioceses eram divididas em Comarcas Eclesiásticas, chamadas mais tarde Forânias, onde havia o Vigário da Vara, ou seja, da justiça eclesiástica, que tinha sempre um escrivão de confiança e capacidade para tratar os assuntos de todas as paróquias e curatos da respectiva Comarca):

> 1. Serão exatamente examinados na Doutrina Cristã, e dos deveres do estado pretendido; 2. Farão confissão geral e comungarão; 3. Antes da comunhão jejuarão três vezes à pureza de Maria Santíssima; 4. Visitarão os altares de sua igreja matriz desta vila, e em cada um rezarão uma estação; 5. Varrerão a sua mesma igreja duas vezes em presença de algumas pessoas; 6. Assistirão a duas missas conventuais com velas de meia libra, acesas nas mãos, que depois serão entregues à fábrica; 7. Assistirão mais cinco missas semanárias, e em cada uma rezarão um terço pelas almas do Purgatório, e com certidão de que tudo cumpriram, voltem para se lhes deferir (ACMSP processo 7-6-2566).

Existem muitos outros processos, o que é preciso salientar é que em todos são indivíduos pobres, livres, libertos ou mesmo escravos, que tiveram relações com algum parente próximo daquele, ou daquela, com quem pretendiam casar-se. O casamento neste caso aparece como uma forma de dar maior amparo à mulher e aos filhos ilegítimos. Pedir dispensa matrimonial por cópula ilícita com parente do futuro cônjuge significa, portanto, baixo nível social, ao passo que pedir dispensa por consanguinidade revela no casal requerente uma posição mais elevada na hierarquia da sociedade colonial. Estes são alguns aspectos da visão que se tinha do casamento no período colonial. É de vital importância conhecer a mentalidade que havia, dentro deste quadro cultural, para compreender o emaranhado das relações coloniais no que diz respeito à economia, política, sociedade e à própria cultura (cf. SOUZA, 2002, p. 25).

A organização e atuação do laicato

É necessário distinguir duas formas de vida religiosa, uma é a dos brancos do mundo colonizador e a outra é a dos negros, índios e mulatos, que constituíam o povo colonizado. Os senhores participavam, do mesmo modo que na América espanhola, da vida religiosa através das confrarias e irmandades. A Irmandade do Santíssimo é uma mostra desta realidade, reservada aos homens congregava as figuras mais destacadas da elite. Esta é uma das Irmandades mais difundidas no período colonial e imperial. A função da Irmandade do Santíssimo era a promoção e organização da procissão do Corpo de Deus, a maior procissão celebrada no ano (cf. ALMEIDA, 1957, p. 31); outro compromisso era assistir à missa todas as quintas-feiras, havendo em seguida a bênção do Santíssimo. A finalidade da confraria era estritamente religiosa, visando a promoção do culto. Esses leigos ocupavam posição de destaque em relação aos demais por estarem mais perto dos ministros sacerdotes (cf. CARRATO, 1968, p. 43). A posição de destaque também se manifestava nas celebrações dominicais, pois na igreja os homens ficavam nos espaços laterais mais elevados do que os demais, exclusivamente reservados para eles, e se mantinham de pé, simbolizando sua posição na sociedade colonial. O esplendor desta Irmandade acontece justamente no século XVIII. A Irmandade do Santíssimo, juntamente com a Irmandade da Misericórdia, que tinha por objetivo a assistência social aos pobres e enfermos, formavam as Irmandades dos homens brancos (cf. SOUZA, 2002, p. 36).

Os escravos africanos e *crioulos* convergiam para a Irmandade de Nossa Senhora do Rosário ou para a de São Benedito; os mulatos tinham irmandades separadas, o que significava a estratificação social e racial da sociedade colonial. Os pobres precisavam mais das confrarias do que os brancos ricos. A Irmandade de Nossa Senhora do Rosário dos homens e mulheres negros era a confraria mais antiga e mais fechada do Brasil colonial, e também a mais popular e numerosa nas cidades brasileiras. A devoção dos afro-brasileiros a Nossa Senhora do Rosário poderia ser explicada pelo fato dos escravos a adorarem como Iemanjá, a deusa africana do mar (cf. TORRES, 1968, p. 74; MULVEY, 1994, p. 445).

As Ordens Terceiras, associações de leigos cujos membros, apesar de viverem no século, pretendiam alcançar a perfeição cristã através da observância de regras sob a orientação de uma ordem religiosa. Diferiam destas pela ausência de votos públicos e de vida em comunidade. Durante o século XVIII algumas destas tornaram-se muito ricas e poderosas, construindo diversas igrejas, especialmente na Bahia, Rio de Janeiro e Minas Gerais. Neste período já existiam no Brasil a Ordem Terceira Franciscana, a Ordem Terceira Carmelitana, e foram introduzidas as Ordens Terceiras de São Domingos e a Ordem Terceira dos Mínimos. Algumas destas Ordens Terceiras eram muito fechadas, por exemplo, a Ordem Terceira do Carmo e a Ordem Terceira de São Francisco não permitiam o acesso de brancos nascidos no Brasil. Ricos mercadores de Minas Gerais constituíram a Ordem Terceira de São Francisco e a de Nossa Senhora do Carmo em 1745/1750. Algumas exigiam pureza de sangue dos antepassados e a ausência de crimes de qualquer espécie. Quer em Portugal quer no Brasil as ordens terceiras revelam a estratificação racial e social própria da época colonial (cf. SOUZA, 2002, p. 36-37).

Será este o contexto econômico, político, social, cultural e religioso do século XVIII e meados do século XIX que a família real portuguesa encontrará na colônia em 1808, data da sua chegada.

Capítulo XXIII
Catolicismo e a transferência da Corte Portuguesa (1807-1808)

> O povo assistia, assim,
> à debandada de uma corte
> que se exilava voluntariamente [...]
> (NORTON, 1979, p. 14).

Introdução

A transferência da Corte Portuguesa de Lisboa para o Rio de Janeiro, entre 1807-1808[27], precipitou acontecimentos que tiveram consequências de longa duração. Transformou radicalmente as relações entre a Metrópole e a sua colônia, provocou mudanças na conjuntura econômica, social, cultural e religiosa, traçando o rumo da independência brasileira. Durante catorze anos a Metrópole não passou de uma colônia do Brasil. O capítulo apresenta a situação contextual e o catolicismo mergulhado no seu interior.

Napoleão e as consequências do bloqueio continental

No início do século XIX Portugal estava espremido por duas grandes potências, uma era um antigo aliado, a Inglaterra; a outra, a França, representava um antagonismo às suas tradições reacionárias e uma ameaça pela ingerência nos negócios da Península e o ímpeto de suas vitórias no Continente. Portugal hesitava e realiza-

---

27. Essa temática é fundamentada no fundo "Negócios de Portugal", Pareceres do Conselho de Estado, 1797-1807, cx. 714, doc. N. 88-102, pacote 2, ANRJ.

va a política da *neutralidade*. Em 1805 Napoleão enviou o general Junot para Lisboa como seu embaixador. Comunicava ao Príncipe Regente a necessidade de um acordo com Portugal contra a Inglaterra. Dom João salientava os perigos que uma guerra poderia acarretar para o seu país. Bastaria que os ingleses interrompessem o comércio do Brasil com Portugal e bloqueassem o Porto de Lisboa, para que não houvesse mais nenhum recurso comercial e, em pouco tempo, nenhum meio de subsistência na capital portuguesa (cf. SOUZA, 1998b, p. 250).

Pouco tempo depois, a 21 de outubro de 1805, a vitória de Trafalgar asseguraria o domínio do mar à Inglaterra. Prevalecendo-se da superioridade naval, procurou impedir o comércio marítimo com a França. Decretou o bloqueio de todos os portos em poder dos franceses, desde Brest até a foz do Elba. Napoleão reagiu em seguida proibindo aos franceses e seus aliados todo o comércio com as Ilhas Britânicas e fecha os portos em seu poder aos navios que houvessem tocado nalgum porto inglês. Era o chamado *bloqueio continental*, proclamado em Berlim a 21 de novembro de 1806. Tratava-se de uma guerra indireta, econômica, com a finalidade de bloquear o mercado europeu às poderosas e dinâmicas indústrias inglesas.

Napoleão procurou criar dificuldades econômicas à Inglaterra e desorganizar sua produção. O bloqueio contrariava os poderosos interesses econômicos do continente e logo encontrou fortes oposições. Outra fragilidade era o fato de basear-se no fraco desempenho das indústrias francesas, incapazes de ocupar o grande vazio deixado pelo súbito corte do fornecimento britânico. Os produtos coloniais controlados pela Inglaterra necessitariam encontrar outros distribuidores. Com o bloqueio, o Império criou duas frentes de combate: a econômica, tentando substituir a Inglaterra no mercado continental, e a militar, para impedir o rompimento do bloqueio por parte de alguns países. Dentre estes estava Portugal, cuja economia dependia da Inglaterra. Indecisa entre apoiar Napoleão ou a Inglaterra, a Coroa portuguesa adiava a resolução. Impaciente, o imperador francês resolveu invadir Portugal. Não podendo resistir ao ataque napoleônico, a família real, sob proteção inglesa, transferiu-se para o Brasil no final de 1807 (cf. SOUZA, 1998b, p. 250-252).

A situação de Portugal no início do século XIX

A situação internacional de Portugal no início do século XIX não era das melhores. Após a absorção da Dinamarca, por parte de Napoleão, restava Portugal para completar o seu Sistema Continental. Portugal era uma área estratégica no sudoeste europeu. A tomada da Dinamarca foi relativamente simples, enquanto a conquista de Portugal encontrou grandes dificuldades políticas e militares, resultando numa solução totalmente diversa. No dia 12 de agosto de 1807, Napoleão iniciou, concretamente, uma operação contra Portugal. Foi assinada uma nota conjunta entre a França e a Espanha, esta foi entregue ao Ministro português dos Negócios Estrangeiros e da Guerra e Assistente ao Despacho, Antônio de Araújo de Azevedo. Na nota constavam exigências e um prazo a serem cumpridos.

O Estado português deveria declarar guerra à Inglaterra, retirando o ministro português de Londres e solicitar a retirada do representante inglês em Lisboa; outra exigência consistia no fechamento dos portos portugueses aos navios ingleses; os ingleses residentes em Portugal seriam presos e suas propriedades confiscadas. A resposta deveria ser dada até o dia 1º de setembro, ao contrário seria declarada a guerra (ANRJ "Negócios de Portugal", Pareceres do Conselho de Estado, cx. 714, d. 96). A reação de Portugal entre os dias 12 de agosto e 24 de novembro foi de uma crença na possível acomodação dos acontecimentos, usando de subterfúgios.

Apesar de todos os meios utilizados, Portugal compreendeu de fato que Napoleão queria passar aos fatos. Isto se torna evidente quando se lê os documentos dos pareceres dos conselheiros e na ação do Conselho de Estado. Era comum o príncipe regente solicitar de alguns membros do Conselho análises escritas com pareceres a respeito de certos assuntos em discussão. Com raríssimas exceções Dom João comparecia às sessões do Conselho. Mas presente ou não, competia-lhe a decisão final.

Os portugueses haviam pensado que poderiam resolver o problema promovendo com a Inglaterra um estado de guerra "simulado". Contudo, no dia 21 de agosto, um novo fator passou a ser considerado. O parecer do futuro Conde de Galveias, João de Almeida de Melo e Castro, termina por uma recomendação positiva. É notório que este conselheiro estava informado dos termos dos Tratados de Tilsit (cf. SOUZA, 1998b, p. 251); da incorporação da esquadra russa às da França e da Espanha previa a reação da Inglaterra, na hipótese de Portugal ceder às solicitações de Napoleão. No pensamento de Melo e Castro só havia uma solução: a transferência da corte portuguesa para a sua mais próspera colônia, o Brasil[28]. A ideia da transferência não era nova. Martim Afonso de Sousa, organizador da colonização sistemática do Brasil, teria sido um dos primeiros a aconselhar a transferência da família real para a América do Sul, revelando a Dom João III a extensão dos seus domínios neste continente. Mais tarde Dom João IV, receando pela independência portuguesa, admitia, como propusera o Padre Antônio Vieira em 24 de junho de 1691, a trasladação da corte para o Rio de Janeiro (cf. NORTON, 1979, p. 3). Depois considerada como alternativa pelo Marquês de Pombal em 1755, após o terremoto de Lisboa, e defendida no início da Revolução Francesa.

---

28. ANRJ "Negócios de Portugal", Pareceres do Conselho de Estado, cx. 714, d. 93; BNRJ "Papéis da Coleção Linhares", lata 2. BA cód. 50-V-33; *Cartas do Padre Antônio Vieira*, Lisboa 1854, t. 1, 188-189.

O príncipe regente, após ouvir as opiniões de seus conselheiros, recusou-se a modificar sua posição e os embaixadores francês e espanhol retiraram-se de Portugal. Nos dias 12 e 14 de outubro (ANRJ "Negócios de Portugal", Pareceres do Conselho, cx. 714, d. 89 e 98), o Conselho, apesar da oposição de Madri, reiterou a recomendação de que o príncipe fosse enviado ao Brasil. Até o início de outubro a corte permanecia tranquila, confiando que Napoleão tivesse outros objetivos de maior importância que a invasão de Portugal. Entretanto, em pouco tempo a situação configurou-se de forma diversa. Aos 20 de outubro, tendo presente o parecer do Conselho, o príncipe regente declarou que Portugal, abandonando sua política de neutralidade, aderia à causa do Continente. Em consequência, foram fechados os portos portugueses aos navios de guerra e mercantes (ANRJ "Negócios de Portugal", Pareceres do Conselho, cx. 714, d. 88).

A 1º de novembro retornava de Paris Dom Lourenço de Lima com a notícia de que Napoleão não estava satisfeito, e não se satisfaria senão quando os ingleses residentes em Portugal fossem presos e seus bens sequestrados. Isto combinado com as notícias de que o Marechal Junot partira de Bayonne com um exército francês e que as tropas espanholas se concentravam nas fronteiras tornou o ambiente mais tenso. A reação do Conselho, em sessão do dia 2 de novembro, manifestou-se através de três pareceres, todos estavam de acordo em que a submissão seria a única alternativa. Os preparativos para a transferência da corte deveriam ser acelerados de maneira que ficassem assegurados os meios de retirada no caso de Napoleão violar o compromisso de respeitar a integridade das fronteiras portuguesas e garantir a dinastia de Bragança (ANRJ "Negócios de Portugal", Pareceres do Conselho, cx. 714, d. 99). O Marquês de Marialva, com suas malas carregadas de diamantes, foi despachado às pressas para participar a Napoleão as decisões tomadas diante das exigências. A corte portuguesa acreditava que

Napoleão suspenderia o avanço das tropas francesas e espanholas (ANRJ "Negócios de Portugal", Pareceres do Conselho, cx. 714, d.101).

No dia 23 de novembro chegavam a Lisboa notícias de que Junot, comandante das tropas francesas, havia cruzado as fronteiras e estava em Abrantes. Ao mesmo tempo chegava um exemplar de *Le moniteur*, órgão oficial da França, anunciando que Napoleão decidira destronar a Casa de Bragança. Chegava o momento da decisão, esta foi tomada na sessão do Conselho de Estado na noite de 24 de novembro (ANRJ "Negócios de Portugal", Pareceres do Conselho, cx. 714, d. 91). O documento revela que os membros do Conselho estavam cientes de toda a situação e, assim, recomendaram o embarque imediato de toda a família real para o Brasil. O príncipe regente aprovou a proposta e foram tomadas as medidas para a partida. Dom João manifesta e justifica a resolução de transferir-se para o Brasil e nomeia a Regência para governar Portugal enquanto ausente (ANRJ "Livro ofícios do governo da Bahia", I, 1808, f. 5). Desta situação econômica e política de Portugal junta-se à realidade colonial do Brasil, especialmente sua realidade religiosa. Fatores conjunturais que já são raízes do processo de independência.

> Não temais, amados filhos, vivei seguros em vossas casas e fora delas; lembrai-vos que este exército é de Sua Majestade o imperador dos franceses e rei da Itália, Napoleão, o Grande, que Deus tem destinado para amparar e proteger a religião, e fazer a felicidade dos povos (D. José, cardeal patriarca de Lisboa. In: NORTON, 1979, p. 11).

Capítulo XXIV
Lorenzo Caleppi: primeiro núncio nas Américas (1808-1817)

> Naquela época napoleônica, na Europa,
> só a Igreja e D. João VI souberam esperar
> e salvar-se a tempo (Norton, 1979, p. 12).

Introdução

Seis meses após a chegada da família real ao Rio de Janeiro desembarcava no dia 8 de setembro o italiano Dom Lorenzo Caleppi[29]. Às duas da tarde ancorava na Guanabara a fragata *The Stork*, procedente de Portsmouth. Note-se, é o primeiro núncio no Brasil e não do Brasil, pois este era colônia de Portugal. Nas Américas era a primeira vez que um representante papal colocava os pés e moraria até seu falecimento. O primeiro núncio no Brasil passou por grandes peripécias antes de chegar à colônia. Este capítulo retrata a conturbada transferência de Caleppi e as atividades do primeiro núncio de Portugal no Brasil.

As dificuldades para o embarque[30]

O núncio desde o início estava disposto em partir para o Brasil, acompanhando a família real portuguesa. Os registros demonstram que Caleppi previa desde outubro de 1807 a hipótese

---

29. AAV ANL D. I, P. XXIII, n. 39, fasc. 2, S. 4ª; AAV SS 251, Gazeta do Rio de Janeiro nº 5, 3ª feira 15 de janeiro de 1817.

30. AAV ANL D. I, P. XXIII, fasc. 4, nº39, S. 10ª.

da impossibilidade da conciliação entre França e Portugal. O representante da Santa Sé demonstrava-se disposto a seguir a corte, já naquela época pedira instruções de Roma sobre as faculdades que deveria exercer no Brasil-português. A Santa Sé era de pleno acordo que o núncio acompanhasse a família real. Informado da notícia da partida da corte, o núncio foi até o palácio real. O Príncipe Regente o convidou com "benignidade e fusão do coração" a acompanhá-lo em sua viagem, dizendo-lhe querer "o consolo de ter perto de si o representante do Santo Padre, a quem ele é sinceramente afeiçoado". Em seguida o núncio combinou todos os detalhes da partida com o ministro da Marinha. Apesar das providências tomadas, "a confusão do momento foi tal que não foi possível ao sobredito ministro fazer aprontar nenhuma nau ou fragata portuguesa, na qual o Núncio pudesse, com alguma comodidade e a decência indispensável à sua representação, empreender a viagem, que não deixaria de realizar o mais depressa possível" (SOUZA, 1998b, p. 252-253).

Começava um período difícil para o núncio sob a ocupação francesa. Mesmo dentro de suas posições diplomáticas, tratava Junot com franqueza, defendendo a posição do Regente e dos que o acompanharam como legitimidade dos Braganças, sem perder a esperança de receber os passaportes para o Brasil que o comando lhe negava (AAV ANL D. I, P. 23, S. 6). O general possuía instruções de só permitir a partida para Roma.

As comunicações entre Caleppi e a Santa Sé tornaram-se difíceis. O núncio recebera notícias que na Cúria havia um pensamento desfavorável à sua pessoa, tendo chegado ali informações que ele não quisera partir com o Príncipe. O Papa Pio VII assinara um breve enviado ao Regente, qualificando de covardia a atitude de Caleppi, oferecendo a demissão do núncio e substituindo-o por outro (AAV ANL D. I, P. 26, S. 1). A situação piorava para o núncio diante do governo francês, Caleppi não recebia os passaportes. Recorreu a uma estratégia, aceitando o tipo de passaporte que o General Junot oferecia. Simularia uma viagem para Roma e, na Espanha, embarcaria para o Brasil. Soube que o francês o acompanharia, e desistiu. Mudou a rota secretamente, os franceses desconfiaram (cf. SOUZA, 2002, 1998b, p. 254).

Quando foi despedir-se de Junot, este lhe disse que sabia da evasão. Caleppi negou tudo e no dia 18 de abril burlou as sentinelas francesas e teve uma fuga de romance (AAV ANL D. I, P. 23, S. 3). Devido a grandes dificuldades enfrentadas logo ao iniciar a viagem, foi necessário pedir ajuda a uma fragata inglesa. O comandante acolhe o núncio, as dificuldades com o navio e o mar continuavam e foi necessária a mudança da rota. Era 10 de maio de 1808 quando a fragata aportou em Plymouth Dock, na Inglaterra. Caleppi foi muito bem recebido pelos britânicos. Monsenhor Lorenzo Caleppi deixou a Inglaterra no dia 10 de julho, escoltado pela frota britânica, vencendo a primeira etapa de sua conturbada viagem. A fuga de Caleppi, ainda que desrespeitando as leis penais francesas e o abandono ao povo português, veio trazer maiores condições para sua carreira. Recebeu elogios do Pontífice e um prêmio do Regente a grã-cruz da renovada Ordem da Terra e Espada (AAV ANL D. I, P. 23, S. 10).

A instalação no Rio de Janeiro

Às cinco horas da tarde do dia 8 de setembro de 1808, desembarcou em terras brasileiras Monsenhor Lorenzo Caleppi. Dom João o recebeu e acolheu com singular bondade e agrado, entretendo-o em longa palestra. Hospedou-se o arcebispo de Nisibi no Mosteiro São Bento, e pouco depois passou a residir no prédio nobre da Rua do Alecrim, hoje do Hospício, esquina da Rua da Condessa, também denominada do Carno dos Cajueiros e segunda travessa de São Joaquim, que, em honra à memória dos representantes da Santa Sé, recebeu o nome de Rua do Núncio.

Depois de instalado, Caleppi iniciou a sua árdua missão. O Pró-Secretário de Estado, Cardeal Pacca, receando pela saúde e idade do núncio, sugeriu ao Santo Padre que o chamasse, colocando outro em seu lugar. Isto não chegou a acontecer. O fato é que os problemas foram aparecendo: as relações entre as autoridades eclesiásticas brasileiras e a Cúria Romana; a situação moral e religiosa do clero; a infiltração de ideias nocivas; desentendimentos com o próprio sistema governamental. Estas dificuldades foram acrescidas com a impossibilidade de comunicação com o papa, prisioneiro de Napoleão. A seguir serão narradas duas destas dificuldades do núncio para exemplificar a extensão de seu trabalho no Brasil colonial, a primeira com o bispo de São Paulo e a segunda com o Capelão-mor.

As difíceis relações com Dom Matheus de Abreu Pereira[31]

Ao tomar posse de seu bispado, Dom Matheus encontrava-se diante de uma grande extensão geográfica e uma carência sacerdotal. Inúmeras foram as paróquias criadas durante o seu pastoreio, nascendo a necessidade de mais padres. A práxis comum era o próprio bispo conferir ordens sacras a seus clérigos. A dificuldade estava na demora entre a apresentação, pelo regente, de um padre para bispo e a sua confirmação por parte da Santa Sé. As Constituições Primeiras do Arcebispado da Bahia criavam uma norma prática perante esta situação. A causa concreta que levara ao confronto entre Caleppi e Abreu Pereira foram as acusações que este ordenava a todos sem prévio exame, sem as demissórias necessárias.

Em novembro de 1808 o núncio enviara ao bispo uma carta confidencial (AAV ANL D. I, P. XVII, S. 9), escandalizado dos boatos correntes: Dom Matheus havia admitido às ordens, sob o título de compatriotado (incardinação) e famulato (o empre-

---

31. ACMSP Livros de óbitos da Sé, vol. 36, 32; AAV FCons. Proc. 199, f. 213.

gado que desempenhava serviços subalternos nos seminários ou residência episcopal), com dispensas de idade e de interstícios, vários jovens oriundos de diocese estranha, em flagrante contradição com o Concílio de Trento (Sessão 23, can.8). Num prazo de 8 meses, antes da resposta de Dom Matheus, o núncio recebeu súplicas de dispensas de idade feitas por ordenandos naturais de outros bispados que se nomeavam fâmulos do prelado (AAV ANL D. I, P. XVII, S. 9). Caleppi concluiu que o bispo não recebera a carta de novembro e escreveu outra carta sobre o mesmo assunto[32]. O bispo replicou a ambas, apelando em próprio favor às faculdades pontifícias para as dispensas outorgadas e o direito a lhe permitir a admissão às ordens dos que traziam demissórias dos prelados respectivos ou os compatriotados em sua diocese[33]. Os padres da diocese de Mariana continuavam a serem ordenados irregularmente e pedir dispensas para o exercício das ordens. Caleppi procurava fazê-los reconhecer a gravidade da culpa, procedendo com tato diante da situação[34].

O bispo de Mariana, Dom Frei Cipriano de São José (AAV F. Cons. Proc., cód. 201, f. 362-380) opôs-se duramente a Dom Matheus, enviando queixas ao núncio sobre as ordenações; este continuava a recusar os ordenandos[35]. Outro fato fez com que o núncio tomasse medidas mais sérias. Em 24 de março de 1812, Caleppi consentira na secularização do agostiniano descalço José do Bom Sucesso Rodrigues de Brito. Não requereu dele a justificação do legítimo patrimônio e a incardinação em alguma diocese,

---

32. AAV ANL D. I, P. XVII, S. 9. Caleppi a Abreu, Rio de Janeiro 22 de julho de 1809.
33. AAV ANL D. I, P. XVII, S. 9. Abreu Pereira a Caleppi, São Paulo 20 de agosto de 1809.
34. AAV ANL D. I, P. XVII, S. 10. Rio de Janeiro 18 de setembro de 1812. Rio de Janeiro 18 de maio de 1815.
35. AAV ANL D. I, P. XVII, S. 10. Mariana 9 de abril de 1811; 28 de setembro de 1812; 10 de julho de 1815.

não era sacerdote. Exigiu-lhe que vivesse *in vim voti religiosi ab eo emisse sub oboedientia ordinarii in cuius dioecesi commorabitur*. Um ano depois, Rodrigues Brito reapareceu com um atestado de Dom Matheus confirmando-o já sacerdote e apresentando-o aos ordinários para permissão de celebrar.

O núncio viu-se diante de um dilema: ou negar a autenticidade do documento ou admiti-lo. Escolhendo a segunda estaria implicando o bispo de São Paulo numa aberta contravenção às leis canônicas. Brito possuía patrimônio na diocese paulista, mas era ilegítimo e deveria ter apresentado demissórias do bispo de origem e as testemunhais deste e do antigo superior religioso. Caleppi escreve outra carta a Dom Matheus relatando o ocorrido[36]. O bispo paulista justifica-se dizendo que, ao receber Rodrigues de Brito, este se tornara seu súdito e era legítimo o que havia feito. O núncio insatisfeito com a resposta, escreve à Secretária de Estado relatando o mal resultante da atividade de Abreu Pereira[37]. Apesar dos fatos relatados, o bispo não foi punido pela Santa Sé, realizando seu trabalho à frente da diocese paulista até 1824, dando continuidade ao seu projeto de aumento dos sacerdotes. Faz-se necessário ressaltar que nesse período o clero de São Paulo teve figuras de grande relevo como Diogo Antônio Feijó, Manuel Joaquim do Amaral Gurgel, Vicente Pires da Mota, José Antônio dos Reis, futuro bispo de Cuiabá e o orador Francisco de Monte Alverne.

As relações do núncio com o Capelão-mor

Aos 8 de janeiro de 1806 o Príncipe Regente sugeriu à Santa Sé Dom José Caetano da Silva Coutinho[38] como bispo do Rio de

---

36. AAV ANL D. I, P. XVII, S. 9. Rio de Janeiro 1 de setembro de 1813.
37. AAV ANL D. I, P. XVII, S. 1. Rio de Janeiro 18 de outubro de 1815.
38. AAV FCons., Proc., cód. 207, f. 517-533; AAV ANL D. I, P. XXXIII, S. 8-11; AAV ANB B. 447, Rub. 257.

Janeiro. Depois de receber a ordenação episcopal em Lisboa aos 15 de março de 1807, preparou-se para partir. Chegou ao Rio de Janeiro a 26 de abril de 1808. Alguns meses após sua chegada o Regente o nomeou Capelão-mor[39], participando de todas as cerimônias importantes da Corte. As relações do bispo com o representante da Santa Sé não foram sempre cordiais. Silva Coutinho arrogava a si o direito de comunicar as decisões e fatos vindos da Santa Sé, pois era o Capelão-mor. Alegava que no passado competia ao patriarca de Lisboa e Capelão-mor da Corte (AAV ANL D. I, P. XXIII, S. 3). Uma das primeiras desavenças foi a questão do jubileu que o bispo queria comunicar a todos os ordinários. O núncio subdelegou a todos os bispos uma promulgação, contentando-se Silva Coutinho a fazê-la na própria diocese, com a pastoral de 10 de setembro de 1809[40].

O Capelão-mor era ainda suspeito de ideias regalistas e jansenistas, e, convidado a justificar-se, escrevia ao núncio: "Oxalá que ele (o papa) achasse tanta docilidade, sincera obediência, veneração e amor em todos os prelados que o cercam na velha Paris, como em nós outros pobres e humildes pastores, que habitamos cá nos últimos confins do mundo novo e inocente" (AAV ANB B. 447, Rub. 257). Os boatos que corriam faziam pensar que o bispo via em Caleppi um recém-chegado ao Rio de Janeiro, um que veio visitar o Regente ou que se divertia vendo a desordem da Europa (AAV ANL D. I, P. XXIII, S. 6).

No ano de 1824, Silva Coutinho escreve uma carta em latim ao papa. Dirigindo-se a Leão XII traduz sua devoção ao Sucessor de Pedro e acatamento de seu ministério universal. Com a ida do Cônego Francisco Vidigal, protonotário apostólico e dignitário do Cabido fluminense, como enviado do governo imperial jun-

---

39. AAV ANL D. I, P. XIV, S. 8. Rio de Janeiro 8 de fevereiro de 1808.
40. AAV ANL D. I, P. XXIII, S. 7. Pastoral de Dom José Caetano da Silva Coutinho.

to à Santa Sé, aproveitou o bispo para enviar ao Papa Leão XII uma carta de congratulação (26/08/1824), professando seu afeto ao sucessor de Pedro e dizendo que a escrevia "[...]principalmente para satisfazer ao meu sacro cargo, manifestar e dedicar à Suprema Cabeça da Igreja os mais puros e profundos sentimentos de amor e obediência, que os professarei enquanto viver, como convém estar persuadido um bispo que se gloria de sua catolicidade, de não só viver, mas desejar morrer no grêmio da única Igreja de Nosso Senhor Jesus Cristo e em comunhão com o seu Vigário" (AP, SC Amer. Merid., 5, f. 588). Estes foram alguns dos contratempos enfrentados por Monsenhor Caleppi durante o início de sua atividade no Brasil.

Este quadro apresentado demostra, através dos documentos, uma visão da realidade que vai desde os preparativos para a transferência da corte portuguesa até a atividade do primeiro núncio no Brasil-português; passando pelas dificuldades do embarque da corte, sua chegada ao Rio de Janeiro, as primeiras medidas do Príncipe Regente; a vida quotidiana revelando a mentalidade da população até os percalços de Monsenhor Caleppi.

Capítulo XXV
A atuação e a prática de piedade dos fiéis

> Religiosidade popular não é acervo
> histórico, mas manifestação de vida
> (CNBB, 1985, doc. 17, p. 15).

Introdução

As práticas de piedade popular na atualidade têm sua raiz no período colonial que, por sua vez, remontam à Idade Média. Devido a isso é tão necessário conhecer este passado da vivência da fé e suas devoções. Este capítulo tem a finalidade de apresentar o cotidiano colonial regido pela religião, as devoções populares de cunho cristológico e mariológico e a atividade sacramental no território de colonização espanhola.

Valorizar a piedade popular

O reconhecimento das realidades econômicas, culturais e sociais é fundamental no processo de evangelização, pois é a partir da dimensão concreta de cada povo que a Igreja anuncia o Evangelho: não se deve fazer *tabula rasa* das populações às quais se anuncia o Evangelho, nem ignorar sua história, suas condições sociais, políticas e econômicas e nem sua cultura. Entretanto, partindo dessas dimensões, a Igreja objetiva apresentar a Boa-nova de modo atraente e contextualizado, valorizando os diversos elementos que formam e caracterizam esses povos para, aí, inserir o anúncio de Jesus Cristo (cf. SOUZA; MARTINS, 2019, p. 250-251). Dessa maneira, "o antigo desprezo que os grupos elitistas sentiam e as condenações demasiado fáceis ou radicais dirigidas contra a piedade do povo, não podem encontrar apoio algum na reflexão teológica que se mantenha fiel às sugestões do Vaticano II" (MATTAI, 1989, p. 1.007). Estando no tempo presente se busca as raízes desta piedade contemporânea.

Cotidiano regido pela religião

Na América Latina colonial a vida era ritmada pela religião que fazia parte praticamente da totalidade das atividades nesse período até a independência. Como era a vida dos cristãos durante a semana? Os sinos ressoavam por toda parte. Estes possuíam um caráter de exorcismo contra as tempestades e, ao mesmo tempo, um instrumento valioso de comunicação com os fiéis. Era o sinal (chamado – propaganda) para os católicos. No século XVIII eram tantos sinos que foram necessárias intervenções oficiais e eclesiásticas para reprimir o excesso. Quando o sino soava às 9 horas da noite era um convite para rezar pelos agonizantes. O sino convidava três vezes ao dia para a recitação do Angelus, para as missas e tantas outras atividades religiosas. Servia também de relógio público.

Os feriados religiosos anuais eram inúmeros. O Papa Urbano VIII, em 1642, reduziu para 33 e, Bento XIV, em 1750, suprimiu todos. Mesmo assim ficaram 70 dias de festas incluindo os domingos. A frequência ao preceito dominical era imenso nas vilas e cidades. Em relação ao canto e à música, as pesquisas constatam que nas igrejas existiam magníficas capelas musicais. A capela que foi a mais elogiada pelo seu esplendor musical foi a da Catedral da Guatemala. O arcebispo de Lima, em 1699, e o sínodo de Concepción (1744) alertaram contra o abuso da utilização de árias de óperas e melodias profanas nas celebrações litúrgicas. Na Catedral de Lima havia um coral de crianças acompanhadas por indígenas músicos. Em Quito havia uma fábrica de órgãos e em Guanare, povoado no interior da Venezuela, o maior órgão dos interiores daquele território.

No domingo a missa era marcada pela legislação litúrgica e civil. Nas paróquias rurais, após a consagração se entoavam cânticos eucarísticos. Nessas missas eram lidos: editos de convocação, proclamas de matrimônio, listas de batizados e admoestações aos fregueses, muitas vezes nominais. O que emerge da documentação é uma piedosa rotina dos párocos e fiéis. Às segundas-feiras, a confraria das almas cuidava da missa para os defuntos. Às quintas-feiras se celebrava a missa do Santíssimo e aos sábados a missa para a Virgem. Na Cidade do México, em Puebla, em Guadalajara, em Bogotá, em Quito e Lima havia muitos padres e, assim, muitas missas. Era comum a celebração da Via-sacra às sextas-feiras.

As devoções populares: a cristologia colonial

No processo de colonização e evangelização já despontavam as devoções cristológicas e mariológicas. A veneração da cruz acompanha a história da América espanhola desde os primeiros anos da conquista. No século XVIII aconteceram casos de roubo da cruz dos cruzeiros da entrada das cidades e povoados, aquelas que haviam sido benzidas. Segundo os fiéis a cruz poderia atrair suas bênçãos. A devoção mais popular foi a veneração à Paixão de Cristo. Da devoção surgiu uma explosão iconográfica da representação da Paixão. O México produziu muitas imagens relacionadas à Paixão, a maioria feitas por índios. Numa só igreja, Santo André de Ocotlán, são 17 esculturas relacionadas à Paixão. Nas procissões da Semana Santa cada fiel levava o seu crucifixo. Devido a essa devoção à Paixão surgiam devoções relacionadas às necessidades da população.

Cristológicas: Nosso Senhor do Precíossimo Sangue, Nosso Senhor do Perdão, da Saúde, do Socorro, da Misericórdia, do Bom Despacho, dos Milagres, da Piedade, da Clemência, das Maravilhas, dos Desamparados, do Veneno.

Narra a tradição que a devoção ao Cristo do Veneno se refere a um pasteleiro na cidade de Michoacán, no México. Devido à situação de dificuldades em sua vida, levantou, tomou veneno e entrou na Igreja para fazer sua oração diária ao Cristo. Diante da imagem se arrependeu de ter tomado veneno e pediu que Cristo o ajudasse. A imagem absorveu o veneno e o pasteleiro sobreviveu. É necessário salientar que não é necessário crer na devoção, mas sim no artigo de fé. A devoção deve levar ao artigo de fé.

A devoção cristológica era também realizada na festa popular de Corpus Christi. Às vésperas da festa, à noite, ocorria uma saudação com uma queima de fogos de artifício. A procissão: as ruas eram enfeitadas com flores e ervas aromáticas; grupos de índios dançavam, grêmios e confrarias caminhavam com seus estandartes. Os religiosos com as imagens de seus fundadores seguiam a procissão. O clero, o cabido, as universidades, governadores, todos seguindo o Santíssimo que estava embaixo do pálio. Nessa devoção eucarística todas as paróquias construíam tronos para o Santíssimo. Em 1773, na Catedral do México, fez-se um trono em ouro maciço, cravado de diamantes oriundos do Brasil. No terceiro domingo do mês realizava-se uma procissão pelo interior das paróquias para celebrar a renovação da Hóstia que deveria servir para a devoção do mês seguinte (cf. BORGES, 1992, p. 361-370). Enrique Dussel apresenta uma crítica forte ao "catolicismo popular". Segundo o historiador, a religiosidade popular tem um duplo sentido; é ambígua. Guarda nela o melhor da experiência libertadora dos oprimidos, mas, ao mesmo tempo, introjeta a ideologia dominadora no dominado; servindo na mesma subjetividade estrutural, como classe, do oprimido aos interesses da dominação. Em seu texto também apresenta uma relação e análise dos santos/as que doaram sua vida e influenciaram na vida cotidiana das Índias. O estudo ainda estuda diversas práticas de piedade, sempre envoltas no arco da Cristandade (cf. 1983, p. 566-589).

As devoções populares: a mariologia colonial

A sociedade latino-americana vivia compenetrada neste sentimento profundo de que a Virgem se fazia presente em todas as dificuldades da vida pessoal e social. Misturavam-se a piedade tradicional e a piedade popular. Na maioria dos relatos das aparições (não são artigos de fé) a Virgem aparecia a índios e negros. As Virgens, na sua maioria, eram negras. A geografia latino-americana está povoada de devoções marianas. Através de cada devoção e de cada título havia uma história (religiosa, cultural). A prática da oração do rosário era comum e a sociedade da América Latina foi uma das mais devotas, levando, inclusive, o rosário no pescoço.

> **Mariológicas**: Nossa Senhora da Aurora, Nossa Senhora da Pobreza, do Raio, da Bala, do Bonsucesso, da Boa Viagem, da Consolação, dos Desamparados, do Incêndio, das Lágrimas, da Misericórdia, do Terremoto, Nossa Senhora Borradora.

A piedade popular, entre o período colonial e início das independências, foi se transformando em alguns lugares. Uma prática exercida no espaço público e de sensibilidade coletiva. Com o passar dos anos, as devoções foram mesclando elementos antigos e modernos. Entre as novidades estavam a criação de cemitérios extramuros e as mudanças nos rituais e crenças mortuárias, este tema pode ser reconstruído a partir dos testamentos. Estes aspectos da piedade popular contribuem para refletir sobre uma faceta da personalidade dos latino-americanos no período colonial.

Os **sacramentos** eram administrados na colônia seguindo as normativas de concílios e sínodos locais, tendo por base o Concílio de Trento. Evidente que, muitas vezes, a legislação não era seguida, devido a relaxamentos ou pensamentos diversos de sínodos locais. Tendo como base este pensamento teológico tridentino, alguns sínodos afirmavam que o único meio da criança obter a salvação era através do Batismo. Este deveria ser administrado ao menos quinze dias após o nascimento, devendo ser realizado na

Igreja paroquial ou nas capelas rurais. Era insistente com os índios que dessem nomes cristãos aos filhos. A Confirmação, geralmente era recebida somente pelos que moravam nas cidades. Pela área rural era muito difícil receber uma visita episcopal. Em várias destas localidades, o único que havia recebido este sacramento era o padre. Havia um grande número de confissões por ocasião das festas patronais, missões e no período de catástrofes naturais, os terremotos. Os critérios pastorais não permitiam administrar com frequência a comunhão. Sobre o Sacramento do Matrimônio "se deu uma grande pobreza pastoral". Não havia uma elaboração teológica e a atenção recaía sobre os aspectos jurídicos (cf. BORGES, 1992, p. 371-373).

Capítulo XXVI
Discurso sobre Deus, a teologia colonial

> [...] escravidão e o cativeiro eram uma consequência do pecado original (BENCI, 1977, p. 77).

Introdução

Compreender a estrutura da Cristandade medieval portuguesa e suas peculiaridades eclesiais ao ser transplantada para a colônia brasileira no século XVI é compreender esse discurso sobre Deus, ou seja, as diversas teologias coloniais. Esta é a finalidade deste capítulo: apresentar as teologias colonias que foram modelando o imaginário e o comportamento da população local com consequências para as gerações futuras na formação de sua identidade.

Cristandade medieval

Para compreender as práticas missionárias na colônia faz-se necessário revisitar a Cristandade medieval. Entende-se Cristandade por um sistema de relações da Igreja e do Estado (ou qualquer outra forma de poder político) numa determinada sociedade e cultura. Ela perdura até praticamente a Revolução Francesa (1789), com várias modalidades dentro desse processo através dos séculos. Na história do cristianismo, o sistema iniciou-se por ocasião da *Pax Ecclesiae* em 313 (paz concedida pelo imperador Constantino à Grande Igreja), com o Edito de Milão (põe fim às perseguições) e deu origem à primeira modalidade de Cristandade dita "constantiniana" a qual se apresenta como um sistema único de poder e legitimação da Igreja e do Império tardo-romano. As características gerais desta modalidade "constantiniana" são, entre outras, o cristianismo apresentar-se como uma religião de Estado, obrigatória, portanto para todos os súditos; a relação particular da Igreja e do Estado dar-se num regime de união; a religião cristã tende a manifestar-se como uma religião de unanimidade, multifuncional e polivalente; o código religioso cristão, considerado como o único oficial, ser, todavia diferentemente apropriado pelos vários grupos sociais, pelos letrados e iletrados, pelo clero e laicato (cf. SOUZA, 2012, p. 60).

A Cristandade medieval ocidental é, em certa medida, a continuadora da Cristandade antiga, a do "Império Cristão" dos séculos IV e V. No contexto medieval, acentuou-se muito mais a situação de unanimidade e conformismo, obtida por um consenso social homogeneizador e normatizador, consenso este favorecido pela constituição progressiva de uma vasta rede paroquial e clerical. As instituições todas tendiam, pois, a apresentar um caráter sacral e oficialmente cristão. Sabe-se que nela predominou, em geral, a tutela do clero. Não, todavia, durante os séculos IX e X, quando a tutela dos leigos sobre as instituições eclesiais a levou à sua feudalização, o que provocou a partir do século XI o grito dos reformadores, sobretudo eclesiásticos: *Libertas Ecclesiae*. Ocorreu então a reforma "gregoriana", no século XI, que operou a síntese de uma reforma na e da Igreja, de uma reforma *caput et membris* (cf. SOUZA, 2012, p. 60).

> Conquanto já presente e atuante noutros continentes, na África e na Ásia, é neste que Portugal tem ocasião de exercer irrestrita soberania, e, pois, de introduzir instituições e normas de ocupação em que sua vocação imperialista e apostólica se exerce de modo pleno e por maneira própria, sem a oposição de outras sociedades ou a ingerência de concorrentes (AZEVEDO, 1978, p. 17).

As diversas teologias no Brasil Colônia

Teologia da Cristandade

A teologia que será o pano de fundo de todas as teologias coloniais é a teologia da Cristandade (cf. AZZI, 2005, p. 13). E isto para o Brasil e os demais territórios na América Latina de colonização espanhola. Teologia da Cristandade é o mesmo que Estado Lusitano Católico. Fora dos princípios culturais do Estado português não é possível a existência ou florescimento de teologia e de salvação.

Portugal é compreendido pelos pensadores desse período como a reviviscência do reino de Israel. Assim como o povo hebreu foi predestinado por Deus como portador de salvação, os portugueses passam a ser considerados como o povo eleito por Deus para ser sua nova presença salvífica no mundo. Da mesma forma que acontecera com Israel, serão vistas as vicissitudes políticas e comerciais dos portugueses como sendo manifestações da presença e vontade de Deus. Dentro dessa dinâmica as conquistas das terras por parte dos portugueses eram legitimadas como expressão de um desígnio de Deus em prol da edificação da Cristandade (cf. SOUZA, 2012, p. 61).

Tendo por pressuposto essa definição de que o reino português é o lugar de salvação, a ação missionária era concebida como um instrumento necessário e eficaz para trazer as populações indígenas à aceitação da cultura portuguesa. Neste sentido, **ser cristão** para os indígenas ou para os negros trazidos para o Brasil, significava abandonar na integralidade sua cultura e aderir os novos valores, usos e costumes da civilização portuguesa. A sujeição indígena era estabelecida como pressuposto necessário para a evangelização. Desse modo, a fé não constituía uma opção livre, mas uma imposição exigida pelo próprio modelo eclesial de Cristandade.

Teologia da Guerra Santa

Um desdobramento desta Teologia da Cristandade é uma outra que pode ser denominada de **Teologia da Guerra Santa**. Dentro dos princípios da Teologia da Cristandade era pacífica a aceitação do princípio da guerra santa. Assim, tanto as guerras contra os indígenas para a conquista do território como as sucessivas guerras para a expulsão dos franceses e holandeses, assumem sempre uma tônica de cruzada ou guerra santa. Neste contexto, os indígenas eram considerados mouros ou gentios, inimigos da fé; e os franceses e holandeses vistos como hereges luteranos ou calvinistas. Derrotá-los e expulsá-los era para os portugueses uma missão política e religiosa ao mesmo tempo (cf. AZZI, 2005, p. 127).

No início da colonização houve um esforço por parte dos jesuítas para respeitar e valorizar diversos elementos da cultura indígena. Esse movimento foi logo sufocado pela ação do primeiro bispo Dom Pedro Sardinha, tudo em nome da ortodoxia católica. De acordo com o bispo, os missionários não tinham vindo fazer dos portugueses gentios, mas para transformar os indígenas em cristãos, ou seja, integrá-los na cultura portuguesa (cf. AZZI, 1979, p. 282-283).

O projeto político e econômico da Coroa portuguesa passa a ser sublimado e justificado em nome da fé cristã. Portanto, nesta e em outras atitudes é possível constatar a mentalidade e comportamento da perspectiva medieval da conquista do território e culturas para a fé católica. Os projetos coloniais eram distintos, mas complementares: a conversão dos indígenas e a ocupação do território. Na conquista, a colonização e a expansão do Império português estão entrelaçados aos interesses políticos, econômicos e religiosos. É necessário evangelizar aqueles que não têm as três letras principais do alfabeto: sem F (fé), sem L (lei) e sem R (rei). O cristianizar, neste momento, significava concretamente transplantar para o Brasil o domínio e a cultura do reino lusitano.

Teologia do desterro

A Teologia da Cristandade era estritamente veiculada pela Igreja hierárquica e por clérigos vinculados diretamente à Coroa portuguesa; os religiosos, entretanto, difundiam por toda a colônia uma teologia ascética e espiritual que pode ser designada adequadamente como teologia do desterro. Essa teologia também era uma herança do mundo medieval, e tinha como fundamento principal a tradição monacal de fuga ou desprezo do mundo, *comtemplio mundi,* bem como a concepção filosófico-teológica do agostinismo platônico. A ênfase era dada à doutrina do pecado original, sendo a terra considerada como o lugar de desterro ou de castigo pelo pecado dos primeiros pais.

A oração medieval *Salve Regina* traduz bem o espírito desta teologia. A situação da humanidade na terra é dos *degredados filhos de Eva.* Lugar de exílio, a vida do mundo reduz-se principalmente à saudade, ao sofrimento e ao pranto: *gemendo e chorando neste vale de lágrimas.* A vida presente não tem significado algum próprio. É apenas um tempo de espera para a volta à eternidade, à verdadeira vida. Não se trata de construir aqui alguma coisa, mas apenas de aguardar em espírito de oração o momento do retorno à pátria perdida: *e depois deste desterro, mostrai-nos Jesus*[...] (cf. SOUZA, 2012, p. 63). Era uma visão totalmente negativa da realidade e aceita no período colonial de maneira pacífica, pois de forma alguma se contrapunha ao sistema colonial. Ao contrário, chegava de certo modo até mesmo a justificá-lo. Afirmava-se que as situações injustas no mundo eram simplesmente fruto do pecado original. Cada um devia aceitar a sorte que lhe cabia, sem pretender mudar a vontade de Deus.

O Jesuíta Jorge Benci, numa obra publicada em 1705, afirmava que a escravidão e o cativeiro eram uma consequência do pecado original (cf. BENCI, 1977, p. 77). As causas últimas da injustiça no mundo são atribuídas à fase anterior do Paraíso Terrestre. Alguns moralistas afirmavam que a escravidão não era apenas um castigo do pecado original, mas era um meio eficiente de conversão à fé cristã. No século XVI diversos jesuítas haviam aceitado a ideia de reduzir indígenas à servidão como meio eficaz de facilitar a sua conversão. No *Compêndio narrativo do Peregrino da América*, publicado em 1728, Nuno Marques Pereira enfatiza essa ideia com relação aos africanos.

Capítulo XXVII
Catolicismo e atitudes de descrença

> Isto de inferno é história. Deus não
> manda jejuar (ANTT Inquisição, 15008).

Introdução

Através de alguns fundos como o da Inquisição do Arquivo Nacional da Torre do Tombo e dos diários das visitas pastorais de alguns bispos se poderá constatar os sinais da religiosidade e as atitudes de descrença no Brasil português. O fundo da Inquisição é uma "das principais fontes de documentação para devassar a intimidade e o cotidiano da colônia" (NOVAIS, 1997, p. 36). Por maior esforço que fosse o de bispos, missionários ou das autoridades civis, a religiosidade se revelava superficial e supersticiosa para alguns. Para outros esta era uma expressão de fé dos moradores do Atlântico Sul. O capítulo revela a situação nos tempos coloniais nesta situação inversa da fé.

Relatos

Narra um vigário, em 1782, que o capitão dos índios numa localidade vizinha a Serinhaém "costumava fazer ajuntamentos com outros índios nos matos do lugar chamado Carmelião, e preparar jurema, e nela metia uma imagem de Nosso Senhor Jesus Cristo, depois dava a beber a todo o dito ajuntamento" (ANTT "Inquisição de Lisboa", 6238). Na Amazônia, os prelados tinham contatos com outros costumes, outras culturas; aí eram encontradas as comunidades indígenas, consideradas incapazes de se civilizar, de evoluir por si só.

O sexto bispo do Pará, Dom Frei Caetano Brandão (AAV FCons., Proc., cód. 182, 27-38), tomou posse em 1783; o *Diário*[41] das suas visitas pastorais constitui um documento que não só interessa à história eclesiástica da Amazônia, mas é um retrato das condições sociais, econômicas e culturais de vida das populações amazônicas nesse período. Passando pela Ilha de Marajó faz uma observação sobre os tapuios dizendo que são gregários e com muita harmonia social, sem distinções apreciáveis de fortuna, preferem tomar chibé (farinha com água) a trabalhar para branco. Numa outra visita, à Vila de Oeiras, relata Dom Brandão que a "ignorância das verdades *Catholicas he extrema*". A partir de suas experiências, através das visitações, este bispo não tinha ilusões quanto à aculturação religiosa dos indígenas. Para o bispo, estes cumpriam os deveres de cristãos pelo medo da represália; apesar de confessarem, comungarem, ouvirem missa, nada fazia com que mudassem os "dois vícios da incontinência e da gula". No que se refere à comunidade negra, a existência das irmandades, espalhadas por todo o Brasil, levaria a supor numa forte aculturação religiosa da população de origem africana, porém as pesquisas trazem à tona uma outra realidade (cf. MULVEY, 1980, p. 253-277; ACMSP, cód. 1-3-8).

Era apenas uma pequena porcentagem dos homens de cor que se congregavam nas irmandades. O que não resta dúvida é o fato de que eram muitas as irmandades e poucos os participantes. Faz-se necessário reconhecer que de algumas não há o registro de

---

41. BNL, Reservados, cód. 6321, Diário das visitas pastorais do Exmo. e Revmo. Senhor D. Frei Caetano Brandão, arcebispo e senhor de Braga, primaz da Espanha no seu bispado do Pará.

quantas pessoas a elas pertenciam, como é o caso da irmandade de Nossa Senhora do Rosário dos Homens Pretos de São Paulo. No arquivo de São Paulo está conservado o seu compromisso, datado de 1778, porém não se registra o número de participantes. Poderia se pensar que em relação aos negros houvesse uma adoção mais profunda do catolicismo do que aquela que se observava entre os indígenas; o fato é que estes apareciam aos olhos dos padres como "fomentadores das supersticiosas e abomináveis opiniões" que se espalhavam pelos sertões afastados dos grandes centros de culto.

No interior do bispado de Pernambuco moravam, entre outros, "gentios da costa da Mina, de Angola, de Benguela, de quase toda a cafraria" que, embora batizados no Brasil e tendo "alguma luz de religião", não esqueciam as suas raízes: "vêm cheios de prejuízos da infância, que apenas de todo se arrancam nos que têm almas boas, e chegam bem a entender a língua", o padre do local assim relatava que têm "natureza quase pagã, têm uma fé fria, cheia de defeitos, morta" (ANTT "Inquisição de Lisboa", 6340). Para as autoridades eclesiásticas, a religiosidade dos colonos media-se pelos índices de frequência à confissão, comunhão pascal e pelo ouvir missa; respeito ao jejum e temor da morte. Terminada a sua longa visita pastoral, Dom Caetano Brandão referia as muitas pessoas de "vida dissolutíssima" que encontrara, "sem falar agora dos gentios, nem ainda dos nossos índios batizados". Eram brancos "sem jugo, sem Deus e sem consciência". E explicitava: "o seu Deus não é outro senão o deleite da carne, ou do próprio interesse; nenhum respeito às leis da Igreja; nenhum temor das censuras". E uma "total insensibilidade a respeito da outra vida". O bispo concluía dizendo que "assim passam a vida mui satisfeitos, rindo, folgando, comendo e dormindo a sono solto" (RAMOS, p. 170).

Testamento: um livro aberto sobre as atitudes religiosas

> O **testamento** é um instrumento público pelo qual o indivíduo manifesta as suas últimas vontades ao dispor, para depois da sua morte, do patrimônio por ele acumulado. Durante o período colonial constata-se a existência de três tipos: o nuncupativo, declarado oralmente; o hológrafo, redigido pelo testador e por ele assinado e datado; e o público, escrito pelo tabelião (notário) e registrado em livro próprio, conforme o Código Filipino, livro IV, título 80. Os cartórios brasileiros, para o período colonial, guardam um volume considerável de testamentos públicos. É inegável a representatividade desse documento serial como fonte para estudos demográficos, socioeconômicos, jurídicos e culturais, que não se limita apenas ao registro das últimas vontades dos mais abastados, mas, sobretudo as do homem comum e mesmo dos forros e de escravos. Essa prática jurídica também tem possibilitado detectar mudanças nas atitudes coletivas e suas dimensões sociais. No século XVIII esse registro revelou uma sociedade profundamente marcada pela devoção barroca do catolicismo, haja em vista a constante referência, especialmente nos legados pios, às irmandades, aos santos devotos, aos sufrágios para as almas, ao cerimonial fúnebre. Já no século XIX, além do registro ser mais sucinto, manifesta-se uma forte tendência laicizante (MAGALHÃES, 1994, p. 786-787).

Outra fonte reveladora das atitudes religiosas no final do período colonial brasileiro, às vésperas da independência, são os testamentos. Uma negra forra da Vila de Nossa Senhora da Piedade de Lorena, Capitania de São Paulo, escolheu para ser seu testamenteiro um padre; pedia que seu corpo fosse amortalhado no hábito franciscano e "em falta dele no que puder ser"; era da Irmandade de Nossa Senhora da Piedade, querendo ser sepultada na sepultura da confraria (AESP Ordem 456, lata 2, L. 8, f. 43). Um negro liberto fez seu testamento em 1811 no Rio de Janeiro, neste se percebe que a sua fé nada diverge daquela que é comum nos brancos:

> Eu, João Antônio do Amaral, sou cristão pela graça de Deus e creio em todos os mistérios da Santíssima Trindade assim e da maneira que nos há ensinado e manda crer a Santa Igreja Católica Romana, e confiado em os infinitos merecimentos da sagrada paixão e morte do Unigênito Filho de Deus e meu Senhor Cristo, espero me sejam perdoados meus pecados e salva a minha alma, mediante a intervenção da bem-aventurada Virgem Maria, mãe de Deus e Senhora nossa, a quem suplico e ao Anjo da minha guarda, ao Santo do meu nome e a todos os Santos e Santas da Corte do Céu e aos da minha particular devoção queiram interceder por mim a Deus Nosso Senhor, a fim de que a minha alma se salve e vá gozar de bem-aventurança eterna para que foi criada, pois como verdadeiro cristão protesto viver e morrer na santa fé católica, detestando, como detesto, tudo quanto detesta e abjura a Santa Igreja (ANRJ "Testamentos", João Antônio do Amaral, maço 434, nº 8391).

Ordens terceiras e irmandades: revelações do catolicismo brasileiro

As ordens terceiras, assim como as irmandades, congregavam os fiéis, homens e mulheres que nelas desempenhavam suas tarefas e que contavam com a solidariedade destas no momento da morte. Esta afirmação pode ser comprovada através do testamento de Escolástica Antunes Lage, em 1795, na Capitania de São Paulo: "Declaro que o meu corpo será sepultado na ordem terceira de São Francisco, de onde sou indigna irmã terceira e onde servi três anos de ministra na mesma ordem e será amortalhado no hábito da religião de São Francisco" (AESP, Ordem 456, lata 42, L. 6, f. 117). O fato de pertencer a uma ordem terceira não implicava que as pessoas não estivessem ligadas ao mesmo tempo a irmandades.

Outra vertente que emerge dos testamentos é a preocupação das pessoas para com as missas para a salvação das suas almas e também das almas de seus parentes, para isso deixavam dinheiro para várias igrejas e capelas[42]. A religiosidade também pode ser avaliada pela presença da religião na vida quotidiana das pessoas, através dos oratórios, imagens, rosários, catecismos e outros objetos de devoção que possuíam nas suas casas. Assim, uma moradora de Itu, Capitania de São Paulo, declarava, em 1795, que possuía um "nicho pequeno metido na parede com uma imagem do Senhor Crucificado e uma imagem da Senhora da Conceição e Santo Antônio", as quais deixaria à sua escrava Antônia (AESP, Ordem 456, lata 2, L. 6, f. 117). Da análise em 15 inventários da cidade do Rio de Janeiro, em apenas 4 não constam os objetos privados de devoção. No Arquivo Nacional do Rio de Janeiro existe

---

42. AESP, Ordem 456, lata 2, L. 6, f. 93; Ordem 457, lata 3, L. 9, f. 90; Ordem 456, lata 2, L. 6, f. 159.

uma grande série documental que trata vastamente o assunto, aqui foi oferecida uma pequena amostra[43].

Dentro deste tema aqui tratado sobre a religiosidade e a descrença no quotidiano colonial, resta a pergunta de como seria possível avaliar o grau de respeito pelos preceitos religiosos. Neste parágrafo será demonstrado, através dos testemunhos, a constatação da realidade. Revelando assim indivíduos que cumpriam os preceitos e outros não é o porquê. Em relação ao jejum, um morador de Sabará, na Capitania de Minas Gerais, no ano de 1789, afirmava que era contra a regra do jejum, declarando não ser pecado "comer carne nos dias proibidos"; e um capitão, que fazia a viagem de Portugal para Pernambuco em 1789, passara das palavras à ação "comendo carne nos dias proibidos pela Igreja sem fazer caso das admoestações do capelão" (ANTT "Inquisição de Lisboa", 2825 e 5529). Em 1795, uma certa Dona Ana, mulher de um negociante do Rio de Janeiro, foi denunciada ao Santo Ofício por fazer as seguintes afirmações:

> Isto de inferno é história. Deus não manda jejuar. É logro passar a vida em abstinências e orações. Deus não se há de ocupar no Juízo Final em perguntar a cada um de nós o que fizemos. As confissões foram inventadas pela curiosidade dos sacerdotes por quererem saber a vida alheia (ANTT Inquisição, 15008).

---

43. ANRJ "Inventários" 1781, cx. 1135, n. 9024; 1791, maço 2295, n. 456; maço 2285, n. 1970; 1801, maço 2293, n. 320 e 318; maço 451, n. 8627; maço 462, n. 8853; 1811, cx. 4136, n. 1315; maço 434, n. 8391; cx. 1141, n. 9629; cx. 1134, n. 9287; maço 469, n. 8950; 1821, cx. 3650, n. 161; maço 439, n. 8480; maço 460, n. 8794; maço 289, n. 5276; maço 121, n. 2386; maço 741, n. 3136; maço 459, n. 8762.

Capítulo XXVIII
Catolicismo e o imaginário da morte

> Ordeno que meu corpo seja sepultado na igreja matriz nas sepulturas de Nossa Senhora das Dores de quem sou indigna irmã (AESP Ordem 456, lata 2, livro, 6, f. 46v).

Introdução

Para os católicos era necessário preparar-se para a morte, daí temia-se uma morte inesperada, de surpresa, violenta. Ao aproximar da morte os indivíduos procuravam sempre um consolo, exigindo a presença de um padre que cobrava pelos serviços prestados. Dentro deste contexto era importante o papel desempenhado pelas confrarias na assistência junto aos morrentes, pois os irmãos costumavam acompanhar o sacerdote que se dirigia à casa de um doente para lhe levar o viático. O capítulo tem o propósito de percorrer este imaginário da morte através de testemunhos e testamentos, e a atividade das confrarias.

Preparação para a morte

A extensão territorial na colônia era enorme e a população espalhada pelos sertões queixava-se amargamente da falta de padres que as atendessem à hora da morte. Os habitantes destes interiores pediam que se pusesse cura em todos os lugares "para se não experimentar as faltas que até o presente se experimenta de morrer os povos sem os sacramentos necessários" (ANRJ Desembargo do Paço, 194, pacote 3).

Em 1777, em Vila Boa, Capitania de Goiás, um "homem bastardo" foi lançado à cadeia pública por carregar consigo uma hóstia consagrada, retirada da sua boca por ocasião da comunhão pascal. Trabalhava na roça, tirando desta o seu sustento, vivia como agregado. Alguns vaqueiros que por ali passaram o convenceram que a partícula o livraria "de mortes súbitas, de tiros, de maus sucessos, como morrer afogado e sem confissão" (ANTT Inquisição de Lisboa, 2779). É necessário relatar que aconteciam casos em contrário ao anterior, como por exemplo, o ocorrido em São Paulo no ano de 1778 com Antônio da Costa Serra. Este, gravemente enfermo, não quisera que lhe administrassem os sacramentos e, quando alguém lhe aconselhava a confissão, "respondia muitos despropósitos e blasfêmias". Tal atitude não poderia ser justificada como "delírio da doença", pois se achando são e prosseguindo o seu negócio, continuava a proferir "as mesmas e mais horrorosas proposições com publicidade e escândalo da religião" (ANTT Inquisição de Lisboa, 6009).

Testamentos, passaportes para o céu

Os testamentos que são verdadeiros "passaportes para o céu" são também uma das melhores fontes para conhecer a mentalidade que se tinha, nesse período, sobre a morte (cf. ARIÉS, 1987, p. 8). A partir desta afirmação é possível constatar que o medo da morte, ou ainda, o medo que a alma se perdesse eternamente nas chamas do inferno diminuiu no final do século XVIII e início do século XIX. As intenções de missas pelas almas diminuíram e também acontecia um considerável desprendimento em relação às pompas fúnebres. Assim aconteceu com Luís Paulino de Oliveira Pinto da França que, em seu testamento de 1821, redigido em Salvador na Bahia, afirmava:

> Não quero que se façam honras fúnebres pomposas nem ofícios, nem armações de casa e igreja, e determi-

no que o meu cadáver seja envolto num lençol ou pano pobre que testemunhe bem a humildade que devemos ter diante de Deus, o nada que somos. Quero que os pobres conduzam o meu cadáver à sepultura, que será na freguesia onde eu falecer, a cujo pároco deixo uma esmola de 4$000 réis para dizer missa por mim e meus ascendentes (*Cartas Baianas,* 1980, p. 167-168).

O medo da morte tornava-se presente justamente no arsenal de objetos protetores: relíquias, imagens, ex-votos. Tudo indica que a Igreja incentivava esse clima de preparação para bem morrer e não foram poucos os bispos que, em visita pastoral às paróquias, admoestavam, sob pena de excomunhão, barbeiros, cirurgiões e "comadres" para que não "curassem, nem visitassem" os enfermos que não dispusessem a receber os últimos sacramentos. Culpavam as famílias pela falta de assistência espiritual e alegavam que o moribundo deveria preocupar-se primeiramente em salvar sua alma, para depois cuidar do seu corpo. Afinal sabia-se (os lunários também avisavam) que as moléstias não eram mais do que o sinal da alma enferma. "Antes de tudo confessem verdadeiramente todos os seus pecados para que, recuperada a saúde espiritual, se proceda mais saudavelmente à saúde" (ACMSP Pastorais antigas, série 2.3.26).

Em 1779 na cidade de São Paulo, Dona Francisca Paes de Lira decidiu no seu testamento, conforme era o costume das irmandades, que:

Meu corpo será sepultado na Igreja de Nossa Senhora da Piedade, ou na sepultura de minha mãe ou na de meu marido, amortalhado com o hábito de Nossa Senhora do Carmo, na tumba ou esquife da irmandade do Santíssimo Sacramento pelo privilégio que tem da santa irmandade como dona viúva (AESP Ordem 456, lata 2, livro, 4, f. 4v).

Na Vila de Guaratinguetá, Capitania de São Paulo, onde não havia Misericórdia (instituição que nas cidades possuía o monopólio do transporte dos defuntos para o local de sepultamento), Dona Francisca não era propriamente irmã, mas como viúva de um irmão podia usufruir os serviços da irmandade. Também Catarina da Assunção, moradora na mesma vila, quis os serviços da irmandade do Santíssimo Sacramento, de que o seu defunto marido fora irmão (AESP Ordem 456, lata 2, livro, 5, f. 104v). No ano de 1801, uma moradora da Vila de Sorocaba, Capitania de São Paulo, que era filiada a duas irmandades, distribuiu os serviços fúnebres a ambas: uma fornecia o transporte e a outra a mortalha e a sepultura.

> Ordeno que meu corpo seja sepultado na igreja matriz nas sepulturas de Nossa Senhora das Dores de quem sou indigna irmã e amortalhado em túnica competente à mesma irmandade, acompanhado pelas irmandades de Nossa Senhora das Dores e das Almas, de quem também sou irmã, e por isso quero que seja meu corpo carregado na tumba das Almas (AESP Ordem 456, lata 2, livro, 6, f. 46v).

Ordens Terceiras e serviços funerários

No final do período colonial idêntico papel desempenhou as Ordens Terceiras na prestação dos serviços funerários. Na cidade de São Paulo no ano de 1779, Maria de Lara Bonilha, quis ser sepultada na capela da Ordem Terceira do Monte do Carmo e amortalhada com o hábito desta, sem dispensar o acompanhamento da irmandade do Senhor dos Passos (AESP Ordem 456, lata 2, livro, 5, f. 64). Em 1783, Joana Lopes de Oliveira exprimiu o seu desejo: "ordeno que meu corpo seja sepultado na capela da minha venerável Ordem Terceira de Nossa Senhora do Carmo, em hábito inteiro da mesma" (AESP Ordem 456, lata 2, livro 4, f. 48v). Desejo idêntico foi o de Ana Maria Mendes que afirmou em seu testamento: "meu corpo será sepultado na minha universal Ordem Terceira da Penitência de meu seráfico Padre São Francisco em cuja ordem sou irmã terceira professa, e amortalhado o meu corpo no hábito da mesma religião" (AESP Ordem 456, lata 2, livro 4, f. 54). Numa das povoações mais ricas da Capitania de São Paulo,

Itu, Dona Inácia Góis de Arruda, viúva de um sargento-mor, em 1797, determinou que seu sepultamento fosse na Igreja de Nossa Senhora do Carmo, devendo ser amortalhada com o hábito da ordem, indicando uma diferença entre as camadas mais opulentas da sociedade em relação às irmandades (AESP Ordem 456, lata 2, livro 6, f. 93v).

Indígenas, africanos e os rituais da morte

Na conclusão deste capítulo faz-se necessário ainda relatar que indígenas e africanos mantinham seus ritos próprios sob uma aparência de cumprimento das determinações católicas. Numa denúncia ao Santo Ofício, proveniente da Capitania de Pernambuco, encontra-se a seguinte afirmação, que era feita por parte dos padres:

> Os negros do gentio de Angola e, especialmente os do gentio da Costa, costumam, quando morre algum seu parente, ou malungo, pôr publicamente nas praças, e outros lugares, uma mesa coberta com uma baeta preta a pedirem esmola para mandar dizer missas por alma de tal parente, ou malungo que faleceu. Até aqui ato de piedade, porém nessa mesma ocasião se ajuntam uns, e outros de diversos sexo e à roda da mesa fazem uma dança ao modo de sua terra com uns tabaques, e outros instrumentos fúnebres, que na verdade não é outra coisa mais que seu rito gentílico, e o que mais é que o senhor governador consinta, e lhes dá licença para isto. É coisa na verdade muito alheia que no meio de cristãos se consintam semelhantes danças, que não parecem outra coisa que ritos gentílicos opostos à Santa Fé e religião cristã. Neste Pernambuco têm introduzido os negros gentios batizados umas danças das suas terras, com que lá adoram aos seus falsos deuses acompanhados de instrumentos gentílicos, tabaques, que são como espécie de tambor, marimbas, e outros de ferro, todos estrondosos, horríveis, tristes e desentoados, próprios do inferno, e certas cantilenas na sua língua gentílica (ANTT Inquisição de Lisboa, 4740).

Os viajantes europeus Spix e Martius (cf. 1976, p. 206-207) observaram que, quando morria um índio, este era enterrado na cabana de cócoras ou metido num grande vaso de barro, "ou embrulhado em embira, ou tecido velho de algodão" diretamente na terra, que era pisada com força ao som de gemidos fúnebres. Em cima da sepultura deixavam por certo tempo as armas do morto, alimentos e caça. Os lamentos eram repetidos duas vezes ao dia e o cabelo era cortado curto ou, pelo contrário, deixavam-no crescer. Quanto às mulheres, pintavam o corpo de preto, segundo os viajantes tinham ouvido cantar. A sepultura era abandonada e a cabana não mais servia para moradia. Não queriam os índios perturbar a última morada do morto. O obstáculo linguístico era um grande impedimento para a comunicação com os indígenas, tornando-se difícil para um europeu decifrar a atitude perante a morte. No vocabulário indígena não existiam termos

PARTE V

CATOLICISMO SÉCULO XIX, INDEPENDÊNCIAS E UM IMPÉRIO ENTRE REPÚBLICAS

Capítulo XXIX
O catolicismo hispano-americano às vésperas da independência

> [...] a verdadeira religião não reconhecia a dependência colonial (LYNCH, 1992, p. 824).

Introdução

Assim como no Brasil, o processo de independência das colônias espanholas ocorreu como consequência da invasão napoleônica que impôs José Bonaparte, irmão de Napoleão, ao trono espanhol. A queda da monarquia dos Bourbons foi um estopim para o processo de independência das colônias espanholas. Os hispano-americanos já haviam tomado consciência de sua alienação, de seus próprios interesses e identidade, de que eram americanos e não espanhóis. Objetiva-se neste capítulo apresentar um quadro sintético das condições e reações do catolicismo hispano-americano às vésperas da independência, tendo início pelas raízes ideológicas que fundamentaram essa ação.

As raízes ideológicas da independência

Na independência hispano-americana convergem três linhas de ideologia política: a Escolástica, o Iluminismo e o Nacionalismo *criollo*.

> **Criollo**, brancos e descendentes de espanhóis "puros" nascidos na América espanhola. Geralmente, filhos de aristocratas europeus. O termo era utilizado como sinônimo para todo aquele que nascesse fora de seu país de origem. Não que eram bem-vistos pelos espanhóis, por estes pensarem que eram menos leais que os espanhóis "natos". Eram ricos, proprietários de terras, mas não tinham os mesmos privilégios dos chapetones (colonos brancos nascidos na Espanha).

A Escolástica

A primazia das influências no processo de independência coloca a Escolástica e a tradição espanhola como sendo as raízes principais. De acordo com esta interpretação, as doutrinas populistas de Francisco Suarez e dos neoescolásticos espanhóis colocaram as bases ideológicas das revoluções hispano-americanas. As teorias sobre a soberania popular sustentada pelos teólogos espanhóis dos séculos XVI e XVII prosseguiram sobrevivendo nas universidades coloniais e posteriormente foram utilizadas para justificar a resistência.

Os escritos do Jesuíta Suarez contêm a afirmação da origem popular e da natureza contratual da soberania. O jesuíta argumenta que o poder é concedido por Deus com consentimento do povo através do contrato social. Uma vez transferida ao governante, essa autoridade não pode recuperar-se sem uma razão suficiente, como a ausência do próprio legislador ou a sua incapacidade para realizar o bem comum. Na situação de tirania é permitida a resistência passiva e ativa. No caso contrário, é necessário obedecer. As origens populares da soberania, da resistência e da tirania, das limitações do poder real, são outras ideias que estão presentes no pensamento de Suarez e nas tradições espanholas (cf. LYNCH, 1992, p. 818-820).

A primeira vez que esta influência se manifestou foi na oposição às reformas dos Bourbons. Neste contexto, na ação dos ativistas de Nova Granada, em 1781, se viu a inspiração destas ideias. Na linguagem dos ativistas se percebeu os reflexos das ideias políticas e das teses da Escolástica e do governo espanhol, transmitidas à América espanhola através dos ensinamentos dos teólogos e das práticas do governo dos Habsburgos. A mentalidade, considerada num primeiro momento como contrária ao absolutismo dos Bourbons, se tornara mais concreta em 1810. Era nessa época que se argumentava que o direito da população em exercer a autoridade civil não só forçava a abdicação do rei, mas constituía uma faculdade essencial de todas e cada uma das províncias dos territórios ultramarinos espanhóis. Esta foi a justificativa do movimento das Juntas da América espanhola e da independência; a aliança com a Coroa havia se rompido e, com ela, o contrato social; o poder voltava à população, que ficava livre para estabelecer um novo governo (cf. GUTIÉRREZ, 1996, p. 159-170).

Nem todos os historiadores compartilham esta análise. Sem dúvida, nas bibliotecas hispano-americanas havia exemplares de obras de Suarez, Vitória y Mariana, mas isto não significa que foram lidos ou estudados em cursos universitários. O traçado preciso das correntes ideológicas e das raízes intelectuais é extremamente difícil, isto acarreta uma dificuldade de estabelecer quais foram as fontes do pensamento revolucionário hispano-americano (cf. BORGES, 1992, p. 818-820).

O Iluminismo

A partir da segunda metade do século XVIII desembarcaram na América Latina as ideias científicas e filosóficas contrárias ao catolicismo institucional, não necessariamente ateias: o Iluminismo. São lidas as obras dos enciclopedistas franceses: Diderot, D'Alembert, dentre outros. Lidas também: O *Espírito das Leis*, de Montesquieu; as *Cartas Persas* e tantas outras obras de Voltaire e, de maneira especial, *O Contrato Social* de Jean Jacques Rousseau (cf. GUTIÉRREZ, 1996, p. 163, 167).

> O **Iluminismo** caracterizava-se por apresentar uma nova visão de mundo, com o objetivo de superar a ontologia pré-moderna baseada no dogmatismo e no absolutismo da metafísica teológica. A base fundamental dessa filosofia era a razão moderna que deveria encarnar-se no modo de pensar de uma civilização, na sua constituição estatal e na sua organização sociocultural. A razão iluminada é aquela que estabelece uma nova moral não mais baseada na autoridade de princípios divinos, mas fundamentada na regularidade da natureza. Declinava-se a razão tradicional apoiada na autoridade transcendental e elevava-se um método radicado na ciência moderna de princípio empírico e na consciência emergente de princípio antropocêntrico. A religião com sua axiologia sobrenatural perdia seu posto para a religião natural; a filosofia da divinização dava lugar à filosofia humanística; o princípio da Cristandade universal testemunha o triunfo da secularização. Diante da fé no transcendente e da consciência comunitária, surgiam também a prática do ateísmo e a consciência individualista pretendente de garantir os direitos particulares de cada pessoa como contraposição à ética intrínseca na religião pré-moderna. Conforme alusão acima, o Iluminismo como sistema filosófico de explicitação de uma nova visão de mundo, tornou-se a base das mudanças sociopolíticas da Europa e de sua expansão em outras terras (SOUZA, 2020, p. 262).

A influência do Iluminismo nos cristãos da América Latina foi exatamente igual como na Espanha e em Portugal: revestiu-se de uma forma gradual, eclética conciliatória. A invasão napoleônica da Península Ibérica foi o estopim para os movimentos independentistas na América Latina. As ideias do Iluminismo começaram a adquirir formas antimetropolitanas, reunindo simbioticamente os elementos tradicionais e os novos que, amalgamados com a própria experiência americana, constituíram o motor ideológico da independência. As etapas prévias do pensamento revolucionário latino-americano só são possíveis de serem compreendidas quando se considera a base no pensamento tradicional católico e, este, seduzido pelo espírito das Luzes, que anteriormente foi fiel à monarquia e que, no amalgamar das ideias, terminará por quebrar sua relação com este vínculo "divino" da monarquia.

O nacionalismo *criollo*

O Iluminismo inspirou os *criollos* no horizonte de uma filosofia da libertação indicando uma atitude de independência no que se refere às ideias e instituições herdadas. A preferência era pela razão sobre a autoridade, a experiência sobre a tradição e a ciência sobre a especulação. Este pensamento também foi do grande líder Simon Bolívar, chamado o Pai e Libertador da Colômbia, Venezuela, Equador, Peru, Bolívia e Panamá. Seu pensamento e prática foram influenciados, particularmente, por Hobbes e Spinoza, e, ao mesmo tempo, estudava Holbach e Hume. Outros pensadores como Montesquieu e Rousseau o influenciaram num programa concreto. Bolívar estava do lado da soberania popular, do direito natural e da igualdade, ao mesmo tempo defendia a constituição, a lei e a liberdade. Muitos foram os padres que, de maneira individual, seguiram estas mesmas ideias e teses. Por sua vez, a Igreja foi uma grande crítica do pensamento iluminista (cf. ARANA, 2015; LYNCH, 1992, p. 828-830; GUTIÉRREZ, 1996, p. 172-178).

O nacionalismo *criollo* tem uma estreita relação neste percurso das revoluções na América Latina. As exigências de liberdade e igualdade expressavam uma profunda consciência e um sentido cada vez maior de identidade, uma convicção que os latino-americanos não eram espanhóis. Ao longo do século XVIII se começou a descobrir esta sua própria terra na literatura exclusivamente local. Havia um grande patriotismo e este não era espanhol. Era um novo sentimento de pátria. Entre os primeiros que configuraram este "americanismo" estão os jesuítas *criollos*. Expulsos de suas pátrias se converteram, no exílio, os precursores literários do nacionalismo americano. Estes jesuítas escreveram para combater a ignorância e para destruir o mito da inferioridade e a destruição de pessoas, animais e plantas neste território da Pátria Grande. E, assim, foi se desdobrando o patriotismo *criollo* fortemente marcado pela religião. No México praticamente todos se identificavam com Nossa Senhora de Guadalupe, fator de unidade de todos os grupos culturais (cf. LYNCH, 1992, p. 821).

> Dentre as diversas lutas pela liberdade, como antecedentes das independências, está a **Rebelião Túpac Amaru** no Peru, em 1780. As populações indígenas que foram sendo dizimadas, desde o início da conquista e colonização, foram também expressão de resistência ao colonizador espanhol. As ideias iluministas e liberais potencializaram a resistência e o anseio/luta por liberdade. Nesse ano o líder indígena José Gabriel Condorcanqui se revoltou com as elites metropolitanas. Afirmou ser descendente do lendário líder inca Túpac Amaru, resistente ao início da dominação. José Gabriel havia estudado na Universidade de Lima, tendo contato com o pensamento iluminista e a história de Túpac. Autodenominou-se Túpac Amaru II, organizou um movimento emancipacionista que teve apoio da elite *criolla* local. Túpac foi preso, julgado pelas autoridades metropolitanas, teve sua língua cortada e o corpo arrastado por cavalos. Essa situação levou a outras lutas sangrentas causando a morte de milhares de "rebeldes".

A reação do catolicismo à independência

A resposta imediata da Igreja Católica ao processo de independência não nasceu da Escolástica, do Iluminismo ou do Nacionalismo *criollo*, mas do instinto natural de defesa.

O episcopado

A pergunta que ressoava no meio eclesiástico dizia respeito à sobrevivência. Poderia sobreviver a religião católica se desaparecesse o sistema espanhol de Padroado? (cf. GUTIÉRREZ, 1996, p.179). A independência trouxe à luz as raízes coloniais da Igreja e revelou sua origem estrangeira. A maioria dos bispos rechaçou o processo revolucionário e permaneceu fiel à Coroa espanhola, consciente da ameaça que supunha a independência e o liberalismo para a posição estabelecida do catolicismo. Estes bispos denunciaram a rebelião contra a autoridade legítima como um pecado e um delito, como algo herético e ilegal.

No México, o bispo de Valladolid, Manuel Abad y Queipo, moderado, denunciou a rebelião como o maior pecado e delito que um homem poderia cometer e qualificou de ateu e de pequeno "Maomé" o sacerdote insurgente Miguel Hidalgo. Os bispos ainda que fossem capacitados para justificar sua postura através de um viés religioso, não foram capazes de ocultar o fato de serem espanhóis e, assim estavam identificados com a Espanha e negando a possibilidade não só da independência, mas de uma Igreja latino-americana (cf. LYNCH, 1992, p. 822).

O Bispo Benito de la Lué y Riega votou no *cabildo* de Buenos Aires no dia 22 de maio de 1810 pela continuação do governo real espanhol, argumentando que "enquanto existe na Espanha um pedaço de terra mandado por espanhóis, esse pedaço de terra deve submeter os americanos" (VARGAS, 1962, p. 293).

Aqueles bispos que a Coroa espanhola suspeitava de sua lealdade eram repreendidos. De fato, o bispo de Cuzco, Pérez y Armendarez, perdeu sua diocese. O bispo de Caracas, Narciso Coll i Prat, foi considerado simpatizante dos republicanos e em 1816 foi chamado à Espanha para que respondesse sobre sua conduta. Entre a restauração do Fernando VII (1814) e a revolução liberal espanhola (1820) a metrópole nomeou bispos para 28 das 30 dioceses latino-americanas, nem todos espanhóis, mas todos leais à Coroa. A todos se instou que cooperassem com seu exemplo e doutrina para que reinasse a legítima soberania do rei, nosso Senhor. Os bispos colaboraram financiando o aumento e a atividade das forças anti-insurgentes e lançaram mão de outras armas como excomunhão contra os inimigos.

A atitude do arcebispo de Quito, José Cuero y Caicedo, foi uma exceção. O prelado aconselhou a seus párocos que aceitassem a Junta revolucionária de 1809. Posteriormente, um certo número de bispos aceitou a independência uma vez convertida em fato consumado. O bispo de Mérida, Rafael Lasso de la Veja, *criollo* nascido no Panamá, abraçou a causa republicana em 1821 e se converteu em um dos mais firmes aliados de Bolívar. O bispo de Popayan, Salvador Jimenez de Enciso Padilla, também fortaleceu o realismo republicano (cf. GUTIÉRREZ, 1996, p. 172). Em 1823 defendia a causa da independência junto ao Papa Pio VII.

Estas foram, porém, exceções. A maioria dos bispos nomeados sob o regime político do Padroado e condicionados por um século pelo regalismo era pró-Espanha e hostis à independência.

No Chile, a Igreja viveu tempos difíceis nos anos anteriores à independência devido à precária saúde de dois bispos que ocupavam sedes importantes: Concepción, com Dom Roa y Alarcón e, em Santiago, com Dom Marán. Em seguida, as vacâncias num momento de grandes mudanças com as lutas pela independência que ocorreu em 1810.

O clero

Ao contrário do episcopado, o clero apoiou a independência. De maneira especial, o clero secular era predominantemente *criollo,* incentivou e participou dos movimentos de emancipação. Apesar de estar dividido, igual à elite *criolla,* sua maioria apoiou os movimentos das Juntas. Esta atitude era o resultado da profunda divisão econômica e social existente entre a hierarquia eclesiástica. Alguns sacerdotes desempenharam papel importante como dirigentes da luta pela independência, outros se converteram em capelães dos exércitos libertadores.

No México o movimento pela independência foi dominado pelos sacerdotes. Entre os mais destacados estava Miguel Hidalgo, padre que exercia seu ministério na área rural e de mentalidade avançada. Outro sacerdote foi José Maria Morelos, líder guerrilheiro. Capitaneados por eles, um setor do clero fez que a população, os indígenas e os mestiços se colocassem em pé de guerra em uma vasta área do México centro ocidental para defender a religião, afirmando que as autoridades projetavam entregar o país aos franceses. Participaram 401 clérigos que declararam abertamente apoio às forças insurgentes, sem contar os que permaneceram na sombra. Como reação aos sacerdotes insurgentes, o vice-rei aboliu o foro eclesiástico e autorizou aos generais a julgar e executar os sacerdotes rebeldes. Do começo ao fim da rebelião (1815) foram executados no México 125 sacerdotes. Esta política resultou contraproducente, pois foi condenada pelo governo de Madri e fomentou entre o clero o apoio ao movimento de independência. Os sacerdotes *criollos* começaram a lutar pela imunidade do clero (cf. BORGES, 1992, p. 823-826).

No restante do território latino-americano o clero desempenhou um papel similar ao do México. Na Argentina, uma parte dos sacerdotes *criollos* desempenhou um papel de grande importância no processo de emancipação. No Peru, em 1822, 26 dos 57 deputados do Congresso eram sacerdotes. Em Quito, Equador, foram 3 sacerdotes que proclamaram a independência. Em Nova Granada, praticamente todos os bispos eram contrários à independência e, o clero, a favor. O frade dominicano Ignácio Mariño se converteu em guerrilheiro. Dos 53 que assinaram a Ata de independência, 16 eram sacerdotes. O Padre Juan Fernandez de Sotomayor, pároco de Mompós e futuro arcebispo de Cartagena, publicou em 1814 um *Catecismo ou instrução popular,* neste qualificava de injusto o regime social colonial espanhol e de inimigos da religião os sacerdotes que o apoiavam, argumentando que a verdadeira religião não reconhecia a dependência colonial. Este catecismo foi condenado pela inquisição por suas ideias antimonárquicas (cf. LYNCH, 1992, p. 824-825; GONZÁLEZ, 1981, p. 249-275).

O ponto de inflexão da Igreja Católica na América Latina se deu no ano de 1820, data em que a revolução liberal na Espanha obrigou o rei a abandonar o absolutismo e aceitar a constituição de 1812. Os liberais espanhóis eram imperialistas como os conservadores e não fizeram concessões à independência. Eram também anticlericais e atacavam a Igreja, seus privilégios e suas propriedades. Obrigaram também a Coroa a pedir ao papa que não reconhecesse os novos países latino-americanos e nomeasse bispos fiéis a Madri. Um dos primeiros bispos nomeados foi Frei Antonio Gómez Polanco, bispo de Santa Marta, este se mostrou a favor de Bolívar e jurou a República da Colômbia em 26 de novembro de 1820 (cf. BORGES, 1992, p. 825).

> **Igreja no pós-independência:** perda de seu grande guia, a metrópole: "pobre"; relações diplomáticas difíceis com a Santa Sé; escassez de sacerdotes.

Capítulo XXX
Catolicismo e as independências na América Latina

> [...] temos a certeza de que nos movimentos sediciosos, tão dolorosos para nosso coração, que se desenvolveram nessas regiões, os senhores (bispos) foram conselheiros assíduos do seu rebanho e condenaram as sedições com um espírito firme e justo (Pio VII, 1816).

Introdução

A independência da América Latina aconteceu dentro de um processo de continuidade histórica. Não foi fruto somente de uma mera conjuntura política. O desenrolar e a própria independência tiveram fatos tumultuosos e caóticos. Tudo foi fruto de um vasto movimento que se foi preparando lentamente durante a época colonial e que, em conexão com os acontecimentos da Metrópole e das distintas regiões do Continente, se converteu numa situação irreversível, de consequências profundas e inesperadas. Na continuidade às independências, o pensamento da Santa Sé e o êxito do Papa Gregório XVI. Qual será a relação da Igreja com as novas repúblicas? Estes são os propósitos principais deste capítulo.

A independência vista pela Santa Sé

Os movimentos pela emancipação da América Latina, que havia sido colonizada pelas potências europeias católicas, Espanha e Portugal, desencadearam uma série de mudanças radicais nas relações diplomáticas entre Santa Sé e as colônias, os novos países.

Durante toda a colonização, Roma nunca havia pensado num sistema de relações com as colônias, pois este era realizado entre a Santa Sé, Portugal e Espanha. Dentro da configuração do Padroado, Espanha e Portugal asseguravam a administração dos assuntos eclesiásticos e a "evangelização" como resposta aos privilégios cada vez mais amplos obtidos da Santa Sé. Roma adotou esta linha de conduta, desde o século XV, por diversos motivos. Alguns historiadores pensam que a razão seria que, os papas, absorvidos por outras ocupações, trataram de colocar a responsabilidade para os reis de Portugal e Espanha. Outras explicações são mais aceitáveis: dentro da mentalidade da época, a Santa Sé julgava que o apoio da autoridade civil católica era o caminho mais seguro e eficaz para a cristianização das colônias na América e na Ásia (cf. LETURIA, 1959, p. 63). A ocupação destes territórios seria a continuação da epopeia da reconquista ibérica na época anterior à cisão protestante. O Padroado, dentro do contexto da Cristandade pós-tridentina, é um dos aspectos da grande missão católica antes de ser golpeada pela Reforma protestante (1517), mas impulsionada pelo movimento reformador surgido antes de Lutero e Calvino nos reinos da Península Ibérica.

Durante o século XVIII, as cortes espanhola e portuguesa organizaram o regime eclesiástico das colônias dentro do sentido de unidade entre a metrópole e sua extensão ultramarina. O pensamento era desenvolver o cristianismo americano como sinal de coesão entre o Velho e o "Novo" Mundo. Para as colônias da Espanha, catolicismo e hispanidade eram inseparáveis na vida da população. Na prática, esse fator foi causa da incomunicação entre a Santa Sé e a América colonial. Para compreender o problema suscitado em Roma pelos movimentos emancipatórios na América Latina, é necessário ter presente o contexto político europeu no momento posterior à independência dos Estados Unidos da América e, sobretudo, depois da Revolução Francesa. A organização política europeia anterior à Revolução Francesa, caracterizava-se pela concentração do poder dos monarcas absolutos. Nos países protestantes, a necessidade de uma organização e de uma autoridade que conduzisse as novas correntes religiosas conduziu a que se atribuísse aos soberanos uma supremacia sobre as novas igrejas. A Paz de Augsburgo outorgava aos governantes o direito de decidir a religião que os súditos deveriam seguir. Nos países católicos, a intromissão nos assuntos eclesiásticos parecia justificar-se pela necessidade de combater o cisma, a heresia e qualquer erro em matéria religiosa que se constituía um perigo social que atentava contra a unidade nacional (cf. SOUZA, 2020, p. 181-264).

Na Espanha e em Portugal, a legitimidade do regime monárquico era defendida com grande paixão, não somente como salvaguarda da estabilidade política, mas como defesa da religião católica ameaçada pelo protestantismo e pela nova mentalidade do Iluminismo. O Vaticano apoiou a causa e centrou sua política na adesão sincera aos propósitos das monarquias católicas, especialmente no que dizia respeito à defesa da fé e à organização da Igreja. É fácil compreender a espinhosa situação que os processos revolucionários criaram à Santa Sé e a difícil mudança de mentalidade em Roma com respeito ao espírito republicano que se impôs nas nações católicas. A independência dos Estados Unidos não trouxe nenhum problema político à Santa Sé. O rápido reconhecimento da nova nação por parte da Inglaterra (1783) demonstra isso. O espírito liberal da constituição americana permitiu a ereção da hierarquia católica nos novos estados sem intromissões, nem choques com as novas autoridades políticas (cf. GUTIÉRREZ, 1996, p. 180-181).

Diferente foi quando se tratou de nações católicas. Na França, a revolução de 1789 foi para a Santa Sé uma autêntica catástrofe. Significou a perda de um dos bastiões da catolicidade que, se duvidosa em algumas ocasiões, era uma barreira contra a perigosa heterodoxia das poderosas potências protestantes do centro e norte da Europa. A revolução significou um grande golpe para a Igreja, não somente porque perdeu grande parte de suas riquezas e do poder temporal que ostentava, mas porque os princípios revolucionários se erguiam contra o que se tinha como reta e única ordem até aquele momento: o dado religioso. Quando Napoleão Bonaparte quis instaurar uma nova ordem na Europa, conseguiu firmar com Roma uma concordata (1801). Santa Sé, sem dúvida, imaginava assumir o mal menor para evitar o maior (cf. SOUZA, 2020, p. 267-272). Nem Napoleão, nem os reis ibéricos podiam deixar para trás o curso da história: os movimentos emancipatórios começaram a tomar corpo em todas as partes. No princípio de maneira imprecisa e caótica, mas sempre dentro de um critério: era chegada a hora da independência das colônias americanas. No Brasil, a história foi bem outra. Com a independência não houve grandes problemas com a Santa Sé. Portugal, em 1825, reconheceu a forma monárquica que então estava organizado o Brasil e, em 1826, a Santa Sé concedeu o privilégio do Padroado a Dom Pedro I e a seus sucessores.

No caso hispanoamericano era problemático para a Santa Sé. Nos antigos vice-reinados, do México até o Rio da Prata, a independência trouxe uma grande guerra de quase 20 anos. O rei da Espanha, patrono das Igrejas americanas, se opôs radicalmente ao reconhecimento do republicanismo americano. A própria Santa Sé reagiu afirmando que seria uma necessidade política retornar à antiga ordem e, assim, seguiria o processo da evangelização e da organização das igrejas através do regime do Padroado.

Naquele momento, estabelecia-se uma grave crise no meio eclesiástico hispano-americano. Os bispados, cabidos, paróquias, ordens religiosas, seminários e colégios, hospitais e missões foram paralisadas. Muitos dos bispados ficaram vacantes. Em muitas regiões a situação era alarmante com a expulsão dos jesuítas de todos os domínios do Rei da Espanha e, em seguida, a supressão da Companhia de Jesus por pressão das cortes bourbônicas, pelo Papa Clemente XIV (1773). A Santa Sé fez de tudo para desacreditar os libertadores como subversivos, imorais e antieclesiásticos. O Papa Pio VII é o exemplo de tal atitude.

Pio VII (1800-1823) e a independência

Dificilmente se encontra um papa como Pio VII. O papa enfrentou situações complexas e contraditórias. A ascensão fulminante do império napoleônico, a abdicação dos monarcas espanhóis, a independência americana e a restauração monárquica a partir do Congresso de Viena (1815). Cada novo acontecimento engendrava situações em que o papa deveria ter uma posição, onde dificilmente era possível separar o político do eclesiástico. O perspicaz Pio VII conhecia o terreno que pisava na Europa. Havia experimentado pessoalmente as imposições despóticas de Napoleão em matéria religiosa. No que diz respeito à América carecia de informações. Em 1815, a situação no Rio da Prata ficou tão difícil que os seus representantes na Europa, Rivadavia, Belgrano e Larratea trataram de negociar com Carlos IV o envio de um de seus filhos para governar aqueles territórios (cf. GUTIÉRREZ, 1996, p. 183; LETURIA, 1959, p. 87).

A Encíclica *Etsi Longíssimo* (1816), do Papa Pio VII, contribuiu ainda mais para esta situação instável no continente americano. A encíclica dirigida ao clero da América sujeito ao rei católico da Espanha, Fernando, trazia como primeiro tema os bispos. Afirmava a dificuldade da chegada dos bispos indicados pelos papas para o pastoreio na América. Um assunto mais delicado foi aquele da pacificação dos ânimos. O papa exortava os bispos e todo o clero da América Latina a destruir completamente as sementes revolucionárias nestes territórios e a explicar claramente à população as terríveis consequências da rebelião contra a autoridade. A encíclica não teve grande influência na América Latina (cf. LETURIA, 1959, p. 110-113). As reações foram variadas: nos vice-reinados do México e do Peru os bispos e grande parte da aristocracia aceitaram com entusiasmo as ideias do papa. Na Nova Granada e Venezuela a polêmica foi árdua entre as declarações episcopais favoráveis à encíclica. Os pensadores da independência, irreverentes, reagiram contrariamente às declarações pontifícias.

> Por isso, veneráveis irmãos e filhos amados, procurem estar prontos para cumprir as Nossas exortações paternas e os nossos desejos, recomendando a obediência e a fidelidade ao vosso rei com o maior empenho: sejam dignos dos povos confiados à vossa custódia; aumenta a afeição que nós e o teu rei já professamos por ti, e pelos teus esforços e labores obterás no céu a recompensa prometida por Aquele que chama os pacíficos bem-aventurados e filhos de Deus (PIO VII. *Etsi longíssimo*, 1816).

No Prata, a encíclica não suscitou polêmicas, mas produziu um efeito gravíssimo ao retardar por muitos anos o contato com Roma como consequência da desconfiança sobre a posição da Santa Sé com respeito à América. Produziu-se um grande vazio.

O papel do bispo Rafael Lasso

O bispo de Mérida de Maracaibo, Rafael Lasso de la Veja, foi importante no desenrolar dessa situação. Escreveu ao Papa Pio VII relatando a situação da Venezuela. Na informação Lasso constatava a horrível orfandade de bispos na América Latina e a lastimável realidade da Igreja no Continente. O papa responde ao bispo com uma nova conotação, não deixando dúvidas sobre a evolução do pensamento do vaticano em relação à independência da América Latina. A carta contém uma declaração de neutralidade. É evidente que esta neutralidade advém da Encíclica *Etsi Longíssimo*. Contudo, a carta vai além, o papa pede ao bispo informações diretas e fiéis sobre o que estava acontecendo na América. Isto demonstra um avanço notável na política exterior da Santa Sé.

A situação começou a modificar-se na América Latina. O governo da Colômbia designou um embaixador para tratar destes assuntos diretamente com o Papa Pio VII. O Chile nomeou José Ignacio Cienfuegos, governador do bispado de Santiago durante o desterro do bispo José Santiago Rodríguez Zorrilla, como embaixador junto à Santa Sé. A finalidade era obter a reorganização eclesiástica do novo país. A missão de Cienfuegos a Roma teve por objetivo conseguir junto ao papa a nomeação de um delegado papal com autoridade para prover os bispados vacantes e constituir uma nova província eclesiástica em Santiago, independente de Lima. Pio VII aceitou a embaixada de Cienfuegos e, depois de discutir o assunto com o embaixador espanhol e de obter o parecer positivo de uma comissão presidida pelo secretário de Estado do Vaticano, Cardeal Ercole Consalvi, nomeou uma missão para tal finalidade.

O legado enviado foi Juan Muzi, instruído para observar com máxima atenção ao passar pelas províncias do Rio da Prata e ao tratar com governos como o da Colômbia. Tudo para não causar outros entraves diplomáticos na sua missão. O fracasso de Muzi era evidente. Toda sua tarefa fora aprovada por Pio VII. Quando Muzi estava em Gênova para partir a caminho da América, o papa morreu. Eleito Leão XII deu continuidade aos seus trabalhos. A causa americana era bastante complexa para ser resolvida somente do ponto de vista eclesiástico, deixando o reconhecimento político para trás. O reconhecimento da independência não estava nos planos do legado pontifício. Nem a mudança de papa influenciaria as decisões com novas ideias. Nem Muzi, nem a Santa Sé tiveram posições definidas para solucionar a questão (cf. GUTIÉRREZ, 1996, p. 186).

Leão XII (1823-1829) e a questão americana

Enquanto Muzi desenvolvia sua missão em Buenos Aires e em Santiago (1823-1825), transcorria na Europa a consequência natural, especialmente em Roma, da política absolutista da Santa Aliança. Durante esses anos se produziu a reação francesa em favor do absolutismo espanhol e o plano de Fernando VII de restituir seu poder na América com o apoio do czar da Rússia e da Áustria. A Inglaterra ameaçou não reconhecer as novas repúblicas americanas. Seu interesse era obter frutos econômicos com a conquista do mercado ultramarino. A França não ficou atrás e estabeleceu consulados comerciais no México, Colômbia, Chile e Argentina. Instalando uma política de mediação interessada e potencialmente produtiva (cf. GUTIÉRREZ, 1996, p. 187-186).

Nesse ambiente absolutista, rodeado de interesses econômicos de potências que estavam na nova era da revolução industrial, chega à Santa Sé o Cardeal Aníbal della Genga, que assumiria o nome de Leão XII. O novo papa tinha um alto conceito de seu dever pastoral no que se referia à emancipação latino-americana. Como afirmou o historiador jesuíta Pedro Leturia, a sua mente e a sua consciência gravitavam até a América Latina e seu coração até Madri (1960, p. 63). Três eram os focos de atenção na América Latina para o papa: o Chile era o local onde estava a delegação dirigida por Muzi; o México ressurgia da crise do curto período do Império de Iturbide e a Grã Colômbia de Simon Bolívar, preparada para o grande golpe aos espanhóis no baixo e alto Peru. Leão XII, que havia participado da preparação da missão de Muzi, não só a confirmou, como fincou nela as grandes esperanças religiosas, não obstante o irrealismo político de que estava revestida. No Vaticano se pensava que era possível separar o assunto eclesiástico do político, organizando as dioceses na América Latina sem levar em consideração que as novas nações não queriam nada com a Espanha e com o Padroado exercido em Madri por um Rei que não era mais reconhecido na América.

Leão XII assinou a Encíclica *Etsi iam diu* (1824). O documento pouco acrescentou aos trabalhos realizados por Pio VII, porém era de um estilo mais violento e de um enorme irrealismo, total exaltação ao rei católico (cf. LETURIA, 1960, p. 265-271). É outra encíclica que não produziu efeito na América Latina. Em 1826, o papa deu continuidade à possibilidade de acordo com as solicitações da Igreja e do Governo da Gran Colômbia. Num gesto de liberdade espiritual e prevendo as consequências políticas, preconizou um *motu proprio* aos ilustríssimos Fernando Caicedo Y Flórez, Ramon Ignacio Méndez, Félix Calixto, José Maria Estévez, Manuel Santos Escobar e Mariano Garnica, respectivamente arcebispos de Bogotá e Caracas e os bispos de Cuenca, Santa Marta, Quito e Antioquia. O rei espanhol Fernando VII, imediatamente, rompeu relações com a Santa Sé. Evidente que este gesto foi recebido com enorme satisfação nestes territórios.

Pio VIII (1829-1830)

Eleito em 1829, o Cardeal Francesco Saverio Castiglioni escolheu o nome de Pio VIII. O pontificado foi curto, em 1830 morreu o papa. Como seu predecessor, este canonista, era certo da urgência pastoral de organizar a Igreja americana. No seu curto pontificado, a Santa Sé buscou uma aproximação com as províncias do Rio da Prata e com o México, com êxito no primeiro caso e um enorme fracasso no segundo.

Nomeação de Vigários para a Argentina

Durante o governo de Bernardino de la Trinidad Gónzalez Rivadavia y Rivadavia (1826-1827 – primeiro presidente argentino) não foi possível a aproximação com a Santa Sé. Foi uma estratégia política para deixar a Argentina sem bispos, sem padres, sem seminários. O movimento em favor da mudança desta situação teve início na Província de Cuyo. As principais cidades, Mendoza, San Luís de la Punta e San Juan de Cuyo, determinaram a elevação da província em diocese. O argumentador deste projeto foi o dominicano Justo de Santa María de Oro. O frade convenceu o governador de Cuyo para realizar o pedido ao papa anterior, Leão XII. A petição foi muito bem recebida pela Santa Sé. O resultado foi a nomeação de Frei Justo para vigário apostólico, em 1828, sendo o primeiro bispo da Argentina independente e, ao mesmo tempo, com esta nomeação foi uma etapa para uma mudança radical na política eclesiástica.

O exemplo de Cuyo foi seguido por Buenos Aires. Aproveitando a queda de Rivadavia e a ascensão do Coronel Manuel Críspulo Bernabé Dorrego (1827-1828) foi elaborada e enviada outra petição à Santa Sé, já no governo de Pio VIII. A solução foi rápida e o papa nomeou vigário apostólico com dignidade de bispo Mariana Medrano y Cabrera (1829-1851). O bispo era opositor da política de Rivadavia. Mesmo com a queda de Dorrego e a ascensão de Juan José Viamonte como governo interino e de Juan Manuel Rosas, eleito em 1829, a nomeação de Medrano não teve problemas, sendo este sagrado no Rio de Janeiro em 1830. Em Córdoba a resolução da situação também foi rápida. Com a nomeação do deão do Cabido, Bento Lazcano y Castillo, vigário apostólico, desmembrada de Cuyo. Seguindo este modelo de vigários, Pio VII foi construindo a base da hierarquia argentina.

A situação do México

Diferentemente da Argentina foi o México. Vicente Ramón Guerrero Saldaña (1829), do Partido Liberal, impôs como condição para qualquer atividade da Santa Sé, o reconhecimento do Padroado. Se assim o fizesse, a Santa Sé estaria reconhecendo a independência do México em relação à Espanha. Com a queda de Guerrero e a ascensão do General Anastasio Bustamante y Oseguera (presidente 1830-1832; 1837-1842), através de um golpe, a situação parecia melhor na relação México-Santa Sé. A política do governo não era de vigários, mas de bispos residenciais. Os conselheiros do papa ficaram inclinados a nomear ao menos dois bispos. O emissário do governo mexicano não aceitou este formato e passou ao ataque, afirmando que o cisma estava próximo e que o México aderiria ao protestantismo. O papa realizou a intermediação com o Rei Fernando VII, alegando o bem espiritual de milhões de mexicanos que estavam em péssima situação devido à falta de bispos. Isto não comoveu a corte de Madri. Para o monarca espanhol o aceite seria a confirmação da independência do México. O papa foi retirado desta encruzilhada com a sua morte, 1830, sem saber a razão da rejeição espanhola da sua política religiosa.

Gregório XVI (1831-1846) e a solução do problema

Em 1831, no início do pontificado, Mauro Capellari, num consistório, nomeou seis bispos para o México sem a mediação do governo mexicano, nem com o governo espanhol. A corte espanhola não teria nada a dizer diante do fato consumado. No México as nomeações foram recebidas com grandes celebrações religiosas e, também, como ato político. O governo de Bustamante proclamou que a emancipação e a liberdade do México haviam sido solenemente reconhecidas pelo papa (cf. GUTIÉRREZ, 1996, p. 193).

Situação do Chile, Argentina e Uruguai

A política de Gregório VII era de encaminhamento e organização da hierarquia americana. Assim, nomeou Manuel Vicuña Larrín como bispo de Santiago do Chile; nomeou Medrano para Buenos Aires, José Ignacio Cienfuegos Arteaga para Concepción, Justo Santa María para Cuyo e Lazcano para Córdoba. O papa necessitou intervir diversas vezes para evitar conflitos entre bispos, dioceses e governos sua política era centrada na nomeação de bispos residenciais e não de vigários apostólicos. Para o Uruguai a situação era bastante complexa. A Igreja dependia desde 1814 a 1830 (ano da independência) das mudanças políticas e de sua dependência do bispado de Buenos Aires. Quando nasceu a nova nação uruguaia, Gregório XVI erigiu o Vicariato Apostólico de Montevideo e nomeou a Damaso Antonio Larrañaga (1832-1848) seu primeiro bispo. O papa não deu prosseguimento a essas atividades devido à instabilidade política do país e pela escassez de clero.

A situação do Peru

Aqui também se encontravam peculiaridades próprias, como a vontade de Simon Bolívar de estender o processo da Gran Colômbia. Ele mesmo negociou com Muzi. A demora nas nomeações foi devido ao atraso das informações enviadas para a Santa Sé e, também, as mudanças políticas de 1827 no Peru, contra as realizações de Bolívar. O Congresso Constituinte anulou as designações de Bolívar para a arquidiocese de Lima (Carlos Pedemonte) e para Trujillo (Francisco Javier Echague), nem mesmo aceitou as projeções da Santa Sé para bispos em Lima, Trujillo, Guamanga e Maynas, nem apresentou novos candidatos. As dificuldades políticas não impediram as relações com a Santa Sé em assuntos referentes ao Padroado, mas um grande silêncio sobre a organização eclesiástica. Em 1831, o papa quebrou o silêncio e entrou em contato com os bispos de Arequipa, José Sebastián de Goyeneche e José Calixto Orihuela, bispo de Cuzco. Entrou em contato com o Vigário de Lima. A sua finalidade era a preparação para a nomeação das sedes episcopais peruanas. Com o início da presidência de Luís José de Orbegoso (1833) se realizou a negociação oficial para a nomeação do novo arcebispo de Lima, Jorge Benavente, e a provisão para Trujillo e as outras sedes. É possível verificar este êxito do Papa Gregório XVI que, devido a seu pensamento diante das revoluções de independência, ou seja, o fato estava consumado. Era necessário negociar e se relacionar com as novas nações tendo este critério e não em utopias da Coroa espanhola. Era necessário garantir aos fiéis a presença oficial da Igreja nestes novos países. A Santa Sé não desejava ferir os ideais nacionais que estavam centrados, com exceção do Brasil, no formato republicano.

Capítulo XXXI
Clero e a independência da "flor exótica"

> Entre os partidários da luta, no grande número de eclesiásticos, cujos nomes se perdem na massa anônima dos heróis desconhecidos [...] (Dom Duarte Leopoldo e Silva, 1972, p. 27).

Introdução

A finalidade deste capítulo é apresentar o pensamento e a ação do clero brasileiro no período da independência. Qual foi a sua formação? Eram, na sua maioria, proprietários de terras? Houve uma Igreja galicana, de orientação nacional nesse período? Com a ascensão do Marquês de Pombal e as suas diversas atitudes como primeiro ministro de Portugal, dentre elas a expulsão dos Jesuítas do Brasil em 1759, o quadro da Cristandade colonial muda completamente. O período aqui apresentado se refere à crise da Cristandade colonial que se estenderá até o Segundo Reinado, em 1840. A situação brasileira foi bem diferente da hispano-americana, devido à diversidade do processo colonizador e a maneira distinta como reagiram as Cortes espanhola e portuguesa diante das novas realidades. O Brasil terá no filho do Rei Dom João VI o seu imperador, Dom Pedro I. A colônia não será uma República, mas sim um império. O Padroado, a partir de 1826, continuará por seu caminho, assim como havia acontecido de 1551 a 1822, permanecendo até a Proclamação da República, em 1899.

Crise da Cristandade colonial

Além de Pombal, outro elemento desagregador do sistema de Cristandade foi a reforma da Universidade de Coimbra (1772), os jesuítas foram afastados da liderança cultural que mantinham no reino português e em suas colônias. A reforma permitiu que o pensamento científico moderno chegasse a Portugal. Com este pensamento científico, embora a contragosto do Marquês, chegaram também as concepções filosóficas e políticas dos enciclopedistas franceses. As ditas concepções se alastraram pela Metrópole e pela colônia brasileira. Os jovens brasileiros estudantes em Portugal ou na França deixavam-se influenciar por essas novas mentalidades. Entre eles estava uma parte significativa do clero urbano que passa a ler os enciclopedistas franceses e outros autores da época, optando, em seguida, por uma opção declaradamente liberal (cf. AZZI, 1985, p. 21-43).

A formação deste clero liberal o tornará ativo nos diversos movimentos em prol da independência: na Inconfidência Mineira o líder intelectual foi o Cônego Luís Vieira, professor no Seminário de Mariana. Na conjuração baiana de 1798 são presos dois irmãos carmelitas, acusados de estarem traduzindo *O Contrato Social* de Jean-Jacques Rousseau. O líder da Revolução Pernambucana de 1817 é o Padre João Ribeiro, dela também participaram mais de 40 padres. O Frei Joaquim do Amor Divino Rabelo Caneca foi um deles. Frei Caneca tornou-se o mártir da Confederação do Equador, em 1824. Portanto, quando começaram as lutas pela independência já havia uma tradição dos patriotas de batina. Os padres foram propagadores das ideias liberais através do púlpito, imprensa, consciência individual e social. O clero, a maioria nacional, identificava-se com a população; mostrou-se na prática que o catolicismo se casava com as ideias democráticas. A Igreja Católica no Brasil não foi uma instituição poderosa e rica dentro da estrutura colonial, assim não houve qualquer espécie de anticlericalismo. Nas grandes causas sempre estavam ali os religiosos.

O clero secular não possuía grandes propriedades, não recebia o dízimo. Encontrava-se numa situação semelhante à da população. Além disso, o clero, em geral, não tinha uma grande capacidade intelectual. A influência do clero sobre a população era incontestável, mas não é de se espantar. Na colônia os exercícios religiosos faziam parte da essência da vida da população. As festas religiosas eram praticamente o único divertimento. Uma parcela do clero, instruída, percebe de fato nesse período o comprometimento tradicional da Igreja com o sistema colonial, e procura com coragem romper essa situação. Influenciados pelos autores do século XVIII eles passam a questionar o regime absolutista e a autoridade sagrada dos reis, transformando-se em arautos da liberdade e independência da população.

Uma Igreja galicana no Brasil colonial

Nesse período surge a ideia de uma Igreja com características nacionais, ideia que havia sido fonte inspiradora do movimento protestante. No século XVIII o clero francês havia se deixado empolgar pela ideia nacionalista, a luta pelas *liberdades galicanas* emerge, claramente, numa condenação ao ultramontanismo romano.

> O termo **galicanismo** surgiu no século XVIII, indicando a oposição doutrinal e disciplinar às decisões do papa. O choque entre as tendências antagônicas se dará no século XIX com o movimento, também nascido na França, Ultramontanismo. O auge deste último será no Concílio Vaticano I (1869-1870) com a política restauradora do Papa Pio IX (SOUZA, 2020, p. 256).

É esse espírito da teologia galicana que inspirará grande parte do clero brasileiro nesse período. Nos seminários é adotada a chamada Teologia Lugdunense, um manual preparado pelo oratoriano José Valla, sob os auspícios do bispo da Diocese de Lion (França), Antonio Montazet, e publicado em 1780. O manual questiona a irrestrita autoridade pontifícia e da Igreja Romana, enfatizando também a autoridade das igrejas locais. Além deste manual, nas dioceses difunde-se o Catecismo de Montpellier, também orientado pela mesma visão galicano-jansenista da Igreja.

> **Jansenismo**. A denominação é derivada do nome do bispo de Ypres (Bélgica), Cornelius Jansen (1585-1638). A temática central é a controvérsia sobre a graça, debate que continuou após o Concílio de Trento. A intenção era conciliar a eficácia da graça divina com a liberdade do cristão. É uma discussão difícil sobre os papéis respectivos da graça de Deus e da vontade humana na obra da salvação. Em contraposição aos protestantes, Trento afirmara tanto o papel da fé como das obras, mas não determinara o respectivo nível de intervenção (SOUZA, 2020, p. 251).

Com esse tipo de estudo o que caracteriza a visão do clero nesse período é um liberalismo radical: questionam qualquer forma de dominação, seja política ou religiosa. Assim, lutam contra a opressão de Portugal, mas temem também o fortalecimento da Santa Sé. Com isso querem salvaguardar a independência do Brasil a qualquer custo, e temem que a Cúria Romana possa ser utilizada como meio de se manter o domínio estrangeiro na futura nova nação. Nesse sentido, após a independência, o clero brasileiro se manifesta com nítidas tendências regalistas.

Dentre as manifestações mais expressivas dessa mentalidade, nas primeiras décadas do século XIX, estão a elaboração da Constituição Eclesiástica de São Paulo, a atuação político-religiosa do ministro Padre Antônio Diogo Feijó e o cisma religioso no Rio Grande do Sul. Um exemplo dessa mentalidade é a mensagem dirigida pelo regente Feijó *aos augustos e digníssimos senhores representantes da nação*, em que afirma a necessidade de uma reforma moral do clero, até mesmo mediante a abolição do celibato eclesiástico:

> Sem que a assembleia invada o domínio espiritual; sem dar motivo a justas queixas da autoridade eclesiástica; usando do direito que ninguém lhe disputa, de admitir somente as leis disciplinares que estiverem de acordo com as leis, com os usos e costumes da nação brasilei-

ra, e negando e suspendendo o beneplácito a todas as outras leis, está principiada e concluída a indispensável reforma (DORNAS, 1938, p. 23).

O clero atuou de maneira ativa nas Juntas Provisórias de governo que se estabeleceram no Brasil desde 29 de setembro de 1821. Em algumas Províncias predominou o sentimento de anti-independência: Bahia, Maranhão, Piauí e Pará. Os padres que nestas Províncias participaram das Juntas eram pela total adesão e obediência a Lisboa. As diversas tentativas de criação de uma Igreja nacional entre os anos de 1820 a 1840 fracassaram.

No Brasil, às vésperas da independência, pode-se perceber que no final do século XVIII e início do século XIX o clero brasileiro se empolgou pela mentalidade liberal da Revolução Francesa e da Independência Americana. À revelia da hierarquia eclesiástica, o clero se colocou ao lado da população, em defesa dos direitos de liberdade e participação política, lutando pela independência do Brasil. Embora dando pouco valor à catequese tradicional, que envolvia o conceito de submissão à ordem e à autoridade constituída, o clero da época passa a enaltecer a ideia da religião como vinculada ao conceito de liberdade. Apesar disso, o clero brasileiro liberal não conseguiu efetivar o projeto de criação de uma Igreja de caráter nitidamente nacional. Não foi ainda aprofundado suficientemente o tema das bases teológicas que poderia ter orientado a atitude desses clérigos. Sem dúvida, a influência da teologia francesa de inspiração jansenista e galicana esteve presente na base da formação e ação das batinas coloniais. Enquanto uma grande parte do clero brasileiro fora sempre o primeiro a promover os princípios liberais, as corporações espanholas, influenciadas pelos seus chefes espirituais, foram o mais firme sustentáculo das velhas instituições.

Capítulo XXXII
O catolicismo no período pós-colonial (século XIX)

Novas nações, velhos problemas.

Introdução

O capítulo retrata as dificuldades dos novos Estados no período pós-independência, a situação da Igreja nesse cenário (suas perdas e ganhos, a escassez de padres, a Igreja nas novas Constituições, concordatas, Padroado). Havia algum vínculo entre o episcopado, os padres e a população de fiéis? Durante o século XIX, setores da Igreja verificarão a necessidade de uma unidade no continente, assim serão encontrados os antecedentes da Assembleia de 1899.

A formação dos Estados latino-americanos

Os principais problemas dos novos Estados foram: a pacificação e a construção dos aspectos estatais que assegurariam o governo republicano; a elaboração de um projeto nacional; a indefinição dos limites fronteiriços entre as diversas Repúblicas; o caudilhismo e o militarismo; o liberalismo com conteúdo capitalista. Tudo era novo, a legislação das Índias não era mais válida. Surgiram duas tendências, adaptar as leis à nova realidade ou mudar tudo, segundo o modelo dos Estados Unidos. Desde o início existiam duas modalidades: a centralista, que respondia à mentalidade bolivariana, e a federalista, escolhida pelo Brasil, Argentina, México e, por alguns anos, pela América Central. O projeto nacional aglutinava os ideais de Repúblicas empobrecidas com a excessiva polarização entre os ricos, poderosos política e economicamente (a minoria), e a maioria, os pobres, tradicionalmente dependentes. A indefinição dos limites geográficos, no princípio, gerou discussões intermináveis e, no futuro, desencadeou conflitos e guerras que minaram a intenção de uma união americana. O caudilhismo, o militarismo, a corrupção administrativa foram fenômenos que tiveram incidência desde o começo e seguem firme na atualidade. O liberalismo, com seu lógico conteúdo capitalista e a sua concentração de riqueza nas mãos de poucos, influenciou de maneira determinante a solidificação das novas Repúblicas, especialmente na questão econômica e política. Isto acarretou repercussões imediatas na questão social, ideológica e na cultura destas populações que, formadas na mentalidade espanhola e portuguesa, se abriam para um mundo plural de enorme influência inglesa e francesa (cf. GUTIÉRREZ, 1996, p. 197-198).

A situação da Igreja no período pós-independência

A Igreja Católica perdeu seu principal guia e sustento, a Metrópole, ligada ao regime de Padroado. Estava desmantelada em seus quadros diretivos e indecisa diante dos novos regimes que, ainda, não haviam definido sua posição em relação à Igreja. A instituição religiosa estava empobrecida, vários governos confiscaram parte de seu patrimônio e projetavam sua intenção de instrumentalizá-la. O sistema de relação Estado e Santa Sé estava aberto, porém não era claro e não foi tão rápido diante das exigências das circunstâncias. Os meios eram difíceis, mas a Santa Sé não estava acostumada a tratar qualquer tipo de questão com a *América*. A Santa Sé buscou a via das Concordatas, porém o êxito seria relativo devido à inconstância política americana: golpes de estado, mudanças constitucionais, diversidade sobre políticas religiosas. Outro problema foi a escassez de padres que, anteriormente, chegavam da Metrópole. A esse fator se juntavam a imensidão geográfica das dioceses e das paróquias, e as dificuldades impostas em vários destes novos Estados aos religiosos, particularmente, os estrangeiros.

Situação da Igreja nas novas Constituições

Os novos Estados tinham a necessidade de elaboração das novas Constituições com finalidade de governabilidade. As novas Constituições tiveram influência de quatro fontes principais: a tradição consuetudinária britânica; a experiência constitucionalista e federal norte-americana; as ideias igualitárias da Revolução Francesa (1789) e as posteriores Revoluções de 1830, 1848; a Constituição liberal de Cádiz (1812). Essas influências e a tradição colonial variou de país para país, de acordo com as circunstâncias, pessoas e grupos que dominavam o poder com interesses econômicos e políticos. Esse quadro trouxe, para alguns países, uma instabilidade constitucional, trazendo sérios prejuízos àquele país.

Número de Constituições século XIX

Argentina	6
Bolívia	11
Brasil	2
Centro América	3
Colômbia	11
Cuba	3
Chile	8
Equador	10
El Salvador	5
Guatemala	3
Honduras	6
México	4

Nicarágua	3
Panamá	4
Paraguai	3
Peru	10
República Dominicana	3
Uruguai	1
Venezuela	5

Fonte: (cf. GUTIÉRREZ, 1996, p. 201).

A situação da Igreja nestas diversas Constituições é bastante variada: no Brasil em 1824 a Igreja Católica é oficial do Império, em 1891 será um Estado Laico. Nas outras constituições, por vezes, figura como religião de Estado, religião da maioria dos habitantes, uma simples tolerância, liberdade de culto absoluta ou limitada. Ataque sistemático e negação da personalidade jurídica da Igreja. Era uma difícil situação para a Igreja nessa fase de reestruturação, este contexto facilita a compreensão de que a Igreja era, anteriormente, dependente do Estado. Nas diversas constituições há uma quebra do monopólio católico, secularização dos bens eclesiásticos, escolas laicas, registro civil de nascimento, matrimônio e a secularização dos cemitérios. Em muitas ocasiões a Igreja foi acusada de ser a responsável pelo atraso da população devido ao seu formato de organizar a educação e, principalmente, de pensamento. Era, segundo alguns setores, modernizar o processo educativo: neutro em questões religiosas. Se propalava uma liberdade de expressão, de imprensa e era supressa, pelo Estado, a Inquisição. No México a Constituição de 1824 exigiu que a República proibisse outra religião, a única seria a Católica, por sua vez, a Constituição de 1857 manteve muitos privilégios da Igreja advindos do período colonial, mas ao contrário da Constituição anterior, não mais indicava a Igreja Católica como a única e exclusiva do país tendo restringido o direito da Igreja possuir propriedades. Essas mudanças eram inaceitáveis para a instituição religiosa. Como consequência, o presidente Ignacio Comonfort e membros de seu governo foram excomungados.

Concordatas e Padroado

Quando o Papa Gregório XVI começou a reconhecer os novos Estados, surgia uma questão confusa: o direito de Padroado, concedido aos reis da Espanha, continuaria como direito destes novos países? Para a Santa Sé era evidente que o Padroado era um privilégio concedido aos reis da Espanha e Portugal, e só. Por outro lado, os governantes republicanos não aceitavam que os negócios eclesiásticos fossem dirigidos pela Congregação de *Propaganda Fide*, especialmente a nomeação dos bispos. É óbvio que o poder temporal queria controlar a instituição religiosa. O domínio das mentalidades sempre foi o perfeito instrumento de controle de comportamentos. O ingrediente aqui era mais forte, o religioso-espiritual. Diante destas sérias dificuldades, a Santa Sé optou por negociar individualmente com cada Estado um *modus vivendi* ou uma Concordata.

> **Modus vivendi** (latim, modo de viver) – acordo estabelecido entre duas partes a ser cumprido por ambas em caráter temporário.
>
> **Concordata** – tratado entre a Santa Sé e um Estado. A finalidade da Igreja é assegurar os direitos dos católicos no interior daquele Estado e regular seus próprios assuntos.

As negociações não foram todas iguais, nem foram observados os artigos com fidelidade por todos os governos. Contudo, permitiu que a Santa Sé estabelecesse comunicação direta com as Igrejas locais. De maneira geral, a relação política da Santa Sé se orientou pela permissão de conceder ao Estado um juízo prévio dos candidatos que seriam nomeados bispos, assim se evitava uma oposição de índole política. Evidente que esta relação poderia cercear o papel originário da Igreja, fazendo com que possíveis nomeações se dessem de acordo com a vontade e interesses econômicos e políticos do chefe de Estado.

Episcopado século XIX

Com a regularização da nomeação dos bispos foi melhorando, aos poucos, a situação das dioceses latino-americanas. No final do século XIX eram 20 as sedes metropolitanas e 93 dioceses; houve um aumento, mas insuficiente diante da extensão territorial. No Brasil, por exemplo, eram duas arquidioceses, nos demais países, uma arquidiocese. Exceção era o México com cinco. Eram dioceses extensas. A distância e a ausência de comunicação entre elas e o grandioso número de habitantes tornavam precária a atividade religiosa. Outro fator que dificultava a ação evangelizadora era a falta de seminários; em alguns casos era impossível sua criação, não somente por escassez de professores, mas pela situação política restritiva e perseguidora por parte de alguns governos. Somente para constatar a grave situação não tiveram seminários: Cuba, Guatemala, Honduras, Nicarágua, Uruguai e Venezuela. No México, a política era flutuante, seminários foram confiscados de acordo com a legislação de 1857 e permitidos durante o "porfiriato" (1884-1911). O Papa Pio IX criou em Roma o Pontifício Colégio Pio Latino-Americano (1858), importante na formação do clero e de professores para os seminários. Um dos alunos foi o primeiro cardeal latino-americano, Dom Joaquim Arcoverde, arcebispo do Rio de Janeiro (cf. SOUZA, 2004, p. 406-408). O Pontifício Colégio Pio Brasileiro foi fundado, posteriormente, em 1934.

Capítulo XXXIII
Catolicismo no Brasil Império

> A Religião Católica Apostólica Romana continuará a ser a religião do Império (Constituição de 1824).

Introdução

O estudo da história do catolicismo no Brasil Império é de extrema importância para se conhecer os imaginários e comportamentos que regem a eclesialidade. O objetivo do capítulo é analisar a situação da instituição numa estrutura constitucional em que a religião católica é a oficial do império. A questão religiosa revelará que a aparente aliança, através da continuidade do Padroado, não era tão profunda e nem benéfica à Igreja Católica. Eis a flor exótica na América Latina: Brasil, um império, e a continuidade do Padroado.

Situação do catolicismo no Brasil Império

As estruturas fundamentais da Instituição católica no Brasil não mudaram com a independência (cf. SOUZA, 2007, p. 147). Estas estruturas travaram por um determinado período a grande batalha diplomática com a Santa Sé para o reconhecimento civil do novo Estado e a sua relação diplomática com o governo pontifício. Até o momento da independência, a Santa Sé não teve necessidade de pensar num sistema de relações distinto do Padroado (cf. SOUZA, 2002, p. 683). Através deste instrumental se controlava a administração e o desenvolvimento de assuntos eclesiásticos.

O Padroado era este instrumento concedido pela Santa Sé como privilégio aos reis de Portugal no início da colonização.

Portugal reconheceu oficialmente a independência do Brasil a 28 de agosto de 1825. A Santa Sé, por sua vez, deu o seu reconhecimento no dia 23 de janeiro de 1826 (ANRJ Coleção Eclesiástica, Caixa 946, doc. 12). O Papa Leão XII reconheceu Dom Pedro I como imperador do Brasil e prometeu confirmar os bispos para as dioceses vacantes. Assim, continuaria o Padroado no Brasil e somente no Brasil, pois nos Estados que nasceram na América Latina, colonizados pela Espanha, não havia mais Padroado e sim a Concordata (cf. GUTIÉRREZ, 1996, p. 159-178). A Igreja, portanto, continuou sob a tutela do Estado (cf. SCAMPINI, 1978, p. 20). A situação do Padroado no Império terá dois momentos de grande importância: o primeiro de 1826 até o início do Segundo Reinado em 1840; o segundo vai do Segundo Reinado até a Proclamação da República (1889). Nesse período se verificará uma substancial transformação nas relações Igreja e Estado, principalmente no que é o pensamento do catolicismo em relação às suas atribuições no que se refere aos negócios eclesiásticos. Evidentemente tudo será embalado por uma teologia que será apresentada mais à frente.

Constituição Civil Imperial (1824)

Na Constituição Civil Imperial (1824), o catolicismo foi declarado como religião de Estado, tendo assim um caráter oficial e quase exclusivista. Afirma o artigo número 5: "A Religião Católica Apostólica Romana continuará a ser a religião do Império. Todas as outras religiões serão permitidas com seu culto doméstico ou particular, em casas para isso destinadas, sem forma alguma exterior de templo" (CONSTITUIÇÃO Império).

É de suma importância frisar que este dispositivo, da Carta de 1824, é continuidade do processo histórico iniciado no século XVI com a conquista e catequização do Brasil. Toda a vida social é profundamente marcada pela religião católica. As festas e comemorações, mesmo as cívicas, assumiam feições religiosas. Não se entendia a realidade sem uma explícita referência ao transcendente e à Igreja Católica, esta última vista como representação visível da divindade. Desenvolve-se nos três primeiros séculos, de presença portuguesa, um catolicismo barroco, festivo, triunfalista e nacionalista. A religião faz parte da vida, tanto nas suas dimensões públicas e oficiais quanto nas domésticas e pessoais, de muito Deus e pouco padre, muito céu e pouca Igreja, muita prece e pouca missa. Neste tipo de Cristandade, as esferas civis e eclesiásticas praticamente se identificam, e o cidadão é quase obrigatoriamente cristão. Há uma sacralização das estruturas sociais e políticas. Estaria, neste ponto, a raiz do processo da dessacralização do sagrado.

É a partir desta realidade que se analisa a expressão "continuará" do artigo 5 da Constituição de 1824. O termo ali empregado revela a herança histórica de matriz católica lusitana. Afirma-se, assim, que a religião católica é a da maioria dos brasileiros e, por consequência, pode ser a religião considerada oficial e nacional, com direito a uma proteção oficial. O esquema utilizado é o da Cristandade que idealiza a mútua harmonia e necessária união entre os dois poderes: temporal e espiritual. Apesar dos princípios liberais difundidos no Brasil a ideia de Cristandade permanece. Aqui não se trata de uma Cristandade de perfil medieval.

A configuração que ora se apresenta é a Cristandade nacional. O poder eclesiástico não é superior ao civil. Através dos direitos de Padroado concedidos na colônia e novamente no império são direitos, portanto, adquiridos pelo rei e agora pelo imperador. Direitos dentro da doutrina regalista de interferência com direito do

Estado nos negócios eclesiásticos (nomear bispos e prover outras funções eclesiásticas; conceder ou negar o beneplácito régio aos decretos papais antes de serem divulgados no Brasil). A evolução desta doutrina levará ao surgimento de uma Igreja de caráter nacional e, portanto, uma ameaça de cisma. O catolicismo no Brasil Império, no seu primeiro período, terá um reconhecimento do papa como chefe honorífico, mas sem uma efetiva autoridade sobre a Igreja Nacional.

Na Constituição de 1824 são encontrados diversos elementos dessas tendências regalistas e galicanas. A Constituição reconhece implicitamente os vínculos da Igreja Católica no Brasil com a Santa Sé. No entanto, referindo-se à pessoa do Imperador, o mesmo documento concede-lhe amplos poderes sobre o catolicismo tido como nacional. O que se constata é que a Igreja Católica é tratada como um departamento da administração civil e deve ser útil para o Estado. O clero faz parte do funcionalismo público e é pago (quando é) pelos cofres estatais. "Tal fenômeno não deixaria de influir na mentalidade dos sacerdotes e em suas atividades pastorais, bloqueando a capacidade de iniciativas e sujeitando-os à rotina de trabalhos oficiais e sistematicamente controlados pelo Estado" (LUSTOSA, 1977, p. 19). Essa situação ao longo do Império se revelará ambígua para o catolicismo. Uma *nova* mentalidade teológica levará a grandes divergências entre o poder espiritual e o poder temporal, chegando a consequências de extrema dificuldade para os dois poderes, como a questão religiosa (1872-1874), levando à prisão dois bispos. É evidente, o período em foco presenciou o processo de construção institucional da Igreja Católica brasileira, de sua própria consciência e sua relação com a sociedade (cf. MICELI, 1988). O processo culminará com a separação entre a Igreja e o Estado na Constituição republicana de 1891. A separação afetará o aparelho eclesiástico, ou seja, o aparelho religioso – a religião vivida pela população de fiéis não terá quase nada de alterações.

Pedro Ostini, primeiro núncio do Brasil

O italiano Pedro Ostini foi nomeado o primeiro núncio do Brasil (23 de junho de 1829). A posse ocorreu em 10 de junho de 1830. Segundo as próprias palavras de Ostini, o Brasil não era bem o que ele esperava. Seguramente considerava sua função como uma possibilidade de cardinalato. Escrevia para a Santa Sé e se queixava do péssimo clima tropical que encontrou no Rio de Janeiro. Segundo o núncio, o clima prejudicava a sua saúde. Na opinião dos "homens públicos" o núncio era um representante intruso de uma potência estrangeira e, segundo eles, a Igreja fazia parte da administração do Império.

> Com os anos, crescia a antipatia do Núncio em relação ao Brasil. Pessimista por natureza, generalizava facilmente. Em sua correspondência a Roma, disse que a religião e a moralidade se achavam "no mais lamentável estado em todas as classes da sociedade". No Ofício de 24-10-1830, dirigido ao cardeal Secretário do Estado do Vaticano, afirmou "o povo não é melhor do que os modelos que têm diante dos olhos. Por ser indolente e indiferentíssimo aos deveres sagrados da Religião, os confessionários veem-se desertos, e não acontece aqui como em outros lugares, onde são vistos a frequentar os sacramentos fiéis de ambos os sexos. Nos dias festivos, as vendas e armazéns estão sempre abertos e os artistas trabalham, sem exclusão dos pedreiros – nos lugares mais populosos –, nem dos sapateiros e outros. Aqui toda religião consiste em aparatos, músicas, repicar de sinos e fogos de artifício. O concurso que se realiza em tais ocasiões, até nas igrejas, oferece o espetáculo da maior licenciosidade. O pior, entretanto, era que o clero, segundo dizia o núncio, aliava à mais crassa ignorância um relaxamento de costumes que contribuía enormemente para a desmoralização do povo. "Os padres – acrescentava Mons. Ostini – vivem publicamente com concubinas, rodeados de filhos" [...] (ACCIOLY, 1949, p. 240).

A intenção de Pedro Ostini era deixar o Brasil. Foi transferido para Viena em fevereiro de 1832. A nunciatura ficara sob os cuidados do Auditor, Monsenhor Domingos Cipião Fabbrini. Até 1901 o Brasil não teve nomeação de núncio, só de Encarregado ou Internúncio.

Catolicismo no período da abdicação de Dom Pedro I e regências

Problemas dos mais variados tornam inviável a permanência de Dom Pedro I à frente do governo brasileiro. O imperador fica cada vez mais isolado. A oposição cresce, encontrando na imprensa um instrumento adequado para expressar-se publicamente. Aumentam as dívidas do país junto aos bancos ingleses, fazendo com que a situação financeira se torne extremamente precária (cf. NEVES, 2002, p. 12-14). Os acontecimentos internos de Portugal, decorrentes da sucessão de Dom João VI, que morreu em 1826, envolvem diretamente a pessoa de Dom Pedro I. Suas preferências pelos portugueses residentes no Brasil são conhecidas e asperamente criticadas pelos brasileiros. A retirada do monarca apresenta-se como inevitável. A 7 de abril de 1831 ele assina sua abdicação em favor do filho de cinco anos, Dom Pedro de Alcântara. Após sua partida é instituída uma Regência pelo fato de o único herdeiro do trono ser menor de idade.

Os nove anos de Regência (1831-1840) (cf. LYRA, 2000), provisória, trina e uma, constituem um período de forte turbulência com diversas revoltas provinciais de grande alcance. Um dos períodos mais violentos da história do Brasil. Tendências federalistas e separatistas marcam o cenário político. Seus integrantes, mal-articulados entre si, acabam sendo esmagados pelo poder central. Em muitos desses movimentos aparecem reivindicações sociais. As rebeliões tomavam um caráter popular e manifestavam uma violência contrária àquela que restringia a uma pequena parcela da população a propriedade, o reconhecimento social e os direitos de expressão, participação e organização política (cf. FAUSTO, 1999). Alguns autores, afirma Rubert, "parecem ter subestimado o período da Regência nas suas relações com a Santa Sé e o perigo de um rompimento com a Igreja. Não existia tal desejo, mas, na prática, defendendo teorias febronianas e galicanas, chegou-se quase ao rompimento" (RUBERT, 1993, p. 31).

Uma das figuras marcantes e polêmicas desse período regencial é o Padre Diogo Antônio Feijó (1784-1843), primeiro como Ministro da Justiça na Regência Trina Permanente (17/06/1831 a 12/10/1835) e depois como Regente Uno (12/10/1835 a 18/09/1837). Monarquista liberal fora deputado brasileiro às Cortes em Portugal. Feijó é uma figura contraditória que governa em meio a revoluções, acusado de autoritário e "ministro de Satanás" ou "sedutor e alcoviteiro". Acaba se isolando no governo e, finalmente, não resta outro caminho a não ser a renúncia. Dando seu apoio à Revolução Liberal de 1842, é preso, desterrado, mas depois absolvido (cf. RICCI, 2005, p. 57). Integrou como deputado a primeira Assembleia Geral Legislativa, na qual defendeu, em 1827, a proposta de abolição do celibato clerical no Brasil. Sua postura baseava-se no argumento de que se tratava de medida que, visando o bem da religião católica, contribuiria para a regeneração da conduta de muitos padres que viviam no concubinato. O que é importante, neste ponto, para a composição deste estudo sobre a teologia no império brasileiro é a percepção que estes pensamentos, projetos e práticas estão alicerçados na doutrina galicana e febroniana, (cf. ANDRESEN-DENZLER, 1999, p. 293-294; 306-307) preconizando, assim, uma igreja nacional.

Um golpe de Estado em meados de 1840 conclui a Campanha da Maioridade de Dom Pedro II (cf. ABREU, 1925, p. 432-445), que então contava com apenas 14 anos. Os partidários da maioridade já viam no restabelecimento da plena soberania imperial o fim da crise de autoridade que, segundo eles, fora a causa principal da agitação e anarquia das Regências. Embora promovida por liberais, em longo prazo, a vitória da maioridade, oficializada a 23 de julho de 1840, caberia aos conservadores, porta-vozes dos verdadeiros donos do poder. Se para a sociedade civil tem início outro e importante momento da política nacional, para a Igreja Católica não será diferente.

A Reforma católica no Brasil Império

No início do século XIX, com os desdobramentos revolucionários da Revolução Francesa (1789-1799), o catolicismo começa a sentir sua perda de influência na sociedade ocidental. A Santa Sé reage de forma bastante firme. Opõe-se, por um lado, às novas perspectivas de vida apresentadas pelo progresso científico, a Igreja procura restaurar os antigos valores da sociedade medieval, inclusive os princípios filosóficos e teológicos, apregoando a necessidade de subordinação do homem à ordem sobrenatural. A pregação é voltada para a humildade e obediência diante das diretrizes emanadas pela hierarquia eclesiástica. Baluartes desse período são os papas Gregório XVI (1831-1846) e Pio IX (1846-1878). O primeiro em sua primeira Encíclica *Mirari vos* (1832) exige um empenho de todos contra os inimigos da Igreja. Reafirma a autoridade do papa, o valor do celibato, a indissolubilidade do matrimônio. Condena o indiferentismo, o racionalismo, as liberdades de consciência, de imprensa e pensamento, assim como a separação Igreja-Estado. Já o segundo defende a fé e esta defesa é feita em detrimento da confiança do homem no valor da ciência, como aparece claramente no anexo *Silabus* de sua Encíclica *Quanta Cura* (1864). Neste documento condena-se a proclamada independência do homem com relação aos ditames da religião católica. Condenava marxismo, socialismo, naturalismo, racionalismo e as sociedades secretas, inclusive a maçonaria (cf. SOUZA, 2013, p. 58-63).

Essas ideias católicas foram introduzidas no Brasil ao longo do Período Imperial. Período em que o imperador nomeava os bispos de tendência conservadora, sintonizados com a ordem social vigente. O catolicismo procura o apoio do Estado a fim de prosseguir com seu próprio projeto de reforma católica, inspirada nas diretrizes da Cúria Romana. A Igreja estava disposta a implantar o modelo eclesial tridentino no Brasil, com a colaboração da Santa Sé. A reestruturação eclesiástica, liderada pela hierarquia, ficou conhecida como o movimento dos bispos reformadores. Um dos objetivos da atuação episcopal era frear o dinamismo político que a ideologia liberal havia gerado numa parcela significativa do clero. Desde os primeiros anos do Brasil independente houve reação a um tipo de Igreja regalista ou submissa ao poder imperial. Era uma postura ultramontana preocupada com a formação do clero e com a evangelização dos fiéis dentro das diretrizes do Concílio de Trento (1545-1563). Lentamente essa ação encontrará espaço político para se manifestar, como fizeram alguns bispos em diferentes dioceses do país.

A ação dos bispos reformadores

Desde o período colonial houve tentativas de implantação da Reforma Tridentina no Brasil. O fato que constitui melhor essa tentativa foi o Sínodo da Bahia de 1707 (SOUZA, 2002, p. 9-37); convocado pelo Arcebispo Dom Sebastião Monteiro da Vide, que resultou nas Constituições Primeiras do Arcebispado da Bahia (cf. FEITLER-SOUZA, 2011, p. 9-23). Todavia sua consolidação definitiva somente acontecerá a partir da segunda metade do século XIX.

A partir de 1827 é arcebispo da Bahia Dom Romualdo Antônio de Seixas (cf. RUBERT, 1993, p. 48-53). Será o arcebispo até o ano de 1860. Inicialmente era regalista moderado, mas depois aderiu plenamente ao movimento da Reforma Tridentina – "romana". Foi amigo próximo de Dom Pedro II que muito o admirava e passava algumas horas com ele em elevações literárias e culturais. No entanto, a reforma se efetivará, sobretudo em Minas Gerais e em São Paulo através da ação de seus bispos: Dom Antônio Ferreira Viçoso e Dom Antônio Joaquim de Melo.

O padre lazarista e português de nascimento, Antônio Ferreira Viçoso, foi nomeado bispo de Mariana em 1844. O representante pontifício o chamou "o ótimo entre os bons" (AAV – Nunciatura Brasil. Despacho 137, 24/08/1844). Iniciou uma ampla reforma da própria diocese. Este bispo será o propulsor da revitalização em outras regiões do país, com bispos formados por ele: Dom Luís Antônio dos Santos, em Fortaleza (1861-1881); Dom Pedro Maria de Lacerda, no Rio de Janeiro (1869-1890). O representante pontifício afirmava que este era um dos melhores do clero brasileiro (AAV Nunciatura do Brasil, Despacho 2273, fascículo 2, ff, 94-95); Dom João Antônio dos Santos, em Diamantina (1863-1905). Dom Viçoso ordenou 276 sacerdotes durante seu episcopado. Ultramontano e tridentino combateu o que considerava abusos da piedade popular, sobretudo as festas que resultavam em licenciosidades e pecados. Foi um grande incentivador da devoção à Virgem Maria, introduzindo o mês de Maria nas paróquias de sua diocese. O apóstolo de Minas Gerais, como alguns o qualificam, foi um formador de quadros romanizados e defensor da autoridade eclesiástica contra o regalismo. Recebeu o título nobiliárquico de conde da Conceição. Faleceu no dia 7 de julho de 1875 (cf. CARVALHO, 1994, p. 35).

O padre paulista Antônio Joaquim de Melo (cf. AZZI, 1975, p. 921), escolhido para ser bispo de São Paulo (1852-1861), começou a reforma pelo clero. Para o clero baixou um regulamento de conduta. Depois outro para os ordenandos. O remédio, porém, seria a ereção do Seminário. Foi o que ele fez. Com numerosos sacrifícios e com a ajuda do governo e de benfeitores, em 9/11/1856, estabeleceu o Seminário Santo Inácio de Loiola, que o Papa Pio IX o quis também de Maria Imaculada, entregando sua direção aos capuchinhos de Savoia. Isto exigiu do prelado muita coragem e decisão. No entanto, o que mais distinguiu o pastor foram suas assíduas e prolongadas visitas pastorais a todos os recantos da diocese (cf. WERNET, 1987, p. 118-143). Era uma verdadeira missão. Indagava tudo. Quatro vezes percorreu em visita sua diocese. Não obstante tanto zelo e dedicação pastoral, Dom Antônio Joaquim de Melo sofreu ataques do cabido e da imprensa, nomeadamente no *Amigo da Religião*. No entanto, ele continuou impávido no seu trabalho de reforma. Um desdobramento inerente a essa questão na crise final do Império foi a Questão Religiosa.

Capítulo XXXIV
Questão Religiosa (1872-1875)

> A Igreja entre nós está diminuída no seu prestígio [...] (COSTA. D. Macedo, 1956, p. 43).

Introdução

No final do período imperial entraram neste grande palco das transformações da reforma as figuras de D. Antônio de Macedo Costa, bispo do Pará (1861-1890) e D. Vital Maria Gonçalves de Oliveira (AAV Nunciatura do Brasil, Despacho 3059 f. 160), bispo de Olinda (1872-1876). Os dois bispos entraram em grande conflito com o poder civil. Na superfície do conflito estava a jurisdição dos bispos que, de 1872 a 1875, envolveu a imprensa e mobilizou considerável parcela da população. No entanto, nas profundezas, agitou uma série de tensões que envolviam a concepção e a prática da religião no Império, contribuindo decisivamente para abalar a Monarquia. No âmbito mais geral, a conhecida Questão Religiosa não pode ser compreendida sem referência à instituição do Padroado no Brasil e à posição da Santa Sé apresentadas anteriormente. Esta é a finalidade deste capítulo: tratar a temática da Questão Religiosa que é de enorme importância para este período e os subsequentes.

Dom Vital e Dom Macedo Costa

O novo bispo de Olinda, Dom Vital, foi formado no ambiente ultramontano, contra as ideias liberais e favorável à união com

Roma, com o papa e suas orientações. A Santa Sé havia proibido a entrada de sacerdotes e outros membros eclesiásticos na maçonaria. Dom Vital foi intransigente nesta orientação e quis organizar a sua diocese segundo estes princípios. Seguiu seu exemplo o bispo do Pará, Dom Macedo Costa. Estas atitudes foram elogiadas por quase todos os bispos no Brasil. O conflito cresceu em março de 1872 quando Dom Pedro Maria de Lacerda, bispo do Rio de Janeiro, suspendeu de ordens o Padre José Luiz de Almeida Martins por proferir um discurso em estilo maçônico, já que era orador oficial da maçonaria. Em fins de junho uma circular secreta de Dom Vital proibiu a participação de eclesiásticos em qualquer cerimônia maçônica (cf. AZEVEDO, 2008, p. 91-126). Em represália, uma loja convocou a celebração, para 21 de julho da mais "auspiciosa data da humanidade", aquela em que fora suprimida, em 1773, pelo Papa Clemente XIV, "a nociva congregação dos jesuítas".

A maçonaria

A partir de agosto, a tensão aumentou com as respostas dos maçons aos artigos publicados no jornal *A União,* criado por Dom Vital. Artigos que criticavam a liberdade de culto e de pensamento, a separação Igreja e Estado e colocavam a Igreja acima do poder civil, ao insistir em que as leis dos homens não podiam ser distinguidas das leis de Deus. Quando o jornal maçônico ousou publicar artigos de um protestante discutindo a perpétua virgindade de Nossa Senhora, o prelado lançou um interdito sobre duas capelas de irmandades que se recusavam a expulsar os confrades maçons, passando a enfrentar uma campanha de difamação pessoal, que o acusava de frequentar, com demasiada assiduidade, os conventos femininos. Após um comício de desagravo, a tipografia dos jesuítas, que imprimia o jornal do bispo, foi saqueada e um sacerdote morto com uma facada (cf. NEVES, 2002, p. 608-611).

Devido a este último acontecimento, a Coroa procurou conter Dom Vital, ordenando-lhe que levantasse o interdito que lançara sobre as irmandades. O prelado recusou-se argumentando que seguia as diretrizes do papa. Essas diretrizes, no entanto, dependiam do beneplácito, instituição que dava ao Imperador o direito de vetar as determinações vindas do Vaticano. Em outras palavras, todas as determinações do papa só passavam a ter validade no Brasil depois do *placet,* isto é, depois da aprovação explícita do Imperador. Os adversários aproveitaram esta normativa para considerar as diretrizes pontifícias como intervenções nos assuntos do Brasil e diversos deputados apresentaram requerimentos para que o governo cortasse relações com a Santa Sé (cf. SOUZA, 2014, p.136).

A prisão dos bispos

A Questão Religiosa tornava-se uma questão nacional e internacional. O bispo foi indiciado pelo Supremo Tribunal de Justiça. Dom Vital foi preso em 2 de janeiro de 1874 e transferido para o Rio de Janeiro, onde foi julgado a partir de fevereiro, juntamente com Dom Antônio de Macedo Costa, bispo do Pará, que havia procedido da mesma forma. Ambos foram condenados à pena de 4 anos com trabalhos forçados, causando grande comoção nacional.

Em 1875 a Questão foi encerrada com a comutação da pena pelo imperador e a anistia concedida aos bispos. Contudo, a Questão Religiosa acirrou a intransigência da alta hierarquia da Igreja, levando-a a assumir uma atitude ambígua em relação ao Estado que implicava, ao mesmo tempo, a oposição a certas medidas de caráter secular e a reivindicação de conservar o lugar privilegiado, no plano espiritual, que sempre detivera junto ao poder. De outro lado, porém, quebrou o encanto da função monárquica. Para as mentalidades secularizadas que defendiam o progresso e a atuação do governo no episódio revelou-se fraca e movida unicamente pelos interesses políticos do gabinete conservador. Para os fiéis tocados pelo ultramontanismo, majoritariamente urbanos e alfabetizados, a prisão dos bispos indicou o caráter arbitrário das instituições, distanciando-os do regime. Para a grande massa da população, ainda presa à religiosidade antiga, tudo aquilo não passara de uma impiedade. De todos os espíritos, retirava-se do cetro de Dom Pedro II a aura mágica, que lhe tinha assegurado até então o exercício do poder (cf. SOUZA, 2014, p. 137).

Reforma ultramontana

A reforma promovida por estes bispos ultramontanos foi preferencialmente a do clero. O objetivo era ter um padre douto e santo, de conduta reta e grave, um digno representante da ordem espiritual e inteiramente voltado para as *coisas do alto*. Uma constante preocupação é a estrita observância do celibato. Formado assim seria o ideal para a sua missão de evangelizar uma população de fiéis que vivenciava uma religiosidade popular classificada como fanatismo e superstição. A fé popular é vista como uma deturpação da verdadeira religião que só poderia ser encontrada no culto oficial do que obedecer às normas romanas. Em lugar das antigas devoções, os bispos apoiados pelas Congregações religiosas, promovem novas devoções alinhadas à doutrina oficial. Necessário ressaltar que não é possível generalizar a situação problemática de grande parte do clero, pois ao contrário poderia se pensar que somente depois da reforma é que os padres entraram para a reta via (cf. OLIVEIRA, 1978, p. 14). Todas estas ações e transformações estavam alicerçadas numa base teológica.

Capítulo XXXV
Aspectos da teologia católica no Império

> O Estado cuida do corpo e a Igreja zela da alma (SOUZA, 2014, p. 138).

Introdução

A teologia é um discurso sobre Deus elaborado a partir de situações contextuais. A história da teologia católica no Brasil Império (1822-1889) é a apresentação de uma das diversas maneiras e comportamentos como a fé foi vivenciada nesta primeira fase do Brasil independente de Portugal sob o regime político monarquista. Especialmente nesse período a vida de fé era medida pela quantidade de obras espirituais realizadas. São feitas estatísticas sobre o número de confissões, comunhões, batizados e casamentos. É uma teologia de inspiração ultramontana. Está diretamente a serviço da formação do clero, sendo uma sistematização dos dados teológicos e do magistério eclesiástico. Trata-se da teologia repetitiva, sem inovação. É esta temática que será apresentada neste capítulo.

Temporal e espiritual

Neste contexto apresentado anteriormente o catolicismo afirma-se no Brasil como sendo uma sociedade hierárquica perfeita. Somente dentro dele, na fidelidade à sua doutrina e a prática sacramental, está a salvação. O discurso sobre Deus nesta realidade é importado e, assim, os religiosos darão ênfase especial à teologia do mérito, que passa a substituir a teologia do desterro, típica do período colonial. A devoção aos santos assume características de maior vinculação à hierarquia católica, emergindo como grande devoção do período o culto ao Sagrado Coração de Jesus (cf. SOUZA, 2014, p. 138).

Durante o período colonial o catolicismo viveu em total dependência do poder da Coroa portuguesa. Essa situação continua no Império quando este, através da Constituição de 1824, afirma a fé católica como religião oficial do Estado brasileiro e, em seguida, a concessão dos direitos de Padroado por parte da Santa Sé ao Imperador. No entanto, a hierarquia católica reage com energia devido à atuação regalista e galicana do Império. Com total apoio da Santa Sé o episcopado brasileiro decide implantar no Brasil a concepção tridentina da Igreja (SOUZA, 2014, p. 138).

Nesse sentido a concepção unitária de sociedade católica não é mais aceita. O que se enfatiza orientando a população a seguir é a mentalidade de duas sociedades perfeitas e distintas entre si: de um lado o Estado ou sociedade temporal/civil, de outro lado a Igreja ou sociedade eclesiástica/espiritual. Ao Estado compete cuidar dos interesses temporais, dos aspectos políticos e socioeconômicos; à Igreja fica reservada a missão de ocupar-se da vida espiritual das pessoas, dos aspectos religiosos. O Estado cuida do corpo e a Igreja zela da alma. Essa ação espiritual seria desenvolvida com plena liberdade e autonomia por parte da Igreja, é por isso que a instituição religiosa lutará. O episcopado não se considera mais dependente do poder civil, mas como responsável direto da orientação da atividade pastoral. É uma elaboração teológica voltada quase unicamente à esfera espiritual (cf. SOUZA, 2014, p. 138).

Nesse momento a teologia católica enfatiza o caráter dos bispos como príncipes eclesiásticos, membros de uma hierarquia sagrada da qual o papa é o chefe supremo. O poder deste episcopado é fortalecido à medida que recebe a chancela da Santa Sé. Os bispos passam a defender seus direitos exclusivos de dirigir os negócios eclesiásticos da Igreja Católica no Brasil. A Igreja Católica é a barca de salvação, cujo legítimo timoneiro é o papa (cf. AZZI, 1985, p. 31). Será exatamente como delegado do poder pontifício que o episcopado exercerá sua missão religiosa.

No exercício de seu ministério pastoral de cunho salvífico, o episcopado conta com a colaboração do clero. É neste sentido que os bispos se empenham na reforma do clero no Brasil. O grande trabalho do episcopado era transformar um clero com alma política e amasiados em sacerdotes piedosos e celibatários. Esse desejo era também do governo brasileiro. As forças governamentais incentivavam os bispos a reconduzir o clero ao recinto das Igrejas, reduzindo sua atividade ao altar, ao púlpito e ao confessionário. A participação do clero liberal nas lutas políticas e sociais constituía para o governo um obstáculo à monarquia que vivia dentro do sistema latifundiário escravocrata. O Imperador Pedro II foi bastante cioso na escolha de homens piedosos para o episcopado, mas que eram, ao mesmo tempo, de mentalidade conservadora e antiliberal (cf. AZZI, 1978).

No decorrer dos anos os bispos foram percebendo o seu crescimento no que se refere ao poder espiritual, assim chegaram a negar qualquer dependência do poder temporal. Esta postura deu origem ao importante conflito entre Estado e Igreja, conhecido como Questão Religiosa (1872-1875), apresentada no item anterior. É interessante frisar que, mesmo pregando a independência de ação como sendo fundamental, a Igreja continuava a defender a doutrina da colaboração entre os dois poderes. Em outras palavras, pregava a independência no pensar e na ação, mas desejava a continuidade da união entre Trono e Altar, para a manutenção e defesa da ordem social vigente (cf. SOUZA, 2014, p. 139).

O que se verificará no Segundo Reinado (1840-1889) é uma participação quase nula do clero nos movimentos pela abolição da escravidão e pelo advento do regime republicano, liderados pela burguesia urbana liberal. A Igreja Católica mantém-se à sombra do Trono, sendo um de seus sustentáculos. Advoga para si o caráter de aliada do poder estabelecido sem questionar os seus méritos. Nesse período o clero estava mais preocupado com os méritos para o céu do que com os problemas concretos da população na terra. O abolicionista Joaquim Nabuco afirmava que *"eu tinha sempre lastimado a neutralidade do clero perante a escravidão, o indiferentismo do seu contato com ela"* (NABUCO, 1957).

Uma teologia *espiritual*

A mentalidade religiosa que se afirmará no Império é de uma visão puramente espiritual do mundo. Assumindo grande importância, nesse período, um discurso sobre Deus no que se refere ao mérito. Uma teologia espiritual que passou a vigorar na Igreja a partir do século XVI, especialmente com os exercícios espirituais de Inácio de Loyola. Esse tipo de mentalidade e prática se adequou perfeitamente ao espírito tridentino. Esta teologia é uma resposta católica à mentalidade da burguesia que começava a se afirmar a partir do mercantilismo introduzido pela Revolução Comercial.

A burguesia tem como característica principal sua atividade econômica, tendo sempre em vista o lucro. O êxito comercial é medido em termos de ganhos e perdas. Ao mesmo tempo os católicos são acusados de não valorizarem o mundo, considerando a terra como um verdadeiro exílio ou desterro. Em resposta, a teologia ascética passa a enfatizar que existem dois tipos de atividade no mundo: a atividade política e econômica, de significado passageiro, e a atividade espiritual, de valor eterno, através da qual se obtém os verdadeiros lucros, os méritos para o céu. Neste sentido, a terra deixa de ser um local de exílio e passa a ser um lugar de prova, onde mediante obras espirituais, as pessoas devem procurar merecer o prêmio eterno. Portanto, os valores terrenos continuam destituídos de sentido. O único valor verdadeiro é a salvação. A salvação torna-se uma decorrência dos méritos adquiridos na terra. Os pecados cometidos passam a constituir o verdadeiro obstáculo para o prêmio. Daí a importância do recurso à mediação sacramental da confissão para restabelecer o equilíbrio da balança do juízo (cf. SOUZA, 2014, p. 140-141).

No século XIX essa teologia é de grande aceitação por parte das camadas médias urbanas. Essa população é atendida através das paróquias e das atividades dos colégios. O clero é formado, nesse período, dentro dessa nova visão religiosa do mundo. Nos seminários a prática dos exames de consciência e o reforço dos exercícios espirituais constituem a parte central da vida dos futuros clérigos. A pastoral é também orientada à multiplicação de obras religiosas. As missões populares são promovidas sob o significativo lema: salva a tua alma. A vida de fé é medida pela quantidade de obras espirituais realizadas. Assim são feitas estatísticas sobre o número de confissões, comunhões, batizados e casamentos. Dados elevados atestam o aumento de méritos para o céu. Para uma exemplificação interessante da teologia do mérito cita-se o ato de contrição que deve preceder a confissão sacramental: "Pesa-me, Senhor, por ter perdido o céu e merecido o inferno". É exatamente numa perspectiva de salvação eterna que a vida presente tem algum sentido.

O que fica evidente, pesquisando sobre esse período, é a substituição expressiva das antigas devoções populares típicas da cultura lusa, por novas devoções trazidas por religiosos europeus. Em pouco tempo os santos vão sendo substituídos pelas novas devoções trazidas por missionários vindos, a pedido dos bispos, para reforçar o movimento de reforma. Eram substituídas as devoções e também o modo de cultuá-las. Antes eram muitas festas, procissões, romarias, depois a ênfase dada é, na prática, sacramental, considerada a autêntica expressão de fé. O catolicismo popular, nesta teologia, passa a ter um vínculo direto com a instituição clerical. No meio urbano há uma grande aceitação, diferentemente do meio rural. No sertão perdura a devoção tradicional, as capelinhas à beira da estrada são ainda um marco expressivo. No Brasil rural a assistência paroquial era dificultada pelas distâncias, pela própria ausência de padres. No Brasil urbano do século XIX as pessoas foram assistidas com alguma regularidade pelos padres, principalmente na hora da morte (cf. REIS, 1997, p. 106).

No meio urbano a devoção ao Sagrado Coração de Jesus, incentivada pelos jesuítas, crescia através da associação do Apostolado da Oração. A devoção ao Sagrado Coração de Jesus refletia a nova visão teológica a respeito da sociedade desse período. Importante recordar que o século XIX é marcado pelo ultramontanismo e pela ação antiliberal por parte dos católicos. A devoção expressa de maneira fundamental uma visão de mundo: Jesus é o prisioneiro do sacrário, e os seus devotos devem refugiar-se aos seus pés para reparar os pecados que os maus e os inimigos da fé estão cometendo. A devoção é expressa através das comunhões nas nove primeiras sextas-feiras, onde se ressalta a tônica reparadora. Reparar o espírito liberal de clérigos e católicos, considerados maus cristãos. Existe uma larga diferença entre a devoção ao Bom Jesus (símbolo sofredor em que o povo se identificava) de caráter lusitano e a nova devoção franco-italiana do Coração de Jesus (símbolo da Igreja como poder espiritual). Aqui se expressa cada vez mais o poder da Santa Sé no Brasil diante do Império, um catolicismo cada vez mais romanizado (cf. SOUZA, 2014, p. 141).

Três são os aspectos dessa teologia de inspiração ultramontana. Primeiramente, o fato de estar diretamente a serviço da formação do clero, sendo uma sistematização dos dados teológicos e do magistério eclesiástico. Trata-se da teologia repetitiva, sem inovação. O estudo da teologia passa a ser exclusividade dos clérigos. Em segundo lugar, o autor destaca seu caráter marcadamente apologético, sendo destinada especificamente à defesa da Igreja. O terceiro aspecto é apresentado nestes termos:

> Outra característica de nossa teologia era que ela estava a serviço da "ortodoxia" romana. O Segundo Império é justamente o período da tomada de consciência "romana" de nossa Igreja, e consequentemente tomada de posição ao lado da "ortodoxia", emanada do ensino do supremo magistério eclesiástico. Nossos professores de teologia, que foram estudar em Roma ou na França, voltaram mais ligados a este magistério e à linha de orientação chamada "ultramontanismo". Mas, sobretudo os lazaristas franceses eram instrumentos importantes dessa orientação de nossa teologia. É de lembrar-se que "ortodoxia" então significava, de modo especial, oposição ao jansenismo, ao galicanismo, ao regalismo, ao liberalismo. E os lazaristas eram os grandes opositores dessas orientações teológicas que se opunham ao "ultramontanismo" (HAUCK, 1985, p. 198).

Aqui, portanto, reside a preocupação de definir claramente os limites da ortodoxia romana. Coloca-se ênfase no aspecto da unicidade da verdade religiosa, que se encontra exclusivamente na fé católica. À medida que se fortalecia a teologia de raiz ultramontana, e a hierarquia se tornava intransigente, diminuía o espaço para que pudessem florescer dentro do âmbito do pensamento católico correntes impregnadas pelo pensamento liberal e socialista.

O catolicismo da Reforma no Brasil conseguiu implantar um novo modelo de Igreja como sociedade perfeita, de inspiração tridentina. Além das novas devoções, o episcopado procura promover a doutrina através de catecismos. A ênfase da reforma católica é preponderantemente clerical. O episcopado preocupou-se muito mais em trazer os fiéis para dentro da estrutura eclesiástica do que em colaborar efetivamente na defesa de seus direitos na sociedade. O catolicismo deslocava-se do leigo para o bispo, da religião familiar para a religião do templo, das rezas para a missa, do terço para os sacramentos. Este deslocamento privilegiou o poder sacerdotal e esvaziou as funções do leigo na organização da Igreja. Passa-se da religião comprometida com o debate político e social da nação para uma religião voltada para o espiritual e para o distanciamento das realidades terrenas (cf. BEOZZO, 1977, p. 748). Eis, portanto, uma teologia elaborada a partir do contexto do "céu". Mesmo não alcançando nesse período realizar inteiramente a reforma pretendida e tendo que esperar o regime republicano para ganhar autonomia e ação, o catolicismo, ao longo do período imperial, conseguiu ao menos estabelecer suas bases institucionais.

Capítulo XXXVI
A evangelização na América Latina:
O Concílio de 1899

> [...] a população católica latino-americana e os mais graves perigos que ameaçavam a sua fé preocupavam a Santa Sé (CHÁVEZ SÁNCHEZ, 1986, p. 356).

Introdução

Este capítulo tratará desta relevante Assembleia do Episcopado Latino-Americano que ocorreu em Roma no ano de 1899. Foi a primeira assembleia dos bispos no período pós-independência. O Papa Leão XIII a convocou e a Sagrada Congregação do Concílio estabeleceu a data, o local e os participantes. Este Concílio Plenário Latino-Americano foi um antecedente das futuras Conferências do Episcopado Latino-Americano e Caribenho, assim como do Sínodo da América.

Problemas da Igreja e da sociedade

No final do século XIX alguns eclesiásticos sentiram a necessidade de celebrar um concílio que reunisse todos os bispos "ibero-americanos". A finalidade era tratar problemas do final do século que se colocavam diante da Igreja e da sociedade do continente (cf. SOUZA, 1999, p. 101-106). A Igreja dos Estados Unidos celebrara o III Concílio de Baltimore. Muitos bispos viam ali um exemplo a seguir. Havia naquele momento uma tomada de consciência de que a população do continente possuía uma raiz comum. Os dois elementos que constituíam o temperamento desta população eram "o católico" e "o latino".

A nova nomenclatura de *América Latina* estava entrando na linguagem comum. Sua origem mais remota se deve ao mexicano Lucas Alamán e ao norte-americano Henry Clay. Em 1823, o chanceler mexicano Alamán queria estabelecer uma série de pactos de união entre os novos países hispano-americanos (sem incluir o Brasil) que deveria incluir uma preferência ou união aduaneira. Começava a atuar essa política com um acordo com Nova Granada (Colômbia). Os Estados Unidos, através de seu embaixador Poinsett, exigiram o mesmo tratamento. A oposição política norte-americana fez naufragar essa política econômica. A razão era que os Estados Unidos queriam um sistema comercial onde todas as novas nações, inclusive o Brasil, girassem em torno dele. O projeto dos americanos também fracassou devido à forte oposição da Inglaterra. Em 1847 surgia a União Latino-Americana, impulsionada pelo colombiano José María Torres Caicedo, que incluía expressamente o Brasil. Por isso se justificava a opção "latino-americana" no lugar de hispano-americana, que se limitava somente aos de língua castelhana. O termo foi uma contraposição ao outro polo geopolítico, o anglo-saxão. Em seguida, a terminologia se difundiu no campo eclesiástico ao fundar-se o seminário-colégio Pio Latino-americano, em Roma (1858) (Sobre o tema "América Latina", cf. ARDAO, 1980; MEDINA ASCENSIO, 1979; SOUZA, 1999).

A nomenclatura foi utilizada nos documentos da Santa Sé. Assume um grande valor político: a justificação da formação de um bloco "latino" na América contra um anglo-americano (cf. GONZÁLEZ FERNÁNDEZ, 1997, p. 356) e um valor eclesiástico como indicação do território continental e cultural-eclesial. Diante desta primeira divisão, latino-americanos e anglo-saxões, faz-se necessário assinalar que novos conflitos foram surgindo, não somente econômicos, mas culturais. A América Latina é mestiça, muito diferente dos Estados Unidos. Os latino-americanos têm uma raiz indígena pré-colombiana, mas sua cultura é um conjunto totalmente ocidental, por mediação hispano-lusitana, tendo a peculiaridade de ser um Ocidente subdesenvolvido em vários aspectos. A conclusão é que o continente americano se divide em duas áreas culturais distintas (cf. METHOL FERRÉ, 1995, p. 12-13).

Essa problemática e esses acontecimentos influíram no nascimento, no seio da Igreja, de uma consciência de pertencer a uma realidade histórica precisa que começava a se chamar *América Latina*. Nasce, assim, a necessidade da celebração do Concílio Plenário, necessidade que impulsionará a realização de novas conferências no século XX: Rio de Janeiro (1955), Medelín (1968), Puebla (1979) e Santo Domingo (1992) e XXI: Aparecida (2007).

A convocação e preparação do Concílio Plenário

O Cardeal Mariano Rampolla, secretário de Estado do Vaticano, escreveu em 1897 que as graves necessidades espirituais que afligiam a população católica latino-americana e os mais graves perigos que ameaçavam a sua fé, preocupavam a Santa Sé (cf. CHÁVEZ SÁNCHEZ, 1986, p. 356). O Papa Leão XIII (1878-1903) estava informado sobre os acontecimentos na América Latina pelos núncios, bispos e visitadores apostólicos. Em 1892, completavam-se 400 anos do "descobrimento" conquista; Leão XIII enviou uma carta ao episcopado das duas Américas, Espanha e da Itália (*Quarto abeunte saeculo*). Finalmente, em 25 de dezembro de 1898, o papa convoca o Concílio, assinalando os seus objetivos: "assegurar a unidade e a disciplina eclesiástica e ao mesmo tempo a santidade dos costumes" (*Cum diuturnum*, 21-23). O pontífice recordava também o IV centenário da América que havia impulsionado a convocação do Concílio Plenário. Começava uma preparação do Concílio em cada país latino-americano. Alguns eclesiásticos não viam com bons olhos esses concílios prévios em preparação ao grande concílio em Roma. Pensavam que fosse uma intromissão da Santa Sé na ordem eclesiástica existente. Assim pensava o bispo mexicano Ignacio Montes de Oca (cf. CHÁVEZ SÁNCHEZ, 1986, p. 291). O México contava, naquele momento, com o maior episcopado da América Latina, 13 bispos.

A preparação esteve a cargo da Congregação do Concílio que redigiu um esquema dos diversos temas que, em 1897, foi enviado aos bispos para estudo e sugestões. A cidade de Roma foi escolhida para receber o Concílio por ser a sede papal e pela maior facilidade para viajar, pela instabilidade política na América Latina e pela possível interferência dos governos. Não faltaram oposições por conta da enorme distância, do desconhecimento da América Latina por parte de Roma, da idade de alguns bispos. Foram apresentadas alternativas: Cidade do México, Santiago e Lima.

A preparação foi repleta de discussões, especialmente sobre o lugar da realização do Concílio. No final, os bispos inclinaram-se para a Cidade Eterna. A maioria, por motivos políticos e práticos (dificuldades de viajar no continente), e afetivos (devoção ao papa). Os motivos de ordem política tiveram um peso especial. Não se encontrava um lugar adequado e seguro e não se queria ferir a sensibilidade de cada nação. Era necessário evitar as interferências governamentais. Assim, com sede em Roma, o Concílio Plenário Latino-Americano foi aberto aos 28 de maio de 1899 e concluído aos 9 de julho de 1899.

A celebração do Concílio (1899)

Na Festa da Santíssima Trindade foi aberto o Concílio na Capela do Colégio Pio Latino-Americano em Roma. Era um concílio (com autoridade legislativa sobre toda a América Latina) plenário (de todos os episcopados). Ao Concílio estiveram 13 arcebispos e 40 bispos. Faltaram quatro bispos: dois por problemas políticos, Ricardo Casanova (Guatemala) e Miguel Taborga (La Plata Charcas); outros dois por enfermidade, Críspulo Uzcátegui (Caracas) e Fernando de Meriño (Santo Domingo). Os países mais representados foram México com 13 bispos; Brasil com 11; e Colômbia e Argentina com seis cada um. Chama a atenção a idade média dos bispos, entre 51 e 60 anos e a sua jovem experiência no ministério episcopal (a maioria com menos de 10 anos), mas todos marcados pelas dolorosas experiências conflitivas. O objetivo do Concílio foi, sobretudo, pastoral: a maior glória de Deus, a defesa e propagação da fé católica, o aumento da religião, a salvação das almas, o esplendor das Igrejas, a disciplina do clero, defesa e ampliação da ordem episcopal.

As fontes documentais dos 998 artigos são: Concílio de Trento, Concílio Vaticano I, Magistério de Pio IX e Leão XIII, declarações dos sínodos latino-americanos antigos e recentes, doutrina das congregações romanas, Catecismo Romano e outros documentos canônicos. A influência romana foi evidente, especialmente no aspecto doutrinal e canônico. Na celebração falava-se muito dos concílios americanos coloniais e nos sínodos diocesanos, mas não se fez uso de suas decisões. O Concílio Plenário ateve-se à programação e metodologia propostas pela Santa Sé e foi fiel a elas, consciente de que com esse propósito os bispos teriam ido a Roma.

Episcopado brasileiro presente no Concílio Plenário

Bispo	Diocese
Jerônimo Tomé da Silva	Salvador, primaz do Brasil
Joaquim Arcoverde de Albuquerque Cavalcanti	Rio de Janeiro

Cláudio Gonçalves Ponce de Leão	São Pedro do Rio Grande (Porto Alegre)
Joaquim José Vieira	Fortaleza
Manuel dos Santos Pereira	Olinda
Silvério Gomes Pimenta	Mariana
Eduardo Duarte Silva	Goiás
Francisco Rego Maia	Petrópolis
José Lorenzo da Costa Aguiar	Amazonas
José de Camargo Barros	Curitiba
Antonio Manuel de Castilho Brandão	Belém do Pará

Baseado em: (cf. SOUZA, 2000, p. 637-642).

Luzes e sombras

Entre luzes e sombras, o Concílio foi um ponto privilegiado de encontro: da Igreja latino-americana com a Santa Sé e o papa e dos bispos entre si. Naquele momento apareceram os problemas comuns e as possíveis soluções para o cristianismo latino-americano. Os decretos, demasiadamente canônicos, foram o marco de referência para a primeira parte do século XX. Os apelos de Leão XIII foram de grande estímulo para a América Latina: formação de sacerdotes, preocupação primordial com os seminários, cultivo das ciências eclesiásticas de acordo com a doutrina de Santo Tomás, preocupação com o clero e paróquias, catequese, missões rurais e pelos exercícios espirituais do clero (cf. SOUZA, 2018, p. 24-27).

A decisão de celebrar frequentes reuniões em cada província eclesiástica abriu perspectivas para a formação das conferências episcopais e para a constituição do CELAM, da Pontifícia Comissão para a América Latina (CAL, 1958) e da Clar e também a celebração periódica de conferências gerais do episcopado latino-americano. A predominância do aspecto doutrinal e canônico impediu a análise da problemática da América Latina: a pobreza, as minorias étnicas (negros e índios), a evangelização em ambientes hostis pelas políticas estatais, a escassez de clero, da extensão e incomunicabilidade das dioceses e paróquias, do apostolado laical.

Com todos os acontecimentos relatados e as limitações, que são apenas lógicas de uma Igreja latino-americana que estava recobrando sua "romanidade", obscurecida pelo Padroado de séculos, girando ao redor dos conflitos entre Estado e Igreja, o I Concílio Plenário criou uma nova consciência continental de vastas perspectivas. A América Latina sentiu-se parte de uma Igreja universal, de possuir um influxo popular, capaz de superar as maiores crises políticas e de ter uma força interna de coesão que a permitiria analisar seus próprios problemas e buscar as soluções. No final do Concílio Plenário, o episcopado resolvia que deveria se reunir com frequência. Devido a situações internas e externas à instituição eclesiástica o próximo evento só aconteceria 56 anos depois, em 1955, no Rio de Janeiro.

PARTE VI

CATOLICISMO E OS ESTUDOS LIBERAIS (1880-1930) E OS REGIMES POPULISTAS (1930-1959)

Capítulo XXXVII
Igreja católica e Estados Liberais

> As relações Estado-Igreja nesse período não são menos complexas que em outros momentos históricos.

Introdução

O capítulo retrata o período de 1880-1930 na América Latina e no Caribe. O contexto econômico, político, social da região foi se transformando de acordo com o mercado mundial: sistema de transporte, comunicação, tecnologia, produtos agrícolas, relações de trabalho, grupos sociais e composição da população. Houve uma significativa mudança na política: a criação de um pacto neocolonial. Evidente que o campo religioso, imerso nessa conjuntura, sofreu modificações profundas. O regime de Padroado hispano-português foi, juridicamente, extinto. E, assim, outras denominações religiosas puderam livremente celebrar seus cultos. Objetiva-se, a seguir, apresentar o cenário, neste contexto, das relações da instituição religiosa, a Igreja Católica, frente ao Estado liberal.

Igreja Católica, no ataque ou na defesa (?) diante dos Estados Liberais

Em alguns países da América Latina houve expulsão das ordens religiosas e o confisco de seus bens: **México**, no governo de Benito Pablo Juárez García (1856), **Colômbia**, no governo do General Tomás Cipriano de Mosquera (1861), **Guatemala**, no governo de Miguel García Granados Y Zavala (1872) e de seu sucessor

Justo Rufino Barrios (1973). Nestas circunstâncias a instituição religiosa saiu enfraquecida pela perda de seus bens e membros. Os desdobramentos do confisco nunca resultaram numa redistribuição de terras, mas na transferência do latifúndio eclesiástico para o latifúndio do agro-exportador. Nos territórios que pertenciam ao México (Texas, Novo México, Califórnia), a população católica sofreu enorme discriminação, por ser de origem indígena, hispana, mestiça e católica. Era um território marcadamente de brancos, anglo-saxões e protestantes.

> Mesmo no interior da Igreja Católica, os México-americanos foram igualmente discriminados pela imposição de Roma de uma hierarquia francesa e logo depois irlandesa, que tratou de eliminar rapidamente o clero nativo, criando uma incomunicação tanto linguística quanto cultural com a população católica hispano-americana (SANDOVAL, 1983, p. 169-222).

Em **Porto Rico**, "depois de 1898, os ocupantes norte-americanos impuseram o inglês como língua oficial" e ocorre a "americanização da ilha, através da vinda de igrejas protestantes, ao mesmo tempo que confiscavam conventos e outras propriedades da Igreja" (BEOZZO, 1992, p. 183). Quando o governo era liberal e maçon, favorecia as igrejas e escolas protestantes, deste modo, enfraquecia-se a presença e influência da Igreja Católica. Isto ocorreu com Juárez (1855-1864) e Sebastián Lerdo Tejada (1872-1875) no México e no Brasil Império com a Questão Religiosa (1872-1875).

Com a expansão das grandes fazendas era inevitável o confronto com os diversos grupos indígenas. Vários governos buscaram instrumentalizar a Igreja com o objetivo de manipulação da religião em favor de seus negócios: as terras. Muitas vezes esta instrumentalização foi consensual, a Igreja acreditava que era seu papel e, que, desta forma, sairia de maneira positiva a sua obra de "evangelização". A preocupação destes governos não era a evangelização, mas a "civilização" dos "selvagens". Sua domesticação era produtiva, pois entravam nos componentes da nação como indivíduos úteis à produção. O papel da instituição religiosa nesse período e situação foi bastante discreto. Na atualidade quase nada resta das antigas missões e mesmo das comunidades indígenas.

No **México**, entre 1880 a 1910, ocorreu uma expansão ferroviária e, com isto, devido às diversas invasões, foram diversos os choques com os indígenas: guerra dos Yaquis ao norte, exilados no período do governo do General José de la Cruz Porfirio Díaz Mori (1884-1911), um período de progresso econômico e de graves desigualdades sociais. Muitos grupos indígenas de Chiapas foram exterminados. O período é marcado também pelas Revoluções camponesas na busca da reforma agrária: Pancho Villa (Doroteo Arango) no Norte (mais moderno, capitalista e com grandes propriedades) e Emiliano Zapata no centro do México (1910-1917). A Igreja Católica que havia feito aliança com os latifundiários, vivenciou uma situação bem complexa. A tradição anticlerical era de longa data, assim a Revolução se indispôs com a Igreja e, esta, perdeu mais ainda dentro do Estado mexicano.

> Sob o reinado dos liberais (1859-1910), a Igreja Católica efetuara uma segunda evangelização, desenvolvendo os movimentos de ação cívica e social dentro do espírito de Leão XIII. Estava, pois, em plena expansão quando sobreveio uma revolução que, durante os três primeiros anos, lhe foi favorável. Porém a queda do presidente democrata Francisco Madero (1913) voltou a atiçar a revolução, e a facção triunfante de homens do norte, brancos, marcados pela frontier norte-americana, imbuídos dos valores do protestantismo e do capitalismo anglo-saxões, desconheciam o velho México mestiço, índio, católico. Para eles a Igreja encarnava o mal, era uma "mascarada pagã que não perde ocasião de ganhar dinheiro, aproveitando-se das lendas mais puras, ultrajando a razão e a virtude para chegar a seus fins" (MEYER, 1989, p. 231-232).

A **Constituição de Queretaro** (1917) é a síntese da visão liberal sobre a religião e o lugar social da Igreja Católica (cf. BEOZZO, 1992, p. 188). "A Constituição de 1917 fecha as portas da educação à Igreja, desconhece os votos monásticos e proíbe a existência das congregações religiosas, impede o culto fora dos templos, nacionaliza os bens eclesiásticos e nega à Igreja personalidade jurídica. Os sacerdotes são reconhecidos como profissionais e, portanto, dependerá do Estado regular o seu número. Restringe-se seus direitos políticos e de expressão, desconhecem-se seus estudos realizados em seminários. Proíbem-se, por outro lado, os partidos políticos confessionais. Não é regime de separação entre Igreja e o Estado, mas trata-se de estabelecer marcadamente a supremacia do poder civil sobre os elementos religiosos, com uma meta específica: impedir à Igreja qualquer função reitora da sociedade mexicana nascida da revolução" (SOLIS, 1987, p. 900-901). As relações Igreja e Estado nos desdobramentos da Constituição não foram boas.

Entre 1926-1929 ocorreu a **Revolução Cristera**, revelando o inconformismo da Igreja mexicana e de outros setores de pequenos proprietários dos altos de Jalisco que viram na regulamentação do presidente do país, Plutarco Elías Calles (1924-1928), dos artigos religiosos da Constituição (artigos 3 e 130) um ataque à Igreja. A Revolução foi uma resposta ao ataque direto contra a fé católica. Essa história de perseguição e liberdade religiosa está impregnada nestas relações de poder temporal e espiritual no México. Na guerra de independência (1820-1821) participaram alguns membros da Igreja Católica e foram mortos os padres José Maria Morellos e Miguel Hidalgo. Estes padres já haviam sido excomungados por terem participado da insurreição. A hierarquia sempre foi contra a população que lutava pela independência. Na história recente, a Igreja reconhece vários mártires da Revolução Cristera: Padre Miguel Augustín Pro (jesuíta, beatificado por João Paulo II em

1988), José Sanchez del Río (morto aos 14 anos de idade, canonizado pelo Papa Francisco em 2016), Anacleto González Flores (leigo, beatificado em 2005), dentre outros. No período da Revolução diversos remanescentes da guerrilha zapatista se tornaram combatentes cristeros. Eram muitos os camponeses insatisfeitos com as eternas promessas de reforma agrária. A Revolução chegou a uma trégua e a uma "solução" com a intervenção da embaixada dos Estados Unidos e, assim, a hierarquia católica e o Governo selaram "acordos" (cf. CEHILA, 1984, p. 332).

Na **Argentina**, em meio a uma grande expansão ferroviária e eliminação de diversas populações indígenas (araucanos, ona, fueguinos), a Igreja exerce sua atividade missionária.

> Existia no episcopado de então e nas congregações religiosas (franciscanos, lazaristas e salesianos), convocados para esse objetivo, preocupação pela evangelização dos índios. Concebia-se, porém, essa tarefa para depois da "pacificação" e com o propósito de ensinar aos índios os rudimentos da fé, administrar-lhes os sacramentos e impor-lhes os costumes da civilização europeia, sem respeito pelos seus direitos e valores morais e culturais[...] as mulheres entregues como empregadas domésticas a famílias portenhas. Sobre essa base de dor e humilhação intentou-se a evangelização, que alcançou poucos resultados[...] vários morriam logo, flagelados pela miséria, a desnutrição, o alcoolismo e, sobretudo, a tuberculose[...] Faltou[...] denúncia pública (da Igreja) organizada, profética, que teria podido comover as consciências, propor outras alternativas e mitigar tantos sofrimentos (MIGNONE, 1994, p. 51).

A violência continuava a ceifar vidas na América do sul, juntamente com seus projetos comunitários. Há situações assim no Chile, Peru e Brasil. No **Chile**, na década de 1870, foram invadidas as terras mapuches num processo de enorme violência militar. A pacificação de Araucânia, ocorrida em 1881, consistiu em enorme perda para a comunidade mapuche de suas terras e matas na região de Temuco. Era o contexto capitalista adentrando a região. No lugar dos mapuches foram colocados os imigrantes alemães. E foram chamados os missionários jesuítas, salesianos e capuchinhos para a evangelização dos alemães e dos mapuches. Em torno do Lago Titicaca, parte peruana, ocorreram diversas sublevações. Muitos camponeses foram massacrados e sofreram diversas formas de servidão.

No **Brasil** dos primeiros anos da República, portanto na década de 1890, e na primeira década do século XX, ocorreram também situações de expulsão de camponeses, massacres, messianismos e divergências entre o catolicismo romanizado e as devoções populares.

Canudos – pequeno vilarejo no interior da Bahia. Revolta de 1896 a 1897, resultado de um movimento religioso popular. As suas causas eram sociais: desemprego, fome, falta de recursos para a população excluída da sociedade. Os pobres seguiram um líder carismático, Antônio Conselheiro, que se autoproclamava santo, estimulava o não pagamento de impostos, o fim do casamento civil e a volta da monarquia. Seus seguidores foram estimados em 25.000 pessoas.

> O Conselheiro foi um pregador leigo que atuou no sertão da Bahia seguindo a tradição dos "homens de Deus", que eram beatos, os eremitas e os padres missionários, que por sua vida dedicada à religião marcaram e mantiveram viva a fé das populações marginalizadas do interior[...] O Brasil está em vias de largar, de fato, a era colonial e entrar, de chofre, na modernidade[...] A Igreja Católica, empreendendo a Reforma Ultramontana, entra em choque com Estado e elites, faz frente ao regalismo e secularização querendo, por sua vez, sacralizar o Estado e renovar a vida religiosa. O poder econômico dos donos de terra é abalado pelas calamidades climáticas e pela crise econômica mundial. O antigo sistema feudal é substituído pelo capitalista. Mas quem sofre mais com estas mudanças é o povo pobre, que não entende mais o mundo e se sente ameaçado em sua existência (OTTEN, 1990, p. 358-359).

O crescimento do arrabalde motivou a sociedade constituída de latifundiários, clero e governo a combatê-los. Quatro expedições estaduais fracassaram e sofreram pesadas baixas. O governo central enviou, então, tropas do exército e artilharia pesada.

Após mais algumas tentativas frustradas, finalmente conseguiram invadir o vilarejo e mataram todos os seus habitantes, homens, mulheres e crianças, a maioria degolados. Estima-se que 20.000 sertanejos e 5.000 soldados morreram nas diversas campanhas de Canudos. Antônio Conselheiro que havia sido morto antes do ataque final, teve seu corpo exumado e sua cabeça decepada.

Contestado – região entre Santa Catarina e Paraná. Ocorreu entre 1912 e 1916. O movimento social que leva o nome de Guerra do Contestado foi um dos maiores conflitos sociais rurais do Brasil. Comparativamente com a Guerra de Canudos, que aconteceu num espaço mais delimitado e cujos acontecimentos foram imortalizados através de uma das grandes obras clássicas de literatura brasileira – Os sertões, de Euclides da Cunha, o Contestado ainda não foi suficientemente explorado devido à complexidade enquanto movimento social (cf. ROSA, 2011, p. 15, 227, 228). Basicamente os habitantes do interior, denominados jagunços, não concordaram e contestaram, daí o nome da revolta, a doação de terras para uma ferrovia de capital americano, dada pelo governo federal e aceita pelos governos estaduais. As terras eram ricas em erva-mate e pinhão, base da economia local. Tendo como origem as causas sociais, os revoltosos foram liderados por líderes religiosos denominados fanáticos, pelas elites. Eles denominaram os jagunços de exército de São Sebastião. Diante da situação de pessoas desempregadas, camponeses desapropriados, a região presenciou o início de um movimento messiânico. Diversos foram os profetas, beatos e "monges" que apareceram pregando os ideais de justiça e paz. Um dos primeiros foi o beato José Maria, este atacava o autoritarismo da ordem republicana. Houve vários outros líderes, inclusive uma jovem, que acreditavam ser a reencarnação de Joana D'Arc. O exército brasileiro, com várias campanhas, precisou de quatro anos para "pacificar" a região. Estima-se que mais de 20.000 pessoas foram mortas, entre população civil, revoltosos e combatentes oficiais e mais de 9.000 casas foram queimadas.

Padre Cícero, pastor, olítico e *santo*

Nascido no Crato, Ceará, em 24 de março de 1844, filho do comerciante Joaquim Romão e da dona de casa Joaquina Vicência, Cícero Romão Batista. Desde cedo manifestou interesse pela vida religiosa, ingressando no seminário a primeira vez em 1860, aos dezesseis anos. Dois anos depois seu pai veio a falecer, e o jovem seminarista teve de retornar à casa para cuidar dos negócios da família. Retornou ao seminário três anos depois. Cícero ingressou no Seminário da Prainha, da recém-criada Diocese do Ceará. Os padres responsáveis pela formação dos novos sacerdotes em Fortaleza eram franceses pertencentes a uma congregação religiosa muito alinhada com o projeto de romanização em curso no Brasil, os lazaristas. Sua visão ortodoxa da fé não era capaz de compreender as devoções e práticas de piedade popular tão caras ao jovem seminarista cratense.

O bispo, Dom Luís Antônio dos Santos, de perfil conservador e ultramontano, decidiu não dispensar o obstinado seminarista, mas tardar por dois anos a sua ordenação. Em 30 de novembro de 1870, na Catedral da Sé de Fortaleza, foi ordenado padre Cícero Romão Batista. Depois de curto período em sua cidade natal, para celebrar as primeiras missas, Padre Cícero iniciou seu ministério no então distrito de Trairi, no litoral oeste do Estado. Retornando à cidade do Crato, ainda sem uma nomeação específica, Padre Cícero atendia algumas capelas que precisavam de missas. Em uma dessas missões, num povoado vizinho, Juazeiro, teve um sonho que mudaria a sua vida. O Cristo, como a imagem do Sagrado de Jesus, rodeado pelos apóstolos, recebia multidões de camponeses muito pobres. Constatando a ruindade que havia no mundo, comprometia-se a cuidar deles. Passando a residir naquele povoado, recebeu a nomeação de capelão, e começou a realizar um trabalho transformador. Seus esforços eram tais e os resultados tão positivos que começou a colecionar elogios de outros padres, de Dom Luís e até do novo bispo, Dom Joaquim José Vieira, que assumiu a Diocese do Ceará em 1884.

Após uma Vigília Eucarística da primeira sexta de março, na Quaresma de 1889, Maria de Araújo, uma senhora negra, analfabeta, pertencente ao grupo das "beatas", ao receber a hóstia tem-na transformada em sangue que se lhe escorre pela boca. O fato causou espanto a alguns presentes, porém as experiências místicas da beata já eram conhecidas por Padre Cícero, seu confessor. O próprio bispo já havia tomado conhecimento de alguns fatos extraordinários. Tudo começou a se complicar quando a notícia se espalhou, dando como milagre o que tinha acontecido, mesmo antes da hierarquia eclesiástica averiguar os fatos.

Como o resultado da primeira comissão local não conseguiu explicar cientificamente o ocorrido, e como Padre Cícero (convicto da inocência da Beata Maria de Araújo e por objeção de consciência) não podia declarar como sendo falso o que considerava sobrenatural, Dom Joaquim começou a imputar um série de censuras e sanções ao "Padim" à beata. Em 1891 foi formada uma nova comissão para emitir um juízo, em nome da diocese, sobre o suposto milagre. Foram nomeados para esta tarefa dois dos mais renomados padres cearenses da época: Clycério da Costa e Francisco Ferreira Antero. A conclusão dos trabalhos desagradou, pois não foi possível provar que havia qualquer tipo de embuste alí. Como resposta, o bispo encarregou uma terceira comissão para determinar como fraude tudo o que tinha acontecido em Juazeiro. Os padres responsáveis por isso o obedeceram e assim fizeram; as penas sobre Padre Cícero foram redobradas e medidas coercitivas foram adotas em todo o território diocesano para quem quer que fosse que demonstrasse apoio à causa, tanto leigos quanto clérigos.

Padre Cícero resignou-se, guardou o silêncio obsequioso, mas o povo nordestino, tal como no sonho que teve no incício de seu ministério, continuava a acorrer ao Juazeiro para ouvir os conselhos do "Padim", e testemunha sua fama de sabedoria e santidade. Ante o perigo eminente de uma excomunhão, o recluso sacerdote, com a ajuda de amigos influentes, partiu para Roma. Por lá ficou alguns meses, teve a sua causa atendida pelo Papa Leão XIII, que lhe restituiu todos os direitos clericais. Retornando a Juazeiro, não viu o fim de sua perseguição, mas continuou sob nova sanções. Impedido de exercer sua funções como padre, Cícero encontrou na carreira política o meio de continuar a ajudar o povo sofredor que o olhava com certo paternalismo. Isso foi causa de mais críticas ainda e motivo fundamental de maior conflito com as autoridades eclesiásticas, especialmente o epíscopo. Neste ínterim, foi criada, em 1914, uma nova diocese no Ceará, com sede na cidade do Crato. O novo bispo, Dom Quintino, parecia tratar com mais brandura o já idoso Padre Cícero, embora continuasse a impor-lhe algumas sanções e cobrar provas de obediência. Influências externas pareciam ainda preciosas, levando o Vaticano a tomar medidas mais rígidas e definitivas em relação ao caso.

O ponto mais emblemático dessa história acontece alguns anos antes da morte do Patriraca do Juazeiro. Em 14 de abril de 1917, a Santa Sé decreta e excomunhão de Padre Cícero, delegando a Dom Quintino a responsabilidade de o comunicar. O bispo, contudo, engaveta a decisão por três anos e, quando decide aplicá-la, enviando-a ao sacerdote, é advertido pelo médico do mesmo que a imputação de tal medida causaria uma emoção capaz de levar à morte o padre, que já estava acamado e tinha sérios problemas cardíacos. Reconhecendo a desproporcionalidade daquela providência, o bispo escreve ao Papa Bento XV, pedindo que reconsidere. A resposta chega, de fato, absolvendo Padre Cícero de todas as censuras, mas o admitindo aos sacramentos à maneira dos leigos, impedido de exercer os sacramentos ministeriais. O imbróglio maior se dá porque Padre Cícero morreu sem tomar conhecimento de nenhuma dessas cartas, nem da excomunhão nem da respostas do papa a Dom Quintino.

A morte do "Padim" (1934) causou comoção de muitos fiéis de todo o Nordeste e até de lugares mais distantes. Seu corpo foi sepultado na Capela de Nossa Senhora do Socorro, onde também havia sido sepultada a Beata Maria de Araújo, cujo corpo sumiu misteriosamente. As romarias continuaram a chegar de todos os lugares no sertão caririense (Kariri, silencioso, da língua dos antigos indígenas habitantes da região), ano após ano. A fama de santidade se espalhou e muitos outros milagres passaram a ser narrados atribuindo prestígio ao Padre Cícero. A Igreja local continuou a construir uma narrativa "anticiceroniana" nas décadas seguintes. Foi nesta época que surgiram muitas obras e livros, alguns polarizando algum dos extremos: fantasiando quase uma divindade ou caluniando e difamando a imagem e a história do polêmico sacerdote.

A reviravolta na abordagem eclesiástica inicia-se com o pedido do então Cardeal Ratzinger para consultar os Arquivos Diocesanos concernentes aos fatos do Juazeiro do Norte e sobre Padre Cícero. Em 2001, o recém-nomeado bispo do Crato, Dom

> Fernando Panico, tem tal pedido endossado pela CNBB, e forma uma comissão com acadêmicos das mais diversas áreas do conhecimento científico e de vários estados do Brasil para que estudassem os documentos e elaborassem um dossiê, enviado para análises da Congreção para a Doutrina da Fé em 2006. No ano de 2014, a referida Congregação emitiu seu parecer, com uma certa contradição apontada por alguns estudiosos: de um lado justifica as ações tomadas pela Igreja à época, de outro reconhece a necessidade de uma reconciliação histórico-eclesiástica com a figura de Padre Cícero. Esta última indicação foi levada a cabo por Papa Francisco, que, em 2015, através do Secretário de Estado, Cardeal Pietro Parolim, escreveu uma carta a Dom Fernando Panico e aos romeiros, devotos de Nossa Senhora das Dores e de Padre Cícero. Esta carta ressalta as virtudes do Padre Cícero, reconhecendo seus esforços pastorais e indica, pelos frutos de seu trabalho, que pode ser proposto como exemplo a ser seguido nos desafios da Nova Evangelização. Isso pode ser considerado uma virada copernicana e põe novamente em evidência a discussão sobre uma possível canonização de Padre Cícero (SOUZA; ASSUNÇÃO, 2020).

Setores majoritários da Igreja Católica no Brasil nesse período de Estado liberal se situavam entre a rejeição e condenação do Estado republicano e a lenta aproximação para realizar uma aliança informal no Governo de Getúlio Vargas (Era Vargas 1930-1945). Estes setores, de início, eram saudosos do regime imperial, onde supostamente a Igreja desfrutava de privilégios e condenavam uma política republicana sem Deus. São inúmeras as Cartas pastorais do período que revelam este pensamento, era necessário, segundo algumas cartas, derrotar o demônio (cf. DESCHAND, 1910, p. 3, 12, 25-26). Nos anos seguintes vários encaminhamentos foram sendo realizados e estes se desdobraram numa aproximação no intento de construir uma Nova Cristandade: Carta Pastoral Coletiva (1900, 1915), Congressos católicos, Congressos eucarísticos nacionais, inauguração do Monumento do Cristo Redentor no Alto do Corcovado (RJ, pedra fundamental 1922, 12/10/1931, inauguração). A presença efetiva de Dom Sebastião Leme da Silveira Cintra, primeiramente arcebispo de Olinda e Recife (auxiliar do RJ em 1911, nomeado em Recife em 1916, nomeado arcebispo coadjutor do RJ em 1921) e, posteriormente, cardeal arcebispo do Rio de Janeiro (1930-1942) revelou uma substancial presença e liderança religiosa no Brasil. Um de seus interesses era articular as forças católicas para exercer pressão sobre o governo e colocar a Igreja em posição social privilegiada: era a defesa de uma Nova Cristandade, uma reconciliação da República com a religião tradicional.

Igreja na América Latina, política liberal, projetos sociais e novas devoções

As relações Estado-Igreja nesse período não são menos complexas que em outros momentos históricos. Não são dois grupos, a situação é ampla e complexa. No interior da instituição religiosa encontravam-se vários leigos e padres liberais em política. Sua fórmula era Igreja livre, num Estado livre. O projeto era reduzir o projeto da Igreja nas esferas política, econômica, social e ideológica (cf. BEOZZO, 1992, p. 189). Havia uma extrema politização dos assuntos religiosos.

Na **Bolívia**, José Santos Machicado (1844-1920), escritor e advogado, como porta-voz de La Unión Católica, afirmava que alguns "pretendem ser católicos em religião e liberais em política, espíritos fracos ou complacentes que tratam de fazer amálgama entre o bem e o mal, a verdade e o erro, pois – continuava – causavam à Igreja maiores danos do que o próprio liberalismo, como cavalo de Troia em sus fileiras" (cf. MACHICADO, 1897, p. 14-15). Os ataques do Estado liberal tiveram como consequência imediata o "mais visível estreitamento de laços com Roma de onde lhe podia vir socorro. Converteu também a Igreja latino-americana numa Igreja profundamente ultramontana[...]" (BEOZZO, 1992, p. 194).

> [...]a Igreja conseguia libertar-se ou sair da polarização "conservadorismo-liberalismo". Essa polarização limitava, falsificava e tornava estéril a ação da Igreja, levando-se em consideração que sua oposição ao liberalismo era apresentada e interpretada erroneamente pela ideologia como uma oposição ao "progresso", à "ciência" e à "modernidade". A Igreja passa então da polarização "conservadorismo-liberalismo" à polarização libertação nacional (ou latino-americana) – dominação ou dependência estrangeira, "desenvolvimentismo-subdesenvolvimento". A Igreja pode, a partir de então, enfrentar o liberalismo positivista a partir de uma posição nacionalista-desenvolvimentista que dificilmente poderá ser interpretada como conservadora... (RICHARD, 1984, p. 96).

As várias Congregações religiosas que chegaram à América Latina e no Caribe trouxeram novas devoções religiosas. Em particular se destaca a devoção ao Sagrado Coração de Jesus. O Papa Leão XIII havia consagrado o mundo ao Sagrado em 1900. Outra importante devoção foi a de Nossa Senhora de Lourdes. Este catolicismo é de cunho romanizado, europeu, clerical e individualista, menos social e mais intimista. Com forte insistência no conhecimento doutrinal e frequência sacramental: confissão, comunhão e matrimônio. Assim, o catolicismo vai se transformando no cenário latino-americano e caribenho. O catolicismo colonial consistiu-se numa intensa organização laical. O cenário começa sua transformação com a chegada de um catolicismo de origem francesa, com as Conferências de São Vicente de Paulo, o Apostolado da Oração e as Congregações Marianas. Houve uma enorme expansão e florescimento de associações religiosas. Em alguns países as antigas Confrarias foram proibidas pelo Estado liberal, tendo seus bens confiscados e as Ordens religiosas apoiadoras destes expulsas. Em outros lugares estas irmandades passaram para o controle de párocos e bispos, assim aconteceu, por exemplo, no Brasil. O catolicismo que foi sendo romanizado na América Latina e no Caribe é altamente individualista: "salva a tua alma".

O catolicismo foi ocupando espaços na esfera temporal, por vezes também foi questionado e sofreu proibições. No Equador, o governo clerical de Gabriel Garcia Moreno (1862-1875), através de uma Concordata (1862), estabeleceu em seu artigo terceiro: "a instrução da juventude em universidades, colégios e escolas fosse em tudo conforme a doutrina da Religião Católica" (VARGAS, 1987, p. 328). Garcia Moreno afirmava que queria "civilizar" os índios e mestiços que ele desprezava. "Religiosos franceses dirigem o sistema escolar em todos os níveis e substituem gradualmente o clero local, até mesmo na vida eclesiástica" (DONGHI, 1969, p. 155). No México as leis de Reforma (1859) e da dissolução das

Ordens religiosas (1973) não impediram o desempenho importante no estabelecimento de escolas e de obras de assistência aos doentes, à infância e à velhice. Entre 1872 e 1910 foram fundadas 12 congregações religiosas femininas de origem mexicana.

Chegada de religiosos e religiosas no México

Passionistas	1865
Josefinos	1884
Claretianos	1884
Salesianos	1889
Maristas	1887
Hospitalários de São João de Deus	1901
Irmãos das Escolas Cristãs	1905
Redentoristas	1908
Padres do Sagrado Coração	1908
Adoradoras Perpétuas	1879
Damas do Sagrado Coração	1883
Irmãs do Verbo Encarnado	1885
Companhia de Santa Teresa	1888
Salesianas	1893
Irmãs do Santíssimo Sacramento	1894
Salesas	1898
Irmãs de São João de Lião	1903

Fonte: (cf. CEHILA, 1984)

No Peru os religiosos chegaram entre 1858-1920. Os lazaristas em 1858; os jesuítas em 1871; redentoristas e padres do Sagrado Coração em 1884; salesianos em 1891; maristas em 1907; claretianos em 1909 e, entre 1911 e 1920, carmelitas, irmãos de La Salle e passionistas (cf. CEHILA, 1986, p. 287). No Brasil Império se decretou, em 1855, a proibição de entrada de noviços brasileiros nas ordens existentes. Com a República, sem a proibição, houve um grandioso número de novas congregações masculinas e femininas. São 39 masculinas entre 1880 e 1930, são 12 da Itália, 10 da França, 4 da Holanda e da Alemanha, 3 da Espanha e uma de cada um destes países: Bélgica, Áustria, Uruguai, Ucrânia. As femininas, incluindo o período anterior a 1880, 109 e eram oriundas da França (28), da Itália (24), do Brasil (22), da Alemanha (9), da Espanha (9), da Bélgica (5), de Portugal (3), da Áustria (3) e uma para cada um destes países: Egito, Colômbia, Polônia, Uruguai, Rússia, Holanda. Essas congregações iniciaram trabalhos em novos campos: imprensa, escolas, universidades, acolhida a imigrantes, missões entre indígenas, apostolado social e assistencial, e, ainda, suprindo na pastoral paroquial (cf. BEOZZO, 1992, p. 201). Com este formato ocorreu uma substituição do clero secular pelo clero religioso e do clero nacional pelo estrangeiro. A vida religiosa feminina foi se expandindo e abrindo outros campos de atuação, até aquele momento eram atividades vedadas às mulheres.

Na década de 1920, a Ação Católica entra neste contexto para dar ênfase àquilo que vai além do católico praticante, e sim ao católico militante. Nos moldes da Ação Católica especializada italiana e seguindo o modelo da JOC belga, a Ação Católica floresceu na América Latina entre o final da Segunda Guerra (1945) e o Concílio Vaticano II (1962). No Brasil, Dom Helder Camara foi assistente da Ação Católica. Este cenário não é o único deste período. A cristologia colonial, estudada neste livro, se concentrava nos cristos da paixão, sua concentração estava, especialmente, na quaresma e procissões da Semana Santa, nas Vias Sacras, de maneira especial, no Senhor morto. No período de 1880 a 1930 a cristologia será dominada pela devoção ao Sagrado Coração de Jesus, regulada por uma prática de conversão interior individual. Várias Congregações religiosas foram as veiculadoras da devoção, criadas sob a invocação do Sagrado Coração. A revista *Mensageiro do Coração de Jesus* se espalhou pela América Latina. A devoção é opositora à Modernidade, ao domínio do Racionalismo, e logo virou a bandeira dos conservadores, inclusive de determinados partidos políticos. Os anticlericais contrapunham a devoção a um Cristo libertário, amigo dos empobrecidos, solidário e repartindo o pão com os famintos. A pergunta é: qual a função da religião no interior da sociedade? Da devoção ao Sagrado Coração de Jesus, forte neste contexto, surgirá a devoção a Cristo Rei, e esta será o motor da Rebelião Cristera no México (1926-1929). No Brasil, o projeto se revela na construção do Cristo Redentor no Rio de Janeiro (inaugurado em 12 de outubro de 1931).

> Na devoção mariana, as virgens locais de larga tradição, como Guadalupe, no México, N. S. do Cobre em Cuba, de Copacabana da Bolívia, de Caacupé no Paraguai, de Luján na Argentina, da Conceição Aparecida no Brasil e outras tantas virgens indígenas, negras, morenas, "chinitas", pelo continente afora, começaram a sofrer a concorrência das virgens de aparição, brancas e europeias, já sem nenhum laço com a história local. O lugar da teofania de Deus, nas aparições do Coração de Jesus e Margarida Alacoque, ou da Virgem aos videntes de Lourdes, Fátima ou Salete saía da América e concentrava-se exclusivamente na Europa triunfante econômica, política e culturalmente, nos quatro cantos do universo... os setores populares seguiram firmemente ancorados na devoção às suas virgens coloniais, enquanto as novas devoções entravam mais nos colégios e na classe média católica ali educada.
> Trajetória semelhante percorreu São José[...] do período colonial, imagem viril do senhor de terras e minas ou do tropeiro com sua larga capa de viagem e suas botas, transformou-se no São José caseiro, modelo de esposo e de pai... São José foi, assim, utilizado para inculcar nos operários a conformidade com sua sorte. Arregimentados em associações, como a "Liga de Jesus, Maria e José" no Brasil, ou na "Sociedad de Obreros de San José", fundada no Chile em 1883[...] (BEOZZO, 1992, p. 216-217).

Capítulo XXXVIII
Igreja Católica e Regimes Populistas (1930-1959)

*Opção pela burguesia industrial
ou uma opção de ação e justiça social?*

Introdução

Esse período foi pautado por dois grandes acontecimentos. Um externo à instituição religiosa: a crise econômica de 1929, que trouxe repercussões para a economia latino-americana e, por consequência, para a Igreja Católica. Este contexto é caracterizado pelos totalitarismos e pela extrema violência da Segunda Guerra Mundial. Outro evento, interno à instituição religiosa, foi a eleição, em 1958, de Angelo Roncalli, Papa João XXIII e a convocação, em 1959, do Concílio Vaticano II. É propósito deste capítulo apresentar, sinteticamente, estes eventos e seus desdobramentos para a Igreja na América Latina e Caribe.

A crise de 1929 e suas consequências

A Primeira Guerra Mundial (1914-1918) trouxe graves consequências para a sociedade. Uma delas, para os Estados Unidos, primeiramente, foi a crise de 1929, que se refletiu na maioria dos países do mundo. Para manter suas exportações e dar vazão ao excedente da produção e do capital ocioso, os Estados Unidos financiaram a reconstrução dos países arruinados pela guerra. O crescimento econômico do país provocou uma euforia geral, impedindo uma avaliação crítica dos perigos a que se expunha a nação com esse crescimento desordenado. A principal causa da crise foi a insistência dos empresários, não querendo diminuir os lucros, em manter o mesmo ritmo de produção depois de terminada a guerra, mesmo com a retração dos mercados importadores. O excesso de produção foi estocado para manter os preços, mas as despesas de armazenagem corriam por conta dos fazendeiros. Os estoques foram crescendo e, se fossem lançados ao mercado, provocariam grande queda nos preços. Os fazendeiros chegaram ao ponto de insolvência com as despesas de armazenamento.

No segundo semestre de 1929 fatores externos e internos agravaram ainda mais a situação econômica estadunidense. A política europeia voltou ao clima de insegurança, assim os capitais ali investidos voltaram aos Estados Unidos. Inglaterra e França voltaram ao comércio internacional, concorrentes dos produtos estadunidenses. A falência de inúmeros fazendeiros nos Estados Unidos devido à estocagem de produtos. A indústria para frear a produção passou a demitir os operários, daí originando uma massa de desempregados. Os pequenos acionistas recorreram à Bolsa para vender suas ações, afirmando que o dinheiro não era mais seguro. Não havia compradores e as cotações despencaram. Um grupo de banqueiros de Nova York adquiriu enorme quantidade de ações. No início de 1930 tentaram vendê-las, sem sucesso. As empresas e os bancos estavam falidos, os fazendeiros perderam suas terras, o desemprego se agigantou. Essa situação foi efeito cascata para todo o mundo.

A crise de 1929 trouxe grandes modificações políticas aos Estados Unidos. O capitalismo liberal, que se mostrara incapaz de ordenar a sua economia, foi substituído pelo capitalismo monopolista. O Partido Democrata assumiu o poder, derrotando o Partido Republicano; Franklin Delano Roosevelt, o presidente democrata, com o *New Deal* (redistribuição dos benefícios da sociedade capitalista), recuperou a economia do país. Em poucos anos a economia dos Estados Unidos estava recuperada. No momento da eclosão da II Guerra Mundial (1939-1945) o país estava em condições de aproveitar o novo surto econômico que, mais uma vez, o beneficiou, agora com a economia dirigida pelo governo.

No período entreguerras difunde-se pela Europa o Estado totalitário, onde o poder central era absoluto. O primeiro Estado a adotar esse tipo de governo foi a Itália, com Benito Mussolini, implantando o fascismo. Em seguida, Adolf Hitler instalou o nazismo na Alemanha, o regime mais representativo do totalitarismo de direita (cf. SOUZA, 2020, p. 349-351), provocando inúmeras tragédias e, a mais impressionante da deterioração do ser humano, o holocausto. Em 1936, na Espanha, a esquerda venceu as eleições. Manuel Azaña Diaz elegeu-se presidente da República, com o apoio da Frente Popular. O novo presidente iniciou um programa de reformas, atraindo reações de extremo descontentamento de uma parte da sociedade. Francisco Franco Bahamonde, o "generalíssimo", neste mesmo ano integrou o golpe de Estado contra o governo legitimamente eleito, o evento deu início à Guerra Civil Espanhola, uma das mais violentas guerras, matando cerca de um milhão de combatentes. A força aérea alemã participou da guerra, bombardeando indiscriminadamente o território espanhol. Mussolini também apoiou o caudilho espanhol. Em 1939, a guerra civil chegou a seu fim, com a vitória de Franco, que implantou o Estado fascista na Espanha (cf. ARRUDA, 1976, p. 342-345; COTRIM, 2005, p. 440-441). Em Portugal, Antônio de Oliveira Salazar assumiu, em 1932, a presidência do Conselho de Ministros e, a partir de então, conduziu a vida política do país como chefe do governo até 1968. Salazar implantou uma ditadura autoritária, tendo como base jurídica a Constituição de 1933. A democratização política em Portugal desenvolveu-se somente após a morte de Salazar, em 1970. Hannah Arendt afirma que os governos totalitários são piores do que os governos tirânicos que buscam solapar os críticos ativos mediante a violência. Pensar, questionar é desafiar o Estado (cf. 1977, p. 474).

A tão sonhada paz foi superada por novas ações violentas culminando na Segunda Guerra Mundial. Uma das mais terríveis guerras que a humanidade assistiu, a população civil foi a que mais sofreu com ela. Guerra encerrada e radicalização das divergências entre os dois blocos que se formaram: de um lado a União Soviética e seus países satélites; de outro, os países capitalistas liderados pelos Estados Unidos. Desta situação nasce a guerra fria, luta diplomática (raras vezes se transformou em ação militar) travada nos bastidores entre União Soviética e Estados Unidos. Em 1956, os Estados Unidos reconheceram as áreas de influência da União Soviética, encerrando-se esta guerra.

Igreja Católica imersa neste contexto

Neste cenário histórico estão os pontificados de Pio XI e Pio XII. O sentido do pontificado de Pio XI, Ambrogio Damiano Achille Ratti (1922-1939), no entreguerras, é necessário ser compreendido dentro dos acontecimentos políticos de seu tempo: uma humanidade oprimida pelos totalitarismos gerados pela sociedade de massa, as profundas diferenças ideológicas que tornaram particularmente durante a guerra civil, os valores cristãos e a Igreja hostilizados e perseguidos. O desenrolar deste pontificado acontece durante a dramaticidade de grandes eventos que marcam o mundo contemporâneo: fascismo, nazismo, totalitarismo stalinista. Todo este contexto justificava, de certo modo, sua política concordatária realizada na Itália através dos Pactos Lateranenses (1929). O desenvolvimento de suas atividades será explicitado através de suas encíclicas: *Non abbiamo bisogno* (1931) – limites ao fascismo de Mussolini, *Quadragesimo anno* (1931) – critica o socialismo, *Mit brennender Sorge* (1937) – condena o nazismo de

Hitler, em seguida a condenação do comunismo ateu, *Divini Redemptoris* (1937) (cf. SOUZA, 2020, p. 351).

O Papa Pio XII (1939-1958), sucessor de Pio XI, fazia ressurgir o projeto de uma civilização cristã. Eugênio Maria Giuseppe Giovanni Pacelli, que havia sido núncio em Munique, teve um pontificado de extremos. Isto se explica pelo notável contraste entre sua figura e orientação e as de seu sucessor João XXIII (o papa do século). Representava a encarnação do papado em toda a sua dignidade e superioridade. Herdara de seu antecessor uma Igreja fortemente centralizada. As atividades deste papa foram tendo outro tom diante, principalmente, de suas relações com a Alemanha e o nazismo. Neste sentido seu pontificado foi extremamente criticado por uns que afirmavam a ausência de manifestações públicas do papa na questão judaica do holocausto e, defendido por outros, estes diziam que o papa estava realizando tudo o que estava a seu alcance por vias diplomáticas. Seu magistério poderá ser compreendido através de suas mensagens, discursos e encíclicas. Seu pontificado pode ser considerado como o último da era antimoderna medieval. Teve diversos aspectos autoritários: rejeitou as doutrinas evolucionistas, existencialistas, historicistas e suas infiltrações na teologia católica foram de grande relevância, como as censuras aos estudiosos como Jacques Maritain, Yves Congar, Chenu, Henri De Lubac, Primo Mazzolari, Lorenzo Milani e os padres operários franceses (cf. SOUZA, 2020, p. 355-356).

América Latina imersa no contexto mundial

A economia dos países da América Latina sempre se caracterizou pela exportação de produtos primários, antes para a Europa, depois para os Estados Unidos, e importação de produtos manufaturados; essa situação, aos poucos, foi mudando com a industrialização desses países. É longa a história dos desníveis sociais dos países latino-americanos. Minorias muito ricas e a grande maioria extremamente empobrecida. Os regimes de governo eram e são republicanos, com o presidente exercendo grande soma de poderes; em quase todos era e é frequente a intervenção dos militares na vida política. A riqueza dos países era grande e cobiçada pelas grandes potências. Em 1959, Cuba realizou uma revolução socialista, passando para a órbita soviética. Em seguida, os Estados Unidos instituíram a Aliança para o Progresso, com o objetivo inicial, segundo o projeto, de desenvolver os países da América Latina.

As ligações histórica e econômica com os Estados Unidos levaram a maioria dos países latino-americanos a se engajarem na Segunda Guerra Mundial, ao lado dos aliados. A contribuição para o esforço de guerra deu-se na forma de abastecimento dos países aliados. Apenas o Brasil e o México combateram diretamente o adversário. A produção dos países latino-americanos aumentou enormemente durante a guerra, e seu crédito no comércio externo apresentava saldos bastante favoráveis. No final da Segunda Guerra o processo de industrialização acelerou na América Latina. Instaladas algumas indústrias de base, a aspiração passou a ser a indústria pesada. A concorrência econômica levou ao nacionalismo latino-americano. O desenvolvimento foi possível somente com a intervenção do Estado na economia. O capital estrangeiro, temendo as nacionalizações, retraiu-se. A consequência disso foi o crescimento de estatais na América Latina. Uma das maiores fontes de riqueza do território é o comércio de exportação, sabendo que a dominação do comércio está sob o comando das grandes potências. Os Estados Unidos são os maiores compradores dos produtos exportados pela América Latina, e os principais fornecedores dos produtos que ela importa. Até 1950, o setor preferido pelos capitalistas dos Estados Unidos foi o do petróleo, daí em diante ele foi aplicado no setor de minérios e das indústrias de transformação (cf. ARRUDA, 1976, p. 407).

Igrejas na América Latina e Caribe imersas no contexto

Na América Latina e no Caribe, a Igreja Católica está imersa nas consequências das guerras mundiais e dos regimes populistas. A Igreja deverá adaptar-se a esta mudança profunda das estruturas econômicas e políticas. Estes desafios serão enfrentados de diversas maneiras. Uma delas foi a *Ação Católica*, um modelo de compromisso secular do laicato sob a direção da hierarquia episcopal. Em 1945, foi organizada a I Semana Interamericana de Ação Católica, em Santiago do Chile; em 1949 a II em Havana-Cuba; a III foi realizada em Chimbote-Peru, em 1953. Num segundo momento foi constituída a *Ação Católica especializada* que se expandiu por todo o território latino-americano. Em outra fase são realizados os Congressos Eucarísticos: Guayaquil-Equador (1929), Salvador-Brasil (1933), Buenos Aires-Argentina (1934) e vários outros. Estas concentrações, que reúnem milhares de pessoas, impressionam os governos populistas, possibilitando à Igreja negociações com o Estado. A Ação Social, inspirada na *Quadragesimo Anno* possibilitou a organização de movimentos, de cunho paternalista: agrupamentos operários sem compromisso classista, anticomunistas. Nos anos 50 os sindicatos reformistas apresentam uma determinada radicalização. Centros de estudo, publicações, rádios, cooperativas se multiplicam em todos os países. Em outro momento, no pós-guerra, parte da Igreja apoiava as ditaduras menos populistas e extremamente autoritárias: Rafael Trujillo (República Dominicana), Anastasio Somoza (Nicarágua), Alfredo Stroessner (Paraguai) são alguns exemplos.

Esse foi também um período de renovação intelectual e pastoral. A renovação aconteceu pela releitura tomista moderna realizada por Martínez Villada (1886-1959), "relacionado com Blondel e Maritain. Jackson de Figueiredo, no Brasil, e mais ainda Tristão de Atayde (Alceu de Amoroso Lima), José Vasconcelos ou Antonio Caso, no México, Víctor Andrés Belaunde – são intelectuais deste período inovador" (DUSSEL, 1989, p. 17). São de valiosa importância as revistas filosóficas e teológicas surgidas neste cenário: *Sapientia* (Buenos Aires), *Revista Eclesiástica Brasileira* (Petrópolis), *Stromata* (Buenos Aires), *Christus* (México) e tantas outras que despertaram para a renovação. Na renovação pastoral, o período é pródigo: Centro de Pesquisas Sociais e Religiosas (Buenos Aires), Centro de Pesquisa e Ação Social (Santiago), Centro de Pesquisas Sociais (Bogotá), Centro de Pesquisas Sociorreligiosas (México), os padres jesuítas fundam CIAS (Centro de Pesquisas-*Investigación* e Ação Social) em praticamente todos os países da América Latina (cf. ALONSO, 1964). Renovação da espiritualidade com a presença dos beneditinos de Solesmes (França), em Las Condes (Chile), beneditinas (Buenos Aires), a abadia de Einsiedeln (Suiça) funda Los Toldos (Argentina). Outras organizações nacionais serão apresentadas nos próximos itens.

A Igreja no Brasil

Setores majoritários da Igreja Católica no Brasil se situavam entre a rejeição e condenação do Estado republicano e a lenta aproximação para realizar uma aliança informal no Governo de Getúlio Vargas (Era Vargas 1930-1945). Estes setores, de início, eram saudosos do regime imperial, onde supostamente a Igreja desfrutava de privilégios e condenavam uma política republicana sem Deus. São inúmeras as Cartas pastorais do período que revelam este pensamento; era necessário, segundo algumas cartas, derrotar o demônio (cf. DESCHAND, 1910, p. 3, 12, 25-26). Nos anos seguintes vários encaminhamentos foram sendo realizados e estes se desdobraram numa aproximação no intento de construir uma Nova Cristandade: Carta Pastoral Coletiva (1900, 1915), Congressos católicos, Congressos eucarísticos nacionais, inauguração do Monumento do Cristo Redentor no Alto do Corcovado (RJ, pedra fundamental 1922, 12/10/1931, inauguração). A presença efetiva de Dom Sebastião Leme da Silveira Cintra, primeiramente arcebispo de Olinda e Recife (auxiliar do RJ em 1911, nomeado em Recife em 1916, nomeado arcebispo coadjutor do RJ em 1921) e, posteriormente, cardeal arcebispo do Rio de Janeiro (1930-1942) revelou uma substancial presença e liderança religiosa no Brasil. Um de seus interesses era articular as forças católicas para exercer pressão sobre o governo e colocar a Igreja em posição social privilegiada: era a defesa de uma Nova Cristandade, uma reconciliação da República com a religião tradicional. Neste cenário, "a Igreja desejava que o Estado reinstituísse de uma maneira informal a relação de favorecimento que a separação formal entre Igreja e Estado extinguia do ponto de vista legal" (MAINWARING, 2004, p. 47). O Cardeal Leme tinha por objetivo "mostrar às autoridades públicas que o futuro da República dependia de sua reconciliação com a 'Igreja Nacional', que era a da maioria absoluta do povo!" (MATOS, 2003, p. 58). Após a Revolução de 30, o Cardeal Leme organizou manifestações de massas em honra a Nossa Senhora Aparecida e ao Cristo Redentor do Corcovado (1931). É sabido que o cardeal esteve na base da Liga Eleitoral Católica (LEC), entre 1932-1933, para impor aos programas dos partidos políticos as reivindicações da Igreja. O primeiro presidente da LEC foi João Pandiá Calógeras, e o secretário foi Alceu de Amoroso Lima.

Dom João Batista Becker, arcebispo de Porto Alegre (1912-1946), apoiou os getulistas desde o começo. Em 1930, escreveu uma carta pastoral sobre "O comunismo russo e a civilização". Nomeou ao Padre Alfredo Vicente Scherer (futuro cardeal arcebispo de Porto Alegre) como capelão militar da revolução gaúcha. O arcebispo era um ardoroso defensor do Estado Novo. Escreveu em seu livro "que (o Estado) salvou o país da catástrofe, estabeleceu a ordem, a disciplina, a estabilidade e possibilitou, de modo geral, uma situação em que a Igreja podia prosperar" (BECKER, 1939, p. 37-42). O livro revela como o sistema de Vargas favoreceu o retorno à forma histórica da influência através das estruturas e do poder do Estado. O Cardeal Leme não se mostrou tão entusiasmado em público, mas aceitou o regime ditatorial pelos benefícios que podia oferecer (cf. BRUNEAU, 1974, p. 84). Getúlio Vargas "era bastante inteligente para não romper com a Igreja naquele momento. Ele mantinha os privilégios da Igreja, mas impunha-lhe silêncio. A Igreja mantém exatamente tudo o que vinha da Constituição de 1934, sem ter nada escrito, e isso explica a profunda acomodação da Igreja diante da ditadura de 1937 a 1945" (BEOZZO, 1985, p. 51-52), conhecida como Estado Novo. Em jantar, oferecido ao Cardeal Eugênio Pacelli (futuro Pio XII) no Itamarati (RJ), Vargas proferiu um discurso revelador da aliança entre Igreja e Estado. A seguir uma parte do discurso.

> A República, na sua primeira Constituição de 1891, proclamou a separação entre a Igreja e o Estado; mas esta separação, no intuito dos que elaboraram a magna carta, e na prática sensata dos que a executaram, não foi um divórcio; nem se baseou em sentimentos ímpios. Foi apenas uma definição política entre dois poderes que se conjugam na mesma obra de paz e de progresso. Esta hermenêutica moderada e liberal, inspirada pelo alto espírito de conciliação e bom-senso dos governos que se têm sucedido na vida republicana do país, acaba de receber, explícita, a aprovação da recente Assembleia Constituinte, que votou no seu artigo 17 "a colaboração recíproca em prol do interesse coletivo" de todas as forças espirituais e materiais da nacionalidade. Foi assim que a organização política da República julgou permanecer fiel às tradições de nossa história e às realidades vivas do nosso povo (discurso de Getúlio Vargas. In: Revista do Clero, nov/1934, p. 347-348).

Nesse período foi publicada a *Pastoral Coletiva do Episcopado* contra o comunismo (1937). Passando por um momento de incertezas na relação com o Estado, a Igreja realiza o *I Concílio Plenário Brasileiro* (1939). Um dos objetivos era a unidade da Igreja diante da precária fase de relações com o Estado. Era a neocristandade se consolidando. Nesse contexto a revista *A ordem*, tendo Tristão de Atayde à frente, abandonou sua linha corporativista, revista que havia sido fundada em 1921 sob a direção de Jackson de Figueiredo (conservador, tradicionalista, antiliberal, nacionalista. Lançava uma linha nacionalista e católica brasileira. Em 1922 foi fundado o *Centro Dom Vital* tendo uma função de restauração católica.

Com o falecimento do Cardeal Leme (1942), a Igreja no Brasil ficou sem liderança. Em 1952 foi fundada a CNBB, tendo como presidente o cardeal arcebispo de São Paulo, Dom Carlos Carmelo de Vasconcelos Motta e, como secretário, Dom Helder Camara. A fundação da Conferência dos Bispos também deve ser creditada a outras duas personalidades: O núncio, Dom Armando Lombardi, e a Dom Giovanni Baptista Montini (futuro Paulo VI), colaborador de Pio XII. Nesse período foram criadas 43 dioceses, com 109 novos bispos, 11 arquidioceses, 42 arcebispos, 16 prelazias. Esses bispos, jovens, serão de enorme relevância para a Igreja no Brasil a partir de 1968 (BRUNEAU, 1974, p. 198). Dom Helder revitalizou a LEC, dentre outras finalidades, para pressionar o governo do Presidente Eurico Gaspar Dutra (1946-1951). Durante o segundo governo de Getúlio Vargas (1951-1954), as relações não variaram. Assim foi surgindo uma Igreja brasileira com um senso de autonomia. Sua atual personalidade, enquanto Igreja brasileira, foi germinada neste momento histórico.

A Igreja na Argentina

O governo do núncio Filippo Cortesi (1926-1936) pautou, durante uma década decisiva, sua atividade dentro da mentalidade da cúria pontifícia. A documentação da nunciatura juntamente à Secretaria de Estado revela como as dinâmicas internas da república platense foram condicionadas pelo complexo jogo dialético atravessado por uma corporação cada vez mais centralizada e global. A política curial era o reestabelecimento de alianças com as oligarquias num contexto de crise do liberalismo e na emergência dos Estados autoritários. Deste modo, o golpe do General José Félix Uriburu (1930) e o posterior governo do General

Augustín Pedro Justo Rolón contaram com o apoio do núncio e de seu maior aliado, Santiago Luís Copello (arcebispo de Buenos Aires, 1932-1959, primeiro cardeal argentino). O Congresso Eucarístico Internacional celebrado em 1934, em Buenos Aires, certificava junto ao Cardeal Pacelli o êxito daquela estratégia (cf. RODRÍGUEZ-LAGO, 2017, p. 517). Em 1934 foram criadas 10 dioceses e o território eclesiástico argentino foi subdividido em 7 províncias. No governo de Juan Domingo Perón (1946-1955, primeiro governo), a Igreja mantém a aliança de apoio mútuo, obtendo determinados benefícios: educação religiosa nas escolas, capelanias militares. Em 1953 tiveram início as hostilidades que irão até a queda do governo. Essa controvérsia com a Igreja mobilizou a Marinha contra Perón. Um atentado contra a Casa Rosada foi organizado em outubro de 1955, porém fracassou e resultou na morte de cerca de 300 pessoas que estavam na Praça de Maio. Seu governo ficou marcado pela corrosão das estruturas democráticas da Argentina, implantou um governo populista e autoritário.

A Igreja no Chile

Em 1925, ocorreu a separação Igreja-Estado, finalizando com o extenso período do Padroado. A Igreja chilena não caiu na tentação de um anticomunismo, organizou as suas instituições vislumbrando o futuro. Fortaleceu a Ação Católica e atuou no setor político, democrático, como no setor trabalhista sindical. Em 1931 foi fundada a Ação Católica através de uma carta pastoral do episcopado. Este organismo, com um histórico anterior à fundação, foi influenciado pelos padres Oscar Larson, Alberto Hurtado, jesuíta que estudou em Louvain (Bélgica). Este último fundou, em 1941, a Associação Sindical Chilena (ASICH). Nesse mesmo ano escreve: *Es Chile un País católico*? Em 1944 fundou o *Hogar de Cristo*, uma associação beneficente para cuidar de pessoas em situação de extrema pobreza, oferecendo assistência aos desamparados. Hurtado (1901-1952) foi canonizado em 2006 pelo Papa Bento XVI. Em 1931, o padre jesuíta Fernando Vives organizou a Liga Social, a União de Trabalhadores Católicos e a Vanguarda Operária Juvenil. Em 1945, havia 160 centros de assistência médica, jurídica e atendimento aos aposentados. Um dos grandes protagonistas desse período foi Dom José María Caro Rodríguez (1939-1958, arcebispo de Santiago e cardeal, 1946). O arcebispo nunca apoiou o Partido Conservador, de direita, como sendo seu partido. Ao consultar o Cardeal Pacelli, este indicou a posição suprapartidária da Igreja. Isto permitiu aos jovens da Ação Católica participarem primeiro do Partido Conservador, para depois fundarem a Falange Nacional (1939), sob a direção de Eduardo Frei (futura Democracia Cristã Chilena). Em 1939 aceitou como legítimas as autoridades da Frente Popular, permitindo a organização do I Concílio Plenário Chileno. Outro personagem proeminente neste cenário foi Dom Manuel Larráin Errázuriz (bispo de Talca, 1939-1966). Larraín foi o organizador da Conferência Episcopal Chilena (1952) e da I Conferência do Episcopado Latino-Americano no Rio de Janeiro (1955). Foi um defensor da Falange contra os ataques do conservadorismo. Entre 1926 e 1960, chegaram ao Chile 66 congregações religiosas, europeias e norte-americanas, principalmente femininas, prevalecendo as de caráter missionário, educativo e assistencial (cf. MENGOTTI, 2017, p. 27-59).

Em 1945, a poetisa chilena Gabriela Mistral recebeu o prêmio Nobel de Literatura, educadora e terciária franciscana; sem dúvida essa foi uma grande influência para a sua obra. A Igreja chilena foi uma grande liderança latino-americana no período do Concílio Vaticano II à II Conferência do Episcopado Latino-Americano, em Medellín (1968). Nos anos de 1960, outro líder religioso despontará no Chile, o arcebispo de Santiago Cardeal Raúl Silva Henríquez.

A Igreja no Peru, Bolívia, Equador, Colômbia e Venezuela

No **Peru**, em 1930, o Presidente Luís Miguel Sánchez Cerro decretou o casamento civil e o divórcio. Imediatamente o episcopado reagiu com uma carta pastoral intitulada *Sobre problemas de ordem religiosa social*. Em 1931 foi criado o partido católico *Unión Popular*, e a motivação da fundação deste partido era o sentimento anticlerical de direita e esquerda, consequência das estreitas relações que o arcebispo de Lima manteve com o fenecido regime de Augusto Leguía. Outra razão foi o projeto de lei para as eleições que negava o direito de voto ao clero em geral. A ameaça do surgimento de um anticlericalismo ainda maior, como ocorreu no México, também foi a raiz do nascimento deste partido (cf. KLAIBER, 1983, p. 161). O partido recebeu apoio dos bispos de Cuzco, Dom Pedro Pascual Farfán e de Dom Francisco Maldonado Mariano Holguín, de Arequipa. A separação dos apristas (Aliança Popular Revolucionária Americana, de extrema esquerda) do governo melhorou a relação com a Igreja. Em 1935, foi decretada a educação religiosa nas escolas públicas. O laicato registrou presença importante neste contexto através de Víctor Andrés Belaúnde que, em 1930, publicou o livro *La realidad nacional*, e de José de la Riva y Aguero, progressistas e de destaque em âmbito nacional.

Assim como no contexto internacional, o I Congresso Eucarístico Nacional (1935) é recheado pelo populismo, mas foi a Ação Católica que representou a renovação. Seus antecedentes foram: Ação Social da Juventude Católica (1926), Centro Fides (1930). Em 1940 foi organizada a Juventude Estudantil Católica e, em 1943, a União Nacional dos Estudantes Católicos. O seu primeiro assessor foi o Padre Juan Landázuri Ricketts (futuro arcebispo de Cardeal de Lima, 1954). Os assessores seguintes foram os padres Geraldo Alarco e, nos anos 60, Gustavo Gutiérrez. Entre 1955 e 1956 são fundados os partidos Ação Popular e Democrata

Cristão. A I Semana Social peruana ocorreu em 1959, marcando o início de um novo período. Um personagem de destaque foi o bispo auxiliar de Lima, Dom José Antônio Dammert Bellido, sucessivamente bispo de Cajamarca (1962-1992), historiador e defensor dos indígenas.

Na **Bolívia**, O I Congresso Eucarístico Nacional ocorreu em La Paz (1926), o II Congresso (1939), o III Congresso (1946), em Sucre e o IV em Santa Cruz (1964). Vários outros Congressos reuniram multidões e a massa adentrava ao espaço público. O clero local era escasso e, assim, entraram no país inúmeros missionários advindos de outros países. Em 1938, foi organizada a Ação Católica em Cochabamba. As organizações laicais eram antigas, desde o século XIX, O Cruzado, União Católica que foram antecedentes da Ação Católica. Em 1957 foi organizada a Grande Missão, urbana e nacional, liderada por missionários estrangeiros (cf. BARNADAS, 1987, p. 390-395).

No **Equador**, o bispo de Guayaquil, primeiro cardeal de Quito, Dom Carlos María de la Torre, celebrou uma grande concentração popular na festa de Cristo Rei (1929), e, em Quito, a celebrou em 1933. Em 1931, se iniciou a organização de ações sociais operárias. A CEDOC (Confederação Equatoriana de Operários Católicos) registrou um elenco de setenta mil filiados em 1938. Em 1954, foi erguida a Universidade Católica de Quito e a Conferência Episcopal Equatoriana foi fundada em 1956. O Estado e a Igreja estabeleceram um *modus vivendi* em 1937, que regulamenta a sua relação até a atualidade (cf. VARGAS, 1987, p. 402-404).

Na **Colômbia**, Dom Miguel Ángel Builes Gómez, bispo da diocese de Santa Rosa de Osos (1924-1967), realizou ardorosamente uma luta contra os liberais, maçons e comunistas. Sua carta pastoral (1929) foi subscrita pelo episcopado em 1930. Dom Pedro Ismael Perdono Borrero foi arcebispo primaz de Bogotá (1925-

1950). Sua ação pastoral foi exercida durante a forte agitação política, sendo determinante para a queda do Partido Conservador Colombiano (1930), no poder desde 1886. O envolvimento político do arcebispo, resultado de seu contexto, era fortíssimo, porém se mostrou repleto de ambiguidades. Nos anos seguintes, a Igreja foi retornando ao seu lugar na esfera da Cristandade conservadora, ou seja, apoiou a Guilhermo León Valencia Muñoz (presidente 1962-1966), membro do Partido Conservador. A Igreja colombiana não obteve sua independência da oligarquia conservadora.

Em 1933 foi fundada a Ação Católica. Entre as diversas ações no campo social, se destacou a União dos Trabalhadores da Colômbia (1945) com finalidade anticomunista, antiliberal e apolítica (como se isto fosse possível). De grande influência foi o seu Semanário Justiça Social. Em 1946, a FANAL (Federação Agrária Nacional) foi mais uma organização anticomunista declarada. Em 1947, o Padre José Salcedo organizou a emissora Sutatenza, em Boyacá, facilitando a divulgação de notícias. Outro meio, impresso, foi a *Revista Xaveriana* que, desde 1933, apresentava o pensamento intelectual católico colombiano. É de grande importância a relação Igreja e Estado na Colômbia. Em 1935, o Congresso Nacional interpelou a Igreja sobre as temáticas da educação, do divórcio, entre outras; no final é proclamada a liberdade de culto. Em 1942, novo acordo entre os poderes civil e eclesiástico foi assinado. Em 1948, o episcopado que em 1944 se havia declarado anticomunista, se manifestou sobre as relações espiritual-temporal, alertando sobre o perigo marxista na Universidade. Com a morte de Jorge Eliécer Gaitán (1948), pertencente ao Partido Liberal, a Igreja atacou o comunismo e o liberalismo como agentes dos ataques recebidos. Em abril desse ano incendiaram o palácio episcopal. Uma década após estes acontecimentos, em 1958, o episcopado sustentava a mesma linha acusando o comunismo pela violência no país (cf. ROUX, 1987, p. 517-520).

A Igreja no México e na América Central

A Igreja no **México**, na continuidade de sua ação do final do século XIX e tendo passado pela Revolução de 1910, pela Constituição de 1917 (de grandes dificuldades para a Igreja), pelas ações anticlericais sofridas, a "guerra cristera", perseguição ao laicato, fuzilamento de padres, como o do Jesuíta Miguel Augustín Pro, a instituição religiosa chegou aos anos de 1930 como uma "fora da lei". No governo de Lázaro Cárdenas (1934-1940), sua situação foi a mesma da década anterior. Em 1938, a Igreja apoiou a nacionalização do petróleo, levando a uma pequena mudança do governo em relação à instituição religiosa. Nesse ano foi encaminhado um *modus vivendi* (relação Estado e Santa Sé) de relações toleráveis (cf. ACEVEDO, 1984, p. 313-317). O episcopado fundou, em 1922, o Secretariado Social Mexicano e, em 1929, teve seu início, dirigido, entre 1924-1937, pelo Padre Miguel Dario Miranda (futuro arcebispo da Cidade do México e cardeal). Em 1946, dirige a Ação Católica, o Padre Pedro Velásquez, personagem comparável a Alberto Hurtado no Chile.

América Central

Nesse período o personagem de maior liderança foi Dom Víctor Sanabría Martínez (1899-1952), bispo na **Costa Rica**. Durante o governo populista de Rafael Angel Calderón Guardia (1940-1944), a oligarquia começou a hostilizá-lo e Dom Sanabría fez com que Guardia fosse condecorado pela nunciatura. Chegou a um entendimento com o Partido Comunista costa-riquenho e este se transformou na Vanguarda Popular, elevado ao poder em 1948. Em 1935, Dom Rafael Otón Castro Jimenez (arcebispo de San José, 1921-1939) instituiu a Ação Católica. Entre 1942-1943, Dom Sanabría reformulou a instituição e esclareceu os seus objetivos na direção dos operários e camponeses. A Juventude Operária

Católica apoiava as suas ações e, depois, organizou o sindicalismo cristão. O assessor destes movimentos foi o Padre Carlos Rodríguez Quirós que, em 1945, organizou a I Semana Interamericana de Assessores Jocistas. Em 1943 foi fundada a central sindical *Rerum Novarum*. Em 1945, a central estabeleceu sua autonomia em relação à Igreja. Em 1948 enfrentou a Central dos Trabalhadores Costa-riquenhos da Vanguarda Popular, sendo mais tarde o motivo da guerra civil e queda do governo. Sucedeu a Sanabría Dom Rubén Odio Herrera (1952-1959), apoiador da política anticomunista (cf. PICADO, 1985, p. 416-448).

A Igreja na **Guatemala**, nesse período, teve à sua frente Dom Luís Duroy y Suré (1929-1938). Em 1935, foi fundada a Ação Católica Rural. A Ação Católica clássica foi fundada nas regiões de Petén e Zacapa pelo Padre Rafael González. Assume a sede episcopal da Guatemala Dom Mariano Rossell y Arellano (1938-1964) e, em 1942, celebrou o I Congresso Catequético Nacional. Com o Semanário *Acción Social Cristiana*, em 1944, o movimento *Rerum Novarum* insere nítida presença cristã no mundo operário. Dom Rossell realiza uma constante campanha anticomunista. Em 1945, publicou uma carta pastoral intitulada *Sobre a ameaça comunista*. Em 1947 escreveu, voltando ao mesmo tema. Em 1949, publicou uma instrução: *Sobre a excomunhão dos comunistas*. Em 1951, demonstrando força diante do populista eleito, Jacobo Arbenz Guzmán, realizou o I Congresso Eucarístico Nacional, mobilizando uma imensa multidão. Houve o início de um conflito quando o presidente começou a reforma agrária. Dom Rossell dizia que era necessário seguir as orientações da Igreja, e esta ordenava combater o comunismo e orientar os católicos. Ainda nesse período, Rossell convoca o I Congresso Eucarístico Centro-americano (1958) e o núncio, Dom Giuseppe Paupini, nomeia o Padre Mário Casariego como bispo auxiliar (cf. BENDAÑA, 1985, p. 364-378).

Em **El Salvador**, o Partido Comunista Salvadorenho, fundado (1930) por Farabundo Martí, organizou a guerrilha dos camponeses indígenas (1932). A revolta foi esmagada duramente pelo exército. Em poucas semanas foram mortos entre 15 e 30 mil pessoas e Farabundo foi fuzilado. O arcebispo de San Salvador, Dom Alfonso Belloso (1927-1938), festejou por terem eliminado os males do tempo presente. O Padre José Alférez celebrou na catedral uma ação de graças e o Padre Francisco Castro pronunciou uma oração patriótica felicitando o governo superior e o exército em sua luta contra o ateísmo. O salesiano José Miglia lançou uma cruzada anticomunista nos presídios repletos de camponeses e a imprensa abria suas portas à Igreja, para imprimir os folhetos sobre a *Cristianização do comunismo*. O arcebispo sucessor de Belloso, Dom Luís Chávez y González (1938-1977), foi lentamente realizando uma mudança na orientação social da Igreja salvadorenha. A arquidiocese ficou marcada pelo seu pastoreio, aberto e sem medo do novo. Promoveu a Ação Católica, cooperativas e um secretariado social. Fundou escolas paroquiais para os pobres. Em 1937 foi acusado de comunista por defender os barbeiros. No final de sua vida, as acusações, as ameaças e os insultos aumentaram; a causa era clara, colocou a instituição eclesial a serviço da justiça e dos pobres (cf. CARDENAL, 1992, p. 407). Seu sucessor foi Dom Oscar Arnulfo Romero.

Em **Honduras**, a situação é similar ao restante da América Central. O arcebispo de Tegucigalpa, Dom José de la Cruz Turcios y Barahona (salesiano), transferido de Santa Rosa de Copán em 1947, publicou uma carta pastoral declarando que o comunismo era intrinsecamente mau por seu ateísmo, sem tocar no capitalismo. Em 1959, realizou a Grande Missão contra a invasão materialista e desmoralizadora, consagrando o país ao Sagrado Coração. Em 1955, ocorreu a organização dos Cavalheiros de Cristo Rei, em San Vicente; eram oradores leigos. Em 1955, o Padre

Molina Sierra iniciou um programa no rádio e, devido ao rádio, o Padre Domínguez fundou organizações camponesas e operárias (cf. DUSSEL, 1989, p. 33-34). Na **Nicarágua**, Dom José Antonio Lezcano y Ortega, arcebispo de Managua (1913-1952), atribui o terremoto (1931) aos pecados públicos contra Deus. Entre o final de 1928 e início de 1929 foi realizado o I Congresso Eucarístico Nacional. Em 1934 celebrou-se o I Concílio Provincial Nicaraguense, em Léon. Com a ascensão de Somoza García ao governo, a Igreja não demonstrou inconformidade e nem resistência, mas continuou na sua ação política de combate ao comunismo. Quando Somoza foi assassinado (1957), a Igreja lamentou.

A Igreja no Caribe

O grande nome de domínio na **República Dominicana** no período é o de Rafael Leónidas Trujillo Molina (1930-1961). O ditador acumulou uma fortuna originária dos cofres públicos e agia com enorme repressão em relação à oposição. Trujillo foi assassinado, em Santo Domingo, em maio de 1961. No início não perseguiu a Igreja, mas buscou nesta um aliado. Prometeu à Igreja, diante do núncio Dom Giuseppe Fietta, "amparo da cooperação que vos brindará o governo que presido[...] fonte de consolo, elemento moral de poderosa influência no estabelecimento do nosso progresso, do nosso bem-estar" (AZA, 1961, p. 216). Em março de 1931 foi restaurada a personalidade jurídica da Igreja. Trujillo realiza uma manobra para retirar da sucessão episcopal de Dom Alejandro Noel, o Padre Rafael Castellanos, e consegue que se atribua a sede a Ricardo Pittini, como arcebispo de Santo Domingo. A cumplicidade será enorme entre ambos que, em 1938, o bispo solicita a Trujillo que renuncie à reeleição. A Igreja recebeu do governo três catedrais, restauração de edifícios, escolas, reitorias, conventos, novos seminários, centros de retiro, subvenções e salários para bispos, padres, veículos, equipamentos audiovisuais, ornamentos litúrgicos (cf. DUSSEL, 1989, p. 35). Mesmo tendo presente as ações do ditador, a Igreja assinou o acordo em 1954.

Em **Porto Rico**, como em Cuba, Filipinas, a anexação aos Estados Unidos (1898) deixou marcas fortíssimas na Igreja, ou seja, uma profunda "americanização" antilatino-americanista. Dom Louis Placide Chapelle (1897-1905), arcebispo de Nova Orleães e de seu assistente, Blenk, bispo de San Juan conseguiu dividir a Igreja em "americanistas" e "nacionalistas", chegando essa situação até a atualidade. Por sua vez, a Santa Sé aceitou como positiva a ocupação americana e os núncios sempre propiciaram o processo de "americanização", tanto em Cuba como nas Filipinas (cf. GOTAY, 1995, p. 266-270). Na Igreja de **Cuba**, o personagem de grande importância foi o arcebispo e cardeal de Havana Dom Manuel Arteaga Y Betancourt (1941-1963). A influência católica agiu no setor da questão social desde 1933. Em 1932 foi organizado o Agrupamento Católico Universitário pelo Jesuíta Felipe Rey de Castro. O arcebispo, em 1938, através de uma carta pastoral, fundou a Ação Católica. A Juventude Operária Católica reunia-se, pela primeira vez, em 1947. Em 1946 foi erguida a Universidade Católica Santo Tomás de Villanueva (cf. DUSSEL, 1989, p. 36-37).

Paróquias	Dioceses	Comunidades religiosas	Colégios religiosos	Estudantes
209	6	245 (87 masculinas)	162	40 mil

No único seminário cubano estudavam também os negros, por vontade expressa do Cardeal Arteaga.

Sacerdotes	Templos	Seminários
667	426	1 (1945)

A Igreja no **Haiti** era quase que exclusivamente francesa no seu episcopado e alto clero. Recebeu, nesse período, missionários canadenses. Contudo, essa ação não resultou em renovação. Em 1953, foi nomeado bispo auxiliar de Port-au-Prince, Dom Remy Augustin, haitiano, porém o novo arcebispo era francês, Dom François Poirier. Em 1957, com o chefe do poder temporal François Duvalier, houve uma reivindicação para que o clero fosse nacional, negro. Sua intenção era controlar a Igreja haitiana no estilo de Trujillo na República Dominicana. Seus dois primeiros ministros da educação foram padres e a Santa Sé não se intrometeu nesta situação.

O período aqui estudado, anterior ao Concílio Vaticano II e Medellín, revela uma instituição religiosa saudosa da Cristandade por um lado e, por outro, buscando mudanças na questão da justiça social. Vários movimentos foram favoráveis, abençoaram e se uniram a regimes populistas que instrumentalizarão a instituição. Como foi relatado neste texto, havia também uma outra porção que não desistiu do trigo, assim foi, por exemplo, o jesuíta Alberto Hurtado, no Chile. Entre a aliança com a sociedade opulenta e elitista, a Igreja Católica foi caminhando, sem saber, para uma renovação que veio através do Vaticano II e de um pensamento teológico genuinamente latino-americano.

Madre Paulina, mulher imersa na vida do povo

Neste cenário apresentado surgem diversos caminhos de santidade fincados no Evangelho. Um deles é representado por Madre Paulina. Amábile Lúcia Visintainer, nome de batismo de santa Paulina, nasceu (1865) em Vígolo Vattaro, pequena localidade italiana. Chegou ao Brasil com nove anos de idade. Seus pais foram o pedreiro Napoleão Visintainer e a dona de casa Anna Pianezzer. Em 12 de julho de 1890, ela e sua amiga Virgínia Nicolodi deixaram a casa dos pais para morar num casebre em Vígolo (SC) e cuidar de uma senhora portadora de câncer. Nascia a congregação religiosa das Irmãzinhas da Imaculada Conceição. Em 1895, professam os votos religiosos as primeiras Irmãzinhas, entre elas, Amábile, recebendo o nome de Irmã Paulina do Coração Agonizante de Jesus. Sua obra missionária teve seu início com a fundação de novas casas e numerosas vocacionadas: Nova Trento (SC), São Paulo (SP, 1903) e Bragança Paulista (SP, 1909). Em 1903, Paulina foi eleita superiora geral e, em 1909, foi destituída do cargo, passando a viver, com 44 anos, numa casa-asilo fundada por ela em Bragança Paulista. A partir de 1938, sua saúde foi se deteriorando em razão da diabetes, levando-a a cegueira e à paralisia. Morreu no dia 9 de julho de 1942. Foi canonizada no dia 19 de maio de 2002 pelo Papa João Paulo II. Santa Paulina tornou-se a primeira santa do Brasil (www.ciic.org.br).

Capítulo XXXIX
Rio de Janeiro: I Conferência Geral do Episcopado Latino-Americano e Caribenho

> A Conferência Episcopal por unanimidade concordou pedir [...] a criação de um Conselho Episcopal Latino-Americano [...]" (Rio, t. XI, n. 97).

Introdução

O Papa Pio XII convocou a I Conferência do Episcopado Latino-Americano e Caribenho. O papa fez-se presente através do Cardeal Piazza que presidiu a Conferência. Esta Assembleia do episcopado foi a primeira após o Concílio Plenário (1899). Importante frisar que a Conferência é realizada antes do Concílio Vaticano II, estando ligada ao magistério de Pio XII e do Vaticano I e de seus desdobramentos. O capítulo tem o objetivo de apresentar o pensamento do episcopado sobre a Igreja e a realidade no continente na metade do século XX.

Comissões de estudo

Participaram da Conferência 37 arcebispos, 58 bispos. Nesse momento eram na América Latina 66 os arcebispados e 218 as dioceses; 33 prelazias, 43 vicariatos e 15 prefeituras apostólicas. Os dois cardeais da Argentina não participaram devido à hostilidade do regime peronista. Clero e auxiliares do clero; organização e meios de apostolado; protestantismo e outros movimentos anticatólicos; atividades sociais católicas; missões, indígenas e pessoas de cor; imigração e gente do mar (SOUZA, 2008, p. 130).

Objetivos do evento e temáticas

A I Conferência do Episcopado Latino-Americano e Caribenho, aconteceu no Rio de Janeiro. Sua realização se deu entre os dias 25 de julho e 4 de agosto de 1955 no colégio *Sacré Coeur*, das Irmãs da Sociedade do Sagrado Coração de Jesus, no bairro de Laranjeiras. O objetivo fundamental deste evento foi refletir sobre a escassez de clero, especialmente secular. Este fato impedia a Igreja de realizar suas atividades pastorais e de responder aos novos desafios que surgiam na realidade latino-americana. Um destes desafios era o crescimento do protestantismo e os ataques provenientes da maçonaria. O documento final é a visão do episcopado sobre a realidade do continente.

Local	Data	Convocação	Temática
Rio de Janeiro – Brasil	25/07-04/08-1955	Papa Pio XII Presidiu o legado pontifício	Evangelização como defesa da fé e das vocações e a preparação do clero

Estas preocupações são vistas nitidamente na Carta Apostólica do Papa Pio XII, dirigia ao Cardeal Adeodato Giovanni Piazza (secretário da Sagrada Congregação Consistorial) que, como legado pontifício, foi o presidente da Conferência auxiliado por Dom Antônio Samoré, secretário da Congregação para Assuntos Eclesiásticos Extraordinários. O papa, além de expressar um apreço pela vitalidade da Igreja na América Latina, demonstra preocupação em relação ao número de sacerdotes e à maçonaria. Assim escrevia Pio XII na Carta Apostólica *Ad Ecclesiam Christi*.

> Não devemos, porém, esconder de Vós, Venerável Irmão, que uma ansiedade incessante está ligada a esta Nossa consideração, visto que os graves e crescentes problemas da Igreja na América Latina ainda não foram resolvidos; sobretudo aquele que com angústias e vozes de alarme foi justamente denunciado como o mais grave e perigoso, e que ainda não recebeu uma solução completa: o clero insuficiente. [...] Infelizmente, muitos são os truques traiçoeiros dos inimigos: para repeli-los é necessária grande vigilância e energia. Tais são os truques da Maçonaria, as doutrinas e propaganda dos protestantes, as várias formas de secularismo, superstição e espiritualismo que, quanto mais penetração em tudo mais grave é a ignorância das coisas divinas e mais entorpecida a preguiça na vida (*Ad Ecclesiam Christi*, n, 2; 7).

No título III, número 37 do documento final da Conferência será afirmada esta mesma preocupação. O texto aponta que a preocupação central da assembleia era abordar o problema da escassez de "forças apostólicas". O bispo auxiliar do Rio de Janeiro, Dom Helder Pessoa Camara (secretário da CNBB, criada em 1952), constatava que o continente era formado por 163.000.000 habitantes. Esse número superava pela primeira vez a população norte-americana (cf. METHOL, 1982, p. 20). Desse total, 153.000.000 eram católicos, ou seja, 32% da população católica mundial só dispunha de 7% do clero. Em 1946, calculava-se 5.969 habitantes por sacerdote; em 1955, 5.282. As estatísticas realizadas por diversos bispos variavam numa cifra que ia de 29.000 a 32.000 sacerdotes na América Latina. Para atender aos católicos seria necessário adicionar 74.000 sacerdotes.

Proporção sacerdotes – fiéis[44]

Data	Quantidade de padres	Quantidade de fiéis
1900	1 padre para	3829 fiéis
1951	1	5104
1960	1	4730
1963	1	4891

---

44. PRIEN, H. J. *La historia del Cristianismo en la America Latina*. Salamanca: Sígueme, 1985, p. 1.032.

A Conferência manifesta seu objetivo de que as obras das vocações sacerdotais sejam consideradas, em todas as dioceses, como fundamental e que deve preocupar a todos.

População América Latina (1955) – IBGE[45]

Países e regiões	População (milhares de habitantes)
México	29 700
Outros Países	10 343
América Central continental	**40 043**
Cuba	6 110
Haiti e República Dominicana	5 700
Porto Rico	2 280
Dependências britânicas	3 047
Outras ilhas	876
América Central insular	**17 793**
Colômbia	12 700
Venezuela	5 830
Guianas	750
Equador	3 610
Peru	9 400
Brasil	59 200
Bolívia	3 190
América do Sul tropical	**94 880**
Chile	6 560
Argentina	19 300
Paraguai	1 580
Uruguai	2 620
Ilhas Falkland	2
América do Sul temperada	**30 042**
TOTAL: AMÉRICA LATINA	**182 558**

---

45. Adaptado de: https://biblioteca.ibge.gov.br/visualizacao/livros/liv81330.pdf Acesso em 04/02/2021, 20:57.

As soluções propostas estavam na linha de fomentar as vocações, melhorar a formação nos seminários, apelar para a solidariedade das Igrejas europeias e norte-americana. Junto com essas propostas, estava aquela de aproveitar a colaboração do laicato que de diversas maneiras poderia contribuir para a presença da Igreja nas regiões afastadas e entre os indígenas, sempre vistos como auxiliares do clero. Tanto Dom Helder, como Dom Manuel Larraín, bispo de Talca, no Chile, destacaram a importância da Ação Católica, presente em vários países da América Latina, ambos seus assessores (cf. SOUZA, 2018, p. 28).

A Conferência abordou com especial cuidado a questão das missões entre os indígenas, os negros e os camponeses (documentos 26, 27, 39); como também os Meios de Comunicação Social (título VI); os imigrantes (título X); a educação e a cultura. De acordo com o documento, a Conferência teve por objetivo incorporar à Igreja todos os habitantes das regiões que constituem territórios de missões. Necessita criar estruturas para que essa finalidade se torne real. Naquele contexto "os bispos[...] viam, no povo indígena, uma classe atrasada em seu desenvolvimento cultural. Preocupam-se com o 'índio' para que ele se incorpore à verdadeira civilização". Na atualidade "não queremos envolver o indígena em nossa civilização, mas queremos desenvolvê-lo (sic) à sua cultura, para que possa enriquecer nossa cultura. Torna-se importante a inculturação do Evangelho" (LORSCHEIDER, 2006, p. 11-12).

> [...] a preocupação principal está na educação e formação de um clero, de catequistas ou "doctrineros" para transmitir a doutrina, sem atenção para a necessidade de uma preparação específica dos respectivos destinatários[...] a Conferência do Rio de Janeiro faz um apelo, que pode ser um primeiro intento de uma pastoral indígena, especificamente orientada, a que "rapidamente se estabeleça na América Latina uma instituição de caráter etnológico e indigenista, desenvolvendo

trabalho sério" para enfrentar "os perigos que emanam de instituições análogas de inspiração não católica" (SUESS, 2018, p. 357).

Os desafios à Igreja latino-americana

No título III, números 69-78, é assinalada como uma das grandes preocupações o avanço do protestantismo, espiritismo, superstição e a maçonaria. Entre as várias medidas sugeridas para enfrentar tais desafios, destaca-se a recomendação de intensificar o movimento bíblico e melhorar o nível de formação do clero e dos leigos. Segundo os bispos, um conhecimento superficial da doutrina permite que os inimigos da fé plantem suas dúvidas, para acolher a indiferença, a apostasia e a irreligiosidade.

O crescimento do protestantismo se deu pela chegada de muitos missionários que haviam deixado suas tarefas apostólicas na China e Coreia. Estes missionários tiveram um apoio econômico norte-americano e destinados à América Latina. De acordo com as estatísticas, os protestantes em 1890 eram 50.000, em 1925 somavam 325.795 e em 1952, 3.353.021. Ainda era "necessário e urgente articular, coordenar e organizar as forças do catolicismo latino-americano!" (ALMEIDA, 2018, p. 36).

> Na Primeira Semana de Estudos Apologéticos, celebrada em Bogotá, em janeiro de 1955, os bispos conheceram o informe da Comissão para a Defesa da Fé sobre a expansão protestante na América Latina. Tiveram a visão de um continente invadido, como nunca antes por pastores de distintas denominações protestantes, a maioria procedente da China, de onde haviam sido expulsos pela revolução comunista de Mao. Compreenderam, nesse momento, a necessidade de estabelecer um trabalho conjunto para fazer frente à dinâmica campanha proselitista protestante (SARANYANA, 2005, p. 55).

Os problemas sociais na América Latina

À diferença de Medellín e Puebla, que terão como centro de preocupação Pastoral da Igreja a situação dos pobres, a Conferência do Rio de Janeiro não teve como atenção básica os problemas sociais da América Latina. O tema social aparece no Capítulo III, título IV quando declara o *Apostolado social e responsabilidade do cristão na vida cívico-política*, e é retomado em forma ampla no título VIII, nos números 79-84, com o título "Problemas sociais".

Os bispos constataram que a América Latina era um continente em expansão e que acolhia um grande contingente de imigrantes vindos da Europa. É um dever de caridade cristã e solidariedade humana, abrir as portas à imigração. Criar um ambiente favorável no meio da população e entre os governantes. O índice de natalidade era alto, assim como eram grandes os contrastes sociais, a desnutrição e o analfabetismo. A população era majoritariamente rural, tendo problemas sociais específicos, como o do indígena e do negro. A industrialização e urbanização, além de salários baixos, explorava a mão-de-obra, inclusive a infantil. Neste cenário imperavam a instabilidade política e a dependência econômica (cf. SOUZA, 2018, p. 28-29).

> A imagem continental, projetada na reflexão dos bispos, nos mostra um continente em expansão, meta de um movimento de imigração, com um alto índice de natalidade, onde as massas vivem em gritantes situações de injustiças, desnutrição e analfabetismo, onde imperam a instabilidade política e a dependência econômica, e de condições marcadamente rurais, com problemas sociais específicos como a situação do índio e do negro (CÁRDENAS, 1982, p. 29).

Ao ler o documento percebe-se que a situação política do continente não interessou particularmente aos bispos. A afirmação torna-se convincente quando não se encontra nada no texto sobre as ditaduras na Nicarágua, Cuba, Colômbia, Venezuela, Paraguai,

Argentina. O documento não faz considerações entre as relações da América Latina com os Estados Unidos e Europa.

A primeira Conferência do Episcopado Latino-Americano não tem o profetismo que terão Medellín e Puebla. Alguns trabalhos apresentados, como o de Dom Ramon Bogarín, bispo auxiliar de Assunção-Paraguai (Documento 44), do bispo de Tulancingo, Dom Miguel Dario Miranda y Gómez (documento 58) e o de Dom Manuel Larraín (Documento 56), mostram claramente que uma elite episcopal e clerical havia compreendido o mais grave desafio da Igreja: o destino dos marginalizados. Estas intervenções, assim como as de Dom Helder Pessoa Camara antecipam a denúncia profética que acontecera em Medellín. É necessário ter presente que em 1955 não havia acontecido o Concílio Ecumênico Vaticano II. Pio XII não colocou a ideia em prática de convocar um Concílio (cf. CAPRILE, 1966, p. 209-227). Somente o papa bom, João XXIII, iniciou esta assembleia conciliar de abertura para a modernidade (cf. SOUZA, 2018, p. 29).

> Recorda, finalmente, que o apostolado dos leigos não se deve reduzir unicamente a colaborar com o sacerdote no campo limitado dos atos de piedade, mas que, além de ser esforço contínuo por conservar e defender integralmente a fé católica, deve ser apostolado missionário de conquista para a dilatação do reino de Cristo em todos os setores e ambientes, e particularmente ali onde não pode chegar a ação direta do sacerdote (Rio n. 45).

A constituição do CELAM (1955)

No Rio de Janeiro colocaram-se as bases do Conselho Episcopal Latino-Americano (CELAM). O título XI, número 97, afirma: "A Conferência Episcopal por unanimidade concordou pedir, e, atentamente, pede à Santa Sé Apostólica a criação de um Conselho Episcopal Latino-Americano[...]". No dia 2 de novembro de

1955 recebeu a aprovação pontifícia. Os bispos desejavam instalar a sede central do CELAM em Roma. O Vaticano preferiu que a sede fosse estabelecida na América Latina. Instalou-se, portanto, em Bogotá, na Colômbia, e o primeiro presidente foi Dom Manuel Larraín. O CELAM iniciava um profundo trabalho de renovação teológica e pastoral que preparou o terreno para o grande evento de Medellín. As funções do CELAM: estudar os assuntos que interessam à Igreja na América Latina; coordenar estas atividades, promover e ajudar obras católicas; preparar novas Conferências do episcopado. A Conferência do Rio não era legislativa, suas decisões têm um caráter de normas e sugestões para a ação pastoral. Esta Conferência do Rio de Janeiro foi "frutuosíssima; marcou o começo de uma época que depois se tornou a época conciliar" (RESTREPO, 1982, p. 37).

> O Conselho Episcopal Latino-Americano (CELAM) não deve ser confundido com as Conferências Gerais, mas ele sempre exerceu o papel de coordenador[...] (GODOY, 2015, p. 209). O CELAM é um órgão de contato e colaboração das Conferências Episcopais da América Latina. O organismo não é uma entidade superior aos episcopados (RESTREPO, 1982, p. 49).

É possível afirmar que as Conferências são impostações latino-americanas da renovação conciliar (cf. WOJTYLA, 1981, p. 4) e que constituem fios condutores, fundamentais no peregrinar do Povo de Deus na América Latina. São importantes no processo de autoconsciência da Igreja na sua missão no continente (KLINGE, 2000, p. 373). Em 1958, na II assembleia do CELAM, foi criada a Comissão para a América Latina (CAL). Este organismo é encarregado de "coordenar os trabalhos dos diversos dicastérios romanos em relação ao continente e adstrita à Congregação dos Bispos, com um secretário nomeado pela Santa Sé. Organismo similar inexistente para as igrejas nos demais continentes" (BRIGUENTI, 2018, p. 179).

O encontro do Rio significou o começo de nova etapa que se iria mostrando cada vez mais dinâmica, fecunda e profética, graças à consciência que a própria Igreja na América Latina adquiriria de sua coesão episcopal, de sua capacidade de discernimento ou de leitura dos sinais dos tempos e da responsabilidade exemplarizante que lhe cabe, não somente dentro da Igreja universal, mas também dentro da imensa comunidade dos pobres que configuram o terceiro mundo. A Conferência do Rio significou também um esforço sincero e audaz da Igreja latino-americana por centrar-se mais vitalmente na ação ecumênica da Igreja universal (SARANYANA, 2005, p. 59). Certamente este pensamento poderia ter sido de uma minoria nesta conferência, pois a maioria se mostrou "antiecumênica" (WOLFF, 2018, p. 216).

PARTE VII

VATICANO II, MEDELLÍN, A RENOVAÇÃO DO CATOLICISMO NA AMÉRICA LATINA NO CONTEXTO DOS REGIMES TOTALITÁRIOS E A TEOLOGIA DA LIBERTAÇÃO

Capítulo XL
Vaticano II, o canteiro de obras

> Elas (autoridades civis) propunham-se, às vezes, proteger com toda a sinceridade a Igreja; mas, as mais das vezes, isto não se dava sem dano e perigo espiritual[...]
> (João XXIII, *Gaudet Mater Eclesia*. Discurso Abertura Concílio).

Introdução

O Concílio Vaticano II (1962-1965) é um evento referencial na História da Igreja Católica e na sua relação com a sociedade contemporânea. A Igreja é convocada a se abrir aos novos tempos: são novos paradigmas teológicos e pastorais. A sua importância é valiosa para a Igreja Latino-Americana e Caribenha que, por sua vez, será de enorme relevância para as Igrejas com a sua primeira conferência, Medellín (1968). O capítulo tem por finalidade apresentar, em linhas gerais, o Concílio. E, nos capítulos seguintes, verificar quais foram os desdobramentos na América Latina como recepção seletiva e criativa do Vaticano II.

Importância do Concílio e os seus desdobramentos na América Latina

Em outubro de 1958 faleceu Pio XII, depois de uma longa enfermidade. O conclave, que se reuniu no mesmo mês, elegeu o patriarca de Veneza, Cardeal Ângelo José Roncalli com o nome de João XXIII (1958-1963). Sua eleição foi recebida com grande surpresa. Era, para o grande público, um desconhecido. Sua eleição parecia ser mais uma daquelas de simples transição, o cardeal era idoso, 77 anos. Não havia se destacado como núncio na Bulgária e na França, nem em outro campo eclesiástico (cf. ALBERIGO, 2000, p. 205). Havia certa decepção com o nome anunciado depois da eleição. Podia-se esperar dele, neste contexto, a abertura e compreensão das necessidades do mundo moderno? Até fisicamente diferenciava-se do seu antecessor, pois era de corporalidade volumosa e pequena estatura. É evidente que, nessas circunstâncias, os boatos começaram a correr.

Alguns afirmavam que o conclave o havia escolhido, pois não havia entrado em acordo sobre outro candidato mais qualificado. Teria sido uma aliança entre cardeais conservadores e progressistas. Tendo em conta sua idade avançada, seu anonimato, tudo levava a pensar que essa era uma ideia aceitável, um pontificado de transição (cf. MONDIN, 1995, p. 540). Logo vieram as surpresas, não só pela sua "jovialidade" e simpatia, muito diferente de Pio XII, mas por seu projeto: convocar um concílio. Três meses depois de ocupar a Cátedra de São Pedro, em janeiro de 1959, após uma missa pela unidade de todos os cristãos, na Basílica São Paulo Fora dos Muros, revelou sua intenção de iniciar, durante o seu pontificado, uma ampla reforma da Igreja, através de um concílio ecumênico. Os cardeais Giacomo Lercaro (Bolonha) e Giovanni Battista Montini (Milão) manifestaram preocupação com o projeto de pontificado de João XXIII (cf. SOUZA, 2004, p. 24; 2020, p. 64).

Era evidente que, apesar de ter se comentado anteriormente o desejo de realizar um concílio para concluir os trabalhos do Vaticano I, não existia, de fato, um desejo insistente nesse sentido, sobretudo na própria Cúria Romana. A Cúria sempre pensou que a direção da Igreja estava lá e que estava em boas mãos. Sendo assim, uma assembleia internacional com membros do episcopado de todos os recantos, causaria mais confusão do que vantagens.

Esse fato ilustra bem a vitalidade espiritual e a coragem de João XXIII. É bem provável que o papa não havia compreendido, no seu contexto, a revolução que seria o Concílio. Não é inverossímil que ele quisesse uma reforma do sistema, mas não pensava ao fim de uma época. A história iria em direção diferente e superava as intenções de Roncalli (cf. SOUZA, 2004, p. 24).

Em várias ocasiões o papa explicou suas motivações de convocar um concílio. Era necessário limpar a atmosfera de mal-entendidos, de desconfiança e de inimizade, que durante séculos tinham obscurecido o diálogo entre a Igreja Católica e outras Igrejas cristãs. A mais importante contribuição para a unidade, por parte da Igreja e tarefa essencial do Concílio, seria o programa mencionado por João XXIII, o *aggiornamento,* uma "atualização". Uma atualização da Igreja, uma inserção no mundo moderno, onde o cristianismo deveria se fazer presente e atuante. O ponto fundamental dos seus discursos estava no fato de explicitar com clareza as falhas da Igreja e insistir na necessidade de profundas mudanças. Ao contrário de outros eclesiásticos do passado e do seu próprio tempo, não via nesse reconhecimento das limitações e lacunas da Igreja um sinal de fraqueza, mas de força (IBIDEM, p. 24-25). Aos poucos foi se saboreando o significado teórico e prático deste pontificado.

No início do Concílio era um clima e, no seu decorrer, vieram as encíclicas sociais *Mater et magistra* (AAS 53, 1961, p. 401-464) e *Pacem in terris* (AAS 55, 1963, p. 257-304), encíclicas de João XXIII que mudaram o pensamento político da Igreja. Durante o seu pontificado houve outros acontecimentos marcantes. Nomeou cardeais de outros âmbitos, não só italianos ou europeus, mas alargou seu colégio cardinalício com a nomeação de um negro, um filipino, um japonês. Iniciou contatos ecumênicos com o arcebispo anglicano de Cantuária, o monge protestante de Taizé, Roger Schutz, o patriarca ortodoxo Antenágoras. No aniversário de 80 anos do líder soviético, Khruchtchev envia-lhe um telegrama de felicitações, criando um vínculo de relações com o mundo comunista. Tempos depois, recebe Alexei Adjubei, diretor do *Isvezstia* e membro do comitê central do Partido Comunista Soviético. Seria uma grande ingenuidade histórica concluir que todo o seu pontificado foi inovador. Em diversos âmbitos permanecia restrito a questões conservadoras. O que é necessário observar é que as possibilidades colocadas nesse pontificado foram agarradas e transformadas em um grande diálogo com a Modernidade. Esses passos continuaram, como se observará a seguir, na preparação para o evento conciliar (cf. SOUZA, 2014, p. 15).

João XXIII antecipou inúmeras vezes a data da abertura do Concílio. Inicialmente marcado para 1963, abriu-se a 11 de outubro de 1962. Uma atenção especial foi dada às outras Igrejas cristãs. Fundou-se o Secretariado para a Unidade dos Cristãos; inicialmente dirigido pelo cardeal alemão Agostinho Bea. Esse órgão ecumênico se tornou um dos elementos mais dinâmicos da Cúria Romana. Uma de suas maiores tarefas foi estabelecer conversações que deveriam levar a uma representação oficial de todas as Igrejas cristãs ao Concílio. Tais Igrejas já haviam sido convidadas para o Vaticano I, mas a maneira como isso havia sido feito, o tom do convite, com a exigência de reconhecimento, do erro e da necessidade de voltarem ao seio da Igreja-Mãe (*Mansi*, 50, col. 1.255-1.261; *Collectio Lacensis*, 7-10) fez com que ficassem sem resposta. Para o Concílio Vaticano II, o procedimento foi totalmente diferente do Vaticano I (cf. SOUZA, 2013, p. 71-73). As Igrejas não unidas a Roma foram convidadas como irmãs, com quem a Igreja estava ligada, em virtude de sua fé em Cristo e no seu Evangelho. Houve respeito pelo próprio ser dessas Igrejas e por sua maneira de viver. O que aproximava todas era o desejo comum de maior unidade. Assim, as Igrejas cristãs foram convidadas a enviarem observadores, que assistiriam a todas as sessões do Concílio, embora sem direito de voto. Viriam como hóspedes do papa e não como pecadores arrependidos que deveriam retornar ao seio materno. O sucesso foi grande: no início do Concílio, 17 Igrejas ou organizações eclesiais estavam representadas.

A preparação do Concílio foi realizada de maneira efetiva durante dois anos. Criaram-se as comissões preparatórias (cf. SOUZA, 2015, p. 159-162). Eram 79 os países nelas representados, 300 bispos, 146 professores, 11 reitores, 44 responsáveis de instituições e 17 diretores de revistas e jornais. Apesar disso, 80% eram europeus e uma notável ausência de leigos poderia ser verificada, inclusive na comissão do apostolado dos leigos. A comissão central, grande novidade na história da Igreja, foi constituída a 16 de junho de 1960. Em um ano e meio, dez comissões e os dois secretariados prepararam 75 projetos de valor desigual, sem perspectivas de futuro: as transformações culturais da sociedade ocidental, os graves problemas sociais da América Latina e as consequências produzidas pela descolonização sobre a Igreja asiática e africana eram praticamente ignoradas, enquanto predominavam a preocupação de salvaguardar o centralismo romano e de reagir contra tudo o que pudesse lembrar um renascimento do Modernismo (cf. SOUZA, 2020, p. 362-369).

A comissão central iria rever todos esses esquemas. O Concílio não os ratificaria, mas tomando pulso da situação, traçaria um perfil diferenciado da Igreja diante do mundo moderno. Outra importante atividade de preparação ao Concílio foi a sondagem de opinião entre o episcopado mundial. Pediu-se a todos os bispos e Universidades Católicas que elaborassem listas de assuntos que, em sua opinião, deveriam ser tratados. A intenção do papa era clara: a assembleia conciliar não poderia limitar-se a certo número de assuntos, previamente selecionados por Roma. A oportunidade foi aproveitada, chegando mais de duas mil respostas a Roma (AHP, 1978, p. 312-333).

A realização do Concílio Vaticano II

Em 11 de outubro de 1962, João XXIII abriu a primeira sessão do Concílio, na Basílica de São Pedro. O texto de abertura do Concílio, *Gaudet Mater Ecclesia*, é de fundamental importância, e exerceu profunda influência na redação de todos os documentos conciliares. Três pontos devem ser destacados. Em primeiro lugar, o papa se dirige aos profetas que anunciam apenas desgraças, não sem machucar nossos ouvidos, vendo no mundo moderno somente declínio e catástrofes, comportando-se como se não aprendessem nada da história (cf. SOUZA, 2004, p. 34; 2020, p. 373). Em segundo lugar, o ponto central do Concílio não será somente uma discussão de um ou outro artigo da doutrina fundamental da Igreja, repetindo e proclamando o ensino dos padres e dos teólogos antigos e modernos, pois se supõe que isso já seja bem presente e familiar. Para isso, não haveria necessidade de um concílio. Diversos pesquisadores reconhecem o Vaticano II como o maior evento da Igreja Católica no século XX (cf. CODINA, 2005, p. 89; ABREU, 2014, p. 104-121). Trata-se de uma renovada, serena e tranquila adesão a todo o ensino da Igreja, na sua integralidade, como brilha nos atos conciliares, desde Trento até o Vaticano I. O espírito cristão, católico e apostólico do mundo inteiro espera um progresso na compreensão doutrinal e na formação das consciências, em correspondência mais perfeita com a doutrina autêntica; espera também que a doutrina seja estudada e exposta por meio de formas de indagação e formulação literária condizentes com o pensamento moderno. Uma é a substância da antiga doutrina do *depositum fidei,* e outra é a formulação que a reveste: e é disso que se deve ter em grande conta, medindo tudo nas formas e proporções do magistério prevalentemente pastoral. Em terceiro lugar, a Igreja sempre se opôs aos erros; muitas vezes até condenou com maior severidade. Ela, porém, levando por meio do Concílio o facho da verdade religiosa, deseja mostrar-se mãe amorosa de todos, benigna, paciente, cheia de misericórdia com seus filhos separados. O Concílio chegou ao fim com dezesseis constituições, decretos e declarações (*Conciliorum Oecumenicorum Decreta*, 1991, p. 820-1135). Há um consenso de que a *Lumen Gentium* e a *Gaudium et Spes* sejam o eixo do Concílio. Na primeira, a Igreja procurou se conhecer melhor para renovar-se no espírito da sua origem e da sua missão. Se a Igreja pretende ter um futuro no terceiro milênio, é necessário deixar sua paixão pela Idade Média, enraizar-se em sua origem cristã e concentrar suas tarefas no presente. Na segunda constituição, a Igreja apresenta-se ao mundo expressando sua vontade de dialogar e contribuir para a construção de uma sociedade nova, baseada nos genuínos valores humanos e cristãos.

É necessária uma religião de cunho transformador e libertador na vida concreta da humanidade, na sua existência social, no seu cotidiano. A Igreja teve coragem de olhar para o seu passado, refletir e criar uma relação nova no presente. A continuidade do diálogo e de todos os frutos que ele gerou continua acontecendo. O evento conciliar teve duas grandes personalidades à sua frente: João XXIII, que morreu após a primeira sessão do Concílio, aos 82 anos, e Paulo VI (1963-1978), que o substituiu. Montini (Paulo VI) tomou a sério sua grande tarefa de continuidade do Concílio, evidentemente com uma tônica diferente. Roncalli (João XXIII) era pastor e Montini era personagem da Cúria. Nesse sentido, a análise do pós-concílio merece uma reflexão sobre os avanços e os retrocessos dentro do próprio evento conciliar. Apesar das concessões sobre a reforma da liturgia, sobre a renovação da Igreja Católica e o diálogo ecumênico desejado por João XXIII, o Concílio não teve um avanço, mas sim uma estabilidade. Historicamente era muito cedo, apesar da janela aberta, para perceber na prática cotidiana relações de transformações absolutas, abrindo a janela, portas, limpando o grande pó dos móveis e, principalmente, dos seus interiores. Já era um grande passo para o diálogo com a Modernidade. Algumas vezes tornou-se, novamente, monólogo. Embora a Igreja dos cinco continentes estivesse representada no Concílio, a grande maioria dos Padres Conciliares era europeia. Os teólogos e peritos convidados também eram, em sua maioria, europeus. Necessária seria a recepção local do Vaticano II inserida nas *nuances* das culturas. Em capítulos seguintes se poderá constatar algumas atividades na trilha desta recepção no continente latino-americano e caribenho.

> Um indicador material desta hegemonia europeia encontra-se no quadro das intervenções na Aula Conciliar. Estas totalizaram 2.234 ao longo das quatro sessões: 7,79% (163) foram devidas a Padres Conciliares da África; 9,53% (213) a padres da América do Norte; 0,08% (19) a padres da América Central e do Caribe; 8,90% (199) a padres da América do Sul, sendo 2,86% (64), devidas ao Brasil; 13,16% (294) a padres da Ásia; 0,07% (8), a padres da Oceania e 59,54% (1.330) a padres da Europa. Se subtrairmos dos vários continentes, o grande número de bispos europeus ordinários do lugar, principalmente em regiões missionárias, e agregarmos suas intervenções às dos bispos do continente europeu, esta preponderância se tornaria ainda mais evidente. Para a tabela das intervenções por países e continentes (CAPRILE, 1968, p. 556-557).

Capítulo XLI
Pacto das Catacumbas e a Igreja Latino-Americana

Nem ouro nem prata (Pacto, n. 2).

Introdução

Entre as diversas comissões (cf. SOUZA, 2015, p. 159-162; 2020, p. 366-369) oficiais e grupos informais do Concílio Vaticano II, merece destaque especial um grupo cuja principal preocupação era a evangelização dos pobres, tanto que foi denominado "Igreja dos Pobres". E deste grupo nascerá o Pacto das Catacumbas. O capítulo estuda o contexto e apresenta o texto deste importante documento não somente para a Igreja Latino-Americana, mas para a Igreja.

O compromisso com a pobreza e com os pobres

Formado por aproximadamente oitenta bispos, sendo vinte latino-americanos (dezesseis do Brasil), este grupo da Igreja dos pobres atuava às "margens" do Concílio. Um dos seus intuitos era criar um "Secretariado da Pobreza", a fim de que este tema fosse amplamente discutido nas sessões conciliares. Fazia parte deste grupo o Cardeal Giacomo Lercaro (Bolonha, Itália), entre outros bispos, com destaque para o brasileiro Dom Helder Camara (Recife, Brasil), um dos expoentes dos bispos do "Terceiro Mundo" que denominou o grupo de "sagrado *complot*". Apesar de todos os esforços empreendidos, o grupo não conseguiu colocar o tema da Igreja dos pobres no centro da reflexão do Concílio. Mas algumas temáticas discutidas entre os bispos das diversas realidades de subdesenvolvimento e pobreza transpareceram na Constituição pastoral *Gaudium et Spes*, que trata do diálogo da Igreja com o mundo contemporâneo (cf. DOMEZI, 2014, p. 32, 34).

> As discussões, reflexões e ações do grupo que visavam conscientizar os demais bispos da situação de subdesenvolvimento que afligiam 2/3 da humanidade. Além de algumas discretas conquistas, embora muito aquém da expectativa e desejo dos seus membros, culminou no *Pacto da Igreja servidora e pobre*, o assim chamado "Pacto das Catacumbas" (SOUZA, 2020, p. 426-428).

O "Grupo da Igreja dos Pobres" se reunia no Colégio Belga de Roma. A iniciativa foi do padre francês Paul Gauthier, antigo membro da fraternidade de Charles de Foucauld, que era padre operário em Nazaré. Gauthier transcorreu todo o período conciliar em Roma. Afirmava que os pobres deveriam ter consciência de seus próprios direitos e da própria libertação através do Evangelho. Esse ponto de partida acompanhou o início da teologia da libertação. Diversos bispos da América Latina, mas também da África, da Ásia e europeus desejavam uma Igreja mais próxima aos pobres, todos estes participaram do Grupo da Igreja dos Pobres. No seu livreto *Jésus, l'Église et les pauvres*, o Padre Gauthier apresentava reflexões bíblicas sobre os profetas e sobre Jesus com referência à pobreza e, ao mesmo tempo, denunciava uma Igreja rica que não se identificava com Jesus de Nazaré, "o carpinteiro e com ele todo o mundo do trabalho, com o povo dos pobres e dos operários" (citado por MENNINI, 2016, p. 52).

Vivência da pobreza evangélica

Aproximadamente 40 bispos participaram da celebração eucarística e em torno de 500 bispos (20% dos 2.500 Padres Conciliares) assinaram, no dia 16 de novembro de 1965, um termo que constava de treze compromissos. Redigidos em doze parágrafos contundentes, que apontavam as deficiências do episcopado na vivência da pobreza evangélica e representavam um caminho de conversão para com os pobres. Uma das atitudes mais importantes para chegar aos pobres era abandonar o que denominou de "luxo episcopal" e de toda pompa e honra que afastava os bispos das pessoas, sobretudo dos pobres, a fim de que os pastores cada vez mais se identificassem com o seu rebanho (cf. BEOZZO, 2015a, p. 9). É o que o Papa Francisco chama atualmente de "pastores com cheiro de ovelha". Esse deve ser o compromisso dos bispos em vias de conversão na vida pessoal; na vida eclesial, ministerial e pastoral e; na ação caritativa e social (cf. DOMEZI, 2014, p. 40-41). O que num primeiro momento poderia parecer o entusiasmo momentâneo de um grupo repleto de ideais, trata-se de uma reflexão amadurecida ao longo das quatro sessões conciliares. E também de um compromisso assumido para implantar e adaptar o Vaticano II às realidades locais das dioceses localizadas nas periferias do mundo.

Apesar de discreto e não oficial, despojado e bem discernido, o "pacto" pode ser bem considerado como uma iniciativa notadamente ousada (cf. DOMEZI, 2014, p. 37). Posteriormente, "inspirou as conferências do episcopado latino-americano-caribenho em Medellín (1968) e Puebla (1979), que consagraram a opção dessa Igreja local pelos pobres" (p. 39).

Pacto das Catacumbas

1. Procuraremos viver segundo o modo ordinário da nossa população, no que concerne à habitação, à alimentação, aos meios de locomoção e a tudo o que se segue (cf. Mt 5,3; 6,33; 8,20).

2. Para sempre renunciaremos à aparência e à realidade da riqueza, especialmente no traje (fazendas ricas, cores berrantes), nas insígnias de matéria preciosa (devem esses signos ser, com efeito, evangélicos) (Mc 6,9; Mt 10,9s.; At 3,6). Nem ouro nem prata.

3. Não possuiremos imóveis, nem conta em banco etc., em nosso próprio nome; e, se for preciso possuir, poremos tudo em nome da diocese, ou das obras sociais ou caritativas (cf. Mt 6,19-21; Lc 12,33s.).

4. Cada vez que for possível, confiaremos a gestão financeira e material em nossa diocese a uma comissão de leigos competentes e cônscios de seu papel apostólico, em mira a sermos menos administradores do que pastores e apóstolos (cf. Mt 10,8; At 6,1-7).

5. Recusamos ser chamados, oralmente ou por escrito, com nomes e títulos que significam a grandeza e o poder (Eminência, Excelência, Monsenhor...); preferimos ser chamados com o nome evangélico de Padres (cf. Mt 20, 25-28; 23,6-11; Jo 13,12-15).

6. No nosso comportamento, nas nossas relações sociais, evitaremos aquilo que pode parecer privilégios, prioridades ou mesmo uma preferência qualquer aos ricos e aos poderosos (ex.: banquetes oferecidos ou aceitos, classes nos serviços religiosos) (cf. Lc 13,12-14; 1Cor 9,14-19).

7. Do mesmo modo, evitaremos incentivar ou lisonjear a vaidade de quem quer que seja, com vistas a recompensa, ou a solicitar as dádivas, ou por qualquer outra razão. Convidaremos nossos fiéis a considerarem as suas dádivas como uma participação normal no culto, no apostolado e na ação social (cf. Mt 6,2-4; Lc 15,9-13; 2Cor 12,4).

8. Daremos tudo o que for necessário do nosso tempo, reflexão, coração, meios etc., ao serviço apostólico e pastoral das pessoas e dos grupos laboriosos e economicamente fracos e subdesenvolvidos, sem que isso prejudique as outras pessoas e grupos da diocese. Ampararemos os leigos, religiosos, diáconos ou sacerdotes que o Senhor chama a evangelizarem os pobres e os operários, compartilhando a vida operária e o trabalho (cf. Lc 4,18s.; Mc 6,4; Mt 11,4s.; At 18,3s.; 20,33-35; 1Cor 4,12; 9,1-27).

9. Cônscios das exigências da justiça e da caridade, e das suas relações mútuas, procuraremos transformar as obras de "beneficência" em obras sociais baseadas na caridade e na justiça, que levem em conta todos e todas as exigências, como um humilde serviço dos organismos públicos competentes (cf. Mt 25,31-46; Lc 13,12-14; 33-34).

10. Poremos tudo em obra para que os responsáveis pelo nosso governo e pelos serviços públicos decidam e ponham em prática as leis, as estruturas e as instituições sociais necessárias à justiça, à igualdade e ao desenvolvimento harmônico e total do homem todo em todos os homens e, por aí, ao advento de outra ordem social, nova, digna dos filhos dos homens e dos filhos de Deus (cf. At 2,44s.; 4,32-35; 2Cor 8 e 9 inteiros; 1Tm 5,16).

11. Achando a colegialidade dos bispos sua realização a mais evangélica na assunção do encargo comum das massas humanas em estado de miséria física, cultural e moral – dois terços da humanidade–, comprometemo-nos: a) a participar, conforme nossos meios, dos investimentos urgentes dos episcopados das nações pobres; b) a requerer junto ao plano dos organismos internacionais, mas testemunhando o evangelho, como fez o Papa Paulo VI, na ONU, a adoção de estruturas econômicas e culturais que não mais fabriquem nações proletárias num mundo cada vez mais rico, mas sim permitam às massas pobres saírem de sua miséria.

12. Comprometemo-nos a partilhar, na caridade pastoral, nossa vida com nossos irmãos em Cristo, sacerdotes, religiosos e leigos, para que nosso ministério constitua um verdadeiro serviço, assim: a) esforçar-nos-emos para "revisar" nossa vida com eles; b) suscitaremos colaboradores para serem mais uns animadores segundo o espírito, do que uns chefes segundo o mundo; c) procuraremos ser o mais humanamente presente, acolhedores...; d) mostrar-nos-emos abertos a todos, seja qual for a sua religião (cf. Mc 8,34s.; At 6,1-7; 1Tm 3,8-10).

13. "Tornados às nossas dioceses respectivas, daremos a conhecer aos nossos diocesanos a nossa resolução, rogando-lhes ajudar-nos por sua compreensão, seu concurso e suas preces. AJUDE-NOS, DEUS, A SERMOS FIÉIS!"

Capítulo XLII
Medellín, o pequeno Concílio latino-americano e caribenho

> [...] queremos que a Igreja da América Latina seja evangelizadora e solidária com os pobres[...] (Med 14,8).

Introdução

O que pensava o episcopado latino-americano na virada do século XIX para o século XX? A resposta a essa pergunta é de grande importância para se entender os desdobramentos históricos no continente antes do Vaticano II (1962-1965). O capítulo apresentará um percurso histórico sintético no intuito de refletir sobre o passado. O filósofo Gadamer afirmou que o indivíduo sem horizontes sobrevaloriza o presente, enquanto aqueles que os têm são capazes de perceber o significado relativo do que está perto e longe, daquilo que é grande e pequeno (cf. GADAMER, 1975, p. 269, 272).

Medellín (1968), preparação

Tendo presente o Concílio Plenário Latino-Americano (1899), a Conferência do Rio (1955), o Concílio Vaticano II (1962-1965) será possível verificar que, "como na navegação, fatos distantes são mais eficientes na história do que fatos próximos no sentido de nos dar um posicionamento mais preciso" (MURRAY, p. 285-324). Diante do quadro histórico será possível perguntar se a Igreja Católica mudou a compreensão que tinha de si mesma e construiu uma recepção criativa no território latino-americano e caribenho diante do evento Vaticano II.

Na América Latina, a recepção criativa e dinâmica do Vaticano II foi acontecendo a partir dos diversos níveis eclesiais. Em certos momentos, com dinamicidade maior; em outros, com passos lentos. Desde a liturgia até o ecumenismo, perpassando pela eclesiologia, pelo laicato, pelo episcopado e pela formação do clero não faltaram esforços para consumar o Concílio convocado de maneira imprevista e surpreendente pelo Papa João XXIII (cf. BEOZZO, 2015, p. 806). O episcopado latino-americano sonhava com um Vaticano III para propor temas que não haviam sido suficientemente debatidos no Vaticano II (cf. SOUZA, 1999, p. 224): eis um dos momentos, ainda no Vaticano II, que revelam as origens da Conferência de 1968. A Conferência de Medellín foi fruto da gestão realizada pelo então presidente do CELAM, Dom Manuel Larraín, bispo de Talca (Chile). A sua intenção era propiciar um *Aggiornamento* da Igreja latino-americana, mediante a aplicação do espírito e orientação do Vaticano II. Dom Larrain faleceu em 1966, e foi Dom Avelar Brandão Vilela, arcebispo de Teresina (Brasil), que o sucedeu na presidência do Conselho e tocou adiante o projeto da realização de Medellín. Medellín foi um momento decisivo na história do catolicismo latino-americano. Pela primeira vez o catolicismo tomou, de maneira efetiva, consciência da gravíssima situação de injustiça social e com voz profética criticou uma situação de violência institucionalizada. Violência, como afirmava Arendt, é o oposto da liberdade e revela a impotência dos governantes que não podem convencer o povo através dos meios normais da causa deles, o surgimento da violência (física e institucionalizada) indica que o poder está em risco (cf. 1972, p. 153).

Local	Data	Convocação	Temática
Medellín (Colômbia)	24/08- 06/09/1968	Papa Paulo VI (realizou a abertura em Bogotá)	A Igreja na atual transformação da América Latina à luz do Concílio
		Três presidentes 1) D. Avelar Brandão Vilela (Teresina – Brasil)	Temas a) Promoção humana
		2) D. Juan Landázuri Ricketts (Lima – Peru)	b) Evangelização e crescimento da fé
		3) D. Antonio Samoré (Presidente da CAL)	c) Igreja visível e suas estruturas

Os documentos sociais gerados na América Latina mostraram um crescente envolvimento social e uma convicção de que as distintas formas de convivência humana devem orientar-se pela prática da justiça social, como uma condição *sine qua non* do reto exercício do amor. Os documentos da Conferência Episcopal Chilena de 1962 e as declarações do episcopado latino-americano reunido em Mar Del Plata (1966), expressam a firme e decidida vontade da Igreja em empenhar-se para melhorar a situação dos empobrecidos, assumindo este compromisso como parte de sua missão evangelizadora (cf. SOUZA, 2018, p. 34).

O Concílio Vaticano II, em particular, a constituição *Gaudium et Spes* (1965) e a encíclica do Papa Paulo VI, *Populorum Progressio* (1967) sobre o desenvolvimento de todo o homem e de todos os homens, proporcionaram os fundamentos teológicos e as orientações doutrinais necessárias para orientar o compromisso assumido pelo catolicismo na América Latina. Destacam-se personalidades excepcionais que, em suas atitudes, demonstraram esse compromisso, não só neste continente. Dentre estes está Dom Helder Pessoa Camara (cf. SOUZA, 2018, p. 34).

Os documentos imediatamente anteriores a Medellín insistem não só na prática da caridade assistencial, que sempre foi uma genuína missão eclesial no cumprimento da diaconia, mas estes postularam profundas reformas indispensáveis para desarraigar as causas estruturais da pobreza e da marginalidade. Um número significativo de Igrejas locais (Chile, Equador, Costa Rica...) apoiou a criação de movimentos sociais de inspiração cristã: sindicatos, cooperativas e instituições de investigação socioeconômica e de promoção humana. Entre esses destacaram-se os centros de investigação e ação social da Companhia de Jesus, os jesuítas, espalhados por grande parte do continente. Para dar testemunho, os bispos chilenos, Manuel Larrain (Talca) e Raul Silva Henríquez (Santiago) entregaram as terras de sua propriedade aos camponeses que nelas trabalhavam, proporcionando-lhes assistência técnica para assegurar uma adequada gestão. Assim, contribuíram de forma simbólica para conscientizar a necessidade urgente de uma reforma agrária que acabaria com o latifúndio improdutivo oferecendo nova condição de vida aos camponeses. O bispo de Talca, Dom Larrain, acompanhou este gesto com uma carta pastoral *Desarollo: exito o fracaso en America Latina?* O texto mereceu destacada menção na *Populorum Progressio* (1967) (cf. SOUZA, 2018, p. 34-35).

Em janeiro de 1968 (cf. KLOPPENBURG, 1968, p. 623), uma comissão, formada por bispos e peritos, reuniu-se em Bogotá para aprofundar o tema proposto pelo episcopado para a Conferência: A Igreja na atual transformação da América Latina à luz do Concílio Vaticano II. A comissão elaborou um texto-base (cf. *REB*, 1968, p. 432-461) composto de três tópicos: a) a realidade social, econômica, cultural e religiosa da América Latina; b) a Igreja em sua unidade visível na América Latina e, por fim, c) a celebração do mistério litúrgico na América Latina. Na primeira parte apresentava-se uma análise com dados numéricos revelando aspectos políticos sociais, bem como a religiosidade dos povos latinos. Na segunda parte, bispos, presbitérios, seminários, religiosos, diáconos e organismos eclesiais são analisados em perspectiva dicotômica, positivo e negativo, como sinais visíveis da unidade da Igreja. E, na terceira parte, a realidade celebrativa da Igreja na América Latina é enfatizada e, de modo particular, a tibieza e as parcas ações concretas para dar corpo aos postulados da *Sacrosanctum Concilium* no continente. Esse texto-base, em junho do mesmo ano, foi reformulado e apresentado em sua versão final aos bispos para ilustrar a reflexão em Medellín.

O processo histórico da gestação de Medellín é de enorme importância para o seu resultado final. Essa gestação se deu através de diversos encontros (cf. DUSSEL, 1989, p. 41; DUSSEL, 1981, p. 70; BEOZZO, 1998, p. 826-827), organizados pelos departamentos do CELAM que repercutirão no documento conclusivo. Dentre eles, destacam-se o Encontro Episcopal sobre a Educação em Baños, no Equador (junho de 1966); as assembleias ordinárias do CELAM sobre o desenvolvimento, integração latino-americana e pastoral social, realizadas em outubro de 1966 na cidade de Mar del Plata, Argentina e em Itapuá no Brasil. O encontro sobre pastoral missionária em Melgar, Colômbia, em 1968 e, por fim, os Anais do Primeiro Encontro Latino-Americano de Catequese realizado na cidade-sede da Conferência em agosto de 1968 (cf. SOUZA, 2018, p. 35-36).

Medellín, o evento

O próprio Papa Paulo VI veio à América Latina para inaugurar a Conferência de Medellín. Nos três dias previstos para sua estada em Bogotá realizou 21 alocuções a diferentes públicos. No discurso de abertura da Conferência (PAULO VI, 1968, p. 690-697), o bispo de Roma frisou que com sua presença inaugurava-se "um novo período da vida eclesiástica" (PAULO VI, 1968, p. 691), na América Latina. Em vias de iniciar as atividades de Medellín, dirigiu-se aos bispos com um claro intuito de orientá-los. Escolheu em sua admoestação três pontos a serem refletidos com o episcopado: o espiritual, o pastoral e o social. No discurso que se refere ao espiritual, Paulo VI instigou os bispos a viverem com intensidade os mistérios divinos antes de dispensá-los aos outros. Na mesma linha, chamou a atenção para certa desconfiança vigente em relação à fé, bem como a adesão a "filosofias da moda, muitas vezes tão simplistas quanto confusas" (PAULO VI, 1968, p. 692), inclusive de teólogos. Disse ainda que cabe ao episcopado, para o bem espiritual dos fiéis, promover a reforma litúrgica e a formação espiritual do povo de Deus.

Na ótica pastoral, o papa afirmou em sua alocução que "encontramo-nos no campo da caridade" (PAULO VI, 1968, p. 693). Exorta o episcopado a continuar a reflexão e assegura que "a caridade com o próximo depende da caridade com Deus" (PAULO VI, 1968, p. 693) e os alertou contra as tendências que denominava de secularizantes e pragmáticas do cristianismo, bem como uma visão dualista da Igreja, onde a carismática prescinde da institucional, que já é expressão superada do cristianismo. Nesse sentido, para aplainar visões distorcidas do cristianismo, prosseguiu o discurso, duas categorias merecem especial caridade e atenção: os sacerdotes e a juventude. Sem prescindir das outras categorias: "trabalhadores do campo, da indústria e similares" (PAULO VI, 1968, p. 695).

O Papa Paulo VI, na continuidade do discurso, apresentou a recomendação de uma atenção à Doutrina Social da Igreja e às então recentes declarações do episcopado e de congregações religiosas, especialmente os jesuítas e salesianos, sobre as questões sociais. O dever da Igreja, segundo o papa, é afirmar os valores primordiais de justiça e do bem comum, formar sacerdotes que ajudem a enfrentar e a sanar as dificuldades sociais. A instituição necessita promover a justiça para dar testemunho, sem recorrer a doutrinas errôneas para reparar as claudicações do passado e expensas de cometer novas injustiças, contrárias ao Evangelho. Finalizou exortando o episcopado a uma justa compreensão da mensagem da sua última encíclica, *Humanae Vitae*, e reconhecendo que era dever de Medellín "diante de qualquer problema espiritual, pastoral e social prestar seu serviço de verdade e amor com vistas à construção de uma civilização moderna e cristã" (PAULO VI, 1968, p. 697). Este discurso de Paulo VI foi elencado dez vezes, em sete dos dezesseis documentos da Conferência de Medellín, sendo superado apenas pela *Populorum Progressio* que foi citada trinta vezes. O texto é mais recorrido do que dez de dezesseis documentos conciliares (cf. BEOZZO, 1998, p. 843-844), aos quais a Conferência pretendia reler na América Latina.

Em outro evento, o Papa Paulo VI dirigiu-se aos camponeses reunidos em Bogotá e suas palavras foram portadoras de esperança a partir do Vaticano II e desdobradas numa teologia da pobreza.

> Viemos a Bogotá para homenagear Jesus em seu mistério eucarístico e sentimos muita alegria por ter tido a oportunidade de fazê-lo, vindo também aqui, agora, para celebrar a presença do Senhor entre nós, no meio da sua Igreja e do mundo, em suas vidas. Vocês são um sinal, uma imagem, um mistério da presença de Cristo. O Sacramento da Eucaristia oferece-nos a sua presença oculta, viva e real; vocês também são um sacramento, isto é, uma imagem sagrada do Senhor no mundo, um reflexo que representa e não esconde seu rosto humano e divino. Lembramos o que um grande e sábio Bispo, Bossuet, disse sobre a "eminente dignidade dos pobres" (Cf. Bossuet, *De l'eminente dignité des Pauvres*). E toda a tradição da Igreja reconhece nos Pobres o Sacramento de Cristo, não certamente idêntico à realidade da Eucaristia, mas em perfeita correspondência analógica e mística com ela. De resto, o próprio Jesus disse-nos numa página solene do Evangelho, onde proclama que todo homem que sofre, tem fome, está doente, infeliz, precisa de compaixão e de ajuda, é Ele, como se Ele próprio fosse aquele infeliz, segundo a misteriosa e potente sociologia evangélica (cf. Mt 25,35ss.), segundo o humanismo de Cristo (PAULO VI, HOMILIA).

Paulo VI continuou e afirmou: "vocês, filhos caríssimos, são Cristo para nós". E ainda proclama "viemos aqui... para honrar

Cristo em vocês, para inclinar-nos diante de vocês... Nós amamos vocês com uma afeição preferencial, e conosco vos ama, recordem bem, recordem sempre, a santa Igreja Católica" (PAULO VI, HOMILIA). Foi uma homilia que trouxe consigo os sinais do pensamento da Igreja dos Pobres, de Lercaro e de parte do Concílio.

Atividades da assembleia de Medellín

As atividades da assembleia começaram no dia 26 de agosto com os pronunciamentos de Dom Avelar Brandão Vilela, presidente do CELAM e arcebispo de Teresina; do Cardeal Antônio Samoré, presidente da Pontifícia Comissão para a América Latina e do Cardeal Juan Landáruzi Ricketts, arcebispo de Lima. Aos delegados pontifícios que presidiam a Conferência associava-se um grupo numeroso que compunha a plenária.

Eram 6 cardeais, 45 arcebispos, 86 bispos, 41 padres diocesanos, 30 padres de institutos religiosos, 3 religiosos não clérigos, 7 religiosas, 13 leigos, 6 leigas e 12 observadores não católicos (cf. GODOY, 2015, p. 211). São 249 participantes, destes, somente 130 com direito a voz e voto. Entre eles, 25 eram do Brasil (cf. KLOPPENBURG, 1968, p. 623). A Conferência ainda contou com a presença de Dom Geraldo de Proença de Sigaud (cf. CALDEIRA, 2011), arcebispo de Diamantina, que contestou a eleição dos delegados da CNBB na assembleia e foi a Medellín por contra própria para, inicialmente, tomar parte de maneira arbitrária e ilegítima na Conferência, e, em um segundo momento, criar uma espécie de anticonferência (cf. BEOZZO, 1994, p. 158).

> [...] queremos que a Igreja da América Latina seja evangelizadora e solidária com os pobres, testemunha do valor dos bens do Reino e humilde servidora de todos os homens de nossos povos. Seus pastores e demais membros do Povo de Deus hão de dar a sua vida, suas

palavras, suas atitudes e sua ação a coerência necessária com as exigências evangélicas e as necessidades dos homens latino-americanos (Med 14,8).

Essa quantidade numerosa de bispos, padres, religiosos, leigos, peritos e assessores se reuniu por mais de dez dias com a finalidade de refletir as transformações pelas quais passava a Igreja Latino-Americana à luz do evento e dos documentos do Vaticano II. A América Latina, como afirma o tema da Conferência, contemplava uma eclosão de transformações que exigiam respostas contundentes da Igreja. É importante conhecer e refletir sobre a conjuntura e a situação eclesial da América Latina na recepção do Concílio Vaticano II às vésperas de Medellín. O que foi acolhido e o que foi rejeitado pela instituição religiosa latino-americana. O estudo revela o contexto social da América Latina e a coragem profética de setores do episcopado, resultando, assim, em uma opção de fazer a Igreja servidora da humanidade, particularmente dos pobres, como propunha o Papa João XXIII através de sua radiomensagem um mês antes da abertura do Concílio Vaticano II.

O extremo empobrecimento, as injustas condições de vida e a violência institucionalizada que grassavam entre a população eram marcas desse território. É nesse sentido que o episcopado em Medellín assumiu como imperativo de ação a consolidação da justiça, a promoção da paz, a educação libertadora e uma Igreja pobre em defesa dos pobres. Ao estudar os antecedentes não só é possível entender melhor o evento e o documento final, mas também os desdobramentos eclesiais e eclesiásticos na América Latina. Revisitando criticamente o passado é possível ter elementos históricos que revelam as situações contraditórias do presente, a descontinuidade não somente em relação a Medellín, mas em relação ao Vaticano II e, ao mesmo tempo, reconhecer práticas pastorais que realizaram e realizam a recepção do Vaticano II e de Medellín em território latino-americano e caribenho (cf. SOUZA, 2018, p. 38).

Existem muitos estudos sobre a situação do homem latino-americano. Em todos eles se descreve a miséria que marginaliza grandes grupos humanos. Essa miséria, como fato coletivo, é qualificada de injustiça que clama aos céus (PP, n. 30; Med 1,1).

O documento final, após a Mensagem aos povos da América Latina e a Introdução (Presença da Igreja na atual transformação da América Latina), segue o seguinte esquema.

Promoção humana	Evangelização e crescimento da fé	Igreja visível e suas estruturas
1. Justiça	6. Pastoral Popular	10. Movimento de leigos
2. Paz	7. Pastoral das Elites	11. Sacerdotes
3. Família e demografia	8. Catequese	12. Religiosos
4. Educação	9. Liturgia	13. Formação do Clero
5. Juventude		14. Pobreza da Igreja
		15. Pastoral de Conjunto
		16. Meios de Comunicação Social

De modo análogo ao Concílio, a II Conferência também elaborou 16 documentos divididos em três blocos temáticos – 1) Promoção Humana; 2) Evangelização; 3) A Igreja visível e suas estruturas – tendo três temas transversais a todos os documentos. São eles: Justiça, Paz e Pobreza da Igreja. A seguir, um comentário sobre um destes documentos, o de número 14. O documento trata exclusivamente da relação entre a Igreja e os pobres, especialmente da atuação dos pastores em relação aos empobrecidos. O "Documento 14" intitulado "Pobreza da Igreja", que consta de dez parágrafos, sendo um dos mais marcantes de toda a Conferência. A partir do método "ver-julgar-agir", que integra a visão da realidade, a reflexão teológica e a projeção pastoral, o documento final foi elaborado em três partes: I. Realidade latino-americana; Motivação doutrinal e III. Orientações pastorais.

Ver: realidade latino-americana e caribenha

A partir da análise da realidade dos povos da América Latina e do Caribe, os bispos reunidos em Medellín constataram três aspectos intimamente conectados: 1º) Uma situação de injustiça estrutural; 2º) A violência institucionalizada; 3º) Uma realidade de pobreza e miséria generalizada. O contexto de pobreza não ocasional ou apenas circunstancial, mas trata-se de um problema estrutural em níveis econômicos, sociais e políticos (cf. FERRARO, 2017, p. 250). A pobreza é qualificada como "extrema", dolorosa, desumana, fruto de "tremendas injustiças" que se manifesta em rostos concretos de pessoas humanas aviltadas em sua dignidade, pois não têm seus direitos garantidos, respeitados e viabilizados.

Os bispos também constataram a descomunal desigualdade que há entre ricos e pobres. Enquanto alguns poucos acumulam riquezas e endossam os seus ganhos e patrimônios, milhares não apenas são pobres, mas ficam cada vez mais empobrecidos, até atingirem a condição de miseráveis. A principal causa de tal discrepância, que perdura até o momento, é a atual economia de exclusão e desigualdade (EG 53). Assentada num pretenso progresso técnico-científico e no capitalismo selvagem e depredador que transformou o lucro e o dinheiro num "ídolo" e a pessoa humana num "produto" sujeito aos interesses de uma classe minoritária, porém dominante sob uma parcela majoritária de pobres. Tal enriquecimento desgovernado e ilícito de alguns se deve, entre outras razões, ao empobrecimento de milhares.

> Não basta, certamente, refletir, conseguir mais clarividência e falar. É necessário agir. A hora atual não deixou de ser a hora da palavra, mas já se tornou, com dramática urgência, a hora da ação. Chegou o momen-

to de inventar com imaginação criadora a ação que cabe realizar e que, principalmente, terá de ser levada a cabo com a audácia do Espírito e o equilíbrio de Deus. Esta Assembleia foi convidada "a tomar decisões e a estabelecer projetos, somente com a condição de que estivéssemos dispostos a executá-los como compromisso pessoal nosso, mesmo à custa de sacrifícios" (Med Introdução, 3).

A constatação mais desconcertante é a terrível contradição do continente mais católico do mundo, ao menos numericamente, ser um dos mais injustos e pobres do mundo (DAp 527). O que significa, entre outras razões, que o cerne do cristianismo ainda não atingiu e transformou as estruturas sociais e eclesiais. Mas antes de ser uma crítica às estruturas de governo, inserido na parte III das Conclusões de Medellín, que trata da "Igreja visível e suas estruturas", o Documento 14 é, em primeiro lugar, uma crítica ao estilo de vida burguês de bispos e padres (cf. FERRARO, 2017, p. 252). E também uma denúncia da aliança com os ricos que pode ser identificada, por exemplo, no patrimônio material, na ostentação e no sigilo exagerado, quando não criminoso, acerca da movimentação econômica (Med 14,2). Todavia, nem tudo são críticas, mas reconhece-se também a existência de muitas paróquias e dioceses pobres e o testemunho dos religiosos junto aos pobres. No entanto, bispos, padres e religiosos, cujo sustento e assistência são garantidos pela instituição eclesiástica, ainda precisam dar passos decisivos em relação à identificação com os pobres e as suas causas. Esse processo ocorrerá somente a partir de um movimento interno e externo de conversão, opção, proximidade e amizade junto dos pobres.

Julgar: motivação doutrinal/teológica

O princípio evangélico é o fundamento doutrinal do Documento 14 da Conferência de Medellín. A opção pelos pobres é iluminada pelas palavras e exemplos de Jesus de Nazaré. O compromisso com os pobres se fundamenta na fé em Jesus Cristo, como afirmou Gustavo Gutiérrez, considerado o "pai" da Teologia da Libertação, e confirmou o Papa Bento XVI no discurso de abertura da Conferência de Aparecida (2007) ao apresentar a fé cristológica como fundamento teológico da opção pelos pobres:

> [...] a razão definitiva do compromisso com os pobres e os oprimidos não está na análise social que utilizamos, nem na experiência direta que podemos ter da pobreza, ou na nossa compaixão humana. Todos estes são motivos válidos que têm, sem dúvida, um papel significativo na vida e na solidariedade. No entanto, enquanto cristãos, esse compromisso se baseia fundamentalmente na fé no Deus de Jesus Cristo (GUTIÉRREZ apud MÜLLER, 2014, p. 16).

> [...] a opção preferencial pelos pobres está implícita na fé cristológica naquele Deus que se fez pobre por nós, para enriquecer-nos com sua pobreza (2Cor 8,9) (BENTO XVI, Discurso inaugural da V CELAM, 3).

No horizonte teológico, a opção pelos pobres, oriunda da longa tradição bíblica (exodal, profética, sapiencial, evangélica) e patrística é uma opção teocêntrica, cristocêntrica e pneumocêntrica, como também mariológica, e presente desde a origem das primeiras comunidades cristãs (cf. FERRARO, 2017, p. 255). Na Exortação Apostólica *Evangelli Gaudium*, o Papa Francisco trata a "preferência divina" pelos pobres como uma categoria teológica que, latente no Concílio Vaticano II e explícita na Conferência de Medellín, tem as suas consequências na vida cristã (EG 197). A opção pelos pobres "trata-se de uma opção não opcional" (MÜLLER, 2014, p. 112) de uma exigência, compromisso e missão que nasce da fé em Jesus Cristo.

Para contemplar Cristo nos pobres (Mt 25,40) é preciso ter um olhar de fé. Segundo a LG 8, os pobres refletem o rosto sofredor de Cristo que questiona, interpela, desconcerta, desafia e exige conversão pessoal, eclesial/pastoral e social. Diante do "surdo clamor" que sobe do mundo dos pobres, especialmente aos pastores (Med 14,2), a Igreja não pode permanecer indiferente. Assim, "olhando para a realidade da maioria dos povos da América Latina e Caribe, que sofrem em sua carne as marcas do abandono e da desolação, a Igreja se vê provocada a assumir sua causa e a colocar todas as energias na defesa da vida e na busca de justiça". Essa mesma Igreja "sente-se convocada a trabalhar junto com os pobres e a colocar seus bens a serviço deles, não a partir de uma posição de força e de poder, mas na perspectiva do serviço solidário e misericordioso como Igreja samaritana e servidora". E, "como Jesus de Nazaré, a Igreja é convidada a fazer opção pelos pobres e a colocar-se junto dos pobres, sofrendo com os pobres, e combater a miséria que destrói a possibilidade da vida" (FERRARO, 2017, p. 246-247). O documento de Medellín constitui o ponto de partida de uma reflexão cristológica original na América Latina (cf. COSTADOALT, 2020, p. 1).

A pobreza é um problema complexo que não pode ser reduzido apenas à esfera do econômico (cf. MÜLLER, 2014, p. 113). Embora quando tratam dos pobres, os bispos estejam pensando concretamente nas pessoas carentes de recursos e oprimidas pelo sistema, em "todos aqueles que estão privados dos bens materiais necessários para uma existência digna" (WANDERLEY *apud* PIXLEY; BOFF, 2015, p. 743). Entre os vários aspectos associados a este fenômeno, o Documento também faz uma distinção entre três tipos de pobreza. São elas: 1) Pobreza material: a carência de bens e recursos materiais; 2) Pobreza espiritual (evangélica): espírito de desapego e atitude de abertura ao Senhor; 3) Pobreza voluntária: a partir do seguimento de Cristo, assumir um compromisso efetivo com os pobres (Med 14,4). Embora o modo de viver da pobreza seja variado, o chamado à pobreza evangélica destina-se a todos os membros da Igreja (Med 14,5). E, além disso, para que tal atitude não caia numa pura abstração, a Igreja precisa assumir uma postura profética de vivência da pobreza que se traduza em testemunho de solidariedade, anúncio da dignidade dos pobres e combate a todas as formas de injustiça e opressão (Med 14,6).

Agir: orientações pastorais

As orientações pastorais de Medellín se fundamentam em quatro bases – preferência, solidariedade, testemunho e serviço – e na coerência entre ação evangelizadora e solidariedade eclesial. O caráter eminentemente prático deste capítulo confere-lhe uma maior extensão em relações aos outros dois anteriores. Ele salienta a presença da Igreja junto aos mais pobres, o que significa assumir suas causas e lutas; a denúncia das injustiças; o combate à opressão e; a promoção humana (Med 14,8).

Outro ponto fundamental é o testemunho junto aos pobres (Med 14,9), que significa assumir o jeito de ser e viver dos pobres num estilo de vida simples e de modesto teor na habitação, na alimentação, no vestuário, no transporte, enfim, nas coisas do cotidiano. E, ainda, em um tratamento simples e direto, que viabilize a proximidade e o encontro entre os pastores e os fiéis, entre o bispo e o povo; na experiência do trabalho; na administração dos bens orientada pela transparência e clareza; na inserção dos leigos. A Igreja servidora e pobre não ambicionará para si nem reconhecimento público, nem exercício de poder enquanto dominação. Livre das amarras do poder e da riqueza temporal realizará um serviço efetivo aos pobres (solidariedade), junto dos pobres (presença) e pelos pobres (promoção da justiça), tornando-se um sinal claro e inequívoco do Cristo pobre (Med 14,10).

A missão efetiva da Igreja no continente latino-americano e caribenho deve provocar uma transformação das estruturas sociais. A Igreja ainda representa uma esperança para os empobrecidos. E o contrário também é válido! Assumir a opção pelos pobres ainda é uma esperança para a renovação da Igreja. É desde o seu interior que a Igreja pode dar exemplo e exigir alguma coisa da sociedade. A partir do seu testemunho de credibilidade, quando a instituição se transformar em sinal autêntico do Reino de Deus e se transformar numa força de resistência pacífica e corajosa ao antirreino.

Na Conferência de Medellín, os empobrecidos não são tratados como objetos de complacência, mas como sujeitos ativos de transformação, pois indicam um novo modelo eclesial e social (cf. FERRARO, 2017, p. 252). Baseado na simplicidade, solidariedade e justiça que caracterizam um autêntico discípulo-missionário de Jesus Cristo. Como sujeitos sociais e eclesiais, os pobres "indicam a necessidade de mudanças estruturais na sociedade e também na Igreja e apontam para a possibilidade de um outro mundo possível" (FERRARO, 2017, p. 266). Segundo o método "ver-julgar-agir", Medellín avaliou as causas e consequências da pobreza e da miséria, incentivou a ações emergenciais e pretendeu atacar as causas desse mal, a fim de propor a conversão das estruturas (cf. FERRARO, 2017, p. 258). "A solidariedade para com os pobres leva à denúncia da injustiça e da opressão e exige resolver as causas estruturais da pobreza" (p. 259), pois não é possível trabalhar pela evangelização dos pobres e negligenciar os problemas sociais. Desta forma, se pode qualificar Medellín n. 14 como um texto breve e contundente, espiritual e humano, realista e idealista, menos teórico e mais prático. E a partir da visão analítica da realidade, se pretende refletir brevemente o que significa a opção pelos pobres (dimensão teológica), a presença da Igreja pobre entre os pobres (dimensão pastoral) e a missão eclesial frente ao fenômeno do empobrecimento (dimensão profético-social).

Igreja pobre para os pobres

Ainda que o Papa João XXIII não tenha oferecido amplas explicitações sobre o que quis dizer com a expressão "Igreja dos pobres", se pode conjecturar, hermeneuticamente, algumas possibilidades. Quando diz "a Igreja é e quer ser a Igreja de todos", o pontífice poderia estar manifestando que, na sua essência, originalmente, a Igreja é de todos. Mas que ainda necessita ser, isto é, vive numa tensão entre o que é chamada a ser e aquilo que fato é. O modo como se apresentava, até então, não era o mais adequado para manifestar a sua verdadeira identidade forjada e configurada em Cristo. Com isso, o Papa faz eco ao desejo de abertura da Igreja para a acolhida e o diálogo fraterno com todas as pessoas. Isto não por uma simples simpatia ou empatia com o mundo após os episódios de condenação do Modernismo, por exemplo, notório em pontificados anteriores, mas porque isso compromete aquilo que a Igreja é em si mesma. E também, aquilo que foi chamada a fazer, ou seja, se trata do seu "ser" e "fazer", da sua natureza e da universalidade da sua missão. A Igreja vive nesta tensão que compreende a sua razão de ser e de existir no mundo. Trata-se de uma realidade de processo: a Igreja é e quer ser! (cf. AQUINO JÚNIOR, 2018, p. 31). Mas a isto o pontífice acrescenta uma particularidade ao completar a sua expressão com o termo "Igreja dos pobres" e cita explicitamente o contexto desta fala que são os países subdesenvolvidos, sobretudo os que estão fora da Europa e/ou da porção Norte que ocupam o globo terrestre.

No âmbito eclesial o termo *ecclesia pauperum* (Igreja dos pobres), segundo Alberto Parra, é uma apresentação da fisionomia da Igreja segundo o mistério de Cristo pobre e o mistério da Igreja e os pobres. Mas para ser a Igreja dos pobres, antes a Igreja precisa ser *ecclesia pauper* (Igreja pobre). Numa íntima identificação com a pessoa de Cristo, a Igreja busca apresentar-se como ela é, ou seja, na sua essência, na sua constituição mais íntima (cf. PARRA, 1984,

p. 107), manifestando-se como *alter Christi* ("outro Cristo"). Ser Igreja dos pobres também é uma das suas exigências no mundo de hoje, que não é outra coisa senão o desdobramento da missão de Cristo que se fez pobre (2Cor 8,9) e veio para evangelizar os pobres (Lc 4,18), tornando "primeiros" aqueles que sempre foram tratados como "últimos" (Mt 20,16). Todavia, esta não é uma expressão tranquila, bem-aceita ou suficientemente compreendida, nem naquela época e parece que até nos dias de hoje. Necessita de um renovado e atualizado entendimento, pois questiona, sobretudo, o vértice tradicional da instituição eclesiástica, segundo os critérios do testemunho evangélico.

Mais de cinco décadas após e término de Medellín, a Conferência "continua sendo um farol para a Igreja latino-americana e caribenha" (FERRARO, 2017, p. 266), tornando-se, assim, um novo "paradigma eclesiológico", "uma marca característica da fisionomia da Igreja latino-americana e caribenha e a partir dela vai imprimindo esta nota para a Igreja do mundo todo" (FERRARO, 2017, p. 263). Assim como foi desejado pelo Papa João XXIII desde antes do Concílio Vaticano II e buscado pelos bispos que encararam e encarnaram as realidades dos povos subdesenvolvidos: "a Igreja de todos [...] a Igreja dos pobres".

Quando o Papa Francisco retoma o desejo de uma Igreja pobre para os pobres (EG 198), pensa numa Igreja pobre enquanto aquela que confia inteiramente no Senhor e não coloca sua esperança nos bens terrenos. Uma Igreja pobre enquanto desapegada do desejo patológico de poder, do clericalismo (EG 102) e do carreirismo. Uma Igreja pobre significa uma Igreja não aliada aos poderosos deste mundo, nem uma Igreja alienada e alheia à realidade social. Uma Igreja pobre que vença a tentação da ostentação e viva a simplicidade do Evangelho. Uma Igreja pobre que se esforça por ser coerente e autêntica entre aquilo que prega e que vive. Uma Igreja pobre que não se sinta atraída pelo poder político nem pelo poder midiático, mas que cada vez mais na periferia e afastada do centro do poder possa assumir a pobreza como forma de recuperar a sua originalidade evangélica.

Assim, apenas uma "Igreja pobre" é que pode se tornar uma "Igreja para os pobres". Uma Igreja que vive a Encarnação do Verbo também nas realidades sociais e marginais. Igreja que está em estado permanente de missão, de saída, que se coloca a caminho de todas as periferias do mundo sem medo de se machucar, de enlamear ou de se perder, pois sabe que se coloca ao encontro do Senhor na pessoa do pobre que assume tantas faces diversas. Uma Igreja para os pobres é aquela que está sempre de portas abertas para acolher com ternura, sem condenar, mas corrigindo e curando não com o remédio amargo da severidade, mas com o unguento salutar da misericórdia. Uma Igreja para os pobres é aquela que escuta o surdo clamor dos pobres e se torna o seu porta-voz na busca, na luta, na defesa e na promoção da justiça. Incomodando oportuna e importunamente os chefes deste mundo. Provocando e iluminando as consciências para um agir cada vez mais humano que reconheça a dignidade inalienável da pessoa humana.

A santa dos pobres, Irmã Dulce (1914-1992)

São inúmeros os testemunhos de santidade na América Latina e no Caribe no período contemporâneo. Encarnação e testemunho perfeito da Igreja dos pobres e para os pobres, entre outros/as foi Maria Rita de Sousa Brito Lopes Pontes, a Irmã Dulce. Com sua história, aqui apresentada, se louva todas as mulheres santas deste continente da esperança, especialmente as anônimas. Dulce nasceu em Salvador, na Bahia. Filha mais velha de Augusto Lopes Pontes e de Dulce, sua mãe. Eram cinco irmãos, sendo que a caçula morreu recém-nascida juntamente com sua mãe. As crianças ficaram sob os cuidados do pai e de suas tias. Augusto era professor universitário e de boas condições financeiras. Casou-se novamente tendo outras duas filhas. Aos treze anos, após uma missa, Maria Rita foi com a tia visitar os doentes. Assim, se deparou com a realidade sofredora, pobre, de fome e até miséria. Nessa época começou a praticar a caridade na porta de casa. Aos quinze anos decidiu tornar-se Filha de São Francisco, o pai convenceu-a a terminar os estudos. Em 1933, formada professora, entrou para o Convento do Carmo, em São Cristóvão (antiga capital de Sergipe). Entrou para a Congregação das Irmãs Missionárias da Imaculada Mãe de Deus. Depois de seis meses recebeu o nome de Irmã Dulce, homenagem à mãe. Em 1934 emitiu os votos temporários: pobreza, castidade e obediência; os votos perpétuos foram em 1938.

Quando Dulce chegou a Salvador, em 1934, ficou impressionada com a quantidade de miseráveis pelas ruas. O êxodo rural, devido à seca, revelava essa trágica situação. No convento era sacristã e porteira, mas logo a superiora a designou para realizar um curso de Farmácia, passou a exercer o cargo de enfermeira no Hospital Espanhol. Em seguida foi trabalhar no Colégio Santa Bernadete. Seu lugar, porém, era junto aos pobres. Dedicou-se à alfabetização de crianças na favela dos Alagados. Com Frei Hildebrando Kruthaup, fundou a União Operária São Francisco, depois transformada em Círculo Operário da Bahia, uma identidade para os operários. Arrumou abrigo em casas abandonadas para os doentes, foram expulsos pelos proprietários. Ocuparam os arcos da rampa que conduzia ao Santuário de Nosso Senhor do Bonfim. Desta vez, o prefeito "limpou" o local. Dulce ocupou o antigo galinheiro do Convento para acolhê-los. Irmã Dulce conseguiu construir um conjunto hospitalar: Albergue Santo Antônio. Em 1959, entra em vigor a Associação Obras Sociais Irmã Dulce. Com isso, conseguiu recursos para a construção do Hospital Santo Antônio. Com o tempo o Hospital cresceu. Havia também um investimento nos jovens para que aprendessem uma profissão.

A religiosa esteve duas vezes com o Papa João Paulo II. A primeira foi durante a visita do papa ao Brasil (1980). Na segunda vez, o papa a visitou no Hospital, internada e muito debilitada com enfisema pulmonar. Sofreu durante dezesseis meses até seu falecimento em 13 de março de 1992. Foi sepultada na Capela do Santo Cristo, na basílica de Nossa Senhora da Conceição da Praia. Em 2010, as relíquias foram trasladadas para a Igreja da Imaculada Conceição da Mãe de Deus. Foi canonizada pelo Papa Francisco em 2019. A primeira mulher santa nascida no Brasil (cf. MENDONÇA, 2011; PASSARELLI, 2010).

Podemos perguntar-nos: Nós, que temos fé, vivemos os dias como um peso a suportar ou como um louvor a oferecer? Ficamos centrados em nós mesmos à espera de pedir a próxima graça, ou encontramos a nossa alegria em dar graças? Quando agradecemos, o Pai deixa-se comover e derrama sobre nós o Espírito Santo. Agradecer não é questão de cortesia, de etiqueta, mas questão de fé. Um coração que agradece, permanece jovem. Dizer "obrigado, Senhor", ao acordar, durante o dia, antes de deitar-se, é antídoto ao envelhecimento do coração, porque o coração envelhece e cria maus hábitos (FRANCISCO, Homilia canonização Irmã Dulce, 2019).

Capítulo XLIII
Igreja Católica e os regimes totalitários na América Latina

jaku'eke, japayke[46]

Introdução

O capítulo apresenta a relação do catolicismo na América Latina com os regimes de ditaduras militares entre as décadas de 1960 e 1990. Período trágico desta história manchado com o sangue, a censura, a condenação da liberdade de expressão. Como se comportou a instituição religiosa diante destes regimes de exceção? Objetiva-se no capítulo estudar essa relação temporal e espiritual. O estudo também apresenta a relação entre os poderes em países em que a ditadura não foi instaurada e, por vezes, as relações são marcadas por desconfiança e por grupos não favoráveis às atividades da Igreja em relação aos descartados da sociedade. Necessário recordar que quando o texto discorre sobre a ditadura ou regime militar se refere a um período de exceção, marcado por arbitrariedades em nome da "segurança nacional": prisões arbitrárias, cassações, expurgos, torturas, desaparecimento de cadáveres, atentados e todo tipo de perversidade.

> Sabe por que nos Estados Unidos não há golpe militar? Porque não há embaixada norte-americana (ALLENDE, Isabel, 2017, p. 172).

---

46. Língua Guarani. *Hora de Agir, Hora de Acordar.*

Brasil (1964-1985)

As contradições no colorido percurso da ditadura brasileira

No início dos anos de 1960, a Ação Católica – especialmente a JEC, JUC, JOC e a nascente JAC – se radicalizou assumindo posições políticas e classistas. Em 1961, Aldo Arantes, militante da JUC é eleito presidente da União Nacional dos Estudantes (UNE).

O recrudescimento do processo político brasileiro iniciou-se com o golpe militar (1964). Durante as duas décadas em que vigorou, o regime impôs à sociedade práticas totalitárias que objetivavam o controle de grupos a ela inerentes. Em relação à instituição eclesiástica católica, esse controle foi responsável, inicialmente, por uma divisão interna no Episcopado brasileiro, o que evidenciou as contradições na cúpula da Igreja (cf. MAINWARING, 2004, p. 103; BRUNEAU, 1974, p. 247-248). Enquanto alguns bispos e sacerdotes, sob a influência do Concílio Vaticano II (1962-1965), optaram pelo apoio às lutas por mudanças nas estruturas sociais, boa parte da hierarquia posicionou-se a favor dos militares. O Concílio criou condições para a observância de uma série de transformações no Catolicismo, uma vez que promoveu discussões que tinham por finalidade a exposição da doutrina católica, a abertura da Igreja às questões do mundo contemporâneo e reformas internas (cf. SOUZA, 2020, p, 363-428). Os reflexos desta gama de discussões foram notórios no âmbito social, pois se observou, nos anos posteriores ao Concílio, um ativismo por parte da instituição eclesiástica, sobretudo através das pastorais e dos movimentos leigos coordenados pelo Catolicismo.

Entre os bispos que assumiram uma postura crítica e combativa frente aos militares, logo após o golpe, encontra-se Dom Jorge Marcos de Oliveira, bispo da Diocese de Santo André-SP (1954-1975). Os seus depoimentos de repúdio à política traçada pela ditadura tornaram-se uma constante já nos primeiros momentos do regime. A imprensa captou alguns desses depoimentos, como, por exemplo, o publicado durante o primeiro semestre de 1965, pelo jornal Última Hora: *"Dom Jorge Marcos responsabiliza o governo pela miséria do povo!"* (CAVA, 1985). Uma pequena parte da Igreja Católica no Brasil lutou contra as arbitrariedades do regime militar. O conceito da Igreja *"unidade na diversidade"* tornou-se ambíguo no seio da própria Igreja nestes tempos difíceis. Foi uma minoria do colegiado episcopal que se uniu para defender o direito do povo contra a opressão do regime. O comentário feito por um jornalista no *Jornal do Brasil* sobre uma reunião da CNBB em Aparecida, SP, (1967), demonstra o que aconteceu no episcopado brasileiro naquele período:

> [...] a CNBB tinha sido, antes, uma cabeça sem corpo, e era agora um corpo sem cabeça. [...] O golpe forçou uma regressão na Igreja brasileira, provocou uma crise institucional, dentro da qual a organização se defrontou com várias contradições que a tornaram incapaz de reagir à constante diminuição de influência (BRUNEAU, 1974).

Durante a Assembleia da CNBB, em Roma (1964), foram eleitos: o Cardeal Agnelo Rossi (arcebispo de São Paulo), foi eleito presidente; Dom Avelar Brandão Vilela (arcebispo de Teresina PI) e Dom Vicente Scherer (arcebispo de Porto Alegre RS) responsável pelos leigos. Seria uma mudança de rota das decisões anteriores da entidade.

A *Declaração da CNBB sobre a Situação Nacional* (documento da Comissão Central da CNBB, maio 1964) trouxe à tona as contradições que marcaram o topo da hierarquia eclesiástica, nos primeiros anos após o golpe militar. Em tal documento, a Comissão Central da CNBB louva a ação dos militares, que *"[...] salvaram a Pátria, com grave risco de suas vidas"*. Ao mesmo tempo, alerta sobre os abusos cometidos pelos golpistas, defende de acusações padres e leigos que estavam à frente de movimentos sociais e, por fim, afirma que a Igreja não cederá *"[...] às injunções da política partidária, nem às pressões de grupos de qualquer natureza, que pretendam [...] silenciar a nossa voz em favor do pobre e das vítimas da perseguição e da injustiça* (DECLARAÇÃO, 1964, p. 491-493).

Entre 1968 e 1973, a CNBB entrou em nova fase elegendo para secretário geral Dom Aloísio Lorscheider (bispo de Santo Ângelo RS, futuro arcebispo de Fortaleza-CE e Aparecida-SP). Sua liderança e capacidade de organização revelaram sinais efetivos de mudança. Neste contexto, a Igreja brasileira assumirá a direção, indicando o caminho e o modelo de ação cristã para a Igreja na América Latina.

A partir de 1968, a cúpula da Igreja Católica começou a distanciar-se das autoridades políticas. Os principais acontecimentos deste ano (AI-5, primeiras experiências de constituição das Comunidades Eclesiais de Base e Conferência de Medellín) motivaram essa virada no comportamento da hierarquia eclesiástica (cf. MATOS, 2003, p. 175, 183-187). Suas preocupações sociais passaram, então, a sofrer uma constante evolução, cujo ponto culminante foi o posicionamento crítico assumido por bispos e outras autoridades religiosas frente ao governo ditatorial. A defesa severa dos direitos humanos enquadra-se neste contexto. As relações com o Estado tornaram-se, assim, bastante problemáticas. A instauração de processos, prisões de sacerdotes e freiras, torturas, assassinatos, cerco a conventos, invasões de templos e vigilância contra bispos passaram a ser a resposta do governo. Doze dos quinze processos dirigidos exclusivamente contra membros da Igreja Católica, processos estes resumidamente retratados na obra *Brasil: Nunca Mais* (1985, p. 149-154), tiveram início em 1968 e anos seguintes, o que comprova que o clima entre os poderes civil e eclesiástico era bastante conturbado no período assinalado. Percebe-se que a postura observada entre os membros da cúpula do Catolicismo brasileiro, durante a vigência do militarismo, não foi uniforme. No momento em que *"[...] o regime começou a mostrar mais ostensivamente sua verdadeira fisionomia [...]"* (BARROS, 2002), o Episcopado brasileiro uniu-se contra as práticas arbitrárias da ditadura. Ciente dos abusos cometidos contra o povo, a instituição eclesiástica passou a denunciar com veemência o regime, cujo comportamento opunha-se radicalmente aos princípios inerentes à Doutrina Social da Igreja Católica. Situações combativas ocorreram em diversas dioceses: um dos grandes objetivos da ditadura era neutralizar Dom Helder Camara. O arcebispo de Olinda-Recife foi provocado de diversas maneiras, inclusive com a tortura e o assassinato do Padre Henrique Pereira (abril, 1969, 28 anos de idade), assistente do bispo e líder da pastoral da juventude. A mesma situação conflitiva ocorreu com os bispos: Dom Paulo Evaristo, Cardeal Arns (São Paulo), Dom Pedro Casaldáliga (São Félix do Araguaia), Dom Tomás Balduíno (Goiás), Dom Estevão Avelar (Conceição do Araguaia), Dom Alano Pena (Marabá) (LUSTOSA, 1991, p. 79). A partir do AI-5 foram perseguidos, torturados e mortos diversos cristãos. Dentre estes estão os dominicanos presos e torturados, como Frei Betto e Tito de Alencar. Os padres Rodolfo Lunkenbein (1976) e João Bosco Penido Burnier (1976) foram assassinados. Em 1982 os padres Aristides Camio e François Gouriou foram condenados a 15 e 10 anos de prisão, comprometidos com os camponeses do Araguaia.

> Se é verdade que, no início, setores da Igreja apoiaram as movimentações que resultaram na chamada "revolução" com vistas a combater o comunismo, também é verdade que a Igreja não se omitiu diante da repressão tão logo constatou que os métodos usados pelos novos detentores do poder não respeitavam a dignidade da pessoa humana e seus direitos.
>
> Estabeleceu-se uma espiral da violência com a prática da tortura, o cerceamento da liberdade de expressão, a censura à imprensa, a cassação de políticos; instalaram-se o medo e o terror. Em nome do progresso, que não se realizou, povos foram expulsos de suas terras e outros até dizimados. Até hoje há mortos que não foram sepultados por seus familiares (CNBB, DECLARAÇÃO, 2014).

Postura combativa da instituição religiosa

A publicação dos documentos da CNBB intitulados *Comunicação Pastoral ao Povo de Deus* (1976) e *Exigências Cristãs de uma Ordem Política* (1977) representou a retomada da luta pela democracia. Isso porque, em tais manifestos, a cúpula do Catolicismo brasileiro faz críticas contundentes ao modelo político instituído pelos militares, passando, assim, a refletir sobre uma concepção de Estado que se coloca a serviço da sociedade e do povo. Críticas severas foram feitas também, anteriormente, por alguns membros da cúpula da Igreja Católica à ideologia do regime militar. Tais críticas encontram-se registradas em dois documentos que vieram à tona, simultaneamente, em 1973, são eles: *Eu Ouvi os Clamores do meu Povo* (SEDOC, 1973, p. 607-629), endossado por 18 bispos e superiores religiosos do Nordeste, e *Marginalização de um Povo: Grito das Igrejas* (SEDOC, 1974, p. 993-1.021), assinado por 6 bispos da região Centro-Oeste. Estes documentos marcaram a História da Igreja no Brasil. Nessa perspectiva, procura deixar claro que a transição para a democracia deve atender *"[...] às grandes aspirações do povo"* (LUSTOSA, 1991, p. 82).

Esta postura combativa tornou bastante tenso o relacionamento entre o Estado e a instituição eclesiástica. O discurso feito em Paris, por Dom Helder Camara, expressa nitidamente a posição contrária das autoridades eclesiásticas frente aos métodos coercitivos adotados pelos militares, adquirindo um caráter de denúncia.

> A tortura é um crime que deve ser abolido. Os culpados de traição ao povo brasileiro não são os que falam, mas sim os que persistem no emprego da tortura. Quero pedir-lhes que digam ao mundo todo que no Brasil se tortura. Peço-lhes porque amo profundamente a minha pátria, e a tortura a desonra (citado em GASPARI, 2007, p. 292).

Dom Helder Camara foi constantemente "lembrado" pelos generais do regime: *"Helder Camara, que, há muitos anos abandonou seus afazeres pelo turismo na Europa, a pretexto de conferências para falar mal do Brasil [...]"* (AESP DEOPS – 50-D-26-5708-5710. Relatório mensal de informações n.º 03/78/CISA). Os ataques, poucos públicos, vinham também de setores da parte interna da instituição religiosa. Assim fez o jornalista Salomão Jorge na *Seção Livre* do dia 9 de abril de 1972 do jornal *O Estado de São Paulo*. A matéria foi publicada com o título *A Cúria Metropolitana e a Imprensa*. É uma matéria extensa e cheia de citações do Magistério da Igreja e dos Evangelhos. Mas, deturpando a realidade e utilizando comentários de um bispo que foi conivente com o regime militar, Dom Geraldo Proença Sigaud. Em um dos trechos da extensa matéria se pode ler:

> [...] Mas quem ignora que a Igreja foi invadida por uma corja de alicantineiros, desfrutadores, como nunca ocorreu em tão grande número, ao longo de toda a sua história? [...] A orquestra vermelha, como a sonata de tartini, "Trilo do Diabo" começou por empolgar os seminários, corrompendo o do Viamão. Todos se puseram a dançar aos acordes da música: os frades do "Brasil Urgente" clérigos nordestinos, reverendos de Universidades católicas, dominicanos das Perdizes que fizeram do convento um covil, em que se conspirava contra o Brasil [...] não foi somente ele quem denunciou a existência dos padres metidos nos movimentos de comunicação do clero, mas um dos mais ilustres sacerdotes do Brasil, o Bispo de Diamantina, o qual não entrou na hierarquia da Igreja pela janela, mas pela porta da frente, Dom Geraldo Proença Sigaud. Há – afirmou ele – uma penetração cada vez maior e mais perigosa das teses marxistas e comunistas nos

seminários e conventos [...] A verdade é que o maior culpado de todo este badanal não é só o padre, mas principalmente o bispo que o governa [...] o arcebispo de São Paulo, que não deve privar-se nunca do que Pio XII chamou "o dever gravíssimo de prover e vigiar" [...] Se Dom Evaristo emudece diante das afrontas e aberrações do seu comandado, é claro que, com o silêncio e a omissão, se presume que a opinião do padre é também a dele (ACMSP, em catalogação).

Catolicismo e o apoio aos operários

Diante da repressão desenfreada, a Igreja Católica firmou-se como ponto de apoio do povo oprimido e marginalizado. No tocante aos operários, a presença da instituição eclesiástica efetivou-se por meio da Juventude Operária Católica (JOC), cujo surgimento, no Brasil, remete à década de 1930. Nos anos de 1960, o seu engajamento na luta operária rendeu-lhe uma participação ativa na política. Comprometida com as questões sociais, a JOC, juntamente com os outros movimentos da Ação Católica, sofreu forte repressão, o que acarretou o seu enfraquecimento, ao longo da ditadura militar. A perseguição promovida pela ditadura não conseguiu, porém, sufocar integralmente o movimento operário. Após as greves de 1968 em Contagem, Belo Horizonte e em Osasco, cujo desfecho foi a prisão e tortura de padres ligados à JOC destas cidades, a causa operária voltou a repercutir no cenário nacional. Desta vez, o palco foi a região do ABC paulista. Reivindicando melhores salários, os operários de São Bernado do Campo, Santo André e Diadema iniciaram, em 1978, um movimento de greves periódicas. O apoio da Diocese de Santo André a estas paralisações revelou o compromisso da hierarquia com os marginalizados e o seu engajamento frente às questões sociais mais urgentes.

> Por causa das paralisações, e para intimidar o movimento, o governo decretou a intervenção nos sindicatos do ABC. Sem lugar para reuniões, Dom Cláudio Hummes, então bispo diocesano de Santo André, abriu as portas da igreja matriz de São Bernardo, e transformou o local na sede provisória do sindicato. Era lá que a direção se encontrava para conduzir o movimento. Foi lá que começaram a pensar na criação de um fundo de greve. Dom Cláudio acompanhava tudo de perto. Participou de comissões representando os trabalhadores nas negociações com as empresas, apoiou o abaixo-assinado promovido por outros sindicatos para ser entregue ao Presidente da República, solicitando o fim da intervenção no sindicato dos metalúrgicos, e falou com o Ministro do Trabalho, Murilo Macedo, tentando uma saída política para o movimento. Com o aumento da repressão policial, Hummes foi para as portas das fábricas participar dos piquetes. Era uma forma de tentar conter a violência. Essa investida nem sempre deu certo e em alguns momentos também teve de correr da polícia.
> Dom Paulo Evaristo Arns mobilizou as paróquias, no sentido de obterem alimentos, e não deixou que o movimento esmorecesse. Cuidou para que as famílias tivessem como se manter naqueles dias, pois caso contrário os grevistas poderiam voltar atrás. Ele se posicionou muito claramente no incentivo à continuação dessas doações que sustentaram a greve [...]. Os alimentos eram transportados da Assembleia Legislativa para Santo André [...] onde havia o porão de uma igreja que servia como depósito. Esse trabalho era coordenado pela Comissão Arquidiocesana de Direitos Humanos (SYDOW; FERRI, 1999, p. 303).

Algumas ações do catolicismo diante da ditadura militar

A injustiça social, os atos impetrados contra os Direitos Humanos, consequência imediata da política econômica adotada pelos militares, provocou igualmente inquietação entre os setores do clero. Com o intuito de amenizar esta questão e tantas outras oriundas das estruturas vigentes, a cúpula do Catolicismo brasileiro passou a orientar suas ações a partir de instituições como as Comissões Justiça e Paz (implantadas a partir de 1972), a CPT (1972) e o CIMI (1972). A CPT foi criada em virtude da crise que assolou fortemente a questão agrária durante a vigência da ditadura e que continua em situação crítica até a atualidade. A criação do CIMI foi uma iniciativa para conceder apoio às populações indígenas, vítimas também do modelo econômico implantado pelos militares e que, também, continua em situação crítica até o presente. A instituição eclesiástica articulou-se por meio de tais comissões, o que acabou permitindo-lhe atuar frente às principais questões sociais do período. Estas entidades como as Comissões de Justiça e Paz, a Comissão Indigenista Missionária e a Comissão Pastoral da Terra foram organizadas para *"[...] cobrir os vazios, criados pela dispersão de forças e impossibilidades concretas de articulação nacional"* (LUSTOSA, 1991, p. 170). Este comportamento chocou-se com o idealizado pelos militares, segundo o qual caberia à Igreja apenas a formação das consciências no foro íntimo, sendo-lhe, portanto, vetado qualquer tipo de intervenção ou ingerência em questões de justiça e de solidariedade humana. Setores do Catolicismo no Brasil assumiram, nesse momento histórico, uma postura atuante, influenciados pelo Concílio Vaticano II (1962-1965) e, principalmente, pela II Conferência do Episcopado Latino-Americano e Caribenho, realizada na cidade colombiana de Medellín (1968).

Argentina (1976-1983)

Entre 1973-1974 ocorreu a terceira e curta presidência, devido ao falecimento de Juan Domingo Perón. Sua esposa, Isabel Martínez de Perón, sua vice, assumiu a presidência, mas foi destituída pelos militares em 1976.

Em 1974, dois anos antes do golpe militar, o Padre Carlos Francisco Sergio Mugica Echague foi assassinado em frente à Igreja de San Francisco Solano (Buenos Aires), ele fazia parte do MSTM. Mugica participou das lutas populares nos anos de 1960-1970 e foi o iniciador da Paróquia Cristo operário, no bairro Villa 31 (era um *cura villero*. Padres que exercem seu ministério na periferia. O Papa Francisco indicou alguns deles para o episcopado). Entre 2012-2016 a justiça estabeleceu que o Padre Mugica foi assassinado pela organização parapolicial Triple A. Este trágico episódio foi o prenúncio do que estava para acontecer. Na Argentina, a maioria do episcopado era alinhada com o governo ditatorial. Representantes da Igreja Católica estiveram reunidos com a cúpula militar golpista na noite de 23/03/1976 para expressar sua simpatia por aquela ação (cf. NOVARO, M.; PALERMO, V., 2003, p. 31). As ações foram justificadas pela Igreja, pois estavam "nos planos de Deus" e esta mesma Igreja participou do plano de "limpeza" (cf. OBREGÓN, 2005, p. 259-270).

> O presidente da CEA, Adolfo Tortolo, exprimiu seu apoio ao golpe de Estado de 1976, mostrando-se solidário com as tarefas da restauração do espírito nacional. O Bispo Victorio Bonamín, provigário castrense, não ficou para trás: declarou "a necessidade de que o exército se encarregue do governo, por ser essa a vontade de Deus". O arcebispo de Buenos Aires, Juan Carlos Aramburu, se identificou com seus pares, sustentando que a Argentina estava doente, que seus valores fundamentais tinham sido ameaçados e que, por isso, apenas as forças da ordem poderiam dirigir a nação, a partir de uma efetiva recuperação espiritual (ESQUIVEL, 2013, p. 210-211).

Em missas realizadas nas penitenciárias, membros da hierarquia justificavam os atos militares em nome do "bem da Pátria". Assim o fez o bispo de Jujuy, Dom José Miguel Medina. No presídio se oferecia para ouvir confissões dos presos da Villa Gorreti, para que estes contassem tudo o que sabiam (CONADEP). Outros exemplos testemunhais que parte da Igreja era conivente com a tortura está no relato de Plutarco Antonio Schaller. Os bispos justificavam a repressão como meio de aniquilar os movimentos guerrilheiros.

> Quando se vivem circunstâncias excepcionais[...] (podem) ser sacrificados, se for necessário, direitos individuais em benefício do bem comum. Mas deve-se proceder sempre dentro da lei e sob seu amparo para uma legítima repressão[...] forma de exercício da justiça (Conferência Episcopal Argentina, 1977, n. 17,18). Outros documentos da Conferência estão no site citado na bibliografia final.

Nas fileiras do clero castrense, mas não somente nele, chegava-se a identificar no "inimigo" o "demônio" e, a enxergar na intervenção militar o começo de uma cruzada sacra e total. Os capelães militares chegaram ao ponto de endossar o uso de tortura para obter confissões dos prisioneiros. Em 1983, o General Reynaldo Bignone, católico, revelou isto à guisa de justificação num encontro repleto de tensão com uma delegação da Conferência Episcopal. Nesta reunião também estava o núncio Pio Laghi, em plena sintonia com a confiança de que o Vaticano havia concedido ao governo militar não resistiu à tentação de legitimar o clima de Cruzada alimentado pela maioria do episcopado de abençoar as armas das tropas comprometidas em combater os guerrilheiros marxistas na província de Tucumán, invocando para isso o mito da nação católica (cf. ZANATTA; DI STEFANO, 2000, p. 542-543). A atuação da Conferência Episcopal foi deficitária de maneira especial a ausência de um pronunciamento claro e firme em relação às juntas militares, à defesa dos Direitos Humanos.

A Igreja também contou com sacerdotes engajados na política de base, em sua maioria integrantes do MSTM, tendo sua mentalidade pautada na Teologia da Libertação. São também testemunhas dessa ação de resistência o bispo de La Rioja, Dom Enrique Angelelli ("assassinado" em 1976, acidente automobilístico provocado) e os Padres Palotinos (cf. MIGNONE, 1986, p. 245-256). Em 2018, o Papa Francisco reconhece como mártires Dom Angelelli e os padres seus auxiliares na pastoral: Rogélio Gabriel Longueville (francês), Frei Carlos de Dios Murias e um leigo catequista Wencelao Perdenera, que foram fuzilados. Num episódio trágico, verdadeiro massacre, ocorrido em 1976, os Padres Palotinos Alfredo Leaden, Pedro Duffau e Alfredo Kelly, e os dois seminaristas Salvador Barbeito e Emílio José Barletti foram assassinados na casa paroquial da Igreja de São Patrício, bairro de Belgrano em Buenos Aires. Estes religiosos realizavam uma pastoral de conscientização e evangelização da juventude. Uma das frases escritas na parede da casa paroquial é reveladora do massacre: *"Estos zurdos murieron por ser adoctrinadores de mentes virgenes y son MSTM"*. Em 2005, o arcebispo de Buenos Aires, Jorge Mario Bergoglio (Papa Francisco), autorizou a abertura da causa de beatificação dos religiosos assassinados. São alguns dos mártires da Igreja latino-americana. Este outro rosto da Igreja conta com a defesa dos direitos humanos dirigida pelo prêmio Nobel da Paz (1980) Adolfo Pérez Esquivel, ativista e cristão militante. Ainda neste grupo cristão da resistência estão as várias mães da Praça de Maio, entre elas duas religiosas torturadas e assassinadas (1977): Léonie Duquet e Alice Domon. Mães e avós incansáveis na busca de filhos e netos desaparecidos, assim, apontam o estrago imensurável do regime ditatorial. O afastamento da Igreja do Regime militar ocorreu durante a crise dos anos de 1980, especialmente no contexto da Guerra das Malvinas (1982).

Chile (1973-1990)

Após o sangrento golpe militar em 11 de setembro de 1973, foi instaurada a repressão em que se estabeleceu a ditadura militar de Augusto José Ramón Pinochet Ugarte. Derrubando o regime democrático do socialista Salvador Allende (1970-1973), bombardeando o *Palácio de la Moneda* (Sede da Presidência da República), em Santiago. Uma verdadeira "teologia do massacre" justificava a ação dos militares (cf. HINKELAMMERT, 1977, p. 41). A Conferência Episcopal Chilena publicou no dia 13 de setembro um documento, resultado de sua Assembleia. O texto, *Fé cristã e atuação política* (CECh, 1973), foi escrito antes do golpe e afirmava ser sua intenção principal orientar, não disciplinarmente, mas pastoralmente a missão da Igreja do Chile em seu contexto histórico. Dentre as diversas afirmações condena os cristãos pelo Socialismo.

O episcopado chileno condena a opção socialista e reprova o golpe e, assim, abria a possibilidade para a Democracia Cristã, inviável naquele momento. Alguns bispos se colocaram favoráveis à Junta Militar: Emilio Tagle Covarrubio (Valparaíso 1961-1983), Juan Francisco Larraín Fresno (La Serena 1971-1983, futuro arcebispo de Santiago), Eladio Vicuña Arangu (Puerto Montt, 1974-1987), Francisco Valdés Subercaseaux (Osorno, 1956-1982). Por outro lado, havia bispos contrários à ditadura: José Maria Hourton Poisson (Puerto Montt, 1969-1974), Fernando Arístia (auxiliar Santiago, 1967-1976) e o cardeal de Santiago, Raúl Silva Henríquez (1961-1983). O cardeal auxiliou a população que estava na miséria e, devido a esta situação sociopolítica, colaborou para que muitos militantes de esquerda pudessem exilar-se.

> [...] porque no Chile até os soldados eram democráticos e ninguém se atreveria a violar nossa Constituição. Era pura ignorância, porque se tivéssemos revisitado nossa história, conheceríamos melhor a mentalidade militar (ALLENDE, Isabel, 2017, p. 178).

Em dezembro de 1973, os bispos escreveram um documento que expressava os terríveis alcances da repressão. O cardeal arcebispo de Santiago relata uma audiência com Pinochet: "Uma vez eu fui conversar com Pinochet e disse que isto era uma barbaridade, que havia uma quantidade de gente que matava gente e jogavam os cadáveres no Mapocho (rio em Santiago)". O cardeal continua e afirma, diante do ditador, que segundo o organismo de Inteligência (DINA) que tudo dependia de Pinochet. E este disse: Não, tudo vai mudar. "Prometeu a mim" (AHUMADA, 1989, p. 9-63). O general disse que "o governo chileno é de fundamentos cristãos e respeita o homem e sua dignidade", e que "não há nenhum caso de violação dos direitos humanos" (AZOCAR, 1999, p. 172). Ainda afirmava não aceitar a tortura em nenhuma circunstância, mas o Cardeal Silva Henríquez, em abril de 1974, relata que as acusações de violação dos Direitos Humanos "são fundadas" (VERGOTTINI, 1991, p. 75). O bispo luterano Helmuth Frenz, em 1974, diz que o general apontou o dedo para uma foto que lhe mostrava e disse: "este não é um padre, é terrorista, tem que torturá-lo" (FRENZ, 2006). Uma Declaração, resultado de reuniões na casa do cardeal, foi elaborada e publicada no dia 14 de setembro de 1973.

> Machuca-nos imensamente e nos oprime o sangue que avermelhou nossas ruas, nossa gente e nossas fábricas, sangue de civis e sangue de soldados, e as lágrimas de tantas mulheres e crianças. Pedimos respeito por aqueles que caíram na luta e, em primeiro lugar, por aquele que foi até terça-feira, 11 de setembro, Presidente da República. Pedimos moderação em relação aos vencidos. Não há necessidades de represálias. Leve-se em conta o sincero idealismo que inspirou a muitos dos que hoje foram derrotados. Que termine o ódio, que seja a hora da reconciliação [...] (CAVADA, 1974, p. 174, CECh).

A declaração do episcopado foi previamente apresentada à Junta Militar por deferência. O assessor da Junta, Álvaro Puga, comunicou ao cardeal que seriam necessárias correções e Silva Henríquez respondeu que o documento não estava sujeito a correções e que horas depois seria publicado em diversos jornais chilenos (CAVALLO, 1994, p. 287). O cardeal afirmou que foi advertido por Puga porque o texto fazia referência ao sangue, a Allende, e o pedido de término do ódio. Um alto funcionário do governo expressa ao cardeal que ele é uma punhalada pelas costas. Este contesta: "Dissemos diante de Deus e ao povo o que tínhamos para dizer", (BARRA, 2006, p. 163) e continua: "Senhor, nós agimos como bispos e nosso dever é reconhecer os direitos de todos e estabelecer laços para poder pacificar" (CAVALLO, 1994, p. 332). O cardeal visitou os presos no Estádio Nacional e constatou que ali estavam centenas de pessoas presas sem processos, se falava de maus-tratos, interrogatórios violentos e até fuzilamentos. Nos vestiários, Silva Henríquez ficou impactado com aquela realidade monstruosa.

> Vi de imediato que muitos deles me recebiam como se fosse sua única esperança sobre a terra, com ansiedade e até desespero. Pedi a Luís Antonio que num caderno fosse anotando todos os pedidos que nos faziam, porém ao sair do primeiro vestiário já nos sentíamos agoniados[...] a situação era demasiadamente terrível[...] em um momento me senti mal e não contive as lágrimas[...] saí desfeito do recinto do Estádio Nacional. Nada do que ouvi era comparável com esta visão tão concreta e direta da dor, da humilhação e do medo (CAVALLO, 1994, p. 294-295).

O Comitê de Cooperação para a Paz, presidido por Dom Fernando Aristía Ruiz, bispo auxiliar de Santiago (1967-1976), defendeu a população oprimida pelo regime. Silva Henríquez encabeçou este movimento que era formado conjuntamente com as Igrejas: Metodista, Presbiteriana, Batista, Ortodoxa e pelos Judeus. A partir do momento que os bispos tomaram uma posição firme contra a ditadura, Pinochet ordenou que o cardeal fechasse o Comitê. O cardeal fechou este Comitê em 1976 e, pouco tempo depois, criou o Vicariato da Solidariedade. Assim a Igreja foi a única instituição que enfrentou o Estado militar. O organismo deveria coordenar e animar as atividades no campo social em Santiago. Setores da Igreja chilena buscaram acolher os desvalidos e aqueles que sofreram abusos, sendo vítimas da política de repressão orquestrada e sistematizada contra os Direitos Humanos. Nesse tempo a Igreja chilena brilhou por seu arrojo e bravura na defesa dos desvalidos (cf. BARADIT, 2018, p. 110-111). Foi assim que estes setores eclesiásticos buscaram por uma recepção do Vaticano II e caminhar na esteira de Medellín (1968). Um símbolo de enorme importância é o *Museo de la Memoria y de los Derechos Humanos*, em Santiago. Inaugurado em 2010 pela Presidente Michelle Bachelet. Memórias da dor e da luta pelos Direitos Humanos.

Bolívia (1964-1982)

Os governos militares na Bolívia seguiram caminhos distintos de outros países na América Latina. Não foi uma ditadura de programa único e nem do mesmo projeto econômico e político. São três períodos: René Barrientos (1964-1969), Hugo Banzer Suarez (1971-1978) e a ditadura narco-militar de Luís García Meza (1980-1981) (cf. BARNADAS, 1987, p. 448-449). De resto, são iguais os outros regimes militares deixando um rastro de desigualdade social e uma sociedade marcada pelo medo e pela violência. A memória de todo este desastre pode ser pesquisada na ASOFAMD. Aqui serão tratados, em síntese, o segundo e terceiro período da ditadura boliviana.

Após o golpe de Banzer, foi assassinado o Padre Maurício Lefevre (1971), havia sido decano da Faculdade de Sociologia na Universidade Nacional. Missionário oblato, nascido em Montreal, Canadá. Os vários eventos seguintes denotam a sordidez de sempre de um regime ditatorial. Neste mesmo ano foram expulsos os membros do ISAL, fechou-se a emissora Pio XII e todo o cristão reconhecido como progressista foi perseguido. No ano de 1973, 99 padres publicam o documento *Evangelho e violência*. Em 1974, foram massacrados os camponeses do Vale de Cochabamba. Um militar relata que viu montanhas de cadáveres de camponeses amontoados como lenha (cf. DUSSEL, 1989, p. 81). Banzer foi responsável por uma grandiosa repressão contra os camponeses e trabalhadores urbanos. Mal havia começado a abertura democrática, ocorre outro golpe militar em 1980. Em 21 de março, foi assassinado o padre jesuíta espanhol Luís Espinal Camps. A crise se aprofunda e sofrem "todos os cidadãos, mas particularmente, as classes populares, que foram duramente castigadas pela crise econômica", declara o episcopado boliviano em 1983 (cf. DUSSEL, 1989, p. 82). Em 2015, durante sua visita à Bolívia, o Papa Francisco se dirigiu ao local do assassinato do Padre Espinal e fez uma declaração e prece.

Parei por aqui para vos saudar e, sobretudo, recordar. Recordar um irmão, um irmão nosso, vítima de interesses que não queriam que se lutasse pela liberdade da Bolívia. O Padre Espinal pregou o Evangelho e aquele Evangelho incomodava, e por isso o eliminaram [...] (FRANCISCO, La Paz, 2015).

Uruguai (1973-1985)

A crise econômica dos anos de 1968 impulsionou o grupo guerrilheiro Tupamaros (Movimento de Libertação Nacional – Tupamaros, MLN-T). Grupo guerrilheiro marxista leninista de guerrilha urbana. Realizou forte atuação durante o regime de ditadura cívico-militar (1973-1985). Em 1969, teve início a perseguição aos Tupamaros e, também, uma repressão contra a Igreja. Em 1970, o provincial dos jesuítas intercede pelo Padre Justo Asiaín e pelo Pastor Emílio Castro (em 1984, vivia em Genebra ocupando o máximo cargo no Conselho Ecumênico de Igrejas) por estarem presos. Em 1973, uma ditadura cívico-militar apoiada por militares foi instalada com o Presidente Juan Maria Bordaberry que havia liderado um golpe de Estado. Os bispos uruguaios, assim como outros na América Latina, exortavam à reconciliação, temática em várias declarações do episcopado. Em 1975 foi feito prisioneiro o editor da Revista *Véspera* (1967-1975) do Movimento Internacional de Estudantes Católicos, periódico que se definia pela militância comprometida para uma transformação radical da sociedade latino-americana, um serviço para a América Latina. Para a Revista escreviam autores, como, por exemplo, Lucio Gera, Gustavo Gutiérrez, Segundo Galilea, Juan Carlos Scannone, Henrique de Lima Vaz, Eduardo Galeano, Alberto Methol Ferré. Nesse mesmo ano, o presidente propôs aos militares impor um sistema constitucional de cunho franquista e fascista. Em 1976, as Forças Armadas substituíram o presidente por Alberto Demicheli, então presidente do Conselho de Estado. Em 1985, retorno da democracia, os Tupamaros retornaram à vida pública. Atualmente é o maior partido de coalizão governamental. Em 2009, o antigo Tupamaro José Mugica foi eleito presidente do Uruguai.

O arcebispo de Montevidéu (1976-1985), Carlos Parteli Keller, renovou a pastoral criando espaços de participação dos fiéis e assumindo a opção pelos pobres. Foi muito criticado pelos setores conservadores da Igreja e pela ditadura militar. Durante este trágico período, Parteli foi firme e escreveu mensagens de esperança para a população mais desfavorecida. O CELAM realizou uma homenagem quando da sua morte. Seu sucessor foi o salesiano Dom José Gottardi Cristelli (1985-1998). Os salesianos continuam à frente da Arquidiocese de Montevidéu: Dom Nicolás Cotugno (1998-2014) e o atual Cardeal Dom Daniel Sturla Berhourt (2014).

Paraguai (1954-1989)

Uma ditadura longa e com um único general, Alfredo Stroessner Matiauda. O ditador morreu em 2006, em Brasília, Brasil. Em 1975, o episcopado paraguaio apresentou um documento por ocasião da quaresma. Seguindo o Vaticano II, dentre outras afirmações, revelou o posicionamento do episcopado, diferente de outros períodos.

> Torna-se cada vez mais grave e generalizado o ceticismo acerca da eficácia e honestidade dos Órgãos de Justiça[...] como também a falta de garantias sociais e políticas, especialmente para os pobres e os que carecem de influências. Requeremos a todos, pois, que procurem a reconciliação suspendendo a perseguição aos contrários e concedendo a anistia aos presos políticos e demais presos que estão reclusos sem serem submetidos a juízes naturais (CEP, 1975).

O padre jesuíta espanhol, naturalizado paraguaio, Francisco de Paula Oliva, conhecido como *Pa'i*, paizinho em guarani, foi um dos baluartes em defesa da democracia durante este período ditatorial. Em 1965 foi expulso do Paraguai. Uma lancha o levou até o outro lado do rio, em território argentino. Ali permaneceu por nove anos ajudando os imigrantes paraguaios e bolivianos, sendo observado pela Polícia e pelo Exército. Em 2009, foi homenageado pelo governo paraguaio devido aos serviços prestados à Nação. São as ironias da história. A Igreja Católica, dentre outras várias perseguições, teve a sua Universidade Católica, em Assunção, invadida pelas forças militares em 1972. O motivo: dissolver uma manifestação contrária ao regime. Outro polo de resistência foram as *Ligas Agrárias Cristãs*, estas reuniam setores camponeses, trabalhadores sem terras e setores progressistas católicos (cf. LEWIS, 1986).

Depois da ditadura militar, grande parte da terra ficou nas mãos de tenentes e latifundiários. Isto gerou um conflito entre os pequenos produtores e os sem-terra. Para os capitalistas a terra é simplesmente um elemento de produção. Possuir e explorar muita terra é sinal de poder e riqueza. Para o camponês – *Ñandejára ojapo pe yvy enterope guarã, jaiporu haguã oñondivepa, ndaha'éi ojejapova yvy peteîme guarã, terá ricope guarãnte* (Deus criou a terra para todos, para que partilhemos, a terra não foi feita só para um, nem somente para os ricos) (ESPÍNOLA, 2008, p. 132). No governo emergia uma ideologia partidária, fundamentada em um ambiente nacionalista, mas que rejeita os pobres, os camponeses. Uma disputa entre o Partido Colorado e o Partido Liberal. Dois grupos políticos que, supostamente, se enfrentam, mas que na hora de zelar pelo bem comum negociam entre si, descartando e excluindo a população pobre ou se aproveitando dela para alcançar o poder. Acompanhava essa nefasta mentalidade uma teologia e eclesiologia anestesiante e fatalista difundida e exigida como moralidade pela maioria dos religiosos nas Igrejas, através das catequeses, sermões e confissões. Em diversas ocasiões, a Igreja parecia estar anestesiada, com medo de enfrentar as estruturas que empobrecem e condenam à miséria grande parte dos fiéis que, mesmo assim, não perdem as esperanças, porque nos momentos mais tristes e críticos demonstram *py'aguasu* (coragem) para seguir lutando. *Japayke ha jaheka* (acordemos e procuremos), pois, o barco é único e juntos estão todos nele. A palavra guarani *japayke* implica a responsabilidade do "eu" com o "tu", chama à empatia e à comunhão.

Em 8 de dezembro de 1997, foi apresentado, na cidade de Caacupé (capital espiritual do país, Santuário inaugurado em 1765, Basílica em 2015), o projeto que nasceu no interior da Conferência Episcopal Paraguaia: *Paraguay jaipotava*. A Igreja incentivava a população a uma mudança de mentalidade visando despertar a imaginação e a criatividade, mantendo a atenção pública sobre a importância de pensar e buscar um país onde o bem comum seja o objetivo de todos.

Peru (1968-1980)

A Igreja está dentro do contexto social e político, assim, em diversos lugares, a reflexão teológica, também no Peru, permitiu uma ação evangelizadora nesse período histórico. O Vaticano II e Medellín são de suma importância para a ação desta Igreja nesses anos de ditadura militar. A Igreja nesse período vivenciou uma mudança na direção de suas atividades sociais, passando de um conservadorismo a um progressismo, afinada, em sua maioria, com os empobrecidos. Necessário recordar a Teologia da Libertação e a presença do teólogo peruano Gustavo Gutiérrez neste processo. Gutiérrez funda, em 1974 em Lima, o *Centro Bartolomeu de Las Casas*, com a finalidade de promover mudanças na Igreja. Importante também, nesse contexto, foi o cardeal arcebispo de Lima, Dom Juan Landázuri Ricketts (1955-1990) (cf. KLAIBER, 1992, p. 441).

Ao retornar da Assembleia de Medellín, o bispo de Cajamarca (1962-1992), anteriormente bispo auxiliar de Lima (1958-1962), Dom José Antonio Dammert criticou a imoralidade do regime de Fernando Belaúnde Terry (1963-1968), acusando-o de contrabando e do desaparecimento de uma página do contrato entre o governo e a *International Petroleum Company*, exploradora do petróleo sob condições desvantajosas para o país. Esse governo sofreu um golpe militar liderado pelo futuro Presidente Juan Velazco Alvarado (cf. ROMERO; TOVAR, 1987, p. 428-429).

> Quando entrei na Universidade de São Marcos, em Lima, no ano de 1953, "política" era palavra feia no Peru. A ditadura do General Manuel Apolinário Odría (1948-1956) conseguira o feito de levar grande número de peruanos a achar que "fazer política" significava dedicar-se a uma atividade delituosa, associada à violência social e a tráficos ilícitos [...]. O bom cidadão devia dedicar-se ao trabalho e às ocupações domésticas sem se imiscuir na vida pública, monopólio de quem exerce o poder protegido pelas Forças Armadas (LHOSA, Mario Vargas, 2013, p. 118).

Durante a ditadura militar o projeto eclesial de libertação dos empobrecidos tem sua continuidade. Os padres de Lima, Ica, Trujillo, Puno e Arequipa se pronunciaram em apoio às reivindicações dos trabalhadores, que lutavam por melhores condições de trabalho e vida e, também, foram solidários com companheiros padres, cuja missão pastoral era questionada pelas autoridades políticas. São muitas as comunidades espalhadas pelo país e estas têm uma estrutura em que sua base e sustentação é o laicato. É neste momento que a Igreja se reencontra com os empobrecidos e recupera o sentido profundo da sua missão (cf. ROMERO; TOVAR, 1987, p. 433).

> O episcopado do Peru não pode permanecer indiferente ante as tremendas injustiças sociais existentes em nosso país e a situação de pobreza e subdesenvolvi-

> mento que delas resultam[...] Esta vocação evangélica (Med 13) deve levar, não só ao episcopado, mas a todo o povo de Deus[...] a uma revisão séria de atitudes e compromissos em todos os níveis, assim como a uma busca local de novas formas de vida, presença e ação concordes com o chamado do Senhor nesta particular situação histórica de nosso país (Documentos do Episcopado Peruano, 1969, p. 13).

O episcopado peruano apoiou os atos reformistas do final do governo Velazco.

> A missão libertadora da Igreja, que é anúncio eficaz do Evangelho, significa opção esperançosa por todos os homens, como irmãos, mas especialmente pelos que sofrem a injustiça, pelos pobres e oprimidos[...] É evidente que a solidariedade com os pobres e oprimidos leva à ação pela mudança das estruturas injustiçadas que mantêm a situação de opressão (Declaração do Episcopado Peruano, 1973).

Em 1975, a situação de empobrecimento aumentou e muito no país, devido às medidas adotadas pela ditadura de Francisco Morales Bermúdez. Nesse momento a Igreja ocupou maior espaço junto à população se afastando do Estado. No ano de 1976, devido às críticas sofridas de determinados setores conservadores, o episcopado renova a eclesialidade que teve início em 1968: "Renovamos esta lealdade e fidelidade precisamente quando as orientações de Medellín correm o risco de serem esquecidas" (cf. MARINS, 1979, p. 847). Outra constatação importante diz respeito à relação da Congregação da Doutrina da Fé e o episcopado peruano. Em 1984, a Congregação sugeriu que se condenasse a Teologia da Libertação. Os bispos se abstiveram e também não impingiram nenhuma condenação contra o Teólogo Gustavo Gutiérrez (cf. DUSSEL, 1989, p. 84).

Equador (1972-1979)

Até o golpe militar, em 1972, o Equador estava dominado pelos dois principais partidos locais: o Liberal (interesses da burguesia) e o Conservador (interesses dos latifundiários). A ditadura se divide em duas etapas: 1972-1976, comandada pelo General Guilhermo Rodríguez Lara e, em 1975, Lara é deposto e o país passa a ser governado por um triunvirato Alfredo Poveda, Guilhermo Durán e Luís Leoro. Esta será a segunda fase (1976-1979). Destacou-se, neste contexto, o bispo Dom Leônidas Eduardo Proaño Villalba, Bispo de Riobamba (1954-1985), conhecido como o bispo dos índios, que buscou soluções para os graves problemas sociais enfrentados pelos camponeses, indígenas. Em 1976 foi preso quando organizava um encontro com bispos, teólogos e educadores em Riobamba. Neste período, o documento mais importante do episcopado foi *Justiça Social* (1977), documento publicado às vésperas da Conferência de Puebla (1979) (cf. MARINS, 1979, p. 920-966). A maioria do episcopado, apesar deste e outros documentos, não rompeu sua relação com a burguesia.

Colômbia

Na Colômbia, nos finais dos anos de 1960, um fato de grande repercussão foi o assassinato, em 1966, do Padre Camilo Torres Restrepo. Camilo foi um dos fundadores da Faculdade de Sociologia da América Latina e membro do grupo guerrilheiro Exército de Libertação Nacional (ELN). Morreu em um combate com a força pública e foi enterrado em local secreto, pelo exército, com a finalidade de evitar o culto ao padre guerrilheiro. Em 2016, através de sua conta no Twitter, o ELN solicitou ao governo a entrega dos restos mortais de Camilo, na intenção de que este ato poderia ser um caminho para um diálogo. O ELN solicitou à

Igreja Católica que restituísse seu estado sacerdotal. O arcebispo de Cali, Dom Dario de Jesus Monsalve, membro da Comissão eclesiástica que foi autorizado a mediar a situação, declarou que a recuperação dos restos mortais, autorizada pelo Presidente Juan Manuel Santos, dezessete dias após o pedido, é sinal de reconciliação. Dom Luís Augusto Castro, presidente da Conferência Episcopal Colombiana, declarou que estudará a questão da restituição ao estado sacerdotal. Camilo Torres promoveu diversos projetos voltados aos setores marginalizados da sociedade colombiana, para isto seria necessária uma mudança na organização do país. Desanimado com suas propostas ligadas à não violência, no ano de 1965, decidiu abandonar o sacerdócio e aderir ao ELN (cf. FERLAN, 2016). Após seu assassinato surgiram movimentos sacerdotais de esquerda: Golconda (1968-1972) e SAL (Sacerdotes para a América Latina – 1972-1980).

Nos anos de 1970, a polarização interna na Igreja ficava evidente. Em 1974 foi assassinado o Padre Domingo Laín Sáenz, espanhol e guerrilheiro, pertencia ao ELN. De uma outra parte se encontrava o cardeal arcebispo de Bogotá, Dom Aníbal Muñoz Duque (1972-1984). O bispo foi nomeado vigário militar no dia seguinte à sua posse, recebendo, posteriormente, a Ordem de Antonio Nariño (1975). A honraria é recebida no momento em que é decretado estado de sítio. Em junho de 1976, o cardeal foi nomeado general do exército colombiano. São vários os conflitos entre o cardeal e um setor do clero. Um destes conflitos se dá na greve dos bancários de 1976. O cardeal reprovou aos sacerdotes que estavam a favor dos empregados grevistas. Na análise de Dussel trata-se do episcopado mais conservador da América Latina (cf. 1989, p. 85).

Em 1984, foi assassinado o primeiro padre indígena colombiano: Álvaro Ulcue Chocue. Várias vezes foi caluniado e perseguido por forças militares, exército e latifundiários. Sua atividade foi a luta por terra junto com os indígenas do Cauca (CELAM,

2014). Suspeita-se que um grupo de proprietários de terras tenha sido o mandante do assassinato.

México

Gustavo Díaz Ordaz Bolaños foi presidente do México (1964-1970) e seu mandato se caracterizou por autoritarismo e intransigência. Uma das manchas de seu governo foi o Massacre de Tlatelolco, ocorrido na Cidade do México. As forças armadas abriram fogo contra civis desarmados que protestavam contra a realização dos Jogos Olímpicos (1968). Estimativas do grupo de Direitos Humanos e jornalistas estrangeiros informam que foram mortas cerca de 300 ou 400 pessoas. Em relação à Igreja Católica houve uma aproximação devido à convergência ideológica de amplos setores eclesiásticos. A Igreja mexicana havia passado de perseguida (1920-1930), marginalizada (1930-1940), tolerada (1950-1960) a um patamar de proximidade no governo de Díaz Ordaz (cf. GARCÍA, 1984, p. 384-85, 399). Alguns religiosos acreditavam que a proximidade do governo era um sinal de sua conversão, "sem perceber" a instrumentalização que este governo realizava em relação à instituição religiosa.

As CEBs se desenvolveram no México, mas não tiveram um apoio geral do episcopado. No entanto, diversas Comunidades de Base nasceram nesse período. Seu X e XI encontro (Tehuantepec 1981, Concordia – Cohauila 1983) são marcos na história das comunidades no México e revelam a importante participação do laicato na comunidade eclesial. Em 1973, cinco anos após o término da Conferência de Medellín, e, em pleno governo populista de Luís Echeverria Álvarez (1970-1976), a CEM, em um documento, insistiu na urgência de um desenvolvimento integral como um remédio no crescente abismo entre pobres e ricos. Outro documento do episcopado opta claramente pelos descartados:

O compromisso cristão diante das opções sociais e políticas. Devido aos constantes conflitos Igreja-Estado, a instituição religiosa procurou várias vezes suprimir o que incomodasse o Estado. Um texto que trouxe certa dificuldade com o Estado foi sobre a questão educacional. Um ponto de reconciliação foi a rápida construção da nova Basílica de Guadalupe, governo e bancos tiveram participação ativa (cf. GARCÍA, 1984, p. 361-493). Em 1977 foi assassinado o Padre Rodolfo "Chapo" Aguilar, trabalhava no bairro pobre de Chihuahua. A tragédia evidenciava que setores do poder econômico e político se opunham aos desdobramentos de Medellín na opção pelos empobrecidos.

É evidente que a Viagem apostólica do Papa João Paulo II ao México, por ocasião da Conferência de Puebla (1979), reanimou a fé da população católica e revelou a importância da Igreja na história do México.

> Dado que o trabalho é fonte do próprio sustento, é colaboração com Deus no aperfeiçoamento da natureza e é serviço prestado aos irmãos que enobrece o homem, os cristãos não podem despreocupar-se do problema do desemprego de tantos homens e mulheres, sobretudo jovens e chefes de família, a quem o desemprego conduz ao desânimo e ao desespero. Os que têm a sorte de poder trabalhar, aspiram a fazê-lo em condições mais humanas e mais seguras, a participar mais justamente no fruto do esforço comum quanto a salários, segurança social e possibilidades de desenvolvimento cultural e espiritual. Querem ser tratados como homens livres e responsáveis, chamados a participar nas decisões relativas à sua vida e ao seu futuro. É direito fundamental seu criar livremente organizações que defendam e promovam os seus interesses e contribuam responsavelmente para o bem comum. A tarefa é imensa e complexa. Vê--se, hoje, complicada pela crise econômica mundial, pela desordem de círculos comerciais e financeiros injustos, pelo esgotamento rápido de alguns recursos

pelos riscos irreversíveis de contaminação do ambiente biofísico (JOÃO PAULO II. Trecho do Discurso aos trabalhadores. Monterrey, México, 1979).

Nicarágua

No período de 1956 a 1979, o país está sob o comando do clã Somoza: Anastasio Somoza, sucedido pelo filho Luís Somoza Debayle (1957-1963), sucedido por René Schick Gutiérrez (1963-1966), seu sucessor foi Lorenzo Guerrero Gutiérrez (1966-1967). Nos períodos de 1967-1972 e 1974-1979 assumiu a presidência Anastasio (Tachito) Somoza Debayle, último membro dos Somoza a assumir o cargo. Em 1971, a fachada de democracia desapareceu, quando o presidente revogou a Constituição e dissolveu a Assembleia Nacional. Tachito aproveitou do trágico terremoto de 1972, que destruiu vários bairros de Manágua, para obter do Congresso poderes ilimitados. Uma ditadura violenta gerou protestos violentos no final dos anos de 1970. Os contrários ao regime pertenciam à FSLN, uma organização de guerrilha fundada em 1962 por Carlos Fonseca Amador. O nome da organização é uma homenagem a Augusto Sandino, guerrilheiro executado em 1934. Em 1978 tem início uma sangrenta guerra civil. O presidente foi forçado a renunciar, exiliado (1979) e, posteriormente, assassinado no Paraguai (1980). Assumiu o poder a Junta de Reconstrução Nacional. Os Estados Unidos se opuseram a essa política de esquerda e deram seu apoio aos antissandinistas. Os anos de 1980 foram marcados pelo forte confronto entre os Sandinistas e os Contras.

Neste contexto, em 1972, o arcebispo de Manágua Dom Miguel Obando y Bravo (1970-2005, criado cardeal em 1985) declarou que o socialismo avançava a grandes passos na América Latina e a socialização deveria ser realizada em todos os níveis e não de maneira unilateral (cf. DUSSEL, 1989, p. 88). Após o terremoto de 1972, um grupo de jovens cristãos deixou a sua paróquia de Santa Maria de los Ángeles para integrar-se à FSLN, um escândalo para a comunidade. Em 1979, o pároco, Uriel Molina, frade franciscano, relata o encontro realizado com os jovens de sua paróquia encabeçando o exército sandinista: "De repente fiquei paralisado. Era Roberto Gutiérrez com Emílio Baltodano, Oswaldo Lacayo e Joaquim Cuadra que marchavam para Manágua. Demos um abraço. 'Lá em Mosaya deixamos a morte[...] Aqui viemos encontrar a vida'[...] Era um imenso grito de triunfo" (MOLINA, 1981, p. 429-447). A Igreja nicaraguense foi uma Igreja adormecida e pouco criativa, afirma o historiador e jesuíta nicaraguense Rodolfo Cardenal, e prossegue:

> A hierarquia, com muito poucas exceções, soube acomodar-se a cada nova situação histórica, enquanto o povo vivia a religiosidade tradicional, sem muita vinculação com a transformação social. O episcopado guardou silêncio durante a intervenção norte-americana dos inícios do século (XX). Acomodou-se à ditadura somozista sem maiores dificuldades, abençoando-a de múltiplas formas. As primeiras manifestações contra a ditadura foram tímidas e apareceram em cartas pastorais na década de 1970. Apenas nos dois últimos anos do somozismo, os documentos episcopais adotaram tom vigoroso negando a legitimidade do regime. Na realidade, entre os bispos não houve clareza nem unidade. Esta falta de unidade é importante para compreender os posicionamentos posteriores a julho de 1979 (CARDENAL, 1992, p. 410).

O episcopado negou reconhecer o triunfo da revolução sandinista. Desde o início dos anos de 1980 a Igreja nicaraguense entrou em confronto com o governo e a Igreja Popular. Os bispos denunciaram a presença de sacerdotes no governo revolucionário: padres Fernando e Ernesto Cardenal, Miguel d'Escoto e Edgard

Parrales. A Igreja almejava instalar o modelo de cristandade e temia que o Estado atacasse a Igreja. Em 1982, o Papa João Paulo II enviou uma carta ao episcopado em que afirmava a necessidade da unidade. Em 1983 foram expulsos vários sacerdotes estrangeiros do país. A Igreja foi acentuando cada vez mais sua posição crítica perante a revolução e, assim, revelando os seus conflitos internos. Em março de 1983, a Nicarágua recebeu a visita do papa, que pediu apoio irrestrito ao arcebispo. Em agosto desse ano as comunidades dos jesuítas, dominicanos, comunidades de base escreveram e destacaram as omissões cometidas pelo episcopado ao não analisar a realidade do país: os conflitos, como dos indígenas misquitos, a expulsão do Padre Timóteo Merino e de dez sacerdotes estrangeiros, por exemplo.

> De fato, a unidade da Igreja é posta em questão quando aos poderosos fatores que a constituem e mantêm – a mesma fé, a Palavra revelada, os sacramentos, a obediência aos bispos e ao papa, o sentido de uma vocação e responsabilidade comum na missão de Cristo no mundo –, são antepostos considerações terrenas, compromissos ideológicos, opções temporais, inclusivamente concepções da Igreja que suplantam a verdadeira. Sim, meus queridos irmãos centro-americanos e nicaraguenses: quando o cristão, seja qual for a sua condição, prefere qualquer outra doutrina ou ideologia ao ensinamento dos apóstolos e da Igreja; quando se faz dessas doutrinas o critério da nossa vocação; quando se pretende interpretar de novo segundo as suas categorias a catequese, o ensino religioso, a pregação; quando se instalam "magistérios paralelos", como disse na minha alocução inaugural da conferência de Puebla (28 de Janeiro de 1979), então debilita-se a unidade da Igreja, torna-se mais difícil o exercício da sua missão de ser "sacramento de unidade" para todos os homens. (JOÃO PAULO II. Homilia. Manágua, 1983).

El Salvador

El Salvador é marcado, neste contexto, 1970-1990, por lutas e massacres sangrentos e pelas divisões internas da Igreja. O divisor de águas para a Igreja guatemalteca foi o I Seminário Nacional de Pastoral de Conjunto (1970), sob a direção de Dom Arturo Rivera y Damas, bispo auxiliar de San Salvador. Nesse ano, devido ao Seminário, o Padre Inocêncio Alas foi sequestrado e o Padre Nicolás Rodríguez foi assassinado. Os massacres de 1974 em San Francisco, Chinamequita, La Cayetana, Tres Calles, Santa Bárbara, Plaza de la Libertad e na própria capital San Salvador atingiu a população camponesa, em sua maioria, e a urbana. Dom Luís Chávez y González, arcebispo de San Salvador (1938-1977) (cf. CARDENAL, 1985, p. 480-482), afirmava que o café devorava os homens, fazendo referência à exploração que os latifundiários realizam com os trabalhadores (DUSSEL, 1989, p. 91). Assassinado em 1977, o Padre Rutílio Grande García, pároco de Aguillares, é símbolo deste período. Em Aguillares, o jesuíta formou inúmeras Comunidades Eclesiais de Base, criando lideranças, o que não agradava a setores conservadores (cf. VITALI, 2015, p. 139-147). Em 2016, foi encerrada a etapa diocesana do processo que pretende obter sua beatificação e canonização. Dom Oscar Romero celebrou a missa de corpo presente e passou a exigir explicações do governo. Ainda em 1977 foi assassinado o Padre Alfonso Navarro, em 1978, o Padre Barrera Motto e, em 1979, o Padre Octávio Ortiz (cf. CARDENAL, 1992, p. 408-409). Por outro lado, Dom Pedro Aparício, bispo de San Vicente, apoiava o governo e criticava o laicato no Sínodo romano de 1977 (cf. DUSSEL, 1989, p. 92).

Em fevereiro de 1977, Dom Oscar Arnulfo Romero inicia sua missão em San Salvador como arcebispo (cf. VITALI, 2015, p. 129). Em março, o episcopado declarava: "esta situação foi qualificada como situação de injustiça coletiva e violência institucionalizada" (MARINS, 1979, p. 967). As atividades de Romero, que serão detalhadas mais à frente, em favor dos perseguidos e empobrecidos de seu país, provocaram os detentores do poder econômico e político, culminando com o seu assassinato, enquanto celebrava uma missa, no dia 24 de março de 1980. A população ainda sofreria com uma sangrenta Guerra Civil (1979-1992). O conflito se deu entre o governo ditatorial de direita, apoiado pelos Estados Unidos, e a guerrilha organizada pela FMLN. O resultado, além do desastre para o país, foi mais de 80 mil mortos e desaparecidos. Entre estes estavam padres, religiosas, que não se afastaram do povo. O massacre do Rio Sumpal, em maio de 1980, matou mais de 600 homens, mulheres e crianças. O sucessor de Romero, o salesiano Dom Arturo Rivera y Damas, foi um grande construtor da futura "paz". Realizou várias mediações para possibilitar possíveis acordos entre o governo e a FMLN. Morreu em 1994 de um infarto.

El Salvador é um país de martirizados. Outro martírio é o da UCA, 8 pessoas foram assassinadas por um pelotão das forças armadas. Era 16 de novembro de 1989. Foram assassinados cinco jesuítas espanhóis: Ignacio Ellacuría (Reitor da Universidade), Ignacio Martín Baró (Vice-reitor acadêmico), Segundo Montes Mozo (Diretor do Instituto de Direitos Humanos), Amando López Quintana (Professor de Filosofia) e Juan Ramón Moreno Pardo (Diretor da biblioteca de Teologia); um jesuíta salvadorenho, Joaquín López y López (Fundador da Universidade e colaborador), a cozinheira da Universidade, Julia Elba Ramos e sua filha de 16 anos, Celina Mariceth Ramos. Outro jesuíta, morador da casa, Jon Sobrino, estava proferindo uma conferência sobre Teologia da Libertação, em Bangkok. O governo e o exército suspeitavam que existia ligação entre os jesuítas da Universidade e os rebeldes, acusando os padres de estocar armas e de formar guerrilheiros (cf. O'MALLEY, p. 123). O processo posterior contra os militares é uma saga que deve ser conhecida e estudada em seus meandros. É uma costura entre poderes econômicos e políticos possibilitando visualizar as tramoias imputadas aos fracos, porém no dia 3 de fevereiro de 2021, o Tribunal Supremo da Espanha confirmou a sentença condenatória contra o Coronel Inocente Montano. Condenado a 26 anos, 8 meses e um dia de prisão por cada um dos cinco assassinatos dos jesuítas espanhóis, ou seja, 133 anos de prisão. Montano foi considerado culpado dos outros assassinatos, porém não pôde ser condenado, pois não foi extraditado para os Estados Unidos (cf. CADENA SER, *Caso Ellacuría*). A *Casa 1516,* residência dos jesuítas, pertence à memória histórica dos martirizados da América Latina e Caribe.

Guatemala (1954-1996)

Ao mesmo tempo que acontecia a Conferência de Medellín, na Guatemala, o laicato realizava uma atividade com mais de 800 agentes de pastoral para celebrar a *Semana de Pastoral de Conjunto*. Durante essa Semana pediam a renovação da Igreja guatemalteca segundo os princípios do Vaticano II e de Medellín. Era necessário conhecer melhor a realidade do país para um trabalho mais eficaz. Deste encontro surgiu o Instituto de Capacitação Missionária, grupos de reflexão.

Em 1969 foi criado cardeal o arcebispo da Cidade da Guatemala, Dom Mario Casariego y Acevedo (1964-1983). Espanhol da Ordem dos Clérigos Regulares (Somascos). O governo pagou os gastos das grandiosas recepções em Roma. Enquanto estava em Roma, foi escrita uma carta e assinada por inúmeros padres apresentando graves acusações ao novo cardeal. Mesmo assim, Casariego volta triunfal, sendo recebido pelas autoridades civis que lhe concede a maior condecoração nacional: a Ordem de Quetzal. O cardeal foi um firme defensor do regime autoritário, seu automóvel era sempre acompanhado por uma patrulha de rádio e dois guardas, em motocicleta e armados (cf. BENDAÑA, 1985,

p. 470). Nesse período vários padres foram assassinados e ele disse que não conhecia nenhum deles. Foi eleito, para o mandato presidencial, de 1970-1974 o Coronel Carlos Arana Osorio, de extrema direita. Nesse ano de 1970, o conflito se agudiza entre o clero e o cardeal. Cerca de 200 padres assinaram um memorial dirigido a Paulo VI solicitando a remoção ou promoção de Casariego. O relato assinado nunca saiu da nunciatura da Guatemala. No átrio da catedral se reuniam os fiéis de extrema direita para defender a autoridade do cardeal e lançar fortes ataques ao clero progressista. Após a posse, o novo presidente ordena que o arcebispo abandone voluntariamente o país, e este lhe responde que quem manda nele é o papa. O que não se esperava é que pouco tempo depois cardeal e presidente se tornariam "amigos" (cf. BENDAÑA, 1985, p. 471).

São diversos os horrores sofridos por parte da Igreja na Guatemala nesse período. No dia 23 de abril de 2021 foram beatificados três padres católicos espanhóis e sete catequistas indígenas assassinados durante a guerra civil (1960-1996), entre estes um adolescente de 12 anos que foi torturado pelos militares. Os que foram beatificados são chamados de Mártires de Quiché, vítimas da repressão militar em 1980 e 1991. Quiché é um povoado de Santa Cruz del Quiché, localizado a 75km da capital do país. A brutalidade era interminável, em 1981 foi sequestrado, torturado e nunca mais apareceu (para outros sim e entrou para o exército), o padre jesuíta Luís Eduardo Pellecer. Aqui, porém, ainda são necessárias outras fontes para um relato completo. Assassinado, em 1983, foi o franciscano Augusto Ramírez, seu corpo estraçalhado apareceu numa rua da Cidade da Guatemala (cf. DUSSEL, 1989, p. 94).

Outra tragédia foi o assassinato brutal do bispo auxiliar da Cidade da Guatemala, em 1998, Dom Juan José Gerardi Conedera. O bispo acabava de publicar o relatório "Nunca más", era a recuperação da memória histórica, uma coletânea de testemunhos sobre a violação dos direitos humanos, massacres e execuções durante o período do conflito armado. Relatório resultado da Comissão Nacional da Reconciliação, o bispo participava em nome da Conferência Episcopal. Dom Conedera havia reunido a lista das vítimas e o nome dos responsáveis, membros do exército, das patrulhas de autodefesa e os esquadrões da morte. Sua atividade missionária sempre se sobressaiu na atividade com os indígenas. Em 1980, foi a Roma participar do Sínodo da Família. Ao regressar foi proibido de entrar em seu país, viveu dois anos na Costa Rica. O bispo foi o fundador do Centro de Direitos Humanos do Arcebispado (cf. GARCÍA, 2007).

Honduras

Nos últimos 60 anos a história de Honduras é um corolário de golpes militares. Em 1963, o Coronel Osvaldo López Arellano liderou um golpe e, assim, chegou ao poder. Em 1972, após breve mandato de Ramón Ernesto Cruz, López Arellano volta ao poder através de outro golpe de Estado, permanecendo no poder até 1975. Arellano deixa o poder após um escândalo de suborno. Assume o Coronel Juan Alberto Melgar Castro. Em 1978, Melgar é expulso do governo após outro golpe militar. Um triunvirato assume o poder até 1980. Policarpo Paz García é eleito no Congresso (1980-1982). E, finalmente, Roberto Suazo Córdova (1982-1986) é eleito nas urnas, primeiro governo civil em um século. A influência do exército na política terá sua continuidade. No século XXI a dinâmica de golpes continua. Em 2009, por exemplo, a queda do presidente eleito Manuel Zelaya.

A Igreja, neste contexto, atravessa diversas etapas. Em 1967 a instituição religiosa reorganizou a Cáritas, numa linha desenvolvimentista. No ano de 1971, seu programa de enorme relevância, o Clube de Donas de Casa, reunia 700 centrais. Os cursos de capacitação para camponeses, entre 1964-1965, deram origem à Frente

Revolucionária Estudantil Social Cristã. Surgiram, posteriormente, as ligas camponesas. As ligas receberam sua formação na Confederação Latino-Americana de Sindicatos Cristãos e iniciaram os pedidos de reforma agrária. Em 1969, havia centros de promoção dirigidos pelo clero e conduzidos pelo Movimento Social Cristão em diversas localidades: Choluteca, Olancho, Yoro, Santa Bárbara, Comayaqua, Santa Rosa de Copán e Ocotepeque. Em 1979, o Movimento controlava quatro agências de financiamento dos programas de promoção: Ação Cultural Popular Hondurenha, Cáritas, Federação de Cooperativas de Poupança e Crédito de Honduras e Fundação Hondurenha de Desenvolvimento.

No final de 1969, a diocese de Choluteca defendeu o direito dos camponeses em ocupar as terras nacionais e a reforma agrária. A pressão aumentou e o clero da diocese se desentendeu com o movimento popular que havia ajudado a formar. A organização camponesa quer sua autonomia. Em Olancho a situação era semelhante, mas os criadores de gado tomaram atitudes violentas. O Bispo Dom Nicholas D'Antonio Salza, da Diocese de Olancho (renomeada em 1987 por João Paulo II, Juticalpa), foi ameaçado. O exército, em 1972, assassinou oito camponeses a fim de impedir uma ocupação. Em 1975, os proprietários de terras e o exército assassinaram os padres estrangeiros Ivan Betancur (colombiano) e Casimiro Zephyr (estadunidense) e 18 camponeses. O exército ocupou os templos e retirou da diocese os agentes de pastoral e o próprio bispo (cf. CARDENAL, 1992, p. 401-402; CARÍAS, 1985, p. 526).

> O episcopado tratou de separar-se publicamente da organização camponesa. Rechaçou a violência como solução e negou apoio às ocupações de terra. O clero e os bispos concentraram-se nas classes médias urbanas, que acolheram com entusiasmo a Igreja que assim retornava arrependida e assustada de sua aventura. Desta forma, a Igreja encontrou cômodo refúgio na apoliticidade e neutralidade diante do conflito social. O episcopado mandou o clero não apoiar abertamente

nem os programas nem as agências do Conselho de Coordenação do Desenvolvimento. Em abril de 1974 retiraram da Cáritas as escolas radiofônicas e os centros de promoção (CARDENAL, 1992, p. 402).

Costa Rica

A Costa Rica é um país conhecido por ter a democracia mais sólida da América Latina. O exército foi abolido em 1948. A Igreja Católica fundou, em 1972, o Instituto Teológico da América Central e, em 1975, a Escola Ecumênica de Ciências da Religião, são dois organismos teológicos que funcionam na Universidade Nacional, caso único na América Latina. O impulso para a criação do Instituto começou com o frade franciscano Francisco Avendaño, o conventual Abraham Soria e o dominicano Jorge Chavez. Estes mesmos religiosos, juntamente com o Padre Benjamin Nuñez e de Arnoldo Mora, criaram a Escola ecumênica. Em 1974, foi fundado, por Hugo Assmann, o Departamento de Estudos e Pesquisas (DEI). Nele, colaboravam Franz Hinkelammert, Pablo Richard, Guilhermo Meléndez, dentre outros. O organismo já ofereceu diversas publicações para a reflexão latino-americana. A Igreja costa-riquenha não acumulou grandes propriedades ou somas econômicas. Isto possibilita a relação com o Estado, pois estes não têm o que requerer (cf. PICADO, 1985, p. 545-546).

Cuba

Nos anos de 1950, o governo dos Estados Unidos constatou que seria necessário para a economia e política estadunidense aumentar sua influência nos países latino-americanos e caribenhos. A ação deveria enfraquecer os movimentos de esquerda para a instauração de ditaduras de vertente conservadoras. No entanto, no meio desta situação, ocorre a Revolução Cubana (1959) e a queda da ditadura de Fulgencio Batista (1952-1959). A revolução foi liderada por Fidel Castro e Che Guevara. O seu caráter foi nacionalista e, no período da Guerra Fria (1947-1991), se aproximou da antiga União Soviética. Fidel exerceu seu poder de 1959 a 2006, assumindo seu irmão, Raul Castro, até 2021.

Neste contexto histórico alguns eventos são pertinentes na relação Igreja Católica e o governo de Cuba. Em 1975, foi realizado o I Congresso do Partido Comunista. Embora o partido se manifestasse pelo diálogo e abertura, continuava afirmando sua posição "dogmática": "ciência e religião opõem-se irremediavelmente". O artigo 35 da Constituição Socialista afirmava: "É livre a profissão de todas as religiões[...] A Igreja ficará separada do Estado; este não poderá subvencionar nenhum culto" (DUSSEL, 1989, p. 95-96). Em 1976, o episcopado condenou o terrorismo contra a linha aérea cubana, avançando na possibilidade de diálogo com o regime. Assim como o diálogo com pastores cristãos na Jamaica, (1977) por parte de Fidel, demonstra a situação mútua de abertura. Por ocasião do XI Festival Mundial da Juventude (1978), o arcebispo de Havana, Dom Francisco Ricardo Oves Fernández (1970-1981), declarou: "o ideal de uma sociedade sem classes antagônicas, econômicas nem sociais está mais de acordo com a exigência evangélica de fraternidade em Cristo, mas me pergunto: como nos ajudar a tornar viável o compromisso dos cristãos na realização progressiva desse ideal se a fé cristã é apresentada como sendo necessariamente hostil?... Gostaríamos de fundamentar esta nossa consideração partindo dos princípios da própria ciência social marxista, que não se desliga da teoria da realidade" (*El Heraldo Cristiano*. XXIV, 9-10, p. 16-18, 1978).

A revolução sandinista na Nicarágua possibilitou a Cuba visualizar uma linha de relacionamento entre Igreja e revolução. Outro evento importante foi em Matanzas (1978) a realização da reunião de 77 teólogos de países socialistas da Europa, da Ásia, da África e da América Latina para dialogarem sobre a Teologia da Libertação em seus respectivos contextos (cf. DUSSEL, 1989, p. 96). As visitas apostólicas dos papas João Paulo II (1998), Bento XVI (2012) e Francisco (2015) foram, sem dúvida, momentos de grande importância para o povo cubano e para as relações entre Santa Sé e Cuba. A seguir, trechos das homilias destes papas nas missas celebradas na Praça da Revolução José Martí, em Havana.

> Saúdo com afeto o Cardeal Jaime Ortega, Pastor desta Arquidiocese, e agradeço-lhe as amáveis palavras com que, no início desta celebração, me apresentou as realidades e as aspirações que marcam a vida desta comunidade eclesial. Saúdo de igual modo os Senhores Cardeais aqui presentes, vindos de diferentes lugares, assim como todos os meus Irmãos bispos de Cuba e de outros países, que quiseram participar nesta solene celebração. Saúdo cordialmente os sacerdotes, religiosos, religiosas e os fiéis reunidos em tão grande número. A cada um asseguro o meu afeto e proximidade no Senhor. Saúdo com deferência o Senhor Presidente, Doutor Fidel Castro Ruz, que quis participar nesta Santa Missa.
> A Igreja, ao levar a cabo a sua missão, *propõe ao mundo uma justiça nova*, a justiça do Reino de Deus (cf. Mt 6,33). Em diversas ocasiões referi-me aos temas sociais. É preciso continuar a falar disto, enquanto no mundo existir uma injustiça, por pequena que seja, pois do contrário a Igreja não seria fiel à missão confiada por Jesus Cristo. *Está em jogo o homem*, a pessoa concreta. Ainda que os tempos e as circunstâncias mudem, há sempre quem necessite da voz da Igreja, para que sejam reconhecidos as suas angústias, os seus sofrimentos e as suas misérias. Os que se encontram nestas circunstâncias podem estar certos de que não serão defraudados, pois a Igreja está com eles e o papa abraça, com o coração e com a sua palavra de alento, todo aquele que sofre a injustiça.
> Para muitos dos sistemas políticos e econômicos hoje vigentes, o maior desafio continua a ser o *conjugar liberdade e justiça, liberdade e solidariedade*, sem que nenhuma fique relegada a um plano inferior. Neste sentido, a *Doutrina Social da Igreja* é um esforço de reflexão e proposta, que procura iluminar e conciliar as relações entre os direitos inalienáveis de cada homem e as exigências sociais, de modo que a pessoa alcance as suas aspirações mais profundas e a sua realização integral, segundo a sua condição de filho de Deus e de cidadão. Eis por que *o laicato católico* deve contribuir para esta realização, mediante a *aplicação dos ensinamentos sociais da Igreja nos diversos ambientes*, abertos a todos os homens de boa vontade.
> A doutrina de *José Martí sobre o amor entre todos os homens tem raízes profundamente evangélicas*, superando assim o falso conflito entre a fé em Deus e o amor e o serviço à Pátria. Escreve este prócer: "Pura, desinteressada, perseguida, martirizada, poética e simples, a religião do Nazareno seduziu todos os homens honrados[...] *Todo o povo necessita ser religioso*. Deve sê-lo não só na sua essência, mas também pela sua utilidade[...] Um povo irreligioso morrerá, porque nada nele alimenta a virtude. As injustiças humanas desprezam-na; é necessário que a justiça celeste a garanta". (JOÃO PAULO II, Havana, 1998).

> O direito à liberdade religiosa, tanto na sua dimensão individual como comunitária, manifesta a unidade da pessoa humana, que é simultaneamente cidadão e crente, e legitima também que os crentes prestem a sua contribuição para a construção da sociedade. O seu reforço consolida a convivência, alimenta a esperança de um mundo melhor, cria condições favoráveis para a paz e o desenvolvimento harmonioso, e ao mesmo tempo estabelece bases firmes para garantir os direitos das gerações futuras.
>
> Quando a Igreja põe em relevo este direito, não está a reclamar qualquer privilégio. Pretende apenas ser fiel ao mandato do seu Fundador divino, consciente de que, onde se torna presente Cristo, o homem cresce em humanidade e encontra a sua consistência. Por isso, a Igreja procura dar este testemunho na sua pregação e no seu ensino, tanto na catequese como nos ambientes formativos e universitários. Esperemos que também aqui chegue brevemente o momento em que a Igreja possa levar aos diversos campos do saber os benefícios da missão que o seu Senhor lhe confiou e que ela não pode jamais negligenciar.
>
> Ínclito exemplo deste trabalho foi o insigne Sacerdote Félix Varela, educador e professor, filho ilustre desta cidade de Havana, que passou à história de Cuba como o primeiro que ensinou o seu povo a pensar. O Padre Varela indica-nos o caminho para uma verdadeira transformação social: formar homens virtuosos para forjar uma nação digna e livre, já que esta transformação dependerá da vida espiritual do homem; de fato, "não há pátria sem virtude" (*Cartas a Elpídio*, carta sexta, Madrid 1836, p. 220). Cuba e o mundo precisam de mudanças, mas estas só terão lugar se cada um estiver em condições de se interrogar acerca da verdade e se decidir a enveredar pelo caminho do amor, semeando reconciliação e fraternidade (BENTO XVI, Havana, 2012).
>
> O santo povo fiel de Deus, que caminha em Cuba, é um povo que ama a festa, a amizade, as coisas belas. É um povo que caminha, que canta e louva. É um povo que, apesar das feridas que tem como qualquer povo, sabe abrir os braços, caminhar com esperança, porque se sente chamado para a grandeza. Assim o sentiram os vossos heróis. Hoje, vos convido a cuidar desta vocação, a cuidar destes dons que Deus vos deu, mas sobretudo quero convidar-vos a cuidar e servir, de modo especial, a fragilidade dos vossos irmãos. Não os transcureis por causa de projetos que podem parecer sedutores, mas se desinteressam do rosto de quem está ao teu lado. Nós conhecemos, somos testemunhas da "força imparável" da ressurreição, que "produz por toda a parte, gerando rebentos de um mundo novo" (*Evangelii Gaudium*, 276.278) (FRANCISCO, Havana, 2015).

Haiti

No período de 1957 a 1971, governou o Haiti François Duvalier, conhecido como Papa Doc. Seu sucessor foi Jean-Claude Duvalier (Baby Doc, 1971-1986), seu filho, em regimes ditatoriais. Papa Doc buscou a legitimação da instituição religiosa e, aqueles que não consentiam o apoio eram expulsos e considerados inimigos do seu poder. Em 1966, o governo conseguiu um acordo com o Vaticano, possibilitando a mescla entre Igreja e Estado. Nos anos seguintes a hierarquia legitimou o poder de Duvalier. A partir de 1980, durante o governo de Baby Doc, a Igreja haitiana passou por uma transformação. Surgiram inúmeras Comunidades Eclesiais de Base e os religiosos, em sua Conferência, concordavam em trabalhar para um novo modelo de sociedade, de Igreja e de vida religiosa, realizando a justiça para os pobres. Em 1982 a Igreja no Haiti, padres, laicato e bispos denunciaram a situação de extrema pobreza e injustiça que vivia a população. Após a visita do Papa João Paulo II (1983), a Conferência episcopal rompeu o silêncio e numa declaração condenou indiretamente o Estado duvalierista (cf. LAMPE, 1992, p. 326-327). O governo respondeu com repressão. Expulsou, em 1985, três padres. Em 1986 caiu a ditadura de Baby Doc devido às ações da Igreja Católica. Nos anos seguintes a posição da Igreja mudou. Em 1989, os bispos denunciaram a Igreja popular como oposta à doutrina da Igreja e que reduzia o Evangelho a uma mera mensagem social. Ainda afirmavam que esta Igreja popular era contra os bispos por pregar a luta de classes. Segundo eles, a Igreja popular estava sobre a liderança do padre salesiano Jean Bertrand Aristide, este havia sido expulso da congregação naquele ano. Aristide foi presidente do Haiti em quatro mandatos: 1991; 1993-1994; 1994-1996; 2001-2004. São versões diferentes sobre os seus governos: para alguns é amigo dos pobres e, para outros, é corrupto. O Haiti é uma nação de cultura riquíssima, marcado por crises humanitárias e pelo terremoto de 2010, matando milhares de haitianos e a brasileira Doutora Zilda Arns, médica sanitarista, irmã de Dom Paulo Evaristo Arns, fundadora e coordenadora internacional da Pastoral da Criança e da Pastoral da Pessoa Idosa. Em 2021, o Presidente Jovenel Moise foi assassinado dentro da residência presidencial, abrindo ainda mais a crise política e econômica do país.

Capítulo XLIV
Teologia da libertação, história e teologia

> [...] estamos convencidos, nós e os senhores, de que a teologia da libertação não é só oportuna, mas útil e necessária (JOÃO PAULO II, 1986, p. 6).

Introdução

A finalidade deste capítulo é apresentar um suscinto histórico da Teologia da Libertação. A instituição religiosa em seu processo histórico busca transformar o tempo presente vivenciando os sinais do Reino de Deus. A teologia é uma reflexão sobre essa práxis eclesial. É um discurso sobre Deus a partir de um determinado contexto. Tendo presente, obviamente, a Tradição: Sagrada Escritura, Patrística e os Concílios como elementos imprescindíveis nesta construção teológica. A Teologia da Libertação surge a partir das Comunidades Eclesiais de Base (CEBs). Essa teologia latino-americana está na raiz profética da Igreja na América Latina, presente na homilia de Antonio de Montesinos, no século XVI, a favor dos indígenas contra a exploração colonial. Outros teólogos missionários da primeira hora são: Bartolomeu de Las Casas, José de Acosta, Bernardino de Sahagún, Antônio Vieira.

Uma teologia que surge da base

> O cristão não se converteu suficientemente ao próximo, à justiça social, à história. Também não percebeu, com a desejada clareza, que conhecer Deus é viver a justiça. Ainda não vive em um só gesto com Deus e com os seres humanos. Não se situa em Cristo sem

pretender evadir-se da história humana concreta. Falta-lhe percorrer o caminho que o leve a buscar efetivamente a paz do Senhor no coração da justiça social (GUTIÉRREZ, 2000, p. 262).

A Teologia da Libertação (TdL), interpretando o trecho acima, é a sistematização de um pensamento teológico latino-americano, dentro de um específico contexto econômico e político. Esta teologia foi o resultado de vários movimentos de contestação ao sistema estabelecido, dentro e fora da hierarquia, tanto na área política, como econômica e também religiosa. As classes mais oprimidas pelas estruturas injustas, e por isso mesmo mais abertas aos novos pensamentos, como trabalhadores e estudantes participantes destes movimentos, no mínimo, provocaram muitos questionamentos primeiro na Europa, e mais tarde na América Latina. Essa nova postura, com maior ou menor avanço, ajudou a modificar o sistema político social que imperava há séculos. Essas mudanças ou esses ares de mudanças que aconteciam no mundo foram trazidos para dentro de uma parte da Igreja que ansiava por uma libertação, sempre dentro de sua fé, de um sistema engessado.

> Começaram a se perguntar: que contribuição nós cristãos e cristãs podemos dar a partir do capital específico da fé cristã, da mensagem de Jesus que se mostrou, segundo os evangelhos, libertador? Esta questão era colocada por cristãos e cristãs que já militavam politicamente nos meios populares e nos partidos que queriam a transformação da sociedade (BOFF, 2011).

A partir da leitura bíblica a mensagem evangélica é interpretada para ser libertadora das opressões e das injustiças sociais. No Reino de Deus reina a paz, e a paz só pode ser alcançada quando houver justiça social. De enorme relevância é o CEBI que promoveu e promove estudos, cursos e publicações em termos de uma releitura libertadora e popular da Bíblia.

A América Latina é o continente das estruturas desumanas, das desigualdades monstruosas, e constitui uma certeza para todo o homem sincero que a caridade é incompatível com a defesa dessas estruturas, com a oposição à sua transformação e mesmo com a insensibilidade aos problemas que elas representam. Até onde essa incompatibilidade se encarnou nas exigências de nossa Igreja visível? (SEGUNDO, 1983, p. 42).

A gênese: Petrópolis 1964

De acordo com Boff (1986), foi em um encontro de teólogos realizado em Petrópolis (RJ), em 1964, que Gustavo Gutiérrez apresentou a proposta de uma teologia vinculada à prática social. Iokoi (1996) diz que, também em 1964, na cidade de Montevidéu, o mesmo Gutiérrez lançou, em uma série de conferências, as bases teóricas mais elaboradas da Teologia da Libertação. Ainda de acordo com Iokoi, Gutiérrez definia a pastoral em duas alas dialeticamente recíprocas e inseparáveis: a realidade em que deve atuar e as exigências evangélicas. Para ele, tais exigências evangélicas seriam históricas e, assim, tornava-se necessário conhecer a realidade temporal. E, para essa compreensão, a referência filosófica seria buscada no marxismo, que apresentava a possibilidade da crítica à economia política e aos conflitos de classe. Gutiérrez defendia que o povo deve construir a sua própria história, e não esperar pela intervenção divina. Busca exemplos na Bíblia, para demonstrar a luta concreta dos povos por sua libertação, e no exemplo de Cristo para se opor aos poderosos (Lowy, 1991; Boff, 1986). Nessa direção, em 1965, foram realizadas reuniões em Havana, Bogotá e Cuernavaca, que debateram as linhas mestras da nova teologia, e, num encontro na Suíça em 1969, os primeiros delineamentos já seriam tomados. Em março de 1970, é realizado, em Bogotá, o primeiro Congresso da Teologia da Libertação. Nos anos seguintes, Gutiérrez publica o livro *Teologia da Libertação*, Hugo Assmann publica *Opresión – Liberación: desafío de los Cristianos,* e Leonardo Boff publica *Jesus Cristo Libertador* (MENEZES NETO, 2007).

Assim, o surgimento da TdL ocorre nos anos de 1960 no Peru, com Gustavo Gutiérrez, no Uruguai, com Juan Luís Segundo e, no Brasil, com Leonardo Boff, tendo suas raízes históricas nos evangelizadores e missionários, que desde o início da colonização questionavam colonizadores e Coroa espanhola e portuguesa. A TdL tem sua origem no clamor e textos destes evangelizadores e nas diretrizes e nos documentos do Vaticano II e da Conferência de Medellín, no dizer de Gutiérrez, abraçou uma teologia com a centralidade nos empobrecidos e nos oprimidos. A TdL teve 3 pontos fundamentais: o ponto de vista do pobre, o fazer teológico e o anúncio do Reino de vida. Libertação da pessoa e crescimento do Reino encaminham-se para a plena comunhão da humanidade com Deus e da humanidade entre si. Têm o mesmo objetivo, mas não se dirigem a ele por caminhos paralelos, ou convergentes. "O crescimento do Reino é um processo que se dá historicamente na libertação – enquanto esta significa maior realização da pessoa, condição de uma sociedade nova – porém não se esgota nela" (GUTIÉRREZ, 2000, p. 237).

O anúncio da fé e da evangelização tem por centralidade os empobrecidos deste continente da esperança, a imensa maioria explorada e marginalizada, vítimas de séculos de exploração, pelo poder econômico mercantilista e depois capitalista. Esta teologia não deve ser vista como uma simples crítica social ou como um amparo assistencialista, mas como uma transformação, o empobrecido como integrante da sociedade e com o seu peso histórico, transformando a sociedade em outra mais igualitária, solidária e fraterna; isto é libertador. A pobreza não é apenas a carência ou ausência de bens materiais, é muito mais amplo, é uma ausência do pobre nos destinos de sua vida, ele é excluído, lhe é negado inclusive participar das decisões de seu próprio destino, negação de ser sujeito histórico. A formalização da TdL confunde-se com o próprio documento de Medellín.

> Trata-se na realidade de um verdadeiro universo em que o aspecto socioeconômico, embora fundamental, não é o único. Em última instância, a pobreza significa morte. Carência de teto e de alimento, impossibilidade de atender devidamente a necessidades de saúde e educação, exploração do trabalho, desemprego permanente, desrespeito a dignidade humana e injustas limitações à liberdade pessoal nos campos da expressão, do político e do religioso, sofrimento diário (GUTIÉRREZ, 2000, p. 17).

América Latina, Igreja para as Igrejas

Após a publicação da Encíclica *Populorum Progressio* (1967), o Padre Paul Gauthier (cf. Pacto das Catacumbas) escreveu uma "Mensagem" que foi assinada por 17 bispos, todos do então terceiro mundo, entre eles Dom Helder Pessoa Camara, arcebispo de Recife, Brasil. Na Mensagem a encíclica foi interpretada como um apoio à leitura da realidade histórica realizada por alguns grupos católicos que analisavam os processos pós-coloniais com a "teoria da dependência". Ao mesmo tempo se esperava que os pobres pudessem começar um processo de libertação fincados na raiz da tradição bíblica do Êxodo e na ressurreição de Jesus. Os dois paradigmas eram provenientes de uma libertação histórica e social na direção de um Reino imanente e iminente.

A fase de gestação da teologia da libertação já estava num processo de gênese. A gestação de 1962-1968 foi vivida dentro do período conciliar. O Vaticano II acolheu o processo evolutivo da teologia, da liturgia e da própria pastoral das décadas anteriores: "a teologia da história presente no movimento *Nouvelle Théologie*; a teologia transcendental de Karl Rahner e de Has Urs Von Balthasar...". E ainda: "o diálogo da teologia com o darwinismo realizado por Teilhard Chardin; as teologias protestantes do profundo, da palavra, do querigma e da história; o movimento de renovação litúrgica, especialmente proveniente da teologia do mistério de Odo Casel; a renovação pastoral oriunda da Ação Católica" (GONÇALVES, 2007, p. 169-170). A teologia conciliar acolhe também a tradição da Doutrina Social da Igreja: *Rerrum Novarum* (1891 – Leão XIII), a *Quadragesimo Anno* (1931 – Pio XI), as duas encíclicas de João XXIII, *Pacem in Terris* (1963) e *Mater et Magistra* (1961). Nesta fase estão também as encíclicas de Paulo VI, tendo na *Populorum Progressio* um meio de grande importância para a Igreja na América Latina e Caribe. Em 1968, a Conferência de Medellín, uma recepção criativa do Vaticano II, será outro marco de interesse de estudo que corrobora com o período da gestação da Teologia da Libertação.

De 1968 a 1971 ocorre o período da gênese da Teologia da Libertação. Com a narrativa anterior fica constatado que o campo está pronto para que se construa um método teológico que substitua a ideia de desenvolvimento, dominante na *Populorum Progressio*, por aquela de libertação. No ano de 1968, o teólogo peruano Gustavo Gutiérrez proferiu uma conferência na cidade de Chimbote (Peru) que no ano seguinte foi publicada com o título *Hacia uma teologia de la liberación*. Em 1971, foi publicada a obra pioneira de Gutiérrez, *Teología de la liberación*. Na introdução, o teólogo afirmava que esta teologia "intenta [ser]..., a partir do Evangelho e das experiências dos homens e mulheres comprometidos com o processo de libertação neste subcontinente de opressão e espoliação que é a América Latina" (1985, p. 9). A ideia central do livro é a constatação de um processo de libertação nos países subdesenvolvidos e oprimidos, ou seja, uma luta para construir uma sociedade mais justa e fraterna e para tudo isso se requer uma reflexão teológica. O termo desenvolvimento utilizado na *Populorum Progressio* não contempla estas aspirações mais profundas e se prefere usar libertação. Sustenta seu pensamento afirmando que seguindo a Sagrada Escritura, libertação é sinônimo de salvação. Assim, todo o processo de libertação pode ser considerado um único processo salvífico (cf. GUTIÉRREZ, 1985, p. 9-11).

> A Teologia da Libertação é isso: uma nova sistematização da fé cristã a partir da América Latina, hoje, que busca rever a teologia cristã voltando às fontes de nossa identidade cristã[...] Na Europa, ao menos anos atrás, deixaram o teólogo muito facilmente em seu gabinete,

em sua cátedra, em seus livros; se deixou demasiado o pregador em seu convento, em sua paróquia, em seu púlpito. O teólogo e o pregador da libertação convivem com o povo, fazem questão de experimentar também a pobreza do próprio povo, de viver os processos pastorais destes povos, processos que são, ao mesmo tempo, culturais, políticos, econômicos (CASALDÁLIGA, 1998, p. 15-16).

Controvérsias

As forças conservadoras e elitistas da sociedade latino-americana não ficaram satisfeitas com esse procedimento, logo se articularam em todos os ambientes possíveis para combater essa nova visão de sociedade que é contrária a seus interesses. Até pelo momento histórico que o mundo, e em particular o Brasil, atravessava no campo ideológico, o bem representado pelo capitalismo e o mal pelo comunismo. A associação das práticas da TdL, com um ideário marxista-comunista, foi de imediato e de grande utilidade para se justificar uma perseguição ou uma não defesa daqueles que abraçavam a causa da transformação das estruturas sociais injustas e opressoras.

Leonardo Boff

No Brasil, após uma perseguição política governamental intensa, entre 1967 e 1980, é chegado o momento de tensão dentro da Igreja, de maneira especial, em relação à Congregação para a Doutrina da Fé. A Congregação ao examinar as teses do livro de Leonardo Boff, *Igreja, carisma e poder – Ensaios de eclesiologia militante* (1981) emitiu uma advertência dura diretamente relacionado ao livro, condenando-o como um conjunto de teses perigosas à sã doutrina da Igreja (AAS, 1985, p. 756-762). O livro é composto de treze partes.

Igreja, carisma e poder

I – Práticas pastorais e modelos de Igreja
II – Práticas teológicas e incidências pastorais
III – A Igreja e a luta pela justiça e pelo direito dos pobres
IV – A questão da violação dos direitos humanos dentro da Igreja
V – O poder e a instituição na Igreja podem se converter?
VI – O catolicismo romano: estrutura, sanidade, patologias
VII – Em favor do sincretismo: a produção da catolicidade do catolicismo
VIII – Características da Igreja numa sociedade de classes
IX – Comunidade Eclesial de Base: o mínimo do mínimo
X – As eclesiologias subjacentes às Comunidades Eclesiais de Base
XI – É justificada a distinção entre Igreja docente e Igreja discente? Entre Igreja que fala e Igreja que escuta?
XII – Uma visão alternativa: a Igreja, sacramento do Espírito Santo
XIII – Uma estruturação alternativa: o carisma como princípio de organização

Em 1985 a Leonardo Boff foram impostas algumas sanções: guardar "silêncio obsequioso" por tempo indeterminado, renunciar a publicação de seus textos, a dar palestras, participar de congressos e encontros, sendo afastado do editorial da Editora Vozes, da direção da *Revista Eclesiástica Brasileira* e da cátedra de teologia. Antes de entrar neste silêncio o frade franciscano publicou uma declaração:

1. Declaro que não sou marxista. Como cristão e franciscano, sou a favor das liberdades, do direito de religião e da nobre luta pela justiça em direção a uma sociedade nova.

2. Reafirmo que o Evangelho se destina a todos sem exceção. Entretanto, reconheço que este mesmo Evangelho privilegia os pobres, porque eles constituem as maiorias sofredoras e são os preferidos de Deus, de Cristo e da Igreja.

3. Entendo que, numa situação de opressão como a nossa, a missão da Igreja deve ser, sem equívocos, libertadora.

4. Estou convencido de que as medidas tomadas a meu respeito não anulam a necessidade de, em comunhão com o Magistério, continuarmos avançando na elaboração de uma autêntica teologia da libertação.

5. Caberá doravante às instâncias competentes fornecer maiores informações (BOFF, 2005, p. 264-265).

Depois de onze meses, devido às muitas pressões sobre o Vaticano, sobre o Cardeal Joseph Ratzinger e diretamente sobre o Papa João Paulo II, na Páscoa de 1986, o franciscano foi liberado do silêncio obsequioso e das demais medidas restritivas. Entretanto, permanecia o rígido esquema de censura prévia a tudo àquilo que Leonardo Boff escrevia, tanto por parte da Ordem Franciscana quanto por parte da autoridade eclesiástica, encarregada de dar o *imprimatur* (imprima-se) aos textos.

Libertatis Nuntius

O momento de maior tensão foi em 1984, quando a Congregação para a Doutrina da Fé editou a "Instrução sobre alguns aspectos da 'Teologia da Libertação'", *Libertatis Nuntius* (LN). Nesta instrução o Vaticano levanta vários aspectos das "teologias de libertação" chamando a atenção para os graves erros que elas possam conter. Lembra que "em Puebla a opção preferencial era dupla, pelos pobres e pelos jovens, mas é significativo que a segunda foi esquecida" (LN, VI, 6). Declara com muita ênfase o perigo de se cair em uma ideologia marxista,

> Seu raciocínio é o seguinte: uma situação intolerável e explosiva exige uma *ação eficaz* que não pode mais ser adiada. Uma ação eficaz supõe uma *análise científica* das causas estruturais da miséria. Ora, o marxismo aperfeiçoou um instrumental para semelhante análise. Bastará, pois, aplicá-lo à situação do Terceiro Mundo e especialmente à situação da América Latina (LN, VII, 2).

Ainda alerta para o perigo de se identificar Deus com a história e com uma luta de classes políticas:

> Nesta linha, alguns chegam até ao extremo de identificar o próprio Deus com a história e a definir a fé como "fidelidade à história", o que significa fidelidade comprometida com uma prática política, afinada

com a concepção do devir da humanidade concebido no sentido de um messianismo puramente temporal (LN, IX, 4).

Expõe ainda o perigo de se interpretar o Evangelho somente para resolver os problemas sociais e estruturais da pobreza, esquecendo-se dos seus aspectos salvíficos e a transformação do coração da pessoa:

> A luta de classes como caminho para uma sociedade sem classes é um mito que impede as reformas e agrava a miséria e as injustiças. Aqueles que se deixam fascinar por este mito deveriam refletir sobre as experiências históricas amargas às quais ele conduziu. Compreenderiam, então, que não se trata, de modo algum, de abandonar uma via eficaz de luta em prol dos pobres em troca de um ideal desprovido de efeito. Trata-se, pelo contrário, de libertar-se de uma miragem para se apoiar no Evangelho e na sua força de realização (LN, XI, 11).

Num contexto de extrema discussão teológica e de suspeitas a respeito da pastoral e teologia latino-americanas houve uma reação:

> [...] da Conferência Episcopal do Brasil acerca da visão unilateral e marcadamente negativa da Instrução que lançava uma nuvem de suspeita sobre a própria Igreja e seu episcopado; o desconforto no Peru, com as pressões para que a Igreja local censurasse o teólogo Gustavo Gutiérrez, e o inconformismo no Brasil, com o processo e o silêncio obsequioso impostos ao teólogo Leonardo Boff, desembocaram num segundo documento que resgatava os aspectos positivos da caminhada eclesial e da reflexão teológica latino-americana: a "Instrução sobre a Liberdade cristã e a libertação" (*Libertatis Conscientia*: 22-03-1986). Levou também à convocação em Roma de uma inusitada mesa de diálogo entre o Papa, acompanhado de seus auxiliares mais diretos e a presidência da CNBB, os presidentes dos seus Regionais e os cardeais brasileiros, de 13 a 15 de março de 1986 (BEOZZO, 2015b, p. 20-21).

Libertatis Conscientia

O documento deixa claro que não se deve sacralizar a política em nome do Reino de Deus, "e abusar da religiosidade do povo em proveito de iniciativas revolucionárias" (LN, XI, 17). Em 1986, a Congregação para a Doutrina da Fé, emitiu um novo documento, a instrução *Libertatis Conscientia* (LC), "Instrução sobre a liberdade cristã e a libertação", que complementa o documento anterior, e "evidencia os principais elementos da doutrina cristã acerca da liberdade e da libertação. Entre os dois documentos existe uma relação orgânica. Devem ser lidos um à luz do outro" (LC 2). Este segundo documento apresenta um teor positivo em relação ao primeiro de 1984. O texto indica a Doutrina Social da Igreja como "resolução" epistemológica ao problema do uso do marxismo em teologia. Após o encontro com a presidência da CNBB (1986), João Paulo II escreveu aos bispos do Brasil:

> [...] estamos convencidos, nós e os senhores, de que a teologia da libertação não é só oportuna, mas útil e necessária. Ela deve constituir uma nova etapa, em estreita conexão com as anteriores, daquela reflexão teológica iniciada com a Tradição apostólica e continuada com os grandes Padres e Doutores, com o Magistério ordinário e extraordinário e, na época mais recente, com o rico patrimônio da Doutrina Social da Igreja, expressa em documentos que vão da *Rerum Novarum* à *Laborem Exercens* (JOÃO PAULO II, 1986, p. 6).

Libertação integral

A TdL parte de uma realidade existente, verdadeira, por mais dura que ela seja, não parte de doutrinas e documentos e muito menos de teólogos acadêmicos letrados produzindo literatura em seus gabinetes. O conhecimento da realidade social é de vital importância. Trata-se de fazer uma teologia prática e não teórica. O fundamental é que, ao contato com os males sofridos por determinada população, ter a compaixão evangélica, mas também a ação no sentido de minimizar os males sofridos pelo povo, junto aos sentimentos de inconformismo com o que se vê buscar uma ação transformadora e libertadora. Não cai apenas em sentimentalismos baratos, em assistencialismos que apenas protegem e dão força ao sistema econômico perverso, mas com a fé e a razão, combate a lógica do sistema opressor, com métodos novos e alternativos. Não se trata de pensar a libertação como um tema, mas como algo real, como um processo histórico, como fato social dos oprimidos, conscientizados, organizados em busca de vida, pão, trabalho, participação, dignidade, numa palavra, libertação integral (cf. LIBANIO, 1987, p. 129). Em última instância, sustentava o esforço de libertação em que estava empenhado o continente latino-americano. Mas, para que a libertação seja autêntica e plena, deverá ser assumida pelo próprio povo oprimido, e para isso deverá partir dos próprios valores desse povo (cf. GUTIÉRREZ, 2000, p. 151).

O principal sujeito da mudança deve ser o próprio empobrecido, que deve se sentir pertencente ao processo e não um mero objeto de algum grupo elitista, mesmo com todas as boas e corretas intenções. O empobrecido deveria ser protagonista do seu destino, da sua história. Dentro desta lógica de uma nova sociedade, o elemento eclesial transformado passa a ser determinante, pois, além de proporcionar uma nova forma de ser Igreja, a visão da TdL sempre parte da Revelação dos ensinamentos de Jesus, da caridade e da dignidade da vida do próximo e não apenas de um fazer social. O elemento eclesial, novo e transformador, era o verdadeiro condutor desta nova evangelização, criando as novas formas de vida comunitária.

> Ao desposar as mediações humanas da sociologia crítica, a Teologia da Libertação desconfiou, em dados momentos, da religião como ópio do povo. Via em muitas formas religiosas expressões alienadas da liberdade e

objeto de manipulação por parte de setores políticos e eclesiásticos, especialmente quando favoreciam o fatalismo e a submissão (LIBANIO, 2000, p. 102).

Havia um clima sociopolítico e ideológico de libertação, ao lado de terrível opressão pesando sobre a população. A Igreja, ou uma parte dela, se fez presente de muitos modos. Três sujeitos sociais fundamentais da Igreja se aproximaram da problemática da opressão e libertação: uma parte bispos, grupos de letrados e parte dos fiéis simples, conscientizados, organizados. A organicidade desses três sujeitos atuando num mesmo contexto, dentro de uma mesma perspectiva libertária, permitiu o surgimento da TdL no interior da Igreja. Os teólogos procuraram sistematizar os questionamentos que esses sujeitos sociais captaram, viveram, refletiram, confrontando-os com a Revelação. Mas, para que os teólogos pudessem fazer tal trabalho, fez-se mister que a própria teologia tivesse necessária abertura para captar tal realidade e elaborá-la (cf. LIBÂNIO, 1987, p. 79).

Resumo da metodologia prática da TdL, segundo Leonardo Boff

1. É um encontro espiritual. É necessário ter uma experiência do Jesus Crucificado. Esse Jesus que sofre e se importa com o povo oprimido.

2. Ter uma indignação ética pela qual se rejeita tal situação opressora, cujo povo é vítima, como desumana e se deseja que ela seja superada.

3. Ter um olhar profundo e uma análise racional das estruturas que levam à opressão e à pobreza.

4. Ter um julgar crítico sobre a sociedade em que se vive, tanto aos olhos da fé como da razão, sociedade essa marcada por injustiças sociais e a urgência de transformá-la.

5. Um agir prático e eficaz que faz avançar o processo de libertação a partir dos oprimidos.

6. Uma celebração litúrgica dentro da comunidade feita por todos os seus integrantes, festejando as vitórias alcançadas.

Esse método é usado na linguagem do cotidiano seja pelos meios populares que se organizam para resistir e se libertar, seja pelos grupos intermediários dos agentes de pastoral, de padres, bispos, religiosos e religiosas, leigos e leigas, cujo discurso é mais elaborado, seja pelos próprios teólogos que buscam rigor e severidade no discurso (BOFF, 2011).

A novidade está em se ter uma imensa massa de gente empobrecida pelo sistema econômico, político e social dominado pelas elites; é um empobrecimento coletivo, pobre derivado de decisões políticas, pobre-sujeito de um sistema consciente e organizado. Trata-se de uma experiência nova, e assim permite o nascimento de uma nova teologia. "Fundamental, porém, é acentuar que se trata da experiência de Deus na mediação histórica do pobre coletivo" (LIBÂNIO, 1987, p. 115).

Essa teologia produzirá efeitos espirituais e culturais onde for vivenciada, dentro e fora da Igreja. Nas transformações espirituais há que se destacar que a TdL nasceu na periferia do mundo cristão, aquela periferia que foi invadida, colonizada e explorada por séculos pela cultura europeia e, pela primeira vez, nasce uma teologia fora do centro irradiador e controlador da fé. E essa teologia não é apenas teórica ou formadora de pensamentos teológicos, mas, ao contrário, é prática e insere em sua ação o próprio destinatário, os empobrecidos e marginalizados da sociedade, sendo contestadora de um sistema injusto, trazendo vida e espiritualidade em uma mensagem cristã sem romper com as teologias anteriores nem com o centro religioso, pois suas bases estavam nos próprios documentos do Magistério e a sua Tradição.

> Antes de fazer Teologia é preciso fazer libertação. O primeiro passo para a Teologia é pré-teológico. Trata-se de viver o compromisso da fé, em nosso caso, de participar, de algum modo, no processo libertador, de estar comprometido com os oprimidos. A Teologia é sempre ato segundo, sendo o primeiro a "fé que opera pela caridade" (Gl 5, 6) (BOFF, L.; BOFF, C., 1986, p. 37,38).

Os empobrecidos, desde a era apostólica, foram objeto da preocupação cristã, mas sempre como destinatários da caridade. Agora eles se tornam, dentro da Igreja, protagonistas de seu próprio destino, causando uma enorme e fecunda transformação social. Os empobrecidos, tiveram a oportunidade, em um continente onde jamais importaram, de ser reconhecidos pela sua dignidade humana, de pensar, de refletir, de tomar decisões e de discutir seus problemas à luz da Revelação Divina. Dentro de uma organização eclesial, a paróquia passa a ser uma rede de comunidades, com fiéis de ativa participação, tanto litúrgica como pastoral, discípulos missionários em seu mundo de trabalho e de estudo, em clima de comunhão e de transformação, tanto no ambiente paroquial comunitário como fora dele.

Espiritualidade

A TdL fez o caminho da periferia para o centro, escutando os clamores de baixo. Algumas manifestações posteriores da Igreja tiveram a preocupação mais específica com os empobrecidos, por exemplo: Sínodo dos Bispos de 1971, intitulado a "O sacerdócio e a Justiça no Mundo". Apesar do documento não mencionar explicitamente a TdL, trata da injustiça econômica e a desigualdade social que impedem a pessoa de desfrutar de seus direitos; da desumanidade devido à falta de investimentos em educação e ataca tanto as nações capitalistas como socialistas, por serem usurpadoras das nações mais fracas e, com sua ganância pelo material, poluírem e contaminarem a Terra, um dom de Deus para toda a humanidade. Estimula ainda que o laicato participe mais da Igreja, em particular no que se refere à administração dos bens temporais. Em um profundo exame de autoconsciência afirma que a Igreja, caso viva na riqueza em meio aos empobrecidos, não dá um testemunho de fé.

> [...] a nossa fé impõe-nos uma certa parcimônia no uso das coisas materiais, e a Igreja está obrigada a viver e a administrar os próprios bens de tal maneira que o Evangelho seja anunciado aos pobres. Se, pelo contrário, a Igreja aparece com um dos ricos e poderosos deste mundo, a sua credibilidade fica diminuída. O nosso exame de consciência estende-se ao estilo de vida

de todos: dos bispos, dos presbíteros, dos religiosos e religiosas e dos leigos. Impõe-se perguntar se, entre as populações pobres, o pertencer à Igreja não será um meio de acesso a uma ilha de bem-estar, num contexto de pobreza. Nas sociedades de mais alto nível de consumo, deve perguntar-se, também, se o próprio estilo de vida serve de exemplo daquela parcimônia no consumo que nós pregamos aos outros, como necessária para serem alimentados tantos milhares e milhares de famintos que existem pelo mundo (SÍNODO, 1971).

Em Puebla (1979), o Papa João Paulo II, em seu discurso inaugural, chama a atenção para os problemas socioeconômicos que afligem o mundo onde, através de mecanismos nacionais ou internacionais, os ricos se tornam mais ricos e os pobres se tornam mais pobres, reafirmando que a dignidade humana é um valor evangélico. Deixa evidente que a libertação evangélica não deve ser limitada a uma questão apenas econômica ou de promoção humana (DP, discurso inaugural). O documento de Puebla, em um avanço sobre este entendimento dentro da instituição, reconhece que, naturalmente há tensões dentro da própria Igreja para tratar da questão da justiça social, cuja maior preocupação é não cair em um puro ativismo social ou, pior ainda, os ministros ordenados trabalharem na política partidária.

> A situação de injustiça que descrevemos na parte anterior nos leva a refletir sobre o grande desafio que nossa pastoral enfrenta para ajudar o homem a passar de situações menos humanas a situações mais humanas. As profundas diferenças sociais, a extrema pobreza e a violação dos direitos humanos, que ocorrem em muitas regiões, são desafios lançados à evangelização. Nossa missão de levar Deus até os homens e os homens até Deus implica, também, construirmos no meio deles uma sociedade mais fraterna. Esta situação social não tem deixado acarretar tensões para o próprio seio da Igreja: tensões produzidas ou por grupos que enfatizam "o espiritual" de sua missão, ressentindo-se dos

seus trabalhos de promoção social ou por grupos determinados a transformar a missão da Igreja em mero trabalho de promoção humana.

Fenômenos novos que preocupam são a participação de sacerdotes na política partidária, não apenas de maneira individual, como alguns já haviam feito antes, mas também como grupos de pressão ou a aplicação à atividade pastoral feita em certos casos, por alguns deles, de análises sociais com forte conotação política (DP 90-91).

A Conferência de Puebla trata de maneira explícita e positiva as CEBs, incentivando a sua atuação. As CEBs são mencionadas em várias partes do documento como um modelo de evangelização e de uma possível transformação social (DP 96-97).

Se por um lado, a reação conservadora de parte da Igreja foi grande, com parte da hierarquia desestimulando, sendo contrários e mantendo o povo sob o poder eclesiástico, por outro não se pode deixar de reconhecer as boas intenções de seus avisos, e a sempre recorrente preocupação informando que a principal razão da vida da Igreja é a evangelização de todos e o seguimento de Jesus Cristo, segundo a Sagrada Escritura. João Paulo II envia uma mensagem ao Episcopado brasileiro em 9 de abril de 1986. Por esta época a TdL já havia sido contestada pela Congregação da Doutrina da Fé. Em sua carta, o Papa explicita claramente:

> Deus os ajude a velar incessantemente para que aquela correta e necessária teologia da libertação se desenvolva no Brasil e na América Latina, de modo homogêneo e não heterogêneo com relação à teologia de todos os tempos, em plena fidelidade à doutrina da Igreja, atenta a um amor preferencial não excludente nem exclusivo para com os pobres. Neste ponto é indispensável ter presente a importante reflexão da Instrução *Libertatis Conscientia* sobre as duas dimensões constitutivas da libertação na sua concepção cristã: quer no nível da reflexão quer na sua práxis, a libertação é, antes de tudo,

soteriológica (um aspecto da Salvação realizada por Jesus Cristo, Filho de Deus) e depois ético-social (ou ético-política). Reduzir uma dimensão à outra – suprimindo-as praticamente a ambas – ou antepor a segunda à primeira é subverter e desnaturar a verdadeira libertação cristã (JOÃO PAULO II, 1986).

No caso da Teologia da Libertação trata-se de um programa prático e teórico que pretende compreender o mundo, a história e a sociedade e transformá-los, à luz da própria revelação sobrenatural de Deus como salvador e libertador da humanidade. Ela é disfuncional ao pensamento oficial e ao modo como a Igreja se organiza hierarquicamente: de um lado o corpo clerical que detém o poder sagrado, a palavra e a direção, e do outro, o corpo laical, sem poder, obrigado a ouvir e a obedecer. Na esteira do Concílio Vaticano II, a Teologia da Libertação se baseia num conceito de Igreja comunhão, rede de comunidades do Povo de Deus e poder sagrado como serviço.

Transformação social

Através das CEBs, partindo da leitura bíblica e de sua organização e reivindicações, os cristãos leigos puderam influenciar nas pastorais: Pastoral da Terra, CIMI, Pastoral da Criança, e em outras pastorais sociais que prestaram e ainda prestam um enorme serviço a toda população no Brasil e também em outros países. Contribuiu para a transformação do ambiente social fora da Igreja, papel claramente designado ao laicato. No Brasil, tendo como princípio a atuação nas CEBs, o fiel leigo passa a reivindicar para as autoridades constituídas melhores condições de vida para o seu bairro, atuando nos Conselhos Municipais, buscando melhores condições de saneamento básico, transportes, educação. Atua fortemente na formação de um novo partido político, o Partido dos Trabalhadores que, em que pese o juízo atual que se tenha de sua atuação político-partidária, teve o mérito de nascer pela primeira vez na periferia do poder e não no centro das elites econômicas como até então acontecia. O projeto partidário viveu ainda a utopia de reunir intelectuais e trabalhadores em causas comuns para uma efetiva e duradoura transformação social, tão necessária e sempre prometida, porém sempre postergada.

> A Teologia da Libertação é resposta à problemática pastoral da Igreja, especialmente colocada no contexto latino-americano, em que a luta pela libertação constitui uma exigência fundamental do Evangelho e uma antecipação do Reino de Deus.
>
> Resposta que não tem nada de simples. Supõe uma elaboração teológica de certa complexidade, e até hoje suscita polêmica.
>
> A Teologia da Libertação não é invenção de ontem, nem de poucos. Explica-se no contexto da evolução da Igreja, especialmente na América Latina. Como teologia, vai em busca da significação final das lutas de libertação. E, como tal, permite uma outra compreensão da História (CATÃO, 1986, p. 63).

A TdL, nascida na América Latina, se expandiu para a África e Ásia, articulando o discurso social com o discurso da fé. Claro que muitos foram os obstáculos, até mesmos muitos foram os desvios do caminho apresentado, alguns dentro da própria hierarquia, pois ela não é de pensamento único, o que é positivo, e sempre haverá o questionamento das elites que ocupam o poder, pretendendo deixar à margem os oprimidos e os que não têm voz na sociedade, para continuarem sua obra de acúmulo e ambição.

Mas sem dúvida, a constituição das CEBs, que significou a Igreja na prática inserindo o laicato em sua ação eclesial, contribuiu para a participação solidária e comunitária de todos, clero e laicato, na construção do Reino de Deus. Foi uma transformação social prática que apenas pode-se dar com a alternativa de abertura do poder temporal. Em um país onde historicamente a participação política até então se restringia às elites, onde as demandas sociais sempre foram desconsideradas para a classe dos empobrecidos, onde a desigualdade econômica e social é abissal, e onde a Igreja por séculos foi aliada do poder econômico, a criação e a vida eclesial nas CEBs representaram um alento e uma nova perspectiva de vida tanto espiritual como social. Sob a inspiração e condução do Espírito Santo, a Igreja de Jesus Cristo se encontrou de uma forma plena com o Povo de Deus nas Comunidades Eclesiais de Base.

Teologia da Libertação: profissional, pastoral, popular[47]

	Profissional	Pastoral	Popular
Descrição	Mais elaborada e rigorosa	Mais orgânica com relação à prática	Mais difusa e capilar, quase espontânea
Lógica	De tipo científico, metódica, sistemática e dinâmica	Lógica da ação: concreta profética, propulsora	Lógica da vida: oral, gestual, sacramental
Método	Mediação socioanalítica, hermenêutica e prática	Ver, julgar, agir	Confrontação: Evangelho e vida
Lugar	Institutos teológicos, seminários	Institutos pastorais, centros de formação	Círculos bíblicos, CEBs
Momentos privilegiados	Congressos teológicos	Assembleias eclesiais	Cursos de Treinamento

---

47. Adaptado de BOFF, L.; BOFF, C. *Como fazer Teologia da Libertação*. Petrópolis: Vozes, 1986, p. 26-27.

Produtores	Teólogos de profissão (professores)	Pastores e agentes pastorais; leigos, irmãs	Participantes das CEBs com seus coordenadores
Produção oral	Conferências, aulas, assessorias	Palestras, relatórios	Comentários, celebrações, dramatizações
Produção escrita	Livros, artigos	Documentos pastorais	Roteiros, cartas

A construção da Teologia da Libertação é o resultado da apresentação de um confronto existente entre fé e a realidade de milhões de pessoas que vivem em situação de miséria, abusos de todos os tipos, torturas físicas e psicológicas. Os clamores por libertação são um dos motores na elaboração desta teologia. O Vaticano II e a Conferência de Medellín estão na gênese desta reflexão e discurso sobre Deus. Um olhar na Sagrada Escritura e outro na realidade dos descartados, nas palavras do Papa Francisco, são os elementos primeiros da elaboração teológica. Um referencial teórico utilizado pela Teologia da Libertação é o filosófico através de aspectos do instrumental marxista. Nesses anos todos alguns teólogos utilizaram o instrumental antropológico para analisar a sociedade no processo de elaboração teológica. Sem dúvida, no século XXI, este instrumental necessita crescer na sua utilização, possibilitando uma maior aproximação entre fé, vida na construção da teologia. Desafios também são a busca por uma nova linguagem na elaboração do discurso sobre Deus e a convivência com a diversidade das teologias latino-americanas. Outro imenso desafio é a busca de outro paradigma, ou seja, "uma libertação do paradigma antropocêntrico para uma visão mais holística e centrada na Vida" (BARROS, 2019, p. 263). A teologia latino-americana urge entrar num processo de decolonialidade, um movimento teológico de luta contínua.

Foi fruto do Concílio a Teologia da Libertação, as Comunidades Eclesiais de Base e, especialmente, a consciência social que se despertou na Igreja latino-americana, fazendo da opção preferencial pelos pobres uma opção central e um compromisso verdadeiro. É normal que, em 50 anos, esse horizonte tenha sofrido transformações, e não podemos esperar que ele mantenha a vitalidade e o impulso dos inícios... sabemos que, passadas as primeiras duas décadas, começou uma verdadeira perseguição contra a Igreja latino-americana por alguns setores conservadores da Igreja. Essa situação de confrontação desconcertou alguns, desmotivou outros, encheu de medo e temor a outros setores eclesiais[...] (é preciso) continuar denunciando as "tentações" que chegam de todas as partes a uma "involução" eclesial que oferece segurança, tranquilidade e, o que mais nos confunde, atração de muitas pessoas, incluindo os jovens, que parecem se sentir melhor com um tipo de "espiritualismo" que os centra no além, no cumprimento da norma, no centralismo eclesial[...] não acredito que o Vaticano tenha as respostas para este novo momento, porque as mudanças que estamos vivendo são aceleradas e talvez nem alcancemos o seu ritmo, mas a partir desse dinamismo temos que enfrentar desafios tais como o pluralismo cultural e religioso, que tende a se traduzir na pluralidade de teologias, de liturgias, de modelos eclesiais (VELEZ, 2012, p. 1).

Capítulo XLV
Teologia do Povo

> A fé que se encarna num povo incultura-se, por isso mesmo, na sua religiosidade, até chegar ao núcleo propriamente ético, simbólico e religioso, de sua cultura (SCANNONE, 2019, p. 53).

Introdução

O capítulo apresenta algumas notas características da *Teologia do Povo* (cf. GERA, 2015). A finalidade é traçar as linhas gerais deste importante discurso sobre Deus na América Latina e, também, identificar algumas raízes do pensamento e gestos do futuro Papa Francisco. Há uma insistente tentativa de associar o Papa a imagem de um pastoralista, mais do que de um teólogo. Trata-se de uma busca em que possivelmente se quer desqualificar sua capacidade de elaborar uma reflexão teológica e, ao mesmo tempo, associá-lo a alguém que se guia mais por impulso pastoral do que por acuidade doutrinal (CONGRESSO, 2016).

O intérprete

Juan Carlos Scannone, jesuíta argentino, é um teólogo de grande destaque na América Latina e de importante influência no pensamento de Bergoglio, tendo sido seu professor. É ele que afirma, citado por Pittaro, que Francisco "não (é) um teólogo profissional, mas um pastor que teologiza" (PITTARO, 2019). Ideia que outro jesuíta, Victor Codina, também concorda e sustenta que o papa:

> [...] não é teólogo profissional e não impõe sua própria teologia, mas é sobretudo pastor, abriu as portas da Igreja. Deseja uma Igreja que saia às ruas e cheire a ovelha, que não exclua, mas que acolha e seja sacramento de misericórdia, uma Igreja que seja dialogante, não autor referencial, pobre e dos pobres, que viva a alegria do Evangelho e acredite na novidade sempre surpreendente do Espírito (CODINA, 2018).

Não obstante o não profissionalismo do exercício teológico, Francisco é claramente marcado por correntes teológicas que transparecem em seu Pontificando e, por esse motivo transbordam, não sem resistência de alguns, para a Igreja inteira. São conceitos que fundamentam e sustentam sua reflexão. Além do Concílio Vaticano II (cf. SOUZA, 2016, p. 173-196), o atual bispo de Roma é profundamente marcado pela *Teologia do Povo*, consequentemente pela Teologia da Libertação, haja vista que aquela é considerada uma vertente desta com a peculiaridade argentina (cf. SCANNONE, 2014, p. 37). Ambas, deve-se dizer, não condicionam o pensamento do Papa Francisco, antes o nutrem. Francisco não é um dos construtores da *Teologia do Povo*, mas o maior intérprete. Scannone, desde os anos 80 do século XX, faz questão de frisar que a *Teologia do Povo* é vertente da Teologia da Libertação, mas não há nada de marxismo nela.

Origens e conteúdo da Teologia do Povo

A *Teologia do Povo* foi gestada na Igreja Latino-americana, particularmente em território argentino. Ela decorre, em última análise, do Concílio Vaticano II, especificamente na releitura elaborada no Documento de Puebla (386) e do número 53 da *Gaudium et Spes* quando trata da Cultura. Suas raízes também se encontram no Documento de Medellín e nas encíclicas *Mater et Magistra* (1961) e *Populorum Progressio* (1967), de João XXIII e Paulo VI, respectivamente. João XXIII queria uma Igreja dos Pobres, palavras suas numa transmissão radiofônica em setembro de 1962, um mês antes do início do Vaticano II (cf. JOÃO XXIII, 2007, p. 20-26).

Os traços do "Pacto das Catacumbas" (cf. BEOZZO, 2015) também estão presentes nesta Teologia e, é claro, em Francisco. Neste pacto, assinado nas Catacumbas de Santa Domitila (Roma) por 40 bispos, e, posteriormente assumido por cerca de 500 bispos, o episcopado declara a necessidade de voltar ao seguimento do Jesus histórico, "uma igreja serva e pobre", que se diferenciaria pelo "testemunho da fraternidade, justiça e compaixão". Foi no interior deste contexto teológico que a formação de Bergoglio se deu. Francisco tem no centro de sua prática eclesial o compromisso com os pobres (EG capítulo IV) que é desdobramento deste Pacto. E é aí que se encontra a Piedade Popular vista como um grande potencial de evangelização (cf. SOUZA, 2019, p. 36).

Comissão Episcopal de Pastoral (COEPAL)

A estruturação da *Teologia do Povo* foi realizada no interior da COEPAL (cf. GONZÁLEZ, 2010; SCANNONE, 2019, p. 23-29). Comissão criada em 1966 com a finalidade de organizar um Plano Nacional de Pastoral para a Argentina. Era formada por bispos, teólogos, pastoralistas, religiosos e religiosas, entre estes estavam: o Jesuíta Lucio Gera (1924-2012) e o presbítero da Arquidiocese de Buenos Aires, Rafael Tello (1917-2002) (cf. ALBADO, 2018, p. 219-252). Ambos os professores da UCA (Universidade Católica da Argentina). Além destes, compunham a Comissão Justino O'Farrell, Gerardo Farrel, Alberto Sily, Fernando Boasso, Enrique Angelelli, Dom Manuel Marengo.

A importância de Lucio Gera é fundamental nesta construção teológica. Quando faleceu o teólogo, o cardeal arcebispo de

Buenos Aires, Bergoglio, reconhecendo seu pensamento teológico, decidiu que seu corpo fosse sepultado na cripta da Catedral. Na lápide essa inscrição: Sacerdote Mestre em Teologia. Iluminou a Igreja na América e Argentina no caminho do Vaticano II (nossa tradução) (cf. ALBADO, 2018, p. 40).

É no âmbito desta Comissão que nasceu a *Teologia do Povo*. Essa perspectiva teológica logrou visibilidade, particularmente na Assembleia de San Miguel (1969) (SCANNONE, 2014, p. 32), quando o episcopado argentino, pretendendo aplicar de maneira criativa as decisões de Medellín (CONFERÊNCIA EPISCOPAL ARGENTINA), serviu-se largamente de seus pressupostos. No que se refere à cultura, essa postura foi apropriada pelo Episcopado Latino-Americano na III Conferência Geral em Puebla (cf. CELAM, 2009, p. 414). Nessa Assembleia de 1969 os bispos elaboraram o conhecido "Documento de San Miguel", sendo este um dos textos mais significativos da História da Igreja na Argentina. O texto trata de diversos temas, dentre eles a pastoral popular pensada a partir do povo. A ideia é que o povo já foi evangelizado e este apresenta não apenas "sementes", mas "frutos" do Verbo.

A COEPAL existiu até 1973 (cf. ALBADO, 2018, p. 36-37). Vários de seus membros, após o encerramento de suas atividades, continuaram se reunindo como grupo de reflexão teológica sob a liderança de Gera. Este foi perito em Medellín e Puebla, membro da Equipe Teológico-Pastoral do CELAM. Tempos depois foi também membro da Comissão Teológica Internacional. A teologia de Gera está muito mais no âmbito oral do que escrito, muitas de suas intervenções orais foram gravadas e transcritas (cf. AZCUY, 2007).

No contexto da ditadura argentina, nasceram na Universidade de Buenos Aires as Cátedras Nacionais de Sociologia. Havia um elo entre a COEPAL e as Cátedras. Distanciavam do liberalismo e do marxismo e encontraram seu âmbito de reflexão na história latino-americana com categorias como, Povo, antipovo, povos antagônicos a impérios, cultura popular, religiosidade popular, dentre outros temas. Na *Evangelii Gaudium* a categoria Povo (de Deus, fiel de Deus) é citada 164 vezes.

No interior da COEPAL tratou-se do Povo de Deus, categoria bíblica privilegiada pelo Vaticano II (LG), para designar a Igreja. Importante destacar que uma das expressões características do Papa Francisco é a de "povo fiel" (EG 95), cuja fé e piedade populares valoriza imensamente (EG 122-125). Para a Comissão Episcopal não estava apenas em jogo "a emergência do laicato dentro da Igreja, mas também a inserção da Igreja no transcurso histórico dos povos" enquanto sujeitos de história e cultura, receptores, mas também agentes da evangelização, graças à sua fé inculturada (cf. SCANNONE, 2019).

Teologia do Povo é Teologia da Libertação?

> Embora possamos falar de uma teologia argentina antes do Concílio Vaticano II, não vou focar a minha atenção nela, mas naquela pós-conciliar. Durante o concílio, dois fatos importantes aconteceram: o encontro em Roma, para aquela ocasião, de especialistas conciliares de diferentes países da América Latina e o contato mútuo (entre eles estava o argentino Lucio Gera); o encontro de teólogos – não menos importantes que aqueles especialistas – na Faculdade Franciscana de Petrópolis, no Brasil, em 1964, que tinha entre seus objetivos o exame do ponto de vista teológico da problemática da Igreja latino-americana. Entre os pioneiros que participaram, estavam o peruano Gustavo Gutiérrez, o uruguaio Juan Luís Segundo e o mencionado Lucio Gera (SCANNONE, 2019).

A *Teologia do Povo* possui características próprias. Embora assumida como uma corrente da teologia da libertação, distingue-se desta em alguns aspectos. Dentre eles destaca-se a perspectiva de análise da realidade. Ela não se utiliza como outras vertentes da teologia da libertação, de categorias socioanalíticas, sem relações com o marxismo. Privilegia, através do método teológico "ver-julgar-agir", uma mediação histórico-cultural de entendimento da realidade (cf. SOUZA; FERREIRA, 2018, p. 191). Desse ponto decorre a importância da cultura para o conhecimento da realidade e entendimento do mundo, incluso nesse espectro a realidade dos empobrecidos. Assim, a opção pelo pobre, deriva da opção pela preservação e potencialização da cultura (cf. LUCIANI, 2016, p. 93). A *Teologia do Povo* é uma das vertentes da Teologia da Libertação, afirma Scannone, e acrescenta dizendo que este nome foi alcunhado, para criticá-la, por Juan Luís Segundo, teólogo uruguaio e de grande destaque na teologia latino-americana (cf. SCANNONE, 1982, p. 3-40).

No âmbito teológico é uma revalorização da cultura e da piedade popular, tanto argentina quanto de toda a América Latina. A piedade é apresentada como uma forma inculturada da fé cristã católica. A relação dos argentinos com Deus está vinculada à tradição católica, eis o catolicismo popular.

Segundo Scannone, a *Teologia do Povo* não coloca de lado os grandes conflitos sociais da América Latina, mesmo que em sua compreensão de povo privilegie a unidade sobre o conflito. A injustiça institucional e estrutural compreendida como traição a este por uma parte do mesmo que se converte, assim, em antipovo (cf. SCANNONE, 2019). O jesuíta argentino apresenta algumas características metodológicas desta Teologia: a utilização da análise histórico-cultural, privilegiando-a sobre a socioestrutural, sem descartá-la; o emprego, como mediação para conhecer a realidade e para transformá-la, de ciências mais sintéticas e hermenêuticas, como da História, da Cultura e da Religião. Um distanciamento crítico do método marxista e das categorias de compreensão e estratégias de ação que lhe correspondem (cf. SCANNONE, 1994, p. 19-51).

Há ainda convergência entre a *Teologia do Povo* quando a *Evangelii Gaudium* relaciona a piedade popular com temas centrais para ambas, como inculturação do Evangelho (EG 68, 69, 70) e dos "mais necessitados" e sua "promoção social" (EG 70). Distingue as duas do "cristianismo de devoções, próprio de uma vivência individual e sentimental da fé", sem negar, contudo, a necessidade de uma ulterior "purificação e amadurecimento" dessa religiosidade, para a qual "é precisamente a piedade popular o melhor ponto de partida", de acordo com a mesma exortação. Quando se refere às "relações novas geradas por Jesus Cristo", conecta-as espontaneamente com a religiosidade popular, reconhecendo suas "formas próprias" (SCANNONE, 2019).

Teologia do Povo e o Papa Francisco

Um dos grandes e destacados teólogos da *Teologia do Povo,* já apresentado neste texto, é Lucio Gera, bastante presente no pensamento e gestos de Francisco. É evidente o reconhecimento do Papa a Dom Victor Fernández, citado na *Evangelii Gaudium*. Não citado, mas certamente presente, é Dom Enrique Angelelli, bispo argentino morto durante o período da ditadura militar.

Este é um pontificado repleto de gestos simbólicos. Francisco, numa imagem que lhe é cara, é um verdadeiro poliedro (EG 236) que deve ser visto de maneira plural, com várias facetas. Comentadores afirmam que o Papa está escrevendo uma "encíclica dos gestos" (MUOLO, 2019) ao lado dos documentos formais. Relativo a gestos do Papa Francisco há alguns que lidos e interpretados desde uma hermenêutica de uma igreja em saída (EG 20-24), forjada à luz de conceitos da *Teologia do Povo* (cf. SCANNONE, 2017), revelam traços da postura teológica do Bispo de Roma. Daí a relação íntima entre *Teologia do Povo* e o pensamento e os gestos do Papa Francisco.

Sua aguardada aparição na sacada central da Basílica Vaticana de São Pedro (13 de março de 2013), inseria-se dentro do protocolar rito de apresentação e bênção dos Pontífices. Francisco, após o anúncio do seu nome pelo decano do colégio dos cardeais, o cardeal-diácono Jean Pierre Touran, suplicou preces pelo seu antecessor, demonstrou temor e tremor por sua escolha para missão que agora recebera, afinal ele era um "cardeal do fim do mundo". Atestou que presidiria na caridade e na fraternidade a Igreja de Roma amparado pela proteção da Virgem Maria. Bento XVI, também o fez nos mesmos moldes. Vicejou a figura de João Paulo II, considerou-se um frágil instrumento com o qual Deus é capaz de trabalhar e colocou-se sob a proteção de Maria.

Desse ponto de vista, todos esses fatos seriam protocolares e comuns, se antes de abençoar a multidão, Francisco não tivesse suplicado a bênção de Deus pela mediação do povo. O silêncio ensurdecedor que se seguiu a esse fato, acusa com quanta veracidade o papa invocara essa bênção. A singeleza do gesto denota uma enorme confiança na ação de Deus em meio ao povo fiel, *Sensus fidelium*. Tempos depois, na *Evangelii Gaudium*, Francisco cunhará com convicção quando disse: "A presença do Espírito confere aos cristãos uma certa conaturalidade com as realidades divinas e uma sabedoria que lhes permite captá-las intuitivamente, embora não possuam os meios adequados para expressá-las com precisão" (EG 119). Da mesma forma, ele reassumira isso em seu discurso à Comissão Teológica Internacional, quando exortou os teólogos a perceberem aquilo que o "espírito diz às igrejas através das autênticas manifestações do *Sensus fidelium*" (PAPA FRANCISCO, 2018).

Toda esta explosão simbólica se refere à sua admiração teológica pelo "povo fiel de Deus", inserida aí está uma mentalidade de conceber a Igreja, o reconhecimento do sentido da fé do povo e o papel do laicato. A expressão "povo fiel" é apresentada na *Evangelii Gaudium*, e na exortação reconhece como "mistério que mergulha as raízes na Trindade, mas tem a sua concretização histórica num povo peregrino e evangelizador, que sempre transcende toda a necessária expressão institucional" (EG 101; 95). Num texto publicado na Argentina, antes do pontificado, Bergoglio afirma que quando se quer saber o que crê a Igreja, se deve ir ao magistério, mas quando se quer saber como crê a Igreja, se deve ir ao povo fiel (cf. BERGOGLIO, s/d). É esse povo que anuncia o Evangelho (EG 115).

Ao lado desse gesto uma quantidade significativa de fatos pode ser evocada como representativos de uma postura teológico-pastoral do Papa Francisco. Para citar apenas um mais substancioso, sua deliberada opção pelos frágeis. Quando da escolha do seu nome, revelam alguns comentadores, ela foi motivada pela deliberação de Bergoglio, mas também, pelo sussurrar do Cardeal Cláudio Hummes (São Paulo, Brasil) que lhe pedia para não esquecer dos pobres. De fato, Francisco ao longo destes anos de pontificado avalizou uma opção por entender a realidade a partir da cultura, porém dando visibilidade aos que dela são excluídos (cf. SOUZA; FERREIRA, 2018, p. 193-194).

É importante perceber que Francisco aplica esta *Teologia do Povo* não somente no simples desejo de mudar a ação pastoral da Igreja. O Papa está interessado em construir uma mentalidade e práxis novas no âmbito eclesiológico. É urgente reconhecer os efeitos graves da crise institucional e voltar ao caminho traçado pelo Vaticano II. Esta visão eclesiológica é inspirada na *Teologia do Povo*, que compreende a ação pastoral com a inserção da Igreja na realidade dos empobrecidos na dinâmica de reconhecer os valores que emergem destes setores, inclusive, e, principalmente, da Piedade Popular.

A opção pelos empobrecidos evita a separação entre fé e vida, fé e pesquisa acadêmica e, por consequência não separa ação pastoral e social. A revalorização realizada por Francisco da piedade popular (EG 90) é pensamento típico da *Teologia do Povo*. Vai se acercando do mundo dos empobrecidos, favorecendo seu ingresso, menos rígido e mais acomodado à situação das outras pessoas. Procura resgatar os valores culturais escondidos na dor e na pobreza deste imenso setor marginalizado. A *Teologia do Povo* é construída a partir dos ausentes da História que nela não são mais ausentes, e sim protagonistas. Nela a Piedade Popular tem uma grandiosa centralidade. São os empobrecidos os seus agentes e agentes de evangelização. Desta forma, está no pensamento e gestos de Francisco essa *Teologia*.

Evangelização da Cultura e a Inculturação do Evangelho

Em 1985, quando Bergoglio era reitor das Faculdades de San Miguel (Argentina), organizou o I Congresso sobre a Evangelização da Cultura e a Inculturação do Evangelho. Na sua conferência (cf. BERGOGLIO, 1985, p. 161-165) discorreu sobre o tema da inculturação, citando o Padre Pedro Arrupe que fora Superior Geral da Companhia de Jesus (1963-1983) e pioneiro no uso desse neologismo. Assim, quando Francisco escreve ou fala do Povo de Deus, refere-se ao seu "rosto pluriforme" (EG 116) e à sua "multiforme harmonia" (EG 117), devido à diversidade das culturas que o enriquecem, pois, "o cristianismo não dispõe de um único modelo cultural[...]" (EG 116). Afirma, na esteira da *Teologia do Povo*, como citado acima que o "[...] Espírito Santo confere sabedoria (aos fiéis), dotando-os com um instinto de fé[...] (EG 119). E, "o próprio rebanho possui o olfato para encontrar novas estradas" (EG 21). Vários destes números, particularmente o 117, revela um pensamento originário das reflexões de Tello, Gera e Scannone.

A evangelização das culturas requer uma inculturação do Evangelho que se dá ao se inserir, pessoal e institucionalmente, no interior da vida das pessoas que vivem à margem da sociedade, mergulhando na sua piedade, buscando juntos na ligação fé e vida, possibilidades de mudança econômica e política. Torna-se altamente necessária a reflexão que Francisco envia em carta ao Cardeal Aurélio Poli (Buenos Aires) para marcar o 100º aniversário da Pontifícia Universidade Católica Argentina:

> Não se conformem com uma teologia de gabinete. O lugar das reflexões de vocês são as fronteiras. E não caiam na tentação de pintá-las, perfumá-las, ajustá-las um pouco e domesticá-las. Também os bons teólogos, como os bons pastores, cheiram a povo e a rua e, com sua reflexão, derramam unguento e vinho nas feridas dos homens (FRANCISCO, 2019).

A teologia é elaborada a partir e no interior das culturas, no símbolo e significado das expressões da Piedade Popular do povo sofrido em todas as fronteiras da Casa Comum. De acordo com Scannone, "o Povo de Deus e os povos da terra" são temas centrais da *Teologia do Povo*. A cultura tem papel fundamental nesta reflexão, pois é a partir da cultura que se concebe o povo. "Daí a importância que tem para a Teologia do Povo a evangelização da cultura e a inculturação do Evangelho; é uma questão teológica e pastoral, e isso é muito Bergoglio" (SCANNONE, 2019), afirma o jesuíta.

O atual Reitor da Universidade Católica do Panamá categoricamente afirma que "evangelizar *a* e a partir da cultura/religiosidade popular é, sobretudo, evangelizar *a* e a partir dos pobres. Deixar-se evangelizar *pela* cultura/religiosidade popular é deixar-se evangelizar pelos pobres". Continua e esclarece que "a evangelização libertadora também é ao mesmo tempo inculturação e opção preferencial pelos pobres" (KELLER, 2018, p. 90). Contudo, o Papa não é ingênuo e não ignora "que nas últimas décadas, houve uma ruptura na transmissão da fé cristã ao povo católico" (EG 122). Francisco não só ausculta suas causas (EG 70), mas aposta na pastoral urbana (EG 71-75), pois "Deus vive na cidade" (DAp 514), embora a sua presença deva ser "descoberta, desvendada" (EG 71), não em último lugar, "nos 'não citadinos', nos 'meio citadinos', nos 'sobrantes urbanos'" (EG 70).

Capítulo XLVI
Comunidades Eclesiais de Base

> CEB's são uma forma de vivência comunitária, de inserção na sociedade, de exercícios do profetismo e do compromisso com a transformação de realidade, sob a luz do Evangelho (CNBB, doc. 105, n. 146).

Introdução

Objetiva-se neste capítulo apresentar o conceito de Comunidades Eclesiais de Base (CEBs), sua importância para a Igreja Católica, especialmente no Brasil, e suas atividades. Evidente que a definição será geral, pois as CEBs não são fabricadas em série. Cada uma com a sua individualidade e atividades pastorais. As suas práticas pastorais muito contribuíram e contribuem para o refletir no tempo presente sobre a eclesiologia com raiz no Vaticano II e em Medellín que se constrói na atualidade.

O começo

A tarefa de se precisar o momento do nascimento das CEBs no Brasil não é fácil. As CEBs (CNBB, 1975-1978) não foram resultantes de uma ação burocrática, administrativa, planejada por algum órgão já estabelecido. Neste documento da CNBB aparece pela primeira vez o nome *comunidade eclesial de base*: "Embora numerosas e válidas, as primeiras experiências das 'comunidades eclesiais de base' não conseguiram ainda indicar os caminhos para uma extensão e verdadeiramente ampla dessas experiências" (2.3).

O início, do que mais tarde se denominaria Comunidade Eclesial de Base, foi de ações isoladas e com objetivos de evangelização bem definidos, para atender as necessidades pastorais de uma determinada diocese ou região. Essa experiência evangelizadora se deu com o desenvolvimento da prática da vida comunitária. Estes são alguns pontos comuns a todas elas: a partir da leitura e reflexão da Sagrada Escritura, tendo como ponto principal o Mistério Pascal, estendia-se para a compreensão da vida existencial da comunidade, com suas dificuldades, injustiças e desigualdades sociais. Outro traço comum entre as CEBs é que surgiram em áreas pobres, rurais, onde o poder público era ausente, assim, como a Igreja-instituição, não tinha uma estrutura atuante. A experiência evangelizadora das CEBs migrou do meio rural para o meio urbano, principalmente para as periferias pobres e desassistidas das cidades.

A atividade pastoral que resultará na criação de comunidades contou com a iniciativa, a acolhida e apoio de bispos em suas respectivas dioceses. Nas CEBs, apesar de terem sido, e continuar sendo, um movimento de intensa participação do laicato, a liderança da hierarquia eclesiástica, principalmente no início, foi preponderante e determinante. As CEBs não surgiriam se não tivessem sido recebidas com entusiasmo, de modo espontâneo e decisivo por membros da hierarquia, sensibilizados com as dificuldades da população que não tinha uma formação religiosa mais profunda. Outro ponto importante, as CEBs tiveram seu início de modo descentralizado, sem um órgão central e sem uma preocupação de estrutura hierárquica. Um novo jeito de ser Igreja, uma espécie de primeiras comunidades, nascidas na periferia do poder institucionalizado. Mesmo quando tiveram início os encontros intereclesiais de base, na década de 1970, as pautas eram muito mais para troca de experiência, depoimentos, sugestões de ações a serem compartilhadas, sem uma agenda fixa pré-elaborada e sem uma pauta de itens do que fazer. Também não surgiram como um movimento claramente reivindicatório de questões políticas ou outras de qualquer espécie. As reivindicações emergiram de modo natural, às necessidades cotidianas daquela comunidade (saúde, escola, saneamento, urbanismo, transporte) em consenso com os participantes da CEB, inconformados com a injustiça social existente que gerava uma cultura de abandono e morte da população carente.

> São *comunidades* porque reúnem pessoas que têm a mesma fé, pertencem à mesma Igreja e moram na mesma região. Motivadas pela fé, essas pessoas vivem uma comum-união em torno de seus problemas de sobrevivência, de moradia, de lutas por melhores condições de vida e de anseios e esperanças libertadoras. São *eclesiais*, porque congregadas na Igreja, como núcleos básicos de comunidade de fé. São de *base*, porque integradas por pessoas que trabalham com as próprias mãos (classes populares): donas de casa, operários, subempregados, aposentados, jovens e empregados dos setores de serviços, na periferia urbana, na zona rural, assalariados agrícolas, posseiros, pequenos proprietários, arrendatários, peões e seus familiares. Há também comunidades indígenas (FREI BETTO, 1981, p. 17).

O principal destaque das CEBs é que elas surgiram de modo espontâneo e devido às necessidades de evangelização, sem a imposição ou sem uma carga teórica de livros ou documentos, em geral distantes da realidade vivida por aquelas pessoas. Uma novidade na prática da evangelização.

> A pastoral de visitas é típica para a nossa atuação no povo: a partir do Brasil desenvolvido nós visitamos o Brasil subdesenvolvido. A Igreja até hoje não conseguiu criar outro tipo de ministério a não ser aquele que, olhando a "realidade brasileira" a partir do litoral, como quem chega do exterior, se convence de que se trata de ensinar os "ignorantes" segundo os padrões culturais dos civilizados, de catequizar a senzala a partir da casa grande (HOORNAERT, 1968, p. 306).

As CEBs foram e são fundamentalmente uma experiência de vida eclesial, onde se dá uma combinação profícua do trabalho entre clero e laicato. "Sob formas novas, respondendo a outras exigências e condições socioculturais, assistimos ao aparecimento de leigos líderes que assumem papel relevante na vida eclesial" (TEIXEIRA, 1988, p. 30). A comunidade, a partir de uma leitura sistemática do Evangelho, entendendo a sua realidade, deveria buscar soluções para seus problemas por sua própria conta, uma vez que, historicamente, jamais poderia contar com o auxílio das elites dominantes e da sociedade em geral. A leitura comunitária da Palavra de Deus, e a partir daí a ação transformadora de cada participante, era o que determinava a pertença às CEBs. A beleza e a graça de Deus manifestaram-se no desenvolvimento espontâneo das comunidades. "Teologicamente significam uma nova experiência eclesiológica, um renascer da própria Igreja e, por isso, uma ação do Espírito no horizonte das urgências de nosso tempo" (cf. PAULO VI, 1974, p. 945). O papa afirma que "o Sínodo (1974) ocupou-se largamente destas 'pequenas comunidades' ou 'comunidades de base', dado que, na Igreja de hoje, elas são frequentemente mencionadas[...] são solidárias com a vida da mesma Igreja, alimentadas por sua doutrina, e conservam-se unidas a seus pastores" (EN 58).

A própria CNBB, através de seus documentos, escrevendo sobre as CEBs, estabelece muito mais como um incentivo desta nova forma de ser Igreja, do que como uma imposição ou uma forte recomendação para a sua proliferação. Finalmente é importante reforçar que as CEBs, assim como muitas outras iniciativas populares, não surgiriam se não tivessem encontrado um terreno fértil, preparado por várias situações do passado e se não fossem conduzidas, incentivadas e acompanhadas por integrantes do clero; apesar disso, "as CEBs constituem fundamentalmente um movimento de leigos" (BOFF, 1977, p. 10). Parece ser claro que não há condição de transformação da estrutura social, das realidades históricas impostas pelas classes dominadoras, durante séculos, sem a condução de uma ou de algumas lideranças que conseguem enxergar novas fontes de luz na escuridão generalizada. As CEBs, uma forma de organização eclesial, que surgiram efetivamente da base da sociedade brasileira, no meio do povo humilde e sem instrução, e que não tinha a tradição de lutar por seus direitos, sem uma liderança nacional que se colocasse como carismática e salvadora, merecem ser estudadas valorizadas e experimentadas.

Comunidades Eclesiais de Base, a semente (1956-1965)

Este foi o período anterior ao surgimento das CEBs, do final dos anos de 1950 até 1965, bem inicial sem uma definição prática de ações sociais ou mudança de vida para os seus participantes. Nascia de uma necessidade eclesial – falta de sacerdotes, e já se preocupava com o crescimento das igrejas protestantes nas zonas rurais, afastadas dos grandes centros. Foi uma fase antes do Vaticano II, sem nenhuma novidade teológica – nem se pensava nisso – e sem nenhuma articulação política. Apenas houve o despertar de uma consciência social mais pela necessidade dos habitantes locais do que uma experiência a ser multiplicada. Período também anterior ao golpe militar (1964) e à ditadura (1964-1985) que se seguiu, limitando as liberdades individuais. A hierarquia eclesiástica, atuante e estimulada de muitas maneiras, sentiu a necessidade de atuar na evangelização e na transformação das estruturas sociais opressoras que mantinham a população subalterna em constantes condições de miséria, sem a possibilidade de uma vida digna. As transformações sociais não podem ser definidas por uma hierarquia ou de cima para baixo, as transformações quando ocorrem, ao contrário, são sempre da base para o topo da pirâmide social. Seria inimaginável pensar em uma sociedade, como a brasileira, onde o nível de participação popular era, até então, praticamente nulo e que uma ação com fundamentação eclesial evangelizadora suscitasse profundas transformações nos níveis político, econômico e mesmo religioso. No entanto, onde as comunidades desempenharam seu papel houve uma positiva mudança de rumos, muito melhor depois do que antes da experiência da prática eclesial de uma comunidade.

As experiências ocorridas no final da década de 1950, em Barra do Piraí (RJ), com Dom Agnelo Rossi e do MEB (Movimento de Educação de Base), com Dom Eugênio Salles, em Natal (RN), são geralmente citadas como acontecimentos precursores das CEBs.

Experiência de Barra do Piraí (RJ)

> Em 1956, Dom Agnelo Rossi, na diocese de Barra do Piraí (bispo entre 1956 e 1962) iniciou um movimento de evangelização, com catequistas populares, para atingir regiões não alcançadas por párocos. Tudo começou com o depoimento de uma velhinha: "No Natal as três igrejas protestantes estavam iluminadas e concorridas. A Igreja Católica,[...] fechada em trevas[...] porque não conseguimos padre". Pergunta: sem padre devemos parar tudo? Dom Agnelo, em Barra do Piraí, formou coordenadores de comunidades que faziam tudo o que um leigo pode fazer na Igreja de Deus, dentro da disciplina eclesiástica atual[...] Em redor da catequese se formou uma comunidade com um responsável pela vida religiosa; em lugar de capela se construíram salões de reunião que serviam para escola, catequese e ensino de corte e costura, encontros para resolver os problemas comunitários, inclusive econômicos (BOFF, 1977, p. 12).

O movimento de Barra do Piraí se originou por uma falha da estrutura eclesiástica. Devido à falta crônica de sacerdotes, a população foi ficando desassistida e, com o crescimento das igrejas pentecostais, na época chamadas de "igreja dos crentes", o bispo Dom Agnelo Rossi lançou um programa que formava e instruía o laicato para ocuparem algumas atividades eclesiais e, desse modo, suprirem a falta de sacerdotes. A instrução era fornecida para um ou uma catequista popular que sabia ler. O laicato que tivesse boa vontade e quisesse ajudar a Igreja, recebia um material catequético que deveria ler na sua comunidade, mas, de modo algum, comentá-lo ou interpretá-lo. "Dar a leigos morigerados, de boa vontade, o material necessário para que eles leiam. O catequista popular lê e não fala. É um leitor, não um pregador ou um improvisador" (ROSSI, 1957, p. 732).

Pelas próprias palavras do idealizador do programa, o laicato só foi chamado pela necessidade, não havia sacerdotes, religiosos ou religiosas para executarem o trabalho pastoral. O laicato era a última possibilidade. O bispo também se viu pressionado pelo crescimento das igrejas pentecostais. Abriu-se mão de uma preparação mais acurada e profunda, a fim de se fechar uma lacuna. Mas, já foi um começo, antes do Concílio Vaticano II, em uma Igreja fortemente clerical em uma diocese no interior do Rio de Janeiro, já se tomava um caminho alternativo para a solução de seus problemas pastorais de evangelização popular.

> Para uma catequese popular, na impossibilidade de fazê-lo através de sacerdotes e religiosos, os leigos passam a ser decisivos na consecução deste fim. Eles o serão, porém, numa clara função de suplência que, por um lado, substitui o clérigo ausente, e, por outro, o faz sempre nos estritos limites do quadro eclesiástico vigente (AZEVEDO, 1986, p. 46).

As comunidades que se formaram foram, sem dúvida, para atender primeiro as necessidades eclesiais do povo, devido à ausência de sacerdotes, porém com o crescimento do movimento, passaram a ocupar todos os povoados da diocese. Os lugares de encontro deixaram de ser as capelas e passaram a ser os salões comunitários, onde a reunião sistemática organizará a vida comunitária e passará a responder por soluções das demandas existenciais da população, fornecendo cursos de alfabetização, corte e costura, mutirões para a construção de outros salões, organizar a arrecadação de recursos. A experiência originária de uma necessidade pastoral adentra para a reflexão e o agir de uma experiência de vida. O crescimento dos núcleos comunitários foi expressivo.

> Chegaram a funcionar na diocese mais de 475 núcleos, embora nem todos conseguissem cumprir rigorosamente o programa traçado. Constatou-se que na zona rural a catequese encontrou maior facilidade de penetração, devido à menor exigência por parte do povo aliada à ausência de divertimentos (TEIXEIRA, 1988, p. 59).

O clero, desde o início, procurou não perder o controle sobre os movimentos do laicato. "O simples fato de não se permitir ao catequista acrescentar nada, nem comentar o que leu, denota o receio, por parte do clero, de ver limitado seu poder deliberativo em referência às questões da Igreja" (TEIXEIRA, 1988, p. 59). A dinâmica apresentada pela nova situação não poderia ser dominada por quem quer que fosse. Em uma Igreja, animada pelo Espírito Santo, pode-se pretender saber como se inicia um processo, mas dificilmente, após iniciado, ter-se o controle sobre ele; foi o que aconteceu em Barra do Piraí. O processo, quando incorporado pelos seus participantes, ganha uma dinâmica própria. A influência e a liderança desses agentes de pastoral sobre a população são fáceis de perceber, além do que, têm o beneplácito do clero, "falam em nome do clero". O passo seguinte foi uma atenção maior às necessidades materiais da população.

> Os leigos – dentro dos limites canônicos – podiam exercer uma série de atividades: a leitura da lição catequética, a reza diária com o povo, a organização dos cânticos, as leituras espirituais, a reunião do povo para o acompanhamento espiritual da missa, realizada na matriz, a organização das novenas, ladainhas etc. É interessante a experiência da "missa sem padre", semanal e leiga. Talvez seja o primeiro germe dos cultos leigos semanais realizados em determinadas CEBs (TEIXEIRA, 1988, p. 59).

A nova situação não foi uma oposição à Igreja existente e tradicional, mas foi a descoberta de um papel mais ativo do laicato na sociedade, inclusive na Igreja, antes dominada hegemonicamente pelo sacerdote. Trata-se da descoberta de sua importância social e de seu protagonismo na mudança dessa realidade social estruturalmente injusta. Sem perder de vista que isso aconteceu, no interior do Brasil, antes do Vaticano II, em uma diocese cujo bispo, anos mais tarde, será rotulado, por alguns, de conservador.

> Outro traço característico da experiência de catequese popular de Barra do Piraí, que antecipa as CEBs, foi a importância dada aos salões comunitários em substituição às capelas. Nesses salões a vida comunitária se organizava, com os serviços de catequese, de ensino e de corte e costura. Estabelecia-se, assim, na prática, a quebra da barreira entre o sagrado e o profano. Em cada paróquia havia vários núcleos encarregados da manutenção econômica de seus salões comunitários. Aqueles que eram beneficiados pelos serviços prestados pelos salões comprometiam-se também a ajudar a manutenção dos mesmos. Ou seja, havia uma forte preocupação com a autonomia econômica dos salões comunitários. Isto é altamente significativo (IBIDEM, p. 60).

Verificava-se com o laicato, assim como com o sacerdote, a passividade do povo, herança de sua formação cultural. Tudo era feito para o povo, e em nome dele, não cabendo a ele, porém, qualquer iniciativa maior. Este aspecto vai ser radicalmente modificado nas CEBs. O diferencial foi a atitude da hierarquia, a oportunidade da participação do laicato nas CEBs. Incorporará o elemento central da corresponsabilidade e criatividade: a presença ativa do laicato no esforço da evangelização, a vida e a continuidade da Igreja no povo, mesmo sem a presença do padre (cf. AZEVEDO, 1986, p. 44). Além disso, essa experiência de vida criou uma consciência na população em se autogerir ou no mínimo um esforço de uma ajuda mútua, e progredir dentro da comunidade, através de seus próprios meios e de seus próprios membros. Em um país, onde a prática do clientelismo era comum e corrente, só esse fato já seria digno de nota e mereceria ser replicado. Finalmente é de se destacar que a experiência de Barra do Piraí levou o laicato a entrar em contato direto com a Palavra de Deus, ainda que lhe fosse proibido interpretá-la, função destinada apenas aos padres e bispos, mas já era uma ação inusitada, valorizada e significativa.

> (As Comunidades Eclesiais de Base)[...] nascem da necessidade de viver mais intensamente a vida da Igreja; ou, então, do desejo e da busca de uma dimensão mais humana do que aquela que as comunidades eclesiais mais amplas dificilmente poderão revestir, sobretudo nas grandes metrópoles urbanas contemporâneas, onde é mais favorecida a vida de massa e anonimato ao mesmo tempo (EN 58).

O movimento de Natal

"Qualquer plano de desenvolvimento que não se baseia na organização de comunidades – com uma efetiva participação de seus membros – e na preparação de seus líderes será extremamente difícil de concretizar-se" (SALES, 1968, p. 545). O Movimento de Natal (RN) foi o primeiro e o mais consistente programa de alfabetização popular. Necessário recordar que naquele período, a taxa de analfabetismo no Nordeste era superior a 60% da população. Esta experiência foi levada a efeito por Dom Eugênio de Araújo Sales, bispo auxiliar de Natal, que através das escolas radiofônicas levava para as classes mais desassistidas não apenas a alfabetização, mas aspectos sociais, comunitários, religiosos e de conscientização política. O Movimento de Natal também surgiu de uma necessidade, esta material, da visão da realidade de miséria em que vivia grande parte da população nordestina e a preocupação de alguns padres em fazer algo para mudar aquela situação.

> Nas reuniões do clero, que se iniciam de maneira informal em 1948, discutem-se as possibilidades de ação efetiva por parte da Igreja ante o alarmante índice de

analfabetismo, como também das péssimas condições de moradia, alimentação e saúde da população. Nessas reuniões, seis antigos colegas de seminário, entre os quais o Padre Eugênio Sales, encontravam-se para trocar ideias a respeito de trabalhos empreendidos, das dificuldades encontradas, e o que poderia ser feito em comum. Aos poucos, o número de padres aumentava, o que denotava um maior interesse de participação nos projetos idealizados (TEIXEIRA, 1988, p. 61).

Outros setores da Igreja se juntaram ao Movimento como a AC, e fundou-se um órgão de ajuda rural denominado Serviço de Assistência Rural (SAR). Basicamente equipes percorriam as paróquias distantes do meio rural para orientação e qualquer tipo de ajuda. Um grande número de membros do laicato e padres aliaram-se nesse esforço comum. No entanto, o trabalho carecia de uma maior estrutura e de um pensamento estratégico organizado e produtivo. Em 1958, após uma grande seca, onde o arcebispo de Natal denunciou ao governo as explorações e abusos do DNOCS (Departamento Nacional de Obras contra as Secas) é que se organizou o Movimento de Natal que teve três objetivos: a educação de base, a transformação das estruturas políticas, sociais e econômicas, e a educação religiosa das populações mais carentes (IBIDEM, p. 61-62). O principal meio de divulgação empregado foi o rádio, "para alfabetizar, catequizar e promover as pessoas isoladas das cidades, aos domingos, a comunidade – sem padre – se reunia em torno do rádio para participar do culto que o bispo presidia" (PUCCI, 1984, p. 127). Nos programas radiofônicos do Movimento se transmitia não apenas as matérias para a alfabetização, mas também noções de problemas sociais, comunitários, religiosos e de conscientização política. "Também aqui encontramos a semente de algo essencial às CEBs: a vinculação de religião e vida, a concepção integral de evangelização, que passa pela totalidade do homem" (AZEVEDO, 1986, p. 45).

> Foi tal o sucesso dessa experiência radiofônica que, após três anos de atividade, foi estendida pela CNBB, em convênio com o Governo Federal, assinado em 1961, atribuiu aos bispos da região do Nordeste, Norte e Centro-Oeste do país, a missão de organizar e supervisionar o MEB, que deveria, além de transmitir educação de base, velar pelo desenvolvimento econômico e espiritual do povo de cada região, preparando as mentalidades para as indispensáveis reformas de base que necessariamente virão. Por volta de 1963 havia cerca de 1410 escolas radiofônicas somente em Natal, com um raio de ação que atingia por volta de 50 municípios, envolvendo 24.000 alunos (TEIXEIRA, 1988, p. 62).

O Movimento de Natal e a sua educação de base foram pioneiros de várias formas no Brasil: a Igreja se antecipou a qualquer outro programa governamental de educação e de alfabetização; incorporou técnicas de educação e conscientização de cidadania, em uma época em que esse vocábulo não fazia parte do cotidiano e, principalmente, se preocupou com uma educação integral do ser humano.

> Ele parte para o papel ativo do educando em sua própria educação e faz da educação um processo de conscientização sobre a realidade concreta em que se vive e a urgência de sua transformação. Neste sentido, o MEB dos primórdios se antecipa em quase duas décadas à concretização e tematização sistemática da educação popular no Brasil. Sintoniza com uma série de projetos no sentido de uma educação libertadora, entre os quais cumpre destacar a obra de Paulo Freire. Toda essa ordem de ideias, como os programas, métodos e ação, que as concretizam, terão mais tarde e de modo reflexivo, grande influência sobre a prática pedagógica pastoral das CEBs (AZEVEDO, 1986, p. 45).

Outra área incentivada pela Igreja na Arquidiocese de Natal foi a sindicalização rural. Isso também aconteceu antes do Vaticano II. A partir de 1958, com base em atividades anteriores, incentiva-se a instalação de sindicatos agrícolas, em uma área dominada secularmente pelas elites políticas e agrárias. Em 1961, se realiza o I Congresso dos Trabalhadores Rurais do Rio Grande do Norte, tomando grande vulto aquela iniciativa.

> A aceitação e o estímulo ao Sindicato Agrícola constituem a nova prática desta posição da Diocese. Significativa mostrou-se também a ação sindical, tornando mais concretos os apelos ideológicos e inserindo, de modo preciso, as normas desejáveis de relacionamento no trabalho, no contexto das controvérsias e conflitos efetivos existentes na região (AZEVEDO, 1986, p. 63).

Chegou-se a ter mais de 50.000 camponeses sindicalizados. Os conflitos com a classe dominante eram previsíveis e foram constantes. A Igreja será tachada de subversiva pelos fazendeiros e coronéis proprietários de terras, cujas famílias dominavam e continuariam dominando a política local. Com a instabilidade política do Brasil, nos anos de 1962 e 1963, e suposta ameaça do comunismo durante o governo João Goulart, a elite não esperou para atacar a Igreja e os trabalhadores, mesmo que os sindicatos do Movimento de Natal combatessem as Ligas Camponesas de Francisco Julião, estas claramente de caráter ideológico de esquerda. "Os sindicatos agrícolas do Movimento tinham a função de educar, mobilizar e organizar os camponeses" (TEIXEIRA, 1988, p. 64). O Movimento de Natal, por meio do incentivo de seu bispo (Eugênio Sales) e de sua diocese, mais tarde cardeal arcebispo do Rio de Janeiro e considerado conservador, modificou a relação da Igreja com o mundo do trabalho das classes operárias urbanas e rurais em uma das regiões mais empobrecidas do país que, no decorrer da história, sempre foram marginalizadas pelas elites dominantes.

> O Movimento de Natal contribuiu para a superação de uma visão fatalista da história, onde as desigualdades sociais e econômicas eram atribuídas à vontade divina.

Passou-se a dar ênfase aos aspectos sociais e econômicos, agora considerados como os verdadeiros causadores da situação de subdesenvolvimento. O Movimento de Natal rejeitará, como sendo sub-humana, qualquer situação de miséria. A atuação da Igreja no campo social, sua intervenção contra as situações de exploração do homem será compreendida como sendo legítima (AZEVEDO, 1986, p. 65).

Há de se reconhecer o enorme avanço que a hierarquia eclesiástica empreendeu na Arquidiocese de Natal em relação ao comportamento pastoral do clero. Se antes o clero era subordinado ao poder econômico, agora este agia como formador de uma consciência social e política da população carente. Os conflitos com a elite agrária da região, o coronelismo sempre presente e atuante, foram inevitáveis. A visão pastoral do Movimento de Natal não se pautou pela política partidária e muito menos por uma ideologia econômica. O que o Movimento fez foi estimular a mobilização popular pela alfabetização, pela importância do voto e dos sindicatos na defesa dos direitos e reivindicações dos trabalhadores. O Movimento não avançou na direção de propor mudanças nas estruturas sociais injustas. Admitindo-se toda a positiva e benéfica influência nas lideranças leigas, com o apoio da AC, ainda assim, o Movimento teve clara direção do clero. O laicato pode caminhar, até onde a hierarquia achava prudente. "A perspectiva centrista, a disciplina em matéria social e política, o papel limitado reservado ao leigo foram alguns dos dados que o Movimento de Natal não conseguiu superar" (AZEVEDO, 1986, p. 67).

Nízia Floresta

Ainda dentro do Movimento de Natal houve a experiência pastoral de Nízia Floresta, onde mais uma vez por falta de sacerdotes, o Arcebispo Dom Eugênio Sales incentivou e estabeleceu que freiras assumissem a condução de uma paróquia. Nízia Floresta é uma localidade nas proximidades de Natal, onde não havia luz elétrica, nem água encanada ou assistência médica. Com mais de 70% da população analfabeta, as famílias eram mal constituídas tanto diante da lei civil como na formação religiosa. As religiosas, após receberem uma formação litúrgica, assumiram a paróquia, exceto as tarefas sacerdotais, incluindo a Celebração da Palavra durante a semana. Isto em uma época em que se rezava a missa em latim, de costas para o povo e o laicato não podia se aproximar do altar. Um padre celebrava a missa aos domingos e ministrava outros sacramentos (cf. TEIXEIRA, 1988, p. 67-71). Nesta localidade está o embrião da Campanha da Fraternidade. A primeira Campanha ficou restrita à Arquidiocese de Natal. Em 1964 será organizada como Campanha nacional o que ocorre até a atualidade.

O movimento de Nízia Floresta, ainda que indiretamente, contribuiu para abrir espaços, quebrar barreiras e favorecer novas iniciativas de participação não apenas dos sacerdotes na Igreja. É possível notar duas grandes motivações conjunturais nas ações evangelizadoras até agora descritas: a primeira é interna à Igreja devido à falta de sacerdotes, o crescimento das igrejas pentecostais e à necessidade de levar a fé católica para uma população pobre, afastada dos grandes centros, marginalizada. Esta realidade leva parte da Igreja a repensar suas ações pastorais e sua prática religiosa, abrindo mão do tradicionalismo, do poder da classe abastada e criando novos métodos revolucionários. A segunda motivação é social, a leitura de uma realidade injusta e os desafios para transformá-la. Em ambos os casos, surgiram a busca de novos caminhos, de nova forma de se viver a Igreja e uma mudança na participação do laicato na vida eclesial dessas comunidades (cf. PUCCI, 1984, p. 127-128).

Atuação do leigo e evangelização integral são dois componentes transformadores e de imenso alcance. Elas são, nesta versão de Barra do Piraí e de Natal, um elemento novo no paradigma de atuação da Igreja, vigente, então, e cujos moldes se podem recuar muito, retrospectivamente, na Igreja do Brasil (AZEVEDO, 1986, p. 46).

Movimento para um Mundo Melhor

Outro movimento anterior às CEBs, e que foi importante para a mudança da atuação do clero, foi o Movimento para um Mundo Melhor (MMM). Este Movimento foi importado diretamente da Cúria Romana, e seu grande incentivador foi o Papa Pio XII (1938-1959). O Movimento também plantou sementes que iriam frutificar nas posteriores atuações do clero, inovadoras e pioneiras, na década de 1960. O Movimento consistia principalmente em um estímulo à renovação da vida cristã, superar a ação individualista do clero e adaptar a vida cristã ao tempo presente. Baseado na mensagem cristã do amor e da fraternidade, o método principal do MMM era oferecer cursos para bispos, padres, seminaristas, religiosas e leigos. Com o apoio da CNBB, centenas de cursos foram ministrados em todo o país. Os cursos trouxeram uma espiritualidade aberta, um entusiasmo apostólico, e um sentido histórico social para a pastoral. Propôs a reflexão para a renovação das arcaicas estruturas paroquiais e diocesanas, baseadas no planejamento das atividades, na valorização das religiosas e do laicato e do entrosamento fraterno entre todos os membros da Igreja (cf. TEIXEIRA, 1988, p. 111-114).

> O movimento preparou a consciência dos cristãos e do clero para uma visão de Igreja posteriormente sancionada pelo Vaticano II, incentivou os sacerdotes a trabalhar em equipe, estimulou as propostas de renovação paroquial pautadas por planejamento científico,

fortaleceu o entrosamento entre congregações, como também apoiou o trabalho de conjunto feito por dioceses (TEIXEIRA, 1988, p. 112).

A Igreja do Brasil esteve muito perto de transformar a realidade brasileira através da evangelização para os empobrecidos. Com base nas experiências de Natal e Barra do Piraí, além de outras não tão documentadas, em todas as atividades da Ação Católica, da atualização do clero no Movimento para um Mundo Melhor, a possibilidade de uma mudança da realidade social poderia desabrochar. Importante notar que, em muitos casos, já não eram apenas párocos distantes dos grandes centros que se preocupavam com a vida do povo pobre, mas, e principalmente, bispos em plena atividade em suas dioceses. Ainda assim, e mesmo reconhecendo que sua atividade era limitada, a participação do laicato foi fundamental. Estava aberto um caminho que iria repercutir até mesmo na hierarquia mais recalcitrante. A Igreja do Brasil iria ser exemplo para a América Latina católica em termos pastorais. Os limites desta experiência, necessária e decisiva para uma evangelização e uma participação na vida econômica e política da população, baseada na Doutrina Social da Igreja, apenas a própria Igreja poderia determinar.

Comunidades Eclesiais de Base (1965-1985)

Este segundo momento, o mais profícuo da história da Igreja no Brasil, em se tratando de evangelização, foi de conflito institucional. O pano de fundo foi o golpe militar, situação peculiar do Brasil, os novos rumos da Igreja emanados do Vaticano II, da Conferência de Medellín e o surgimento da Teologia da Libertação. Aqui, setores da Igreja foram a principal forma e entidade de resistência ao regime militar, e esse fato atuou como um amálgama para todos os movimentos eclesiais. Tinha-se um perigo externo comum, mais importante do que qualquer outro.

A Teologia da Libertação trouxe o embasamento teológico para consolidar as práticas das CEBs, uma Igreja reformada, preocupada com o ser humano de forma integral, a sua história, suas aflições e principalmente com as estruturas econômicas e políticas injustas, que simplesmente mantinham o estado de pobreza e exclusão da grande maioria da população brasileira. A grande novidade foi que, pela primeira vez, houve uma conscientização, por parte da Igreja, da situação real da população, exposta com todas as letras em vários documentos eclesiásticos. A Igreja, ou pelo menos parte dela, se preocupou com a situação social dos excluídos. As CEBs se multiplicaram pelo Brasil e alcançaram as periferias das grandes cidades. O laicato se engajava decididamente em uma nova forma de ser Igreja ou de participar da Igreja e se lançava nas chamadas pastorais sociais, fé e vida, ou qualquer outro nome para tentar transformar as estruturas seculares que influenciavam a sua existência. As CEBs incomodavam as estruturas seculares de opressão, incluindo as eclesiásticas, que viam nelas uma forma de diversificar o sacerdócio ou até substituí-lo.

O golpe militar de 64 acentuara o choque entre a Igreja militante e as forças institucionais de repressão. Para se manter no poder sem questionamentos, não é bom ter uma população que reflita, reclame e questione, o MEB tornou-se uma ameaça. Como um elemento que levantava questões a respeito dos problemas existenciais e implicava um engajamento em favor de mudanças sociais. Os conflitos com os donos do poder, suas ações e atividades são criticadas e desqualificadas por grupos que se sentiram ameaçados. A Igreja institucional teve atitudes ambíguas. "Depois do golpe de 1964, a repressão desativou de fato todos os movimentos de educação popular, como também qualquer trabalho sindical, católico ou não" (TEIXEIRA, 1988, p. 105).

> As atividades do MEB permaneceram vários meses paralisadas[...] seus escritórios foram invadidos, os seus

militantes presos, os seus rádios apreendidos e expostos nas casernas juntamente com as armas de caça e a literatura marxista que os militares exibiam como provas de subversão e como justificação para a sua intervenção na vida política do país. Depois passada a primeira vaga repressiva, os bispos conservadores decidiram controlar o MEB. Em maio de 1964, nomearam um monsenhor, Padre Tapajoz, que nunca tivera contatos com o Movimento, para redigir as suas novas diretivas (ALVES, 1979, p. 151).

Com o trágico golpe militar, o movimento perde o controle, a direção procura ficar dentro da CNBB. O movimento perderá seu conteúdo social e seu intento de realizar uma transformação será perdido. Em 1970 já não existe mais. A repressão feita pelo regime militar contra os vários segmentos da Igreja foi intensa, principalmente entre 1964 e 1975. Relatórios dos órgãos de repressão deixam claramente sua posição contrária à atividade pastoral de diversos setores da Igreja e o perigo que representavam para o regime a conscientização do povo empobrecido. Um dos veículos de comunicação da Arquidiocese de São Paulo, o jornal *O São Paulo*, foi censurado. Foram vários os artigos proibidos na íntegra.

> Não esqueçamos que os padres têm muito mais contato com o povo, particularmente com o povo pobre [...]. Eles podem nos fazer muito mal. Para mim, prezados camaradas, mesmo católicos, esses indivíduos traíram a Revolução, e estão traindo. Eles hoje estão trabalhando para a oposição, não tanto para essa que fala no Congresso e na imprensa, mas para os que queriam em 64 comunizar o Brasil, para os cassados, os corruptos e os revanchistas [...]. Os mandões comunistas, russos, chineses ou cubanos estão batendo palmas porque a Igreja, no Brasil, trabalhou para eles (SERBIN, 2001, p. 107).

A mesma repressão desarticulou os movimentos operários e de estudantes da Ação Católica. Em 1970, a resistência aos militares, fora da luta armada, apenas existia, teimosamente em alguns setores da Igreja, através de suas experiências de evangelização e entre elas se consolidaram as Comunidades Eclesiais de Base. Um dos traços foi que a solidariedade comunitária se forma mais fortemente devido às vicissitudes de uma população que, desamparada, terá a possibilidade de se unir pela simples sobrevivência. A pobreza é solidária e congrega seus iguais, uma parte do clero local sensibilizado com essa situação procurou, através de seu ofício de fé, de uma evangelização, buscar uma transformação da realidade. Ainda que isoladamente e sem grande apoio didático teórico, teológico e doutrinal da hierarquia, foi mais do que nada aprendendo com a situação que se apresentava, mais por necessidade e solidariedade do que por ideologia ou doutrina. "A Igreja começa a nascer das bases, do coração do Povo de Deus. Esta experiência questiona o modo comum de se entender a Igreja. Permite descobrir a verdadeira fonte que permanentemente faz nascer e cria a Igreja: o Espírito Santo" (BOFF, 1977, p. 38).

As CEBs definidas como uma iniciativa eclesial brasileira cresceram devido a uma conjunção de fatores, uns mundiais e outros locais: pelo lado eclesial a nova eclesiologia surgida do Vaticano II, as ações pastorais emanadas no PPC de 1965-1970, mais tarde reafirmado até 1974, a interpretação pastoral das decisões da Conferência de Medellín, a aceitação por parte do Magistério da Igreja, demonstrado na encíclica EN e no sínodo dos bispos de 1974. Outro motivo para a proliferação das CEBs foi a situação social, econômica e política agravada pela falta de liberdade de expressão causada pela ditadura militar, ainda que com perseguições, foi um espaço que os excluídos encontraram para se manifestar, religiosa e socialmente.

> As CEBs têm uma preocupação mais decisiva com a evangelização, e esta atenção incide criticamente sobre o passado da atuação sacramentalista da Igreja. Co-

bram coerência entre o que se descobre, a partir do Evangelho, e o comportamento pastoral. A dinâmica de fé e vida vai delineando assim o novo rosto eclesial que desponta (TEIXEIRA, 1996, p. 29).

A nova postura eclesiológica, saída do Concílio Vaticano II, não fala especificamente de comunidade de base, mas sugere uma nova ação pastoral, o clero junto ao Povo de Deus. O Concílio sugere uma Igreja dentro do mundo, "a comunidade cristã se sente verdadeiramente solidária com o gênero humano e com sua história" (GS, 1), abrindo espaço para o diálogo em função das transformações ocorridas com o desenrolar da história "já podemos falar então de uma verdadeira transformação social e cultural, que repercute na própria vida religiosa" (GS, 4). Os dizeres do Concílio, através de seus documentos, "repercutem para a vida da Igreja, rompendo com a imagem de sociedade perfeita, constantiniana, centrada sobre os interesses corporativos em vez de ser sacramento para o mundo" (TEIXEIRA, 1988, p. 203). O aprofundamento deste pensamento leva, para aqueles que aderiram a uma Igreja não de poder, institucional, marcada pela hierarquia, para um modelo das primeiras comunidades cristãs. Todos são importantes perante Deus – "cada um tem de Deus seu próprio carisma, um de um modo, outro de outro" (1Cor 7,7). O Vaticano II em sua constituição dogmática *Lumen Gentium*, proclama: "Todos os homens são chamados a pertencer ao novo Povo de Deus[...] em virtude desta catolicidade cada uma das partes traz seus próprios dons às demais partes e a toda igreja" (LG, 13). Deste modo, nesta nova ou na original forma de ser Igreja, o clérigo caminha junto ao povo de sua comunidade local, vivendo suas dificuldades e partilhando de suas alegrias, cotidianamente. Ele não é ausente, ou professoral, nem está acima dos demais, mas é parte efetiva da comunidade, visto como um igual entre seus pares.

> As CEBs nascem deste Espírito que se manifesta, se organiza no meio do Povo de Deus. Reconhecer esta presença do Ressuscitado e do Espírito no coração dos homens leva a conceber a Igreja mais a partir da base do que das cúpulas; é aceitar a corresponsabilidade de todos na edificação da Igreja, e não apenas de alguns da instituição clerical (BOFF, 1977, p. 40).

O Concílio Vaticano II aponta para uma participação do laicato na comunidade eclesial e, principalmente, na função secular, no campo familiar, profissional, cultural e social. O laicato não é, ou não deveria ser, um mero assistente de uma celebração litúrgica ou da comunidade paroquial, mas poderia participar ativamente das atividades eclesiais, colegiadamente com o clero.

> Os leigos, por sua vez, participantes do múnus sacerdotal, profético, e régio de Cristo, compartilham a missão de todo o povo de Deus na Igreja e no mundo. Realizam, verdadeiramente, apostolado quando se dedicam a evangelizar e santificar os homens e animar e aperfeiçoar a ordem temporal com o espírito do Evangelho, de maneira a dar com a sua ação neste campo, claro testemunho de Cristo e a ajudar à salvação dos homens. Já que é realmente característico do estado leigo viver em meio ao mundo e aos negócios seculares, são eles chamados por Deus para, abrasados no espírito de Cristo, exercerem o apostolado a modo de fermento no mundo (AA, 2).

O Concílio não especifica claramente quais são as funções do laicato na área eclesial, limita-se a colocá-lo como uma ajuda ao clero e, portanto, dependente deste. Apesar de nas assembleias do Povo de Deus, em que participam clero e leigos, sendo estes ampla maioria, e onde muitas decisões são tomadas por votação, ainda assim a implantação da decisão, depende da vontade do bispo da Igreja particular (cf. LIBÂNIO, 2005, p. 182). Tampouco há menções do agir do laicato no campo político, mas é inegável a abertura que o Concílio proporciona à atuação do laicato na estrutura eclesial. "O Concílio quase não se refere à função dos leigos no domínio político. Tanto quanto ao aspecto secular, as Comunidades Eclesiais de Base conseguiram ultrapassar tais limitações apontadas, favorecendo uma nova perspectiva de atuação do leigo na Igreja e no mundo" (TEIXEIRA, 1988, p. 241). Durante o último período do Concílio em 1965, os bispos do Brasil, reunidos em Roma, lançam o Plano Pastoral de Conjunto (1966-1970). Esta era a segunda tentativa (a primeira foi o Plano de emergência de 1962) de uma ação integrada e planejada para os esforços pastorais das dioceses do Brasil, sempre ressaltando suas características próprias. No PPC, pela primeira vez, a Igreja do Brasil fará uma referência concreta às comunidades de base.

> Faz-se urgente uma descentralização da paróquia, não necessariamente no sentido de criar novas paróquias jurídicas, mas de suscitar e dinamizar, dentro do território paroquial, *comunidades de base* (como as capelas rurais) onde os cristãos não sejam pessoas anônimas que apenas buscam um serviço ou cumprem uma obrigação, mas sintam-se acolhidos e responsáveis, e delas façam parte integrante, em comunhão de vida com Cristo e com todos os seus irmãos (CNBB, 2004, p. 29).

É significativo notar que o termo eclesial ainda não está mencionado no documento, mas em pouco tempo nos artigos que descrevem a nova ação pastoral da Igreja ele já estará presente. A preocupação com a pastoral e a evangelização será uma constante nos anos imediatamente pós-conciliares. "Um elemento, porém, parece claro: a comunidade eclesial de base não é reedição, em miniatura, da atual estrutura da paróquia, mas implica toda uma nova concepção pastoral, realização certamente da consciência eclesial, aprofundada pelo Vaticano II" (AZEVEDO, 1986, p. 48). No amadurecimento das iniciativas pastorais isoladas do período pré-Concílio e dos fundamentos estabelecidos pelo Concílio a

CNBB dava seu estímulo para as CEBs como uma nova forma, um novo modo de ser Igreja e não uma simples reformulação paroquial. As CEBs não nasceram para concorrer com a paróquia tradicional, cujo trabalho seguia sendo necessário e pertinente, mas para ser uma atração para o Evangelho daqueles que estavam afastados e sem rumo.

> O destino da Igreja no mundo é crescer até poder falar todas as línguas que existem debaixo do céu, expressando a mesma experiência de salvação de Deus Pai por seu Filho Jesus Cristo na virtude do Espírito Santo. A seu modo próprio, as CEBs encarnam esta experiência de salvação. Por isso são, em verdade, autêntica Igreja universal realizada na base (BOFF, 1977, p. 37).

A Conferência de Medellín tratou especificamente das comunidades de base como uma novidade eclesial a ser difundida. O clero latino-americano e caribenho, pela primeira vez na história do continente, se reúne para tratar de temas de evangelização e das estruturas sociais que geram desigualdades e sofrimentos aos empobrecidos. A conferência tratou da promoção humana, abordando temas da justiça, da paz, da família e da demografia, da educação e da juventude. Estes temas são descritos como um retrato da situação vivida pelo povo latino-americano naquele tempo. A Conferência também abordou o tema da evangelização e crescimento da fé, divididos em quatro tópicos: pastoral popular, pastoral das elites, catequese e liturgia. Na pastoral popular, n. 6, o documento explicita e incentiva a criação das Comunidades Eclesiais de Base, nos números 13 e 14:

> 13. Procurar a formação do maior número possível de comunidades eclesiais nas paróquias, especialmente rurais ou de marginalizados urbanos. Estas comunidades devem basear-se na Palavra de Deus realizar-se, enquanto possível, na celebração eucarística sempre em comunhão e sob a dependência do bispo. A comuni-

dade se formará à medida que seus membros tiverem um sentido de pertença (de "nós") que os leve a ser solidários numa missão comum, numa participação ativa, consciente e frutuosa na vida litúrgica e na convivência comunitária. Para isso é necessário fazê-los viver como comunidade, inculcando-lhes um objetivo comum: alcançar a salvação mediante a vivência da fé e do amor.

14. Para a necessária formação dessas comunidades, fazer entrar em vigor, o quanto antes, o diaconato permanente e chamar a uma participação mais ativa os religiosos, religiosas, catequistas especialmente preparados e apóstolos leigos.

O episcopado está mais preocupado com uma melhoria da formação religiosa de seu rebanho. A comunidade eclesial era uma boa saída para suprir a falta de sacerdotes e a deficiente estrutura paroquial, para atingir um nível mais eficiente de evangelização. Nada aqui ainda indica a ação social da comunidade eclesial, também ainda não se emprega o termo Comunidade Eclesial de Base, apenas comunidade eclesial, porém incentiva a participação do clero no ativismo social.

> O Documento de Medellín tornou-se a Magna Carta do catolicismo progressista latino-americano, ensejando o desenvolvimento da teologia da libertação, da chamada opção preferencial pelos pobres e das CEBs. A declaração de Medellín exacerbou as divisões na Igreja. Levou os conservadores a iniciar uma campanha contra a teologia da libertação e o envolvimento do clero em ativismo social (SERBIN, 2001, p. 242).

O Documento de Medellín ainda fará menção às comunidades de base, no capítulo da catequese renovada, afirmando que se deve respeitar as diferenças de cada situação e que, métodos únicos e globais não mais funcionam. Comenta também, na formação dos sacerdotes, que estes devem empregar parte do seu tempo, mesmo como seminaristas, ao atendimento e apoio espiritual às comunidades de base. No entanto, é no tema da Pastoral de Conjunto (Colegialidade n. 15), mais especificamente na renovação das estruturas pastorais, que o documento é mais enfático:

> assim, a comunidade cristã de base é o primeiro e fundamental núcleo eclesial, que deve, em seu próprio nível, responsabilizar-se pela riqueza e expansão da fé, como também pelo culto que é sua expressão. É ela, portanto, célula inicial de estruturação eclesial e foco de evangelização e atualmente fator primordial de promoção humana e desenvolvimento (Med 15, III, 1a).

O documento incentiva os bispos e párocos para o desenvolvimento de líderes para essas comunidades, assim como reforça que elas, as comunidades, devem ser respeitadas em sua autonomia. "Recomenda-se a elaboração de estudos sérios, de caráter teológico, sociológico e histórico, a respeito dessas comunidades cristãs de base, que hoje começam a surgir depois de terem sido ponto-chave na Pastoral dos missionários que implantaram a Fé e a Igreja em nosso continente" (Med 15, III, 1d). A paróquia renovada teria que ser uma comunidade de comunidades, como uma grande teia de comunidades eclesiais de base. Fica explícito, para um maior número de agentes pastorais engajados na evangelização, que as estruturas centralizadoras da paróquia tradicional já estão ultrapassadas.

> A partir de Medellín, intensifica-se o trabalho de formação das CEBs, em todo o Brasil, trazendo cada vez mais para dentro da Igreja o leigo e o povo. Um grupo de agentes pastorais vai deixando os palácios, os conventos, sua moradia tradicional, e mergulha na periferia das cidades, nas favelas, no meio rural. Confrontando-se a realidade dos marginalizados e explorados com o Evangelho e vê-se a enorme distância que os separa (PUCCI, 1984, p. 130).

Não parece haver dúvidas, a partir dos documentos do Vaticano II, do Plano Pastoral de Conjunto, da Conferência de Medellín, que a Igreja queria uma reformulação em sua dinâmica pastoral, na alteração de suas estruturas paroquiais, mas isso seria realmente possível?

> Os documentos citados não dão margem a dúvidas, são claros e concordes. Os bispos querem que a pastoral tradicional seja renovada, que seja organizado um trabalho orgânico e de conjunto e, principalmente, que seja intensificada a vida comunitária. Parecem opções definitivas, irrevogáveis (BARAGLIA, 1974, p. 12).

A evangelização dos empobrecidos é uma evangelização da própria Igreja. É um novo rumo na sua orientação pastoral e comunitária. É um repensar de séculos em sua atividade no Brasil. A nova eclesiologia proposta a partir do Vaticano II, da qual as CEBs são parte visível, será ainda reafirmada no Sínodo dos Bispos em 1971, e na Exortação Apostólica *Evangelli Nuntiandi* de 1975 e reafirmada no Documento de Puebla em 1979.

> A grande revelação do Evangelho de Jesus Cristo, a novidade radical da Boa-nova que Ele traz, está no seu amor de predileção pelos pobres e pecadores. Confrontadas com as CEBs do interior e das periferias das cidades, as Igrejas locais, as Igrejas particulares e a Igreja universal são questionadas e convidadas para a conversão ao que constitui o coração mesmo do ministério e do mistério de Jesus. Buscar o serviço e não a dominação (BARREIRO, 1977, p. 92).

Ao lado da evangelização, se desenvolveu como uma outra vertente das CEBs o aspecto da luta social. Sempre através da interpretação do Evangelho, o emprego do método ver-julgar-agir aponta no sentido de modificações das estruturas sociais opressoras e que geram desigualdades sociais. "Na verdade, se é que há uma constante na história do Brasil, essa constante é o desprezo das elites dominantes pela opinião dos dominados" (cf. ALVES, 1979, p. 162).

Em função de todo o passado da sociedade brasileira, na atuação da Igreja rumo às periferias e aos rincões do meio rural, era inevitável que parte do clero acabasse se defrontando com os enormes e antigos problemas sociais que afligiam a população mais carente. O transferimento das ações eminentemente eclesiais para as ações sociais ou reivindicatórias foi algo natural. A leitura da Bíblia e a interpretação para a realidade existencial trouxe, além de uma maior sensação de pertença, uma nova esperança para as comunidades. Mais uma vez isso não se deu de forma organizada ou sistemática, mas de acordo com o próprio caminhar das comunidades. Isto proporciona aos empobrecidos a oportunidade de uma transformação social que acaba envolvendo outras camadas da população.

> Os pobres, que descobrem sua dignidade de filhos de Deus e que lutam unidos para se libertar das condições de vida que estão em flagrante contradição com essa dignidade, arrastam também os ricos no mesmo processo de libertação. Assim como há uma relação dialética entre o oprimido e opressor, não existindo o primeiro sem o segundo, há uma relação também dialética entre superação da opressão e superação do opressor como tal. Os pobres das CEBs, na medida em que acolhem o Evangelho com todas as suas exigências, criam de fato as condições para que os ricos se libertem em primeiro lugar de sua boa consciência farisaica e de sua ideologia burguesa que lhes faz ver os pobres "preguiçosos", "vagabundos" ou "marginalizados" (BARREIRO, 1977, p. 91).

Capítulo XLVII
Encontros Intereclesiais de Base, Patrimônio teológico e pastoral

> Eu vi e ouvi os clamores do meu povo e desci para libertá-lo (Ex 3,7).

Introdução

Os Encontros Intereclesiais das Comunidades Eclesiais de Base são de enorme relevância em sua história para a Igreja no Brasil. Encontros que contaram com a participação de diversas pessoas de vários países latino-americanos e de outros continentes. O capítulo apresentará um resumo dos 14 encontros realizados, a preparação do 15º e uma análise do período de 1975 a 1985. A finalidade é pensar criticamente não só os eventos eclesiais, mas também determinadas afirmativas errôneas sobre o suposto término das CEBs e seus encontros. Qual a eclesiologia das CEBs e qual a "eclesiologia" de determinados grupos que afirmam categoricamente o fim das Comunidades?

1º Intereclesial

O 1º Intereclesial surgiu de uma conversa informal entre o bispo auxiliar de Vitória, Dom Luiz Gonzaga Fernandes, o historiador Eduardo Hoornaert e o dominicano Frei Betto, em janeiro de 1974. No ano seguinte é realizado o 1º Intereclesial em Vitória

(ES), de 6 a 8 de janeiro de 1975, com o tema: **Uma Igreja que nasce do povo pelo espírito de Deus**. Dele participaram 70 pessoas, representando várias dioceses de 12 estados diferentes, participaram também 5 bispos. O encontro tinha por objetivo delinear o perfil e descobrir as características futuras da Igreja nova que nasce no meio do povo, principalmente através das Comunidades Eclesiais de Base. A "Igreja nova" deveria ser participativa, criativa, toda ministerial, e comprometida com a dimensão política da fé. Uma série de desafios em aberto foi destacada pelos participantes, abrangendo as linhas: eclesiológica, política, cultural e metodológica. Nas conclusões enfatizou-se os traços essenciais para uma metodologia adequada para as atividades das comunidades: sempre a partir da realidade, desenvolver um instrumental de análise adequado para a sua melhor percepção; abrir espaços de valorização de expressões do povo; favorecer condições para o aperfeiçoamento contínuo dos agentes de pastoral, se possível dentro da própria comunidade.

2º Intereclesial

Vitória (ES), de 29 de julho a 1º de agosto de 1976, com o tema: **Igreja, povo que caminha**. Contou com cerca de 100 participantes, sendo mais da metade de pessoas da base, eram 13 bispos brasileiros e 2 mexicanos. Representavam 24 dioceses de 17 Estados. Inicia-se uma caminhada das CEBs em nível nacional com uma nova consciência socioeclesial; a Igreja não é propriedade de umas pessoas, mas de todos que se responsabilizam por ela. Foram discutidos 5 itens específicos: terra, política partidária, sindicato, periferia das cidades e modelo de Igreja (tradicional, renovada e que nasce do povo pelo Espírito de Deus). Nas conclusões, houve a reafirmação da opção por uma evangelização libertadora. O encontro favoreceu a compreensão de que a fé não pode ser separada da vida e que a Palavra de Deus se revela também na história do povo.

3º Intereclesial

João Pessoa (PB), de 19 a 23 de julho de 1978, com o tema: **Igreja, povo que se liberta**. Dele participaram cerca de 200 pessoas, representando 47 dioceses de todo o país. Participaram 17 bispos e 9 assessores e assessoras. Em relação aos encontros anteriores, houve uma significativa mudança, 65% dos participantes eram constituídos de pessoas da base. Realçando seu caráter ecumênico, também participaram quatro representantes de igrejas evangélicas e Jether Pereira Ramalho. Participando também estavam o cacique xavante Aniceto e convidados do México, Nova York e Bélgica. Assessores e bispos colocavam-se no lugar de ouvintes da palavra dos pobres e pequenos, de sua história e paixão, de seus sonhos e esperanças. Depois de tantos anos de um grande silêncio, o povo fiel e oprimido se coloca como sujeito da construção da sociedade e da Igreja.

> Eis um fato inaudito nos últimos 478 anos da história pátria e eclesial: o povo toma a palavra. Esta palavra ficará sempre no monopólio de um corpo de peritos da Igreja: do catequista, do padre, do bispo. O povo fora reduzido a simples receptor e reprodutor do discurso dos outros. Sua voz fora sempre eco da voz dos superiores. Agora se ouve a voz do povo (BOFF, 1979, p. 706).

Nas conclusões, o encontro reafirma seu compromisso com a causa dos pobres, o que constitui para as comunidades o projeto de Aliança que Deus faz com o seu povo, mediante esse compromisso é que tem início a mudança do mundo em direção ao Reino de justiça. Mas essa transformação só acontecerá conhecendo a realidade do local, do nosso município, e dos municípios vizinhos, descobrindo o que está por trás daquilo que os poderosos escondem do povo. Os participantes reforçam que devem participar em todos os segmentos que lutam contra a opressão: sindicatos, associações e partidos. Participação que deve ocorrer também na Igreja, criando condições para um crescimento comum, sem que haja marginalização de ninguém, mas verdadeira união.

4º Intereclesial

Itaici (SP), de 20 a 24 de abril de 1981, com o tema: **Igreja, povo oprimido que se organiza para a libertação**. Participaram cerca de 280 pessoas representando 71 dioceses de 18 estados diferentes, 65% dos representantes eram pessoas da base, eram 15 assessores e 17 bispos. Entre os objetivos principais do encontro estavam a troca de experiências, a celebração da fé e o aprofundamento crítico das lutas reivindicatórias, sindicais e político-partidárias. O encontro deixa claro que as CEBs, em razão de sua identidade religiosa, não podem se transformar em células partidárias, mas tampouco podem deixar de lado sua educação política. As CEBs devem ser lugar de vivência, aprofundamento e celebração da fé, mas também lugar onde se confrontam vida e prática com a Palavra de Deus, no sentido de se verificar a coerência da ação política com o plano de Deus. Há uma íntima ligação entre fé e vida e a consciência da presença de Deus no meio das comunidades.

5º Intereclesial

Canindé (CE), de 4 a 8 de julho de 1983, com o tema: **CEBs, povo unido, semente de uma nova sociedade**. Contou com cerca de 500 participantes de 134 dioceses, sendo 50% representantes da base, 30 bispos, 15 assessores, 17 observadores, 7 da imprensa e 114 das equipes de serviço. As reflexões nos grupos de trabalho foram: as condições de vida do povo brasileiro e sobre suas reações contra a situação de dominação; as motivações que levam as CEBs a lutarem por uma nova sociedade; e as propostas concretas para se chegar a uma nova sociedade. A reflexão central do encontro foi que, na luta por uma nova sociedade, as CEBs encontram na motivação evangélica a razão última de todo seu empenho. A experiência de fé é vivida pelas CEBs como uma evidência, como a sua razão de ser. Ela constitui o grande segredo das comunidades, de sua força maior, como fonte de animação e de luta para a nova sociedade que almeja. As celebrações litúrgicas ocuparam um lugar de grande relevância neste Encontro.

6º Intereclesial

Trindade (GO), de 21 a 25 de julho de 1986, com o tema: **CEBs, Povo de Deus em busca da Terra Prometida**. Contou com 1647 participantes, dos quais 742 representantes da base, 45% do total, 30 assessores, 51 bispos, 16 representantes de Igrejas evangélicas, 10 representantes dos povos indígenas, 56 observadores latino-americanos, 35 observadores nacionais, 17 observadores de outros países, além da imprensa e equipe de serviço. Contou também com representantes dos povos indígenas e de igrejas evangélicas. Marca registrada deste encontro são as grandes temáticas ligadas à caminhada das CEBs: seu estatuto eclesiológico, sobre o novo jeito de toda a Igreja ser; CEBs e política partidária, membros de partidos políticos que pertencem às CEBs e o perigo do afastamento eclesial dos militantes políticos; a especificidade da luta das mulheres, negros e índios; e, por fim, a questão latino-americana e o ecumenismo. Este encontro foi considerado o mais importante em se tratando de ecumenismo.

7º Intereclesial

Duque de Caxias (RJ), de 10 a 14 de julho de 1989, com o tema: **Povo de Deus na América Latina a caminho da libertação**. Cerca de 2550 pessoas participaram deste encontro, 85 bispos católicos, 19 assessores, 120 delegados de 12 igrejas evangélicas, sendo 43 pastores e pastoras, 5 bispos, 30 representantes dos povos indígenas, 83 participantes de 19 países da América Latina e 92 convidados brasileiros e estrangeiros, representantes da imprensa e equipe de serviço. A temática geral estava subdividida em três questões específicas: a situação da América Latina, a relação entre fé e libertação, a eclesialidade das CEBs e sua dimensão ecumênica. O encontro repercutiu as acusações contra Leonardo Boff e Carlos Mesters divulgadas por alguns bispos nos jornais, a condenação pelo Vaticano da Teologia da Libertação e a convocação de bispos para explicações, a desarticulação de projetos pastorais populares, como o Dom Helder Camara no Recife e o desmembramento da Arquidiocese de São Paulo. Com relação às CEBs, já a partir do encontro de Trindade, algumas autoridades eclesiásticas começaram a divulgar dúvidas sobre sua experiência evangelizadora. Os questionamentos vão do perigo da ação partidária nas CEBs, uma "supervalorização" de sua ação pastoral, os indícios que algumas comunidades deixam de ser eclesiais e são hostis à hierarquia. No entanto, houve uma presença maciça de bispos e da cúpula da CNBB. O encontro foi marcado pela importância da discussão política, mediante a Palavra de Deus, do aprofundamento do ecumenismo, a eclesialidade das CEBs enquanto portadoras "do sonho de Jesus". A dimensão celebrativa continuou sendo significativa. A questão ecumênica foi destaque de importância neste Encontro. Novamente as celebrações litúrgicas são marcantes.

8º Intereclesial

Santa Maria (RS), de 8 a 12 de setembro de 1992, com o tema: **Culturas oprimidas e a evangelização na América Latina**. Cerca de 3000 pessoas estavam presentes, 88 delegados de países da América Latina e Caribe, 335 religiosos, 98 bispos (66 católicos), 50 assessores, 106 evangélicos (35 pastores e pastoras), 43 indígenas, 1 pajé, 1 mãe de santo e 40 equipes de serviço. A escolha do tema "cultura" como eixo das reflexões e das celebrações acrescenta um elemento novo nos encontros. Nos encontros anteriores a temática de fé e política ocupava um lugar de destaque. Cada bloco encarregou-se de um tema: índios, negros, migrantes, trabalhadores e mulheres. Este encontro levantou a questão da matriz pluricultural do catolicismo no Brasil, do diálogo da fé cristã com a religião afro-brasileira e os desdobramentos da inculturação nos campos litúrgico, teológico e pastoral. Esta experiência inovadora de evangelização, a partir dos povos e culturas oprimidas, não ocorreu sem momentos de forte dificuldade e tensão, conforme o que testemunha o documento final: "Tudo que é novo nasce com dor de parto, mas também traz alegria". Em especial dos blocos dos negros e das mulheres vieram as reivindicações mais contundentes.

9º Intereclesial

São Luís (MA), 15 a 19 de julho de 1997, com o tema: **Vida e esperança nas massas**. Contou com 2800 participantes. O tema foi subdividido em 6 eixos, formando a base do trabalho nos blocos temáticos. São eles: CEBs e catolicismo popular; CEBs e religiões afro; CEBs e pentecostalismo; CEBs e cultura de massa; CEBs: excluídos e movimento popular; CEBs e a questão indígena. As CEBs são convocadas a ser vida e esperança nas massas. Enfrentando novos desafios: por que os mais pobres ainda participam pouco da vida da Igreja, ou não são atingidos pela sua ação pastoral? Este encontro dá-se dentro do perfil no diálogo CEBs--CNBB. O contexto social é de hegemonia do neoliberalismo, não há modelo alternativo, o contexto eclesial é o da consolidação do centralismo eclesiástico.

10º Intereclesial

Ilhéus (BA), de 11 a 15 de julho de 2000, com o tema: **CEBs, Povo de Deus, 2000 anos de caminhada**. Dele participaram 3.036 pessoas, 72 evangélicos (4 bispos, 37 pastores e pastoras), 64 assessores, 63 bispos católicos, 7 das religiões afro-brasileiras e 65 indígenas. Recordou-se o sonho de Jesus e a vida de comunidade assumida por seus seguidores e seguidoras de ontem e de hoje. O encontro avaliou e celebrou os 500 anos de evangelização no Brasil e os 25 anos dos Intereclesiais, através das temáticas: CEBs, memória e caminhada; sonho e compromisso. Tudo isso para celebrar, festejar, avaliar e abrir novos horizontes para que um dia se possa colher os frutos da justiça, da partilha, da igualdade, da ternura, do carinho e da festa. Outras questões surgiram e foram motivo de atenção, como a questão das celebrações das CEBs e a Eucaristia; a diferença do ecumenismo no Encontro e nas bases; a tensão entre CEBs e Renovação Carismática Católica; a relação entre CEBs e clero, destacadamente o clero mais jovem – que se compromete cada vez menos com as CEBs; a questão indígena. A centralidade da Palavra de Deus, núcleo fundante e elemento de identidade das CEBs, foi destaque, assim como as celebrações litúrgicas.

11º Intereclesial

Ipatinga (MG), de 19 a 23 de julho de 2005, com o tema: **CEBs, espiritualidade libertadora** e o lema: **Seguir Jesus no compromisso com os excluídos**. Contou com a participação de aproximadamente 4.000 pessoas, 112 assessores, 89 indígenas, 288 convidados, 420 religiosos e religiosas, 380 padres, 50 bispos católicos e 2 anglicanos, 70 estrangeiros, 48 pessoas de 11 igrejas cristãs (23 pastores e pastoras), 32 representantes de povos indígenas e outras religiões e culturas afro-brasileiras, 250 jovens das Pastorais da Juventude.

O encontro foi elaborado a partir de seis eixos temáticos que se subdividiram em seis temas específicos: CEBs e a espiritualidade libertadora; CEBs, a dignidade humana e promoção da cidadania, CEBs e a formação de um novo sujeito; CEBs e a construção de outro mundo possível; CEBs e a via campesina, CEBs e a educação libertadora. O encontro foi avaliado, no seu conjunto, como um "Novo Pentecostes" que, alimentado por uma espiritualidade autenticamente libertadora, uniu e reuniu povos e línguas, raças e nações, para celebrar o amor do Deus Libertador, parceiro dos pobres e oprimidos, renovando em todos e todas o empenho de "seguir Jesus no compromisso com os excluídos". Nesse encontro, aflorou com maior clareza a consciência de que o Trem das CEBs tem dois trilhos: o primeiro fundamenta-se no seguimento de Jesus e o segundo refere-se ao compromisso com as causas dos excluídos. Nesses trilhos circula a Espiritualidade Libertadora, como uma energia que vem do chão da vida. O Trem atravessa a história, está em movimento, e esta energia provém do próprio movimento do Trem. É a Espiritualidade que está bem no centro da caminhada das CEBs. Cônscios do risco desta viagem, as CEBs devem se colocar numa atitude de permanente vigilância para que o Trem não venha a sair dos trilhos, descarrilhar.

12º Intereclesial

Porto Velho (RO), de 21 a 25 de julho de 2009, à luz do tema: **CEBs, Ecologia e Missão**, e do lema: **Do ventre da terra,**

o grito que vem da Amazônia. Participaram 3.010 delegados, representantes de 26 Estados e do Distrito Federal, sendo 1.234 mulheres, 940 homens. Eram 56 bispos, 331 padres, 197 religiosas, 41 religiosos e representantes de 38 povos indígenas. A ênfase do encontro recaiu sobre os grandes desafios lançados pela desestabilização do planeta, colocando em risco a vida humana e ecológica. Responder ao grito que vem da Amazônia implicará, então, o esforço perseverante e permanente das Igrejas na defesa da vida para todos e para tudo. Assim, um grito irrompeu para dentro das CEBs para que pudessem se abrir e acolher os gritos que vêm da Amazônia, da questão ecológica, e da missão, grito esse que quer ecoar em todos os cantos deste país, da pátria grande e em todas as dimensões.

13º Intereclesial

Cidade de Juazeiro do Norte, Diocese do Crato (CE), entre os dias 7 a 11 de janeiro de 2014. O tema do encontro foi **Justiça e profecia a serviço da vida** e o lema: **CEBs romeiras do Reino no campo e na cidade**. Participaram 4.036, sendo 2.248 mulheres e 1.788 homens, 72 bispos, 232 padres e 146 religiosas e religiosos, 75 lideranças indígenas, 20 membros de outras igrejas cristãs, 35 pessoas de outras religiões, 36 estrangeiros e 68 assessores e membros da coordenação ampliada. "No Ginásio poliesportivo, denominado Caldeirão Beato José Lourenço, ecoaram os testemunhos de uma Igreja martirial, encarnada e comprometida com a causa dos pobres: povos indígenas, quilombolas, pescadores artesanais e demais sofredores e com a causa do ecumenismo na promoção da cultura da vida e da paz, do encontro" (CEBs, 2020). Pela primeira vez um intereclesial recebe uma mensagem do papa. O Papa Francisco se dirigiu aos participantes e o fato foi de enorme alegria, renovando a esperança de uma Igreja pobre e dos pobres que se comprometem com a justiça e a profecia a serviço da vida.

> **Mensagem do Papa Francisco ao 13º Intereclesial das CEBs**
> Queridos irmãos e irmãs,
> É com muita alegria que dirijo esta mensagem a todos os participantes no 13º Encontro Intereclesial das Comunidades Eclesiais de Base, que tem lugar entre os dias 7 e 11 de janeiro de 2014, na cidade de Juazeiro do Norte, no Ceará, sob o tema "Justiça e Profecia a Serviço da Vida".
>
> Primeiramente, quero lhes assegurar as minhas orações para que este Encontro seja abençoado pelo nosso Pai dos Céus, com as luzes do Espírito Santo que lhes ajudem a viver com renovado ardor os compromissos do Evangelho de Jesus no seio da sociedade brasileira. De fato, o lema deste encontro "CEBs, Romeiras do Reino, no Campo e na Cidade" deve soar como uma chamada para que estas assumam sempre mais o seu importantíssimo papel na missão Evangelizadora da Igreja.
>
> Como lembrava o Documento de Aparecida, as CEBs são um instrumento que permite ao povo "chegar a um conhecimento maior da Palavra de Deus, ao compromisso social em nome do Evangelho, ao surgimento de novos serviços leigos e à educação da fé dos adultos" (n. 178). E, recentemente, dirigindo-me a toda a Igreja, escrevia que as Comunidades de Base "trazem um novo ardor evangelizador e uma capacidade de diálogo com o mundo que renovam a Igreja", mas, para isso é preciso que elas "não percam o contato com esta realidade muito rica da paróquia local e que se integrem de bom grado na pastoral orgânica da Igreja particular" (Exort. Ap. *Evangelii Gaudium*, 29).
>
> Queridos amigos, a evangelização é um dever de toda a Igreja, de todo o povo de Deus: todos devemos ser romeiros, no campo e na cidade, levando a alegria do Evangelho a cada homem e a cada mulher. Desejo do fundo do meu coração que as palavras de São Paulo: "Ai de mim se eu não pregar o Evangelho" (ICor 9,16) possam ecoar no coração de cada um de vocês!
>
> Por isso, confiando os trabalhos e os participantes do 13º Encontro Intereclesial das Comunidades Eclesiais de Base à proteção de Nossa Senhora Aparecida, convido a todos a vivê-lo como um encontro de fé e de missão, de discípulos missionários que caminham com Jesus, anunciando e testemunhando com os pobres a profecia dos "novos céus e da nova terra", ao conceder-lhes a minha Bênção Apostólica.
>
> Vaticano, 17 de dezembro de 2013 (FRANCISCO, 2013).

14º Intereclesial

O 14º Intereclesial foi realizado na cidade de Londrina (PR), no ano de 2018, entre os dias 23 e 27 de janeiro. O tema tratado foi **CEBs e os desafios no mundo urbano**, e o lema foi "Eu vi e ouvi os clamores do meu povo e desci para libertá-lo" (Ex 3,7). Acolhidos por Dom Geremias Steinmetz, arcebispo de Londrina, o intereclesial contou com mais de 3.000 participantes; 2.970 delegados dos regionais do Brasil, uma delegação de 10 pessoas do Cone Sul, uma delegação da Europa (França e Itália), mais de 50 bispos, 100 indígenas, 35 assessores(as). Os Encontros, de acordo com o documento 92 da CNBB, intitulado "Mensagem ao Povo de Deus sobre as Comunidades Eclesiais de Base", são definidos como patrimônio teológico e pastoral da Igreja no Brasil.

Rumo ao 15º Intereclesial

O 15º Intereclesial, com data marcada para 18 a 22 de julho de 2023, será realizado em Rondonópolis (MT). O tema será: **CEB's: uma Igreja em saída na busca da vida plena para todos e todas**. O lema: Vejam! Eu vou criar um novo céu e uma nova terra[...] (Is 65,17ss.).

Análise dos encontros intereclesiais (1975-1985)

"Não existe uma Coordenação Nacional das CEBs no Brasil: através de cada diocese, elas estão diretamente ligadas à CNBB. Ao coordenar a pastoral de conjunto no Brasil, a CNBB também coordena as CEBs" (FREI BETTO, 1983, p. 11).

> Embora numerosas e válidas, as primeiras experiências de "Comunidade Eclesiais de Base" não conseguiram ainda indicar os caminhos para uma extensão maior e verdadeiramente ampla dessas experiências. Particularmente certos meios (urbanos, por exemplo) carecem de uma metodologia e de experiências mais adequadas. Continua, contudo, a convicção de que este caminho é essencial para o progresso da ação pastoral e de vivência cristã como o Episcopado nacional reafirmou na última Assembleia definindo essa área como de importância prioritária (CNBB 1975-1978, n. 2-3).

Há de se considerar que os encontros intereclesiais passaram a acontecer quando já havia um clima de abertura política e o fim da censura no país. Assim como os encontros só acontecem em uma determinada diocese, por que o seu bispo apoiou e permitiu os encontros e também só aconteceram porque a ditadura não proibiu. É fato que o governo militar variava de uma sinalização positiva para a liberdade, tais como: o fim da censura prévia (1975), permitiu a volta dos exilados (1979), a anistia ainda que condicionada, e as ações de repressão: invasão da PUC-SP (1977), fechamento do Congresso (1977), adiamento das eleições diretas para governadores (só ocorreram em 1982); ou seja, tinha-se uma liberação, mas vigiada, e as campanhas de difamação, as perseguições, os atentados e mortes dentro das dependências militares continuavam.

Interessante frisar que nos temas dos quatro primeiros encontros, vê-se a denominação *Igreja*, como se quisesse demonstrar uma unidade e um aval da instituição para essa nova forma de evangelizar, a designação *CEBs* aparece apenas no quinto encontro, mas a partir daí não se vê mais a menção *Igreja*. As CEBs parecem estar limitadas a um movimento. A CNBB, através de suas publicações, manifestava a necessidade de uma conscientização política da sociedade brasileira. A Igreja se apresentava como defensora dos direitos humanos, da cidadania dos excluídos e empobrecidos, do direito a terra e dos valores éticos fundamentais da pessoa. Exemplos de participação dessa tomada de consciência política são: *Comunicação pastoral ao povo de Deus* (1976) e *Exigências cristãs de uma ordem política* (1977). Estimulada pela efervescência da Igreja pós-conciliar e inconformada com a situação de pobreza do povo motivado pelas estruturas opressoras, não encontrando perspectivas animadoras, a Igreja no Brasil se posicionava.

> mostrava o real comprometimento da conferência episcopal com a evangelização dos pobres. Nos tempos sombrios do fechamento político as CEBs foram o maior ponto de apoio dos pronunciamentos da hierarquia. E, por ocasião do começo da abertura política, foram as CEBs as grandes explicitadoras dos docu-

mentos da hierarquia, quando esta assume um posicionamento mais firme frente aos problemas globais do país (TEIXEIRA, 1996, p. 23).

Esses primeiros encontros mostram que a dinâmica era de uma participação efetiva da gente da base. O importante era a reflexão, compartilhar experiências, os métodos de evangelização empregados, as discussões dos problemas sociais e a busca de soluções alternativas. Não havia uma preocupação com teorias e com pedagogias impondo-se a prática e a realidade vivida pelo povo. O importante ensinamento para os mais letrados foi que o próprio povo se tornou sujeito, participante ativo das transformações sociais e políticas nesta nova experiência de evangelização.

> É importante salientar que esta análise da realidade nas CEBs não se conflita com a vida religiosa, com a fé, já que os trabalhadores não fazem dualismos em sua vida concreta, não separam as instâncias e vivem os seus múltiplos engajamentos (pastoral, sindical, familiar etc.) respeitando suas particularidades com muita simplicidade (WANDERLEY, 1981, p. 602).

O nascimento das comunidades de base se deu de modo espontâneo e pela necessidade específica de uma ação pastoral mais efetiva junto às populações empobrecidas e que não dispunham de uma estrutura eclesiástica que atendesse suas demandas espirituais. Os exemplos de Natal (MEB) e Nízia Floresta, de Barra de Piraí, da Ação Católica e dos padres operários de Osasco, mostram, além disso, uma abnegação dos missionários que lei nenhuma poderia obrigar. A evangelização necessária, e que não era atendida pelos padrões normais de uma paróquia, foi o motor desse fenômeno pastoral brasileiro. A maior parte da Igreja-instituição teve a sensibilidade para perceber o valor e a mensagem do Evangelho sendo anunciado de maneira nova; a nova forma de ser Igreja, incentivou a abertura de novas comunidades. No PPC de 1965: "Faz-se urgente suscitar e dinamizar, dentro do território paroquial, comunidades de base onde os cristãos não sejam pessoas anônimas, se sintam acolhidos e responsáveis e delas façam parte integrante, em comunhão de vida em Cristo e com todos os seus irmãos" (CNBB, 2004, p. 38-39); no Documento de Medellín de 1968:

> a Comunidade Eclesial de Base deve, em seu próprio nível, responsabilizar-se pela riqueza e expansão da fé, como também pelo culto que é sua expressão. É ela, portanto, célula inicial da estrutura eclesial e foco de evangelização e atualmente fator primordial da promoção humana e desenvolvimento (Med. 15, III, 10).

E claramente nas diretrizes da CNBB 1975-1978: "um dos desafios da ação pastoral no Brasil é, certamente, a multiplicação das 'comunidades de base', que possam responder ao anseio do povo para uma vida plenamente eclesial, alimentada pela Palavra de Deus e os sacramentos, principalmente a Eucaristia" (CNBB, 1975-1978, cap. 3, 2.2) e propõe como atividades na estrutura da Igreja: "Suscitar e apoiar processos pastorais que visem a criação de Comunidades Eclesiais de Base, seja a partir das paróquias, e através de grupos na zona urbana, seja a partir das capelas nas zonas rurais" (IBIDEM, n. 6). O Sínodo dos Bispos de 1974 também se ocupou de refletir sobre as CEBs, e o Papa Paulo VI, na Encíclica *Evangelii Nuntiandi* de 1975, dedica um extenso parágrafo sobre as Comunidades Eclesiais de Base. A encíclica reconhece o valor pastoral das pequenas comunidades, desde que estejam em comunhão com a Igreja local e foquem sua ação na prática da Palavra de Deus. Faz também uma série de advertências, tais como: o perigo de se acharem o único modo de evangelizar, "e não se deixarem enredar pela polarização política e por ideologias que estejam de moda" (EN 58), a encíclica adverte para o perigo de um espírito hipercrítico e contestação sistemática por parte das Comunidades Eclesiais de Base.

O Documento de Puebla apresenta uma definição das CEBs,

> A CEB, como comunidade, integra famílias, adultos e jovens em estreito relacionamento interpessoal na fé. Como eclesial, é comunidade de fé, esperança e caridade, celebra a Palavra de Deus e se nutre da Eucaristia, ponto culminante dos demais sacramentos; realiza a Palavra de Deus na vida, mediante a solidariedade e o compromisso com o mandamento novo no Senhor; torna presente e atuante a missão eclesial e a comunhão visível com os legítimos pastores, através do serviço de coordenadores aprovados. É de base por estar constituída por um pequeno número de membros como forma permanente e como célula da grande comunidade (DP 641).

Essa movimentação dentro da Igreja institucional, vista como em prol das CEBs, além das causas conjunturais externas levaram à promoção dos Encontros Intereclesiais das CEBs. As CEBs e os Encontros Intereclesiais contribuíram e muito para que o povo simples fosse ouvido e entendido pelos mandatários e com estes puderam refletir sobre as decisões para o bem comum, em uma experiência vivida e democrática. Todos se sentiam participantes dos problemas e das soluções. De alguma forma as CEBs se tornaram a Igreja dos empobrecidos e a Igreja que caminha com os pobres. Evidente que tudo isso não é uma totalidade, mas um caminho fincado no Evangelho que terá seus altos e baixos com conflitos externos e internos.

Intereclesiais entre continuidade e descontinuidade

Passado o regime de exceção (1964-1985), com a ditadura esgotada e perto do fim, mas ainda conseguindo proibir, por meio legal e representativo, as eleições diretas para Presidente da República. Com a reconstrução dos agentes político-partidários, estes assumem o clamor popular pelas demandas sociais. Alguns membros proeminentes dos novos partidos, principalmente de esquerda ou centro-esquerda, saíram diretamente dos quadros da Igreja. A preocupação da hierarquia em assumir o controle de direito e, de fato, o centralismo clerical, levou ao controle dos movimentos, incluindo as CEBs. As CEBs perdem a sua essência, sua vivência evangelizadora e transformadora da realidade social. A eclesiologia do Vaticano II cai em desuso. Na segunda metade da década de 1980 se assiste a uma série de fatores que irão, em seu conjunto, desestimular a existência das CEBs, e mesmo contribuir para a sua queda e desaparecimento.

1. O fracasso do socialismo/comunismo como uma alternativa ao capitalismo. Até por influência direta do Papa João Paulo II, o socialismo ruiu na antiga União Soviética e em todos os estados europeus. O capitalismo ganhou ainda mais força com sua vertente neoliberal, principalmente depois dos anos de 1990.

2. O término da ditadura no Brasil e seu retorno a uma "normalidade" democrática. A base política de sustentação das CEBs tinha, agora, novos fóruns para se pronunciar, como os partidos políticos, os sindicatos, e a sua entrada na administração pública. A Igreja já não precisava mais ser a única peça de resistência ao regime autoritário.

3. O crescimento do neopentecostalismo evangélico e também católico. Fenômeno típico de uma sociedade neoliberal, esta forma de expressão religiosa se conforma a um modelo individualista, pragmático, e sem compromissos comunitários.

4. A condenação aos teólogos da libertação por parte de Roma, e insistência por parte da hierarquia de colocar as CEBs como dependentes do clero, reduzindo o protagonismo leigo, além de minar o exercício do poder dos bispos que apoiavam as demandas sociais.

5. Os ataques sistemáticos às CEBs por meio de publicações dos setores e movimentos conservadores católicos.

Fundamentalmente, uma parte da Igreja desestimula uma prática eclesial que saiu do Vaticano II, a prática de uma Igreja ministerial, participativa do Povo de Deus. Voltou-se para uma Igreja sacerdotal e sacramental, onde o centro não era o povo, a assembleia de fiéis, mas o clero. Com isso, mesmo as CEBs continuando a existir, perderam sua forma mais importante de ser uma comunidade de iguais sem liderança oficial. A utopia se desvaneceu, os empobrecidos voltaram para os seus lugares, fora das prioridades espirituais e temporais da Igreja e da sociedade.

Interessante notar também que, nos primeiros quatro encontros, nesse período, o tema escolhido trouxe a palavra Igreja, dando a impressão de um todo, de um aval da instituição, de uma nova postura de Igreja, de uma conotação de mudança. Já a partir do quinto encontro, o tema passa a conter a palavra CEBs, que já demonstra uma segmentação, um movimento, ou uma parte bem clara e localizada da Igreja. Fica também explícito que, em função do maior número de participantes, via de regra crescente a cada encontro, se valoriza mais a parte celebrativa e menos a parte reflexiva. Mesmo sem contar com uma estatística acurada, percebe-se que o número de bispos que participaram dos encontros foi diminuindo, mesmo com o número maior de dioceses e de paróquias (dados – relatório Ceris) ao longo do período. É inegável que as CEBs passaram a ser combatidas pelos movimentos conservadores e por parte do clero mais tradicional. São vários e abundantes os escritos por parte desses setores, que difamam e perseguem as CEBs, declarando-as como não católicas, principalmente devido ao seu engajamento político. Finalmente, a fixação de um lema e um tema a partir dos anos 2000 não deixa de ser uma referência às campanhas, como da Fraternidade, já incorporadas ao calendário da Igreja, massificada e de certo modo repetitiva, sem inovações, com limitado alcance. Apesar de a Igreja-instituição ter domesticado as CEBs, tornando-as parte da estrutura paroquial/diocesana, burocratizando-as e tirando sua essência de maior valor, elas ainda resistem como um campo aberto a uma evangelização popular e autêntica.

> Não se faz pastoral verdadeira a partir dos sonhos elaborados nos gabinetes dos intelectuais puros ou das burocracias. Faz-se numa comunidade real com forças

reais. Essas forças não se fabricam nas oficinas de pastoral. Elas estão presentes na sociedade, ou não existem, nem poderão existir (COMBLIN, 1970, p. 787).

São inúmeras Comunidades Eclesiais de Base presentes na América Latina e no Caribe. Elas são retratadas em diversas partes deste livro. São Comunidades que evangelizam e buscam a construção de uma sociedade justa e fraterna. Devido à vivência do Evangelho encontraram, diversas vezes, proibições, perseguições por parte de governos, proprietários de grande renda econômica e, por vezes, da própria instituição religiosa. Para a renovação da missão da Igreja "é essencial a participação dos fiéis leigos. Estes são a imensa maioria do povo de Deus e se tem muito a aprender da sua participação nas diversas expressões da vida e da missão das comunidades eclesiais, da piedade popular e da pastoral de conjunto, assim como da sua específica competência nos vários âmbitos da vida cultural e social" (EG 126; CTI 73). Os Encontros Intereclesiais das Comunidades de Base são de enorme relevância na perspectiva da sinodalidade.

PARTE VIII

DE PUEBLA A APARECIDA, O CAMINHO DE CONTINUIDADE E DESCONTINUIDADE

Capítulo XLVIII
Puebla (1979), opção pelos pobres e jovens

> Puebla conclamou o laicato à promoção da justiça e igualdade [...] (DP 793).

Introdução

Este capítulo apresenta alguns aspectos da III Conferência Geral do Episcopado Latino-Americano e Caribenho: Puebla. A Conferência foi convocada pelo Papa Paulo VI, em tempos obscuros na América Latina, tempo de ditaduras, Puebla foi aberta pelo Papa João Paulo II. Dela participaram vários bispos da América Latina e do Caribe, dentre eles, o hoje santo, Oscar Romero. Objetiva-se apresentar, através da preparação, do contexto e do evento, uma análise do percurso desta Igreja, da evangelização libertadora que sempre é um desafio para a instituição religiosa neste continente.

Puebla, preparação e desdobramentos

A III Conferência Geral do Episcopado Latino-Americano e Caribenho foi realizada de 27/01 a 13/02/1979, na cidade de Puebla de los Angeles, no México. O tema da Conferência tem como alicerce a Exortação Apostólica *Evangelii Nuntiandi* (1975) do Papa Paulo VI, "a evangelização no presente e no futuro da América Latina". O Concílio Vaticano II e a Conferência de Medellín são também eventos fundamentais para Puebla, mas não resultou num comprometimento maior em relação a Medellín. Paulo VI nomeou presidentes da futura Assembleia o Cardeal Sebastiano Baggio, então prefeito da Congregação para os bispos e Presidente da CAL, o Cardeal Aloísio Lorscheider, então arcebispo de Fortaleza, e Dom Ernesto Corripio Ahumada, arcebispo do México. Designou como secretário-geral Dom Alfonso López Trujillo, arcebispo coadjutor de Medellín e secretário-geral do CELAM. A preocupação essencial da III Conferência é: o que é a evangelização, no presente e futuro. Essa é a vocação e missão da Igreja, pois esta existe para evangelizar (EN 14). Sua missão fundamental é evangelizar hoje, de olhos abertos para o futuro (DP 40; 48).

> Em Medellín terminamos nossa mensagem com esta afirmação: "Temos fé em Deus, nos homens, nos valores, no futuro da América Latina". Em Puebla, retomando a mesma profissão de fé, divina e humana, proclamamos:
> Deus está presente e vivo, por Jesus Cristo libertador, no coração da América Latina. Cremos no poder do Evangelho.
> Cremos na eficácia do valor evangélico da comunhão e da participação para gerar criatividade, promover experiências e novos projetos pastorais.
> Cremos na graça e no poder do Senhor Jesus, que penetra a vida e nos impele para a conversão e a solidariedade.
> Cremos na esperança que alimenta e fortalece o homem em sua caminhada para Deus, nosso Pai.
> Cremos na civilização do amor.
> CELAM. Mensagem aos povos da América Latina. In: Idem. *Conclusões da Conferência de Puebla: evangelização no presente e no futuro da América Latina*. São Paulo: Paulinas, 2009, p. 83-84.

A convocação de Puebla já era comentada desde a reunião de Sucre (1973) do CELAM. A Conferência tem sua origem na América Latina, mas será em Roma que obterá seu aval. Na XVI Assembleia ordinária do CELAM, em San Juan de Puerto Rico (30/11 a 5/12/1976), o Cardeal Baggio "comunicou da parte do Santo Padre aos 57 bispos integrantes do Conselho, que foi confiada ao CELAM a preparação de uma nova Conferência Geral do Episcopado Latino-americano [...] e que terá lugar em 1978, aos 10 anos da Conferência de Medellín" (BOLETIM DO CELAM 111, 1976, p. 23).

Local	Data	Convocação	Temática
Puebla (México)	27/01 a 13/02/ 1979	Paulo VI	A evangelização no presente e no futuro da América Latina

Em vários setores episcopais se comentava a necessidade de superar Medellín, que havia sido mal-interpretada (cf. DUSSEL, 1983, p. 513). Essa mudança de rota teve início em 1972 depois da inesperada eleição de Dom Alfonso López Trujillo como secretário geral do CELAM e uma modificação nos estatutos deste Conselho (cf. SCATENA, 2017, p. 254). Tem início a "Era López Trujillo", é um claro distanciamento da Teologia da Libertação. Será um período de tensão no interior do CELAM que afetará todo o desdobramento da Igreja na América Latina e a preparação de Puebla. A polarização não é simplesmente uma questão doutrinal de ortodoxia, mas das alianças realizadas pelos setores da instituição religiosa com os poderes econômicos e políticos vigentes ou seu rechaço. Trujillo chegará à presidência deste organismo episcopal em março de 1979. O bispo colombiano, foi eleito Secretário Geral do CELAM por vontade da Cúria Romana contra os votos da maioria da assembleia, afirma o teólogo belga Joseph Comblin. E acrescenta que Trujillo "havia feito uma campanha de vários anos para anunciar uma batalha terrível contra o comunismo na Igreja latino-americana", e que "o comunismo estaria infiltrado em tudo: na teologia, nas CEBs, na nova leitura da Bíblia e sobretudo na CLAR[...] verdadeiro 'ninho de cobras'". O secretário do CELAM realizava uma engenhosa campanha de denúncias que consistia nisto: "a teologia da libertação é marxismo disfarçado, a CLAR é um magistério paralelo, as CEBs são uma Igreja separada, condenada pelo papa" (COMBLIN, 1979, p. 2).

Em 12 de dezembro de 1977, festa de Nossa Senhora de Guadalupe, Paulo VI convoca oficialmente a Conferência, no texto se lê: "O Santo Padre atendendo com benevolência ao desejo manifestado pelo CELAM e com vistas ao maior bem da Igreja nos países do Continente, houve por bem convidar formalmente a III Conferência Geral do Episcopado Latino-americano para os dias 12-28 de outubro de 1978". O documento afirma sobre os participantes: "serão: a Presidência e o Secretário Geral do CELAM, os Presidentes de seus organismos diretivos e os Presidentes das Conferências Episcopais Nacionais da América Latina e os eleitos pelas respectivas Conferências Episcopais" (BOLETIM DO CELAM 123, 1978, p. 1).

O ano de 1978 será *sui generis* para a instituição eclesiástica. Primeiro a morte de Paulo VI, após uma longa enfermidade, no dia 6 de agosto de 1978. Em seguida os cardeais se reuniram para o conclave. No dia 28 de agosto foi eleito o Papa João Paulo I, Cardeal Albino Luciani, Patriarca de Veneza. O novo papa deu continuidade à aprovação de Puebla. Seu pontificado durou 33 dias. No dia 16 de outubro de 1978, uma nova surpresa, foi eleito no conclave Karol Wojtyla, João Paulo II, cardeal arcebispo de Cracóvia, na Polônia. Primeiro papa não italiano após 455 anos. O novo papa também deu aval para a realização da Conferência de Puebla, com nova data, 1979.

Contexto econômico, político e religioso

A realidade econômica e política da América Latina e do Caribe havia piorado e muito a partir de 1968. O teólogo espanhol Saranyana analisa esse contexto:

> O abismo entre ricos e pobres tornava-se cada vez mais profundo. Proliferavam os regimes militares e os modelos econômicos que acentuavam a situação de miséria e dependência. Aumentava a violação dos direitos

humanos, dando começo a toda uma época de perseguição, violência de todo tipo. Qualquer solidariedade com os pobres era causa de perseguição e até morte. Muitos cristãos foram tachados como comunistas por suas opções em favor dos pobres (2005, p. 117).

A situação era enormemente conflitiva e, não é de se admirar, que a década de 1968-1978 é denominada como uma década de "sangue e esperança", "anos de tempestades" ou fase de "dúvida e contestação" (KELLER, 2018, p. 83). Os textos escritos por vários bispos na América Latina e a vivência evangélica acentuarão o enfrentamento com estes regimes políticos e também uma polarização intraeclesial. Em março de 1980, o trágico assassinato de Dom Oscar Arnulfo Romero, em El Salvador, revela a tensão entre setores da Igreja e Estado. São Romero foi canonizado pelo Papa Francisco em outubro de 2018. São as diferentes concepções teológico-pastorais e diferentes posições sociopolíticas que antecedem a Conferência de Puebla.

> Há – ao menos certamente – diferentes correntes de não fácil conciliação, que, mesmo com o risco de simplificação excessiva, podem ser descritas da seguinte forma: catolicismo conservador (teologicamente pré-conciliar e visceralmente anticomunista, receoso e até mesmo abertamente oposto à Teologia da Libertação); catolicismo progressista (de acordo com espírito Vaticano II e Medellín, comprometido, mas não revolucionário, distanciado do marxismo); catolicismo libertador (em torno da Teologia da Libertação, pró-socialista e sem receios de utilizar a análise marxista para o estudo da realidade); O catolicismo de esquerda (de aberta tendência pró-marxista e, às vezes, legitimador da violência, alguns chegaram a ser membros dos Tupamaros ou Montoneros (KELLER, 2018, p. 84).

Sobre a teologia, a análise de Saranyana é fundamental para se entender que esta ciência é elaborada dentro do contexto histórico e não alheia a este.

A reflexão teológica, como é lógico, não se mantinha alheia a essas convulsões e mostrava-se inquieta. Em todo caso, além da rápida difusão da TL, um fato merece destaque: à medida que se aproximava a celebração da Conferência de Puebla, a teologia – tanto sistemática como pastoral – começara a interessar-se pela religiosidade popular, com um extraordinário florescimento de escritos em torno do assunto. Finalmente, a Conferência de Puebla respaldaria a vida religiosa popular, não somente justificando teologicamente as devoções populares, quer dizer, a religiosidade popular, tão arraigada na América Latina, mas considerando-a também (junto com outros movimentos) como uma defesa ante a agressão proselitista das seitas para protestantes (SARANYANA, 2005, p. 117, 118).

O período que antecede a realização da III Conferência é cercado de relatos e fatos bem diferentes daqueles que antecederam a II Conferência em Medellín. São relatos antagônicos sobre a mesma situação, revelando que os preparativos e a futura Assembleia eram configurados com componentes diversificados e de diferentes tipologias eclesiais e eclesiásticas. A seguir, parte da opinião de uma das testemunhas da Conferência e a citação de diversas outras assertivas sobre a preparação e o próprio evento.

> É curioso notar que, já desde este tempo de preparação, se organizou um grupo de oposição à assembleia, cujos motivos nem sempre eram muito claros, embora estivessem unidos por certo temor, não muito fundado, de que suas concepções teológicas, sociológicas, políticas receberiam uma reprovação ou desautorização por parte da Assembleia. Este grupo propagou alguns rumores que – embora falsos – colocariam estorvos ou atrasos, e tornariam difícil o caminho dos trabalhos. Assim, por exemplo, difundiram que o Documento de consulta teria sido furiosamente rejeitado pelas Conferências Episcopais do Brasil, do Chile, do Peru e do Panamá. Outra mentira foi dizer que o CELAM pressionava para que a sede não fosse Puebla, mas Porto Rico, a

fim de assegurar que a CIA (em conivência) impedisse a participação de alguns bispos e assim garantir os "manejos" da Santa Sé, temerosa do marxismo. E outras coisas neste estilo (VELA, 1979, p. 5-10).

Outras opiniões e manifestações sobre esta temática e em relação ao ambiente que cercou a Conferência e que alguns denominaram a Conferência paralela podem ser verificadas em Enrique Dussel, Gustavo Gutiérrez, Leonardo Boff, Segundo Galilea, Jon Sobrino e José Comblin (cf. 29, 1979, p. 75-87), na Revista *Theologica Xaveriana*. Em formato de crônica escreve, sobre estes acontecimentos, Alvarado (cf. 5, 1996, p. 422). Um estudo sociológico, com grande documentação foi realizado por Comblin (cf. 31, 1999, p. 201-222).

> A Conferência de Puebla volta a assumir, com renovada esperança na força vivificadora do Espírito, a posição da II Conferência Geral que fez uma clara e profética opção preferencial e solidária pelos pobres, não obstante, os desvios e interpretações com que alguns desvirtuaram o espírito de Medellín, e o desconhecimento e até mesmo a hostilidade de outros. Afirmamos a necessidade de conversão de toda a Igreja para uma opção preferencial pelos pobres, no intuito de sua integral libertação (DP 1134).

Documento de Consulta de Puebla

O Documento de Consulta (DC), que se estudará a seguir, foi elaborado em fins de 1977. Segundo Dussel (cf. 1983, p. 515), o texto apresentava um caráter apologético sem contribuições novas. Nesta fase preparatória foi divulgado o DC que foi denominado à época de "livro verde" devido à cor da capa. O texto, organizado em três núcleos temáticos (Situação Geral, Marco doutrinal e Ação pastoral da Igreja), foi produzido pelo CELAM. Segundo o Conselho Episcopal este deveria ser o principal documento preparatório da Conferência de Puebla. Por sua vez, Dom Aloisio Lorscheider, presidente do CELAM, havia escrito na carta de apresentação que este era um texto preliminar do DC. Mesmo assim, os setores progressistas receberam como um texto retórico e sem proposta de renovação para o catolicismo latino-americano (cf. FERREIRA, 2012, p. 229). Dussel apresenta fortes críticas a este DC. "Trata-se de um longuíssimo texto para ser de 'consulta' (214 páginas)". O historiador afirma que o texto não é "convocador", "provocador". "Não se sente um povo sujeito e protagonista da história". Em sua análise continua apresentando duras afirmações: "faltam citações de Medellín, poucas do Vaticano II, quase nenhuma das encíclicas sociais do Papa Paulo VI", alarga as críticas quando comenta que não há citações de "documentos episcopais latino-americanos (alguns bispos se queixam que nem sequer estão presentes as propostas das reuniões regionais prévias), nada do Sínodo de 1971". Prossegue com uma forte afirmação dizendo que "o documento será inspirado em posições teológicas anteriores ao Concilio Vaticano II, numa resignada e conciliadora posição de neocristandade" (1983, p. 524, 525).

Com López Trujillo na secretaria do CELAM desde 1972, foi se preparando um desmonte do que foram as Conclusões de Medellín, "no sentido de reverter o espírito subversivo" (FERREIRA, 2012, p. 229), daquela Conferência de 1968. Beozzo, historiador, analisa a questão num quadro amplo e maior de desarticulação da Teologia da Libertação, ou seja, o DC era somente um aspecto de uma campanha maior contra a renovação da Igreja na América Latina. Sendo assim, a campanha é contra Medellín, o Vaticano II e, por sua vez, contra a Tradição da Igreja. O historiador citado afirma que esta era uma campanha internacional:

> Num "Memorandum", assinado por mais de cem teólogos da República Federal da Alemanha, tendo à frente Karl Ranher, J.B. Metz, H. Vorgrimler, N. Greinacher, W. Dirks, de novembro de 1977, denuncia-se a Cam-

> panha contra a Teologia da Libertação [...]. Esta campanha parte do Padre Vekemans, sacerdote belga, diretor do CEDIAL (Centro de Estudios para el Desarrollo y Integración en América Latina) do "Círculo de Estudios Iglesia y Liberación", nascido em 1973 [...]. Esta campanha organizada contra a Teologia da Libertação, na qual **toma parte o próprio secretário-geral do CELAM, Dom Lopes Trujillo, encarregado da preparação de Puebla**, não deixa de causar inquietação e de ser uma sombra nesta preparação para Puebla (BEOZZO, 1994, p. 138-139, grifo do autor).

Durante a preparação o clima vai se tornando cada vez mais pesado e as críticas subindo de tom. Este presente texto apresenta algumas destas movimentações e textos analíticos do desdobramento prévio à Conferência de Puebla e indica ao leitor referências para a continuidade de informações e sua própria crítica. Dussel constrói um texto amplo de informações e análises sobre o DC que coloca entre aspas. Afirma que paira em todo o texto uma "visão numa totalidade sem contradições que se transforma rapidamente numa abstração a-histórica. Isto é, a cultura, a civilização, a Igreja, a história, a Cristologia, a Mariologia, a evangelização, tudo é visto num afã de conciliar o inconciliável, de evitar todo conflito, de tapar as rupturas" (1983, p. 527). O DC fez com que os cristólogos latino-americanos ficassem "assombrados", pois o texto apresenta um "esvaziamento conflitivo da cristologia oculta da luta de Jesus contra o pecado dos ricos, dos poderosos", e ainda "oculta o lado de que pelo fato de pregar a esperança escatológica e mobilizar o povo, os poderosos se inquietam" (1983, p. 529). O DC, portanto, foi elaborado em um nível doutrinal, dogmático, evitando assumir posturas críticas, questionantes, inspiradoras de uma práxis, bem diferente da consciência crítica apresentada pelo episcopado em Medellín. As críticas foram aumentando e foram enviadas ao CELAM para serem acrescidas ao futuro Documento de Trabalho.

O historiador argentino quando analisa a eclesiologia do DC não titubeia em afirmar que ela é "sumamente abstrata, pré-conciliar, quase exclusivamente hierarquizante. Isso se evidencia no esquema raquítico de história da Igreja, onde se trata de uma história da hierarquia, menos ainda, apenas de alguns acontecimentos colegiais". O texto não retrata a "história do povo, dos pobres, dos indígenas, das confrarias. Por isso, também, só serão dedicadas 15 linhas à pastoral de Comunidades de Base e com *poréns* e limitações". Neste ponto sua crítica é ainda mais ácida quando afirma que "o texto desconhece quase tudo o que se fez em teologia na América Latina", e finaliza observando que "nem sequer exprime o otimismo e o sentido de comunidade da teologia eclesial do Povo de Deus" (DUSSEL, 1983, p. 533).

No Brasil, a CNBB "incentivou a participação do povo na preparação de Puebla através de uma campanha de orações e contínuas informações através dos Meios de Comunicação Social e de conferências e homilias" (CNBB, 1978, n. 117). Um dos resultados da Assembleia Geral Extraordinária da CNBB, em 1978, foi o texto "Subsídios para Puebla", sempre no intuito de formar e discutir o futuro encontro de Puebla. O texto foi encaminhado à Secretaria Geral do CELAM. Uma citação deste Subsídio é clara no que se refere ao seu objetivo geral: "Que o grande acontecimento de Puebla não sirva apenas para uma rica troca de experiências pastorais, mas para a realização de alguns gestos que só no contexto da Assembleia podem ganhar toda a sua grandeza" (CNBB, 1978, n. 128).

Documento de Trabalho

Devido às inúmeras críticas ao DC, a passagem para uma outra etapa da preparação foi realizada com a publicação, em agosto de 1978, de um Documento de Trabalho (DT). Este texto é superior ao DC e apresenta de maneira mais objetiva a realidade socioeclesial da América Latina e uma visão pastoral de seus episcopados. É um documento mais breve, orgânico e pastoral.

O texto, editado pelo CELAM, consta de 116 páginas e 95 páginas de apêndices. Sua estrutura está dividida em três partes: I – Realidade Pastoral do Povo de Deus na América Latina, II – Reflexão doutrinal (Reino de Deus em Jesus Cristo, Igreja evangelizadora, Evangelização, cultura e promoção humana, Maria), III – Ação evangelizadora (Palavra, celebração da fé, Igreja missionária, Igreja ministerial e carismática, evangelizar a cultura e as culturas, construção de unidade). São temas componentes dos apêndices: Critérios de evangelização, Cristologia, Igreja particular, religiosidade popular, pobres e pobreza, fé e política, teologia da libertação, crítica teológica da análise marxista, a Igreja popular, segurança nacional, multinacionais.

Em relação ao DC o DT é extremamente superior. A visão histórica é muito melhor apresentada, é profunda e autocrítica. Indica as virtudes do processo de evangelização, mas também as suas limitações.

> A Igreja é uma Igreja "peregrina e evangelizadora". Belo nome e muito apropriado. Fala-se dos operários, camponeses, indígenas, da mulher, da juventude. Os aspectos socioeconômicos são indicados (mas falta coerência estrutural) [...] e aqui um texto incluído na última hora condena muitas coisas ao mesmo tempo – como se se quisesse fazer tudo e ao mesmo tempo. Trata-se do n. 183, onde, em contrapartida ao "espiritualismo" do grupo anterior, "outros veem a sociedade num conflito entre opressores e oprimidos, causado pelas estruturas vigentes do capitalismo". Depois disso se condena, a partir da Igreja "oficial", a Igreja popular, o socialismo marxista e a "específica

teoria da libertação". Este parágrafo está justaposto e tem uma clara intenção ideológica contra o espírito pastoral do Documento de Trabalho (DUSSEL, 1983, p. 573).

Neste texto de Trabalho, as Comunidades Eclesiais de Base ocupam seu lugar e os diversos ministérios têm sua definição. O texto afirma o profetismo claramente. A reflexão doutrinal está centralizada no Reino de Deus em Jesus Cristo como evangelização da cultura. Os apêndices apresentam questões conhecidas, sem um eixo que unifique os enfoques. Na continuidade à preparação da Conferência, Dussel realiza uma análise negativa de comentários feitos por Baggio, Hengsbach e Trujillo:

> Ainda em 13 de setembro, "a presença do Cardeal Sebastiano Baggio e do bispo de Essen, Franz Hengsbach, López Trujillo acrescentou que a teologia da libertação, tributária da análise marxista, não representaria o melhor de nosso esforço pastoral nem encontrou carta de cidadania no pensamento dos nossos teólogos". Pede-se a paz diante da proximidade da Puebla e se continua com as acusações, condenações e fáceis tergiversações. Será que não existem teólogos da libertação que não usam a análise marxista? Como é que se pode continuar usando um tabu? Na verdade, queremos apagar o fogo e continuamos a trazer lenha! (1983, p. 574).

Desenvolvimento da Conferência

Discurso inaugural

As atividades de Puebla foram abertas com o Discurso Inaugural do Papa João Paulo II no Seminário Palafoxiano. O discurso foi vibrante, duro, e de grande impacto para a Assembleia. Um comentário sobre o seu significado e influência foi elaborado por João Batista Libânio (cf. *REB* 39, 1979, p. 3-42). "Tinha-se a nítida impressão de que o discurso do papa era fruto de "encomenda" de setores da Igreja latino-americana descontentes com seu rumo desde Medellín" (GODOY, 2015, p. 213). Já no início o papa afirmava:

> Nestes dez anos quanto caminhou a humanidade e com a humanidade e a seu serviço, quanto caminhou a Igreja! Esta III Conferência não pode desconhecer esta realidade. Deverá, pois, tomar como ponto de partida as conclusões de Medellín, com tudo o que tem de positivo, mas sem ignorar as incorretas interpretações por vezes feitas e que exigem sereno discernimento, oportuna crítica e claras tomadas de posição (JOÃO PAULO II, 1979, p. 15).

No decorrer do discurso exortava que a primeira obrigação dos bispos era a de "vigiar pela pureza da doutrina, base da edificação da comunidade cristã". Apresenta críticas às releituras do Evangelho e à cristologia política, esse pensamento "não se coaduna com a catequese da Igreja" (JOÃO PAULO II, 1979, p. 19). O texto é longo e apresenta de maneira bem incisiva o que o papa pensava que deveria ser discutido na Conferência e, ainda antes de concluir, assinala alguns temas prioritários: a família, entendida como Igreja doméstica; o fomento das vocações sacerdotais e religiosas, e a atenção à juventude.

Alocução de Dom Aloisio Lorscheider

Expressiva também foi a Alocução do Presidente do CELAM. O brasileiro, Cardeal Lorscheider, na introdução, enfatiza que "o grito de esperança e angústia de nossos povos que chega até esta Conferência e pede uma resposta profética, exige o compromisso da encarnação da Palavra de Deus em nossa vida e em nosso anúncio (cf. LORSCHEIDER, 1979, p. 47). O cardeal pergunta "qual é o maior desafio para a evangelização na América Latina?", e responde: "a defesa ou a proclamação da dignidade da pessoa humana, a proclamação dos direitos fundamentais do homem na América Latina, à luz de Jesus Cristo (cf. LORSCHEIDER, 1979, p. 51). A Alocução é bem mais curta do que o Discurso de João Paulo II, é também mais clara no que se refere às necessidades da América Latina e o encaminhamento que deve tomar a Conferência.

Realização das atividades da Assembleia

Após a Alocução de Lorscheider que sublinhou o caráter soberano da Conferência tanto no método de trabalho a ser assumido como na recepção ou não dos documentos preparatórios, deu-se início à Assembleia. Foi formada a comissão de orientação e articulação, que redigiu um novo plano de trabalho, esta se desdobrou em 21 comissões encarregadas de estudar cada subtema da Assembleia.

São 21 temas que apresentam o rosto da Conferência, organizados em torno de quatro núcleos básicos: 1) Visão Pastoral da Realidade Latino-americana, 2) Desígnio de Deus sobre a realidade da América Latina, 3) A Evangelização na Igreja da América Latina, 4) A Igreja missionária a serviço da evangelização na América Latina. No decorrer da Assembleia foi tomando forma um outro eixo: Sob o domínio do Espírito, opções pastorais.

> A Igreja, Povo de Deus, quando anuncia o Evangelho e os povos acolhem a fé, neles se encarna e assume suas culturas. Instaura assim não uma identificação, mas uma estreita vinculação com ela. Por um lado, efetivamente, a fé transmitida pela Igreja é vivida a partir de uma cultura pressuposta, isto é, por fiéis "vinculados profundamente a uma cultura, e a construção do Reino não pode deixar de servir-se de elementos da cultura e das culturas humanas". Por outro lado, continua válido, na ordem pastoral, o princípio de encarnação formulado por Santo Ireneu: "O que não é assumido não é redimido".
> O princípio geral de encarnação se concretiza em diversos critérios particulares (DP, 400):

> As culturas não são terrenos vazios, carentes de autênticos valores. A evangelização da Igreja não é um processo de destruição, mas de consolidação e fortalecimento desses valores; uma contribuição ao crescimento dos "germes do Verbo" presentes nas culturas (DP 401).
>
> Com maior interesse assume a Igreja os valores especificamente cristãos que encontra nos povos já evangelizados e que são vividos por estes segundo sua própria modalidade cultural (DP 402).
>
> A Igreja parte, em sua evangelização, daquelas sementes lançadas por Cristo e desses valores, frutos de sua própria evangelização (DP 403).

As comissões efetuaram seus trabalhos durante todo dia 1º de fevereiro e em parte do dia seguinte e chegaram a uma primeira redação (100 páginas). A etapa seguinte foi organizada em outro formato, misturando os membros de comissões de um mesmo núcleo. Os trabalhos continuaram até se chegar a uma nova redação, no dia 3 de fevereiro. Um intervalo aconteceu no dia 4 e no dia 5, e parte do dia 6 foi dedicada ao estudo pessoal da segunda redação. Os dias 6 a 8 foram ocupados com os debates e inúmeras intervenções (SEDOC, 1979, p. 978-990). Assim se chegou à terceira redação, 9 de fevereiro. No dia 10 ocorreram novas discussões sobre o texto e foi colocado em votação no dia 11. Votaram 184 bispos, dos 187 inscritos. Todos os textos foram aprovados, menos a segunda parte do texto da primeira comissão (Visão pastoral da realidade), que recebeu 69 *non placet*, não chegando aos dois terços necessários para a aprovação. No dia 13, o documento final foi aprovado por 179 votantes, sendo 178 *placet* e um voto em branco (cf. AGOSTINI, 2007, p. 44-45). Uma crônica repleta de detalhes com referência às diferentes reuniões realizadas, comissões constituídas, debates, protagonistas e outros temas foi elaborada por Kloppenburg (cf. 1979, p. 190-207). O texto é referência para conhecer o desenvolvimento interno da Conferência até chegar às Conclusões.

> **Rostos na América Latina e Caribe**
>
> Esta situação de extrema pobreza generalizada adquire, na vida real, feições concretíssimas, nas quais deveríamos reconhecer as feições sofredoras de Cristo, o Senhor (que nos questiona e interpela): feições de crianças, golpeadas pela pobreza ainda antes de nascer, impedidas que estão de realizar-se, por causa de deficiências mentais e corporais irreparáveis, que as acompanharão por toda a vida; crianças abandonadas e muitas vezes exploradas de nossas cidades, resultado da pobreza e da desorganização moral da família; feições de jovens, desorientados por não encontrarem seu lugar na sociedade e frustrados, sobretudo nas zonas rurais e urbanas marginalizadas, por falta de oportunidades de capacitação e de ocupação; feições de indígenas e, com frequência, também de afro-americanos, que, vivendo segregados e em situações desumanas, podem ser considerados como os mais pobres dentre os pobres. Feições de camponeses, que, como grupo social, vivem relegados em quase todo o nosso continente, sem-terra, em situação de dependência interna e externa, submetidos a sistemas de comércio que os enganam e os exploram; feições de operários, com frequência mal remunerados, que têm dificuldade de se organizar e defender os próprios direitos; feições de subempregados e desempregados, despedidos pelas duras exigências das crises econômicas e, muitas vezes, de modelos desenvolvimentistas que submetem os trabalhadores e suas famílias a frios cálculos econômicos; feições de marginalizados e amontoados das nossas cidades, sofrendo o duplo impacto da carência dos bens materiais e da ostentação da riqueza de outros setores sociais; feições de anciãos cada dia mais numerosos, frequentemente postos à margem da sociedade do progresso, que prescinde das pessoas que não produzem. Compartilhamos com nosso povo de outras angústias que brotam da falta de respeito à sua dignidade de ser humano, imagem e semelhança do Criador e a seus direitos inalienáveis de filhos de Deus (DP 31-40).

Conclusões de Puebla

O documento final da Conferência tem cinco partes, quatorze capítulos e 1.310 números. É relevante constatar que as Conclusões de Puebla utilizam textos importantes da História da Igreja: O Concílio Vaticano II (171 citações), Medellín (31), documentos de Paulo VI (142), João Paulo II (95). O documento mais citado foi *Evangelii Nuntiandi* (183 vezes). O discurso inaugural foi citado 43 vezes. Os títulos das cinco partes: I – Análise da Realidade, II – Resposta da Igreja, a Evangelização, III/IV – A aplicação pastoral para a América Latina, V – Opções pastorais.

> A mensagem teológico-pastoral de Puebla supõe a revisão geral da vida da Igreja na América Latina, assumin-

> do e prolongando o dinamismo de Medellín [...] *Evangelização libertadora* do pecado pessoal (*Conversão*) e social (*transformação de estruturas injustas*), que leva à comunhão e participação, primeiro dentro da *Igreja* (Corpo de Cristo e Povo de Deus) e, em seguida, pela presença de cristãos em uma sociedade secular, dentro da qual a Igreja é sinal e fermento dessa comunhão e participação que deve ser concretizada – para evitar ser reduzida na ação pastoral a um simples desejo teórico ou moralizante – em *opções pastorais* que expressem a predileção eclesial pelos pobres e oprimidos (KELLER, 2018, p. 87).

Num dos trechos da *Mensagem aos Povos da América Latina*, o episcopado convidava todos a assumirem a causa dos pobres, remetendo à passagem de Mateus 25,40. A intensidade e dramaticidade destas palavras e a apelação ao juízo último de Deus, ilustram a grandeza de ânimo dos bispos reunidos em Puebla, atormentados pelos sofrimentos dos povos latino-americanos.

> Apresentar aos jovens o Cristo vivo, como único Salvador, para que, evangelizados, evangelizem e contribuam, como em resposta de amor a Cristo, para a libertação integral do homem e da sociedade, levando uma vida de comunhão e participação (DP 1166).

O percurso Medellín – Puebla é repleto de injustiças econômicas, repressões políticas, conflitividade na sociedade civil e, disputa de poder no interior da instituição eclesiástica, mas a beleza da fé através da religiosidade-piedade popular escorre por toda a América Latina e Caribe, sustento deste catolicismo. A Conferência de Puebla não corrige ou muda as orientações pastorais dadas por Medellín. A temática da libertação está presente em Puebla, mas acentuando-se desta vez a libertação para a comunhão e participação (DP 842). Há de se destacar, ainda, para a preparação e realização das Conferências, a valiosa contribuição dos assessores e peritos. Por vezes em sintonia e aceitos pelo CELAM e episcopado, por vezes rechaçados por determinados setores da instituição, mas de maneira diferenciada sempre presentes.

> Puebla conclamou o laicato à promoção da justiça e igualdade, especialmente na atividade política, "sempre iluminados pela fé e guiados pelo Evangelho e pela Doutrina Social da Igreja, mas orientados, ao mesmo tempo, pela inteligência e aptidão para uma ação eficaz" (DP 793).

Na atualidade são mais fortes ainda as feições de crianças, jovens, indígenas, camponeses, operários, subempregados, desempregados, marginalizados e anciãos (DP 31-39) e outros grupos que clamam por dignidade e libertação de uma estrutura corrupta com ausência total de ética e que, por vezes, setores da instituição religiosa abençoa. O desafio atual "é responder adequadamente à sede de Deus de muitas pessoas, para que não tenham de ir apagá-la com propostas alienantes ou com um Jesus Cristo sem carne e sem compromisso com o outro" (FRANCISCO, 2013, n. 89). Os desafios continuam para aqueles que querem seguir e testemunhar Jesus de Nazaré na América Latina e no Caribe do século XXI.

Capítulo XLIX
Santo Domingo e a *Nova Evangelização*

A missão começa na santidade (SD 32).

Introdução

A IV Conferência Geral do Episcopado Latino-Americano e Caribenho foi realizada em Santo Domingo, República Dominicana, no ano de 1992. A Igreja estava entrando num processo de transformação e tensão. Uma Conferência é sempre importante e esta também foi repleta de conflitividades. A apresentação do documento final foi resultado dos debates, das discussões e, por vezes de inflexões. O capítulo apresentará este percurso e uma visão geral sobre o documento da Conferência.

Preparação

O CELAM foi encarregado pelo Papa João Paulo II de preparar a IV Conferência Geral do Episcopado Latino-Americano e Caribenho. Em fevereiro de 1990, o Conselho terminou seu primeiro instrumento de trabalho: *Elementos para uma reflexão pastoral em preparação da IV Conferência Geral do Episcopado Latino-Americano*. Em dezembro de 1990, o papa determinou o tema de reflexão da Conferência: *Nova Evangelização, Promoção Humana, Cultura cristã* e o lema *Jesus Cristo ontem, hoje e sempre*, retirada da Carta aos Hebreus (13,8). O instrumento de trabalho converteu-se em Documento de Consulta, com o título oficial da Conferência que ficou conhecido em 1991. O Documento de Consulta se transformou no definitivo Documento de Trabalho, que foi distribuído em junho de 1992, este foi a base das discussões durante a IV Conferência.

> [...] a IV Conferência Geral dos Bispos Latino-Americanos também tinha como moldura fundamental os 500 anos de evangelização e conquista das Américas. Duas correntes, para simplificar, deram o tom para Santo Domingo, lugar emblemático para esses 400 anos, pois aí que se iniciou o processo mais brutal de colonização ibérica nas Américas. Para alguns, havia que começar a IV Conferência com um solene pedido de perdão aos povos indígenas e afro-americanos pela truculência do processo de conquista e colonização; para outros, era momento de se agradecer a Deus pela chegada da Boa-nova na Nova Espanha. Em que pese toda a perspectiva do projeto de restauração da Igreja empreendido pela Santa Sé, a década de 1980 foi de um crescimento bastante promissor da perspectiva libertadora do processo eclesial (GODOY, 2015, p. 214).

A preparação esteve marcada pelo contexto eclesiástico latino-americano que se desdobrara nos anos de 1980. Os desdobramentos da Teologia da Libertação e seus teólogos, os pronunciamentos da Congregação da Doutrina da Fé (LN; LC). Estes fatos influíram enormemente no processo de preparação da IV Conferência. A história é marcada pelo processo de continuidade e descontinuidade. A preparação foi marcada por uma descontinuidade, por vezes desconhecendo as realizações anteriores. Isto fica evidente quando são analisados os dois documentos de consulta. Em 1991, o CELAM entregou um novo documento, como inicialmente estava previsto, substituindo o anterior (CELAM, 1991). Este foi, assim como a Assembleia, um momento de tensão e conflitos. E, ainda, a "preparação de Santo Domingo nasceu sob a turbulência dos 500 anos do encontro de dois mundos. A data evocava sentimentos opostos, contraditórios e irreconciliáveis" (ARROYO, 2018, p. 96). A elaboração do documento final foi extremamente difícil, refletindo as diferentes correntes eclesiais e eclesiásticas no interior da Conferência.

> O clima neoconservador eclesial, que já se manifestara com certa pujança em Puebla, reforçou-se em Santo Domingo. A Igreja da América Latina teve pouca liberdade de expressão em Assembleia organizada desde os poderes centrais da Igreja. Foi, em parte, uma experiência traumatizante (LIBANIO, 2007, p. 32).

Houve uma descontinuidade em relação a Medellín nos aspectos metodológicos e teológico. O método *Ver-Julgar-Agir* foi abandonado. Evidente que isto acarretará consequências para a pastoral.

A Conferência

É possível verificar a grandiosidade da Assembleia em números: cardeais latino-americanos (20), presidentes de Conferências Episcopais (22), CELAM, presidentes de Departamentos e Responsáveis de Sessões (13), delegados eleitos pelas Conferências Episcopais (150). Bispos: Antilhas (4), Argentina (16), Bolívia (5), Brasil (39), Chile (7), Colômbia (15), Costa Rica (1), Cuba (2), Equador (6), El Salvador (2), Guatemala (3), Haiti (2), Honduras (1), México (18), Nicarágua (1), Panamá (2), Paraguai (3), Peru (11), Porto Rico (1), República Dominicana (2), Uruguai (2), Venezuela (7). Arcebispos e bispos latino-americanos nomeados pelo papa (12), Presidência da CAL (2), cardeais, arcebispos e bispos da Cúria Romana nomeados pelo papa (cardeais 8, arcebispos 2, bispo 1). Secretário do Sínodo dos Bispos (1), Sacerdotes seculares (22), Diáconos permanentes (4), Religiosos (7), Religiosas (9), Laicato (homens 11, mulheres 5), Superiores Religiosos (homens 6, mulheres 6), Clar (homens 3, mulheres 3).

Membros convidados. Núncios (5), Conferências episcopais: Estados Unidos (2), Canadá (3), Espanha (2), Portugal (2), Filipinas (2). Reuniões internacionais de Conferências Episcopais: África, Ásia, Europa (3). Organismos eclesiais de ajuda à América Latina (7), observadores de outras igrejas (5), Peritos (homens 18, mulheres 2).

Local	Data	Convocação	Temática
Santo Domingo – República Dominicana	12 a 28 de outubro de 1992	João Paulo II	**Tema** Nova evangelização – Promoção humana – Cultura cristã **Lema** Jesus Cristo ontem, hoje e sempre (Hb 13,8)

A presidência da Conferência, nomeada pelo papa, era composta pelo Cardeal Angelo Sodano, Secretário de Estado do Vaticano, Cardeal Nicolás López, arcebispo de Santo Domingo e Dom Serafim Fernandes de Araújo, arcebispo de Belo Horizonte (Brasil). Como secretários Santo Domingo contava com Dom Raimundo Damasceno, bispo auxiliar de Brasília e secretário do CELAM, e Dom Jorge Medina, bispo de Rancagua (Chile).

O Papa João Paulo II inaugurou a Conferência com um discurso programático que a orientava. Houve acusações de manipulação romana, de retrocesso de Santo Domingo em relação à Medellín e Puebla, de faltas metodológicas no curso das deliberações, de não ter presente a libertação do povo latino-americano de suas situações de extrema pobreza e de ter escolhido mal uma comemoração que foi uma catástrofe cultural e ecológica e que desta a evangelização fez parte. O início do trabalho foi bastante difícil, "pois os setores romanos presentes, além de obstacularizarem o pedido de perdão pretendido por alguns bispos, vetaram formalmente a utilização do método 'ver-julgar-agir', tão comum nos documentos pastorais e teológicos da Igreja Latino-Americana" (GODOY, 2015, p. 214).

> Nas suas deliberações e conclusões, esta Conferência deverá saber conjugar os três elementos doutrinais e pastorais que constituem as três coordenadas da nova evangelização: Cristologia, Eclesiologia e Antropologia. Contando com uma profunda e adequada Cristologia (cf. Discurso à II Assembleia Plenária da Pontifícia Comissão para a América Latina, 3), e baseados numa sadia antropologia e com uma clara e reta visão eclesiológica, deveis enfrentar os desafios que se apresentam hoje à ação evangelizadora da Igreja na América. JOÃO PAULO II. *Discurso Santo Domingo*, 1992.

O documento final é composto de três partes.

1ª parte: Jesus Cristo, Evangelho do Pai

Profissão de fé e um chamado à esperança baseada na história e nas tradições cristãs da América Latina e do Caribe e o reconhecimento dos erros cometidos no passado.

2ª parte: Jesus Cristo evangelizador vivente em sua Igreja

a) A *Nova Evangelização*. A Igreja é convocada à santidade. Comunidades eclesiais vivas e dinâmicas (Igreja local, paróquia, comunidades eclesiais de base, família cristã). Unidade do Espírito e diversidade de ministérios e carismas (ministérios ordenados, vocações e seminários, vida consagrada, laicato na Igreja e no mundo, mulheres, infância e juventude). Anúncio do Reino a todos os povos (aos batizados, aos que se afastaram da Igreja e de Deus, aos irmãos em Cristo, aos não cristãos, às seitas fundamentalistas, aos novos movimentos religiosos, aos sem Deus e indiferentes). O compromisso é de todos, estudar melhores métodos de evangelização é urgente, não existe limite no chamado a evangelizar.

b) *Promoção Humana*. Dimensão privilegiada da nova evangelização. Existem campos específicos que os sinais dos tempos assinalam. À Igreja Latino-Americana (direitos humanos, ecologia, pobreza e solidariedade, o mundo do trabalho, a mobilidade humana, a ordem democrática, a nova ordem econômica, a integração latino-americana). Importante a promoção da família.

c) *Cultura cristã*. Os valores culturais numa frequente situação de desajuste ético-moral, unidade e pluralidade das culturas latino-americanas (indígenas, afro-americanos, mestiços). A nova evangelização (centrada na pessoa e nos valores, dimensão social e convivência, absolutização da razão e da tecnologia com autonomia frente à natureza, a história e o mesmo Deus) e pós-moderna (questionamentos das conquistas e confiança na razão e na tecnologia e subjetivismo ainda reconhecendo à Igreja e seus valores). Problemática das cidades atuais. A ação educativa da Igreja. Comunicação social e cultural.

3ª parte: Jesus Cristo, Vida e esperança da América Latina e do Caribe

Linhas pastorais prioritárias:

a) Uma nova evangelização de nossos povos.

b) Uma promoção humana integral.

c) Uma evangelização inculturada com ênfase no apostolado nas cidades sem descuidar da área rural, com as minorias étnicas: indígenas e afro-americanos e na ação educativa.

Eclesiologia em Santo Domingo

A eclesiologia e a missiologia constituem os dois eixos principais do *modus operandi* da caminhada do Povo de Deus marcados pela comunhão e missão onde ambas se retroalimentam. A comunhão experimenta uma nova forma de vida na Vida e, portanto, naturalmente missionária na medida em que é proposta de vida nova. Assim, a missão por sua vez anuncia e oferece aquilo que se experimenta na comunhão. A eclesiologia e a missiologia de Santo Domingo querem apontar como a Igreja Latino-Americana e Caribenha devem viver essa comunhão, a fim de melhor cumprir sua missão. A eclesiologia é marcada por um forte momento de inflexão (cf. SANTOS, 1993, p. 7-17), em que as configurações de uma nova eclesiologia vão se delineando numa outra já existente e bastante viva. Há um entrecruzamento de horizontes utópicos que são chamados a reunir seus diferentes pressupostos metodológicos e culturas, em nome da comunhão de todo o Povo de Deus.

A eclesiologia presente era de continuidade-descontinuidade de Medellín e Puebla que caracterizou profundamente a Igreja Latino-Americana e Caribenha com uma nova nota de Libertação. Sob o influxo do Concílio Vaticano II, de diálogo com seu tempo, a Igreja Latino-Americana construiu seu próprio caminhar, *vendo, julgando e agindo* na realidade, a partir do Evangelho, onde percebeu que seu maior interlocutor contemporâneo era o empobrecido e assim optou em se fazer pobre com os pobres, como forma de comunhão com o projeto do Reino de Deus de ser sal da terra e luz do mundo, fazendo a diferença numa sociedade exploradora e alienada das causas sociais, bem como se tornava companheira de luta dos demais protagonistas (cf. SOUZA, 2008, p. 138).

A nova eclesiologia vem marcada pelos acentos de um novo pontificado (João Paulo II) preocupado em reavivar a experiência cristológica da fé, resgatando na humanidade ética exemplar e evidente de Jesus de Nazaré, também sua divindade mistérica e não evidente, e por isso a Tradição da Igreja se viu no dever de salvaguardar o *depositum fidei* da "verdadeira" face de Cristo num momento multifacetado e "multifacetador" da cultura e da História. Tal enfoque foi chamado de *Nova Evangelização*, nova em seus "métodos", "expressão" e "ardor".

As duas eclesiologias buscavam novos meios de atingir o ser humano contemporâneo, para uma experiência com o Deus de Jesus Cristo, em suas realidades contextuais. Fiéis ao "espírito" conciliar, contudo, dentro de competências diferentes, que nem sempre assimiladas de ambas as partes. O Vaticano II provocou uma verdadeira "explosão" missionária nas Igrejas locais em seus respectivos contextos, e, concomitante à missão, novas formas de comunhão com Deus e com a humanidade, a fim de mostrar novos aspectos da face de Cristo. A *Nova Evangelização* com sua competência de Magistério pontifical (RM n. 82), preocupava-se em manter os traços identitários da cristologia presente na Tradição, já tão desfigurados por toda a cultura de uma época, o que imprimiu no Magistério e seus organismos a prática da disciplina (cf. LIBÂNIO, 1983, p. 155, 156).

Metodologicamente o narrado anteriormente é muito saudável para a teologia que era convidada a reler a história em busca do essencial da fé cristã, identificando seus contornos próprios de cada época e que permaneciam anacronicamente como elemento dificultador de uma inculturação do Evangelho, como necessariamente ocorreu em momentos significativos do pensamento teológico católico e cristão, pois o mesmo se deu com o avanço do Evangelho para a cultura helênica, continuado nos Padres da Igreja com o contato da filosofia, de modo exponencial em Agostinho, como em Tomás de Aquino e a mudança paradigmática da filosofia e da ciência. Essa consciência estava presente nas duas propostas eclesiológicas, contudo, marcada pela ambiguidade humana, esse momento não fora sempre amistoso, o que acaba por dificultar a recepção do que o Espírito diz à Igreja no seu momento histórico (cf. SOUZA, 2008, p. 139).

A Conferência de Santo Domingo foi o momento em que a *Nova Evangelização* se colocou como instância crítica na caminhada da Igreja Latino-Americana. Em sua preocupação de manter o fundamental da fé na reflexão teológica, correu o risco de um eclesiocentrismo, por privilegiar a doutrina, sendo a Igreja porta-voz da Tradição, e nesse sentido conservadora, não raro, em detrimento da *semina verbi* de outras realidades que se levantavam. Pôde servir de auxílio valioso na aproximação da eclesiologia em não se desvirtuar de sua própria identidade, se regendo pelo imperativo do Reino anunciado por Cristo e não por polos ideológicos, podendo constituir-se, assim, como reflexão crítica destes. Esta postura se verifica na opção metodológica de Santo Domingo ao esquema "ver-julgar-agir", optou-se pela a) Iluminação teológica, b) Desafios pastorais e c) Linhas pastorais, marcado por uma preocupação de maior articulação e coerência entre doutrina e vida. Ainda como instância crítica, Santo Domingo ficou conhecida também por seus silêncios ao não se pronunciar sobre a Teologia da Libertação e quase não mencionar a libertação em seu imaginário que é sistematicamente substituído pela "promoção humana" e "cultura de vida" contra a "cultura de morte" que substitui a expressão cultura de morte. Contudo, seu silêncio é significativo, uma vez que não é sumário, não é condenatório, mas se insere na paciência histórica de verificar seus resultados, no exercício da missão (cf. SOUZA, 2008, p. 139-140).

Missiologia em Santo Domingo

A missão em Santo Domingo é marcada pela preocupação na falta de coerência (SD 44) dos cristãos que inclusive é vista como uma das diversas causas que geram o empobrecimento do continente (SD 161). A missão começa na santidade (SD 32), caminho iluminado pela coerência entre doutrina e vida cristã, que permite conhecer a Cristo Ressuscitado, dando novo sentido à vida e abrindo novos horizontes de esperança ao ser humano pelo anúncio de seu Reino, que é "comunhão de todos os seres humanos entre si e com Deus" (SD 5). A IV Conferência assume o "evangelizar a partir de uma profunda experiência de Deus" (SD 91), onde toda a doutrina adquire sentido (SD 21) e só assim é possível fazer da evangelização um trabalho de "promoção humana" e "inculturação" dos valores cristãos na sociedade (SD 31).

> A América Latina e o Caribe configuram um continente multiétnico e pluricultural. Nele convivem, em geral, povos aborígenes, afro-americanos, mestiços e descendentes de europeus e asiáticos, cada qual com sua própria cultura que os situa em sua respectiva identidade social, segundo a cosmovisão de cada povo (SD 244).

A princípio, a "promoção humana" é vista como "dimensão privilegiada" da *Nova Evangelização*, onde a Doutrina Social da Igreja é chamada a ser conhecida como verdadeiro "canto à vida" (SD 162), chamando a atenção para a questão dos Direitos Humanos (SD 164-168), da Ecologia (SD 169-170), da terra como dom de Deus que todos têm direito (SD 171-177) ao fato do empobrecimento (SD 178-181) ao problema do desemprego e das condições trabalhistas (SD 182-185), às migrações e turismo (SD 186-187), à ordem democrática (SD 190-193), à nova ordem econômica (SD 194-203) ligada à necessidade de uma integração latino-americana (SD 204-209), todas essas realidades são tidas como "sinais dos tempos" em que a Igreja deve levar o Evangelho. Desta forma pede uma especial e urgente atenção à questão dos problemas da família (SD 210-227).

O meio privilegiado que Santo Domingo adota para a promoção humana é o anúncio do Evangelho, à "inculturação", pois toda a cultura comporta um modo de ser e de viver que deve ser iluminado pelos valores cristãos, pois Cristo é a medida de toda a humanidade (SD 231), tendo particular preocupação com a cultura moderna (SD 252-260) que pervade as culturas, pedindo assim que a *Nova Evangelização* fosse entendida como um plano global de inculturação dos valores do Reino, na cultura do evangelizado, sem contudo, perder de vista a medida de toda cultura que se encontra no modo de ser e de viver Cristo, a ser seguido pelos cristãos, e iluminados em três grandes mistérios da salvação: *Natividade*, que à luz da encarnação leva o evangelizador a partilhar sua vida com o evangelizado; *Páscoa*, que através do sofrimento purifica os pecados, e *Pentecostes*, que permite que todos tenham em sua própria cultura as maravilhas de Deus (SD 230).

> A importância da presença dos leigos na tarefa da Nova Evangelização que conduz à promoção humana e chega a informar todo o âmbito da cultura, como a força do Ressuscitado, nos permite afirmar que uma linha prioritária de nossa pastoral, fruto desta IV Conferência, há de ser a de uma Igreja na qual os fiéis cristãos leigos sejam protagonistas (SD 103).

A missão corrige a falta de comunhão, pois é colocando os pés na estrada, que se pode sentir as condições de viagem. Dessa interação eclesiológica é que surge uma nova evangelização latino-americana. Santo Domingo é o encontro da *Nova Evangelização* com a Igreja Latino-Americana e Caribenha, contendo os instrumentais de uma postura crítica a uma caminhada própria de uma Igreja fonte, porém com espaço suficiente para que permaneça na Igreja o que vem de Deus. De fato, a Igreja Latino-americana saiu de Santo Domingo com a hierarquia mais reforçada, e consequente enfraquecimento da Igreja-Povo de Deus, e com foco mais voltado para sua missão religiosa, desviando-se de seu compromisso social das últimas décadas, "Santo Domingo é música latino-americana tocada com guitarra romana" (BOFF, 1993, p. 11). Essa é a configuração exatamente anterior à Conferência de Aparecida (2007), onde esta servirá de conclusão de um longo processo de avaliação crítica da Igreja Latino-americana e da *Nova Evangelização*, aprofundando o processo de interação eclesiológico e missiológico na América Latina e Caribe.

Capítulo L
Sínodo da América (1997), realização e exortação pós-sinodal

> O rosto mestiço da Virgem de Guadalupe constituiu, desde o início, um símbolo da inculturação a evangelização [...] (EA 70).

Introdução

Para vários membros do episcopado Latino-Americano e Caribenho a Conferência de Santo Domingo seria a última, isto devido ao fato do Papa João Paulo II, no seu discurso inaugural, acenar para esta possibilidade. Considerava o papa que, num futuro breve, pudesse ocorrer um encontro de caráter sinodal de representantes dos episcopados de todo o Continente Americano. O próprio documento de SD assumiu essa possibilidade. Este evento se concretizou, porém, a história revelou que não foi a última Conferência Geral; em 2007 seria realizada a V Conferência: Aparecida. O capítulo apresenta alguns antecedentes, o evento sinodal (1997) e a exortação pós-sinodal, *Ecclesia in America* (1999).

Etapa inicial

O Sínodo da América foi realizado em Roma de 16 de novembro a 12 de dezembro de 1997, dando continuidade às Assembleias continentais convocadas pelo Papa João Paulo II. Em 1992, no Discurso de abertura da Conferência de Santo Domingo, o papa surpreendeu a inúmeros participantes ao anunciar sua intenção de convocar uma Assembleia Especial do Sínodo dos Bispos para o continente americano. Este desejo foi estudado pelo CELAM e pela CAL.

> [...] a Igreja, já no limiar do terceiro milênio da era cristã e numa época em que caíram muitas barreiras e fronteiras e fronteiras ideológicas, sente como um dever ineludível unir espiritualmente, ainda mais, todos os povos que formam este grande Continente e, ao mesmo tempo, a partir da missão religiosa que lhe é própria, incentivar o espírito solidário entre todos eles.
>
> JOÃO PAULO II. Discurso de abertura da IV Conferência do Episcopado Latino-Americano. In: *AAS* 85, 1993, p. 820-821.

Na Carta Apostólica *Tertio Millenio Adveniente* (1994), o papa respaldava esta celebração sinodal com a finalidade de promover uma nova evangelização do continente, incrementar a solidariedade entre as Igrejas locais, de maneira especial nos campos de ação pastoral e, ainda, iluminar os problemas da justiça e das relações econômicas internacionais. João Paulo II, assertivamente, comunicava que "o tema de fundo é o da *evangelização*, ou melhor, da *nova evangelização*", cujas bases foram colocadas pela Exortação Apostólica *Evangelii Nuntiandi* de Paulo VI (*AAS* 87, 1995, p. 17). O lema escolhido pelo papa foi "Encontro com Jesus Cristo vivo, caminho para a conversão, a comunhão e a solidariedade na América". No dia 13 de junho de 1995, João Paulo II nomeou um Conselho pré-sinodal, integrado por 19 cardeais e bispos (presidentes das Conferências episcopais da América e da Cúria Romana. Foram realizadas cinco reuniões deste Conselho. O Conselho produziu os *Lineamenta* que foram apresentados oficialmente no dia 3 de setembro de 1996. Seu conteúdo, após breve introdução, abrange os respectivos aspectos do tema geral do Sínodo: Jesus Cristo morto e ressuscitado; Jesus Cristo, caminho para a conversão; Jesus Cristo, caminho para a comunhão; Jesus Cristo, caminho para a solidariedade. Estes *Lineamenta* "não citavam uma única vez os documentos das conferências episcopais latino-americanas, nem falavam das Comunidades Eclesiais de Base (CEBs) e da Teologia da Libertação". É evidente que se pode "discordar da Teologia da Libertação, mas não se pode ignorar o fato de que, nos últimos trinta anos, emergiu uma reflexão teológica latino-americana", e ainda "só se falava de cultura moderna, em geral. Não havia nada sobre culturas indígenas e afro[...]" (BEOZZO, 1997, p. 5).

Documento de trabalho – *Instrumentum Laboris*

Na introdução do DC é apresentada enfaticamente a identidade cristã do continente. O primeiro capítulo, "Encontro com Jesus Cristo vivo", desenvolve a relação entre o Evangelho e a cultura; a segunda parte, "Encontro com Jesus Cristo vivo, caminho para a conversão", apresenta as luzes e sombras da atuação dos membros da Igreja e da sociedade na América naquele momento. A terceira parte, que trata sobre a comunhão em Jesus Cristo como pressuposto e finalidade de toda a evangelização, com referência a diversas questões eclesiológicas (comunhão intraeclesial, diálogo ecumênico e inter-religioso, novos movimentos religiosos...). A quarta parte aborda a solidariedade e inclui reflexões sobre a dívida externa, a cultura da morte e da pobreza. Na breve conclusão, retoma as coordenadas do tema sinodal, invocando a proteção da Virgem de Guadalupe (*Instrumentum Laboris*). Uma ausência clamorosa no DC é "a questão da luta da terra". A pergunta é "como é possível falar dos problemas sociais da América Latina deixando escapar um problema tão crucial?" (BEOZZO, 1997, p. 5).

Participantes

João Paulo II nomeou Presidentes-Delegados da Assembleia, os cardeais Eugênio de Araújo Sales (Rio de Janeiro, Brasil) e Roger

Mahony (Los Angeles, Estados Unidos) e também o pró-prefeito da Congregação para o Clero, o arcebispo colombiano Darío Castrillón Hoyos. Como secretário-geral, o secretário-geral do Sínodo dos Bispos, o Cardeal Jan Schotte. O relator-geral foi o cardeal de Guadalajara (México), Juan Sandoval Iniguez, e como secretários especiais, Dom Estanislao Esteban Karlic (Paraná, Argentina) e Dom Francis George (Chicago, Estados Unidos). Os Presidentes para as Comissões para a Informação e Mensagem foram designados respectivamente. Dom Óscar Andrés Rodríguez Maradiaga, presidente do CELAM, arcebispo de Tegucigalpa, Honduras e o Cardeal Jean-Claude Turcotte, de Montreal, Canadá.

Foram convidados para o Sínodo 297 participantes: 27 cardeais americanos, o presidente do CELAM, os três metropolitas das Igrejas Católicas de rito oriental na América; os 24 presidentes de conferências episcopais americanas, 26 superiores de Dicastérios e organismos da Cúria Romana. Por eleição foram 136 bispos das conferências episcopais americanas, os mais numerosos são os brasileiros e os estadunidenses, 6 superiores de Ordens religiosas. Por nomeação pontifícia foram 18 cardeais e bispos, 3 sacerdotes. E foram convocados 18 peritos, 41 auditores e 5 delegados de outras confissões religiosas (cf. SANCHEZ-PEINADO, 1999, p. 339-353).

Sínodo da América (1997)

O Sínodo da América foi inaugurado com uma celebração na Basílica de São Pedro, presidida pelo Papa João Paulo II. No dia 17 de novembro ocorreu a primeira congregação geral. As intervenções dos bispos na aula foram seguidas de trabalhos em círculos menores: em espanhol, inglês, francês hispano-português e hispano-italiano. Os participantes elaboraram um documento com 76 proposições que foram apresentadas como sugestões para elaborar a exortação pós-sinodal. As propostas reafirmam a chamada universal à santidade; defendem o diálogo ecumênico e denunciam as ameaças à liberdade religiosa. As questões sociais estão presentes nestas propostas ressaltando o valor da Doutrina Social da Igreja como resposta às dramáticas situações sociais americanas e frente às violações aos direitos humanos, a corrupção, o narcotráfico. No processo da globalização se denuncia o maléfico neoliberalismo. O texto solicita a condenação da dívida externa latino-americana. Na Mensagem final do dia 11 de dezembro elencam as preocupações, os desafios e as esperanças da Igreja na América: defendem a vida contra o aborto e a eutanásia, recordam as minorias de imigrantes, povos indígenas e afro-americanos. Entre as causas destes males destacam a dívida externa, a corrupção e o narcotráfico. Propõem uma maior cooperação entre as Igrejas locais e projetos de evangelização. Na fase pós-sinodal foi criado um Conselho para preparar o documento conclusivo que será promulgado pelo papa na Basílica de Guadalupe, no México.

Exortação Pós-Sinodal (1999)

Este item apresenta algumas temáticas da Exortação Apostólica Pós-Sinodal *Ecclesia in America* (EA) do Papa João Paulo II, endereçada aos bispos, presbíteros, diáconos, consagrados, consagradas, a todos os fiéis leigos sobre o encontro com Jesus Cristo vivo, caminho para a conversão, a comunhão e a solidariedade na América.

Encontro com Jesus Cristo vivo

> [...] os Padres Sinodais, na esteira do Concílio Vaticano II, reafirmaram que Jesus é o caminho a ser seguido para se alcançar a plena realização pessoal, cujo ponto culminante é o encontro definitivo e eterno com Deus[...] Jesus Cristo é a resposta definitiva à pergunta acerca do sentido da vida, às questões fundamentais que inquietam hoje tantos homens e mulheres do continente americano (EA 10).

O Encontro com Jesus Cristo na América de hoje

O maior dom que a América recebeu do Senhor é a fé que forjou sua identidade cristã (EA 14). A expressão e os frutos mais sublimes da identidade cristã da América são os Santos [...] A América viu florescer os frutos da santidade desde os inícios da sua evangelização. É o caso de Santa Rosa de Lima (1586-1617), a primeira flor da santidade do Nosso mundo, proclamada padroeira da América em 1670 [...] (EA 15).

[...] a piedade popular é expressão da inculturação da fé católica e muitas das suas manifestações assumiram formas religiosas autóctonas, não se deve subestimar a possibilidade de recolher dela também, sempre, iluminados pela prudência, válidas indicações para uma maior inculturação do Evangelho (EA 16). As numerosas Universidades católicas espalhadas no Continente constituem um aspecto característico da vida eclesial na América (EA 18). É necessária a colaboração de todos os homens de boa vontade com as instâncias legislativas e governamentais, para conseguir uma proteção eficaz do ambiente, considerado como dom de Deus. Quantos abusos e prejuízos ecológicos [...] o problema chega a atingir especial entidade na floresta amazônica (EA 25).

Caminho de conversão

A Igreja que, pela sua missão e competência, de modo algum confunde-se com a comunidade política e não está ligada a qualquer sistema político, é, ao mesmo tempo, o sinal e salvaguarda do caráter transcendente da pessoa humana (EA 27).

Caminhos para a comunhão

A Igreja, sacramento de comunhão (EA 33). Os bispos, promotores de comunhão (EA 36). Renovar a instituição paroquial [...] a paróquia atravessa por vezes algumas dificuldades no desempenho da própria missão. Ela precisa de uma contínua renovação [...] talvez considerando a paróquia como comunidade de comunidades [...] (EA 41). A renovação da Igreja na América não será possível sem a presença ativa dos leigos (EA 44). Dignidade da mulher [...] muitas regiões do continente americano é ainda objeto de discriminação (EA 45). Jovens, esperança do futuro (EA 47).

Caminho para a solidariedade

> Doutrina Social da Igreja. O direito a um trabalho digno ocupa um lugar importante na doutrina social da Igreja, diante das taxas de desemprego, que afligem muitos países americanos, e das duras condições de vida de tantos trabalhadores da indústria e do campo; é necessário apreciar o trabalho como elemento de realização e de dignidade da pessoa humana. É responsabilidade ética de uma sociedade organizada promover e apoiar uma cultura do trabalho (EA 55). Um fator que paralisa o progresso de muitas nações na América é a corrida armamentista[...] o armazenamento de armas constitui uma causa de instabilidade e uma ameaça para a paz (EA 62). Os povos indígenas e os americanos de origem africana (EA 64). A problemática dos imigrantes (EA 65).

A missão da Igreja na América atual: a nova evangelização

> O rosto mestiço da Virgem de Guadalupe constituiu, desde o início, um símbolo da inculturação da evangelização, da qual ela foi a estrela e a guia. Com a sua poderosa intercessão, a evangelização poderá penetrar no coração dos homens e mulheres da América, a permear as suas culturas transformando-as a partir de dentro (EA 70).

Estes textos citados são uma pequena parte deste documento *Ecclesia in America* que é "texto longo e muito completo. No entanto, a repercussão do Sínodo e da Exortação na consciência do católico médio apenas se percebeu. Caiu em rápido olvido. Por isso não significou nenhuma alteração no processo que vinha de Santo Domingo em crescente eclesiocentralização da pastoral" (LIBÂNIO, 2007, p. 39-40). Muitos membros da hierarquia acreditavam que Santo Domingo fosse a última Conferência do Episcopado e que a modalidade de Sínodo teria sua continuidade. E eis que em 2003, o Papa João Paulo II convocou a V Conferência do Episcopado em Aparecida (Brasil) e, devido a seu falecimento em 2005, a Conferência foi presidida pelo seu sucessor o Papa Bento XVI.

Capítulo LI
Aparecida (2007), discípulos missionários

> Uma globalização sem solidariedade afeta
> negativamente os setores mais pobres
> (DAp 65).

Introdução

A finalidade deste capítulo é apresentar de maneira sintética e crítica aspectos da V Conferência Geral do Episcopado Latino-Americano e Caribenho, Aparecida (2007). A Conferência, acolhendo os ensinamentos da Sagrada Escritura, da Tradição e do Magistério, em consonância com o ensinamento das Conferências Gerais que a precederam à luz da renovação conciliar, desenvolveu o binômio "discípulos missionários", compreendendo que ninguém pode ser missionário sem ser discípulo, como não se pode ser discípulo sem ser missionário. A última Conferência Geral do Episcopado Latino-Americano e do Caribe, até o momento, significou a síntese da renovação missionária que começou a germinar em Medellín.

Etapa inicial

Na primeira década do terceiro milênio, o Episcopado Latino-Americano e do Caribe se reuniu para celebrar a V Conferência Geral. Realizada na cidade de Aparecida, no Estado de São Paulo, Brasil, entre os dias 13 e 31 de maio de 2007. O evento teve por tema: "Discípulos e missionários de Jesus Cristo, para que nele nossos povos tenham vida", e o lema: "Eu sou o caminho, a Verdade e a Vida" (Jo 14,6). Com base profundamente cristológica e desenvolvimento reflexivo-objetivo reinocêntrico (cf. BRIGUENTI, 2007, p. 6) "discipulado" e "missão" se tornaram palavras-chave que permeiam toda a V Conferência e o Documento Conclusivo de Aparecida (cf. SUESS, 2018, p. 362). E, "[...] tomando distância de um possível cristomonismo, para *Aparecida*, nem a pessoa de Jesus Cristo em si é o centro, mas sua pessoa e sua obra – o Reino de vida do Pai, em contínua edificação entre nós, no Espírito do Ressuscitado, até a consumação dos séculos, e que encontrará sua plenitude na meta história" (BRIGUENTI, 2007, p. 6).

O Documento Conclusivo da Conferência de Aparecida até a sua aprovação e promulgação, em 29 de junho de 2007, pelo Papa Bento XVI, percorreu um longo caminho. Desde a sua primeira convocação pelo Papa João Paulo II, em 2003, a V Conferência procurou estabelecer um processo participativo de toda a Igreja latino-americana e caribenha. As 22 Conferências Episcopais foram envolvidas e chamadas a realizar um caminho sinodal, refletindo e discutindo, por meio do Documento de Participação (CELAM –2006) elaborado pelo CELAM, a realidade dos povos da América Latina e do Caribe e a missão evangelizadora da Igreja (cf. HACKMANN, 2007, p. 320-321). É missão da Igreja "animar a fé do povo, recordando a eles que, através de seu Batismo, estão chamados a serem discípulos e missionários de Jesus Cristo" (SOUZA, 2008, p. 142).

Participantes

A V Conferência congregou uma assembleia de 266 participantes, formada por 162 bispos, membros da Conferência; 81 convidados, entre presbíteros; diáconos permanentes; religiosos e religiosas; membros de novas comunidades, leigos e leigas (cf. GODOY, 2015, p. 216). No período da realização da V Conferência "o CELAM tinha como presidente o cardeal do Chile, Dom Francisco Javier Errázuriz, e como secretário Dom Andrés Stanovnik, bispo de Reconquista, Argentina". Juntamente estavam: "na presidência, o cardeal Prefeito da Congregação para os Bispos, Dom Giovanni Battista Ré", e os brasileiros "cardeal de Salvador, Bahia, Dom Geraldo Magela Agnelo; e na secretaria, o arcebispo de São Paulo, Brasil, Dom Odilo Pedro Scherer" (IBIDEM, p. 216).

Para os participantes, em comunhão com toda a Igreja latino-americana e caribenha, certamente se tratou de uma experiência eclesial viva e dinâmica, que quis dar um "novo passo no caminho da Igreja", a partir do Concílio Vaticano II, e em continuidade do caminho de fidelidade e renovação feito pelas Conferências Gerais anteriores. Contemplando o caminho já percorrido, os bispos reconhecem a ação do Espírito Santo que continua a renovar o ardor missionário nos corações dos membros da Igreja (DAp 9). E "esta foi talvez a primeira 'surpresa' de Aparecida: o CELAM sabe 'insistir' para não romper um fio de continuidade com a peculiar história colegial da Igreja latino-americana" (SCATENA, 2019, p. 60). Indubitavelmente, os participantes da Conferência de Aparecida retornaram diferentes para suas Igrejas locais, imbuídos de um sentimento comum, gerado pela autêntica experiência da ação do Espírito de Deus, que sendo a alma da Igreja, santifica-a continuamente (LG, 4), conduzindo-a no mundo à consumação na glória celeste (LG, 48) (cf. HACKMANN, 2007, p. 321). E, uma segunda surpresa, ação do Espírito, foi o clima de diálogo em que se desenvolveu a Conferência (cf. SCATENA, 2017, p. 259).

Local	Data	Convocação	Temática
Aparecida (Brasil)	13 a 31 de maio de 2007	João Paulo II, confirmação Bento XVI	**Tema** Discípulos e missionários de Jesus Cristo, para que nele nossos povos tenham vida. **Lema** "Eu sou o caminho, a Verdade e a Vida" (Jo 14,6).

Tendo como fontes: o discurso inaugural do Papa Bento XVI (2008, p. 249-266), proferido no dia 13 de maio de 2007; o Documento de Síntese (CELAM, 2007), que compendiou as reflexões a partir do Documento de Participação enviado às Conferências Episcopais e suas dioceses; as contribuições dadas pelos presidentes das Conferências Episcopais e dos representantes dos organismos do Vaticano; e as conclusões das equipes de trabalho, o extenso Documento Conclusivo de Aparecida procurou superar radicalismos e reequilibrar diferentes posições teológicas e eclesiológicas, buscando como ponto comum o seguimento de Cristo como discípulos e anunciadores do Evangelho, cuja meta é a extensão do Reino de Deus sobre a terra (cf. HACKMANN, 2007, p. 322-323).

Documento final

O Documento final da Conferência de Aparecida (DAp) é constituído pela introdução, três partes e a conclusão. Um assunto que causou controvérsia foi sobre a diferença do "texto original" do "texto oficial" do Documento de Aparecida.

> Terminados os trabalhos da V Conferência Geral dos Bispos da América Latina e Caribe, em Aparecida, no ano de 2007, seus participantes e assessores tinham em mãos o "texto original" do Documento de Aparecida, que teve na presidência da Comissão de Redação o então Cardeal Bergoglio, hoje, Papa Francisco. Semanas depois, mais precisamente no dia 29 de junho, quando o Papa Bento XVI "autorizou" (*sic*) a publicação do Documento Conclusivo, houve a desagradável surpresa de constatar que o "texto oficial" não coincidia com o "texto original". Entre o término da Assembleia e a data da "autorização" de publicação do Documento, haviam sido feitas ao redor de 250 mudanças no "'texto original", muitas delas de menor importância, mudanças de forma ou de redação, mas outras tantas maiores, de conteúdo, pelo menos umas 40, importantes, de fundo (BRIGUENTI, 2016, p. 675).

De acordo com Jorge Mario Bergoglio, então cardeal arcebispo de Buenos Aires, atualmente Papa Francisco, são quatro as características que tornam Aparecida original: um debate livre de vínculos impostos por um *Instrumentum Laboris*, diferente de Medellín, Puebla e Santo Domingo; um ambiente de oração cotidiana com o Povo de Deus; um documento que se prolonga em um empenho e, a quarta característica, a presença de Nossa Senhora, Mãe da América Latina (cf. LA BELLA, 2018, p. 52).

Método "ver-julgar-agir"

Como a Conferência retomou o método "ver-julgar-agir" utilizado nas Conferências Gerais anteriores (Medellín e Puebla), a Primeira Parte do Documento apresenta o ver "A vida de nossos povos hoje"; a Segunda, o julgar à luz da Palavra, que consiste "A vida de Jesus Cristo nos discípulos missionários"; e a Terceira, o agir sob o impulso do Espírito Santo para "A vida de Jesus Cristo para nossos povos" (CALIMAN, 2018, p. 109-110). A "vida" é uma "ideia-força" que perpassa todo o Documento. Esta vida, que deve ser preservada e defendida, não só deve ser interpretada do ponto de vista biológico, mas como um dom sagrado de Deus.

> A frase bíblica de Jo 10,10 ("Eu vim para que tenham vida e a tenham em abundância") foi a fonte inspiradora das três partes em que foi dividido o Documento final, bem dentro do espírito da V Conferência.
> [...] A vida é a vida trazida por Jesus Cristo para todo ser humano, tanto do ponto de vista biológico quanto salvífico. Para tal, ele necessita de respeito e de ser considerado em sua totalidade, em todas as suas dimensões. E precisa ser defendida, desde a sua concepção até ao seu fim natural. Para a vida vingar e ser defendida, é preciso ser vivido o amor cristão, sem esquecer ninguém (HACKMANN, 2007, p. 324).

A V Conferência havia sido pensada para o ano de 2005, o que seria muito significativo, pois seria o ano do cinquentenário de criação do CELAM. O Papa João Paulo II, que havia autorizado a realização da nova Conferência, também manifestou o desejo de estar presente na sua abertura, assim como esteve em Puebla e Santo Domingo. Devido à debilidade e ao agravamento do seu estado de saúde, a Conferência foi adiada. Com a morte de João Paulo II, (2005), o seu sucessor, o Papa Bento XVI, reconvocou a Conferência, prosseguindo, assim, os trabalhos de preparação do evento (cf. GODOY, 2015, p. 215). Conforme registra o Documento de participação, no dia 7 de julho de 2005, o Papa Bento XVI recebeu, em audiência, Dom Francisco Javier Errázuriz Ossa, arcebispo de Santiago do Chile e presidente do CELAM, para confirmar a realização da V Conferência e para entregar o tema com alguns ajustes e acréscimos. A proposta do tema apresentada pelo CELAM era "Pelo encontro com Jesus Cristo, discípulos e missionários na comunhão da Igreja Católica, no início do terceiro milênio, para que nossos povos tenham vida". O tema entregue pelo papa foi: "Discípulos e missionários de Jesus Cristo, para que nele nossos povos tenham vida", com o lema: "Eu sou o Caminho, a Verdade e a Vida" (Jo 14,6). Segundo o presidente do CELAM, a proposição foi enriquecida pelo Santo Padre ao acrescentar a expressão "nele" e a citação do versículo do Evangelho Segundo João (cf. OSSA, 2005, p. 6). Assim, "com esse *nele* o papa enfatiza a referência a Jesus Cristo como perspectiva pela qual se deveria olhar para a realidade dos 'nossos povos' para que tenham vida" (CALIMAN, 2018, p.107).

Por que Aparecida?

Vários locais foram pensados pelo CELAM para a realização da V Conferência: Santiago, no Chile; Quito, no Equador; e Buenos Aires, na Argentina. Qual não foi a surpresa da Igreja latino-americana e caribenha ao ser anunciada pelo Papa Bento XVI que a Conferência seria realizada na cidade de Aparecida, no Brasil (cf. GODOY, 2015, p. 216). As motivações que levaram o papa a escolher Aparecida eram bastante evidentes e repletas de simbolismos. Um desses motivos se deve ao fato do encolhimento do catolicismo no Brasil, bem como em toda a América Latina. A Ameríndia[48] registrou em 2007, com base numa pesquisa do jornal *O Estado de S. Paulo* (10/12/2006, A32), que no Brasil a Igreja Católica perde 1% dos seus fiéis por ano, enquanto outras denominações se expandem, como a dos mórmons que cresceram 460% nos últimos seis anos. No documento de "Síntese das contribuições recebidas para a V Conferência Geral", que expressou o resultado participativo de inúmeras comunidades e dioceses que

---

48. "Ameríndia é uma rede de católicos das Américas com espírito ecumênico e aberta ao diálogo e à cooperação inter-religiosa com outras instituições. Tem como prioridade reafirmar a opção pelos pobres e excluídos, inspirada no Evangelho, atualizando a herança de Medellín, Puebla, Santo Domingo e o Sínodo das Américas, para responder aos novos desafios enfrentados por nossos países e provenientes da globalização neoliberal". AMERÍNDIA (org.). *Sinais de esperança: reflexão em torno dos temas da conferência de Aparecida*. São Paulo: Paulinas, 2007.

refletiram os desafios da evangelização daquele contexto, a "perda" de fiéis aparece como manifestação do pluralismo cultural e religioso da sociedade que tem forte incidência sobre a Igreja:

> [...] Nem todos os católicos estavam preparados para resistir a essa multiplicidade de discursos e de práticas presentes na sociedade. E esse fato se manifestou em certo distanciamento silencioso da Igreja por parte de muitos e numa adesão pouco reflexiva a outras crenças ou instituições religiosas. Essa situação se vê agravada pelo relativismo ético e religioso da cultura atual (CELAM, 2007, n. 74).

Aparecida não foi escolhida por acaso, o Santuário Nacional de Nossa Senhora da Conceição Aparecida possui um simbolismo de fé muito forte da religiosidade popular. O dia, 13 de maio de 2007, e o lugar, Santuário de Aparecida, evocam o significado mariano e o contexto da abolição (cf. SUESS, 2007, p. 12). Para a reflexão missionária evangelizadora proposta para a V Conferência, Maria é muito mais do que um referencial de devoção. Ela é um autêntico modelo de discipulado de Cristo e vivência do seu Evangelho. É a missionária da Boa-nova, que, mesmo após a sua assunção, continua a levar a Palavra do seu Filho. Palavra esta que ela soube muito bem acolher. Acolheu-a por meio da fé, tanto no coração como no corpo. Os bispos refletiram esse tema, associando a vida de Maria ao mistério da encarnação e à missão do seu Filho.

> No DAp, "Maria é a grande missionária, continuadora da missão de seu Filho e formadora de missionários (269, cf. 320). Da mesma forma como deu à luz o Salvador do mundo, "trouxe o Evangelho à nossa América". No acontecimento em Guadalupe presidiu, junto com o humilde João Diego, o Pentecostes, que nos abriu os dons do Espírito. A partir desse momento, são incontáveis as comunidades que encontraram nela a inspiração mais próxima para aprender como ser discípulos e missionários de Jesus (269). Maria é um mo-

delo "do seguimento de Cristo" (270) e uma "escola de fé destinada a nos fortalecer no caminho que conduz ao encontro com o Criador do céu e da terra" (270). Aparecida nos familiariza com múltiplas dimensões da reflexão mariológica, com a dimensão mariana da teologia trinitária, cristológica e pneumatológica, da religiosidade dos pobres e da pedagogia pastoral (SUESS, 2007, p. 94-95).

Ler os "sinais dos tempos"

A Conferência de Aparecida recuperou o método "ver-julgar-agir", idealizado por Joseph Cardijn, em 1925, e que com o Papa João XXIII entrou para o magistério pontifício. Tendo sido utilizado na Constituição Pastoral *Gaudium et Spes*, como método teológico de leitura dos "sinais dos tempos", no Concílio Vaticano II, o método foi fundamental para a análise da real situação de pobreza e injustiças que viviam a maioria dos povos latino-americanos e caribenhos no contexto da Conferência de Medellín.

Acusado de "sociologização" ou "marxização" da fé por alguns setores eclesiais resistentes aos ideais da modernidade, a trilogia metodológica foi interrompida pela Conferência de Santo Domingo, que, por sua vez, optou pelo método da "iluminação teológica", caracterizada pela dedução e pela a-historicidade (cf. BRIGUENTI, 2016, p. 689-691). Conferência esta que teve um desenvolvimento nada tranquilo, os debates foram calorosos e em muitas ocasiões correu o risco de falir (cf. LA BELLA, 2018, p. 41). Tudo isso revela a situação do episcopado no continente latino-americano e caribenho.

Na "Síntese das contribuições recebidas", os bispos afirmam que "muitas vozes vindas de todo o Continente" solicitaram a utilização do método "ver-julgar-agir", afirmando que este colabora para se viver de forma mais intensa a vocação e a missão na

Igreja, além de enriquecer o trabalho teológico-pastoral e motivar a assumir com maior responsabilidade as situações concretas vividas pelos povos da América Latina e Caribe (CELAM, 2007, n. 34). Destarte, a V Conferência assumiu o método tanto no conteúdo como na própria estrutura do Documento final. Logo no começo da Primeira Parte os bispos esclarecem seus ouvintes-leitores:

> Em continuidade com as Conferências Gerais anteriores do Episcopado Latino-Americano, este documento faz uso do método "ver-julgar-agir". Este método implica contemplar a Deus com os olhos da fé através de sua Palavra revelada e o contato vivificador dos Sacramentos, a fim de que, na vida cotidiana, vejamos a realidade que nos circunda à luz de sua providência e a julguemos segundo Jesus Cristo, Caminho, Verdade e Vida, e atuemos a partir da Igreja, Corpo Místico de Cristo e Sacramento universal de salvação, na propagação do Reino de Deus, que se semeia nesta terra e que frutifica plenamente no Céu (DAp 19).

Os bispos se propuseram a "ver" a realidade do Continente com os olhos da fé, qual foi a situação que enxergaram? Quais eram os "sinais dos tempos" que se apresentaram diante de uma Igreja que se colocava como discípula missionária de Cristo a serviço da vida e do Reino? A primeira constatação foi a de que se vive uma "mudança de época", e não apenas uma época de mudança, cujo nível mais profundo é o da cultura. Sobre as transformações a nível cultural, na análise dos bispos da V Conferência,

> verifica-se, em nível massivo, uma espécie de nova colonização cultural pela imposição de culturas artificiais, desprezando as culturas locais e com tendências a impor uma cultura homogeneizada em todos os setores. Essa cultura se caracteriza pela autorreferência do indivíduo, que conduz à indiferença pelo outro, de quem não necessita e por quem não se sente responsável (DAp 46).

Nessa transição de tempo, segundo os bispos, "dissolve-se a concepção integral do ser humano, sua relação com o mundo e com Deus", emergindo uma "supervalorização da subjetividade individual" (DAp 44). A satisfação dos desejos pessoais sobrepõe à preocupação com o bem comum, o importante passa a ser a realização do "eu", enquanto o "nós" se torna indiferente, quando não, em relações de objeto de consumo (DAp 44; 46). A grande questão são as consequências dessa nova postura, pois, ao buscar a afirmação dos direitos individuais e subjetivos, deixam-se de lado os direitos sociais culturais, afetando assim a dignidade da pessoa humana, de modo especial dos mais pobres e fragilizados (DAp 47). A mudança epocal, chamada de pós-modernidade e/ou hipermodernidade, foi e continua sendo sentida em todos os campos e aspectos da vida social, econômica, política, religiosa, ou seja, a toda cultura entendida no seu sentido antropológico. Diferentemente de outras épocas, essas mudanças tiveram um alcance mundial, por isso passaram a ser compreendidas como uma dinâmica global (cf. SOUZA; MODENA, 2021, p. 150).

Ao passo que se constata que este fenômeno complexo trouxe grandes avanços e múltiplos benefícios, sobretudo com o avanço da tecnologia da comunicação, em que grandes distâncias foram reduzidas por um "simples" botão de celular ou computador, foram abertas distâncias imensas em outros setores. A globalização da economia de modelo neoliberal[49] mais tem excluído do que integrado as pessoas. O acentuado aumento da desigualdade social demonstra em seus resultados uma globalização caracterizada pela perversidade e pela exclusão (cf. BEOZZO, 2007, p. 4).

---

49. "O neoliberalismo tem como principal adversário o Estado, que segundo seus ideólogos, deve retirar-se do papel de garantia dos direitos sociais a serem assegurados pelos indivíduos. O Estado deve também abandonar seu papel regulador da economia, deixando-o por conta do mercado". AMERINDIA (org.). *Op. cit.*, 2007, p. 14.

> [...] os países da América Latina e do Caribe foram profundamente afetados pelos ideais do neoliberalismo e da globalização, cujas promessas beneficiaram as elites (os 10% mais ricos da população possuem 60% das riquezas e os 10% mais pobres possuem somente 2%). Aumentou o fosso que separa a imensa maioria da população, condenada a viver a precariedade, no abandono dos serviços sociais de saúde, educação e segurança, da minoria, que goza de todos os benefícios. Globalizou-se a pobreza (121 milhões de pessoas não têm acesso a medicamentos essenciais; um milhão morre por ano por causas relacionadas com a pobreza; 40 milhões de crianças vivem nas ruas das cidades). O desemprego massivo levou à precariedade no emprego, ao retorno do trabalho escravo. Aumentou o tráfico de todo tipo: de trabalhadores, de mulheres, de crianças (AMERÍNDIA, 2007, p. 15-16).

Diante desse cenário em escala mundial, os membros da V Conferência propuseram uma outra forma de globalização, que, baseada nos valores do Evangelho e dinamizada pelo Espírito da unidade, reconhecendo a riqueza das diversidades culturais, tenha como características a solidariedade, a justiça, a esperança e o amor.

Opção preferencial pelos pobres

A opção preferencial pelos pobres, que marca o perfil da Igreja latino-americana e caribenha, desde a Conferência de Medellín (DAp 391) foi reafirmada por Aparecida (DAp 396), que, por sua vez, buscou identificar os novos rostos pobres, (cf. SUESS, 2007, p. 111-112) gerados pela parte negativa da globalização:

> [...] entre eles estão as comunidades indígenas e afro-americanas; mulheres; jovens; muitos pobres, desempregados, migrantes, deslocados, agricultores sem-terra, meninos e meninas submetidos à prostituição infantil;

> também as crianças vítimas do aborto; milhões de pessoas e famílias que vivem na miséria; dependentes das drogas; as pessoas com limitações físicas, os portadores e vítimas de enfermidades graves como a malária, a tuberculose e HIV-AIDS; os sequestrados e os que são vítimas da violência, do terrorismo, de conflitos armados e da insegurança na cidade; também os anciãos e os presos (DAp 65).

Trata-se de um cenário dramático e desumano, cujos personagens são vítimas da face cruel da globalização econômica, que, indiferente ao sofrimento, privilegia o poder e o lucro.

> Uma globalização sem solidariedade afeta negativamente os setores mais pobres. Já não se trata simplesmente do fenômeno da exploração e opressão, mas de algo novo: a exclusão social. Com ela a pertença à sociedade na qual se vive fica afetada na raiz, pois já não está abaixo, na periferia ou sem poder, mas está fora. Os excluídos não são somente "explorados", mas "supérfluos" e "descartáveis" (DAp 65).

Ainda dentro deste ver, a ecologia é outra questão que clama por uma atenção especial e uma pastoral socioecológica mais ativa. Essa preocupação já vinha desde a Conferência de Santo Domingo (SD 169-177) e foi ampliada e aprofundada, sobretudo no que diz respeito à Amazônia e à Antártida. Os bispos também acrescentaram a palavra biodiversidade à reflexão, reconhecendo que "a América Latina é o Continente que possui uma das maiores biodiversidades do planeta e uma rica sociodiversidade, representada por seus povos e culturas" (DAp 83). A reflexão sobre o tema da "ecologia e missão", chama a atenção para as relações de cooperação que devem ser estabelecidas entre os seres no ecossistema, e não apenas de predação. A biodiversidade lembra esta interdependência dos organismos que, para o bem de todos, deve estar em equilíbrio (cf. MURAD, 2010, p. 122).

Nas decisões sobre as riquezas da biodiversidade e da natureza, as populações tradicionais têm sido praticamente excluídas. A natureza foi e continua sendo agredida. A terra foi depredada. As águas estão sendo tratadas como se fossem mercadoria negociável pelas empresas, além de terem sido transformadas num bem disputado pelas grandes potências. Exemplo muito importante nessa situação é a Amazônia (DAp 84).

O tema da ecologia no Documento de Aparecida, não obstante há algumas ausências, foi "além de uma posição idealista e conservacionista, que confunde ecologia com manutenção de áreas de preservação ambiental. Neste sentido, fala de 'ecologia humana' e 'mundo habitável'" (MURAD, 2010, p. 128-129). Entre as propostas e orientações pastorais, destaca-se o empenho para a "implantação de políticas públicas e participações cidadãs que garantam a proteção, conservação e restauração da natureza" (DAp 474). Sobre a Amazônia, propõe-se a criação da consciência nas Américas sobre sua importância para toda a humanidade. De modo prático, o compromisso com as Igrejas presentes no território amazônico com recursos humanos e financeiros (DAp 475). A ecologia, como eixo transversal da missão, tornou-se um importante passo no Documento de Aparecida, exortando os cristãos a um maior comprometimento com a criação, dom de Deus, onde todos os seres estão interligados e em relação de interdependência.

O Episcopado em Aparecida, diante dos grandes desafios que se apresentavam frente à evangelização, não se mostrou temeroso e acuado; mas, imbuídos do espírito renovador do Vaticano II, assumiram a proposição do Papa João XXIII, ao afirmar que os cristãos são portadores da Boa-nova, que é o próprio Cristo, e não "profetas da desventura" (JOÃO XXIII, 1997, p. 24; DAp 30). Mediante esta metamorfose cultural, os bispos também reconhecem que há sinais positivos para o desenvolvimento humano. Nela, "aparece o valor fundamental da pessoa, de sua consciência e experiência, a busca do sentido da vida e da transcendência" (DAp 52). Do ponto de vista religioso, os bispos prosseguem explicando que "essa ênfase na valorização da pessoa abre novos horizontes, onde a tradição cristã adquire renovado valor, sobretudo quando a pessoa se reconhece no Verbo encarnado que nasce em um estábulo e assume uma condição humilde, de pobre" (DAp 52).

A globalização de modo geral, em suas diversas dimensões, também possui seus benefícios, se bem compreendida e se for regida pela ética, colocando a pessoa humana como prioridade e não o lucro. Baseados no discurso inaugural do Papa Bento XVI, os bispos apontam a globalização como "uma conquista da família humana", pois, em nível mundial, as relações favorecem o acesso às novas tecnologias, aos mercados e às finanças (DAp 60). Na dimensão sociopolítica se destaca "a globalização da justiça, no campo dos direitos humanos e dos crimes contra a humanidade, que permitirá a todos viver progressivamente sob normas iguais chamadas a proteger sua dignidade, sua integridade e sua vida" (DAp 82).

Com uma maior consciência sobre a real situação dos povos latino-americanos e caribenhos, bem como da presença da Igreja que faz parte desta realidade, os membros da V Conferência se questionaram: como transformar o Continente marcado pela desigualdade social, por tantos sofrimentos num Continente da esperança e do amor, como desejava o Papa Bento XVI? (cf. BENTO XVI, 2008, p. 258). Com as múltiplas contribuições enviadas à Conferência e com as diretrizes do discurso inaugural do papa, a Conferência de Aparecida constatou que somente em Jesus Cristo, portanto, Nele, por Ele, se pode falar de vida plena (Jo 10,10), pois sem Ele nada se pode fazer (Jo 15,5).

É necessário despertar a fé em Cristo nos corações dos homens e mulheres, sejam os que já são batizados, mas que por motivos diversos se afastaram de Deus e da comunidade cristã, sejam dos que ainda não o conhecem. E, para que aconteça o encontro entre o homem e a mulher deste Continente com Jesus Cristo e o seu Evangelho, faz-se necessário empreender uma grande missão. Não nos moldes de implantação da Igreja em determinados territórios, com data para começar e dia para terminar com o fincar da cruz colonial, dizendo: "Aqui está salvo"! Mas, trata-se de uma consciência missionária ontológica, que à luz do Vaticano II, conforme o Decreto *Ad Gentes*, 2, esteja em estado permanente de missão (DAp 551). A isso a V Conferência se propôs, e ao longo da reflexão reafirmaram várias vezes o compromisso de uma grande missão em todo o Continente (DAp 362). E de forma colegial foram unânimes na afirmação:

> Esta V Conferência, recordando o mandato de ir e fazer discípulos (cf. Mt 28,20), deseja despertar a Igreja na América Latina e no Caribe para um grande impulso missionário. Não podemos deixar de aproveitar esta hora de graça. Necessitamos de um novo Pentecostes! Necessitamos sair ao encontro das pessoas, das famílias, das comunidades e dos povos para lhes comunicar e compartilhar o dom do encontro com Cristo, que tem preenchido nossas vidas de "sentido", de verdade e de amor, de alegria e de esperança! Não podemos ficar tranquilos em espera passiva em nossos templos, mas é urgente ir em todas as direções para proclamar que o mal e a morte não têm a última palavra, que o amor é mais forte, que fomos libertos e salvos pela vitória pascal do Senhor da história, que Ele nos convoca em Igreja, e quer multiplicar o número de seus discípulos na construção do Reino em nosso Continente! Somos testemunhas e missionários: nas grandes cidades e nos campos, nas montanhas e florestas de nossa América, em todos os ambientes da convivência social, nos diversos "areópagos" da vida pública das nações, nas situações extremas da existência, assumindo *ad gentes* nossa solicitude pela missão universal da Igreja (DAp 548).

Discípulos missionários

Evidentemente que para a missão é preciso de missionários. Missionários que deem testemunho de fé, que estejam sempre à disposição para levar Deus aos homens e às mulheres, mas também para levá-los a Ele. O missionário e a missionária não se constituem sem necessariamente passar pelo discipulado de Jesus Cristo. Aqui está o desafio de toda a Igreja, cumprir com fidelidade o mandato de Cristo: "Ide, portanto, e fazei que todas as nações se tornem discípulos, batizando-as em nome do Pai, do Filho e do Espírito Santo e ensinando-as a observar tudo quanto vos ordenei" (Mt 28,19-20).

Assim, "o discípulo nasce do encontro forte e pessoal com Jesus Cristo" (HUMMES, 2006, p. 10). Deste modo, como os primeiros discípulos e discípulas descritos nos Evangelhos, todos eles seguiram o Mestre depois que fizeram uma experiência profunda de fé, de encontro. Não se trata de um conhecimento puramente racional, mas vivencial. O conhecimento da Sagrada Escritura, da Doutrina Cristã alimenta a fé e a adesão a Cristo, mas o ser discípulo envolve a pessoa toda, gerando amor e uma adesão incondicional, (cf. HUMMES, 2006, p. 16-19) a ponto de dizer como São Paulo: "Já não sou eu que vivo, mas é Cristo que vive em mim" (Gl 2,20).

O seguimento a Jesus Cristo implica formação dos discípulos. O chamado para segui-lo se dá primeiro pelo encontro pessoal, é o próprio Cristo que chama quem Ele quer (DAp 131). O segundo aspecto do seguimento é a conversão. A opção por Cristo e pelo seu Evangelho implica uma mudança de mentalidade, de vida (DAp 278-b), deixando de viver de forma individualista, fechada, para uma vida de comunhão fraterna, de diálogo e de participação, na busca da santificação de si e dos outros (DAp 278; 368). Tendo em vista que o discipulado é um processo e que ninguém está pronto, aquele que segue se torna discípulo do Mestre de Nazaré, que dia após dia vai amadurecendo no conhecimento, no amor e no mistério. Jesus Cristo, por sua vez, insere os que Ele resgatou com sua vida no mistério do amor da comunhão trinitária, origem, sentido e fim de todo chamado, seguimento e missão (cf. PANAZZOLO, 2010, p. 177-184).

Outro aspecto intrínseco ao discipulado é a missão. Pode-se afirmar que do discípulo nasce o missionário. Portanto, "o verdadeiro discípulo torna-se missionário permanente e ardoroso. Quanto mais intensamente é discípulo, mais ardoroso missionário é" (HUMMES, 2006, p. 177-184). Jesus Cristo ao chamar seus discípulos, forma-os segundo o seu coração dentro do projeto do Reino do seu Pai, e lhes dá a força do Espírito Santo para serem suas testemunhas: "Mas recebereis uma força, a do Espírito Santo que descerá sobre vós, e sereis minhas testemunhas em Jerusalém, em toda a Judeia e a Samaria, e até os confins da terra" (At 1,8).

Desde a sua origem, a Igreja, enquanto comunidade discípula de Cristo (DAp 138), assumiu a missão de anunciar a salvação que Deus ofereceu e continua oferecendo ao mundo por meio do seu Filho. Sendo Jesus Cristo o Verbo encarnado num tempo e num espaço, Ele é o Testemunho no mundo do Pai (Jo 1,18; 14,9; 15,15). Uma vez glorificado e elevado à direita de Deus Pai, a Igreja, impulsionada e assistida pelo Espírito Santo, continua na história até a parusia, dando testemunho de Cristo. Se a Igreja é por natureza missionária, a essência da missão é o testemunho (cf. SOUZA; MODENA, 2021, p. 156).

A Conferência de Aparecida, acolhendo os ensinamentos da Sagrada Escritura, da Tradição e do Magistério, em consonância com o ensinamento das Conferências Gerais que a precederam à luz da renovação conciliar, desenvolveu bem o binômio "discípulos missionários", compreendendo que ninguém pode ser missionário sem ser discípulo, como não se pode ser discípulo sem ser missionário. Segundo o ensinamento de Bento XVI: "Discipulado e missão são como os dois lados de uma mesma moeda: quando o discípulo está enamorado de Cristo, não pode deixar de anunciar ao mundo que só Ele nos salva (At 4,12)" (BENTO XVI, 2008, p. 256-257).

> Ao chamar os seus para que o sigam, Jesus lhes dá uma missão muito precisa: anunciar o Evangelho do Reino a todas as nações (cf. Mt 28,19; Lc 24,46-48). Por isso, todo discípulo é missionário, pois Jesus o faz partícipe de sua missão, ao mesmo tempo que o vincula a Ele como amigo e irmão. Dessa maneira, como Ele é testemunha do mistério do Pai, assim os discípulos são testemunhas da morte e ressurreição do Senhor até que Ele retorne. Cumprir essa missão não é tarefa opcional, mas parte integrante da identidade cristã, porque é a extensão testemunhal da vocação mesma (DAp 144).

A Conferência de Aparecida teve por tema: "Discípulos e missionários de Jesus Cristo, para que nele nossos povos tenham vida". Curiosamente, o título da Segunda Parte do Documento "A vida de Jesus Cristo nos discípulos missionários", o binômio desse título aparece sem a conjunção aditiva "e". Isso não é por acaso, nem uma questão de simples grafia. Embora ao longo do documento apareçam as duas expressões, com "e" e sem "e", a expressão sem "e" "discípulos missionários" (SUESS, 2007, p. 37-39) expressa um tema-força presente no Documento:

> Sem "e" significa que não são dois aspectos separados, enquanto sem "hífen" significa que não são dois elementos simplesmente iguais. São, sim, as duas caras da mesma moeda: um verdadeiro discípulo é missionário e o verdadeiro missionário é discípulo. Nesse sentido, se aprofundou a compreensão do discipulado, que implica, necessariamente, a missionariedade, indicando que ambos os elementos fazem parte do mesmo processo de seguimento de Jesus, fruto da conversão. Estas são, também, as duas palavras-chave para interpretar o lema e o Documento final: discípulos e missionários. Não basta ser discípulo de Jesus Cristo nesta hora do Continente, mas é necessário ser missionário (HACKMAN, 2007, p. 323).

Aparecida sintetizou a teologia da missão desenvolvida pelas Conferências anteriores sob o impulso de renovação eclesial e pastoral do Vaticano II (cf. SUESS, 2015, p. 175), propondo a Missão Continental (DAp 551). Não se trata dessa pastoral ou aquele movimento ou esta vocação ser mais missionária. O chamado é para todos os batizados (DAp 549), homens e mulheres que, marcados com o sinal da fé, nascidos para a vida nova em Cristo e revestidos da força do Espírito, devem se colocar em atitude missionária (BENTO XVI, 2008, p. 253), cuja evangelização esteja unida à promoção humana e à autêntica libertação de todos os povos latino-americanos e caribenhos (cf. BENTO XVI, 2008, p. 256), sobretudo dos pobres, que são os destinatários privilegiados do Evangelho (DAp 550). Nesse discurso, o Papa Bento XVI, ao se referir sobre a necessidade de uma catequese social e uma adequada formação na Doutrina Social da Igreja, afirmou: "A vida cristã não se expressa somente nas virtudes pessoais, mas também nas virtudes sociais e políticas" (2008, p. 256). No Documento de Aparecida, a palavra "missão" representa o paradigma-síntese num duplo sentido: primeiro, assume a caminhada das quatro Conferências Episcopais Latino-Americanas anteriores, com seus eixos de descolonização, opção pelos pobres, comunidades de Base, libertação, participação e inculturação; e, segundo, sintetiza as múltiplas propostas do próprio DAp sob o prisma da missão (DAp 9) (cf. SUESS, 2015, p. 175).

Ao encerrar a V Conferência, conforme a afirmação do Documento, fica esta certeza de fé e esperança: Jesus Cristo "continua convocando, continua convidando, continua oferecendo incessantemente vida digna e plena para todos" (DAp 363). A exemplo dos discípulos e discípulas de Cristo citados nos Evangelhos, entre eles, André, que foi até seu irmão Simão Pedro e disse: "Encontramos o Messias", e "o conduziu a Jesus" (Jo 1,40-42). Ou como

Maria Madalena, que, no Domingo da Ressurreição, foi anunciar aos discípulos: "Vi o Senhor" (Jo 20,18); no contexto deste novo milênio, acolhendo todas as realidades presentes nesse Continente, exortam os bispos:

> Nós somos agora, na América Latina e no Caribe, seus discípulos e discípulas, chamados a navegar mar adentro para uma pesca abundante. Trata-se de sair de nossa consciência isolada e de nos lançarmos, com ousadia e confiança (parrésia), à missão de toda a Igreja (DAp 363).

Aparecida rompeu com uma mentalidade missionária reduzida e fechada para outra que vai além de ações isoladas, para uma Igreja profética e samaritana, que de "missões" se mantém em estado permanente de missão. Desde Medellín, quando se constatou que até aquele momento a pastoral realizada pela Igreja era caracterizada pela conservação, tendo como foco a celebração dos sacramentos e com pouca preocupação evangelizadora (Med 6,1), a Igreja latino-americana e caribenha foi chamada à conversão pastoral. Aparecida, ao se deparar com uma ação pastoral que já não correspondia aos anseios do homem pós-moderno, decidiu com firmeza pela renovação missionária de todas as estruturas eclesiais e planos pastorais, bem como de toda a organização da Igreja (DAp 365). O que já havia sido sinalizado por Medellín, em Aparecida se tornou consensual, pois de nada adianta a elaboração de grandes projetos pastorais, se estes não estiverem acompanhados de um processo de conversão. Primeiramente no plano pessoal, como discípulos, depois o comunitário, como comunidade missionária. Na conclusão do Documento: "A conversão pastoral de nossas comunidades exige que se vá além de uma pastoral de mera conservação para uma pastoral decididamente missionária" (DAp 370).

Capítulo LII
Senhoras da América Latina: Guadalupe e Aparecida

> Senhora de Guadalupe, ó Virgem da Conceição, Negrinha do meu Brasil, mãe santa da libertação! (Zé Vicente, CD Paulinas).
> *Kuix amo nikan nika nimonants*[50]

Introdução

A América Latina e o Caribe, desde os tempos coloniais, invocaram, através de diversos títulos mariológicos, a mãe de Jesus. Este capítulo apresentará notas sobre dois destes títulos: Guadalupe e Aparecida. A expressão mariana de aliança com os pobres, em Tepeyac, Cidade do México e em Guaratinguetá. Serão apresentados aspectos do percurso histórico destas devoções marianas. O objetivo principal é propor uma reflexão histórica sobre a formação religiosa crítica da população de fiéis católicos na América Latina e, particularmente, no Brasil.

Guadalupe, patrona da América Latina

Depois de uma conquista dramática que deixou uma enorme destruição, não só física, mas cultural, surge no Vale de Anahuac, lugar significativo para o mundo indígena, a devoção à Senhora de

---

50. *Não estou aqui, que sou sua mãe?* A Virgem assegurando a Juan Diego que seu tio já havia recuperado da enfermidade. Escrita na estrada principal que leva à Basílica de Guadalupe. Língua náuatle do Império asteca.

Guadalupe. O evento guadalupano necessariamente deve ser iniciado pela figura de Juan Diego Cuauhtlatoatzin (1474-1548), o indígena "vidente" de Santa Maria de Guadalupe. Homem pobre, casado com Maria Lúcia. Os dois viviam com o tio Juan Bernardino. Os três foram batizados. Em 1529, sua esposa faleceu (cf. BELÉM, 2002).

A tradição oral mexicana, documentos históricos do Arquivo Apostólico Vaticano e outros de diversos arquivos, relatam que a Virgem apareceu quatro vezes a Juan Diego no Monte Tepeyac (mais tarde a Vila de Guadalupe, um subúrbio) e uma quinta vez ao seu tio Juan Bernardino. Esse relato é conhecido como Nican Mopohua e afirma que na primeira aparição a Virgem ordenou a Juan Diego que se apresentasse diante do primeiro bispo do México (1546-1548), Juan de Zumárraga, franciscano espanhol, defensor dos índios e crítico do sistema colonial espanhol. Na última aparição ordenou que levasse algumas flores (rosas, incomuns neste período de inverno) dentro de seu manto. Diante de Dom Zumárraga, Juan Diego desdobrou seu manto e neste a imagem da Virgem com traços indígenas (12 de dezembro 1531) (cf. FERNÁDEZ; SANCHEZ; ROSADO, 1999). Bento XIV a declarou patrona da Nova Espanha (1754), Leão XIII autorizou a coroação canônica e Pio X proclamou-a patrona da América Latina (1910). Duas polêmicas surgiram em momentos posteriores. A primeira: alguns opositores clericais no México, e alguns estudiosos defenderam que Juan Diego não existiu. Juan Diego, no entanto, foi canonizado pelo Papa João Paulo II em 2002.

> É com grande alegria que fiz a peregrinação até esta Basílica de Nossa Senhora de Guadalupe, coração mariano do México e da América, para proclamar a santidade de Juan Diego Cuauhtlatoatzin, o índio simples e humilde que contemplou o rosto dócil e sereno da Virgem de Tepeyac, tão querido a todas as populações do México.

> Desta maneira, Guadalupe e Juan Diego possuem um profundo sentido eclesial e missionário, e constituem um paradigma de evangelização perfeitamente inculturada (JOÃO PAULO II. Homilia canonização Juan Diego, 2002).

A segunda polêmica foi a construção da nova Basílica. Em 1974, o reitor da Basílica, Guilhermo Schullenburg fez um comunicado sobre a pedra fundamental da nova construção. O novo templo foi consagrado em 1976, construído em tempo recorde e, causando estranhamento. A organização para a construção foi confiada a reconhecidas personagens mexicanas ligadas aos bancos, indústria, comércio, conferindo uma imagem empresarial e financeira a todo o plano. Assim, desaparecia o caráter pastoral e evangélico. Revelava a aliança de setores da hierarquia eclesiástica com os setores poderosos da sociedade mexicana (cf. GARCÍA, 1984, p. 451-456). Na mensagem de inauguração da Basílica, o Papa Paulo VI, num trecho de sua *Mensagem,* afirma que enquanto existir injustiça, o templo construído não estará terminado.

> João Paulo II chamou-lhe "Mãe da América", na oração final da Exortação Apostólica Pós-sinodal *Ecclesia in America*.

A devoção mariana de Aparecida, aspectos históricos

O início desta devoção à Nossa Senhora da Conceição Aparecida remonta ao ano de 1717. No dia 17 de outubro desse ano, os pescadores Domingos Garcia, João Alves e Filipe Pedroso encontraram a pequena imagem no Porto de Itaguaçu, que pertencia à Vila de Guaratinguetá, localizada entre São Paulo e o Rio de Janeiro. Esse local era caminho dos bandeirantes e tropeiros em busca do ouro recém-descoberto, no início do século XVIII, nas montanhas e rios de Minas Gerais. Os pescadores realizavam o seu trabalho com o intuito de fornecer peixes para a festa que a Câmara da Vila de Guaratinguetá iria oferecer para o conde de Assumar, recém-nomeado governador da Capitania. O conde passaria por ali em direção às Minas Gerais.

> Na Consulta do Conselho Ultramarino de 22 de dezembro de 1716, por despacho de Dom João V, Rei de Portugal, foi nomeado Dom Pedro Miguel de Almeida Portugal e Vasconcelos, Governador e Capitão-geral da Capitania de São Paulo e das terras de Minas Gerais, que até então constituíam uma só Província. Antes de terminar o Governo, em 1721, efetivou-se, em 1720, o desmembramento de São Paulo e Minas Gerais. O novo governador recebeu o título de Conde de Assumar em 1718, concedido durante a sua estada no Brasil; mais tarde Marquês de Castelo Novo, Marquês de Alorna e, após sua estada em Minas Gerais, Vice-Rei da Índia (PASIN, 2016, p. 20).

Não era temporada de pesca e, após uma noite inteira de trabalho, os pescadores nada conseguiram. Devido a isso, invocaram Nossa Senhora. Na rede não veio peixe, mas o corpo de uma imagem da Virgem da Conceição. Na segunda tentativa de pescaria encontraram a cabeça da santa. Na terceira vez, ao jogarem as redes, foram surpreendidos pela enorme quantidade de peixes pescados. A pesca abundante foi considerada por eles uma graça da Virgem.

> [...] passando por esta vila para as Minas o governador, delas e de São Paulo, o conde de Assumar, Dom Pedro de Almeida, foram notificados pela câmara os pescadores para apresentarem todo o peixe que pudessem haver para o dito governador. Entre muitos, foram à pesca Domingos Martins Garcia, João Alves e Felippe Pedroso, em suas canoas; e principiando a lançar as redes no Porto de José Corrêa Leite, continuaram até o Porto de Itaguaçu, distância bastante, sem tirar peixe algum, e lançando João Alves a sua rede de arrasto, tirou o corpo da Senhora, sem a Cabeça; lançando mais abaixo outra vez a rede, tirou a Cabeça da mesma

Senhora, não se sabendo nunca quem ali a lançasse. Guardou o inventor esta imagem em um tal qual pano, e continuando a pescaria, não tendo até então tomado peixe algum, dali por diante foi tão copiosa a pescaria em poucos lanços, que, receosos, ele e os companheiros, de naufragarem pelo muito peixe que tinham nas canoas, se retiraram às suas vivendas, admirados deste sucesso (LIVRO DO TOMBO, f. 77).

De 1717 a 1732 a imagem permaneceu na casa de Felipe Pedroso (cf. PASIN, 2016, p. 30). Ali a vizinhança se reunia para rezar. O número de devotos cresceu e a família construiu um oratório no Porto de Itaguaçu. Em pouco tempo o local não mais comportava a quantidade de fiéis. O vigário, contra a vontade da família, iniciou a construção de uma capela no alto do morro dos coqueiros. Este templo foi inaugurado em 1745, mesmo ano da criação da Diocese de São Paulo (cf. SOUZA, 2004, p. 128-135). Para esta capela foi transferida a imagem da santa.

> Em 24 de junho de 1888, Dom Lino D.R. de Carvalho, bispo de São Paulo, inaugurou a igreja conhecida como "Igreja de Monte Carmelo" (Basílica Velha). A Igreja, hoje denominada Basílica Velha, foi reformada e ampliada em 1768. O primeiro vigário do Santuário foi o Padre Joaquim Pereira Ramos. Em 1893, a Basílica recebeu o título de Episcopal Santuário Nossa Senhora da Conceição Aparecida, assinado por D. Lino Deodato Rodrigues, bispo de São Paulo, em 28 de novembro. Em 5 de setembro de 1909, o Arcebispo Dom Duarte Leopoldo e Silva, celebrou a sagração solene do título de Basílica Menor a Basílica Velha. A honraria foi concedida pelo Papa Pio X, em 29 de abril de 1908. A Basílica Velha foi oficialmente tombada pelo Conselho de Defesa do Patrimônio Histórico, Artístico, Arqueológico e Turístico do Estado de São Paulo (Condephaat), em 18 de abril de 1982[...] No ano de 2004, a Basílica Velha de Aparecida passou por uma restauração e a reinauguração foi em fevereiro de 2015 (SANTUÁRIO, 2020).

Vários relatos ficaram famosos, porém um deles está ligado à memória de muitos fiéis. A temática era e é importante, pois está diretamente ligada à escravidão e seu desdobramento na sociedade hodierna da desigualdade social. Na metade do século XIX, em pleno período imperial brasileiro (1822-1889), o eixo econômico já havia se deslocado do Nordeste açucareiro e do ouro das Minas Gerais para o Vale do Paraíba com a sua produção cafeeira. A região cresceu e enriqueceu devido a este novo elemento que é o café. A mão de obra escrava era imensa na quantidade e na exploração por parte dos ricos da região. Muitos e muitos negros foram trazidos da África para suprir a falta de mão de obra. Corre o ano de 1850, e desde 1831 era ilegal o tráfico negreiro. Isto não impedia o comércio de escravos vindos da África. Com a Lei Euzébio de Queiroz de 1850, baniu-se definitivamente o tráfico transatlântico. É evidente que a Inglaterra teve um papel especial nesta ação, tudo devido a seu interesse expansionista industrial. Começa, assim, o tráfico interno: do Nordeste açucareiro para o sudeste cafeeiro. A narrativa que está na memória de inúmeros fiéis é a do escravo fugido, mas recuperado e algemado que pede para orar diante da capelinha da Virgem Aparecida. Naquele momento caem as algemas de seus braços, passou Nossa Senhora a ser associada à denúncia da condição miserável dos escravos, mais da metade da população brasileira (cf. SOUZA, 2017, p. 4).

Um outro fator importante é a localização de Aparecida. A localização geográfica de Aparecida, diante deste novo eixo econômico, é de enorme importância para o fluxo de fiéis que aumentara e muito nas décadas seguintes. A estrada de ferro Dom Pedro II, que começou a ser construída em 1855, colocava Aparecida em seu traçado. A estrada foi projetada para ligar Rio de Janeiro a São Paulo com um ramal para Minas Gerais. A Estação de Aparecida foi inaugurada no dia 3 de julho de 1887. Os romeiros utilizavam muito este meio de transporte, com destino para a estação de trem "Norte", em São Paulo. Mesmo descendo na Estação de Aparecida, ficou conhecida como "Aparecida do Norte" (cf. PASIN, 2016, p. 85).

Após a Segunda Guerra Mundial (1939-1945), Aparecida está ligada ao Rio de Janeiro e a São Paulo pela Rodovia Presidente Dutra. Certamente estes fatores levaram o arcebispo de São Paulo, Dom Carlos Carmelo de Vasconcelos Mota (1944-1964), a tomar a decisão de construir uma nova basílica a partir de 1955. O arquiteto Benedito Calixto a projetou idealizando um edifício em formato de cruz grega, capaz de abrigar 45 mil pessoas, com 173 metros de comprimento por 168 metros de largura; as naves laterais medem 40 metros e a cúpula tem 70 metros de altura. Em 1908 o Papa Pio X concedeu o título de Basílica Menor (quando a Igreja está fora de Roma, independentemente de seu tamanho) à Aparecida. Neste processo histórico outro bispo exerceu um papel de relevância, Dom Sebastião, Cardeal Leme, arcebispo do Rio de Janeiro. O cardeal solicita ao Papa Pio XI que Aparecida fosse declarada padroeira do Brasil (tentativa de união Igreja e Estado, desfeita formalmente com a extinção do Padroado em 1889 e a introdução do Estado laico com a Constituição civil de 1891). Através do decreto papal de 16 de julho de 1930, Aparecida é declarada, por Pio XI, a Padroeira do Brasil (Arquivo da Cúria Metropolitana de Aparecida, papéis avulsos, apud PASIN, 2016, p. 218). Um grandioso evento aconteceu no Rio de Janeiro cercado de milhares de fiéis na oficialização de Aparecida Padroeira do Brasil. O evento aconteceu diante do governo e seus ministros. O acontecimento influenciará a nova Constituição civil de 1934 em relação à primeira republicana de 1891, esta última menos laicista. Exemplo de uma tentativa de cristianizar a legislação laica. O receio de grande parte do episcopado era o comunismo. Na Europa havia grandes perseguições à Igreja Católica. O esforço do Cardeal Leme era voltar à nação católica, elementos do Padroado – Cristandade presentes no contexto (cf. SOUZA, 2017, p. 4, 5).

Sem dúvida, a presença dos missionários redentoristas em Aparecida é significativa para esta história (cf. PASIN, 2016). Dom Lino Deodato, bispo de São Paulo, os trouxe da Alemanha em 1894 (processo de reforma do catolicismo e romanização). Uma das primeiras atividades foi editar o *Jornal Santuário* e o Manual do Devoto de Nossa Senhora Aparecida. Seguindo a linha de evangelização através dos Meios de Comunicação, em 1951 foi criada a *Rádio Aparecida*, em 2005 foi a vez da criação da *TV Aparecida*. Em 1958, o Papa Pio XII cria a Arquidiocese de Aparecida com território desmembrado da Arquidiocese de São Paulo e da Diocese de Taubaté. Por ocasião dos 250 anos da devoção, em 1967, o Papa Paulo VI ofertou ao Santuário a Rosa de Ouro (cf. JUBILEU, 1970, p. 56-60). Em 1980, quando da sua primeira viagem ao Brasil, o Papa João Paulo II consagrou a Basílica. Através da lei número 6802, de 30 de junho de 1980, o governo brasileiro reconhece Nossa Senhora Aparecida como Padroeira do Brasil e decreta como feriado nacional o dia de sua festa, 12 de outubro (cf. PASIN, 2016, p. 328-329).

De barro cozido e escurecida devido à permanência nas águas do Rio Paraíba do Sul, e mais escurecida ainda por causa da fumaça das velas utilizadas no culto doméstico durante os primeiros anos de devoção, a Mãe de Deus e nossa, assumiu, por meio dessa imagem, os traços culturais do povo brasileiro. Sua imagem quebrada revelara o sofrimento de milhares de homens e mulheres, ameríndios e afro-americanos, identificando-se com a deformidade da dignidade dos filhos brasileiros e latino-americanos, criados à "imagem e semelhança de Deus" (AMERÍNDIA, 2007, p. 78-86).

> O Santuário de Aparecida é símbolo da predileção de Deus pelos pobres, que em Maria "derruba os poderosos de seus tronos e exalta os humildes". É o lugar ao qual acodem para encontrar-se com a Mãe dos Pobres, a multidão dos excluídos, na firme expectativa de que a Igreja não frustre sua esperança (AMERÍNDIA, 2007, p. 11).

Capítulo LIII
Romero, profetismo e martírio na América Latina

> Não temam aqueles que matam o corpo,
> mas que não podem matar a alma
> (Mt 10,28).

Introdução

O capítulo tem por finalidade apresentar este grande cristão e santo da América Latina: Dom Oscar Arnulfo Romero: profeta e mártir. Os mártires do período colonial e os da atualidade reeditam os martírios do início do cristianismo. Homens e mulheres que testemunharam sua fé com o próprio sangue. Nas diversas culturas ameríndias, o guerreiro era aquele que dava a vida por seu grupo. Romero e vários outros cristãos/ãs morreram pela fé, pelo amor e pela dedicação total a Cristo e ao próximo.

Profetismo e martírio

O Vaticano II retratou os profetas como instrutores (DV 3) e porta-vozes de Deus (DV 4) e que revelam a sua vontade (DV 14), denunciam todo o desvio e escândalo (GS 43), profetizam em nome de Jesus (UR 21) e do Evangelho (DV 7), e em várias outras citações do Concílio. O martírio (*marturia* ou *marturion*, testemunho) é apresentado no Vaticano II como parte da vida e missão dos seguidores de Jesus (DH 11), o testemunho é a vivência do amor e da fé (LG 21; DH 14). É "doação insigne e prova suprema de caridade" (LG 42). Jesus, o mártir por excelência, foi aquele "que aceitou livremente a morte pela salvação do mundo" (LG 42). Os mártires foram resistentes ao poder público quando este não se baseava na construção do bem comum (AG 11).

Na América Latina, nos anos seguintes ao Concílio Vaticano II, muitos foram assassinados por defenderem a causa da justiça. Assim, o martírio é uma marca da Igreja neste continente. Morte por amor ao povo e povo martirizado são elementos característicos dessa temática na América Latina. Muitos foram martirizados na América Latina no século XX lutando contra uma estrutura ditatorial e injusta. Ao longo deste livro vários foram citados e se conheceu um pouco de sua história. Ainda outros/as morreram como mártires: Padre Héctor Gallego (Panamá), Juan Morán Samaniego (México), Oscar Romero (El Salvador).

Romero (1917-1980), o personagem

Dom Oscar Arnulfo Romero Galdamez foi o quarto arcebispo de San Salvador, capital de El Salvador. Nasceu (1917) em Ciudad Barríos, distrito de San Miguel, em uma família pobre. Em 1930 entrou para o Seminário de San Miguel. Enviado para os estudos em Roma na Pontifícia Universidade Gregoriana (durante a II Guerra Mundial) e ordenado padre em 1942. Em 1970 foi nomeado bispo auxiliar de San Salvador. No ano de 1974 foi nomeado bispo de Santiago de Maria (Usulután) e, em 1977, arcebispo de San Salvador, até seu assassinato em 1980 (cf. CARRIER, 2010, p. 101-104). Em 1978 foi nomeado Doutor *Honoris Causa* na Universidade de Georgetown, em 1979 foi indicado ao Prêmio Nobel da Paz e, em 1980, recebeu o doutorado *honoris causa* da Universidade de Louvain. Com a morte do Padre Rutílio Grande (cf. VITALI, 2015, p. 140-147; CARRIER, 2010, p. 141-158) começou a denunciar, em suas homilias, as inumeráveis violações dos direitos humanos no país. Manifestou solidariedade com as vítimas da violência política no contexto da Guerra Civil. Acusou os governantes, militares e as elites pela tragédia que estava ocorrendo em El Salvador.

> Solidarizo-me também com os membros do "Comitê das Mães e Familiares dos Prisioneiros e dos Desaparecidos". Tenho de ser solidário com a denúncia do desaparecimento de Miguel Amaya Villalobos Nerio, às 11h30 da noite de 29 de junho, do Centro Penal de Cojutepeque, onde estavam se solidarizando com a greve de fome de suas mães. Estavam sob a responsabilidade do 4º Juízo Penal, e nem a Direção dos Centros Penais quis dar notícias às pobres mães. O Ministro da Justiça tem obrigação de responder à reclamação da família desses desaparecidos, que estavam subordinados a um juiz. Do mesmo modo, denunciamos para implicar injustamente os prisioneiros de prisão de Santa Ana numa tentativa de fuga. Devemos sentir como nosso o sofrimento daqueles que estão passando fome como meio de receber notícias de seus entes queridos. Uma das mães está em estado muito grave, mas ninguém ouve o apelo de sua dor. Em El Paisnal foram assassinados dois camponeses [...] (ROMERO. Homilia, 2 de julho de 1978).

Suas missas eram transmitidas pela rádio arquidiocesana e, logo, suas homilias eram ouvidas por todo o país. Suas homilias proféticas não eram vistas com bons olhos pela elite e, também, por alguns membros da própria Igreja.

> Com a maioria dos seus irmãos bispos, o **bispo** mantinha uma forte tensão por várias razões. Uma razão importante era que eles insistiam que a Igreja não devia se meter na política. O monsenhor sabia muito bem que o problema era outro: o problema era sair da política de direita. Levando isso em conta, Dom Romero, pública e conscientemente, nas suas homilias, "meteu-se na política". E o fez isso com total clareza quando analisou os três projetos que surgiram depois do golpe de Estado do dia 15 de outubro de 1979. Condenou o projeto da oligarquia, em que não via bondade algu-

ma. Ao projeto da democracia cristã, exigiu o controle da repressão ou que abandonassem o governo. E viu mais esperanças no projeto popular, sobretudo se as forças populares se unissem e não absolutizassem a sua ideologia. E as condenou sempre que cometiam atos violentos injustos (SOBRINO, 2014, p. 7).

Em 1978 a Conferência Episcopal Salvadorenha publicou o documento: *Sobre o momento atual em que vive o país*[51], apresentava sua missão profética e denunciava a situação caótica que vivia El Salvador.

> Eu gostaria de fazer um chamado de maneira especial aos homens do Exército e, concretamente, às bases da **Guarda Nacional**, da polícia, dos quartéis. Irmãos, vocês são do nosso mesmo povo, matam os seus próprios irmãos camponeses e, diante de uma ordem para matar dada por um homem, deve prevalecer a Lei de Deus que diz: "Não matar". Nenhum soldado está obrigado a obedecer a uma ordem contra a Lei de Deus. Uma lei imoral ninguém tem que cumprir. Já é tempo de que vocês recuperem a sua consciência e que obedeçam antes à sua consciência do que a ordem do pecado. A Igreja, defensora dos direitos de Deus, da Lei de Deus, da dignidade humana, da pessoa, não pode ficar calada diante de tanta abominação. Queremos que o governo leve a sério que de nada servem as reformas se são manchadas com tanto sangue. Em nome de Deus, pois, e em nome deste sofrido povo, cujos lamentos sobem até o céu, cada dia mais tumultuosos, eu lhes suplico, lhes rogo, lhes ordeno em nome de Deus: cesse a repressão! (ROMERO, 23 de março 1980).

No dia 24 de março de 1980, às 18 horas, o Arcebispo Romero celebrava a missa na Capela do *Hospitalito,* hospital de religiosas que cuidavam de doentes com câncer. No exato momento da con-

---

51. *Los obispos latino-americanos entre Medellín y Puebla. Documentos episcopales (1968-1978).* San Salvador: UCA. Vol. 3, 1978, p. 212-213.

sagração foi atingido pelo disparo de um atirador de elite, atingindo seu coração e o matando imediatamente. Sangue de Romero, sangue de Jesus e de todos os mártires cristãos. Seu crime: dar comida aos pobres, visitar os doentes, mobilizar as pessoas para mudar as estruturas do país evitando uma Guerra Civil e, principalmente, apontar a ferida de El Salvador e de toda a América Latina: injustiça institucionalizada. O arcebispo foi sepultado na Catedral de San Salvador, no dia 30 de março de 1980. O seu enterro estava repleto de camponeses, operários, excluídos. No trajeto, uma forte repressão deixou mais de trinta mortos e cerca de trezentos feridos. As investigações da Comissão da Verdade, realizadas pelas Nações Unidas, assinalaram como autores intelectuais e responsáveis pelo assassinato de Romero o ex-major Roberto D'Aubuisson e o capitão Álvaro Saravia. Este foi considerado culpado, no final de 2004, em um julgamento civil realizado na Califórnia. Contudo, em El Salvador, uma lei de anistia deixou sem condenação essa e muitas outras atrocidades.

> A Igreja canonizou muitos mártires dos regimes totalitários do comunismo e do nazismo. A história do martírio de **Romero** se insere nas perseguições da Igreja da América Latina nos anos 1970/1980. Romero, como outros sacerdotes, foi assassinado por um sistema oligárquico formado por pessoas que se professavam católicas e que viam nele um inimigo da ordem social ocidental e daquela que já Pio XI, na "Quadragesimo Anno", chama de "ditadura econômica". "Foi o primeiro exemplo conhecido neste sentido". **Romero** é um bispo que, com espírito de fortaleza, pôs em prática as bem-aventuranças evangélicas. Procurou a justiça, a reconciliação e a paz social. Sentiu a urgência de anunciar a Boa-nova e proclamar em cada dia a Palavra de Deus. Amou uma Igreja pobre com os pobres, vivia com eles, sofria com eles. Serviu Cristo nas pessoas do seu povo. Sua fama de homem de Deus ultrapassa os confins da Igreja Católica. É o primeiro grande testemunho da Igreja do **Concílio Vaticano II**.

Um exemplo de Igreja em saída. Neste sentido, creio que represente uma figura emblemática para a Igreja de hoje e lhe ilumine o ministério presente e futuro" (PAGLIA, 2015, p. 3, 4). Palavras do postulador de beatificação de Oscar Romero.

Em 2015, Romero foi beatificado pelo Papa Francisco e, também por Francisco foi canonizado em 2018: São Oscar Romero.

> Gostaria de acrescentar algo, que talvez nos tenha passado despercebido. O martírio de Dom Romero não teve lugar unicamente no momento da sua morte; tratou-se de um martírio-testemunho, de um sofrimento anterior, de uma perseguição precedente, até à sua morte. Mas também posterior porque, depois de morto – eu era um jovem sacerdote e disto fui testemunha – ele foi difamado, caluniado, desonrado, isto é, o seu martírio continuou até por parte dos seus próprios irmãos no sacerdócio e no episcopado. Não são coisas que me contaram, mas ouvi-as eu pessoalmente. Ou seja, porque é bom vê-lo também assim: como um homem que continua a ser mártir. Pois bem, acho que hoje quase ninguém se atreva a fazê-lo. Depois de ter entregado a própria vida, ele continuou a oferecê-la, deixando-se açoitar por todas aquelas incompreensões e calúnias. Só Deus sabe como isto me fortalece! Só Deus conhece a história das pessoas, e quantas vezes pessoas que já entregaram a própria vida, ou que já morreram, continuam a ser lapidadas com a pedra mais dura que existe no mundo: a língua.
>
> [...] o mártir não é alguém que permaneceu vinculado ao passado, uma bonita imagem que adorna as nossas igrejas e que nós recordamos com uma certa nostalgia. Não, o mártir é um irmão, uma irmã, que continua a acompanhar-nos no mistério da comunhão dos santos e que, unido a Cristo, não descuida a nossa peregrinação terrena, os nossos sofrimentos e as nossas dores. Na história recente deste amado país, o testemunho de Dom Romero uniu-se ao de numerosos irmãos e irmãs, como o Padre Rutílio Grande que, sem medo de perder a própria vida, conquistaram-na e foram constituídos intercessores do seu povo diante do Deus vivo, que vive por todos os séculos, e que tem nas suas mãos as chaves da morte e da mansão dos mortos (cf. *Ap* 1, 18). Todos estes irmãos são um tesouro e uma esperança fundada para a Igreja e para a sociedade salvadorenha. O impacto do seu dom pessoal sente-se até nos dias de hoje. Através da graça do Espírito Santo, eles foram configurados com Cristo, como muitas testemunhas da fé de todos os tempos (FRANCISCO, 2015. Discurso a um grupo de peregrinos de El Salvador).

PARTE IX

FRANCISCO, UM PAPA
LATINO-AMERICANO

Capítulo LIV
Francisco, um papa universalmente latino-americano

Miserando atque eligendo
(lema do Papa Francisco).

Introdução

Francisco é o tema deste capítulo. O primeiro papa latino-americano, argentino, jesuíta. Eleito no conclave de 2013 num período extremamente delicado para a instituição religiosa: escândalos morais, financeiros e o vazamento de documentos de dentro do Vaticano. A seguir, em síntese, uma apresentação histórica sobre Bergoglio, o Papa Francisco: sua biografia, seus escritos e a esperança de uma reforma para que a instituição siga fielmente os passos de Jesus de Nazaré. Seu lema episcopal: *Miserando atque eligendo* (Olhando-o com misericórdia o elegeu), foi retirado de uma homilia de São Beda, o Venerável (Homilia 21; CCL 1, 22, 149-151), em que comenta o episódio da vocação de São Mateus (Viu Jesus um publicano e dado que olhou para Ele com sentimento de amor e o escolheu, disse-lhe: Segue-me).

O personagem

Eleito em 2013, Francisco é o primeiro papa jesuíta e latino-americano (Argentina) em 20 séculos da Igreja Católica. Seu nome é um programa de pontificado: proximidade aos empobrecidos e compromisso de renovação da Igreja. O Papa Bergoglio nasceu em 1936, no Bairro de Flores, coração de Buenos Aires.

Em 1957 entra para a Companhia de Jesus. Seus anos de estudo de teologia e filosofia se deram na Argentina e no Chile. Em dezembro de 1969 foi ordenado padre. Não é possível defini-lo como um grande carreirista, foi prior provincial dos jesuítas na Argentina de 1973 a 1979. Entre 1980 e 1986 foi reitor da Faculdade de Teologia, em San Miguel. No ano de 1992 foi nomeado bispo auxiliar da arquidiocese de Buenos Aires, guiada pelo então Cardeal Antônio Quarracino (personagem importante nos anos de 1970 pela sua mentalidade renovadora a partir do Vaticano II. Foi bispo de Nueve de Julio, Avellaneda, La Plata, 1985-1990, e Buenos Aires). A partir de 1998, com a morte de Quarracino, Bergoglio será o novo arcebispo de Buenos Aires. Foi criado cardeal por João Paulo II em 2001 (cf. SOUZA, 2020, p. 436-437). Em seu diálogo com o Rabino Skorka se pode perceber o futuro Francisco: "ao observarmos a história, vemos que as formas religiosas do catolicismo se modificaram de modo evidente. Basta pensar, por exemplo, no Estado eclesiástico, em que o poder secular estava indissoluvelmente ligado com o poder espiritual". E acrescenta, "isso era uma deformação do cristianismo, não correspondendo nem ao que Jesus queria. Se ao longo da história a religião pode passar por mudanças tão grandes, porque não se haveria, então, de pensar que ela pode se adaptar à cultura dos tempos também no futuro" (BERGOGLIO; SKORKA, 2013, p. 178).

Na tarde de 13 de março de 2013, na Capela Sistina, cidade do Vaticano, às 16h30, na quarta votação, é eleito o novo papa. Francisco terá pela frente uma missão imensa, não só pelo serviço em si, mas pelas enormes dificuldades que a instituição vive neste contexto. São desafios que o papa jesuíta sabe bem que é importante plantar a semente, mas não é necessário colher os frutos no tempo presente, pois afirma Francisco, "desconfio das decisões tomadas de modo repentino" (SPADARO, 2013, p. 11). No primeiro ano de pontificado foi lançada a Encíclica *Lumen Fidei,* iniciada por Bento XVI. É a conclusão do pensamento do papa emérito sobre as virtudes teologais. Francisco acrescentou novos conteúdos e publicou na continuidade de herança de seu antecessor.

Pensamento e viagens de Francisco

Em tempos de neoliberalismo nada é tão atual quanto elaborar ensinamentos sociais em situações sempre novas e aí anunciá-los profética e criticamente. O Papa Francisco, preocupado com esta tarefa incompleta do Vaticano II e em andamento, afirma que *o mandamento não matar põe um limite claro para assegurar o valor da vida humana, assim, hoje, devemos dizer "não à economia da exclusão e da desigualdade social"* (EG 53). Esta exortação apostólica, publicada em 2013, já causou um enorme debate mundo afora. De um lado muitos analisam o documento como um grande passo na questão social e, por outro, empresários, especialmente norte-americanos, ficaram extremamente descontentes com as críticas feitas ao capitalismo. Críticas que João Paulo II já havia realizado. Na exortação, Francisco denuncia que *o ser humano é considerado, em si mesmo, como um bem de consumo que se pode usar e depois lançar fora* (n. 53). Portanto, é uma declaração e, ao mesmo tempo, uma necessidade de atualizar o Vaticano II, valorizando a dignidade da pessoa e dizendo, sem medos, um enorme não à sacralização do mercado. Não a um dinheiro que governa ao invés de servir. O documento trata as temáticas da paz, homilética, justiça social, família, respeito pela criação (ecologia) e o papel das mulheres na Igreja. Critica o costume da sociedade capitalista e insiste que o principal destinatário da mensagem cristã são os pobres (cf. SOUZA, 2020, p. 437-438).

O que o papa está realizando foi um sonho de João XXIII, ou seja, que a Igreja saísse do Vaticano II bem próxima dos pobres, de modo que estes se sentissem em casa no seu seio, mas no acervo documental do Concílio os pobres se perdem. Os empobrecidos não podem sair da ótica de uma Igreja que segue as inspirações do Vaticano II. Este tema é evangelicamente sempre atual, embora muitas vezes foi silenciado na sociedade e mesmo no interior da Igreja em determinados setores eclesiásticos. O papa tem demonstrado sua capacidade de se relacionar com os judeus, islâmicos e de diversas denominações religiosas. Na perspectiva de uma eclesiologia missionária: Igreja em saída, voltada para a sociedade e a serviço da humanidade. Igreja que saiba escutar e realizar a urgente enculturação da fé, inculturação que foi obstaculizada nos últimos anos devido à centralização (cf. SOUZA, 2020, p. 438-439).

O papa esclarece: "Quando insisto na fronteira, de modo particular, refiro-me à necessidade de o homem da cultura estar inserido no contexto em que opera e sobre o qual reflete. Está sempre à espreita o perigo de viver em um laboratório" e ainda continua Francisco afirmando que "nossa fé não é uma fé-laboratório, mas uma fé-caminho, uma fé-histórica. Deus revelou-se como história, não como um compêndio de verdades abstratas[...] é preciso viver na fronteira" (SPADARO, 2013, p. 33-34).

Um evento histórico e emblemático, do início de seu pontificado, foi a celebração da XXVIII Jornada Mundial da Juventude (julho de 2013), no Rio de Janeiro – Brasil, sua primeira viagem. Seus discursos, homilias, gestos e a presença imensa de fiéis revelaram o relacionamento que já marca este pontificado: próximo ao povo, não só no discurso e, de uma sadia rebeldia diante de sua segurança pessoal. Visitou periferias da cidade maravilhosa e celebrou no Santuário de Aparecida do Norte, no interior de São Paulo. Encontrou com argentinos na Catedral de São Sebastião no Rio de Janeiro. Por onde passou deixou um sinal diferente do bispo de Roma no caminho de Assis em busca de reformas da Igreja e de uma Igreja missionária, em saída. Ainda, em 2013, realizou visitas na Itália, Cagliari, Assis e a emblemática visita a Lampedusa e seu pronunciamento diante da tragédia global da imigração e das inúmeras mortes no Mar Mediterrâneo devido aos naufrágios, especialmente de africanos (cf. SOUZA, 2020, p. 439).

> "Onde está o teu irmão?" Quem é o responsável por este sangue? Na literatura espanhola há uma comédia de Félix Lope de Vega, que conta como os habitantes da cidade de Fuente Ovejuna matam o Governador, porque é um tirano, mas fazem-no de modo que não se saiba quem realizou a execução. E, quando o juiz do rei pergunta "quem matou o Governador", todos respondem: "Fuente Ovejuna, senhor". Todos e ninguém! Também hoje assoma intensamente esta pergunta: Quem é o responsável pelo sangue destes irmãos e irmãs? Ninguém! Todos nós respondemos assim: não sou eu, não tenho nada a ver com isso; serão outros, eu não, certamente. Mas Deus pergunta a cada um de nós: "Onde está o sangue do teu irmão que clama até Mim?" Hoje ninguém no mundo se sente responsável por isso; perdemos o sentido da responsabilidade fraterna; caímos na atitude hipócrita do sacerdote e do levita de que falava Jesus na parábola do Bom Samaritano: ao vermos o irmão quase morto na beira da estrada, talvez pensemos "coitado" e prosseguimos o nosso caminho, não é dever nosso; e isto basta para nos tranquilizarmos, para sentirmos a consciência em ordem. A cultura do bem-estar, que nos leva a pensar em nós mesmos, torna-nos insensíveis aos gritos dos outros, faz-nos viver como se fôssemos bolas de sabão: estas são bonitas, mas não são nada, são pura ilusão do fútil, do provisório. Esta cultura do bem-estar leva à indiferença a respeito dos outros; antes, leva à globalização da indiferença. Neste mundo da globalização, caímos na globalização da indiferença. Habituamo-nos ao sofrimento do outro, não nos diz respeito, não nos interessa, não é responsabilidade nossa! (FRANCISCO, trecho Homilia em Lampedusa, Itália, 08/07/2013).

O papa visitou em 2014 a Turquia, Tirana (Albânia), o Parlamento Europeu, Coreia do Sul e a Terra Santa. Na Itália realizou visitas em 2014: Redipuglia, Caserta, Campobasso e Boiano, Isernia-Vesafro e Cassano allo Jonio. Convocou e participou do Sínodo Extraordinário sobre a Família em 2014, que teve sua continuidade e término em outubro de 2015. Na alocução a este Sínodo, Francisco falou da necessidade da sinodalidade na Igreja, mostrou seu fundamento teológico. Desde os primeiros séculos a estrutura colegial era importante e atuante. Na *Evangelii Gaudium* afirmou que "uma Igreja sinodal é uma Igreja que escuta, consciente de que escutar é mais do que ouvir" (171). Em 2018 realizou o Sínodo da Juventude que teve como tema *Os jovens, a fé e o discernimento vocacional*. Em outubro de 2019 ocorreu, em Roma, o Sínodo para a Pan-Amazônia. A Igreja retomou a frase célebre do Papa Paulo VI "Cristo aponta para a Amazônia". O tema deste Sínodo foi *Amazônia: novos caminhos para a Igreja e para uma ecologia integral*. Antes de sua realização o Sínodo recebeu críticas externas e internas. Nos últimos 150 anos, os papas sofreram todo tipo de críticas, Francisco não é o único. O que não se pode negar é que essa é uma pauta urgente: a situação da Amazônia (cf. SOUZA, 2020, p. 439-440).

Em 2015 Francisco visitou as Filipinas com mais de 6 milhões de pessoas na missa realizada em Manila e no Sri Lanka; e visitou também Equador, Bolívia, Paraguai, Bósnia, Cuba, Estados Unidos e a ONU. No final deste ano visitou: Quênia, Uganda e República Centro Africana. Na Itália visitou Prato, Florença, Turim, Pompeia e Nápoles. Visitou vários outros países, como Israel, Jordânia, Palestina, Coreia do Sul, Albânia, França, Turquia (2014), Cuba, México, Grécia, Armênia, Polônia, Geórgia, Azerbaijão, Suécia (2016), Egito, Portugal, Colômbia, Mianmar, Bangladesh (2017), Chile, Peru, Irlanda, Lituânia, Letônia, Estônia (2018), Panamá, Emirados Árabes Unidos, Marrocos, Bulgária, Macedônia do Norte, Romênia (2019) e, ainda, em 2019, Francisco visitou Moçambique, Madagáscar, Maurícia e Tailândia. Em 2020, devido à pandemia da Covid-19-corona vírus, não houve nenhuma viagem fora da Itália, mas no início de 2021, Francisco realizou a visita histórica ao Iraque. Em setembro foi a Budapeste (Hungria) por ocasião do 52º Congresso Eucarístico Internacional e, em seguida, visitou a Eslováquia.

Encíclicas e exortações

São vários discursos, mensagens, homilias, cartas, cartas apostólicas e outros textos do Papa Francisco que podem ser consultados no *site*[52] da Santa Sé. Neste item foi feita a escolha da realização de um breve comentário sobre as suas encíclicas e exortações apostólicas. Na encíclica de 2015, *Laudato Si' Louvado Sejas, sobre o cuidado da casa comum*, o papa oferece uma grandiosa reflexão para os debates sobre a temática da Ecologia integral. O texto apresenta uma análise do que está acontecendo no planeta (poluição, clima, água, biodiversidade, deterioração da vida e degradação social). Em seguida trata da Criação e aborda a questão da raiz humana da crise ecológica. É, sem dúvida, um documento do magistério que apresenta enorme contribuição e críticas ao sistema econômico gerador das crises da integralidade ecológica.

> Muitos daqueles que detêm mais recursos e poder econômico ou político parecem concentrar-se, sobretudo, em mascarar os problemas ou ocultar os seus sintomas, procurando apenas reduzir alguns impactos negativos de mudanças climáticas (LS 26).

> Nas condições atuais da sociedade mundial, onde há tantas desigualdades e são cada vez mais numerosas as pessoas descartadas, privadas dos direitos humanos fundamentais, o princípio do bem comum torna-se imediatamente, como consequência lógica e inevitável, um apelo à solidariedade e uma opção preferencial pelos mais pobres. Esta opção implica tirar as consequências do destino comum dos bens da terra, mas – como procurei mostrar na Exortação Apostólica *Evangelii Gaudium* (123), exige acima de tudo contemplar a imensa dignidade do pobre à luz das mais profundas convicções de fé. Basta observar a realidade para compreender que, hoje, esta opção é uma exigência ética fundamental para a efetiva realização do bem comum (LS 158).

Na sua bula *Misericordiae Vultus* (2015) convida para a realização do Ano Santo do Jubileu extraordinário da Misericórdia

---

52. https://www.vatican.va/content/vatican/pt.html

a ser realizado entre 8 de dezembro de 2015 (festa da Imaculada Conceição) a 20 de novembro de 2016 (festa de Cristo Rei). Em 2016 publicou a Exortação Apostólica *Amoris Laetitia*, resultado do Sínodo sobre a Família. O documento merece destaque devido à possibilidade concedida a divorciados que estão em segunda união de receber a comunhão, serem padrinhos e ensinarem a catequese da Igreja Católica. Não se trata de uma regra geral, mas da possibilidade da permissão a critério dos respectivos confessores (AL 305). O texto causou aceitação por uma parte da Igreja e rechaço de outra parte. Em 2018 publicou a Exortação Apostólica *Gaudete et Exsultate*, sua terceira exortação sobre a santidade no mundo de hoje, com o foco de encorajar a santidade na vida cotidiana.

> Graças a Deus, ao longo da história da Igreja, ficou bem claro que aquilo que mede a perfeição das pessoas é o seu grau de caridade, e não a quantidade de dados e conhecimentos que possam acumular (GE 37).
>
> Quando alguém tem resposta para todas as perguntas, demonstra que não está no bom caminho e é possível que seja um falso profeta, que usa a religião para seu benefício, ao serviço das próprias lucubrações psicológicas e mentais. Deus supera-nos infinitamente, é sempre uma surpresa e não somos nós que determinamos a circunstância histórica em que o encontramos, já que não dependem de nós o tempo, nem o lugar, nem a modalidade do encontro. Quem quer tudo claro e seguro, pretende dominar a transcendência de Deus (GE 41).

Ainda publicou, em 2018, a Constituição Apostólica *Veritatis Gaudium*. O documento segue a *Evangelii Gaudium* com seu horizonte teológico e pastoral, apresentando uma sugestão para a preparação dos estudos eclesiásticos. Em suma, trata do ordenamento fundamental das universidades, faculdades eclesiásticas. O pedido de uma abertura da teologia caracteriza a primeira parte do documento e a segunda uma série de normativas para as mesmas instituições. Em 2019 é publicada a Exortação Apostólica *Christus vivit*, resultado do Sínodo sobre os jovens em 2018. No documento composto por nove capítulos divididos em 299 parágrafos, o papa explica que se deixou inspirar pela riqueza das reflexões e diálogos do Sínodo dos Jovens para escrever o texto. Em 2020 foi publicada a terceira encíclica de Francisco, *Fratelli Tutti*.

> [...] estamos longe de uma globalização dos direitos humanos mais essenciais[...] eliminar efetivamente a fome[...]descartam-se toneladas de alimentos[...] verdadeiro escândalo. A fome é criminosa, a alimentação é um direito inalienável (FT 189).

> [...] todo tipo de intolerância fundamentalista danifica as relações entre pessoas, grupos e povos, comprometamo-nos a viver e ensinar o valor do respeito, o amor capaz de aceitar as várias diferenças, a prioridade de todo ser humano sobre quaisquer ideias, sentimentos, atividades e até pecados que possa ter (FT 191).

O documento é um grande clamor a Deus e à humanidade para lutar por um mundo novo. Francisco relembra a condição da igualdade de direitos. A encíclica termina com uma oração onde o ser humano transformado pelo amor luta por uma sociedade melhor.

Encíclicas

Data	Título	Conteúdo
2013	*Lumen Fidei*	Sobre a fé. O amor é o caminho
2015	*Laudato Si'*	Sobre o cuidado da casa comum
2020	*Fratelli Tutti*	Sobre a fraternidade e a amizade social

Exortações Apostólicas

Data	Título	Conteúdo
2013	*Evangelii Gaudium*	Sobre o anúncio do Evangelho no mundo atual
2016	*Amoris Laetitia*	Sobre o amor na família
2018	*Gaudete et Exsultate*	Sobre o chamado à santidade na atualidade
2019	*Christus Vivit*	Resultado do Sínodo dos jovens
2020	*Querida Amazônia*	Resultado do Sínodo sobre a Amazônia

O que os cristãos necessitam é realizar a vivência do Evangelho, próximo daqueles que mais sofrem. Isso é o que pode mudar a sociedade e, inclusive, a Igreja. O Evangelho só pode ser compreendido nos acontecimentos da história. A pretensão de estar fora e acima da história, como por vezes a instituição religiosa procurou fazer, significou a renúncia de estar em sintonia com a sociedade contemporânea. Sintonia não é adesão, mas diálogo. Para comunicar o Evangelho se faz necessário escancarar as portas ao diálogo com a sociedade. Francisco, consciente de que os métodos utilizados até o momento não se revelaram eficazes, decidiu mudar a estratégia. A misericórdia constitui o núcleo profundo do Evangelho e na vida coletiva marcada pela difusão dos problemas dramáticos em nível planetário, o testemunho levará à credibilidade. A aparência fornece somente a visibilidade. A Igreja não é autossuficiente, mas depende da Graça de Cristo, "sem mim nada podeis fazer" (Jo 15,5). O Papa Francisco contribui para com que a Igreja, com a sua teologia e experiência pastoral, provenientes da América Latina, seja fonte para as Igrejas.

Capítulo LV
Sínodo para a Amazônia

Introdução

Este capítulo abordará o Sínodo para a Amazônia em três pontos: os seus antecedentes, a realização do Sínodo e a Exortação Pós-sinodal. O pensamento da Igreja entra no campo da promoção social, meio ambiente, sobrevivência de espécies, conhecimento da temática por parte dos fiéis e da sociedade. Quer, assim, sensibilizar para uma das questões vitais não somente da Pan-Amazônia, mas do planeta. Na parte final do capítulo será apresentado o lançamento e preparativos da I Assembleia Eclesial da América Latina e Caribe convocada pelo Papa Francisco para o segundo semestre de 2021, no México.

Antecedentes

> A determinação do povo branco estendeu-se para além do saque de riquezas, alcançando o próprio desejo de suprimir a existência de uma prática social distinta aos seus moldes. Retrato do governo das religiões e de um sistema político predador, os resultados da invasão da América – sobretudo no território Amazônico – alteraram as bases das relações do homem com a floresta, com efeitos sentidos até o período contemporâneo. É nesse sentido que preservar e resgatar a memória dos povos pré-colombianos pode contribuir para a construção de novas perspectivas de relacionamento com o ambiente Pan-Amazônico (COSTA, 2018, p. 11).

A Amazônia Continental ou Pan-Amazônia é uma gigantesca região geográfica da América do Sul, de vultuosa riqueza natural e cultural. Compõem esta região o Brasil, a Bolívia, a Colômbia, o Equador, a Guiana Inglesa, a Guiana Holandesa (Suriname), a Guiana Francesa, o Peru e a Venezuela. A Igreja Católica, na sua missão, é também cuidadora das causas ecológicas e socioambientais, vinculada aos problemas sociais e aos desafios inerentes a esse grandioso e complexo bioma natural. Foi pensando na situação desta região que surgiu a ideia do Sínodo da Amazônia. Convocado pelo Papa Francisco que, em 2015, tratou da questão ecológica na Encíclica *Laudato Si'*.

> Não podemos deixar de reconhecer que uma verdadeira abordagem ecológica sempre se torna uma abordagem social, que deve integrar a justiça nos debates sobre o meio ambiente, para ouvir tanto o clamor da terra como o clamor dos pobres (LS 49).

> Vamos mencionar, por exemplo, os pulmões do planeta cheios de biodiversidade, que são a bacia amazônica e a bacia do Rio Congo, ou os grandes lençóis freáticos e geleiras. A importância desses lugares para todo o planeta e para o futuro da humanidade não pode ser ignorada. Os ecossistemas de florestas tropicais têm uma biodiversidade de enorme complexidade, quase impossível de conhecer completamente, mas quando essas florestas são queimadas ou cortadas para o cultivo, em poucos anos muitas espécies são perdidas ou essas áreas se tornam desertos áridos (LS 38).

Em 2017, o papa anunciou e convocou a Assembleia Geral do Sínodo dos Bispos para debater o tema: *Novos caminhos para a Igreja e para a ecologia integral*, tendo atenção particular ao contexto da Amazônia. Em 2018, em sua visita ao Peru, na cidade de Puerto Maldonado, Francisco reuniu e ouviu representantes dos povos indígenas da Amazônia. O papa afirmou que aquela era a primeira reunião, como conselho pré-sinodal. Iniciava assim as reuniões preparatórias ao Sínodo.

> Provavelmente, nunca os povos originários amazônicos estiveram tão ameaçados nos seus territórios como o estão agora.
>
> A Amazônia é uma terra disputada em várias frentes: por um lado, a nova ideologia extrativa e a forte pressão de grandes interesses econômicos, cuja avidez se centra no petróleo, gás, madeira, ouro e monoculturas agroindustriais; por outro, a ameaça contra os vossos territórios vem da perversão de certas políticas que promovem a "conservação" da natureza sem ter em conta o ser humano, nomeadamente vós irmãos amazônicos que a habitais (FRANCISCO, Puerto Maldonado, 2018).

A Arquidiocese de Manaus e tantas outras dioceses e grupos realizaram seminários preparatórios ao Sínodo, com as informações recolhidas ofereceram um contributo para o encontro do Sínodo em Roma. Neste caminho preparatório é necessário recordar os esforços de tantas pessoas que, inclusive, deram a vida para a preservação do meio ambiente e o cuidado com a vida dos seus habitantes. Foi este o testemunho da religiosa missionária estadunidense, naturalizada brasileira, Irmã Dorothy Stang. A religiosa foi assassinada em 2005, aos 73 anos, no município de Anapu, no Pará. A causa foi o conflito agrário nesta região e a luta da missionária pela vida de seus habitantes e pela terra. O Sínodo para a Amazônia, tão necessário e importante, foi realizado no Vaticano em 2019 com os bispos atuantes na região Amazônica.

O Sínodo é, comumente, organizado em três fases: a fase preparatória, em que se realiza a consulta dos interlocutores que vivem nas realidades envolvidas; a fase celebrativa, a reunião dos bispos em assembleia; e a fase de atuação, em que as conclusões do Sínodo aprovadas pelo Bispo de Roma, o Papa, são acolhidas pelas Igrejas em suas localidades. Na fase preparatória e apresentado o Documento de Trabalho. O *Instrumentum Laboris* ou Documento de Trabalho foi composto por um texto-base que ofereceu uma análise da conjuntura da Amazônia e apontou percursos e novos caminhos para a Igreja a serviço da vida nesse bioma. O texto estava dividido em três partes, segundo o método **ver, discernir** e **agir**. Ao final do material estão algumas questões que permitiam um diálogo e uma progressiva aproximação da realidade para que as populações da Amazônia sejam ouvidas. A Primeira Parte, o ver, é um olhar para a identidade e clamores da Pan-Amazônia. A Segunda Parte, o discernir, buscou iluminar as reflexões para uma conversão e, a Terceira Parte, o agir, apontou novos caminhos para uma Igreja com rosto amazônico. O objetivo do material foi preparar as comunidades para o Sínodo e ouvi-las, para que essa grande assembleia repercutisse, de fato, os clamores que saem das bases, o que era um desejo expresso do Papa Francisco.

Trechos do *Instrumentum Laboris* (IL)[53]

A Amazônia, uma região com rica biodiversidade, é multiétnica, pluricultural e plurirreligiosa, um espelho de toda a humanidade que, em defesa da vida, exige mudanças estruturais e pessoais de todos os seres humanos, dos Estados e da Igreja (IL Preâmbulo).

Proteger os povos indígenas e seus territórios é uma exigência ética fundamental e um compromisso básico dos direitos humanos. Para a Igreja, esse compromisso é um imperativo moral coerente com o enfoque da "ecologia integral" de Laudato Si' (cf. LS, cap. IV) (IL 5).

Ameaçada pelos grandes interesses econômicos que se alastram sobre diferentes regiões do território, intensificação do desmatamento indiscriminado na selva, a contaminação dos rios... empurrados até as periferias dos grandes centros urbanos que avançam selva adentro, fazendo crescer em toda a Amazônia uma atitude de xenofobia e de criminalização dos migrantes e deslocados (IL 2).

A tarefa evangelizadora nos convida a trabalhar contra as desigualdades sociais e a falta de solidariedade (IL 8).

Cada um desses povos (três milhões de indígenas, 400 povos e 130 povos livres, isolamento voluntário) representa uma identidade cultural particular, uma riqueza histórica específica e um modo próprio de ver o mundo, e de relacionar-se com este, a partir de sua cosmovisão e territorialidade específica (IL 3).

A Igreja se fortalece como contraponto em face da globalização da indiferença e de sua lógica uniformizadora, promovida por muitos meios de comunicação e por um modelo econômico que não respeita os povos amazônicos nem seus territórios em sua diversidade (IL 12).

---

53. Texto integral: http://www.synod.va/content/sinodoamazonico/pt/documentos/instrumentum-laboris-do-sinodo-amazonico.html Acesso em 05/01/2021, 15:57.

Ao todo, foram mais de 85 mil pessoas reunidas nos mais diferentes momentos e lugares, para discernirem que Igreja e que mundo se quer construir para as gerações seguintes. Esta não foi a primeira vez que a Igreja pensou sobre a realidade Amazônica. Em 1952 ocorreu, em Manaus, o 1º Encontro inter-regional dos Bispos da Amazônia. Em 1972, em Santarém, no Pará, o episcopado se reúne para tratar da Amazônia brasileira, neste encontro nasceu o CIMI. Nas décadas seguintes foram realizados vários outros encontros para tratar da questão. A criação, em 2014, de uma Rede Eclesial Pan-Amazônica (REPAM), se tornou a mola propulsora de todo o processo de escuta e participação das comunidades e populações amazônicas, especialmente os povos indígenas, na preparação para o sínodo.

> A Igreja, queridos irmãos índios, tem estado e continuará a estar sempre a seu lado, para defender a dignidade de seres humanos, para defender o direito a ter uma vida própria e tranquila, no respeito aos valores positivos das suas tradições, costumes e culturas (JOÃO PAULO II, 1991, Cuiabá).

> A devastação ambiental da Amazônia e as ameaças à dignidade humana de suas populações requerem um maior compromisso nos mais diversos espaços de ação que a sociedade vem solicitando (BENTO XVI, 2007, São Paulo).

O Documento Conclusivo da Conferência de Aparecida (2007) apresentava diversos números dedicados à situação da Amazônia. Aqui serão destacados dois números.

> Nas decisões sobre a riqueza da biodiversidade e da natureza, as populações tradicionais (os indígenas) têm sido praticamente excluídas. A natureza foi e continua sendo agredida. A terra é depredada, as águas sendo tratadas como se fossem mercadorias negociáveis pelas empresas, além de terem sido transformadas num bem disputado pelas grandes potências (DAp 84).

Criar nas Américas consciência sobre a importância da Amazônia para toda a humanidade. Estabelecer entre as Igrejas locais dos diversos países sul-americanos que estão na bacia amazônica uma pastoral de conjunto com prioridades diferenciadas, para criar um modelo de desenvolvimento que privilegie os pobres e sirva ao bem comum (DAp 475).

Sínodo e Exortação Apostólica Pós-Sinodal

Em Roma, no de 2019, se reuniu o Sínodo para a Amazônia. O sucessor de Pedro, o papa, um colegiado de 114 bispos, 55 auditores leigos que trabalharam na região ou com temáticas a ser debatida no Sínodo, 40 mulheres representantes de comunidades na região e o grupo da secretaria. Na dinâmica da sinodalidade, lideranças indígenas, cardeais, teólogos, religiosas, cientistas, missionários, bispos, sacerdotes foram ouvidos. A primeira semana foi o período em que ocorreram as intervenções dos Padres Sinodais, e os trabalhos posteriores dos doze grupos linguísticos, que, após vários encontros de discernimento em comum, apresentaram suas conclusões e propostas na última sessão da segunda semana, para que o relator geral do sínodo, Cardeal Claudio Hummes (arcebispo emérito de São Paulo, Brasil), auxiliado pela sua equipe de redação e pelos peritos, apresentasse, posteriormente, em plenário uma primeira versão do Documento Final, que foi amplamente discutida e aperfeiçoada pelos Padres Sinodais, antes ser votada e aprovada no último dia do sínodo, como de fato aconteceu na tarde do dia 26 de outubro de 2019, em que foi aprovado em sua totalidade. Este Documento Final reúne 120 tópicos conclusivos e propostas resultantes das três semanas do Sínodo. No dia 2 de fevereiro de 2020, o Papa Francisco publica a Exortação Apostólica Pós-Sinodal *Querida Amazônia*.

Querida Amazônia (2020)

A Exortação Apostólica Pós-Sinodal QA é composta por uma pequena introdução, 4 capítulos e 111 números. O documento apresenta novos caminhos para a evangelização e cuidados com os pobres. O Papa Francisco procura impulsionar a atividade missionária e destacou o papel do laicato nas comunidades eclesiais, e afirmou: "tudo o que a Igreja oferece deve encarnar-se de maneira original em cada lugar do mundo, de modo que a Esposa de Cristo adquira rostos multiformes que manifestem melhor a riqueza inesgotável da graça" (QA 6). O documento é repleto de referências das Conferências episcopais dos países amazônicos e de poesias de autores que retratam a Amazônia. Logo no início esclarece que a Exortação não pretende substituir o Documento Final do Sínodo, e Francisco o convida a lê-lo "integralmente" (QA 3). Nos números 5, 6 e 7 compartilhou seus "Sonhos para a Amazônia". São quatro os sonhos: Amazônia, "lute pelos direitos dos mais pobres", "que preserve a riqueza cultural", "que guarde zelosamente a sedutora beleza natural" e que as comunidades sejam "capazes de se devotar e encarnar na Amazônia" (QA 7).

O **primeiro capítulo** de *Querida Amazônia* é centralizado no "Sonho social" (8). Afirma que "uma verdadeira abordagem ecológica" é também "abordagem social" e, mesmo apreciando o "bem viver" dos indígenas, adverte para o "conservacionismo", que se preocupa somente com o meio ambiente. Com firmeza, fala de "injustiça e crime" (9-14). Recorda que já Bento XVI havia denunciado "a devastação ambiental da Amazônia" (12). Os povos originários, afirma, sofrem uma "sujeição" seja por parte dos poderes locais, seja por parte dos poderes externos (13). Para o papa, as operações econômicas que alimentam devastação, assassinato e corrupção merecem o nome de "injustiça e crime". E com João Paulo II, reitera que a globalização não deve se tornar um novo colonialismo (14). Diante da injustiça é necessário "indignar-se e pedir perdão" (15-19). Faz-se urgente criar "redes de solidariedade e de desenvolvimento" e pede o comprometimento de todos, inclusive dos líderes políticos, e destaca a importância do "sentido comunitário" (20-22), pois para os povos amazônicos as relações "estão impregnadas pela natureza circundante". No final do capítulo trata das "Instituições degradadas" (23-25), do "Diálogo social" (26-27).

No **segundo capítulo** é apresentado o "sonho cultural", "promover a Amazônia" e "não colonizá-la culturalmente" (28). No texto surge uma expressão de enorme relevância no pensamento de Francisco: "o poliedro amazônico" (29-32). É necessário "cuidar das raízes" (33-35) e retoma a LS e a CV para destacar que "a visão consumista do ser humano" leva "a homogeneizar as culturas". Continua e apresenta o "encontro intercultural" (36-38). A última parte do capítulo é dedicada ao tema "culturas ameaçadas, povos em risco" (39-40). "Um sonho ecológico" é apresentado no **terceiro capítulo** e é o mais identificado com a LS. No início afirma que na Amazônia há uma estreita relação do ser humano com a natureza (41-42), o verbo importante é o cuidar. Cuidar da natureza, cuidar dos irmãos, cuidar dos pobres, cuidar de nós. Cita Pablo Neruda e outros poetas para escrever sobre a força e a beleza do Rio Amazonas. É urgente ouvir o "grito da Amazônia" (47-52). Após discorrer sobre a "internacionalização", afirmando que não é a solução, destaca a importância e "responsabilidade dos governos nacionais", convida à "profecia da contemplação" (53-57). Na Amazônia é possível encontrar "um lugar teológico, um espaço onde o próprio Deus se manifesta e chama os seus filhos" (57). A ecologia é um aspecto educativo, analisa Francisco (58-60).

O **quarto e último capítulo** da Exortação é o mais denso e é dedicado aos pastores e fiéis: "o sonho eclesial". O convite do papa e o de "desenvolver uma Igreja com rosto amazônico" por meio de um "grande anúncio missionário" (61), um "anúncio indispensável na Amazônia" (62-65). Uma parte substancial, resgatando a *Gaudium et Spes,* fala de "inculturação" (66-69) como um processo que leva "à plenitude à luz do Evangelho". Em seguida Francisco indica os "Caminhos de inculturação na Amazônia" (70-74). A enculturação, afirma o papa, deve ter um "timbre marcadamente social", integrada com aquela "espiritual". Nos números 77-80 indicam "pontos de partida para uma santidade amazônica" e segue e destaca que "é possível receber, de alguma forma, um símbolo indígena sem o qualificar necessariamente como idolátrico". O Concílio Vaticano II havia solicitado um esforço de "inculturação da liturgia nos povos indígenas". E, numa nota do texto, confirma que no Sínodo "surgiu a proposta de se elaborar um 'rito amazônico'" (81-84). Os Sacramentos "devem ser acessíveis, sobretudo aos pobres". O papa exorta que deverá ocorrer "inculturação do ministério" (85-90), garantindo "maior frequência da celebração da Eucaristia". Na parte seguinte, *Querida Amazônia* exalta as "comunidades cheias de vida" (91-98), em que os leigos devem assumir "responsabilidades importantes", novos "serviços laicais" são necessários através de "um incisivo protagonismo dos leigos" (94). O Pontífice recorda o papel das comunidades de base, que defenderam os direitos sociais, e encoraja a atividade da REPAM e dos "grupos missionários itinerantes" (97). O papa dedica espaço importante às mulheres, reconhecendo que na Amazônia várias comunidades seguiram adiante devido às mulheres. Vai além afirmando que não se deve clericalizar as mulheres (99-103). Quase no final, o papa insiste que é preciso "ampliar horizontes para além dos conflitos" (104-105). E o capítulo termina com o tema da "convivência ecumênica e inter-religiosa" (106-110), "encontrar espaços para dialogar e atuar juntos pelo bem comum". Francisco encerra a Exortação com uma oração à Mãe da Amazônia: "Mãe, olhai para os pobres da Amazônia, porque o seu lar está a ser destruído por interesses mesquinhos [...] Tocai a sensibilidade dos poderosos porque, apesar de sentirmos que já é tarde, Vós nos chamais a salvar o que ainda vive" (111).

> Não podemos pretender que todos os povos dos vários continentes, ao exprimir a fé cristã, imitem as modalidades adotadas pelos povos europeus num determinado momento da história, porque a fé não se pode confinar dentro de limites de compreensão e expressão duma cultura. É indiscutível que uma única cultura não esgota o mistério da redenção de Cristo (EG 118).

Capítulo LVI
Rumo à I Assembleia Eclesial da América Latina e Caribe

> Escutar é sempre mais que ouvir
> (FRANCISCO EG 171).

Introdução

O capítulo apresenta os preparativos da I Assembleia Eclesial da América Latina e Caribe, convocada pelo Papa Francisco. Assembleia que pretende acompanhar o processo de reestruturação do CELAM, escutando o Santo Povo fiel de Deus. Será uma Assembleia num local mariano, a Basílica de Nossa Senhora de Guadalupe, no México. Este é, em síntese, um estudo dos antecedentes desta Assembleia no horizonte do caminho sinodal.

Todos somos discípulos missionários em saída

Desde a publicação da QA "foram dados passos significativos para dar vida aos sonhos do Papa Francisco e às propostas do Documento Final do Sínodo" (CABREJOS, 2021), afirmou o presidente do CELAM, Dom Miguel Cabrejos, arcebispo de Trujillo, Peru. O bispo destacou que um desses passos é a Conferência Eclesial da Amazônia – CEAMA. Para o presidente do CELAM esta Conferência é "uma expressão orgânica que serve para levar adiante a maioria das propostas concretas do processo de discernimento do Sínodo Amazônico e que possam ser sustentadas por longo tempo" (CABREJOS, 2021). A CEAMA faz parte do CELAM e é "uma estrutura sem precedentes na Igreja, fruto de um dinamismo sinodal", continuou e afirmou que o CELAM acompanha a CEAMA "na criação de uma Universidade Católica da Pan-Amazônia" (CABREJOS, 2021). É nesta dinâmica que nasceu a proposta para a Assembleia Eclesial da América Latina e Caribe, a primeira à luz de Aparecida (2007). O tema da Assembleia, prevista para acontecer entre os dias 21-28 novembro de 2021 (poderá ser mista ou híbrida, ainda sem definição) na Cidade do México, é: *Todos somos discípulos missionários em saída*. O presidente do CELAM recordou, na entrevista, as palavras do Papa Francisco "que não se pode estar dentro da Igreja e do seu Magistério se não se aceita e não assume o Concílio Vaticano II", o bispo tem uma perspectiva para essa Assembleia dentro do arco do Sínodo da Amazônia, "sendo fruto deste processo eclesial latino-americano" e, assim, é "o alargamento da perspectiva de participação de todo Povo Santo de Deus". Deste modo, "a assembleia ampla e inclusiva, que tem processos sinodais, claros, não só no discurso, mas a partir da metodologia de escuta, que vai levar" e Francisco acredita "que o mais importante é avançar, seguir adiante" (CABREJOS, 2021).

> Estimado Miguel (Presidente do CELAM), no domingo terá lugar o lançamento da primeira Assembleia eclesial. Quero estar convosco naquele momento e durante a preparação, até novembro. É a primeira vez que se realiza a Assembleia eclesial, que não constitui uma conferência do Episcopado latino-americano, como se fazia nas anteriores – a última foi em Aparecida – da qual ainda temos muito a aprender. Não! É algo diferente, é um encontro do povo de Deus, leigas, leigos, consagradas, consagrados, sacerdotes, bispos, todo o povo de Deus a caminho. Reza-se, fala-se, pensa-se, debate-se, em busca da vontade de Deus.
>
> Sugerir-te-ia dois critérios para vos acompanhar durante este tempo, um tempo que abre novos horizontes de esperança. Primeiro, ao lado do povo de Deus, para que esta assembleia eclesial não seja uma elite separada do santo povo fiel de Deus; ao lado do povo, para não esquecer que todos nós fazemos parte do povo de Deus, todos nós fazemos parte dele; e é este povo de Deus, infalível *in credendo,* como nos

> diz o Concílio, que nos confere a pertença. Fora do povo de Deus surgem elites, as elites iluminadas de uma ideologia ou de outra, mas a Igreja não consiste nisto. A Igreja entrega-se à fração do pão, a Igreja doa-se com todos, sem qualquer exclusão. Uma Assembleia eclesial é sinal de uma Igreja sem exclusão. E outro aspecto que se deve ter em consideração é a oração. O Senhor encontra-se no meio de nós. Que o Senhor se faça sentir, eis o nosso pedido, a fim de permanecer conosco.
>
> Acompanho-vos com a minha oração e com os meus bons votos de felicidades. Em frente, com coragem, que Deus abençoe todos vós. Por favor, não vos esqueçais de rezar por mim! (FRANCISCO, Mensagem em vídeo..., 2021).

O processo de escuta já foi iniciado, tendo por objetivos gerar diálogos para serem o fio condutor e discernimento para e durante a Assembleia. Este processo é desenvolvido através de atividades comunitárias e contribuições individuais, tudo registrado numa plataforma de colaboração *online*, no *site*[54] da Assembleia Eclesial. A participação é aberta a todos(as) para que ofereçam sua palavra e testemunho por meio de três modalidades: a) comunidades ou grupos que se organizam para responder às questões propostas; b) Individual, fazendo *upload* de sua contribuição no módulo de participação pessoal; c) fóruns temáticos e, também, é possível propor temas para debates.

> **Para contribuir no Processo de Escuta**
>
> Duas contribuições foram disponibilizadas para aprofundar o Processo de Escuta, que já estão disponíveis na seção *LISTEN* do site da Assembleia. Em primeiro lugar, o *Documento do Caminho,* que aprofunda alguns aspectos da realidade que "nos desafiam como discípulos missionários neste momento da história", à luz do documento e da experiência de Aparecida. Neste Documento para o Caminho, encontram-se, de forma mais ampla, os fundamentos teológicos, históricos e bíblicos à luz de vários documentos da Igreja Universal e das Conferências Episcopais da América Latina e do Caribe.
>
> Também está disponível o *Guia Metodológico*, nele estão contidas as informações necessárias para participar da escuta, e nos fóruns comunitários, grupais e temáticos e às atividades individuais.
>
> Francisco expressa na Constituição Apostólica *Episcopalis Communio* (n. 7): "o processo sinodal tem o seu ponto de partida e também o seu ponto de chegada no Povo de Deus, sobre quem os dons da graça, derramados pelo Espírito Santo, devem ser derramados".

---

54. https://asambleaeclesial.lat/escucha/

A finalidade da Assembleia Eclesial da América Latina e Caribe buscará a renovação da vida eclesial e, assim se "requer ativar os processos de consulta de todo o povo de Deus" (CTI 65). A Igreja sinodal é aquela "participativa e corresponsável. No exercício da sinodalidade, esta é chamada a articular a participação de todos, segundo a vocação de cada um[...]" (CTI 67). O Papa Francisco afirmou que "o caminho da sinodalidade é o caminho que Deus espera da Igreja no Terceiro Milênio" (AAS 107, 2015, 1139). A sinodalidade é o caminhar juntos, é o "comprometimento e a participação de todo o Povo de Deus na vida e na missão da Igreja[...]" (CTI 7). A Assembleia será mais um elemento, sinodal, na trajetória de escutar os clamores dos empobrecidos do continente da esperança.

> Todos os seres terão direito à terra e à vida,
> e assim será o pão de amanhã (Pablo NERUDA,
> *Oda al pan, Odas elementales*).

Estimados irmãos! Em primeiro lugar, gostaria de vos felicitar pelo esforço de reproduzir no plano nacional o trabalho que já realizais nos Encontros Mundiais dos Movimentos Populares. Através desta carta, desejo animar e fortalecer cada um de vós, as vossas organizações e todos aqueles que lutam pelos três T: "tierra, techo y trabajo", terra, teto e trabalho. Congratulo-me convosco por tudo o que levais a cabo

(FRANCISCO, 2017, *Mensagem aos participantes no Encontro dos Movimentos Populares em Modesto*, Califórnia).

FILMES e documentários sobre América Latina: sugestões

A Batalha dos Guararapes, o Príncipe de Nassau – Episódio da conquista holandesa do Nordeste brasileiro, revelando quais eram as forças econômicas e políticas que dominavam aquele período. Filmado em Pernambuco.

A guerra dos pelados (1971 BRA), Contestado – Direção Sylvio Back.

A História Oficial – Filme argentino sobre a ditadura militar na Argentina. A ação se passa em 1983 e retrata a história de um casal de classe média alta de Buenos Aires. Roberto (empresário) e Alicia (professora de história). Vencedor do Oscar de melhor filme estrangeiro – 1986.

Álamo (2 filmes, 1960, 2004) – O primeiro é uma visão chauvinista americana da Guerra pela emancipação do Texas, contra o México. A ação se passa em 1836, um pequeno grupo de soldados texanos lutaram contra o exército mexicano para se tornarem independentes. O segundo apresenta os pontos de vista políticos de ambos os lados.

Aleluia Gretchen – A vida de imigrantes alemães, no Sul do Brasil, durante os anos de 1940, quando o nazismo ainda era uma realidade.

Aguirre, a Cólera dos Deuses – A expedição de Lope de Aguirre, na selva amazônica, em busca do mítico El Dourado, durante a conquista espanhola da América. **1492 – a conquista do Paraíso** – Um dos filmes realizados em comemoração aos 500 anos de "descoberta" da América, assinado por Ridley Scott.

A Missão – Retrato da vida nas missões jesuíticas do Alto Paraguai e do conflito com as metrópoles ibéricas.

Bolívar – série da TV Colombiana sobre uma das grandes lideranças das independências na América do Sul, questões políticas, econômicas, sociais e relações com a Igreja.

Chica da Silva – A vida da famosa escrava que vira rainha dos diamantes no Brasil Colonial.

Canudos – obra brasileira sobre a saga de Antônio Conselheiro e seus seguidores, no sertão baiano, durante o advento da República Brasileira.

Carlota Joaquina (1994 BRA) – Debochada trajetória da rainha de Portugal e do Brasil, a esposa do Rei Dom João VI. Direção Carla Camurati.

Coragem – documentário sobre o cardeal de São Paulo-BR, Dom Paulo Evaristo Arns.

Diários de motocicleta – Baseado em fatos reais, aborda uma viagem pela América do Sul, em 1952, de Ernesto Guevara de La Serna (Che Guevara) e seu amigo Alberto Granado. Che Guevara era um jovem estudante de medicina, seu amigo, Alberto Granado, um bioquímico. Durante o filme, são retratados vários aspectos da América do Sul, dentre eles: inúmeras paisagens, relevo, vegetação, aspectos econômicos, como por exemplo, a desigualdade social existente entre os habitantes.

Fé-Pé na caminhada – Relata eventos significativos da Igreja no Brasil: assembleias populares. Melhor filme do Terceiro Mundo no Festival de Mannhein, em 1987.

Elefante Branco. Inspirado na vida do padre argentino Carlos Mugica. Filme de 2012 estrelado por Ricardo Darín.

Gaijin, os caminhos da liberdade (1980 BRA) – Direção Tizuka Yamazaki.

Ganga Zumba (1963) – Direção: Carlos Diegues.

Gerônimo – A saga do líder dos apaches, lutando contra a conquista dos brancos, na América dos fins do século XIX.

Guerra dos Cristeros (filmado em 2012) – Também conhecido como Cristiada, filme épico sobre a situação de perseguição da Igreja Católica no México na década de 1920. Cristeros é a ligação com a frase dos revolucionários: *Viva Cristo Rei*.

Independência ou Morte – O episódio da Independência brasileira, num retrato baseado na historiografia oficial.

Irmã Dulce. Filme brasileiro, 2014. Retrata a vida da religiosa santa da Bahia. Uma história que contempla o contexto de 1940 aos anos de 1980. A grandiosa luta de Dulce para cuidar dos pobres.

4 de Julio: la massacre de San Patricio. Sobre o assassinato dos padres Palotinos em Buenos Aires, em 1976. Produzido em 2007.

Lamarca – Saga do Capitão Carlos Lamarca em luta contra os órgãos de repressão do regime militar brasileiro.

Liberación o muerte, tres curas aragoneses en la guerrilha colombiana. Documentário sobre o Padre Domingo Laín.

Malagrida – documentário sobre o jesuíta Gabriel Malagrida que viveu no Brasil colonial, construiu Igrejas, seminários e abrigos para mulheres marginalizadas. Foi condenado à morte pela Inquisição.

Mauá – A vida do Barão de Mauá, pioneiro da industrialização brasileira, durante o Segundo Império.

Memórias do Cárcere – Graciliano Ramos descreve sua permanência na prisão, durante o Estado Novo Getulista.

Missing – O desaparecido – filme político de Costa-Gravas, sobre o golpe militar no Chile, em 1973.

O ano em que meus pais saíram de férias – ano do tricampeonato mundial e o protagonista, um menino de doze anos apaixonado por futebol, é deixado pelos pais, militantes de esquerda, na casa do avô. Enquanto espera a volta deles, o garoto começa a perceber o mundo a sua volta.

O Caçador de Esmeraldas – Saga de Fernão Dias Paes Leme, bandeirante, durante o Brasil Colonial.

O Capitão de Castela – Aventura de Hernán Cortez durante a conquista do Império Asteca.

O Dia que durou 21 anos – Em clima de suspense e ação, o documentário apresenta, em três episódios de 26 minutos cada, os bastidores da participação do governo dos Estados Unidos no golpe militar de 1964 que durou até 1985 e instaurou a ditadura no Brasil.

O Judeu – Filme luso brasileiro de 1995, é baseado na vida do dramaturgo Antônio José da Silva, carioca. O protagonista é cristão-novo. A história é um retrato da possibilidade ou não de expressão diante da Inquisição.

Olga – Vida da revolucionária Olga Benário, esposa de Luís Carlos Prestes, entregue por Getúlio Vargas (Presidente do Brasil) aos nazistas para morrer numa câmara de gás.

O País dos Tenentes – Memórias de militar remontam ao Brasil dos anos vinte.

O que é isso, companheiro? – Adaptação da obra de Fernando Gabeira, sobre a luta armada no Brasil, durante a ditadura militar.

O Santo Negro – filme sobre Martinho de Porres-Lima. Negro, filho de uma negra alforriada e um espanhol. Expressa a vida religiosa no período colonial e as expressões de serviço e diálogo entre culturas do personagem título.

O último dos moicanos – Releitura de clássico da literatura, mostrando os conflitos entre franceses, ingleses e índios, na América colonial.

Pode me chamar de Francisco. Filme sobre Jorge Mario Bergoglio, Papa Francisco. Estreia em 2016, na Itália. Escrita por Daniele Luchetti.

Pra frente, Brasil – Um homem comum volta para casa, mas é confundido com um "subversivo" e submetido a sessões de tortura para confessar seus supostos crimes. Este é um dos primeiros filmes a tratar abertamente da ditadura militar brasileira, sem recorrer a subterfúgios ou aliterações.

Queimada – abordagem da colonização em uma Ilha do Caribe, com os conflitos envolvendo portugueses e ingleses, durante uma rebelião de nativos.

Quilombo – A epopeia de um dos mais importantes redutos de escravos no Brasil seiscentista.

Rapa-Nui – Reconstrução primorosa da vida das populações da Ilha da Páscoa (atual território do Chile), antes da chegada dos europeus. Importante painel da vida das comunidades, ditas primitivas, com seus costumes, comportamentos.

República Guarani (1982 BRA) – Direção Sylvio Back.

Tainá, uma aventura na Amazônia (2000 Brasil) – Tânia Lamarca e Sérgio Bloch.

También la lluvia (2010) – apresenta cenas que se referem ao frade dominicano Antônio Montesinos e seu famoso sermão de 1511.

Uma noite de 12 anos – filme. José Mujica (Presidente do Uruguai) e outros prisioneiros lutam para sobreviver à prisão e à tortura por 12 anos.

Xica da Silva (1976 BRA) – Direção Carlos Diegues.

Viva Zapatta – A Revolução Mexicana dos anos de 1910 é revista nessa aventura protagonizada por Marlon Brando e Anthony Quinn.

Fontes e bibliografia

Fontes

a) AAV Arquivo Apostólico Vaticano (antigo secreto)
Nunciatura do Brasil
Despacho 137, 24/08/1844.
Despacho 2273, fascículo 2, ff. 94-95.
espacho 3059 f. 160.

Memorie relative all'evasione da Lisbona di Monsignor Caleppi nell'aprile di 1808 per raggiungere in Brasile la reale corte, compilate dal segretario dello stesso nunzio (1808-1811) – n. 39, fasc. 2, S. 4[a.]

b) ANRJ Arquivo Nacional do Rio de Janeiro
Cód. 528, alvarás I, 22 de abril de 1808.
Coleção Eclesiástica, Caixa 946, doc. 12.

LIVRO DO TOMBO da Paróquia Santo Antônio de Guaratinguetá, f. 77, verso.

Fontes impressas

AAS – Congregação pra a Doutrina da Fé. *Notificazione il 12 febbraio 1982 in mérito allo scritto di p. Leonardo Boff: Chiesa, carisma e potere.* 77 (1985) 756-762.

Actas y decretos del Concilio Plenario de la América Latina celebrado en Roma en año del Señor de MDCCXCIX. Roma, 1906, XXI-XXIII.

Bullarium Patronatus Portugalliae, I. Lisboa, 1868.

Bullarium Patronatus Portugalliae, I/2. Lisboa, 1868.

Bullarium Romanum, VI, ed. Taurinenses, 1860.

Bullarium Romanum, ed. Taurinenses, 1859, IV.

BNL cód. 10.887, 121-122 "Notícia histórica da Mesa da Consciência e Ordens".

BRASIL, *Anais do Senado e império do Brasil,* Rio de Janeiro 1913.

CONGREGATIO DE CAUSIS SANCTORUM, Prot. n. 1765, *Sancti Pauli in Brasilia canonizationis servi Dei Fr. Antonii a Sancta Anna Galvão (Antonio Galvão de França). O. F. M. Disc. Fundatoris Monasterii Sororum Conceptionistarum (Recolhimento da Luz) (1739-1822),* I, II, Romae, 1993.

Constituições primeiras do arcebispado da Bahia, feitas e ordenadas pelo illustríssimo e reverendíssimo senhor D. Sebastião Monteiro da Vide, 5º arcebispo do dito arcebispado, e do Conselho de Sua Majestade: propostas e aceitas em o synodo diocesano, que o dito senhor celebrou em 12 de junho do ano de 1707, São Paulo 1853, nova edição EDUSP, 2010.

Corpo Diplomático Português, I. Lisboa, 1862.

Corpo Diplomático Português, X. Lisboa, 1891.

Documenta Henriciana, I. Coimbra, 1960.

Bibliografia

ABREU, C. Fases do Segundo Império. In: Instituto histórico e geográfico brasileiro. *Contribuições para a biografia de D. Pedro II.* Rio de Janeiro, tomo especial, 1925, parte 2, p. 432-445.

ABREU, E.H. Concílio Vaticano II: Tradição e renovação, exigência de uma hermenêutica conciliar. In: SOUZA, N.; ABREU, E. H. (orgs.). *Concílio Vaticano II: memória e esperança para os tempos atuais.* São Paulo: Paulinas/UNISAL, 2014, p. 104-121.

ACCIOLY, H. *Os primeiros núncios no Brasil.* São Paulo: Progresso Editorial, 1949.

ACEVEDO, C.A. La Iglesia de Mexico en el período 1900-1962. In: *HGIAL.* V. Salamanca: Sígueme, 1984.

ACOSTA, J. *De procuranda indorum salute, o la predicación del envangelio en las Índias.* Madrid: CSIC, 1984.

AGOSTINI, N. *As Conferências Episcopais* – América Latina e Caribe. Aparecida: Santuário, 2007.

AHUMADA, E. et al. *Chile. La memoria Prohibida.* T. II. Santiago: Editorial Pehuén, 1989.

ALBADO, O.C. La pastoral popular en el pensamiento del Padre Rafael Tello. Una contribuición desde Argentina a la teología latino-americana. In: *Franciscanum* 160 (2013), p. 219-245.

_____. La Teología del Pueblo: su contexto latino-americano y su influencia en el Papa Francisco. In: *RCT* 91 (2018), p. 40.

ALBERIGO. G. *Papa Giovanni (1881-1963).* Bologna: Dehoniane, 2000.

ALCAIDE, E.L. La Inquisición. In: BORGES, P. *Historia de la Iglesia...* Madrid: BAC, 1992, p. 299-319.

ALMEIDA, L.C. *São Paulo, filho da Igreja*. Petrópolis: Vozes. 1957.

ALMEIDA, A.J. A Primeira Conferência Geral dos Bispos da América Latina: Rio de Janeiro, 1955. In: BRIGHENTI, A.; PASSOS, J.D. (orgs.). *Compêndio das Conferências dos Bispos da América Latina e Caribe*. São Paulo: Paulinas/Paulus, 2018, p. 27-42.

ALMEIDA, F. *História da Igreja em Portugal*. Lisboa-Porto: 1961.

ALONSO, I. *La Iglesia en América Latina*. Estructuras eclesiásticas. Bogotá: FERES, 1964.

ALVES, M.M. *A Igreja e a política no Brasil*. São Paulo: Brasiliense, 1979.

ALVES, M.T. In: *VERBO* XVII (1973), p. 1641-1642.

AMARAL LAPA, J.R. A inquisição no Pará. In: *BIBLB* X/1 (1969).

AMERÍNDIA (org.). *Sinais de esperança: reflexão em torno dos temas da conferência de Aparecida*. São Paulo: Paulinas, 2007.

ANDRESEN, C.; DENZLER, G. *Dizionario storico del Cristianesimo*. Milano: Edizioni Paoline, 1992.

_____. Iluminismo. In: *DSC* (1992), p. 343-345.

AQUINO JÚNIOR, F. de. *Igreja dos pobres*. São Paulo: Paulinas, 2018.

ARANA, M. *Bolívar o libertador da América*. São Paulo: Três estrelas, 2015.

ARBOLEDA, J.R. San Pedro Claver. In: *Revista Javeriana* 465 (1980), p. 405-406.

ARDAO, A. *Genésis de la idea y el nombre de América Latina*. Caracas, 1980.

ARENDT, H. *The Origins of Totalitarianism*. San Diego: Harcourt, 1977.

_____. *Crises of the Republic*. New York: Harcourt, 1972.

ARIÈS, P. *Storia della morte in occidente*. Milano: Rizzoli, 1987.

ARROYO, F. M. A IV Conferência de Santo Domingo: entre a suspeita e a esperança. In: PASSOS, J.D.; BRIGUENTI, A. (orgs.). Compêndio das Conferências dos Bispos da América Latina e Caribe. São Paulo: Paulus-Paulinas, 2018.

ARRUDA, J.J. *História Moderna e Contemporânea*. São Paulo: Ática, 1976.

AYALA, G.P. de. *El primer Nueva Corónica y buen Gobierno* (1615), t. II, México: Siglo Feintiuno e Instituto de Estudos Peruanos, (1980) 1988.

AZA, Z.C. *Trujillo y otros benefactores de la Iglesia*. Ciudad Trujilho: Handicap, 1961.

AZCUY, V.R.; GALLI, C.M.; GONZÁLEZ, M. *Escritos teológicos de Lucio Gera*, I: Del preconcilio a la Conferencia de Puebla (1956-1981). Buenos Aires: Agape/UCA, 2006; II: De la Conferencia de Puebla a nuestros días, 2007.

AZEVEDO, F. Os antecedentes históricos do conflito entre D. Vital e o regalismo brasileiro e a sua resolução ineficaz. In: *REB* 247 (2008) 91-126.

AZEVEDO, M. *Comunidades Eclesiais de Base e Inculturação da fé*. São Paulo: Loyola, 1986.

AZEVEDO, T. *Igreja e Estado em tensão em crise*. A conquista espiritual e o padroado da Bahia. São Paulo: Ática, 1978.

AZOCAR, P. *Pinochet Epitafio para um tirano*. Santiago: Cuarto Proprio, 1999.

AZOPARDO, I.G. La Iglesia y los negros. In: BORGES, P. (dir.). *Historia de la Iglesa en Hispanoamerica y Filipinas*. Madrid: BAC, 1992, p. 323-324.

AZZI, R. A teologia no Brasil. Considerações históricas. In: Pontifícia Faculdade de Teologia Nossa Senhora da Assunção. *História da Teologia na América Latina*. São Paulo: Paulinas, 1985.

_____. *A teologia católica na formação da sociedade colonial brasileira*. Petrópolis: Vozes, 2005.

_____. As romarias no Brasil. In: *Revista de Cultura Vozes* 4 (1979), p. 281-282.

_____. *A Igreja Católica na formação da Sociedade brasileira.* Aparecida: Santuário, 2008.

_____. D. Pedro II e a reforma do clero no Brasil. In: *Revista do Instituto Histórico e geográfico do Brasil,* 1978.

_____. A teologia no Brasil. Considerações históricas. In: *História da Teologia na América Latina.* São Paulo: Paulinas, 1985, p. 21-43.

_____. Dom Antônio Joaquim de Melo, bispo de São Paulo (1851-1861), e o Movimento de Reforma Católica no século XIX. In: *REB* 35 (1975), p. 921-939.

_____. *A Igreja católica na formação da sociedade brasileira.* Aparecida: Santuário, 2008.

_____. A vida religiosa no Brasil na época colonial e imperial. In: *RGS* 7 (1976), p. 503-512.

_____. *A cristandade colonial: um projeto autoritário.* São Paulo: Paulinas, 1987.

AZZI, R. & GRIJP, K. van der. *História da Igreja no Brasil.* Ensaio de interpretação a partir do povo. Tomo II/3-2, terceira época – 1930 – 1964. Petrópolis: Vozes, 2008.

BARADIT, J. *La ditadura. Historia secreta de Chile.* Santiago: Sudamericana, 2018.

BARAGLIA, M. *Evolução das comunidades eclesiais de base.* Petrópolis, Vozes, 1974.

BARNADAS, J.M. El laicado y la cuestión social en Bolívia. In: *HGIAL.* VII. Salamanca: Sígueme, 1987, p. 387-399.

BARRA, O.P. *Testimonios. El Cardenal Silva Henriquez. Luchador por la Paz.* Santiago: Editorial Dom Bosco, 2006.

BARREIRO, Á. *Comunidades Eclesiais de Base e Evangelização dos Pobres.* São Paulo: Loyola, 1977.

BARROS, R.S.M. de. A questão religiosa. In: HOLANDA, S.B. de. *História Geral da Civilização Brasileira.* O Brasil monárquico. Tomo II, vol. 6. Rio de Janeiro: Bertrand Brasil, 2004, p. 392-423.

BARROS, J.D. *Fontes históricas*. Petrópolis: Vozes, 2019.

BARROS, M. *Teologias da libertação para os nossos dias*. Petrópolis: Vozes, 2019.

BARROS, R.C. A CNBB e o Estado Brasileiro durante o Interlúdio Espartano (A Igreja e o Governo Militar de 1964 a 1985). In: Instituto Nacional de Pastoral (Org.). *Presença Pública da Igreja no Brasil (1952 – 2002): Jubileu de Ouro da CNBB*. São Paulo, Paulinas, 2003.

BAUDEZ, C.; PICASSO, S. *I Maya alla scoperta dele città perdute*. Trieste: Gallimard, 1993.

BECKER, J. *A Religião e a Pátria em face das ideologias modernas*. Porto Alegre: Typographia do Centro, 1939.

BENCI, J. *Economia cristã dos senhores no governo dos escravos*. São Paulo: Grijalbo, 1977.

BENDAÑA, R. Guatemala. In: *HGIAL*, vol. VI. Salamanca: Sígueme, 1985, p. 364-378; 462-474.

BENTO XVI. Discurso inaugural da V Conferência, Aparecida, 13/05/2007. In: CELAM. *Documento de Aparecida. Texto conclusivo da V Conferência Geral do Episcopado Latino-Americano e do Caribe*. São Paulo: Paulus / Paulinas / CNBB, 2007, 2008.

BEOZZO, J.O. Irmandades, Santuários, Capelinhas de Beira de Estrada. In: *REB* 37 (1977), p. 748-762.

_____. Medellín: inspirações e raízes. *REB* 232 (1998) 843-844.

_____. *Pacto das catacumbas*: por uma Igreja servidora e pobre. São Paulo: Paulinas, 2015a.

_____. *A Igreja do Brasil*: de João XXIII a João Paulo II, de Medellín a Santo Domingo. Petrópolis: Vozes, 1994.

_____. *O êxito das teologias da libertação e as teologias americanas contemporâneas*. São Leopoldo: UNISINOS, 2015b.

_____. A Igreja frente aos Estados liberais: 1880-1930. In: DUSSEL, E. (org.). *Historia Liberationis*. 500 anos de História da Igreja na América Latina. São Paulo: Paulinas-CEHILA, 1992, p. 177-222.

_____. Igreja e Estado no Brasil. In: *Movimento popular, política e religião*. São Paulo: Loyola, 1985.

BERGOGLIO, J.M. Discurso Inaugural. In: Congreso Internacional de Teología "Evangelización de la cultura e inculturación del Evangelio". *Stromata* 61 (1985), 3-4, p. 161-165.

_____. *Meditaciones para religiosos*. San Miguel: Diego Torres.

BERGOGLIO, J.M.; SKORKA, A. *Sobre o céu e a terra*. São Paulo: Paralela, 2013.

BERNAND, C. *Gli incas figli del Sole*. Trieste: Gallimard, 1994.

BETHELL, L. *História da América Latina*. América Latina Colonial. Vol I. São Paulo: EDUSP, 1997.

BIDEGÁIN, A.M. *História dos cristãos na América Latina*. Petrópolis: Vozes, 1993.

BLOCH. M. *Introdução à História*. Mira-Sintra: Publicações Europa-América, sd.

BOFF, C. *Um ajuste pastoral – Análise global do Documento da IV CELAM em Santo Domingo – ensaios teológico-pastorais*. Petrópolis: Vozes, 1993.

BOFF, L. *América Latina: da conquista à nova evangelização*. São Paulo: Editora Ática, 1992.

_____. III encontro intereclesial de base em João Pessoa. *SEDOC* 11 (1979), 118.

_____. *Igreja, Carisma e Poder*. Ensaios de Eclesiologia Militante. 3ª ed. Petrópolis: Vozes, 1982.

_____. *Igreja, Carisma e Poder*. Ensaios de Eclesiologia Militante. Rio de Janeiro-São Paulo: Record, 2005.

_____. *Eclesiogênese*. Petrópolis: Vozes, 1977.

BOFF, L.; BOFF, C. *Como fazer teologia da libertação*. Petrópolis: Vozes, 1986.

BORGES, P. (dir.). *Historia de la Iglesia en Hispanoamerica y Filipinas*. Vol. I, II. Madrid: BAC, 1992.

BORGHESI, M. *Jorge Mario Bergoglio*. Uma biografia intelectual. Petrópolis: Vozes, 2011.

BOXER, C.R. *A Igreja e a expansão ibérica*. Lisboa: Edições 70, 1978.

BRANCO, F.C. Tratado de Madrid. In: *DHP* II (1965) 883-884.

BRIGHENTI, A. *A desafiante proposta de Aparecida*. São Paulo: Paulinas, 2007.

_____. Conferências Gerais e questões disputadas: razões subjacentes a tensões e embates. In: PASSOS, J.D.; BRIGUENTI, A. (orgs.). *Compêndio das Conferências dos Bispos da América Latina e Caribe*. São Paulo: Paulus-Paulinas, 2018, p. 175-190.

BRUNEAU, T.C. *O catolicismo brasileiro em época de transição*. São Paulo: Loyola, 1974.

CALDEIRA, R.C. *Os baluartes da tradição*: o conservadorismo católico brasileiro no Concílio Vaticano II. Curitiba: Editora CRV, 2011.

CALIMAN, C. A Conferência de Aparecida: do contexto à recepção. In: BRIGHENTI, Agenor; PASSOS, J.D. (orgs). *Compêndio das Conferências dos Bispos da América Latina e Caribe*. São Paulo: Paulinas/Paulus, 2018, p. 105-115.

CALVO, C. *Recueil complet des traités, conventions, armistices et autres actes diplomatiques de tous les États de l'Amérique Latine, depuis l'année 1493 jusqu'à nos jours,* Paris, 1862.

CAMARGO, P.F.S. *História eclesiástica do Brasil*. Petrópolis, 1955.

CAPISTRANO DE ABREU, J. *Capítulos de História Colonial (1500-1800)*. Rio de Janeiro, 1934.

CAPRILE, G. *Il Concilio Vaticano II*. Roma, 1965-1969. 5v.

_____. Pio XII ed un nuovo progetto di concilio ecumênico. In: *CivCatt.* 177 (1966), p. 209-227.

CARDENAL, R. A Igreja na América Central. In: CEHILA. *Historia Liberationis*. São Paulo: Paulinas, 1992, p. 377, 416.

CÁRDENAS, E. La Iglesia latino-americana en la hora de la creación del CELAM, In: CELAM. *Elementos para su historia*. Bogotá: Talleres, 1982, p. 27-73.

CARDOZO, M. Azeredo Coutinho e o fermento intelectual de sua época. In: EDWARDS, K. *Conflito e continuidade na sociedade brasileira.* Rio de Janeiro 97 (1970), p. 106-107.

CARRATO, J.F. *Igreja, iluminismo e escolas mineiras coloniais.* São Paulo, 1968.

CARRIER, Y. *Mgr Oscar A. Romero.* Paris: Éditions du CERF, 2010.

CARVALHO, J.G.V. Aspectos da evangelização em Minas Gerais no século XIX, In: _____. *Temas de história da Igreja no Brasil.* Viçosa: Folha de Viçosa, 1994.

CARVALHO, J.M. Cidadania no Brasil, o longo caminho. Rio de Janeiro: Civilização Brasileira, 2005.

CASALDÁLIGA, P. *Na procura do Reino.* Antologia de textos 1968/1988. São Paulo: FTD, 1988.

CASIMIRO, A. ALTAMIRANO. In: *VERBO* I (1963) p. 1467-1468.

CATÃO, F. *O que é Teologia da Libertação.* São Paulo: Brasiliense, 1986.

CAVA, Ralph della. (Org.). *A Igreja em Flagrante: Catolicismo e Sociedade na Imprensa Brasileira (1964-1980). Cadernos do Instituto de Estudos da Religião,* ISER. Rio de Janeiro, Marco Zero, 1985.

CAVADA, C.O. *Documentos del episcopado. Chile 1979-1973.* Santiago: Ediciones Mundo, 1974.

CAVALLO, A. *Memorias. Cardenal Raul Silva Henríquez.* Santiago: Ediciones Copygraph, 1994.

CEHILA. *Para uma História da Igreja na América Latina.* Marcos Históricos (o debate metodológico). Petrópolis: Vozes, 1986.

_____. *História da Igreja no Brasil.* Tomo II/1. São Paulo-Petrópolis: Paulinas, Vozes, 1983.

_____. *História da Igreja no Brasil.* Tomo II/2. Petrópolis: Vozes, 1985.

_____. *História da Igreja no Brasil.* Terceira Época – 1930-1964. Tomo II/3-2. Petrópolis: Vozes, 2008.

_____. *História da Igreja na Amazônia.* Petrópolis: Vozes, 1992.

_____. *Historia General de la Iglesia en America Latina*. I/1 Introducción General. Salamanca: Sígueme, 1983.

_____. *Historia General de la Iglesia en America Latina*. IV Caribe. Salamanca: Sígueme, 1995.

_____. *Historia General de la Iglesia en America Latina*. V México. Salamanca: Sígueme, 1984.

_____. *Historia General de la Iglesia en America Latina*. VI América Central. Salamanca: Sígueme, 1985.

_____. *Historia General de la Iglesia en America Latina*. VII Colômbia, Venezuela. Salamanca: Sígueme, 1981.

_____. *Historia General de la Iglesia en America Latina*. VIII Peru, Bolívia e Equador. Salamanca: Sígueme, 1987.

_____. *Historia General de la Iglesia en America Latina*. IX Cono Sur (Argentina, Chile, Uruguai, Paraguai). Salamanca: Sígueme, 1994.

CELAM. BOLETIM DO CELAM 111, 123. 1976, 1978.

_____. *Conclusões da Conferência de Medellín* – 1968. Texto Oficial. São Paulo: Paulinas, 1998.

_____. *Documento de Aparecida. Texto conclusivo da V Conferência Geral do Episcopado Latino-Americano e do Caribe*. São Paulo: Paulus / Paulinas / CNBB, 2007.

_____. *Conclusões da Conferência de Puebla*: Evangelização no presente e no futuro da América Latina. 14ª ed. São Paulo: Paulinas, 2009.

_____. *Conclusões da IV Conferência de Santo Domingo: nova evangelização, promoção humana, cultura cristã*. 5ª ed. São Paulo: Paulinas, 2006, p. 51-178.

_____. *Documento de Consulta* – Nova Evangelização, Promoção Humana e Cultura Cristã. São Paulo: Paulinas, 1991.

CHAUNU, P. *Histoire de L'Amérique Latine*. Paris: Presses Universitaires de France, 1993.

_____. *Conquista e exploração dos novos mundos (século XVI)*. São Paulo: EDUSP, Pioneira, 1984.

CHÁVEZ SÁNCHEZ, R.E. La Iglesia en México hacia el Concilio Plenario Latinoamericano (1896-1899). Roma, 1986.

CHEUICHE, A. *Sepé Tiaraju*. Romance dos Sete Povos das Missões. Porto Alegre: AGE, 2016.

CHIZOTI, G. *O cabido de Mariana (1747-1820)*. Franca: UNESP, 1984.

CIMI. *Outros 500*. Construindo uma nova história. São Paulo: Editora Salesiana, 2001.

CNBB. *Com Deus me deito, com Deus me levanto*. Orações da religiosidade popular católica. Doc. 17. São Paulo: Paulinas, 1986.

CODINA, V. O Vaticano II, um Concílio em processo de recepção. In: *Perspectiva Teológica*. Belo Horizonte 37, 101 (2005), p. 89.

COMBLIN, J. Comunidades Eclesiais e Pastoral Urbana. *REB* Petrópolis: Vozes, v. 30, fasc.120, 1970.

_____. La Conferencia episcopal de Puebla. In: *Mensaje* 277 (1979) 117-123.

_____. Puebla de Los Angeles. In: *Vida Pastoral*, julho-agosto 2006, p. 9-13.

COMISSÃO PONTIFÍCIA JUSTIÇA E PAZ. *A Igreja e os direitos humanos*. São Paulo: Paulinas, 1978.

CONFERÊNCIA NACIONAL DOS BISPOS DO BRASIL. *Subsídios para Puebla*. São Paulo: Paulinas, 1978.

Conciliourum Oecumenicorum Decreta. Bologna: Dehoniana, 1991.

CORTEZ H. *O fim de Montezuma*. Relatos da Conquista do México: Porto Alegre: L&PM, 2000.

COSTA, D.A.M. *A liberdade de cultos*: representação à Assembleia Geral Legislativa. Petrópolis: Vozes, 1956.

COSTA, B.S. *Anais do V Congresso Internacional de Direito Ambiental e Desenvolvimento Sustentável: Pan-Amazônia – Integrar e Proteger e do I Congresso da Rede Pan-Amazônia*. Belo Horizonte: Editora Dom Helder, 2018.

COSTADOALT, J. La cristología en América Latina antes y después de Medellín (1968). Giro en la comprensión de la cruz. In: *Franciscanum* 174, Vol. 62 (2020), p. 1-23.

COTRIM, G. *História global, Brasil e geral*. São Paulo: Saraiva, 2004.

COUTO, J. Jesuítas. In: *DHCPB*. Lisboa: Verbo, 1992, p. 451-454.

DE LA TORRE, J.I. *Breve história de la Inquisición*. Madrid: Ediciones Nowtilus, 2017.

DE MAIO, R. Savonarola, Alessandro VI e il mito dell'Anticristo. In: *Rivista storica italiana* 82 (1970), p. 533-559.

DESCHAND, D. *A situação atual da religião no Brasil*. Rio de Janeiro, 1910.

DOMEZI, M.C. *O Concílio Vaticano II e os pobres*. São Paulo: Paulus, 2014.

DOMINGUES, A. Tratados de Limites. In: *DHCPB* (1994), p. 799-800.

DONGUI, H. *História contemporanea de América Latina*. Madrid: Alianza editorial, 1969.

DORNAS, J.F. *O padroado e a Igreja brasileira*. São Paulo, 1938.

DUSSEL, E. *História da Igreja latino-americana (1930-1985)*. São Paulo: Paulus, 1989.

_____. *De Medellín a Puebla*: uma década de sangue e esperança. Vol. 1, III. São Paulo: Loyola, 1981, 1983.

_____. *Historia general de la Iglesia en America Latina*. I/1. Introduccion General. Salamanca: Ediciones Sigueme-CEHILA, 1983a.

_____. *Historia Liberationis* – 500 anos de História da Igreja na América Latina. São Paulo: Paulinas-CEHILA, 1992.

ESPÍNOLA, J. In: *Revista de la Facultad* 14. Asunción, 2008.

ESQUIVEL, J.C. *Igreja, Estado e Política* – Estudo comparado no Brasil e na Argentina. Aparecida: Editora Santuário, 2013.

FAUSTO, B. *História do Brasil*. São Paulo: Edusp, 1999.

FEITLER, B.; SOUZA, E.S. *A Igreja no Brasil*. Normas e práticas durante a vigência das Constituições Primeiras do Arcebispado da Bahia. São Paulo: Editora Unifesp, 2011.

FERNÁNDEZ, F.G.; SÁNCHEZ, E.C.; ROSADO; J.L.G. *El encuentro de la virgen de Guadalupe y Juan Diego*. México: Editorial Porrúa, 1999.

FERRARO, B. Pobreza da Igreja. In: GODOY, M.; AQUINO JÚNIOR, F. de. (org.). *50 anos de Medellín*: revisitando os textos, retomando o caminho. São Paulo: Paulinas, 2017.

FERREIRA, J.L. *Conquista e colonização da América espanhola*. São Paulo: Ática, 1992.

FERREIRA, R.L. Revelando os bastidores: As cartas circulares de Dom Helder Camara e os conflitos internos na Conferência de Puebla (1979). In: *Paralellus* 6 (2012), p. 227-239.

FILHO, V.C. Vicissitudes do Tratado de Madrid. In: *RIHGB* 2 (1966), p. 287-352.

FIORI, A.G.; FERREIRA, R. *Vaticano II, olhares e perspectivas*. São Paulo: Recriar, 2020.

FLICHE A.; MARTIN, V. *Storia della Chiesa* – Le lotte politiche e dottrinali nei secoli XVII e XVIII (1648-1789), XIX/2. Torino: San Paolo, 1985.

FLORES, M. *Sepé Tiaraju, história e mito*. Porto Alegre: EST, 2006.

FRANCISCO. Exortação Apostólica *Evangelii Gaudium*. São Paulo: Paulinas, 2013.

FREI BETTO. *CEBs rumo à nova sociedade*. São Paulo: Paulinas, 1983.

_____. *O que é comunidade eclesial de base*. São Paulo: Brasiliense, 1981.

FRENZ, H. *Mi vida chilena* – Solidariedad con los oprimidos. Santiago: Ediciones LOM, 2006.

GADAMER, H.G. *Truth and Method*. New York: Continuum, 1975.

GAETE, M.S. (Dir.). *Historia de la Iglesia en Chile* – Conflictos y esperanzas. Remando mar adentro. Vol. V. Santiago: Editorial Universitaria, 2017.

GALEANO, E. *As veias abertas da América Latina*. Porto Alegre: L&PM, 2017.

GAMS, P.B. *Series Episcoporum Ecclesiae Catholicae*. Ratisbonae, 1873.

GARCÍA, J. La Iglesia desde el Concilio II y Medellín. In: *HGIAL*. Salamanca: Sígueme, 1987, p. 361-466.

GARCÍA, L.N.G. *Uma análise da ação missionária de Dom João Gerardi Conedera e a luta pela população indígena da Guatemala (1967-1998)*. São Paulo: PUC, 2007 (dissertação).

GARCIA GALLO, A. Las bulas de Alejandro VI y el ordinamiento juridico de la expansion portuguesa y castellana en Africa e Indias. In: *Anuario de Historia del Derecho Espanhol*. 27-28 (1957-1958), p. 461-829.

GARCIA Y GARCIA, A. La donacion Pontificia de las Indias. In: BORGES, Pedro (dir.). *Historia de la Iglesia en Hispanoamerica y Filipinas*. Madrid: BAC, 1992, p. 33-45.

GARCIA VILLOSLADA, R. El sentido de la conquista y evangelización de América según las bulas de Alejandro VI (1493). In: *Anthologica Annua* 24-25(1977-1978) p. 381-452.

GASPARI, Elio. *A ditadura escancarada*. São Paulo: Companhia das Letras, 2007.

GERA, Lucio. *La Teología Argentina del Pueblo*. Santiago do Chile: Centro Teológico Manuel Larraín, 2015 (especialmente o capítulo V).

GIBELLINI, R. *La Teologia del XX Secolo*. Brescia: Queriniana, 1993.

GIL, F. Las Juntas eclesiásticas durante o episcopado de Fray Juan de Zumarraga (1528-1548). Algunas precisions históricas. In: *Teología* 26 (Buenos Aires, 1989), p. 3-30.

GODOY, M. de. Conferências Gerais do Episcopado Latino-Americano. In: PASSOS, J.D.; SANCHEZ, W.L. (org.). *Dicionário do Concílio Vaticano II*. São Paulo: Paulinas/Paulus, 2015.

_____. CELAM – Conselho Episcopal Latino-Americano. In: PASSOS, J.D.; SANCHEZ, W.L. (orgs.). *Dicionário do Concílio Vaticano II*. São Paulo: Paulinas/Paulus, 2015, p. 209-217.

GUAZZELLI, C.A.B. *História Contemporânea da América Latina 1960-1990*. Porto Alegre: UFRGS, 2004.

GODOY, M.; AQUINO JÚNIOR, F. de. (org.). *50 anos de Medellín*: revisitando os textos, retomando o caminho. São Paulo: Paulinas, 2017.

GONÇALVES, P.S.L. Teologia da libertação, um estudo histórico-teológico. In: SOUZA, N. *Temas de Teologia latino-americana*. São Paulo: Paulinas, 2007, p. 167-209.

GONZÁLEZ, F. La Iglesia ante la emancipación de Colombia. In: CEHILA. CARDOT, C.F. (org.). *Historia general de la Iglesia en América Latina*. Vol. VII. Salamanca: Sígueme, 1981.

GONZÁLEZ, Marcelo. *Reflexión teológica en Argentina (1962-2010)*. Aportes para un mapa de sus relaciones y desafios hacia el futuro. Buenos Aires: Docencia, 2010 (especialmente capítulo 2).

GOTAY, S.S. Historia social de las Iglesias en Puerto Rico. In: *HGIAL*. IV. Salamanca: Sígueme, 1995, p. 251-280.

GOVONI, I. Gabriele Malagrida martire de ieri, modello per oggi. In: *CivCatt*. (1990), p. 119-130.

GUTIÉRREZ, A. *La Iglesia en Latinoamerica: entre la utopia y la realidad*. Roma: PUG, 1996.

GUTIÉRREZ, G. *Em busca dos pobres de Jesus Cristo*. O pensamento de Bartolomeu de Las Casas. São Paulo: Paulus, 1995.

HAUBERT, M. Índios e jesuítas no tempo das Missões. São Paulo, 1990.

HAUCK, J.F. et al. *História da Igreja no Brasil* – Ensaio de interpretação a partir do povo. Vol. II/2. Petrópolis: Vozes/Paulinas, 1985.

HERBOLD, H.; AZEVEDO, E.R. *Caribe o paraíso submetido*. São Paulo: Brasiliense, 1986.

HERNÁNDEZ, F.M.; DE LA HOZ, J.C.M. *Historia de la Iglesia*. Vol. II. Madrid: Pelicano, 2011.

_____. El episcopado. In: BORGES, P. (dir.). *Historia de la Iglesia en Hispanoamerica y Filipinas*. Madrid: BAC, 1992, p. 155- 174.

História da Teologia na América Latina. São Paulo: Paulinas-Faculdade de Teologia Nossa Senhora da Assunção, 1985.

HINCMAR de Reims. *Capitula Synodo*. In: MIGNE, P. L., CXXV.

HINKELAMMERT, F. *Ideología del sometimiento*. San José: EDUCADEI, 1977.

HOORNAERT, E. *A Igreja no Brasil-Colônia (1550-1800)*. 3. ed. São Paulo: Brasiliense, 1994.

_____. *História do cristianismo na América Latina e o Caribe*. São Paulo: Paulus, 1994.

_____. Problemas de Pastoral Popular no Brasil. *REB*. Petrópolis: Vozes, v. 28, fasc. 2, 1968.

_____. O padre católico visto pelos indígenas do Brasil e do Maranhão. In: *REB* (1976) p. 347-364.

HUMMES, C. *Discípulos e missionários de Jesus Cristo*: Ser cristão no mundo atual. São Paulo: Paulus, 2006.

HUTTNER, E. *A Igreja Católica e os povos indígenas do Brasil* – Os Ticuna da Amazônia. Porto Alegre: EDIPUCRS, 2007.

IVEREIGH, A. *Francisco, o grande reformador* – Os caminhos de um papa radical. Amadora-Portugal: 2020 Editora, 2015.

IOKOI, Z.G. *Igreja e camponeses* – Teologia da Libertação e movimentos sociais no campo. São Paulo: Hucitec/Fapesp, 1996.

JOÃO PAULO II. Discurso Inaugural. In: *Conclusões da Conferência de Puebla* – Texto Oficial. São Paulo: Paulinas, 1979, p. 15-34.

_____. *Mensagem do Santo Padre ao Episcopado do Brasil*. Roma, 9 de abril de 1986. São Paulo: Loyola, 1986.

JOÃO XXIII. Mensagem radiofônica a todos os fiéis católicos, a um mês da abertura do Concílio. In: *Vaticano II:* mensagens, discursos e documentos. São Paulo: Paulinas, 2007, p. 20-26.

JOSAPHAT, C. *Bartolomeu de Las Casas* – Espiritualidade contemplativa e militante. São Paulo: Paulinas, 2008.

_____. *Las Casas* – Todos os direitos para todos. São Paulo: Loyola, 2000.

JUBILEU de ouro e Rosa de ouro. Santuário Nacional de Nossa Senhora Aparecida. Aparecida: Oficina Gráfica Editora Santuário de Aparecida, 1970.

KELLER, M.A.A Conferência de Puebla: contexto, preparação, realização, conclusões, recepção. In: PASSOS, J.D.; BRIGHENTI, A. (orgs.). *Compêndio das Conferências dos Bispos da América Latina e Caribe*. São Paulo: Paulinas-Paulus, 2018.

KERN, A.A. *Utopias e missões jesuíticas*. Porto Alegre: Editora da Universidade, 1994.

KLAIBER, J.A Igreja no Peru, Equador e Bolívia. In: CEHILA. *História Liberationis*. São Paulo: 1992, p. 433-446.

_____. Los partidos católicos en el Peru. In: *Historica* v. VII/2 (1983), p. 157-177.

KLINGE, G.D. Las Conferencias Generales del Episcopado Latinoamericano: Rio de Janeiro, Medellín, Puebla y Santo Domingo. In: PONTIFICIA COMISSIO PRO AMERICA LATINA. *Los últimos cien años de la evangelización en América Latina*. Vaticano: Editrice Vaticana, 2000, p. 373-404.

KLOPPENBURG, B. Génesis del Documento de Puebla. In: *Medellín* 5 (1979), p. 190-207.

_____. *O Concílio Vaticano II*. Vol. II, 1. Sessão. Petrópolis: Vozes, 1963.

_____. Documentação. *REB* 28 (1968), p. 623.

LA BELLA, G. L'America Latina e il laboratorio argentino. In: RICCARDI, A. (org.). *Il cristianesimo al tempo di papa Francesco*. Roma: Laterza, 2018.

LAMPE, A. A Igreja no Caribe. In: *Historia Liberationis*. São Paulo: Paulinas, 1992, p. 318-338.

LAS CASAS, B. de. *Obra indigenista*. Madrid: Alianza Editorial, 1985.

_____. *O paraíso destruído* – A sangrenta história da conquista da América espanhola. Porto Alegre: L&PM, 1996.

LEBRUN, F. *La vie conjugale sous l'Ancien Régime*. Paris, 1975.

LE GOFF, J. *As raízes medievais da Europa*. Petrópolis: Vozes, 2007.

LEITE, S. *História da Companhia de Jesus no Brasil*. Tomo I, II. Rio de Janeiro: Itatiaia, 2000.

_____. *História da Companhia de Jesus*. 10 vol. Rio de Janeiro, 1938-1950.

LÉON-PORTILLA, M. *A visão dos vencidos* – A tragédia da conquista narrada pelos astecas. Porto Alegre: L&PM, 1998.

LETURIA, P. *Relaciones entre la Santa Sede e Hispanoamerica*. Roma--Caracas, 1960.

LEWIS, P.H. *Paraguay bajo Stroessner*. México: FCE, 1986.

LIBÂNIO, J.B. Visita do papa à América Latina: Chaves de leitura. In: *REB* 39 (1979) 3-42

_____. *Teologia da Libertação roteiro didático para um estudo*. São Paulo: Loyola, 1987.

_____. Religião e Teologia da Libertação. In: SUSIN, L.C. (Org.). *Sarça Ardente teologia da América Latina: prospectivas*. São Paulo: Paulinas, 2000.

_____. *Concílio Vaticano II em busca de uma primeira compreensão*. São Paulo: Loyola, 2005.

_____. *Conferências Gerais do Episcopado Latino-Americano, do Rio de Janeiro a Aparecida*. São Paulo: Paulus, 2007.

_____. *A volta à grande disciplina*. São Paulo: Loyola, 1983.

LIMA, M.C. A evangelização dos escravos africanos no Brasil no século XVIII. In: *Historia de la evangelización de America*. Vaticano: Editrice Vaticana, 1992, p. 863-866.

LLORCA, B. et al. *Historia de la Iglesia Catolica*. II. Madrid: BAC, 1988.

LYNCH, J. La Iglesia y la independencia hispano-americana. In: BORGES, P. (org.). *Historia de la Iglesia en hispanoamerica y Filipinas*. Madrid: BAC, 1992, p. 815-833.

LYRA, M. de L.V. *O Império em construção* – Primeiro Reinado e Regências. São Paulo: Atual Editora, 2000.

LOMELÍ, C.L. *La polémica de la justicia en la conquista de América*. Tese (Doutorado em Direito) – Departamento de Filosofía del Derecho, Moral y Política I, Universidad Complutense de Madrid, Madrid, 2002.

LONDOÑO, F.T. Cuestiones teológicas en el Brasil colonial. In: SARANYANA, J.I. *Teologia en América Latina*. Vol II/1. Madrid: Iberoamericana, 2005, 393-419.

LOPETEGUI. L. Notas sobre la edición del Tecer Concilio Provincial Limense. In: *Gregorianum* 22 (1941) p. 252-272.

LOYN, H.R. *Dicionário da Idade Média*. Rio de Janeiro: Zahar, 1990.

LORSCHEIDER, A. Apresentação. In: GONÇALVES, P.S.L.; BOMBONATO, V. *Concílio Vaticano II, Análise e prospectivas*. São Paulo: Paulinas, 2004.

_____. Alocução. In: *Conclusões da Conferência de Puebla* – Texto Oficial. São Paulo: Paulinas, 1979, p. 47-53.

_____. *A caminho da 5ª Conferência Geral do Episcopado Latino-Americano e Caribenho*. Retrospectiva histórica. Aparecida: Santuário, 2006.

LÖWY, M. *Marxismo e Teologia da Libertação*. São Paulo: Cortez/Autores Associados, 1991.

LUCIANI, R. La Opción Teológico-Pastoral del Papa Francisco. *Perspectiva Teológica*. Belo Horizonte, v. 48. n. 1, Jan/Abr 2016, p. 93.

LUGON, C. *La république communiste chrétienne des Guaranis (1610-1768)*. Paris: Les Éditions Ouvrières, 1950.

LUSTOSA, O. de F. *Reformistas na Igreja do Brasil Império*. São Paulo: USP, 1977.

_____. *A Igreja Católica no Brasil República*. São Paulo: Paulinas, 1991.

MAGALHÃES, J.C. Derrama. In: *DHCPB* (1994) 246-247.

MACEDO SOARES, J.C. *Fronteiras do Brasil no regime colonial*. Rio de Janeiro, 1939.

MAHN-LOT, M. *A conquista da América espanhola*. Campinas: Papirus, 1990.

MAINWARING, S. *Igreja Católica e política no Brasil (1916-1985)*. São Paulo: Brasiliense, 2004.

MANZANO Y MANZANO, J. Nueva hipotesis sobre la historia de las bulas de Alejandro VI referentes a las Indias. In: *Memoria del IV Congreso Internacional de Historia del Derecho Indiano*, 1976, p. 327-359.

MARINS, J. *Praxis de los padres de la America Latina* – Documentos de las conferencias episcopales de Medellín a Puebla (1968-1978). Bogotá: Paulinas, 1979.

MARTINA, G. *La Chiesa nell'età Del liberalismo*. Bréscia: Morcelliana, 1991.

_____. *La Chiesa nell'Età dell'assolutismo*. Bréscia: Morcelliana, 1990.

MASY, R. CARBONELL de. *Estrategias de desarrollo rural en los pueblos guaraníes (1609-1767)*. Barcelona, 1992.

MATEOS, F. La guerra guaranitica y las missiones del Paraguay. Primeira Campaña (1753-1754). In: *MH* 8 (1951) p. 241-316.

_____. Pedro de Ceballos, gobernador de Buenos Aires y las misiones de Paraguay. In: *MH* 10 (1953) 313-375.

MATOS, H.C. J. *Nossa História* – 500 Anos da Presença da Igreja Católica no Brasil. Tomo I, 2, 3. São Paulo: Paulinas, 2001, 2002, 2003.

MATOS 2, F.A. O trabalho indígena na América Latina colonial: escravidão e servidão coletiva. In: *Ameríndia*. vol. 3 (2007), p. 1-9.

MATTAI, Giuseppe. Religiosidade Popular. In: *Dicionário de Espiritualidade*. São Paulo/Lisboa: Paulinas/Paulistas, 1989.

MATTOS, H. Quilombos. In: *DBI*. Rio de Janeiro: Objetiva, 2002, p. 611-612.

MAXWELL, K. *Marquês de Pombal paradoxo do Iluminismo*. São Paulo: Paz e Terra, 1996.

McALISTER, L.N. *Dalla Scoperta a: lla Conquista*. Bologna: Il Mulino, 1985.

MECHAM, A. L. *Church and State in Latin America*. Carolina do Norte: Chapel Hill, 1966.

MEDIETA, J. de. *Historia eclesiástica indiana*. Madrid: Alianza, 1971.

MEDINA ASCENSIO, L. *Historia del Colegio Pio Latinoamericano (Roma 1858-1978)*. México, 1979.

MELIÁ, B. O Guarani Reduzido. In: HOORNAERT, E. (ed.). *Das reduções latino-americanas às lutas indígenas atuais*. São Paulo, 1982, p. 236-240.

MELLO E SOUZA, L. Formas provisórias de existência: a vida cotidiana nos caminhos, nas fronteiras e nas fortificações. In: *História da vida privada no Brasil. Cotidiano e vida privada na América portuguesa*, I. São Paulo: Companhia das Letras, 1997.

MENDONÇA, M. *Dulce dos pobres* – Novena e biografia. São Paulo: Paulinas, 2011.

MENEZES NETO, A. J. A Igreja Católica e os movimentos sociais do campo: a Teologia da Libertação e o Movimento dos Trabalhadores Rurais sem Terra. In: *Caderno CRH*, v. 20, n. 50, 2007.

MENGOTTI, G. L. Nuevos vientos en la Iglesia Católica. El Padre Hurtado y Monseñor Larraín. In: GAETE, M. S. (dir.). *Historia de la Iglesia en Chile*. Tomo V. Santiago: Editorial Universitaria, 2017, p. 27-59.

MENNINI, M. *La Chiesa dei poveri* – Dal Vaticano II a papa Francesco. Milano: Guerini e Associati, 2016.

METHOL FERRÉ, A. *Nueva dialéctica histórica en América Latina*. México, 1995.

_____. Tiempos de preparación. In: CELAM. *Elementos para su historia*. Bogotá: Talleres, 1982, p. 11-24.

_____. *Il risorgimento cattolico latinoamericano*. Bologna, 1983.

METZLER, J. (org.). *America Pontificia*. III. Documenti nell'archivio segreto Vaticano riguardanti l'evangelizzazione dell'America, 1592-1644. Città del Vaticano: Editrice Vaticana, 1995.

MEYER, J. *Historia de los cristianos en América Latina, siglos XIX y XX*. México: Vuelta, 1989.

MICELI, S. *A elite eclesiástica brasileira*. Rio de Janeiro: Bertrand do Brasil, 1988.

MIGNONE, E. In: CEHILA. *Historia General de la Iglesia en América Latina*. T. IX, Cono sur, Salamanca: Sígueme, 1994.

_____. *Iglesia y ditadura: el papael de la Iglesia a la luz de sus relaciones con el régimen militar*. Buenos Aires: Ediciones del pensamento, 1986.

MIRANDA, M. de F. *A Igreja que somos nós*. São Paulo: Paulinas, 2013.

_____. Fé e cultura em Puebla. In: SOUZA, N.; SBARDELOTTI, Emerson (orgs.). *Puebla: Igreja na América Latina e no Caribe: opção pelos pobres, libertação e resistência*. Petrópolis: Vozes, 2019, p. 93-100.

MODENA, H.S. *A missão da Igreja na contemporaneidade à luz do Vaticano II*. Os desdobramentos da teologia da missão nas Conferências Gerais do Episcopado Latino-Americano e Caribenho. São Paulo: PUC, 2021 (dissertação de mestrado).

MOLINA, U. El sendero de una experiencia. In: *Nicaragua* n. 5 (1981).

MONDIN, B. *Dizionario enciclopedico dei papi*. Storia e insegnamenti. Roma: Città Nuova, 1995.

MONTEIRO, J.M. Escravidão indígena. In: *DHCPB*. Lisboa-São Paulo: Verbo, 1994.

MONTENEGRO, J.A. de S. *Evolução do catolicismo no Brasil*. Petrópolis: Vozes, 1972.

MORNER, M. *Religion and State in Latin America*. Baltimore, 1993.

MÜLLER, G.L. *Pobre para os pobres*: a missão da Igreja. São Paulo: Paulinas, 2014.

MULVEY, P.A. Black Brothers and Sisters: Membership in the Black Lay Brotherhoods of Colonial Brazil. In: *LBR* 17 (1980) 253-279.

_____. Irmandades. In: *DHCPB*. São Paulo-Lisboa, 1994.

MURAD, A. Ecologia e missão: um olhar a partir do Documento de Aparecida. In: AMERINDIA. BRIGHENTI, A.; HERMANO, R. (orgs.). *A missão em debate: provocações à luz de Aparecida*. São Paulo: Paulinas, 2010.

MURRAY, A. Religion Among the Poor In Thirteenth-Century France. In *Traditio* 30, p. 285-324.

NABUCO, J. *Minha formação*. Rio de Janeiro: Coleção Documentos do Brasil nº 90, 1957.

NETO, L. *Arrancados da Terra*. São Paulo: Companhia das Letras, 2021.

NEVES, L.B.P. das. Abdicação. In: VAINFAS, R. (dir.). *Dicionário do Brasil imperial (1822-1889)*. Rio de Janeiro: Objetiva, 2002, p. 12-14.

NEVES, W. Os pioneiros das Américas. In: *Nossa História*. São Paulo: Editora Vera Cruz, 2005.

NEVES, G.P. das. Questão religiosa. In: VAINFAS, R. (dir.). *Dicionário do Brasil império (1822-1889)*. Rio de Janeiro: Objetiva, 2002, p. 608-611.

NEVES, L.F.B. *O combate dos soldados de Cristo na terra dos papagaios*: colonialismo e repressão cultural. Rio de Janeiro: Forense Universitária, 1978.

NÓBREGA, M. *Carta ao P. Simão Rodrigues* (1549). Monumenta Brasiliae, I, Roma, 1956.

NORTON, L. *A corte de Portugal no Brasil*. São Paulo: Companhia Editora Nacional, 1979.

NOVAIS, F.A. (ed.). *História da vida privada no Brasil* – Cotidiano e vida privada na América portuguesa. I, São Paulo: Companhia das Letras, 1997.

NOVARO, M.; PALERMO, V. *La dictatura militar (1976-1983): del golpe de Estado a la restauración democrática*. Buenos Aires: PAIDÓS, 2003.

OBREGÓN, M. La Iglesia argentina durante el 'Processo' (1976-1983). In: *Prismas Revista de Historia Intelectual* n. 9 (2005) p. 259-270.

OCHOA. J.M.G. *Breve história de los conquistadores*. Madrid: Ediciones Nowtilus, 2014.

OLIVEIRA, P.A.R. et al. *Evangelização e comportamento religioso popular*. Petrópolis: Vozes, 1978.

O'MALLEY, J.W. *História, iglesia y teologia*: Cómo nuestro pasado ilumina nuestro presente. Maliaño: Sal Terrae, 2018.

_____. *História Católica para a Igreja de hoje* – Como o nosso passado ilumina o nosso presente. Petrópolis: Vozes, 2021.

_____. *Uma história dos jesuítas*. São Paulo: Loyola, 2017.

OTTEN, A. *"Só Deus é grande"* – A mensagem religiosa de Antônio Conselheiro. São Paulo: Loyola, 1990.

PAGDEN, A. *La caida del hombre natural*. El indio americano y los orígenes de la etnología comparativa. Madri: Alianza Editorial, 1988.

PAGLIA, V. *Oscar Romero futuro beato* (entrevista). In: Instituto Humanitas. 4 de fevereiro de 2015.

PAIVA, R. *São Pedro Claver e a libertação dos escravos*. São Paulo: Loyola, 1984.

PARRA, A. *De la Iglesia misterio a la Iglesia de los pobres*. Pontificia Universidad Javeriana. Facultad de Teología. Cuadernos de Teología nº 7, 1984.

PANAZZOLO, J. *Igreja comunhão, participação, missão*. São Paulo: Paulus, 2010.

PAPA FRANCISCO. *Misericodiae Vultus* (*MV*): Bula de Proclamação do Jubileu Extraordinário da Misericórdia. São Paulo: Paulus. Loyola. 2015.

_____. *Laudato Si'*: Sobre o cuidado com a Casa comum (LS). São Paulo: Paulus/Loyola, 2015.

PASIN, T.G. *Senhora Aparecida romeiros e missionários redentoristas na história da Padroeira do Brasil*. Aparecida: Santuário, 2016.

PASSARELLI, G. *Irmã Dulce, o anjo bom da Bahia*. São Paulo: Paulinas, 2010.

PASSOS, J.D.; BRIGUENTI, A. (orgs.). *Compêndio das Conferências dos Bispos da América Latina e Caribe*. São Paulo: Paulus-Paulinas, 2018.

PASZTOR, L. *Guida dele fonti per la storia dell'America Latina negli archivi dela Santa Sede e negli archivi ecclesiastici d'Italia*. Città del Vaticano, 1970.

PAULO VI. Discurso de encerramento do Sínodo dos Bispos (1974). *REB*. Petrópolis: Vozes, n. 34, 1974.

PEREGALLI, E. *A América que os europeus encontraram*. São Paulo: Atual, 1998.

PEREIRA, N.M. *Compêndio narrativo do peregrino da América*. Vol. 1. Rio de Janeiro: Academia Brasileira de Letras, 1988.

PHILLIPS, W.D.; PHILLIPS, C.R. *História concisa da Espanha*. São Paulo: Edipro, 2015.

PIAZZA, W.F. *A Igreja em Santa Catarina* – Notas para a sua história. Florianópolis, 1977.

PICADO, M. Costa Rica. In: *HGIAL*. Vol. VI. Salamanca: Sígueme, 1989, p. 416-448; 538-547.

PIERINI, F. *L'età medievale* – Corso di storia della Chiesa. II. Torino: San Paolo, 1996.

PIMENTEL, L. Entrevista Nièdc Guidon. O país não liga para seu patrimônio. In: *Nossa História* 22 (2005) p. 42-45.

PIRES, H. *A paisagem espiritual do Brasil no século XVIII*. São Paulo, 1937.

PRADO, L.F.S. *História contemporânea da América Latina 1930-1960*. Porto Alegre: UFRGS, 2004.

PRIEN, H. J. *La Historia del Cristianismo en America Latina*. Salamanca: Sígueme, 1985.

PUCCI, B. *A nova práxis educacional da igreja (1968-1979)*. São Paulo: Paulinas, 1984.

RAHNER, K. *Vaticano II começo de uma renovação*. São Paulo: Herder, 1966.

REIS, J.J. O cotidiano da morte no Brasil oitocentista. In: ALENCASTRO, L.F. *História da vida privada no Brasil*. Império: a corte e a modernidade nacional. Vol. 2. São Paulo: Companhia das Letras, 1997, p. 95-141.

RENDINA, C. *I papi, storia e segreti*. Roma: Tascabilli Newton, 1993, p. 490-496.

RESTREPO, J.B. *El CELAM*. Apuntes para una crônica de sus 25 años. Medellín: Editorial Copiyepes, 1982.

RICCI, M. *As assombrações de um padre regente*. Campinas: Unicamp, 2005.

RICHARD, P. *Raízes da teologia Latino-Americana*. São Paulo: Paulinas, 1987.

_____. *Morte das cristandades e nascimento da Igreja*. São Paulo: Paulinas, 1984.

RODRÍGUEZ-LAGO, J.R. La clave Cortese. La política vaticana en la República Argentina (1926-1936). In. *Historia Contemporânea* 55 (2017) p. 517-546.

ROJAS, F.A. La organizacion de la Iglesia en el Peru. In: DUSSEL, E. et al. *Historia general de la Iglesia en America Latina* – Peru, Bolivia y Ecuador, VIII. Salamanca: Sigueme, 1987.

ROMERO, C.; TOVAR, C. Cambios en la Iglesia Peruana. In: CEHILA. *Historia General de la Iglesia en America Latina*. V. VIII. Salamanca: Sígueme, 1987, p. 417-446.

ROPS, D. *A Igreja dos tempos clássicos* (2 vols.). O grande século das almas. A Era dos grandes abalos. São Paulo: Quadrante, 2018.

_____. *História da Igreja*. Vol. IV. São Paulo: Quadrante, 1996.

ROSA, G.A. *O contestado* – A práxis educativa de um movimento social. Campinas: Mercado de Letras, 2011.

ROSSI, Dom Agnelo. Uma experiência de catequese popular. *REB*, Petrópolis: Vozes, n. 17, fasc. 3, 1957.

ROUX, R. La Iglesia colombiana en el período 1930-1962. In: *HGIAL*. VII. Salamanca: Sígueme, 1987.

RUBERT, A. *A Igreja no Brasil*. I-III, IV. Santa Maria: Pallotti, 1981, 1988, 1993.

SALES, E. A Igreja na América Latina e a promoção humana. *REB*. Petrópolis: Vozes, v. 28, fasc. 3, 1968.

SÁNCHEZ-PENIDO, J.M.N. Sínodos continentales. In: *AHI*. 8 (1999), p. 339-353.

SANDOVAL, M. *Fronteras, A history of the Latin American Church in the USA since 1513*, 1983.

SANTOS, A. El Plata: La evangelizacion del antiguo Paraguay. In: BORGES, P. (dir.). *Historia de la Iglesia en Hispanoamérica y Filipinas (siglos XV-XIX)*, II, Madrid: BAC, 1992.

SANTOS, B.B. A identidade da Igreja Latino-Americana de Medellín a Santo Domingo. In: *RCT* 15 (1993), p. 7-17.

SARANYANA, J.-P. *Cem anos de Teologia na América Latina (1889-2001)*. São Paulo: Paulinas-Paulus, 2005.

SCAMPINI, J. *A liberdade religiosa nas constituições brasileiras; estudo filosófico-jurídico comparado*. Petrópolis: Vozes, 1978.

SCANNONE, J.C. El Papa Francisco y la teología del Pueblo. *Fe y Cultura*. t. 271, nº 1395, 2014.

_____. La teologia de la liberación. Caracteristicas, corrientes, etapas. In: *Stromata* 48 (1982), p. 3-40.

_____. Situación de la problemática del método teológico en América Latina. In: *El método teológico en América Latina*. Bogotá: CELAM, 1994, p. 19-51.

_____. *La teología del Pueblo*. Raíces teológicas del Papa Francisco. Burgos: Sal Terrae, 2017.

_____. *A teologia do povo*. Raízes teológicas do Papa Francisco. São Paulo: Paulinas, 2019.

SCATENA, S. Da Medellín ad Aparecida: La "lezione" di um'esperienza regionale per uma ricerca de forme e stili di collegialità effettiva. In: SPADARO, A.; GALLI, C.M. (ed.). *La Riforma e le riforme nella Chiesa*. Brescia: Queriniana, 2017.

_____. *In Populo Pauperum* – La Chiesa Latinoamericana dal Concilio a Medellín (1962-1968). Bologna: Il Mulino, 2007.

SCHOBINGER, J. As religiões ameríndias. In: DUSSEL, E. (org.). *Historia Liberationis*. 500 anos de História da Igreja na América Latina. São Paulo: Paulinas-CEHILA, 1992, p. 35-68.

SCHWARTZ, S.B. Escravidão indígena e o início da escravidão africano. In: SCHWARCZ, L.M.: GOMES, F. (orgs.). *Dicionário da escravidão e liberdade*. São Paulo: Companhia das Letras, 2018.

SCHWARCZ, L.M.: GOMES, F. (orgs.). *Dicionário da escravidão e liberdade*. São Paulo: Companhia das Letras, 2018.

SEDOC. Intervenções feitas durante a Assembleia 11 (1979) p. 978-990; 7 (1974) n. 73, p. 92-111; 6 (1973) n. 66, p. 607-629.

SEGUNDO, J.L. *Da sociedade à teologia*. São Paulo: Loyola, 1983.

SERBIN, K.P. *Diálogos na sombra*: bispos e militares, tortura e justiça social na ditadura. São Paulo: Cia das Letras, 2001.

_____. *Padres, celibato e conflito social* – Uma história da Igreja Católica no Brasil. São Paulo: Companhia das Letras, 2008.

SYDOW, E.; FERRI, M. *Dom Paulo Evaristo Arns* – Um homem amado e perseguido. Petrópolis: Vozes, 1999.

SILVEIRA, I. Plano arrojado de reorganização das dioceses brasileiras. In: *REB* 32 (1972), p. 894-904.

SIQUEIRA, A.J. *Os padres e a teologia da ilustração*. Recife: Editora Universitária, 2010.

SIQUEIRA, S. *Confissões da Bahia (1618-1620)*. João Pessoa: Ideia, 2011.

SOARES FILHO, D.R. *Mercedários, 90 anos de Brasil (1922- 2012)*. Belo Horizonte, 2012.

SOLIS, J.M.R. La Iglesia en México. In: ALDEA, Q.; CARDENAS, E. *Manual de Historia de la Iglesia*. Barcelona: Herder, 1987.

SOMBART, W. *Le Bourgeois*. Paris: Payot, 1926.

SOUSTELLE, J. *Gli Aztechi*. Roma: Tascabilli Economici Newton, 1994.

SOUZA, N. A doação pontifícia das Índias. In: *RCT* 52 (2005), p. 79-93.

_____. Os caminhos do Padroado na evangelização do Brasil. In: *REB* 247 (2002), p. 683-694.

_____. Catolicismo, sociedade e teologia no Brasil Império. In: *Atualidade Teológica* XVIII (2014), p. 127-144.

_____. (org.). *Catolicismo em São Paulo* – 450 anos da presença do catolicismo em São Paulo (1554-2004). São Paulo: Paulinas, 2004.

_____. Contexto e desenvolvimento histórico do Concílio Vaticano II. In: GONÇALVES, P.S.L.; BOMBONATO, V. *Concílio Vaticano II, Análise e prospectivas*. São Paulo: Paulinas, 2004.

_____. El clero en el Brasil colonial y los movimientos de las conspiraciones. In: SARANYANA, J.-I.; GRAU, C.-J.A. (coord.). *Teología en América Latina*. Vol. II/1. Madrid: Vervuert, 2005.

_____. Um retrato do catolicismo no Brasil na época da independência. In: IDEM. *Temas de teologia latino-americana*. São Paulo: Paulinas, 2007, (E-book, 2019).

_____. Um panorama da Igreja Católica no Brasil (1707-1808). In: *RCT* 39 (2002), p. 9-37.

_____. A situação do clero brasileiro durante o século XVIII. In: *RCT* 23 (1998), p. 87-109.

_____. Um perfil do clero brasileiro (1808-1828. In: *Rhema* 4 (1998b), p. 249-265.

_____. *Temas de Teologia latino-americana*. São Paulo: Paulinas, 2007. (E-book, 2019).

_____. *História da Igreja* – Notas introdutórias. Petrópolis: Vozes, 2020.

_____. Comissões Preparatórias. In: PASSOS, J.D.; SANCHEZ, W.L. (Org.). *Dicionário do Concilio Vaticano II*. São Paulo: Paulinas; Paulus, 2015.

_____. *Piedade Popular*. São Paulo: Paulinas, 2019.

_____. Do Rio de Janeiro (1955) a Aparecida (2007): Um olhar sobre as conferências gerais do episcopado da América Latina e Caribe. In: *RCT* 64 (2008), p. 127-146.

_____. Memória do Concílio Plenário Latino-Americano (1899-1999). In: *Vida Pastoral*, 205, 1999.

_____. Um concílio na virada do século: centenário do Concílio Plenário Latino-americano (1899-1999). In: *RCT* 27 (1999), p. 101-106.

_____. Uma fisionomia do episcopado brasileiro presente no Concílio Plenário Latino-Americano. In: PONTIFICIA COMMISSIO PRO AMERICA LATINA. *Los últimos cien años de la evangelización en América Latina*. Simposio Historico. Actas. Roma: Editrice Vaticana, 2000.

_____. O nascimento da fé cristã em terra brasileira: um olhar para o período colonial. In: GRENZER, M.; IWASHITA, P.K. (orgs.). *Teologia e cultura*. A fé cristã no mundo atual. São Paulo: Paulinas, 2012, p. 55-69.

_____. A importância dos arquivos eclesiásticos para a pesquisa histórica. In: AVELINO, Y. et al. *Tecituras das cidades*. História, Memória e Religião. Jundiaí: Paco, 2017.

_____. A Igreja herdada pelo Papa Francisco, um estudo histórico. In: *RCT* 88 (2016), p. 173-196.

SOUZA, N.; FERREIRA, R. A teologia, os teólogos e o pontificado de Francisco. In: *RCT* 91 (2018), p. 187-208.

SOUZA, N.; MARTINS, M.A. Evangelizar: de Puebla a Francisco. In: SOUZA, N.; SBARDELOTTI, E. (orgs.). *Puebla: Igreja na América Latina e no Caribe*. Petrópolis: Vozes, 2019, p. 250-251.

SOUZA, N; ASSUNÇÃO, E. *Padre Cícero e a questão religiosa de Juazeiro* – Reconciliação...E agora? São Paulo: Loyola, 2020.

SOUZA, N.; SBARDELOTTI, E. (orgs.). *Medellín, memória, profetismo e esperança na América Latina*. Petrópolis: Vozes, 2018.

SOUZA N.; SBARDELOTTI, E. (orgs.). *Puebla*. Igreja na América Latina e no Caribe. Opção pelos pobres, libertação e resistência. Petrópolis: Vozes, 2019.

SOUZA, N.; MODENA, H. Aparecida e missão: notas sobre o percurso para a construção da síntese missionária. In: *Fronteiras*, Revista de Teologia da UNICAP. 4/1 (2021), p. 141-164.

SPADARO, A. *A proposta do Papa Francisco*. O futuro rosto da Igreja. São Paulo: Loyola, 2013.

SUÁREZ, A.L. et al. *Religiosas en América Latina: memorias e contextos*. Buenos Aires: UCA, 2020.

SUESS, P. (coord.). *A conquista espiritual da América espanhola*. Petrópolis: Vozes, 1992.

_____. Missão/Evangelização. In: PASSOS, J.D.; SANCHEZ, W.L. (orgs.). *Dicionário do Concílio Vaticano II*. São Paulo: Paulinas/Paulus, 2015, p. 627-634.

_____. Sinais dos tempos. In: PASSOS, J.D.; SANCHEZ, W.L. (orgs.). *Dicionário do Concílio Vaticano II*. São Paulo: Paulinas/Paulus, 2015, p. 895-901.

_____. *Dicionário de Aparecida: 42 palavras-chave para uma leitura pastoral do Documento de Aparecida*. São Paulo: Paulus, 2007.

_____. Evangelização e inculturação. In: BRIGHENTI, A.; PASSOS, J.D. (orgs.). *Compêndio das Conferências dos Bispos da América Latina e Caribe*. São Paulo: Paulinas/Paulus, 2018, p. 355-365.

SUSIN, L.C. *Sepé Tiaraju e a identidade gaúcha*. Porto Alegre: EST, 2006.

TEIXEIRA, F.L.C. *Os encontros intereclesiais de CEBs no Brasil*. São Paulo: Paulinas, 1996.

_____. *A gênese das ceb's no Brasil*. São Paulo: Paulinas, 1988.

TIRAPELLI, P. *Arte dos Jesuítas na Ibero-América* – Arquitetura, escultura, pintura. São Paulo: Loyola, 2020.

TODOROV, T. *A conquista da América*. A questão do outro. São Paulo: Martins Fontes, 2010.

TONUCCI, P.; HOORNAERT, E. *Protagonistas e testemunhas da conquista*. São Paulo: Paulinas, 1992.

TORRES, J.C.O. *História das ideias religiosas no Brasil*. São Paulo, 1968.

TRACCO, C. *CEB's uma experiência brasileira* – A utopia de ser Igreja libertadora e transformadora das estruturas sociais. São Paulo: PUC, 2013 (dissertação de mestrado).

TRAVERSONI, A. *América pré-colombiana y colonial*. Montevidéu: Medina, 1960.

WANDERLEY, L.E.W. Pobres. In: PASSOS, J.D.; SANCHEZ, W.L. (org.). *Dicionário do Concílio Vaticano II*. São Paulo: Paulinas; Paulus, 2015.

_____. Comunidades Eclesiais de Base (CEBs) e Educação Popular. *REB*, Petrópolis: Vozes, v. 41, fasc. 164, 1981.

WASSERMAN, C. *História Contemporânea da América Latina 1900-1930*. Porto Alegre: UFRGS, 2004.

WERNET, A. *A igreja paulista no século XIX*. São Paulo: Ática, 1987.

WOJTYLA, cardeal Karol. *La renovación de sus fuentes*. Madrid: BAC, 1981.

VALENZUELA. E. *Utopistas indianos en América* – De Bartolomé de las Casas al papa Francisco. Buenos Aires: Ciudad Nueva, 2013.

VAINFAS, R. *Economia e sociedade na América espanhola*. Rio de Janeiro: Graal, 1984.

_____. *Ideologia e escravidão e a sociedade escravista no Brasil colonial*. Petrópolis: Vozes, 1986.

_____. (dir.). *Dicionário do Brasil Colonial (1500-1808)*. Rio de Janeiro: Objetiva, 2000.

_____. (dir.). *Dicionário do Brasil Imperial (1822-1889)*. Rio de Janeiro: Objetiva, 2002.

_____. Escravidão. In: *DBC*. Rio de Janeiro: Objetiva, 2000, p. 205-209.

_____. (org.). *Confissões da Bahia*. São Paulo: Companhia das Letras, 1997.

VALTIERRA, A. *San Pedro Claver*, t. I. Bogotá, 1980.

VARGAS, J.M. La reorganización de la Iglesia ante el Estado liberal en Ecuador; El laicado y la cuestión social en Ecuador. In: *Historia General de la Iglesia en América Latina*. VIII. Salamanca: Sígueme, 1987.

VELA, J.A. Así vivi Puebla. In: *Theologia Xaveriana*, 29 (1979) p. 5-10.

VENARD, M. (ed.). *Histoire du Christianisme des origines à nos jours –* L'âge de raison (1620-1750) IX. Paris: Desclée, 1997.

VELEZ, O.C. Um acontecimento de graça e novidade. In: *IHU* 401 (2012) 1-6.

VERGOTTINI, T. *Miguel Claro 1359 –* Recuerdos de un diplomático italiano en Chile (1973-1975). Santiago: Editorial Tena, 1991.

VIANNA, H. *História das fronteiras do Brasil*. Rio de Janeiro, 1948.

VIEIRA, A. (1655). *Escritos instrumentais sobre os índios*. Vol. 13. São Paulo: Loyola/PUC SP, 1992.

_____. *Obras várias*. Lisboa, 1856.

VILHENA, L.S. *Recopilação de notícias soteropolitanas e brasílicas*. Salvador, 1922.

VITALI, A. *Oscar Romero, mártir da esperança*. São Paulo: Paulinas, 2015.

VON SPIX, J.B.; MARTIUS, C.F.P. *Reisen in Brasilien in den Jahren 1817-1820*. Stuttgart, 1976.

YBOT León, A. *La Iglesia y los eclesiásticos españoles en la empresa de Indias*. Vol. 2. Barcelona-Madrid, 1963.

ZANATTA, L.; DI STEFANO, R. *Historia de la Iglesia Argentina –* Desde la Conquista hasta fines del siglo XX. Buenos Aires: Grijalbo, 2000.

Meios eletrônicos

Ad Ecclesiam Christi
http://www.vatican.va/content/pius-xii/la/apost_letters/documents/hf_p-xii_apl_19550629_ad-ecclesiam-christi.html Acesso em: 24/01/2021, 19:25.

ASSEMBLEIA ESPECIAL DO SÍNODO DOS BISPOS PARA A REGIÃO PAN-AMAZÔNICA. *Documento Final do Sínodo para a Amazônia*. http://www.sinodoamazonico.va/content/sinodoamazonico/pt/

documentos/documento-final-do-sinodo-para-a-amazonia.html Acesso em: 10/12/2020, 15:25.

BENTO XVI. *Discurso no encontro com jovens no estádio Pacaembu*. São Paulo, 17 de maio de 2007.
http://www.vatican.va/content/benedict-xvi/pt/speeches/2007/may/documents/hf_ben-xvi_spe_20070510_youth-brazil.html Acesso em: 28/12/2020.

BEOZZO, J.O. A V Conferência Geral do Episcopado Latino-americano em Aparecida: contextos sociopolítico e eclesial. In: *Revista de Teologia e Ciências da Religião*, Recife, ano VI, n. 6, 2007, p. 1-10. http://www.unicap.br/revistas/teologia/ar quivo/artigo%201.pdf. Acesso em: 09/02/2021, 13:55.

BEOZZO, J.O. *Revista Sem Fronteiras*
http://ospiti.peacelink.it/zumbi/news/semfro/255/sf255p05.html 1997. Acesso: 10/02/2021, 23:47.

BOFF, L. *40 anos da Teologia da Libertação*. www.leonardoboff.wordpress.com/2011/08/09/quarenta-anos-da-teolgia-da-libertação/ Acesso em: 11/01/2021, 15:00.

BRIGHENTI, A. Documento de Aparecida: O texto original, o texto oficial e o Papa Francisco. In: **Revista Pistis Praxis**, v. 8, n. 3, (2016), p. 673-713. https://periodicos.pucpr.br/index.php/pistispraxis/article/view/1318. Acesso em: 01/02/2021, 23:50.

CABREJOS. 2021.
http://www.ihu.unisinos.br/78-noticias/606729-a-assembleia-eclesial-da-america-latina-a-ceama-e-o-sinodo-amazonico-sao-frutos-do-processo-eclesial-latino-americano-afirma-presidente-do-celam Acesso em: 10/01/2021, 10:04.

CEBs
https://cebsdobrasil.com.br/intereclesiais/ Acesso em: 28/01/2021, 18h:19.

CECH 01/08/1973
http://www.iglesia.cl/detalle_documento.php?id=146 Acesso em: 24/04/2021, 22:58.

CELAM. Declaracion de los Cardenales, Obispos y demas Prelados representantes de la Jerarquia de America Latina reunidos en la Conferencia Episcopal de Rio de Janeiro. In: *Consejo Episcopal Latinoamericano – Conferencias Generales.* http://www.ce lam.org/conferencias_rio.php. Acesso em: 24/01/2021, 08:10.

CELAM, 2014
https://www.celam.org/observatoriosociopastoral/detalle_personajes.php?id=MjM= Acesso em: 28/04/2021, 00:59.

CEP, 1975
https://episcopal.org.py/?news=sobre-la-necesaria-conversion-en-la-hora-actual-febrero-de-1975/ Acesso: 27/04/2021, 16:22.

CNBB – CONFERÊNCIA NACIONAL DOS BISPOS DO BRASIL. *Diretrizes gerais da ação pastoral da Igreja no Brasil 1975-1978.* www.cnbb.org.br/documento_geral/A%20-%20DIRETRIZES%20GERAIS.pdf n. 2.3. Acesso em: 20/01/2021, 12:00.

CNBB – CONFERÊNCIA NACIONAL DOS BISPOS DO BRASIL. *Plano Pastoral de Conjunto, 1966-1970* edição 2004.
www.cnbb.com.br/site/publicacoes/documentos-para-downloads/doc_download/140-77-plano-de-pastoral-de-conjunto-1966-1970 p. 38-39. Acesso em: 03/06/2020, 10:00.

CNBB – *Diretrizes gerais da ação pastoral da Igreja do Brasil 1975-1978* www.cnbb.org.br/documento_geral/A%20-%20DIRETRIZES%20GERAIS.pdf Acesso em: 28/01/2021, 12:00.

CNBB, DECLARAÇÃO, 2014
https://www.cnbb.org.br/declaracao-por-tempos-novos-com-liberdade-e-democracia/ Acesso em: 22/04/2021, 21:18.

CNBB Sul 3, 2020
https://cnbbsul3.org.br/diocese-de-bage-iniciara-processo-de-beatificacao-de-sepe-tiaraju/ Acesso em: 15/05/2021, 15:54.

CODINA, Victor. *Os teólogos "malditos" e o papa Francisco.* http://www.ihu.unisinos.br/555648-os-teologos-malditos-e-o-papa-francisco-artigo-de-victor-codina. Acesso em: 20/11/2018, 17h45.

CONFERENCIA EPISCOPAL ARGENTINA. *Documento de San Miguel:* declaración del Episcopado Argentino Sobre la adaptación a la realidad actual del país, de las conclusiones de la II Conferencia General del Episcopado Latinoamericano (Medellín). http://www.episcopado.org/portal/2000-2009/cat_view/150-magisterio-argentina/25-1960-1969.html. Acesso em: 27/12/2018, 16h51.

CONFERÊNCIA EPISCOPAL ARGENTINA
https://www.episcopado.org/documentos.php?area=1&tit_gral=Documentos%20hist%C3%B3ricos Acesso em 24/04/2021, 21h56.

CONGRESO INTERNACIONAL DE TEOLOGIA: *Las Interpelaciones del Papa Francisco a la Teología hoy.* Pontifícia Universidad Javeriana. 18-21. Setembro de 2016. http://congresoteologia2016.com/file/Ma%20Clara%20Luchetti%20-%20Conferencia%20Principal.pdf. Acesso em: 29/11/2018, 07h55.

CONSTITUIÇÃO Império. http://ww.planalto.gov.br/ccivil_03/constituicao Acesso em: 08/05/2020, 12h55.

CTI. COMISSÃO TEOLÓGICA INTERNACIONAL. *A sinodalidade na vida e na missão da Igreja* n. 65. Documento disponível em: https://www.vatican.va/roman_curia/congregations/cfaith/cti_documents/rc_cti_20180302_sinodalita_po.html Acesso em: 20/03/2021, 18h49.

DP – *Discurso inaugural do papa João Paulo II*. www.celam.org/conferencias/Documento_Conclusivo_Puebla.pdf Acesso em 13/02/2021, 14h00

FERLAN, 2016
https://www.mentepolitica.it/articolo/a-cinquanta-anni-dalla-morte-camilo-torres-un-prete-guerrigliero-simbolo-di-pace-per-la-colombia/779 Acesso em: 28/04/2021, 00h47.

FRANCISCO. 2019. http://www.vatican.va/content/francesco/pt/motu_proprio/documents/papa-francesco-motu-proprio-20191022_archivio-apostolico-vaticano.html Acesso em: 06/01/2021, 17h06.

FRANCISCO. Homilia Lampedusa, 2013.
http://www.vatican.va/content/francesco/pt/homilies/2013/documents/papa-francesco_20130708_omelia-lampedusa.html Acesso em: 27/03/2021, 16h39.

FRANCISCO 2013.
https://www.cnbb.org.br/papa-francisco-envia-mensagem-ao-13 o-intereclesial-das-cebs-que-acontece-em-juazeiro-ce-2/ Acesso em: 07/02/2021, 16h27.

_____. Santa Missa e canonização dos beatos: Paulo VI, Oscar Romero, Francisco Spinelli, Vicente Romano, Maria Catarina Kasper, Nazária Inácia de Santa Teresa de Jesus, Núncio Sulprizio. In: *Santa Sé – Francisco – Homilias/2018.* http://www.vatican.va/content/francesco/ pt/homilies/2018/documents/papa-francesco_20181014_omelia-canonizzazione.html. Acesso em: 10/01/2021, 21h40.

FRANCISCO 2019
http://www.ihu.unisinos.br/noticias/540633-nao-se-conformem-com-uma-teologia-de-gabinete-pede-francisco-aos-futuros-teologos Acesso em: 14/04/2019, 23h53.

PAPA FRANCISCO. *Bênção apostólica "urbi et orbi" sacada central da basílica Vaticana* quarta-feira, 13 de março de 2013. https://w2.vatican.va/ content/francesco/pt/speeches/2013/march/documents/papa-francesco _20130313_ enedizione-urbi-et-orbi.html. Acesso em: 07/11/2018, 01h54.

PAPA FRANCISCO. *Discurso aos membros da comissão Teológica Internacional.* http://w2.vatican.va/content/francesco/pt/speeches/2013/ december/documents/papa-francesco_20131206_commissione-teologica.html Acesso em: 01/12/2018, 18h07.

FRANCISCO La Paz, 2015
http://www.vatican.va/content/francesco/pt/speeches/2015/july/ documents/papa-francesco_20150708_bolivia-espinal.html Acesso em: 25/04/2021, 19h56.

FRANCISCO. Homilia canonização Irmã Dulce, 2019.
http://www.vatican.va/content/francesco/pt/homilies/2019/documents/ papa-francesco_20191013_omelia-canonizzazione.html Acesso em: 07/05/2021, 15h34.

FRANCISCO. Mensagem vídeo...2021.
http://www.vatican.va/content/francesco/pt/messages/pont-messages/2021/documents/papa-francesco_20210124_messaggio-celam.html Acesso em: 10/05/2021, 18h05.

HACKMANN, G.L.B. O referencial teológico do Documento de Aparecida. In: *Teocomunicação*, v. 37 (2007) p. 319-336. https://revistaseletronicas.pucrs.br/ojs/index.php/teo/article/view/2716/2064. Acesso em: 15/01/2021, 14h28.

Instrumentum laboris
http://www.vatican.va/roman_curia/synod/documents/rc_synod_doc_01091997_usa-instrlabor_po.html Acesso em: 10/02/2021, 23h27.

JOÃO PAULO II. *Mensagem do papa aos bispos do Brasil em 9/04/1986.*
www.vatican.va/holy_father/john_paul_ii/letters/1986/documents/hf_jp-ii_let_19860409_conf-episcopale-brasile_po.html Acesso em: 15/02/2021, 14h30.

JOÃO PAULO II. Discurso Santo Domingo
http://www.vatican.va/content/john-paul-ii/pt/speeches/1992/october/documents/hf_jp-ii_spe_19921012_iv-conferencia-latinoamerica.html Acesso em: 25/01/2021, 21h59.

JOÃO PAULO II, 1992.
http://www.vatican.va/content/john-paul-ii/it/speeches/1992/february/documents/hf_jp-ii_spe_19920222_maison-esclaves.html Acesso em: 21/02/2021, 00h13.

JOÃO PAULO II, Homilia, 1983.
http://www.vatican.va/content/john-paul-ii/pt/homilies/1983/documents/hf_jp-ii_hom_19830304_managua.html Acesso em: 29/04/2021, 18h52.

JOÃO PAULO II. Trecho do discurso aos trabalhadores, Monterrey.
https://www.vatican.va/content/john-paul-ii/pt/speeches/1979/january/documents/hf_jp-ii_spe_19790131_messico-monterrey-lavoratori.html Acesso em: 29/04/2021, 19h03.

JOÃO PAULO II. *Discurso ao encontro com representantes das comunidades indígenas do Brasil.* Cuiabá, 16 de outubro de 1991. https://w2.vatican.va/content/john-paul-ii/pt/speeches/1991/october/documents/

hf_jp-ii_spe_19911016_pop-indigene.html Acesso em: 20/04/2021, 16h41.

LEÃO XIII. 1883. http://www.vatican.va/content/leo-xiii/it/letters/documents/hf_l-xiii_let_18830818_saepenumero-considerantes.html Acesso em: 06/01/2021, 17h23.

LC -www.vatican.va/roman_curia/congregations/cfaith/documents/rc_con_cfaith_doc_19860322_freedom-liberation _po.html Acesso em: 11/07/2020, 15h10.

LN-. www.vatican.va/roman_curia/congregations/cfaith/documents/rc_con_cfaith_doc_19840806_theology-liberationo_.html Acesso em: 10/07/2020, 19h00.

MUOLO, Mimi. *Papa Francesco e l'enciclica dei gesti.* www.avvenire.it/opinioni/pagine/i-gesti-di-papa-francesco. Acesso em: 25/01/2019, 15h28.

PAULO VI, HOMILIA
http://www.vatican.va/content/paul-vi/it/homilies/1968/documents/hf_p-vi_hom_19680823.html Acesso em: 06/10/2020, 15h26.

PÉCORA, A. *Vieira, a inquisição e o capital.* Rio de Janeiro: Revista Topoi. [2000], p. 181. https://www.scielo.br/j/topoi/a/vL8c6FfQn3bMMzXMLtmtTdN/?lang=pt Acesso em: 10/03/2021, 13h58.

PITTARO, Esteban. *A teologia do Povo no Papa Francisco.* pt.aleteia.org/2014/01/29/a-teologia-do-povo-no-papa-francisco/. Acesso em: 20/03/2019, 17h35.

PONTIFICIA Comissão para os Bens Culturais da Igreja. *La Funzione pastorale degli archivi ecclesiastici.* http://www.vatican.va/roman_curia/pontifical_commissions/pcchc/documents/rc_com_pcchc_19970202_archivi-ecclesiastici_it.html Acesso em: 06/01/2021, 17h01.

PORTO-GONÇALVES, C.W. http://latinoamericana.wiki.br/verbetes/a/abya-yala Acesso em: 10/05/2021, 18h42.

Recopilación de leyes. https://bibliotecas.upb.edu.co/index.php/sin-categoria/1281-recopilacion-de-leyes-de-los-reinos-de-las-indias Acesso em: 18/01/2021, 19h42.

SANTUÁRIO https://www.a12.com/santuario/locais-turisticos/matriz-basilica Acesso em: 30/01/2021, 21h08.

SCANNONE, Juan C. O Papa Francisco e a Teologia do Povo. http://www.ihu.unisinos.br/159-noticias/entrevistas/542642-o-papa-francisco-e-a-teologia-do-povo-entrevista-especial-com-juan-carlos-scannone Acesso em 14/04/2019, 16h05.

SCANNONE, Juan. In: https://pt.aleteia.org/2014/01/29/a-teologia-do-povo-no-papa-francisco/ Acesso em: 17/04/2019, 15h01.

SCHICKENDANTZ, C. De una Iglesia occidental a una Iglesia mundial. Una interpretación de la reforma eclesial. In: *Theologica Xaveriana*, Bogotá, v. 68 – n. 185, (2018), p.1-28. Disponível: https://doi.org/10.11144/javeriana.tx68-185.ioim. Acesso em: 11/01/2021, 10h23.

SÍNODO DOS BISPOS, 1971. *A justiça no mundo*. www.vatican.va/roman_curia/synod/documents/rc_synod_doc_19711130_giustizia_po.html Acesso em: 13/02/2021, 10h37.

SOUZA, 2017. Aparecida, aspectos históricos de uma devoção. https://faje.edu.br/periodicos/index.php/annales/article/view/3864/3928 Acesso em: 07/05/2021, 15h44.

COLEÇÃO INICIAÇÃO À TEOLOGIA
Coordenadores: Welder Lancieri Marchini e Francisco Morás

- *Teologia Moral: questões vitais*
  Antônio Moser
- *Liturgia*
  Frei Alberto Beckhäuser
- *Mariologia*
  Clodovis Boff
- *Bioética: do consenso ao bom-senso*
  Antônio Moser e André Marcelo M. Soares
- *Mariologia – Interpelações para a vida e para a fé*
  Lina Boff
- *Antropologia teológica – Salvação cristã: salvos de quê e para quê?*
  Alfonso García Rubio
- *A Bíblia – Elementos historiográficos e literários*
  Carlos Frederico Schlaepfer, Francisco Rodrigues Orofino e Isidoro Mazzarolo
- *Moral Fundamental*
  Frei Nilo Agostini
- *Direito Canônico – O povo de Deus e a vivência dos sacramentos*
  Ivo Müller, OFM
- *Estudar teologia – Iniciação e método*
  Henrique Cristiano José Matos
- *História da Igreja – Notas introdutórias*
  Ney de Souza
- *Direito Canônico*
  Pe. Mário Luiz Menezes Gonçalves
- *Trindade – Mistério de relação*
  João Fernandes Reinert
- *Teologia Fundamental*
  Donizete Xavier
- *Teologia Pastoral – A inteligência reflexa da ação evangelizadora*
  Agenor Brighenti
- *Moral Social*
  Fr. André Luiz Boccato de Almeida, OP
- *Cristologia*
  Benedito Ferraro
- *O Espírito Santo – Deus-em-nós – Uma pneumatologia experiencial*
  Volney J. Berkenbrock
- *História da Igreja na América Latina*
  Ney de Souza

CULTURAL

Administração
Antropologia
Biografias
Comunicação
Dinâmicas e Jogos
Ecologia e Meio Ambiente
Educação e Pedagogia
Filosofia
História
Letras e Literatura
Obras de referência
Política
Psicologia
Saúde e Nutrição
Serviço Social e Trabalho
Sociologia

CATEQUÉTICO PASTORAL

Catequese
  Geral
  Crisma
  Primeira Eucaristia

Pastoral
  Geral
  Sacramental
  Familiar
  Social
  Ensino Religioso Escolar

TEOLÓGICO ESPIRITUAL

Biografias
Devocionários
Espiritualidade e Mística
Espiritualidade Mariana
Franciscanismo
Autoconhecimento
Liturgia
Obras de referência
Sagrada Escritura e Livros Apócrifos

Teologia
  Bíblica
  Histórica
  Prática
  Sistemática

REVISTAS

Concilium
Estudos Bíblicos
Grande Sinal
REB (Revista Eclesiástica Brasileira)

VOZES NOBILIS

Uma linha editorial especial, com importantes autores, alto valor agregado e qualidade superior.

VOZES DE BOLSO

Obras clássicas de Ciências Humanas em formato de bolso.

PRODUTOS SAZONAIS

Folhinha do Sagrado Coração de Jesus
Calendário de mesa do Sagrado Coração de Jesus
Almanaque Santo Antônio
Agendinha
Diário Vozes
Meditações para o dia a dia
Encontro diário com Deus
Guia Litúrgico

CADASTRE-SE
www.vozes.com.br

EDITORA VOZES LTDA.
Rua Frei Luís, 100 – Centro – Cep 25689-900 – Petrópolis, RJ
Tel.: (24) 2233-9000 – Fax: (24) 2231-4676 – E-mail: vendas@vozes.com.br

UNIDADES NO BRASIL: Belo Horizonte, MG – Brasília, DF – Campinas, SP – Cuiabá, MT
Curitiba, PR – Fortaleza, CE – Juiz de Fora, MG – Petrópolis, RJ – Recife, PE – São Paulo, SP